Eine Kritik der juristischen Vernunft

Frankfurter kriminalwissenschaftliche Studien

Bd./Vol. 96

PETER LANG
Frankfurt am Main · Berlin · Bern · Bruxelles · New York · Oxford · Wien

Vasco Reuss

Eine Kritik der juristischen Vernunft

Rezeptionsversuche der Negativen Dialektik Adornos für die Dogmatik des Strafrechts

PETER LANG
Europäischer Verlag der Wissenschaften

Bibliografische Information der Deutschen Nationalbibliothek
Die Deutsche Nationalbibliothek verzeichnet diese Publikation in der Deutschen Nationalbibliografie; detaillierte bibliografische Daten sind im Internet über <http://www.d-nb.de> abrufbar.

Zugl.: Frankfurt (Main), Univ., Diss., 2006

D 30
ISSN 0170-6918
ISBN 3-631-55730-2

www.peterlang.de

Vorwort

Die vorliegende Arbeit ist nicht durch das sogenannte Adorno-Jahr 2003 inspiriert worden. Die Idee dazu, mit Adorno und seinem Begriff vom Begriff gegen den juristischen Begriff zu schreiben, entstand schon einige Jahre zuvor. Sie entwickelte sich aus der bereits im rechtswissenschaftlichen Studium entstandenen Not heraus, begrifflich erscheinender rechtlicher Vernunft die vielfach erlebte Erfahrung ihrer Unvernunft begrifflich ausformuliert entgegen zu setzen, ohne dabei aber der Rationalität rechtlicher Begriffe, diese abstrakt negierend, zu entsagen: Vielmehr wollte ich mit dem rechtlichen Begriff gegen ihn und über ihn hinaus gelangen, um so der unvernünftigen Ratio juristischer Dogmatik noch den ihr gebührenden Respekt entgegen zu bringen.

Den Raum dazu, diese Gedanken in der nötigen Ruhe zu formulieren, hat mir meine Tätigkeit als Mitarbeiter am Lehrstuhl von Herrn Prof. Dr. Klaus Günther eröffnet. Ihm sei dafür herzlich gedankt. Das Habermassche Lebensweltkonzept kam im Umfeld von Klaus Günther doch so deutlich zur Geltung, daß sich hier beinahe „kuschelpädagogische“ Bedingungen für die langwierige Niederschrift meiner Arbeit eröffneten. Eine Kolonialisierung dieser Welt durch den zwangsneurotischen „Ruck“ konservativer Leistungswelten war gleichwohl niemals zu befürchten.

Dank schulde ich auch meinem Mentor Prof. Dr. Klaus Lüderssen, der mich schon während des Studiums nachhaltig geprägt und durch zahlreiche kontroverse Debatten hindurch immer wieder gefördert hat. Beide haben diese Arbeit auf ihre Weise beeinflußt und unterstützt.

Dank gebührt daneben auch meinem Diskussionszirkel, den „Dr.-Hüten“. Die Herren Dr. Christian Schilcher, Jörg Schröder und Marc Ziegler gaben mir mit ihren kritischen Beiträgen immer wieder wichtigen Anlaß zur vertieften Reflexion.

Herrn Prof. Dr. Matthias Jahn, Herrn Dr. Jochen Bung sei für die profunde und aufmunternde Lektüre zahlreicher Passagen gedankt.

Herr René Slabihoudek war mir nicht nur mit seiner konstruktiven Lektüre einzelner Passagen und mit zahllosen Gesprächen über die in der Arbeit ausformulierten Erfahrungen ein wichtiger und jederzeit gern gesehener Freund.
Mein tief empfundener Dank gilt daneben freilich auch Herrn Max Binjamin Schlüter, dessen einfühlsame Beiträge mir über die Jahre hinweg immer wieder unterstrichen, daß, wie man mit Adorno sagen könnte, das eigene Denken das Moment des Allgemeinen hat, so daß auch die in der Arbeit niedergelegten Gedanken triftig, mit Grund gedacht wurden, daß ich mit ihnen nicht allein war. Seine Erfahrungen waren für mich sehr wertvoll.
Wohl nicht möglich gewesen wäre das vorliegende Projekt aber ohne Herrn Tobias Fabinger, der mir schon vor vielen Jahren umsichtig die Lektüre der Negativen Di-

alektik nahe legte. Ohne die dauernden und fruchtbaren Gespräche mit ihm wäre an das, was folgend steht, kaum zu denken.
Gleiches gilt für die in ihrer Art einmalige Unterstützung von Frau Mareike Hartig. Sie hat die vorliegende Arbeit von der ersten bis zur letzten Seite gelesen, meine Sorgen und Zweifel mit fortwährender Aufmunterung und Kritik fast beseitigt und stand mir zu jeder Zeit bedingungslos und solidarisch zur Seite.

Dank auch an meine Eltern und meine Großmutter, die alle ihren liebevollen Beitrag geleistet haben. Veronika Hein-Reuss und Harald Reuss haben das Manuskript mit großer Anteilnahme mühevoll korrigiert.
Dank auch an Sylke Langenbeck dafür, daß Du Dich über zwei Jahre hinweg zu jeder Tages- und Nachtzeit geduldig meinen ausufernden und unverständlichen Vorträgen zum Thema gestellt hast.

Es war eine anstrengende, eine lehrreiche Zeit - und eine sehr schöne!

Vasco Reuss

Berlin, im Sommer 2006

Inhalt

Abkürzungsverzeichnis

a.a.O.	am angegebenen Orte
abl.	ablehnend
a.E.	am Ende
a.F.	alte Fassung
Anm.	Anmerkung
Art.	Artikel
AT	Allgemeiner Teil
Aufl.	Auflage
Az.	Aktenzeichen
BayOLG	Bayerisches Oberstes Landesgericht
bes.	besonders
BGBl.	Bundesgesetzblatt
BGH	Bundesgerichtshof
BGH GS	Großer Senat des Bundesgerichtshofes
BGHSt	Entscheidungen des Bundesgerichtshofes in Strafsachen
BGHZ	Entscheidungen des Bundesgerichtshofes in Zivilsachen
BT	Besonderer Teil
BVerfGE	Entscheidungen des Bundesverfassungsgerichts
ders.	derselbe
DAR	Deutsches Autorecht
DÖV	Die Öffentliche Verwaltung
DRiZ	Deutsche Richterzeitung
f.	folgende
FAZ	Frankfurter Allgemeine Zeitung
ff.	fortfolgende
Fn	Fußnote
FR	Frankfurter Rundschau
GA	Goltdammer's Archiv
GG	Grundgesetz
GS	Gesammelte Schriften
GVG	Gerichtsverfassungsgesetz
Hg.	Herausgeber
hg. von	herausgegeben von
IfS	Institut für Sozialforschung
JA	Juristische Arbeitsblätter
JR	Juristische Rundschau
Jura	Jura – Juristische Ausbildung
JuS	Juristische Schulung
JZ	Juristenzeitung

Kap.	Kapitel
KJ	Kritische Justiz
KK	Karlsruher Kommentar zur StPO
KrimJ	Kriminologisches Journal
krit.	kritisch
KritV	Kritische Vierteljahresschrift
LG	Landgericht
LK	Leipziger Kommentar zum StGB
LR	Löwe-Rosenberg, Kommentar zur StPO
MDR	Monatsschrift für Deutsches Recht
MEW	Marx-Engels-Werke
MK	Münchener Kommentar zum StGB
Ms.	Manuskript
m.w.N.	mit weiteren Nachweisen
n.F.	neue Fassung
NJW	Neue Juristische Wochenschrift
NK	Nomos-Kommentar zum StGB
NStZ	Neue Zeitschrift für Strafrecht
NZV	Neue Zeitschrift für Verkehrsrecht
OLG	Oberlandesgericht
OLGSt	Entscheidungen der Oberlandesgerichte in Strafsachen
OWiG	Gesetz über Ordnungswidrigkeiten
RGBl.	Reichsgesetzblatt
RGSt	Entscheidungen des Reichsgerichts in Strafsachen
Rn	Randnummer
Sch/Sch	Schönke/Schröder, Kommentar zum StGB
SchwZStr	Schweizerische Zeitschrift für Strafrecht
SJZ	Süddeutsche Juristenzeitung
SK	Systematischer Kommentar zum StGB
Sp.	Spalte
StGB	Strafgesetzbuch
StPO	Strafprozeßordnung
StR.	Strafrecht
StV	Strafverteidiger
StVO	Straßenverkehrsordnung
StVollzG	Strafvollzugsgesetz
u.a.	und andere / unter anderem
VBlBW	Verwaltungsblätter für Baden-Württemberg

vgl.	vergleiche
VR	Verkehrsrundschau
VRS	Verkehrsrechtssammlung
VwVfG	Verwaltungsverfahrensgesetz
ZPO	Zivilprozeßordnung
ZStW	Zeitschrift für die gesamte Strafrechtswissenschaft
zust.	zustimmend

> Die kleinsten innerweltlichen Züge hätten Relevanz fürs Absolute, denn der mikrologische Blick zertrümmert die Schalen des nach dem Maß des subsumierenden Oberbegriffs hilflos Vereinzelten und sprengt seine Identität, den Trug, es wäre bloß Exemplar. Solches Denken ist solidarisch mit Metaphysik im Augenblick ihres Sturzes. (*Negative Dialektik*, S. 400)

I. Einleitung

a) Adorno über Recht - Recht über Adorno?

Adornos Verhältnis zum Recht, dasjenige, was aus seiner Philosophie für den Begriff und die Praxis des Rechts zu gewinnen wäre, ist bislang weder aus philosophischer noch aus rechtswissenschaftlicher Sicht vertieft untersucht worden. Bisher findet sich dazu nur eine Arbeit aus dem Bereich der Rechtsphilosophie, die sich folgerichtig vornehmlich auch auf staats- und rechtsphilosophische Fragestellungen beschränkte.[1]

Auf die Frage, warum das so ist, ließe sich ein Grund darin finden, daß es von Adorno keine gesonderte Untersuchung übers Recht gibt, Adorno vielmehr zum Recht kein originär eigenes theoretisches Verhältnis entwickelt zu haben scheint, jedenfalls nicht veröffentlicht hat, selbst wenn, wie *Mathias Becker* schreibt, gerade in seinen „wichtigsten Werken", der *Dialektik der Aufklärung* und der *Negativen Dialektik*, die Begriffe Recht und Rechtsphilosophie unmittelbar oder mittelbar angesprochen seien.[2]

Adornos gleichwohl nur wenige und meist sehr kurz gehaltene Andeutungen, besonders aus der *Negativen Dialektik*[3], die in Inhalt und Tonart verwandt andernorts[4] so oder ähnlich klingen, vermögen aber zu erklären, daß und warum er sich dem Recht als einem Objekt seiner soziologischen oder philosophischen Forschung nicht weiter widmete. Eine vertiefte Untersuchung des Rechts mag für Adornos

---

[1] Die Studie von Mathias Becker, *Natur, Herrschaft, Recht - das Recht der ersten Natur in der zweiten: zum Begriff eines negativen Naturrechts bei Theodor Wiesengrund Adorno*, Berlin 1997, zum Begriff eines negativen Naturrechts bei Adorno beleuchtet vornehmlich dessen nur spärlich ausformuliertes Verhältnis zur Rechts- und Staatsphilosophie und mündet in Erwägungen über ein negatives, nicht auszubuchstabierendes Naturrecht. Adornos Verhältnis zum positiven Recht, mitsamt den hierbei auftretenden immanenten Widersprüchen in seiner Kritik, ist dagegen eher kurz beleuchtet, vgl. a.a.O., S. 205ff., 213ff., 217, Fn 788, insbesondere die Kritik Adornos am positiven Recht wird nur bedingt aus seiner negativ dialektischen Philosophie heraus erläutert und erklärt als mehr kommentarlos zitiert, vgl. S. 209ff.

[2] Ders., a.a.O., S. 15, ob dies auch „in erheblichem Maße" der Fall ist, wie Becker es formuliert, sei dahingestellt.

[3] Theodor W. Adorno, *Negative Dialektik*, GS Bd. 6, S. 303ff.

[4] Besonders in den vor der Negativen Dialektik erschienenen Beiträgen zum elften Band der Werke von Karl Kraus über *Sittlichkeit und Kriminalität* in: GS Bd. 11, S. 367ff., und dem zur Reform des Sexualstrafrechts *Sexualtabus und Recht heute*, in: GS Bd. 10/2, S. 533ff., den er Fritz Bauer widmete, finden sich die Grundbegriffe und Kritiken am Recht bereits vor, die dann später in den Passagen der *Negativen Dialektik* wiederauftauchen.

Philosophie, grob gesagt, keinen Wert gehabt, seine Soziologie dafür keine Gründe gefunden haben. Adorno galten größere Entwürfe und Würfe nach einzelnen Philosophen, die mitunter zu Anwürfen wurden, offensichtlich mehr als eine spezifische Philosophie des Rechts.

Aus seinem größten Entwurf selbst heraus, dem einer grundlegenden Kritik bürgerlicher Gesellschaft und ihrer Rationalitätsformen, mag das verständlich werden, kann sich also eine Begründung dafür finden lassen, warum eine spezielle Philosophie oder Soziologie des Rechts, die sich womöglich in positivistischen Einzelheiten und vielleicht doch vergleichsweise unbedeutenden Details verloren hätte, Adorno nicht sehr interessiert haben wird. In der *Negativen Dialektik* klingt ein entsprechendes Motiv dafür an in seinem in der näheren Ausführung bloß kursorisch ausfallenden Verdikt, wonach Recht zwar das *Urphänomen irrationaler Rationalität*[5] sei, die Irrationalität der gesellschaftlichen Rationalität als ganze aber galt Adorno als der eigentlich entscheidende Wurf.

Es interessierte ihn eine Vernunftkritik, die ihrem eigenen Anspruch nach in ihrem Kern immer auch Gesellschaftskritik sein wollte. Sie strahlt auf seine Forschungen ab und spricht aus ihnen heraus. In beinahe jedem seiner Einzelprojekte taucht das Motiv der Kritik bürgerlicher Gesellschaft auf. Adorno selbst nannte diese Projekte seine materialen Arbeiten[6], um aber sogleich darauf zu verweisen, daß zwischen seiner Vernunftkritik aus der *Negativen Dialektik*, seinem Spät- und Hauptwerk, in dem er einen abstrakten Kern jener Kritik entfaltet, und den Inhalten seiner anderen Arbeiten gerade dem Impetus der Theorie selbst entsprechend kein Kontinuum existiere. Die *Negative Dialektik* beschreibe keine Methode, die sich abstrakt über jeden konkreten Inhalt legen ließe, vielmehr zwinge der je besondere Inhalt des Gedachten zu seiner eigenen Methode[7], was indes den Begriff der Methode, der analytisch Verallgemeinerbarkeit implizieren dürfte, exakt so zweifelhaft macht, wie sein Inhalt Adorno immer war.[8]

Gerade daß sich kein Kontinuum zwischen seinen Arbeiten und den in der *Negativen Dialektik* aus Not „allgemein behandelten"[9] abstrakt-theoretischen Ausführungen erkennen[10] ließe, sei ein Faktum, dessen Analyse selbst sogar „Anweisungen" zum Denken[11] bereithalten sollte, nämlich diejenige, daß am Gegenstand selbst zu denken und über ihn nicht a priori eine methodische, und das bedeutete auch: eine

---

[5] Adorno, *Negative Dialektik*, S. 304.

[6] *Negative Dialektik*, a.a.O., S. 9.

[7] besonders eindringlich in: Rolf Tiedemann (Hg.), *Theodor W. Adorno, Vorlesungen zur Negativen Dialektik, Fragmente zur Vorlesung 1965/66*, S. 15, der von einem Methodenpluralismus Adornos spricht. Adorno sprach in den *Vorlesungen* zur *Negativen Dialektik* von Fundamentalüberlegungen, die dann in sehr vielen materialen, inhaltlichen Arbeiten von ihm ausgeführt seien. A.a.O., S. 15.

[8] vgl. aus den *Vorlesungen*, S. 15.

[9] Adorno, *Negative Dialektik*, S. 10.

[10] was freilich dialektisch die Überlegung evoziert, ob dem nicht eben doch schon etwas Methodisches anhaftet, zumindest nämlich ein Prinzip der Methodenfreiheit, so Adorno auch selbst in den *Vorlesungen*, S. 204.

[11] Adorno, *Negative Dialektik*, S. 9.

begriffliche Struktur zu legen sei.[12] Darauf wird im Kapitel über die *Negative Dialektik* dann näher eingegangen werden.

Fast hat es danach den Anschein, als hätte Adorno es auch deswegen als nur wenig lohnend empfunden, sich näher mit Recht auseinanderzusetzen, weil sich hierzu alles für ihn Bedeutsame offensichtlich in wenigen, dafür um so markigeren Sätzen sagen ließ. Die Idee und die Praxis des positiven Rechts galten ihm letztlich nicht viel mehr als ein gesonderter Abhub einer gesellschaftlichen Rationalität, die zugleich in hohem Maße irrational war, weil sie sich weder ihrer Genese aus Natur bewußt war, deren Gewalt sie nur reproduzierte und reproduzieren half, noch ihre Identität mit der entstandenen gesellschaftlichen Tauschlogik kritisch reflektierte, die schließlich, so wie alles Gesellschaftliche, auch das Recht erfaßt hatte. Denn mit der von Adorno benutzten Wendung vom *Urphänomen* irrationaler Rationalität, die das Recht darstelle, kann angesichts zahlreicher anderslautender Offenbarungen schwerlich gemeint gewesen sein, daß alle gesellschaftliche Unvernunft in der spezifischen, noch später zu erläuternden Unvernunft des Rechts wurzele. Mehr vielleicht läßt sie sich so verstehen, daß ihm Recht als eines der ältesten Phänomene irrationaler Rationalität galt, einer Rationalität, die es ihrer Form nach noch näher darzustellen gilt.

Es scheint nämlich so, als sei Recht in seiner abstrahierenden, die Besonderheiten der Einzelfälle programmatisch außer acht lassenden und Einzelphänomene ganz gezielt unter Oberbegriffe bündelnden, und das heißt im Fachjargon subsumierenden Verfahrensweise[13] von Adorno als so etwas wie ein *Prototyp* der auch genau so im Ganzen wirkenden instrumentell-vernünftigen gesellschaftlichen Unvernunft betrachtet worden. Es läßt sich auf der Basis der Kritik am von Adorno so genannten *identifizierenden Denken*, das in der *Negativen Dialektik* zum Gegenstand der Kritik wird, jedenfalls zeigen, daß er jenes Denken im gesellschaftlichen Feld des Rechts besonders dezidiert und eben stellvertretend für alle subsumierend verfahrende Vernunft am Wirken sah.

---

[12] so Adorno selbst, *Negative Dialektik*, S. 9, womit er den Blick des einzelnen, besonderen Subjekts auf das einzelne, je besondere Objekt gerichtet wissen wollte, von dem das Subjekt erst seine Methode gleichsam empfangen sollte. Vgl. zum Gewaltaspekt in der Methode etwa die *Einleitung* zur *Metakritik der Erkenntnistheorie*, GS Bd. 5, S. 18ff., 20.

[13] vgl. zum Lernziel und zur konsentierten Verfahrensweise der syllogistischen Subsumtion etwa Joachim Vogel, *Juristische Methodik*, Berlin/New York 1998, S. 174f.: „Syllogismus und Subsumtion sind in (Ausbildung und) Praxis die zwingende Struktur (Logik) der Darstellung von Rechtsanwendungen. Richter und Verwaltungsbeamte müssen ihre Entscheidungen (syllogistisch) auf Rechtssätzen gründen und (subsumierend) die Entsprechung zwischen deren Tatbeständen und den Einzelfällen darlegen: §§ 313 Abs. 3 ZPO, 267 Abs. 3 Satz 1 StPO, 39 Abs. 1 Satz 2 VwVfG. Es wäre schlicht (verfahrens-)fehlerhaft, eine richterliche oder Verwaltungs-Entscheidung darauf zu stützen, sie ergebe sich aus der Gesamtschau von Topoi, für sie sprächen die besseren Argumente oder sie folge intuitiver Richtigkeitsüberzeugung, die dem hermeneutischen Prozeß standgehalten habe." Indes verlangen die genannten Normen nicht zwingend eine syllogistische Darstellung der Anwendung und Entscheidung, sondern verlangen vor allem etwa die Bezeichnung der angewendeten Normen (§ 267 III StPO) und die Entscheidungsgründe (§§ 313 III ZPO; 39 I 2 VwVfG).

aa) Ziele der Untersuchung

Gleichwohl wird auch diese Arbeit eine noch fehlende umfassende Untersuchung von Adornos „Rechtsverhältnis“ nicht leisten können. Sie erhebt diesen Anspruch auch nicht. Denn sie will - mit Ausnahme der dargestellten Implikationen in Kapitel III - weniger dokumentarisch und interpretierend im Hinblick darauf vorgehen, was sich an Äußerungen Adornos zum Recht finden ließe und wie das zu verstehen sei, als vielmehr - ganz so wie von Adorno immer wieder gefordert - dessen negativ-dialektisches Denken für eine Analyse und Kritik der praktischen Vernunft positiver Jurisprudenz am Beispiel des Strafrechts fruchtbar machen und Adornos philosophische Betrachtungen, seien sie dem Recht und dessen Vernunft gewidmet oder auch anderem, eben nicht bloß irgend repetieren. Allenfalls sind daher so etwas wie Vorstudien darüber möglich, wie eine umfassende Kritik des Rechts aus der Perspektive Adornos aussehen müßte, nicht mehr. Im Rahmen des genannten Kapitels III wird insofern versucht werden, zum einen eine Art von Interpretation der wesentlichen Ausführungen Adornos zum Recht im allgemeinen darzulegen, die eine Ahnung davon zu vermitteln sucht, was man womöglich hätte erwarten können, wenn Adorno übers Recht mehr geschrieben und von seinen methodologischen Einzelheiten mehr gewußt oder zumindest diskutiert hätte[14]. Zum anderen wird sein in wenigen Beiträgen[15] angedeutetes Verhältnis zum positiven zeitgenössischen Recht, insbesondere zum Strafrecht und zur Funktion und Wirkungsweise bürgerlicher Strafe, zu erläutern sein. Ausführungen Adornos zum sonstigen öffentlichen Recht oder gar zum Zivilrecht finden sich daneben keine.

In die Einzelheiten vor allem der Probleme der Rechtsanwendung vor dem Forum der kritisierten Verfahrensweise der Vernunft wird diese Arbeit dann im Anschluß daran gehen. Hier dann, in Kapitel IV, wird im Hinblick auf das von Adorno geforderte und in Kapitel II zu skizzierende Denken der Nichtidentität entfaltet, was dieses inmitten identifizierender Rechtsdogmatik praktisch bewirken kann, wenn es „falsche“ Identitäten aufspürt und hinterfragt. Hier soll also mit Hilfe der von Adorno so genannten Denkanweisungen[16] in den positiven Rechtsbetrieb hineingedacht und etwas von dem aufgezeigt werden, wie sich diese im Hinblick auf die kritische Diskussion einzelner Kasuistiken umsetzen lassen könnten. Der Verfasser geht davon aus, daß der Kern der *Negativen Dialektik*, der Adornos Anweisungen expliziert, einen für die kritische Betrachtung von Dogmatik und

---

[14] Eine kurze Kritik an einem zumindest partiell zu oberflächlichen und aufgrund der Fortschritte juristischer Methodenlehre zu undifferenzierten Verständnis Adornos vom positiven Recht und der entsprechenden Theorie - jedenfalls dem zeitgenössischen der Bundesrepublik - klingt bei Jochen Bung, *Subsumtion und Interpretation*, Baden-Baden 2004, S. 13f. an, auf dessen Kritik noch im einzelnen eingegangen wird.

[15] Dazu gehören neben den oben genannten noch die Passagen aus der zusammen mit Max Horkheimer verfaßten *Dialektik der Aufklärung*, GS Bd. 3, S. 258ff., und weitere Stellen in der *Negativen Dialektik*, u.a. auf S. 282f., S. 211ff., die zur Logik der Strafe, ihrem Verhältnis zur Gerechtigkeit und zur heute, angesichts mancher Ergebnisse der neurobiologischen (Hirn-) Forschung, wieder modern gewordenen Frage des Determinismus Stellung nehmen. Schlaglichtartige Bezüge finden sich aber auch in der *Einleitung* zu *Zur Metakritik der Erkenntnistheorie*, GS Bd. 5, S. 36 und den *Minima Moralia*, GS Bd. 4, S. 288f.

[16] die ebenfalls in Kapitel II dargelegt werden.

Rechtsanwendung so erheblichen wie unabgegoltenen Gehalt aufweist, den diese Arbeit besonders für Strafjuristen, in Kapitel III aber auch schon im Hinblick auf eine allgemeine Kritik der subsumierenden Rechtsvernunft, freilegen möchte. Sie will am Beispiel von einzelnen Fällen aus der Praxis, ihrer rechtlichen Einordnung und anhand der Erörterung eines dogmatisch-theoretischen Gegenstandes aus der Strafrechtswissenschaft[17] zeigen, wie sich ein von Adorno skizziertes negativ-dialektisches Denken für die Jurisprudenz sowohl in der Theorie als auch in der Praxis, im übrigen auch derjenigen der Juristenausbildung, auswirken könnte.

Dabei ist hier freilich mit dem Beispielsbegriff, dem methodenkritischen Denken der *Negativen Dialektik* entsprechend, mit Bedacht verfahren worden. Es handelt sich bei der folgenden Darlegung von Rechtsproblemen nicht um die Behandlung von an sich nur beiher Spielendem, das ansonsten keine Bedeutung habe, sondern bloß einem Prinzip oder einer Methode zur Veranschaulichung ihrer selbst diene. Denn dadurch würde der so funktionalisierte Gegenstand selbst als unbedeutender in den Hintergrund gedrängt von einer Methode, die aber doch gerade erst zu seiner Erkenntnis oder, um im adornitischen[18] Jargon zu bleiben, seiner (Er-)Lösung führen sollte.[19] Vielmehr geht es, und das macht die Arbeit dann schließlich doch noch zu einer auch originär strafrechtsdogmatischen, um die problembewußte und mit - bei aller Vorsicht vor dem Terminus - aus *der Sache selbst* folgenden neuen Ansätzen angereicherte Erörterung bekannter strafrechtlicher Probleme aus Theorie und Praxis. Originär ist die Arbeit daher unter anderem darin, daß sie zum ersten Mal eine vertiefte Rezeption Adornitischer Texte und Gedanken für eine immanente Kritik der praktischen Vernunft positiver Jurisprudenz versucht.

bb) Bisherige Rezeption Adornos durch die Rechtswissenschaften

Weder die gesellschafts- und vernunftkritischen Überlegungen Kritischer Theorie im allgemeinen noch die von Adorno im besonderen sind, sieht man von der Rezeption der *Habermas*schen Diskurstheorie ab, die aber auch nur noch schwer zur Kritischen Theorie gerechnet werden kann[20], durch die deutsche Rechtswissen-

---

[17] wiewohl sich freilich Theorie und Praxis in den dogmatischen Begriffen des Rechts, die historisch betrachtet durchaus praxisgetränkt sind, immer verschränken, eine Aufteilung daher nur schwer möglich ist.

[18] vgl. zu den attributiven Begriffsschöpfungen „adornitisch“, „adornesk“ oder „adornoesk“ Roger Behrens' *Adorno-Abc*, Leipzig 2003, S. 22f.

[19] diese Praxis der Behandlung von Beispielen, die Adorno Platon zuschreibt und die die Philosophie nach ihm nur wiederholt habe, wird von ihm insbesondere kritisiert. Vgl. *Negative Dialektik*, S. 10. Adorno nannte sein Denken vielmehr eines in Modellen, in denen sich der bewußt negativ-dialektische Gedanke einer Sache widmete, auf die es gerade auch ankam.

[20] Den Begriff der Kritischen Theorie hat der Aufsatz Max Horkheimers, *Traditionelle und kritische Theorie*, in: Max Horkheimer, Gesammelte Schriften 1936-41, Band 4, Hg. von Alfred Schmidt und Gunzelin Schmid Noerr, Frankfurt/M. 1981, S. 162ff., geprägt, der ihn von dem der traditionellen Theorie abgrenzen wollte. Beide unterscheidet grob skizziert die Richtung, immanente und unversöhnliche Gesellschaftskritik an den bestehenden Zuständen zu üben, mit dem Ziel, diese zu überwinden oder, so die traditionelle Theorie, in diesen Zuständen aufgehend, arbeitsteilig integriert, Theorie betreiben zu wollen, die ihrer Reproduktion dient. In diesem Sinne wird die Habermassche Diskurstheorie hier als traditionelle Theorie verstanden. Vgl. dazu auch die Einschätzung von Habermas selbst in: ders., *Die neue Unübersichtlichkeit*, Frankfurt/M. 1985.

schaft gesondert rezipiert worden. Das mag zum einen, wie gesagt, daran liegen, daß aus dieser Richtung zum Recht wenig[21] verlautbart wurde, was seinerseits seinen Grund wiederum darin finden dürfte, daß außer *Franz Neumann*[22] dem engeren Kreis der frühen oder späteren Frankfurter Schule kein Jurist zugehörte.[23] Bezüge in der deutschen Rechtswissenschaft auf die Kritische Theorie sind gewiß auch daher selten und wenn, dann meist - womöglich aufgrund der räumlichen, vielleicht aber auch geistigen Nähe - durch die linksliberale und strafrechtskritische Frankfurter Schule des Strafrechts[24] vorgenommen worden.

Eine Ausnahme für die spärliche Beachtung Kritischer Theorie durch die Rechtswissenschaft bildet etwa der Rezeptionsansatz von *Felix Herzog*[25], der seinen Begriff von Kritischer Theorie als ein Programm und eine Methode zu einer wiederum kritischen Theorie der Strafe nutzte und dabei auf einige klassische Texte der Frankfurter Schule[26] zurückgriff, der indes die Schriften Adornos nur sehr vereinzelt beachtete. Ebenso ist eine Abhandlung von *Walter Kargl*[27] zu nennen, der

---

[21] Von Max Horkheimer lassen sich Ausführungen zur Wirkungsweise von Recht in seiner Racket-Theorie finden, in: *Die Rackets und der Geist*, in: Gesammelte Schriften Bd. 12, a.a.O., S. 287ff. und in seinem Beitrag *Zur Soziologie der Klassenverhältnisse*, a.a.O., S. 75ff.

[22] Zu seinem insbesondere rechtsberatenden Bezug zum Institut für Sozialforschung (IfS) vgl. die historischen Rekonstruktionen bei Rolf Wiggershaus, *Die Frankfurter Schule*, München/Wien 1986, S. 251ff., 254ff. Bedeutende, auch Juristisches verarbeitende Beiträge von ihm sind der Aufsatz über *De(n) Funktionswandel des Gesetzes im Recht der bürgerlichen Gesellschaft*, in: Zeitschrift für Sozialforschung 6/1937 - wieder abgedruckt in Franz Neumann, *Demokratischer und autoritärer Staat*, Frankfurt/M. 1967, S. 31ff. - und *Behemoth. Struktur und Praxis des Nationalsozialismus 1933-1944*, Frankfurt/M. 1998. Vgl. auch die Literaturübersicht zu Franz Neumann, bei Rolf Wiggershaus, a.a.O., S. 761f.

[23] Otto Kirchheimer - vgl. zu ihm und zu seinen von Horkheimer „höflich distanziert" (Wiggershaus) gehaltenen Beziehungen zum IfS wiederum Wiggershaus, a.a.O., S. 258ff., und unten Kapitel III, S. 143, Anm. 214 - und wohl auch Ernst Fraenkel können ebenfalls noch zu einem erweiterten Kreis der Mitarbeiter des IfS zählen, hatten aber genausowenig wie Neumann Einfluß darauf, daß sich in der Kritischen Theorie etwas wie ein eigenes ausgearbeitetes Verhältnis zum Recht, etwa eine Kritische Theorie des Rechts entwickelt hätte.

[24] Otto Lagodny etwa, *Strafrecht vor den Schranken der Grundrechte*, Tübingen 1996, S. 37, spricht auch in bezug auf diese inzwischen von der „sogenannten ‚Frankfurter Schule'". Vor ihm bereits Claus Roxin, AT I, § 2, Rn 29. Vgl. kritisch zu diesem Etikett aus der Binnenperspektive Winfried Hassemer, *Einleitende Bemerkungen zu »Kritik und Rechtfertigung des Strafrechts an der Jahrtausendwende« - Eine kritische Analyse der »Frankfurter Schule«*, in: Ulfrid Neumann; Cornelius Prittwitz, *Kritik und Rechtfertigung des Strafrechts*, Frankfurt/M. 2005, S. 9ff.

[25] ders., *Prävention des Unrechts oder Manifestation des Rechts*, Frankfurt/M. 1987.

[26] so auf die *Dialektik der Aufklärung*, a.a.O., andere Beiträge Horkheimers, auf Herbert Marcuses *Eindimensionalen Menschen*, München 1994, oder die *Soziologischen Exkurse* des Instituts für Sozialforschung, Hamburg 1991.

[27] ders., *Gewalttaten zwischen Anpassung und Widerstand - Eine Erinnerung an Adornos „Kriminologie der Gewalt"*, in: Lüderssen, Klaus (Hg.), *Aufgeklärte Kriminalpolitik oder Kampf gegen das Böse, Bd. II, Neue Phänomene der Gewalt*, Baden-Baden 1998, S. 102ff. Adorno hat indes, was Kargl auch nicht behauptet, der Untertitel aber nahelegt, keine gesonderte Kriminologie der Gewalt verfaßt. Das, was Kargl an manchen Thesen Adornos in diesem Beitrag zusammenfaßt, kann indes, wie es Kargl auch zu Recht tut, als Grundlage einer dann kriminologischen These über die Genese von Gewaltkriminalität verstanden werden. Kargl bezieht sich hier auf die in Adornos Exil in den USA entstandenen *Studien zum autoritären Charakter*, Frankfurt/M. 1973 und den *Band Erziehung*

verschiedenen Arbeiten Adornos sogar eine „Kriminologie der Gewalt“ zu entnehmen vermag und der eine Ahnung davon vermittelt, wie bedeutsam die vernunft- und gesellschaftskritischen Thesen Adornos auch aus kriminologischer Sicht sein dürften, die in ihrem Gehalt aber längst nicht abgegolten sind - freilich dann nicht, wenn man seine gesellschaftskritischen Thesen zu teilen, zumindest aber nachzuvollziehen vermag.

Andere epistemologisch, ontologiekritisch, rechtshistorisch, rechtstheoretisch oder rechtsmethodologisch motivierte Bezüge lassen sich daneben bei *Klaus Lüderssen*[28], *Wolf Paul*[29], *Ulfrid Neumann*[30], *Stephan Braum*[31] und neuerdings bei *Jochen Bung*[32] finden - allesamt Strafrechtslehrer und/oder Rechtsphilosophen aus Frankfurt/Main, wobei vor allem letzterer auch einen Bezug zu Äußerungen Adornos herstellt, die seine spezifische Rechtskritik betreffen. Von Adorno selbst findet sich in einem Sammelband zur Strafrechtsreform von 1963 ein Beitrag zur Reform des Sexualstrafrechts[33], der unter anderem auf eine Initiative des inzwischen emeritierten Frankfurter Strafrechtslehrers *Herbert Jäger*[34] zurückgeht und Adorno scheinbar ohne viel Mühe ein erstaunlich positives Votum zum Strafrecht abringt, was ebenfalls noch näher betrachtet wird.

---

zur Mündigkeit, Vorträge und Gespräche mit Hellmuth Becker 1959-1969, hg. von Gerd Kadelbach, 4. Aufl., Frankfurt/M. 1975.

[28] ders. nimmt in *Erfahrung als Rechtsquelle*, Frankfurt/M. 1972, S. 30ff., u.a. eine Auseinandersetzung mit Adornos Beiträgen zum Positivismusstreit vor, die nach einer erst sachlich-logischen Analyse dann in die für die damalige Zeit wohl gängige Polemik gegen Adorno abdriftet, die aber Adornos Kritik am Primat subjektiv gesetzter Logik nicht hinreichend beachtet; dazu dann in Kapitel II. Vgl. insbes. die Bezüge Lüderssens zu „Dialektischer Philosophie“ a.a.O.

[29] ders., *Marxistische Rechtstheorie als Kritik des Rechts*, Frankfurt/M. 1974, der zwar ausweislich seines Literaturverzeichnisses einige Bezüge auf Schriften Adornos und Horkheimers herstellt, die sich dem Ideologiebegriff und dem epistemologischen Status der marxistischen Theorie widmen, sich aber im Text dann nicht vollständig explizit finden lassen.

[30] ders., *Rechtsontologie und juristische Argumentation: zu den ontologischen Implikationen juristischen Argumentierens*, Heidelberg 1979, der hierbei aber nur vergleichsweise schlagwortartig (S. 9, 44, 97) auf Adornos Ontologiekritik und auch die am positiven Recht verweist, die die vor allem auch herrschafts-legitimierende Funktion und Wirkung jedweder Ontologien - wie Neumann zeigt, auch für das Recht - bezeichnet.

[31] ders., *Geschichte der Revision im Strafverfahren von 1877 bis zur Gegenwart: zugleich eine Kritik der Kontinuität politischer Macht im Recht*, Frankfurt/M. u.a. 1996, der für seine Reflexionen über die Gewalt des Rechts, die er - ganz den Gedanken Adornos aus der *Negativen Dialektik* folgend - als Gewalt bürgerlicher Gesellschaft in Auschwitz kulminieren sah, vgl. a.a.O., bes. S. 241, in der Rezeption durch die gängige Kommentarliteratur Verständnislosigkeit hervorruft. Hanack etwa bezeichnet sie bloß als „wenig brauchbar“. Vgl. LR-Hanack, vor § 333, Rn 9, Anm. 22.

[32] ders., *Subsumtion und Interpretation*, Baden-Baden 2004.

[33] ders., *Sexualtabus und Recht heute*, in: Herbert Jäger, Fritz Bauer u.a. (Hg.), *Sexualität und Verbrechen*, Hamburg/Frankfurt/M. 1963, S. 299ff. Der Beitrag findet sich in den GS Adornos in Bd. 10/2, S. 533ff.

[34] der sich, wie er mir in einer E-mail-Korrespondenz mitteilte, noch gut an die Entstehungsbedingungen des Beitrages und die für die Herausgeber bedeutsame Rolle des Adorno-Textes erinnern konnte. Über dessen Thesen zum Strafrecht sei indes nicht gesondert gesprochen worden.

Um die wenigen Äußerungen Adornos zum Recht schließlich besser, das heißt aus dem Kontext seiner Philosophie heraus, verstehen zu können, deren Analyse dann der immanenten Auseinandersetzung mit dogmatischen Einzelproblemen vorgeschaltet wird, beginnt die Arbeit in Kapitel II nach einer nun folgenden kurzen Einführung mit einer Darlegung der Grundgedanken der *Negativen Dialektik*. Dabei werden auch vereinzelt neuere Beiträge zur fraglichen Arbeit Adornos berücksichtigt. Allerdings, dem hiesigen Erkenntnisinteresse und dem Umfang der Arbeit geschuldet, nur eine kleinere Auswahl.

b) Einführung in die Problemstellung

Dem Verfasser erscheint es indes zu abstrakt, direkt und ohne Vermittlung der Problematik in die *abstracta* der negativen Philosophie Adornos einzutauchen, ohne also zuvor einen Abriß darüber zu geben, was mit ihr zum einen für die Praxis der Strafrechtsdogmatik, zum anderen für das methodische Handwerk der Fallbetrachtung an Handfestem serviert wird.

Adorno war es, wie schon angedeutet und folgend in Kapitel II ausführlich erläutert, um die Verdeutlichung der in der begrifflichen Vernunft liegenden Dialektik zu tun, darum etwa, über deren immanente Unvernunft aufzuklären. Ihm lag gesondert daran, die immanente Schwäche des Begriffs gegenüber seinem Gegenstand, dem von seinem Begriff bezeichneten Nichtbegrifflichen, zu reflektieren, das den Begriff und damit dessen Vernunft in seinem Anspruch widerlegte, die bezeichneten Dinge in ihrem Begriff ganz erkennen zu können. Er war vielmehr der Auffassung, daß diese Schwäche untilgbarer Bestandteil begrifflicher Vernunft sei und daß die Subsumtion eines Gegenstandes unter seinen Begriff diesen notwendig immer auch verfehlen mußte. Allein das dürfte schon den Verdacht erregen, daß damit freilich auch und besonders Probleme für den Bereich des Juristischen angesprochen waren, insbesondere für den der Rechtsfindung.

Um diesen Verdacht gegen den hinsichtlich einer spezifisch immanenten Schwäche angeschuldigten Begriff nun einführend noch zu erhärten, wird folgend, gleichsam im Rahmen eines erkenntnistheoretischen Vorverfahrens, anhand eines strafrechtlichen Falles in einen Prozeß der Vermittlung jener immanenten Schwäche des Begriffs eingetreten, deren Problematik im Anschluß an die dogmatische Darstellung auch eine rechtstheoretische und -methodologische Verankerung erfährt.

aa) Der Fall

Der benannte Fall stößt in ein Herzstück strafrechtlicher Streitigkeiten vor: in das berühmte Abgrenzungsproblem von Diebstahl und Betrug. Entschieden wurde er in den 70er Jahren durch das OLG Hamm.[35] Seine Problematik im weiteren Sinn wurde später vom OLG Zweibrücken dem Bundesgerichtshof vorgelegt.[36] Seine Grundstruktur, sofern man davon sprechen darf, ist zudem Gegenstand zahlreicher Beiträge aus dem dogmatischen Schrifttum, was dazu prädestinierte, hier erörtert zu werden.

---

[35] OLG Hamm OLGSt. § 263, S. 165, m. zust. Anm. Gerd Geilen in: Jura-Kartei 1979, § 263/2.

[36] vgl. BGHSt 41, 198ff.

Das OLG *Hamm* hatte zu entscheiden, ob das Verhalten einer Person, die in einem Supermarkt den Inhalt eines Windelkartons vollständig gegen Zigarettenstangen austauschte (Windelkartonfall[37]), diesen an der Kasse als Windelkarton abrechnen ließ und dann den Kassenbereich verließ[38], als Diebstahl oder als Betrug gewertet werden sollte. Die Frage lautete, übersetzt in die Sprache der Normen, ob sich das an den Abrechnungsvorgang anschließende Ansichnehmen der Ware als eine Wegnahme der Zigarettenstangen darstellte oder ob die Vorlage des Kartons an der Kasse als eine konkludente[39] Täuschung galt, die irrtumsbedingt[40] zu einer schädigenden Verfügung seitens der Kassenperson, also einer Dreiecksverfügung[41], führte.[42]

Grundlegend entwickelt sich diese Problematik vor dem geläufigen Hintergrund, daß der BGH[43] und die herrschende Ansicht[44] im Schrifttum davon ausgehen, daß zwischen beiden Normen ein Exklusivitätsverhältnis bestehe, das über den begriffs-logischen Ausschluß von Wegnahme und Verfügung vermittelt werde.[45] Be-

---

[37] so die Terminologie von Christian Roßmüller und Guido Roher, *Diebstahl und Betrug im Selbstbedienungsladen*, in: Jura 1994, S. 469ff., 475.

[38] Dies war zwar in den meisten Fällen nicht der Fall, vielmehr wurden die Täter noch im selben Bereich durch Detektive gestellt, die die Vorgänge beobachtet hatten - ein Grund dafür, warum die Taten überhaupt entdeckt wurden. Dennoch soll hier auf die gesonderte Problematik der Frage nach der Vollendung verzichtet werden.

[39] so Johannes Wessels und Thomas Hillenkamp, *Strafrecht Besonderer Teil* 2, Rdnr. 498; krit. dazu Elmar Vitt, *Anm. zu OLG Düsseldorf, NStZ 1993, S. 286*, in: NStZ 1994, S. 133, 134; ähnlich Michael Pawlik, *Das unerlaubte Verhalten beim Betrug*, Berlin u.a. 1995, S. 87.

[40] Der Irrtum, eine Fehlvorstellung über Tatsachen, vgl. Sch/Sch-Cramer, § 263, Rn 33, 34, weist das Problem auf, das durch die nur konkludente Täuschung entsteht. Sein Inhalt, also der Inhalt der Fehlvorstellung hängt davon ab, was man zuvor als konkludent vorgespiegelte Tatsache ansieht. Zumeist dürfte das Vorgespiegelte so auf den Begriff gebracht werden, daß die Person, die die Ware vorlegt, damit auch konkludent zum Ausdruck bringt, daß sie diese und nur diese kaufen wolle und keine andere Ware in der Verpackung enthalten sei. Der Kassenperson dürfte das dann vermittels der Wendung vom sachgedanklichen Mitbewußtsein oder vom ständigen Begleitwissen als Bewußtseinsinhalt zugeschrieben werden. Vgl. dazu Sch/Sch-Cramer, § 263, Rn 39.

[41] Daß es sich, wenn, hierbei um einen klassischen Dreiecksbetrug handelte, ist unstreitig, weil die Verfügung der Kassenperson nach allen vertretenen Theorien, vgl. den Überblick bei LK-Tiedemann, § 263, Rn 112ff., und Sch/Sch-Cramer, § 263, Rn 65ff., dem Inhaber des Vermögens zugerechnet würde.

[42] Die Frage, inwiefern hier auch ein Forderungsbetrug - mit einer Verfügung durch unbewußtes Unterlassen - gegeben sein kann, soll außen vor gelassen werden. Vgl. dazu aber u.a. Thomas Hillenkamp, *Der „Einkauf verdeckter Ware: Diebstahl oder Betrug? – BGHSt 41, 198*, in: JuS 1997, S. 217, 221; Roßmüller/Rohrer, a.a.O., S. 472, die sich gegen diese Möglichkeit aussprechen, weil sonst der Sachbetrug ausgehebelt würde. Dazu auch Uwe Hansen, *Die subjektive Seite der Vermögensverfügung beim Betrug*, in: MDR 1975, S. 533ff., 536; Harro Otto, *Grundkurs Strafrecht BT*, § 51 III 3 a, aa.

[43] Vgl. etwa BGHSt 7, 252, 255; 17, 205, 209; 18, 221, 223.

[44] u.a. Lackner-Kühl, § 263, Rn 26; Sch/Sch-Cramer, § 263, Rn 63, jeweils m.w.N.; vgl. auch die Zusammenstellung bei Thomas Geiger, *Zur Abgrenzung von Diebstahl und Betrug*, in: JuS 1992, S. 834; zur Gegenansicht vgl. Anm. 42.

[45] vgl. BGHSt 17, 205, 208f.; eine Ausnahme bilden die Beiträge von Rolf-Dietrich Herzberg, *Betrug und Diebstahl durch listige Sachverschaffung*, in: ZStW 89 (1977), 367ff., 374, und Olaf Miehe,

trug sei ein Selbstschädigungsdelikt, bei dem - jedenfalls beim Sachbetrug - sich das Opfer durch eine bewußte[46] und freiwillige Vermögensverfügung[47], zumeist eine *Gewahrsam*übertragung[48], selbst schädige. Diebstahl sei ein Fremdschädigungsdelikt, bei dem dem Opfer eine Sache ohne oder gegen dessen Willen[49] weggenommen werde. Einmal gehe daher der Gewahrsam an der Sache bewußt und freiwillig verloren, einmal unfreiwillig. Entscheidend für die Abgrenzung beider Normen sei also die innere Willensrichtung[50].

Logisch kann daher dort, wo eine freiwillige Vermögensminderung, also der Verlust des Gewahrsams an einer Sache gewollt ist, eine Wegnahme nicht gegeben sein.[51] Es liegt dann ein den Tatbestand des § 242 StGB ausschließendes Einverständnis[52] vor, das dann - sofern man das Geschehen in betrugsdogmatischen Begriffen ausdrückt - auch das Moment des Bewußten und Freiwilligen der Vermögensverfügung meint.

Unbewußte Verfügungen, Gießen 1987, die zu Recht darauf verweisen, daß eine Exklusivität von Tatbeständen nicht bloß postuliert werden könne, sondern sich aus der Struktur der Tatbestände selbst ergeben müsse. (Inwiefern es freilich solche Strukturen „gibt" oder diese nur gleichsam tautologisch behauptet werden, ist eine andere Frage, die folgend implizit mit verhandelt wird.) Seien Fälle denkbar, in denen unter Anwendung der entwickelten Auslegungsergebnisse eine Schnittmenge beider Normbereiche, also eine Tateinheit anzunehmen wäre, so sei das Exklusivitätsdogma eben für diese Fälle außer Kraft gesetzt. Beide sehen solche Bruchstellen dort, wo das Opfer seine Vermögenswerte dem deliktisch gesonnenen Täter auf eine Art und Weise aushändigt, also den Gewahrsam an ihnen bewußt lockert, daß im Sinne des Betrugstatbestandes von einer schadensgleichen Vermögensgefährdung gesprochen werden kann, womit in der bewußten und freiwilligen Lockerung auch eine Verfügung gesehen werden muß. Zugleich bildet der anschließende Gewahrsamsbruch durch den Täter, der darin gesehen wird, daß mit der Sache nicht mehr absprachegemäß verfahren wird, der Täter also ein eigenständiges Herrschaftsverhältnis über die Sache begründet, eine Wegnahme, nämlich die Begründung neuen Gewahrsams, jetzt ohne den Willen des Inhabers. Das Geschehen ließe sich unter dem Aspekt der natürlichen Handlungseinheit zu einer Handlung zusammenfassen, die tateinheitlich beide Delikte verwirklicht, sofern man nicht auf der Ebene der Gesetzeskonkurrenz die schadensgleiche Gefährdung als mitbestrafte Vortat des Diebstahls durch diesen konsumiert sehen möchte.

[46] vgl. u.a. BGHSt 41, 198, 202; BGH, NJW 1952, 782, 783; OLG Hamm NJW 1969, 620, 621; Lars Brocker, *Das Passieren der Kasse mit „versteckter Ware" – OLG Düsseldorf NJW 1993*, S. 1407, in: JuS 1994, S. 919, 920; Geiger, a.a.O., S. 834, 835.

[47] Vgl. OLG Düsseldorf NJW 1988, 922; OLG Hamm NJW 1969, 620; LK-Ruß, § 242, Rdnr. 37.

[48] vgl. nur Jan Zopfs, *Anmerkung zu BGH NStZ 1995, S. 593*, in: NStZ 1996, S. 190; anders Leonhard Backmann, *Die Abgrenzung des Betrugs von Diebstahl und Unterschlagung*, Köln u.a. 1974, der für den Sachbetrug zwecks Abgrenzung zu den Zueignungsdelikten sogar eine Eigentumsübertragung fordert. Abl. dazu Karl Heinz Gössel, *Rezension zu Backmann, Leonhard*, a.a.O., in: JA 1976, S. 463ff.; Manfred Maiwald, *Besprechung von Backmann, Leonhard*, in: ZStW 91 (1979), S. 923ff.; Miehe, a.a.O., S. 22 und Herzberg, a.a.O., S. 370.

[49] vgl. m.w.N. Lackner-Kühl, § 242, Rn 14.

[50] vgl. nur BGHSt 18, 221, 223; Lackner-Kühl, § 263, Rn 26; Sch/Sch-Cramer, § 263, Rn 63; dagegen wohl nur noch Rudolf Schmitt, *Nehmen oder Geben, ist das hier die Frage?*, in: Manfred Seebode (Hg.), Festschrift für Günter Spendel, Berlin/New York 1992, S. 575ff., der auf das äußere Erscheinungsbild abstellt.

[51] zur Frage der Überschneidung bei Vermögensgefährdung vgl. oben Fn 45.

[52] statt vieler Sch/Sch-Eser, § 242, Rn 36.

Beiden Merkmalen, der Verfügung und der Wegnahme, wird damit - bekanntlich anders als bei dem Verhältnis der §§ 249, 253 StGB, in dem jedenfalls die Rechtsprechung das äußere Tatbild (Geben oder Nehmen) entscheiden lassen möchte[53] - ein Willenselement subintelligiert, das sich auf den Gewahrsamswechsel richten muß. In Fällen wie dem vorliegenden schließt sich damit nahtlos die Frage an, welches Maß an Kenntnis im Hinblick auf den fraglichen, den Gewahrsam wechselnden Gegenstand bei der zur Verfügung berechtigten oder den Gewahrsam innehabenden Person gegeben sein muß, um hinsichtlich seiner einen Verfügungswillen und ein Verfügungsbewußtsein entwickeln oder um - spiegelbildlich im Diebstahlsjargon - ein Einverständnis in den Gewahrsamswechsel geben zu können. Was oder wieviel muß also die verfügende Person vom Gegenstand kennen?

aaa) konkretes (individuelles) Verfügungsbewußtsein

Der Streit gilt inzwischen, jedenfalls nach einem vordergründigen Blick in die Literatur, dahin gehend als entschieden, als von einer bewußten Verfügung nur insoweit gesprochen werden könne, sofern durch den - meist konkludent - täuschenden Täter derart auf den fraglichen Gegenstand verwiesen wird, daß dieser vom Verfügungswillen und einem diesem zugrundeliegenden Verfügungsbewußtsein erfaßt wird. Dabei ist von der hierfür notwendigen *Konkretisierung* des Verfügungsbewußtseins[54] durch *Individualisierung* des Gegenstandes die Rede[55]. Der Verfügungswille beziehe sich nämlich nur auf den Gegenstand, also auf diejenige Ware, die durch die Vorlage an der Kasse und das Eintippen des zugehörigen Preises identifiziert und dadurch individualisiert werde.[56]

Christian Roßmüller und *Guido Rohrer*, zwei Autoren, die sich bislang am gründlichsten mit den Voraussetzungen der Konkretisierung des Verfügungsbewußtseins beschäftigt und einen ausgearbeiteten Beitrag dazu vorgelegt haben, konkretisieren das Erfordernis der Individualisierung insofern weiter, als diese voraussetze, daß die fraglichen Gegenstände als von anderen Gegenständen verschiedene bestimmt worden seien[57], wobei beide aber offenlassen, wodurch diese Bestimmung genau erfolgen solle und könne.

Für den Fall des OLG Hamm hieße das, daß die Zigaretten in der Windelverpackung als Ware individualisiert worden sein müßten, also als von anderen Waren verschieden bestimmt. Dies geschehe nach den bisherigen Ausführungen dann durch eine Identifizierung, vermittelt durch das Vorlegen und das Eintippen des Preises. Hiernach bezöge sich das Verfügungsbewußtsein aber nur auf einen Karton mit Windeln und nicht auf die Zigaretten. Die damit noch ungeklärte Frage ist

---

[53] unstreitig seit BGHSt 7, 252, 254; vgl. m.w.N. Sch/Sch-Eser, § 249, Rn 2; § 253, Rn 31.

[54] Geilen, a.a.O.; Klaus Geppert, *Anmerkung zu OLG Düsseldorf NJW 1988, S. 922*, in: Jura Kartei 1988 StGB § 263/28.

[55] so Vitt, a.a.O., S. 133f.; dann von Roßmüller/Rohrer, a.a.O., 469ff., 471 weiter entwickelt.

[56] vgl. Sch/Sch-Cramer, § 263, Rn 63a, der für seine Wendung auf die Beiträge von Vitt, a.a.O., S. 134; Roland Schmitz, *Abgrenzung von Diebstahl und Betrug bei Warenmitnahme im Supermarkt*, in: JA 1993, S. 350, 351, Brocker, a.a.O., S. 919, 921, und Roßmüller/Rohrer, a.a.O., S. 469, 471 verweist.

[57] dies., a.a.O., S. 471.

diejenige: Läßt sich begründen, daß sich das für den Verfügungswillen nötige Bewußtsein gleichwohl auch auf die Zigarettenstangen bezog? Hat also die Kassenperson den Gewahrsam an den Zigarettenstangen bewußt und freiwillig übertragen, oder ging der Gewahrsam an diesen nicht vielmehr zumindest ohne ihren Willen verloren, wenn man annimmt, daß der Kunde danach den Markt unbehelligt verließ?

bbb) generelles (abstraktes) Verfügungsbewußtsein

Das OLG *Düsseldorf* tat sich damit bei der Entscheidung zwei ähnlich gelagerter, meist mit dem des OLG Hamm verglichener Fälle leichter, die *Roßmüller* und *Rohrer* in ihrem Beitrag ebenfalls untersuchten und die hier kurz dargestellt werden sollen.

aaaa) CD-Fall

1993 verurteilte das OLG Düsseldorf in einem Fall aus Betrug, in dem der Täter eine Musik-CD so in seinem Einkaufswagen plazierte, daß diese von der Kassenperson, die dem Täter das Passieren der Kasse mit dem Einkaufswagen gestattete, nicht mehr gesehen werden konnte.[58] Das OLG Düsseldorf argumentierte, die Kassenperson habe bewußt über die CD verfügt, weil sie es dem Täter gestattet habe, mit dem Einkaufswagen den Kassenbereich zu passieren. Damit habe sie auch die Erlaubnis erteilt, die sich im Wagen befindenden Sachen einzupacken, sei sich also der vermögensbeeinflussenden Wirkung ihrer Erlaubnis bewußt gewesen. Insofern sie von der Vollständigkeit der erfaßten Waren ausging, habe sie sich lediglich in dem durch den Täter hervorgerufenen Irrtum über die tatsächlichen Verhältnisse befunden.[59]

Die sich an diesem Urteil entzündende, sogleich im einzelnen darzustellende Kritik des Schrifttums und der Rechtsprechung, die schließlich zu dem erwähnten Vorlagebeschluß des Bundesgerichtshofes[60] führte, ähnelt der, die das OLG Düsseldorf auch schon durch ein Urteil aus dem Jahre 1987 auf sich gezogen hatte, als es hinsichtlich des zweiten Falles vergleichbar entschied:

bbbb) Winkelschleiferfall

Ein Kunde hatte Waren, zwei Trennscheiben, in der Verpackung einer anderen Ware, einem Winkelschleifer, versteckt und mit dem Karton, in dem die Originalware noch enthalten war, den Kassenbereich passiert. Die Kassenperson hatte nur den Winkelschleifer entsprechend dem Preis berechnet, der auf dem Karton ange-

---

[58] vgl. OLG Düsseldorf NJW 1993, S. 1407f. = NStZ 1993, S. 286, m. abl. Anm. Kristian F. Stoffers, JR 1994, S. 204ff., 207, der allerdings eine Begründung schuldig bleibt. Zustimmend zu diesem Urteil Heike Jung, *Abgrenzung von Diebstahl und Betrug*, in: JuS 1993, S. 779; entschieden ablehnend aber *Vitt*, a.a.O., S. 133; Schmitz, a.a.O., S. 350ff.; Brocker, a.a.O., S. 919ff.; Gregor C. Biletzki, *Die Abgrenzung von Diebstahl und Betrug*, in: JA 1995, S. 857ff., 859; Harro Otto, *Die neuere Rechtsprechung zu den Eigentumsdelikten*, in: Jura 1997, S. 466ff.

[59] Vgl. OLG Düsseldorf, a.a.O., S. 1408.

[60] BGHSt 41, 198ff., mit Anm. Hillenkamp, a.a.O., S. 217ff.; Zopfs, a.a.O., S. 190f.; Uwe Scheffler, JR 1996, S. 342ff.; Bernd von Heintschel-Heinegg, *Diebstahl oder Betrug*, in: JA 1996, S. 97ff.; Harro Otto, Jura Kartei 1996, StGB § 242/17.

geben war.[61] Das OLG entschied auf Betrug und sah in der Übergabe oder der Gestattung des Ansichnehmens des Kartons samt Inhalt eine bewußte Vermögensverfügung in der Form einer Gewahrsamsübertragung. Es unterliege, so die Begründung, keinem Zweifel, daß die Kassenperson den Gewahrsam an dem Karton bewußt und gewollt auf den Angeklagten übertragen habe, nachdem sie den hierfür berechneten Kaufpreis erhalten hatte. Sie sei davon ausgegangen, den Gewahrsam an dem Karton samt Inhalt, das heißt samt Trennscheiben, zugunsten des Kunden aufzugeben. Die Unkenntnis nicht berechneter Ware in dem Karton beseitige dieses Bewußtsein nicht, sondern verschleiere nur die vermögensschädigende Wirkung der Verfügung.[62]

Das OLG Düsseldorf fragte mithin nicht danach, was die Kassenperson hinsichtlich der fraglichen Ware dachte, sondern ging im CD-Fall von einem Gestatten des Ansichnehmens aller im Wagen befindlichen Gegenstände[63], im Winkelschleiferfall von einem Gestatten des Ansichnehmens des Kartons samt Inhalt aus, nahm hier also eine bewußte Verfügung auch über den Inhalt des Kartons an.[64]

Die diese Urteile kommentierende Literatur hat diesbezüglich von einem seitens des OLG Düsseldorf angenommenen „generellen Verfügungsbewußtsein“[65] oder einem „generellen Einverständnis“[66] in den Gewahrsamswechsel gesprochen. Die Kassenperson habe, so meine es nach dieser Lesart das OLG, ein generelles Verfügungsbewußtsein über die Gegenstände sowohl im Einkaufswagen als auch über die im Karton. Davon ist in diesen Urteilen zwar nicht explizit die Rede, die Auffassung des OLG Düsseldorf ist damit aber wohl zutreffend interpretiert.

Diese Interpretation wurde dann ebenfalls zutreffend mit der Begründung angegriffen, die Kassenperson könne in beiden Fallkonstellationen keinesfalls ein generelles Verfügungsbewußtsein haben, wolle also nicht den Gewahrsam an allen Waren im Karton oder im Wagen übertragen, sondern nur den Gewahrsam an den von ihr als Ware berechneten Dingen. Daß es sich hierbei um durchaus notwendige Zuschreibungen handelt, steht außer Frage und wird durch die normative Erwägung unterstrichen, daß ein solches Verfügungsbewußtsein schon deswegen nicht gegeben sein könne, als sich die Kassenperson damit viel zuviel Verantwortung aufbürdete.[67] Bei dem Hindurchschmuggeln ohne jede Wahrnehmung sei daher das vom OLG Düsseldorf behauptete generelle Verfügungsbewußtsein vielmehr eine

---

[61] OLG Düsseldorf NJW 1988, S. 922ff.

[62] OLG Düsseldorf, a.a.O., S. 924; wiedergegeben in der Anmerkung von Winfried Hassemer in: JuS 1988, S. 574ff., allerdings - entgegen der Anmerkung von *Scheffler*, a.a.O., S. 343, Fn 9 - ohne jede Wertung.

[63] OLG Düsseldorf NJW 1993, S. 1407, 1408.

[64] OLG Düsseldorf NJW 1988, S. 922, 924.

[65] so Brocker, a.a.O., S. 919, 921.

[66] Roßmüller/Rohrer, a.a.O., S. 472.

[67] so zu Recht Vitt, a.a.O., S. 133, 134; ähnlich Schmitz, a.a.O., S. 350ff., der auf mögliche Schadensersatzverpflichtungen verweist.

bloße Fiktion[68]. Gewahrsam werde vielmehr nur an den wahrgenommenen, weil präsentierten und abgerechneten Waren übertragen.[69]

Dieser Auffassung schloß sich schließlich der BGH in dem eingangs erwähnten Vorlagebeschluß an.[70] Dabei kam es auch diesem darauf an, daß sich das Verfügungsbewußtsein auf einen bestimmten Gegenstand, eine bestimmte Ware konkretisieren müsse.[71] Dies geschehe ihm zufolge dadurch, daß die Kassenperson die Preise der vorgelegten Waren in die Kasse eintippe und sie dem Kunden berechne[72]. Nur auf diese Waren beziehe sich der Kaufvertrag, und nur diese Waren wolle die Kassenperson folgerichtig auch übereignen.[73] Gewahrsam an Ware, die von vornherein nicht zur Abrechnung vorgelegt werde, die also die Kassenperson nicht wahrnehmen könne, könne auch nicht bewußt übertragen werden.[74]

Diese Entscheidung, die die Kritik an den Urteilen des OLG Düsseldorf teilweise wortwörtlich aufgriff, fand Zustimmung im Schrifttum.[75] Für die Lösung des OLG-Hamm-Falles hilft sie aber deswegen noch nicht unmittelbar weiter, weil sie bereits dem Winkelschleiferfall keine Aufmerksamkeit schenkte. Der BGH bezog bei seinem Beschluß, aus der Natur des Vorlageverfahrens nach § 121 II GVG heraus, nur die vorgelegte Fallgestaltung in die Entscheidung ein, die der des CD-Falles glich. Er behandelte also nur die Frage der im Einkaufswagen unerkannt vorbeigeschleusten Ware[76]. Mithin kann für den Fall des Winkelschleifers weiterhin nur spekuliert werden.

Überträgt man aber die entwickelten Kriterien, ergeben sich auch in bezug auf den Winkelschleiferfall Zweifel an dem Urteil des OLG Düsseldorf. Wenn der Kassenperson ein Verfügungsbewußtsein nur dann zugeschrieben werden kann, wenn sie die Ware als vorgelegte wahrnimmt, sie durch das Eintippen in die Kasse konkretisiert und dem Kunden berechnet, dann dürfte das auch für die im Karton versteckten Trennscheiben gelten[77], die aber kaum als vorgelegte Ware wahrgenommen worden sein konnten und auch durch Eintippen des Preises in die Kasse nicht als Ware konkretisiert wurden.

Hat man sich nunmehr aber auf diese Kriterien zur Begründung eines nicht bloß fingierten Verfügungsbewußtseins geeinigt, dann muß auch der OLG-Hamm-Fall

---

[68] so zuerst Schmitz, a.a.O., S. 350ff., 351 für den CD-Fall; eine Wendung, die der BGH, a.a.O., S. 203, schließlich übernimmt.

[69] Anders wohl SK(6.Aufl.)-Samson/Günther, § 263, Rn 80 a.E., die - auf ein objektiv als Übertragung zu deutendes Verhalten abstellen - eine Vermögensverfügung annehmen und dem OLG Düsseldorf zustimmen.

[70] BGHSt 41, 198ff.

[71] BGHSt 41, 198, 203.

[72] BGH, a.a.O.

[73] BGH, a.a.O.

[74] BGH, a.a.O., S. 202.

[75] So bei Scheffler, a.a.O., S. 342ff. und bei Zopfs, a.a.O., S. 190ff.

[76] vgl. BGHSt 41, 198, 200.

[77] so auch Schmitz, a.a.O., S. 350, 351 der auch für diesen Fall von einer reinen Fiktion eines Verfügungsbewußtseins ausging, und Brocker, a.a.O., S. 919, 921, der allerdings explizit auf die Sichtbarkeit der Ware als Konkretisierungskriterium abstellt, was auch Rossmüller/Rohrer, a.a.O., S. 474 tun, die davon ausgehen, daß ein Verfügungsbewußtsein gegeben sei, sofern der Karton durchsichtig gewesen wäre.

unter diese subsumiert und muß gefragt werden, ob er sich so als ein Betrugsfall lösen ließe. Hierfür müßten dann die Zigaretten im Windelkarton als Ware vorgelegt und durch das Eintippen des Preises und das Berechnen konkretisiert, nach *Roßmüller* und *Rohrer* individualisiert, als von anderen Waren verschieden wahrgenommen worden sein. Aber sind sie das?

Man muß es zumindest ablehnen, daß die Kassenperson die Zigarettenstangen visuell als von anderen Waren verschiedene Ware wahrgenommen hat. Weil Wahrnehmung aber nicht nur die visuelle Wahrnehmung meinen muß, man vielmehr auf alle Sinnesorgane abstellen könnte, könnte man auch von einer haptischen Wahrnehmung ausgehen, hat die Kassenperson den Karton doch weiter in die Ablage geschoben. Im Gegensatz zu den Trennscheiben im Winkelschleiferfall waren die Zigaretten haptisch - so könnte man es mit der gleichen Not ebenfalls noch formulieren - auch noch als von anderen Waren verschieden wahrnehmbar, weil nur sie und keine sonstigen Waren den Karton füllten.

Man kann zwar des weiteren, auf das Kriterium der Vorlage abstellend, auch noch behaupten, daß die Zigaretten der Kassenperson als Ware im falschen Karton vorgelegt worden seien. Aber zum einen gilt das für die Trennscheiben im Winkelschleiferfall auch, die wie die Zigaretten in falscher Verpackung vorgelegt werden, und zum anderen wurde ihr Preis weder eingetippt noch berechnet. Reicht das also aus?

Diese Frage läßt sich mit den entwickelten Kriterien, wie man sieht, nicht ohne weiteres überzeugend entscheiden. Nicht nur die Subsumtion unter die genannten Prämissen wirkt alles in allem nur wenig überzeugend, auch die Prämissen an sich sind schon wenig gesichert.

Legt man nämlich auf den Topos der Wahrnehmung als Ware entscheidenden Wert, also auf eine Berührung der Sinnesorgane, kann eine haptische Wahrnehmung schon leicht daran scheitern, daß, wie es häufig der Fall sein dürfte, die Ware automatisch nur auf dem Band entlangläuft. Von daher hinge dieses Kriterium stark von einer bloß zufälligen Berührung ab.

Das spricht dafür, sich aufgrund der Differenz des Windelkartonfalles zu den anderen Fällen, die vor allem in dem vollkommenen Austausch der Ware besteht, nicht weiter damit aufzuhalten, eine brüchige Subsumtion zu versuchen oder neue Prämissen zu bilden, und die Subsumtion unter den Topos des Verfügungsbewußtseins nach den genannten Prämissen mit einem *non liquet* abzulehnen. Aber man merkt selbst hierbei, daß auch eine negative Entscheidung keine voll zufriedenstellende ist.

Wer sich mit einer bloßen Ablehnung daher auch nicht zufriedengibt, sind die eingangs schon erwähnten *Roßmüller* und *Rohrer*. Sie entwickeln für Konstellationen wie den Windelkartonfall eine neue, die Überlegungen zu den Prämissen zumindest ergänzende Lösung und meinen, diese zum einen mittels eines zu einer analogen Behandlung zwingenden Fallvergleichs zu erreichen, zum anderen unter Zuhilfenahme einer anerkannten dogmatischen Figur aus dem Vorsatzbereich.

ccc) Verfügungsvorsatz und unbeachtlicher Objektsirrtum

Für den Vergleich ziehen sie den fiktiven Fall eines Milchkastens heran, in dem drei von sechs Milchflaschen durch täuschend ähnlich wirkende Batida-Flaschen ersetzt wurden und der beim Abrechnen der Kassenperson mitsamt den Flaschen visuell zugänglich gemacht wurde. Diese entnahm aber dem Äußeren des Kastens mitsamt den gut sichtbaren Flaschen, daß es sich bei allen Flaschen um solche mit Milch handelte, übersah also, daß es sich bei dreien von ihnen um Batida-Flaschen handelte und berechnete nur den Preis für Milch.[78] Für diesen Fall gehen *Roßmüller* und *Rohrer* davon aus, daß die Kassenperson bewußt über die Batida-Flaschen verfügt habe, weil sie sie als berechnete Ware individualisiert habe. Sie seien schließlich als von anderen Waren verschiedene bestimmt worden, wobei die Voraussetzung dieser Bestimmung, etwa mittels visueller Wahrnehmung, weiterhin nicht explizit gemacht wird. Sie seien zwar nicht *identifiziert* worden, was auch nicht gefordert werde[79], aber ausreichend individualisiert. Und schließlich, so die nun entscheidende Neuerung in der Debatte, sei die Kassenperson täuschungsbedingt einem Objektsirrtum - der Begriff ist aus der Vorsatzdogmatik geläufig[80] -, einem *error in obiecto*, unterlegen, also einem Irrtum über die Identität des Objekts. Dieser sei aber, so die beiden Autoren, unbeachtlich. Wann ein solcher Irrtum beachtlich werden könne und ob überhaupt, wird dabei nicht ausdrücklich gesagt.

Mit dieser Überlegung wollen sie nun zugleich auch den Windelkartonfall des OLG Hamm auflösen. In diesem, so heißt es, sei wie beim Milchkastenfall Ware *ausgetauscht* worden. Dieser Warenaustausch sei, so meinen beide, die entscheidende Parallele beider Fälle, die es erlaube, eine analog zu behandelnde Fallgruppe zu bilden.

Der Austausch sei nämlich jeweils geschehen, so der Rekurs auf den Tätervorsatz, um bei der Kassenperson eine „Fehlvorstellung ... über die Gattung des Abrechnungsobjektes hervorzurufen"[81]. Die Kassenperson rechne im Windelkartonfall aufgrund des Austausches die Zigaretten als Windeln ab. Der Irrtum über „Gattung und Wert der abgerechneten Objekte" sei aber auch hier wiederum unbeachtlich.[82] Auch im Windelkartonfall unterliege damit die Kassenperson einem unbeachtlichen Irrtum und verfüge daher bewußt.

ddd) Verstecken oder Vertauschen

Es komme also, so die beiden Autoren, maßgeblich darauf an, ob die Ware in anderer Ware versteckt sei oder aber gegen andere Ware vertauscht. Ist sie ver-

---

[78] Roßmüller/Rohrer, a.a.O., S. 471, 2. Spalte unten.

[79] dies., a.a.O.

[80] Beide argumentieren plausibel, das Verfügungsbewußtsein sei so etwas wie der Vorsatz auf die Verfügung. Vgl. dies., a.a.O., S. 472, 1. Spalte oben. Man müßte dann konsequent weiter formulieren, daß die Entscheidung des OLG Düsseldorf eine Art *dolus generalis* auf alle Waren in Karton und Einkaufswagen annahm. Zudem könnte man im Hinblick auf die weiteren Ausführungen der beiden davon sprechen, daß für den Fall des Winkelschleifers der Vorsatz die Trennscheiben deswegen nicht erfaßt hat, weil im Hinblick auf den Winkelschleifer selbst ein Vorsatzverbrauch vorliegt.

[81] dies., a.a.O., S. 475.

[82] dies., a.a.O.

tauscht, verfüge das Kassenpersonal bewußt über die Ware, die dann als andere abgerechnet werde. Ist sie in der alten Ware versteckt, zu dieser hinzugefügt[83], mache sich das Kassenpersonal nicht eine falsche, sondern gar keine Vorstellung von der Ware[84], so daß keine Verfügung gegeben sei. Die Grenze verlaufe klar und deutlich: Hätte der Täter „in einen vollen Windelkarton einige Päckchen oder Stangen Zigaretten reingesteckt - Diebstahl. Hätte er einen Teil der Windeln rausgenommen und durch Zigaretten ersetzt – Sachbetrug."[85]

aaaa) Rezeption durch *Hillenkamp*

Es kommt hiernach also, soviel noch zur These der Autoren, entgegen der ohne Abstriche zustimmenden Rezeption der *error in obiecto*-Analogie durch Hillenkamp[86], nicht auf einen vollständigen Austausch der Originalware an, was dieser aber annimmt[87] und was auch einer gewissen Folgerichtigkeit der Figur des *error in obiecto* geschuldet zu sein scheint. Vielmehr reicht für die Autoren auch ein Teilaustausch! Gerade der Gedanke eines Identitätsirrtums legt aber nahe, daß Objekt des Irrtums der visuell wahrnehmbare Karton ist, der entgegen der Auffassung der Kassenperson kein Karton voller Windeln, sondern voll mit Zigaretten ist, also „eigentlich" oder „in Wahrheit" einen Zigarettenkarton darstellt - also eine Identität besitzen könnte, die die Kassenperson verkennt, so, wie von ihr auch die Identität der Batida-Flaschen verkannt werde. *Roßmüller* und *Rohrer* meinen das so aber nicht. Auch bei einem Teilaustausch, so heißt es bei ihnen ausdrücklich, werde dann eben der Teil der Ware, der nicht die Originalware ist, als solche - hier also als Windeln - abgerechnet, also bloß unbeachtlich in seiner Identität verwechselt.

bbbb) Kritik am *error*-Topos

Wenn auch die Frage danach, ob nach Tätervorstellung die Kassenperson die Zigaretten als Windeln abrechnen *sollte*[88], nicht den Ausschlag geben kann, weil hiermit Subjektives impliziert ist und ein Schluß vom Tatplan auf das Objektive beweisrechtlich nicht plausibel ist, wirkt die Begründung eines bloßen Objektsirrtums *prima facie* trotzdem schlüssig, insbesondere, wenn man den Fall mit dem der vertauschten Milchflaschen vergleicht. Wenn die Batida-Flaschen versehentlich für Milchflaschen gehalten und abgerechnet werden, könnte man nämlich auch formulieren, daß im Fall des OLG Hamm genauso versehentlich Zigaretten als Windeln abgerechnet wurden.

Doch *Roßmüller* und *Rohrer* erweitern mit diesem Ansatz die geschilderten konsentierten Prämissen letztlich nicht überzeugend. Sie nehmen die Herausforderung der abweichenden Fallkonstellation nicht wirklich an. Es findet vielmehr, gleichsam

---

[83] dies., a.a.O.

[84] dies., a.a.O., S. 476.

[85] dies., S. 475.

[86] Hillenkamp, a.a.O., S. 217, 221, der hier auch den *error in obiecto*-Begriff übernimmt.

[87] vgl. ders., a.a.O., S. 222, Fn 54; erst der vollständige Austausch führe zum Betrug. Gerade der hierfür gegebene Verweis auf den Beitrag Roßmüller/Rohrers, a.a.O., S. 471 macht aber deutlich, daß auch hier nur ein Teilaustausch gemeint ist.

[88] Die auf Teleologisches verweisende „um zu"-Wendung meint die Täter-Vorstellung, daß die Kassenperson Zigaretten als Windeln abrechnen soll!

unterderhand, eine wieder abstrahierende Abkehr von den bislang gebildeten Prämissen statt, indem zum einen das Moment der sei es visuellen, sei es haptischen Wahrnehmung der Ware ausgeblendet wird und die Frage nach einer Vorlage der Zigaretten als Ware und nach der Individualisierung der Zigarettenstangen als von anderen Waren getrennt jedenfalls explizit nicht mehr aufgeworfen wird, obwohl sie - aufgrund der Gleichsetzung des mit diesen Prämissen gelösten Milchkastenfalles - implizit noch enthalten sein müßten.

Es stellt sich daher nach der Gleichsetzung mit dem Milchkastenfall mit Nachdruck die Frage, wodurch die Kassenperson im Windelkartonfall die Zigaretten als von anderen Waren getrennt bestimmt, also individualisiert haben soll? Dieser Nachdruck wird dadurch noch gesteigert, daß nicht nur ein kompletter Austausch einen unbeachtlichen Objektsirrtum begründen soll, sondern, wie gezeigt, auch ein Teilaustausch. Wie aber soll die Kassenperson teilweise gegen Windeln ausgetauschte Zigarettenstangen im Karton noch individualisieren können?

Auch wird nicht mehr, wie noch beim Milchkastenfall, von einer nicht nötigen *Identifizierung* der Zigaretten als Zigaretten gesprochen, und der Begriff vom *error in obiecto* als einem unbeachtlichen *Identitäts*irrtum, der beim Milchkastenfall noch griff, wird hinfällig und durch einen *Wert-* und *Gattungs*irrtum ersetzt.

Warum diese Topoi nun aber unter dem zur analogen Behandlung angeblich prädestinierenden Aspekt des *Vertauschens* von Ware aufgegeben, jedenfalls nicht mehr aufgegriffen werden, ist unklar. Legt man sie, die im Milchkastenfall für *Roßmüller* und *Rohrer* ja noch den Ausschlag gaben, weiterhin an, wird auch nach den sonstigen Vorstellungen der beiden Autoren das Ergebnis wieder so fraglich, wie eingangs dargelegt.

Denn, um es noch einmal zu sagen, die Kassenperson hat die Zigaretten gar nicht, jedenfalls nicht visuell, wahrgenommen. Sie hat sie, anders als die Batida-Flaschen, eben nicht sehen können. Inwiefern sie die Zigaretten damit als Ware individualisiert, als von anderen verschieden bestimmt haben kann, bleibt offen, weil das Bestimmen, jedenfalls den Beispielen zufolge, an die visuelle Wahrnehmbarkeit geknüpft zu sein scheint. Ein Irrtum über die Identität der Zigaretten als abgerechnete Ware scheint dann aus dem gleichen Grund fraglich. Auch ein Identitätsirrtum scheint schließlich darauf zu beruhen, daß man den Gegenstand, um dessen Identität es geht, zumindest gesehen, ihn also optisch vermittelt für etwas gehalten hat, das er nicht ist - und daß hiermit nicht der Karton als „eigentlicher" Zigarettenkarton gemeint sein kann, wurde oben gezeigt. Es scheint daher auch hier die Annahme näherzuliegen, daß die Kassenperson kein Verfügungsbewußtsein hinsichtlich der Zigaretten hatte, sich dieses vielmehr nur auf die abgerechneten Windeln bezog und eben nicht, wozu die These vom unbeachtlichen Gattungsirrtum aber führt, wieder blind auf alle Gegenstände im Karton, sofern diese nur „vertauscht" seien.

Sosehr die Begriffe vom Verstecken und Vertauschen auch Parallelen und Differenzen zwischen den einschlägigen Problemfällen hervorheben mögen, so wenig scheinen sie damit geeignet, bruchlose Subsumtionsmöglichkeiten zu gewährleisten, sofern die Fälle unterhalb dieses Topos sich eben doch noch unterscheiden. Die Topoi sind schlicht zu abstrakt und können nicht davon dispensieren, daß der Bezug zum Bewußtsein der Kassenperson wieder über die eingangs erwähnten Prämissen hergestellt werden muß.

Und weil schließlich die Differenzen zwischen den gleichgesetzten Fällen (Milchkasten/Windelkarton) bei genauerer Subsumtion wieder zutage treten und eine Parallele des Windelkartonfalles genausogut zu dem des Winkelschleiferfalles (Unsichtbarkeit des Objekts) bedeuten, legen sie eine analoge Behandlung gerade auch hiermit nahe. Denn auch im Winkelschleiferkartonfall ließe sich ohne weiteres davon sprechen, daß die Kassenperson die Trennscheiben abgerechnet hat - als zu der Ware dazugehörig. Wenn es nämlich davon abhängen soll, daß die Ware nur sichtbar sein muß, um als dazugehörig abgerechnet zu werden, wie die Autoren das selbst sagen[89], wird schließlich die Visualität der Wahrnehmung zum entscheidenden Element, das dann auch entscheidend die Thesen zum Milchkastenfall trägt. Denn im Winkelschleiferfall „weiß" die Kassenperson nichts von den Trennscheiben, wie die Autoren richtig sagen[90], weil sie sie nicht sieht. Im Windelkartonfall „weiß" die Kassenperson aber von den Zigaretten genausowenig - eben aus dem gleichen Grund. Und im Milchflaschenfall „weiß" die Kassenperson deswegen von den Batida-Flaschen und kann sie als abzurechnende Ware individualisiert und bestimmt haben, weil sie sie als Ware optisch wahrnimmt und als „dazugehörig" auffaßt. Es stellt sich daher die Frage, ob die Autoren in ihrer Gleichsetzung nicht etwas Entscheidendes - um im Visualitätsjargon zu bleiben - übersehen haben.

eee) Vertauscht ist auch versteckt

Die phänomenologische Differenz des OLG-Hamm-Falles zu den anderen Fällen, zum Beispiel zum CD-Fall oder dem des Winkelschleifers, die die eingangs gebildeten Prämissen herausgefordert hatte und von *Roßmüller* und *Rohrer* in die Begriffe vom Vertauschen im Gegensatz zum Verstecken gefaßt wurde, tritt in Gestalt dieser Begriffe zwar als eine exklusive Differenz auf. Es muß aber die Frage gestellt werden, ob die begrifflich durch diese exklusive Gegenüberstellung der Topoi vom Vertauschen und Verstecken vermittelte Differenz überhaupt so gegeben ist, wie beide das mit dieser Begrifflichkeit suggerieren.

Versteckt, so müßte man dagegen einwenden, sind nämlich nicht nur die Trennscheiben im Karton des Winkelschleifers oder die CD hinter anderer Ware in einem Einkaufswagen, sondern auch die ausgetauschten Zigarettenstangen - und zwar in der Originalverpackung der Windeln.[91] Auch im Milchkastenfall kann man ein Element des Versteckens erkennen. Sofern man den Fall der Batida-Flaschen nur so bildet, daß der Milchkasten das Etikett der Batida-Marke verdeckt, findet sich auch in diesem Fall eines Austausches ein Element zumindest - wenn schon

---

[89] dies., a.a.O., S. 474, 1. Spalte unten.

[90] dies., a.a.O.

[91] Man kann dagegen zwar noch einwenden, daß die Waren beim vollständigen Austausch aber eben nicht in anderen *Waren*, sondern eben nur in deren Verpackung versteckt seien. Auch dieser Einwand wird dann aber hinfällig, wenn man die ja immer mit veräußerte Verpackung auch zur Ware zählt oder dadurch zählen muß, daß auch die Verpackung Warenwert besitzt, zum Beispiel bei Pfandgütern, oder die Verpackung selbst schon funktional untrennbar Bestandteil der Ware ist.

nicht des vollständigen Versteckens, so doch - des Verbergens, das die Gegenüberstellung der Topoi noch fragwürdiger macht. Gerade das Element des Versteckens, das sich mit dem des Vertauschens hier gar nicht ausschließt, führt zum Phänomen der Unsichtbarkeit der Ware, das die Folgeprobleme und Zweifel bei der Subsumtion aufwirft. *Roßmüller* und *Rohrer* überblenden gleichsam das Element des Versteckens, um den Fall unter die - wenngleich sehr gelehrte und anschauliche - Wendung vom *error in obiecto* zu subsumieren. Aber der überblendete Anteil bleibt, wenn die Subsumtion mit entsprechender deduktiver Genauigkeit vorgeht, wahrnehmbar und drückt sich schließlich wieder erfahrbar in den Zweifeln aus, die die Subsumtion von Beginn an begleitet hatten.

bb) Nichtidentität des Falles mit seinem Begriff

Wer also über die vorgeschlagene Differenzierung den Fall lösen will, löst ihn unter Ausblendung eines Anteils, der in beiden entgegengesetzten Fallgruppen schließlich gleichermaßen gegeben ist. Er löst ihn mit der Subsumtion unter einen Begriff, der, wie sogleich erörtert wird, Adorno zufolge schon als solcher gegenüber seinem Gegenstand notwendig unwahr sein muß, weil er demjenigen, das er bezeichnet, in dessen Vielheit nicht gerecht werden kann. Wie gesehen, werden von dem Begriff sowohl Differenzen als auch Gemeinsamkeiten mit anderen Fällen begrifflich eingeebnet, die gegen die Subsumtion unter eine Prämisse erneut in Stellung gebracht werden und als ausgeblendete Realitätsanteile gegen die exklusive Beschreibung der Fälle geltend gemacht werden könnten.

Diese so benannte Unwahrheit gegenüber der Sache wirkt deswegen aber besonders interessant, weil der Fall des OLG Hamm auf der Ebene des Untersatzes ansonsten an Klarheit wenig zu wünschen übrigläßt. Beweisrechtlich, so ließe sich formulieren, gibt es nicht mehr das geringste Problem. Der Untersatz ist auf der objektiven Tatbestandsebene eigentlich längst gebildet: „Der Täter hat die Windeln aus dem Karton genommen und hat ihn mit Zigaretten gefüllt." Aber, so scheinen die Fragen in der Auseinandersetzung mit der Bildung eines Obersatzes zu lauten, wie läßt er sich sprachlich noch und eben anders bestimmen? Etwa so, daß „er den Inhalt gegen Zigaretten vertauscht hat"? Oder sollte man davon sprechen, daß „er die Zigaretten in der Packung versteckt hat"? Ist, so könnte man nun mit einer Annäherung an einen, vielleicht sogar den zentralen Topos der *Negativen Dialektik* Adornos, den der *Nichtidentität*, fragen, der Fall, wie man ihn zuerst einmal klar wahrnimmt, womöglich mit dieser seiner klaren Beschreibung gar *nicht identisch*? Wird demnach durch seine Beschreibung etwas anderes, was dieser Beschreibung nicht entsprechen mag, ausgeblendet, obwohl es doch auch „da", das heißt wahrnehmbar ist?

Und weiter: Wie sehr prägt die Suche nach seiner subsumierbaren begrifflichen Bestimmung seine Wahrnehmung und seine Beschreibung, und was kehrt in der Wahrnehmung wieder, wenn gegen die Subsumtion unter bestimmte Oberbegriffe, wie den des Vertauschens, Einspruch erhoben wird? Diesen Fragen wird im Folgenden nachgegangen.

Abschließend sei vermerkt, daß der Verfasser aus der gezeigten Schwierigkeit der Subsumtion heraus entgegen *Roßmüller*, *Rohrer* und *Hillenkamp* die Meinung vertritt, daß es sich auch im Windelkartonfall um einen Diebstahl handelt, weil die erforderliche Individualisierung der Zigarettenstangen nicht erfolgt ist. Dabei kann sich auch auf die Kommentierung von *Hoyer*[92] gestützt werden, der - freilich in einer sehr weiten Formulierung - klar sagt, daß ein Einverständnis in die Gewahrsamsaufhebung voraussetze, daß sich der Inhaber nicht über Anzahl und Identität der Gegenstände irren dürfe, an denen er den Gewahrsam aufgebe[93], also einen für den Diebstahl unbeachtlichen Identitätsirrtum damit ablehnt. Daß diese Lösung kriminalpolitisch womöglich bedenklich ist, weil im Hinblick auf § 252 StGB dann sehr ähnlich gelagerte Fall-Gruppen bei anschließenden Gewalthandlungen des Täters mal, wenn - wie im Batida-Fall - § 263 StGB angenommen wurde, nicht unter § 252 StGB, sondern unter §§ 263, 223 (224), 53 StGB subsumiert werden müßten und mal, wenn § 242 StGB angenommen wird, § 252 StGB griffe, was angesichts des Verbrechenscharakters des § 252 StGB zu Wertungswidersprüchen führt, kann hier nicht weiter verfolgt werden. Der BGH jedenfalls hat dazu mit der deutlichen Tendenz Stellung genommen, in allen vergleichbaren Fallgruppen aus Diebstahl zu verurteilen, um diese Widersprüche zu vermeiden.[94]

c) Methodologische Reflexion des Erkenntnisinteresses

aa) Obersatzbildung und Konkretisierung

Man findet sich nun an einer Stelle in der Problemlösung wieder, an der die konsentierten Begriffe, die aus dem Begriff der Vermögensverfügung abgeleitete Kette von Konkretionsschritten nicht mehr weiterhelfen. Das macht zugleich klar, wo man im syllogistischen Subsumtionsmodell steht: im Kontext der Konkretisierung des Obersatzes. Es ist nun hinlänglich bekannt, daß diese ab einer gewissen Tiefe die gesicherten dogmatischen Bahnen verläßt und nur in der Konfrontation mit dem jeweiligen Einzelfall, den Blick zwischen Norm und Fall hin- und herwandern lassend[95], weiter gebildet werden kann, so daß man zuvor nie weiß, ob ein solcher

---

[92] SK-Hoyer, § 242, Rn 49, der dabei auf das Urteil BGHSt 41, 198ff. und die erwähnten Beiträge von Stoffers, a.a.O.; Vitt, a.a.O.; Schmitz, a.a.O.; Zopfs, a.a.O. und Hillenkamp, a.a.O. verweist, wobei – wie gezeigt – Hillenkamp gerade nicht dieser Meinung ist und sich auch bei den anderen genannten Beiträgen jedenfalls solch eindeutige Aussagen nicht finden lassen.

[93] und sich dabei in einen bemerkenswerten Widerspruch zur Kommentierung durch SK (6. Aufl.) -Samson/Günther begibt, § 263, Rn 80 a.E., die - allerdings auch unter Verzicht auf das Element des Verfügungsbewußtseins - explizit den Irrtum über den Inhalt einer Verpackung als für die Vermögensverfügung unbeachtlich ansehen und daher einen Betrug annehmen und daher auch der Entscheidung des OLG Düsseldorf, NJW 1988, 922, zustimmen und sich gegen die Meinungen von Vitt, a.a.O. und Stoffers, a.a.O. stellen. Dieser Fall eines Widerspruchs innerhalb ein und desselben Kommentars, zudem noch ohne gegenseitige Kenntnisnahme, dürfte Raritätscharakter besitzen. Inzwischen, nachdem Hoyer auch die Kommentierung des § 263 StGB (7. Aufl. 2004) übernommen hat, ist dem abgeholfen.

[94] Vgl. BGHSt 41, 198, 203f.

[95] Vgl. das bekannte Diktum von Karl Engisch, *Logische Studien zur Gesetzesanwendung*, Heidelberg 1943, S. 15. Vgl. den Gehalt dieses Diktums kritisch vertiefend Joachim Hruschka, *Die Konstitution des Rechtsfalles*, Berlin 1965, der von Engischs These ausgehend den Prozeß der Rechtsfindung auch als einen der vorentscheidenden Konstitution des Falles selbst begreift und die immanente Logik dieser Vorentscheidung analysiert. Bei ihm lautet Engischs Erkenntnis wie folgt, vgl. etwa,

Fall denn nun noch unter eine Norm - hier der Fall des OLG Hamm unter § 263 StGB - „paßt“[96] (passen soll) oder nicht. Geklärt wird hier die Frage, ob es angemessen ist, einen Fall noch unter die fraglichen Normbegriffe zu subsumieren, was im Zeitpunkt des Normerlasses nicht vorausgesehen werden kann[97], weil die Fülle der Fallgestaltungen nicht vorhersehbar ist. Daß die Ausarbeitung neuer Topoi, die Bildung neuer Prämissen dann wie gesehen auch mit Hilfe der Analogie zu anderen Fällen erfolgt, es bei dieser erweiterten Auslegung also auch um die Abgrenzung der verbotenen zur erlaubten Analogie gehen kann[98], ist ebenfalls geläufig. Und genauso bekannt ist, daß dabei Wertungen vorgenommen werden. Das heißt, daß - neben den üblichen Methoden der Auslegung - auch gesellschaftspolitische Überlegungen herangezogen werden, etwa Wünsche nach Kriminalisierung ihren Niederschlag finden, die dann die herkömmlichen Methoden bloß in ihren Dienst nehmen. Hierbei kommt es dann schließlich auch zu sogenannten notwendigen Zuschreibungen.[99]

Die Suche nach dem subsumtionsfähigen Topos verläuft zudem, davon abgesehen, viel weniger systematisch als vielmehr recht ungeordnet. Dabei werden die Prämissen, die Topoi, immer aus dem Fall herausgearbeitet, die den Fall gleichsam befragende Suche nach relevanten Elementen verläuft immer am Fall, das heißt am konkreten Problem entlang. Mit Rekurs auf antike Rhetoriktraditionen wird das dann auch Topik genannt.[100]

---

a.a.O., S. 9: „Die Tatsachen können nur im Hinblick auf die Rechtssätze ermittelt werden, die Rechtssätze indessen sind nur im Hinblick auf die Tatsachen auffindbar.“ Davon ausgehend betrachtet Hruschka die benannte Logik der Faktengewinnung, und stellt insbesondere das Problem der subjektiven Deutungs- und Interpretationsbedürftigkeit der gefundenen Tatsachen heraus, deren Auswahl auch von einer internalisierten Rechtsidee des Urteilers und nicht nur von der konkreten Norm abhänge. Dabei streift er auch, freilich ohne das so zu nennen, hie und da das auch aus der Perspektivenbedingtheit heraus erkennbare Problem der Nichtidentität des betrachteten Fall-Objekts, der „empirischen Ausgangsbasis“, a.a.O., S. 14, wie er es nennt, das mit seinem sei es Rechts-, sei es Sachverhaltsbegriff - eine Unterscheidung, die zu treffen auch aus der Sicht Hruschkas mitunter nicht leicht fällt, a.a.O., S. 6, S. 23f. -, aufgerufen wird. Vgl. dazu a.a.O., S. 61. Hier soll nun gleichsam in einem weiteren Schritt dargelegt werden, daß die Nichtidentität des Falles mit seinem Begriff nicht nur aus einem Zufall des interessegeleiteten Perspektivenwechsels heraus resultiert und nicht nur als ein Problem diverser Interpretation einer Tatsache auf den Plan tritt, sondern, wie Adorno es sagt, die Identität des Objekts gegen seine begriffliche Bestimmung signalisiert, die es hier folgend im Wege einer kritischen Reflexion des gedanklichen Mediums Begriff und seiner Wirkung zu erörtern gilt.

[96] so, in diesem Kontext, auch die Wortwahl von Joachim Hruschka, a.a.O., S. 49.

[97] Vgl. etwa aus diskurstheoretischer Perspektive Klaus Günther, *Der Sinn für Angemessenheit*, Frankfurt/M. 1988.

[98] statt vieler Arthur Kaufmann, *Analogie und „Natur der Sache“*, Heidelberg 1982; S. 5f.

[99] Vgl. statt vieler Klaus Lüderssen, *Kriminologie*, Baden-Baden 1984, Rn 223ff.; und später ders., *Gebotene Zuschreibung?*, in: Trutz von Trotha (Hg.), Festschrift für Fritz Sack, Baden-Baden 1996, S. 113ff.

[100] Grundlegend dazu Theodor Viehweg, *Topik und Jurisprudenz*, 5. Aufl. München 1974. Es soll hier also keineswegs der Eindruck vermittelt werden, daß sich die folgende Kritik an der Subsumtionslogik der positiven Rechtspraxis an Vorstellungen wie der des sprichwörtlichen Subsumtionsautomaten orientiert, die zudem, worauf Regina Ogorek hinweist, vgl. dies., *Die erstaunliche Karriere des „Subsumtionsmodells“ oder wozu braucht der Jurist Geschichte?*, in: Cornelius Prittwitz u.a.

Um all diese Fragen geht es im Folgenden aber nur am Rande. Jenseits der Auslegungsvorgänge interessieren hier die abschließenden Thesen, gleichsam die Endresultate der sogenannten Gesetzesauslegung[101], die immer mit einem Ergebnis, einem subsumtionsfähigen Begriff, eben der sogenannten Prämisse, enden. Der Obersatz, der im Hinblick auf den Fall - wenngleich auch generalisierend - gebildet wird, führt immer zu einer begrifflichen Fassung des auf der Untersatzebene „gegebenen" Falles; jedenfalls, wenn man, wie im OLG-Hamm-Fall, die Beweisaufnahme abgeschlossen hat. Jeweils spielen Prämissen die im wahrsten Sinne entscheidende Rolle.

Weil immer auch - jenseits aller Wertungen - von dem jeweiligen Fall geprägt, taucht dieser Fall dann im Obersatz in einer anderen Begrifflichkeit wieder auf. Das heißt, die Begriffe, mit denen der Obersatz formuliert wird, werden mit dem Anspruch gebildet, daß sie den Fall, mithin dasjenige, das man - freilich schon mit dem hin- und herwandernden Blick auch auf die Normen - an möglicherweise subsumtionsfähigem Realitätsmaterial vorgefunden hat, begrifflich abbilden. Ansonsten, wollte man auf Realitätsabbildung verzichten, läge diejenige Form der Zuschreibung vor, die *Lüderssen*[102] benennt und die einer bloßen Behauptung dessen gleicht, was im Fall angeblich der Fall sein soll. Wie eng die Grenze zwischen notwendiger und bloß behauptender Zuschreibung verläuft, war nicht nur bei den eben geschilderten „bloßen Fiktionen" zu sehen, sondern wird später in Kapitel IV gezeigt werden.

(Hg.), Festschrift für Klaus Lüderssen, Baden-Baden 1998, S. 127ff. und dies., *De l'Esprit des légendes oder wie gewissermaßen aus dem Nichts eine Interpretationslehre wurde*, in: Rechtshistorisches Journal 2 (1983), S. 277ff., entgegen der landläufigen Meinung auch nicht von Montesquieu stammen. Vielmehr wird auch von diesem ausdrücklich anerkannt, daß der Prozeß der Rechtsfindung gerade nicht eindeutig vom Gesetz vorgegeben ist. Dieser Prozeß wird hier aber weder vertieft untersucht noch bewertet, allenfalls beschrieben und nachgezeichnet. Hinterfragt werden lediglich das Moment, die Mechanismen und die Folgen der Identifikation, die in der Anwendung der gefundenen Prämisse auf ihr Objekt und in der Hypostasierung der Prämisse zum Dogma zum Tragen kommen.

[101] oder die Ergebnisse der topischen Prämissensuche (Viehweg), die Topoi, die aus Angemessenheitsdiskursen hervorgehen (Günther) oder die Resultate jener gebotenen Zuschreibung (Lüderssen), je nachdem wie man den Vorgang nennen, was man also davon in den Vordergrund stellen möchte.

[102] Ders., *Kriminologie*, a.a.O., Rn 224; *Gebotene Zuschreibung?*, a.a.O., S. 113ff., 113, und neuerdings wieder *Grenzen der „Sachkunde" des Gerichts (§ 244 Abs. 4 Satz 1 StPO) für die Beurteilung der inneren Tatseite bei jugendlichen Tätern, speziell mit Blick auf den bedingten Vorsatz*, in: Knut Amelung (Hg.), Festschrift für Hans Ludwig Schreiber, Heidelberg 2003, S. 298ff., der zu Recht anmerkt, daß man den Zuschreibungsbegriff äquivok sowohl für den Prozeß der Prämissenfindung als auch für den der Untersatzbildung benutzen kann, sofern dort - also auf Sachverhaltsebene - nur Behauptungen stattfinden. Daß letzteres auch dort nicht stattfinden darf, wo die Feststellung nur unter äußerst schweren Bedingungen möglich ist, etwa beim Vorsatz, ist Lüderssens Ansatz, der hier geteilt wird. Vgl. dazu auch noch am Ende des Kapitels IV B) a).

bb) Fallbeschreibung durch abstrakte und konkretisierte Begriffe

Seinen Ausgang nimmt das Folgende von der Überlegung, daß die Tatbestände des StGB Verhaltensweisen beschreiben[103] und man in der Beweisaufnahme nach diesen Verhaltensweisen sucht, nachdem in abduktiver Logik mit der Vorkenntnis der Normen der Verdacht strafbaren Verhaltens geschöpft wurde[104]. Allerdings umschreiben die Tatbestände mehr als nur Verhaltensweisen. Sie umschreiben mitunter auch (zum Beispiel bei § 263 StGB) oder hauptsächlich die Folgen (so bei reinen Erfolgsdelikten) oder auch im weiteren Sinne die Umstände (etwa bei Amts- oder Verkehrsdelikten), unter denen das Verhalten stattfindet. Letztlich beschreiben sie immer einen Teil der beobachtungsfähigen und zu bewertenden Wirklichkeit. Sie gehen, so würde Adorno formulieren, auf ein erfahrbares Etwas, ein Objekt, nämlich auf den Fall und auf dessen begrifflich gefaßte Einzelelemente. Nichts anderes vollziehen indes die Sätze unterhalb der Normen, die sogenannten Definitionen und wiederum die Definitionen der Definitionsteile und so fort, allesamt die Begriffe, die der dogmatische Diskurs entwickelt hat. Auch diese umschreiben den Fall.

Wenn im Folgenden weiterhin von Dogmatik geschrieben wird, so ist damit - das zu erläutern scheint angesichts der Vielfalt notwendig, die betrieben wird, wenn Juristen Dogmatik beschreiben[105] - zum einen die Strafrechtsdogmatik im besonderen, zum anderen der Begriff oder der Satz gemeint, der unterhalb der Normebene den Fall beschreibt, zugleich aber auch die Tätigkeit, diese Begriffe oder Sätze hervorzubringen.[106]

Die Deskription des Verhaltens und die Deskription der dieses Verhalten umgebenden und bedingenden Wirklichkeit im besonderen vertieft sich, wie angedeutet, in der Konkretion des Obersatzes. Seine Schritte sind Schritte hin zu einer vertieften und umfassenderen Beschreibung des Falles im Hinblick auf die jeweiligen

---

[103] so etwa Winfried Hassemer, *Tatbestand und Typus*, Köln u.a. 1968, S.11ff.

[104] vgl. Lorenz Schulz, *Normiertes Mißtrauen, Der Verdacht im Strafverfahren*, Frankfurt/M. 2001, S. 273ff.

[105] so Björn Burckhardt, *Geglückte und folgenlose Strafrechtsdogmatik*, in: Albin Eser/Winfried Hassemer/Björn Burckhardt (Hg.), *Die deutsche Strafrechtswissenschaft vor der Jahrtausendwende*, S. 111ff., 112: „Strafrechtsdogmatiker produzieren nicht nur dann Meinungsvielfalt, wenn sie Strafrechtsdogmatik betreiben, sondern auch, wenn sie Strafrechtsdogmatik beschreiben."

[106] An einer weitergehenden Definition des Begriffs oder an einschlägigen Bemühungen wird sich diese Arbeit nicht versuchen. Vgl. zum Begriff der Dogmatik grundlegend Maximilian Herberger, *Dogmatik*, Frankfurt/M. 1981, und zu der unübersehbaren Vielfalt der Vorstellungen zu diesem Begriff stellvertretend für viele Björn Burckhardt, *Geglückte und folgenlose Strafrechtsdogmatik*, a.a.O., S. 112f., m.w.N.; wenn hier eine Definition versucht würde, würde sie lauten: Dogmatik ist Prämissensuche, und ihr Ergebnis ist Sprache, die etwas von der Wirklichkeit der Fälle beschreibt. Deutlich wird dabei, daß Dogmatik zugleich Begriff für eine Tätigkeit als auch für deren Produkt ist. Ähnlich auch Burckhardt, a.a.O., S. 114, der Dogmatik u.a. als Disziplin, die Regeln produziert, als Tätigkeit, als „Produktionsprozeß" und als Produkt begreift und letzteres in den Vordergrund stellt. Wie für Burckhardt, so ist dabei auch für die hiesige Erörterung bedeutsam, daß der Begriff der Dogmatik für das „empirische Merkmal der Kontroversität ... Raum gibt". Vgl. Burckhardt, a.a.O., S. 115, und a.a.O., Anm. 14: „Kontroversität der Dogmatik" meine den Befund, daß das Resultat der Bemühung um Rechtserkenntnis bezüglich eines bestimmten Bereichs meist kontroverse und miteinander unverträgliche Sätze enthält, also nicht widerspruchsfrei sei.

Merkmale, um deren Konkretisierung es geht. Beschrieben wird der Fall damit nicht nur auf der Untersatzebene, sondern eben auch auf der des Obersatzes und notwendig dann abschließend auch auf der Ebene der *conclusio*.

Mit welchen unterschiedlichen Begriffen hier jeweils auch gearbeitet werden mag und wie auch immer sie gefunden werden mögen: allesamt haben sie den Anspruch, den Fall, etwas von dem, was geschehen ist, im Begriff zu erfassen. Ein Fall, so kann man es sagen, ist daher insbesondere dann „gelöst“, wenn man ihn nicht nur mit den alltäglichen Begriffen auf der Ebene des Untersatzes, sondern gerade mit den Begriffen der Tatbestandsseite einer Norm beschreiben kann, und das meint sowohl mit den sogenannten abstrakten Begriffen der Norm als auch mit den diese konkretisierenden Begriffen.[107]

In dieser Beschreibung der Fälle wird nun, auch das ist bekannt, von ihren Besonderheiten abstrahiert. Die Beschreibung, die begriffliche Erfassung des Falles bleibt notwendig selektiv. Immer nur ein Teil dessen, was geschehen ist, findet Eingang in die Subsumtion, weil die Suche geleitet ist von den Begriffen der sich in neuen Topoi gleichsam mitkonstituierenden Norm: nur deren Entsprechung, deren Gegenstand und deren Nichtbegriffliches wird im Fall gesucht, nichts sonst. Der darin liegende und von *Engisch* benannte Prozeß vom Hin- und Herwandern des Blickes, der hierbei grundlegend ist, ist auch unter dem der Philosophie Heideggers entlehnten Topos des hermeneutischen Zirkels[108] bekannt. Die Ermittlung des Falles hat also nicht nur einen notwendig rekonstruktiven, sondern immer auch einen konstruierenden Gehalt, was eben sowohl erkenntnistheoretisch[109] als auch in kritischer Absicht von kriminalsoziologischer Seite[110] längst benannt wurde. Daher will sich die Arbeit auch diesem Problem nicht weiter widmen, als kontextbezogen geboten ist.

Vielmehr interessiert in den folgenden Kapiteln III und IV dasjenige an den Fällen, das mit der in Kapitel II darzustellenden Kritik Adornos an der von ihm benannten und zu begründenden Unwahrheit des Begriffs im allgemeinen als das Nichtidentische des mit Begriffen versehenen Gegenstandes bezeichnet werden kann. Dieses Nichtidentische wäre ihm zufolge zugleich seine Wahrheit gegenüber

---

[107] Die sogenannten „Probleme“, die Fetische eines jeden Studiums des positiven Rechts, sind meist solche Streitigkeiten um die angemessene Benennung, um den richtigen Begriff für den jeweiligen Fall. Besonders deutlich wird das bei den sogenannten Abgrenzungsproblemen; etwa Täterschaft und Teilnahme oder Raub oder Erpressung oder eben, wie geschildert, bei Diebstahl und Betrug.

[108] vgl. klassisch unter Bezug auf den Topos Arthur Kaufmann, *Analogie und „Natur der Sache“*, Heidelberg 1982, S. 70ff.; Joachim Hruschka, a.a.O., S. 55ff.

[109] vgl. Hans Georg Gadamer, *Wahrheit und Methode*, 3. Aufl. Tübingen 1972, S. 250ff., und spezifisch für die juristische Hermeneutik, Josef Esser, *Vorverständnis und Methodenwahl in der Rechtsfindung*, Frankfurt/M. 1972, vgl. auch hierzu wieder Joachim Hruschka, *Die Konstitution des Rechtsfalles*, a.a.O.

[110] von der sogenannten Konstruktivistischen oder Kritischen Kriminologie, vgl. zusammenfassend Karl-Ludwig Kunz, *Kriminologie*, 4. Auflage, Berlin 2004, § 8, Rn 10ff., und grundlegend etwa Ernst von Glasersfeld, *Radikaler Konstruktivismus. Ideen, Ergebnisse, Probleme*, Frankfurt/M. 1996; ansonsten gehört freilich der gesamte *Labeling*-Ansatz hierhin. Vgl. dazu auch Gerhard Hanak, Johannes Stehr, Heinz Steinert, *Ärgernisse und Lebenskatastrophen - Über den alltäglichen Umgang mit Kriminalität*, Bielefeld 1989.

seinen Begriffen. Gesucht werden wird nach der Unwahrheit des juristischen Begriffs im besonderen. Das Nichtidentische an dem, was normgeleitet in die Untersatzebene Eingang findet, wird interessieren, gar nicht so sehr die ohnehin aufgrund des hermeneutischen Zirkels der Rechtsfindung außen vor gelassenen Elemente der Fälle. Wollte man kritisieren, daß Fälle immer nur im Hinblick auf die gesetzten Normen gebildet werden, Vergangenheit also stets nur im Hinblick auf deren Begriffe und nur dahin gehend untersucht und rekonstruiert wird, wäre das vor allem eine normative und damit rechtspolitische Frage danach, was an Umständen des Einzelfalles noch Eingang in die Subsumtion finden, was rechtlich noch bedeutsam sein sollte. Diese eröffnete mithin einen Angemessenheitsdiskurs *de lege ferenda*, erörterte gleichsam die Forderung nach gebotener Zuschreibung.[111]

Aber hier sollen diese Fragen gerade nicht im Vordergrund stehen. Den OLG-Hamm-Fall vor Augen, muß nämlich gesagt werden, daß das, was an tatsächlichen Umständen interessierte, bereits vergleichsweise klar war.[112] Die Selektion der Umstände im Hinblick auf die Norm hatte dort schon ohne Probleme stattgefunden. Genau daran, was hier schon festgestellt, begrifflich vermittelt für den Untersatz aufbereitet wurde, ist die Arbeit im allgemeinen interessiert und im besonderen daran, ob der Rechtsbegriff diesem vermeintlich klaren Gegenstand gerecht wird und ob er die Klarheit auch erfüllt, die er verspricht.[113]

d) Kondiktionsansprüche

Gezeigt werden soll, daß für die Bezeichnung des Falles mit Begriffen dessen Nichtidentität und, daraus folgend, die Unwahrheit der ihn umschreibenden Begriffe eine für die Subsumtion und die Dogmatik, und das heißt auch, aber nicht nur eine für die Prämissenbildung bedeutende und störende und die vielfältigen dogmatischen Diskussionen erst ermöglichende Rolle spielt. Der Fall ist nämlich - wie eingangs im Hinblick auf einen spezifischen Aspekt der Prämissenbildung gezeigt - mit seiner so erfolgten Beschreibung nicht identisch und diese Nichtidentität mit seinem Begriff vermag Einsprüche gegen die Subsumtion nahezulegen, freilich sofern damit anderes am Fall ausgeschlossen wird.

---

[111] Beispielsweise wenn man forderte, daß in Zeiten größer werdender gesellschaftlicher Armut das Motiv fehlender gesellschaftlicher Partizipationsmöglichkeiten oder schlicht das Motiv des Hungers als den Tatbestand des § 242 StGB ausschließendes Merkmal implementiert werden oder explizit normiert rechtfertigend wirken sollte.

[112] Im Beispiel Lüderssens, *Kriminologie*, a.a.O., Rn 222, ist der dort als Beispiel dienende „konkrete Satz“: „A setzt sich auf die Straßenbahnschienen und verläßt diesen Platz auch bei Herannahen eines Zuges nicht“ von entsprechender Klarheit.

[113] Die Arbeit richtet sich also nicht gegen Normen in ihrer Ausgestaltung, fragt nicht rechtspolitisch nach anderen Norminhalten, sondern will rechtsmethodologisch immanent kritisieren, ganz gleich, welches Recht gesetzt wäre. Das verweist auf die in Kapitel III noch zu erörternde Indifferenz der logischen Denk- und der Begriffsform gegenüber ihrem Inhalt. Solange seine Anwendung so funktionierte, wie durch den sogenannten Justiz-Syllogismus, den Schritt von der Prämisse maior über die Prämisse minor zur Conclusio vermittelt, interessierte immer wieder die Fallbeschreibung auf den jeweiligen Ebenen und die Nichtidentität der Fälle mit den dort gesetzten Topoi.

Begriffe sind, wie gezeigt, offensichtlich in der Lage, etwas am Fall zu unterschlagen, das gegen sie von wiederum anderen zur Geltung gebracht werden und bei entsprechend exklusiver Gegenüberstellung der zuerst gefundenen Bestimmung widersprechen kann. Dabei aber wird die Inklusion der Anteile, das ohne weiteres wahrnehmbare und auch begrifflich vermittelt erfahrbare *Sowohl-Als-auch* des Falles außer acht gelassen. Sie wieder deutlich zu machen, wäre die Aufgabe des Gedankens, der an der Identität und das heißt eben an der Subsumierbarkeit unter einen Oberbegriff zweifelt.

Mit Adorno könnte man den Grund dieser Zweifel auch das ureigene Recht der Sache gegen ihre begriffliche Unterschlagung nennen, jenes Recht also, dem, wie zu zeigen sein wird, doch nur wiederum Begriffe zu seiner Verwirklichung behelfen können, die damit gleichsam den *Vindikationsanspruch* der Sache gegen ihre begriffliche Bestimmung durchsetzen[114]. Anspruchsgegner wäre, um im Jargon zu bleiben, der Gedanke, der der Sache herausgeben möge, was ihr Begriff unterschlug.

Der Arbeit geht es, wenn sie diese Fragen erörtert, daneben auch darum, um es mit einem amerikanischen Kritiker der Juristenausbildung zu formulieren, ein Augenmerk auf das *deabstracting* und *humanizing*[115] von Juristen zu legen und das Denken der Nichtidentität im Sinne Adornos als ein Denken zu betrachten, das ganz besonders auf den konkreten Fall reflektiert und die von ihm abstrahierenden Begriffe in Frage zu stellen fähig ist. Und das heißt auch fähig dazu, unterhalb seiner begrifflichen Maske mehr von dem wahrzunehmen, was sich in ihm zuträgt, was in ihm der Fall ist.

Diese Sicht eröffnete, so ihre Hoffnung, einen veränderten Horizont der Erfahrungsfähigkeit im Umgang mit Rechtsproblemen und damit einen Weg, das - so die These - abstraktionsbedingt entstehende Unbehagen an der Dogmatik bei der Beschäftigung mit positivem Recht zu lindern. Wohin das inmitten dogmatischer Diskurse führen kann, wird noch gezeigt werden. Zuerst aber folgt eine Einführung in die *Negative Dialektik* Adornos, auf deren Basis dann weiter verfahren wird.

---

[114] Adorno spricht meist von der synthetisierenden oder der Verdrängungswirkung des Begriffs, der gleichsam das Mehr der Sache, das sie gegen ihn beinhalte, bloß unterschlage, vgl. etwa ders., *Negative Dialektik*, S. 153f., S. 189f. und vgl. die *Vorlesungen*, S. 105f.; das Ganze vertiefend dann in Kap. II. Der Verfasser ist sich daneben sicher, in den uferlosen Weiten des adornitischen Werkes explizit von dem Begriff des Vindikationsanspruchs, den die Sache mit Hilfe des Geistes gegen ihren Begriff geltend machen könne, gelesen zu haben, konnte ihn aber trotz langen Suchens nicht mehr finden. Denken habe etwa, so heißt es aber in der *Negativen Dialektik* in jedem Fall „an den Stücken wieder gutzumachen, was es selber verübte“, weil es „dem, woran es seine Synthesen übt, Gewalt antut“. A.a.O., S. 30f.

[115] Robert Weisberg, *The Law-Literature Enterprise*, in: Yale Journal of Law and the Humanities 1 (1988), S. 11ff.

„Die Übermacht des Objektivierten in den Subjekten, die sie daran hindert, Subjekte zu werden, verhindert ebenso die Erkenntnis des Objektiven." (*Negative Dialektik*, S. 173)

II. Adornos *Negative Dialektik*

Dabei kann das Folgende auf das, was Adorno in der *Negativen Dialektik*[1] entwickelte und was er mit dem Begriff negativer Dialektik sagen wollte, nur einige Schlaglichter werfen. Es kann nicht mit dem Anspruch auftreten, die kaum überschaubare Fülle der Gesichte umfassend zu erläutern. Dazu müßte freilich nicht nur das Buch nahezu unmittelbar abgeschrieben, sondern auch neben seiner Genese Adornos Verhältnis zumindest zu Kant und Hegel stärker beleuchtet werden.

Für das, was Adorno in der *Negativen Dialektik* entfaltet, ist in unzähligen seiner frühen und früheren Schriften längst der Boden bereitet, bevor es in der *Negativen Dialektik* zu einer vertieften Entfaltung gelangt.[2] Nicht nur in der mit Max Horkheimer und auch mit Leo Löwenthal gemeinsam verfaßten *Dialektik der Aufklärung*[3], auf die hier verstärkt bezug genommen wird, sondern auch in seiner Antrittsvorlesung aus dem Jahre 1931 über die *Aktualität der Philosophie*[4], in dem erst postum veröffentlichten Vortrag von 1932 über eine *Idee der Naturgeschichte*[5] oder in seinen *Thesen über die Sprache des Philosophen*[6] ist bereits sehr früh das Programm seiner Philosophie angelegt[7]. Das gilt aber auch für viele andere Arbeiten wie die

---

[1] Zugrunde gelegt ist Bd. 6 der Gesammelten Schriften Adornos der Wissenschaftlichen Buchgesellschaft Darmstadt aus dem Jahr 1998.

[2] ähnlich auch Susan Buck-Morss, *The Origin of negative dialectics*, New York 1977, die - entgegen der programmatischen Behauptung Adornos - zeigt, daß zwischen seinen Arbeiten seit den frühen dreißiger Jahren und den beiden großen Werken am Ende seines Lebens, neben der *Negativen Dialektik* noch die fragmentarisch gebliebene *Ästhetische Theorie*, eine beachtliche Kontinuität besteht. Auch Alex Demirović, *Der nonkonformistische Intellektuelle*, Frankfurt/M. 1999, S. 632 verweist auf die frühen Ursprünge der Negativen Dialektik in den Arbeiten aus den 30er Jahren. Vgl. auch die Notiz Adornos in der *Negativen Dialektik*, S. 409. In der Rezeptionsgeschichte zur *Negativen Dialektik*, die Demirović, a.a.O., S. 661ff., darlegt, finden sich sogar Stimmen, die behaupten, es lasse sich in der *Negativen Dialektik* gar nichts Neues mehr finden, was wohl zu weit greift, vgl. die Angaben, a.a.O., S. 661ff., insbesondere Anm. 399.

[3] *Dialektik der Aufklärung*, GS Bd. 3. Zur Beteiligung Löwenthals vgl. nur a.a.O., *Vorrede*, S. 17. Noch 1969, im Todesjahr Adornos, schreiben Horkheimer und er auf zwei Seiten zur Neuausgabe des 1947 in Amsterdam erstmals erschienenen Werkes, daß die dort formulierten Gedanken weiterhin an der Zeit seien und ihre späteren theoretischen Bemühungen weitgehend bestimmt hätten, auch wenn nicht an allem unverändert festgehalten werde. An nicht wenigen Stellen, so heißt es, sei die Formulierung der Realität von heute nicht mehr angemessen, auch wenn das Grauen des Faschismus sich fortgesetzt habe. Vgl. a.a.O., *Zur Neuausgabe*, S. 9. Dem wurde hier mit einiger Vorsicht bei der Auswahl der Bezüge Rechnung getragen.

[4] *Die Aktualität der Philosophie*, in: GS Bd. 1, S. 325ff.

[5] *Die Idee der Naturgeschichte*, in: GS Bd. 1, S. 345ff.

[6] *Thesen über die Sprache des Philosophen*, in: GS Bd. 1, S. 366.

[7] auf das er in seinen späteren Arbeiten während und nach dem Zweiten Weltkrieg immer wieder aufbaut. Es ist interessant zu sehen, daß sich das gesellschaftskritische Programm seiner Philosophie, das sich später vor allem von der Erfahrung des Holocausts geprägt sieht, schon in den frühen dreißiger Jahren und noch vor der Wahl Hitlers zum Reichskanzler abzeichnet. In einem

Vorlesungen zur *Philosophischen Terminologie*[8], die *Einleitung* zur *Metakritik der Erkenntnistheorie*[9], die *Minima Moralia*[10], oder für seine Essays wie dem über den Begriff von *Fortschritt*[11], über *Erziehung nach Auschwitz*[12], über den *Essay als Form*[13], die *Reflexionen zur Klassentheorie*[14], über *Meinung Wahn Gesellschaft*[15], für die *Anmerkungen zum philosophischen Denken*[16], für seinen Beitrag *Zu Subjekt und Objekt*[17] oder für seine Habilitationsschrift zu *Kierkegaard. Konstruktion des Ästhetischen*[18], um nur einige wenige zu nennen, sind schon gewichtige, sich auch zum Teil wiederholende Gedankenstücke erkennbar, auf die man schließlich auch wieder in der *Negativen Dialektik* wie auf Teile eines dort zusammengefügten Puzzles stößt und die bereits negativdialektischem Denken entsprungen waren.[19]

Die *Negative Dialektik*, deren Gedanken sich daher auf der Folie der genannten Arbeiten abheben, umfaßt schließlich dasjenige, was Adorno gegen Ende seines Wirkens, 1966, wie er sagte, philosophisch in die Waagschale zu werfen hatte[20]. Sie war, wie *Claussen* sagt, sein *Opus Magnum*, Adorno selbst hat sie sein „dickes Kind“ genannt.[21] Beschrieben werden in ihr Praxen[22] des Denkens. Entfaltet wird in der

---

Brief an Ernst Bloch aus dem Jahr 1962 reflektiert er darüber wie folgt: „Sehr vieles von dem, was ich in meiner Jugend geschrieben habe, hat den Charakter einer traumhaften Antizipation, und erst von einem gewissen Schockmoment an, der mit dem Ausbruch des Hitlerschen Reiches zusammenfallen dürfte, glaube ich eigentlich recht getan zu haben, was ich tat.“ So zitiert in den editorischen Nachbemerkungen der GS Bd. 1, S. 384.

[8] *Philosophische Terminologie*, Bd. 1, 6. Aufl. Frankfurt/M. 1990; Bd. 2, 5. Aufl. Frankfurt/M. 1989.

[9] *Zur Metakritik der Erkenntnistheorie*, in: GS Bd. 5, *Einleitung*, S. 12ff., die Adorno noch 1955 den im Oxfordschen Exil 1934-37 entstandenen Studien zu Husserl hinzufügte. Vgl. dazu die editorischen Nachbemerkungen von Tiedemann, GS Bd. 5, S. 386, der zugleich angibt, daß das Buch über Husserl nicht nur das für Adorno nach der *Negativen Dialektik* zweitwichtigste Buch war, sondern daß die *Einleitung*, die Adorno hinzufügte, neben dem Aufsatz über den *Essay als Form* am ehesten das Programm seiner Philosophie enthalte.

[10] *Minima Moralia*, GS Bd. 4.

[11] *Fortschritt*, in: GS Bd. 10/2, S. 617ff.

[12] *Erziehung nach Auschwitz*, in: GS Bd. 10/2, S. 674ff.

[13] *Der Essay als Form*, in: GS 11, S. 9ff.

[14] *Reflexionen zur Klassentheorie*, in: GS Bd. 8, S. 373ff.

[15] *Meinung Wahn Gesellschaft*, in: GS Bd. 10/2, S. 573ff.

[16] *Anmerkungen zum philosophischen Denken*, in: GS Bd. 10/2, S. 595ff.

[17] *Zu Subjekt und Objekt*, in: GS Bd. 10/2, S. 741ff.

[18] *Kierkegaard. Konstruktion des Ästhetischen*, in: GS Bd.2.

[19] so heißt es auch in den von Demirović, a.a.O., S. 641, angegebenen Beiträgen zur Rezeption der *Negativen Dialektik*, Adorno habe negative Dialektik nicht erst seit gestern betrieben, so die von Demirović dargestellte Kritik Helmut Lamprechts, a.a.O., in Anm. 399.

[20] jedenfalls neben der *Ästhetischen Theorie* und einem noch geplanten Werk über Moralphilosophie; so Adorno selbst, vgl. das editorische Nachwort Tiedemanns zu Adornos *Aesthetischer Theorie* GS Bd. 7, S. 537.

[21] vgl. jeweils Detlev Claussen, *Nach Auschwitz - Ein Essay über die Aktualität Adornos*, in: Dan Diner (Hg.), *Zivilisationsbruch - Denken nach Auschwitz*, Frankfurt/M. 1988, S. 54ff., 55.; ebenfalls ausführlich zur Stellung der *Negativen Dialektik* in Adornos Gesamtwerk und zu Adornos eigenen Einschätzung über die Bedeutung der *Negativen Dialektik* innerhalb seiner Arbeiten, Stefan Müller-Doohm, *Adorno*, Frankfurt/M. 2003, S. 657ff., m.w.N., und Rolf Wiggershaus, *Die Frankfurter Schule*, München/Wien 1986, S. 663ff.

Auseinandersetzung mit einer zwar schon alten, zugleich aber auch noch sehr modernen Praxis des Denkens ein neues Verständnis davon als von einer menschlichen Verhaltensweise[23], die sich unter bestimmten Bedingungen zu dem geformt hat, als das sie Adorno und Horkheimer schon in der *Dialektik der Aufklärung* umschrieben hatten, nämlich als eine der Naturhärte angeglichene Form der Naturbeherrschung, in der sich die Gewalt und das Bedrohliche der Natur stets nur reproduziert. In dieser Form, so ihre These, brauchte sich das Denken aber nicht bescheiden. Denn schon damals trug ihre Kritik die Hoffnung, daß sich Denken in und aus dieser Form heraus auch verändern könnte.[24] Und in der *Negativen Dialektik* gibt Adorno mehr als zwei Jahrzehnte später darauf aufbauend dem Denken nun „Anweisungen“[25], wie sich eine solche Veränderung vollziehen könnte.[26]

Diese werden nun im Folgenden, den Umständen geschuldet, verkürzt dargestellt, um auf dieser Grundlage zu einer Kritik Adornos am Recht (Teil III) und, dadurch legitimiert, zu einer kritischen Betrachtung von Dogmatik fortschreiten zu können (Teil IV), die auf seinen Überlegungen zu negativer Dialektik fußt. Eine umfassend vertiefte Darlegung des in der *Negativen Dialektik* Behandelten mitsamt einer hinreichenden kritischen Würdigung würde jedoch selbst zu einem eigenständigen Inhalt einer großangelegten Untersuchung, die hier freilich nicht vorgenommen werden kann. Ich beschränke mich daher auf kurze Exkurse zu Kritiken, die sich demjenigen der Philosophie Adornos widmen und danach ausgewählt wurden, was in den weiteren Teilen der Arbeit noch Bedeutung erlangen wird.

Es wird zuerst, neben einigen Aspekten aus der *Einleitung*, derjenige Teil der *Negativen Dialektik* eingehender dargelegt werden, in dem Adorno seine Idee von ihr „aus Not allgemein behandelt“[27]. Es ist dies ihr zweiter Teil, den er mit *Begriff und*

---

[22] so auch nochmals Jürgen Habermas in einem Beitrag für den verstorbenen Jacques Derrida, in der FR vom 11.10.2004, S. 10.

[23] Adorno, *Philosophische Terminologie*, Bd. 2, a.a.O., S. 236f.

[24] so Adorno selbst, vgl. *Negative Dialektik*, S. 339: „Als Bann ist das verdinglichte Bewußtsein total geworden. Daß es ein falsches ist, verspricht die Möglichkeit seiner Aufhebung: daß es nicht dabei bleibe, daß falsches Bewußtsein unvermeidlich sich über sich hinaus bewegen müsse, nicht das letzte Wort behalten könne.“

[25] *Negative Dialektik*, *Vorrede*, S. 9.

[26] Entgegen zahlreichen Behauptungen oder Lesarten, die die *Negative Dialektik* als Endpunkt der negativen Aporien Adornos verstehen, aus denen es außer in ästhetische Verhaltensweisen keinen Ausgang mehr gebe, ist in ihr geradezu ein Programm der rational-diskursiven Emanzipation des Denkens von seinen Zwangsformen angelegt. Die genannten Anweisungen sollen gerade zu rationaler Autonomie und Mündigkeit führen. Wie es Klaus Günther in seinem Essay *Dialektik der Aufklärung in der Idee der Freiheit*, in: Zeitschrift für philosophische Forschung 1986, S. 229ff., formuliert, beschreibt die *Negative Dialektik* aus moralphilosophischer Sicht die „Utopie eines autoritätsfreien Sollens“, die hier als Theorie eines autoritätsfreien Denkens reformuliert wird. Sie ist um einiges optimistischer formuliert und mit Blick auf die Anweisungen zum Denken auch um einiges konstruktiver ausgestaltet als die Kritik in der *Dialektik der Aufklärung*. Vgl. auch Hauke Brunkhorst, *Die ästhetische Konstruktion der Moderne*, in: Leviathan 1998, S. 77ff., 81f., der zutreffend darauf verweist, daß Adorno nach seiner Rückkehr aus den USA generell dazu überging, konstruktiv und engagiert für Aufklärung zu werben. Er habe „sehr viel positiver, entschiedener und offensiver für Aufklärung Partei“ ergriffen „als in den Jahren zuvor“. A.a.O., S. 81f.

[27] *Negative Dialektik*, S. 10.

Kategorien betitelte. Die weiteren Kapitel widmen sich in einem ersten Teil einer zeitbedingten Auseinandersetzung mit der Ontologie, vor allem der zeitgenössischen Heideggers, von dem Adorno sich sein Leben lang abzusetzen versuchte.[28] Der dritte und letzte Teil, die *Modelle*, versucht dann, nachdem in das „aus Not" allgemein Behandelte eingeführt wurde, in die Probleme der Philosophie einzudringen, vor allem in eine Auseinandersetzung mit *Kant* und *Hegel*, in der Adorno, freilich vermittelt über konkrete Inhalte, zu zeigen versucht, was negativ-dialektisches Denken sei, wenn es die philosophischen Begriffe mit dem, wie Adorno sagt, „Selbstbewußtsein ihrer Unwahrheit" *in actu* konfrontiert. Hier entfaltete er an jenen *Modellen*, was er mit dem negativ-dialektischen Denken meinte.

Das hier näher Behandelte enthält daher - unter zusätzlicher Zuhilfenahme der neu editierten *Vorlesungen* Adornos[29] - abstrakt seine Idee von Negativität, stellt seine Philosophie der Nichtidentität dar, die, wie mitunter zu lesen ist[30], gerade dasjenige sei, das Adorno genuin der abendländischen Philosophie hinzugefügt habe.

a) Das Selbstbewußtsein der Unwahrheit

„Zentral" - so lautet der Zusatz zu einer handschriftlichen Bemerkung Adornos zu der von ihm formulierten „Idee einer negativen Dialektik"[31], den er noch in die Einleitung zur *Negativen Dialektik* aufnehmen wollte. Zentral für diese Idee sei gewesen, daß Philosophie selbst zu erkennen imstande sei, daß sie vermöge der Begriffe, mit denen sie operiere, „als dem Material der Philosophie", immer schon eine Vorentscheidung für den Idealismus getroffen habe. Sie vermag das aber, so Adorno weiter, zu benennen und „wenn sie von dort weiterdenkt, zwar nicht es zu beseitigen, aber ... sich umzustrukturieren". Und zwar so, daß „alle ihre Sätze ins Selbstbewußtsein jener Unwahrheit getaucht sind". Eben das sei „die Idee einer negativen Dialektik"[32].

---

[28] vgl. zu den beiden Ansätzen und diversen Ähnlichkeiten, u.a. Udo Tietz, *Ontologie und Dialektik - Heidegger und Adorno über das Sein, das Nichtidentische, die Synthesis und die Kopula*, Wien 2003, der aber aufgrund seines ausgeprägt positiven Verständnisses von Dialektik mit der negativen Philosophie Adornos so seine Probleme hat, vgl. a.a.O., S. 120ff.: „irrsinnigste Thesen des 20. Jahrhunderts".

[29] Diese lesen sich stellenweise wie ein anschaulich formulierter Kommentar - ähnlich auch Alex Demirović, *Der nonkonformistische Intellektuelle*, Frankfurt/M. 1999, S. 633f. - zu den teilweise nur sehr schwer zugänglichen Passagen der *Negativen Dialektik*. Auch wenn Adorno dem gesprochenen Wort weniger Gewicht beimaß, weil es provisorisch bleibe, und das geschriebene privilegierte, weil das Schreiben den Gedanken zu mehr Prägnanz verpflichte, vgl. Adorno, *Metaphysik. Begriffe und Probleme*, Nachgelassene Schriften, Abt. IV, Band 14, hg. von Rolf Tiedemann, Frankfurt/M. 1998, S. 214, hat sich der Verfasser Bezüge auf und Vergleiche mit den Transkriptionen der *Vorlesungen* vorbehalten, wo er dies für ratsam hielt, wenn auch mit Vorsicht.

[30] so bei Hauke Brunkhorst, *Theodor W. Adorno, Die deutsche Literatur, Reihe VI 1890-1990* Bd. I, Lieferung 1 bis 5, Bern u.a. 1991, S. 315ff., 317.

[31] vgl. den Verweis von Tiedemann (Hg.), *Vorlesungen*, a.a.O., S. 277, auf den Band 6 der GS Adornos und dort auf S. 531, auf der im Rahmen der editorischen Nachbemerkungen Auszüge aus einem Notizbuch Adornos zu lesen sind.

[32] vgl. Adorno, *Negative Dialektik*, S. 531.

Adorno hat diese Sätze zwar nicht mehr vollständig in die Einleitung zur Negativen Dialektik aufgenommen, gleichwohl kann man sie sinngemäß dort[33] und auch an anderer Stelle wiederfinden.[34] In seiner *Ästhetischen Theorie* heißt es, „von Philosophie, überhaupt vom *theoretischen Gedanken* kann gesagt werden, sie leide insofern an einer idealistischen Vorentscheidung, als sie nur Begriffe zur Verfügung hat; einzig durch sie handelt sie von dem, worauf sie gehen, hat es nie selbst". Ihre Sisyphusarbeit sei es, „die Unwahrheit und Schuld, die sie damit auf sich lädt", zu reflektieren und dadurch womöglich zu berichtigen.[35] Philosophie müsse, so Adorno weiter, „mit Begriffen operieren, kann nicht Stoffe, Nichtbegriffliches, in ihre Texte kleben"[36], sondern müsse, weil auf begriffliche Weise, immer abstrakt, also abstrahiert von den Gegenständen arbeiten, mit denen sie es gerade zu tun habe.

Warum aber, so könnte man sich nun fragen, ist ein Selbstbewußtsein davon ein Selbstbewußtsein von Unwahrheit? Und warum ist das zentral die Idee einer negativen Dialektik? Adorno benennt und begründet die Unwahrheit nicht explizit, auf die er sich dann reflexiv („jener") bezieht; ebensowenig den Grund der Schuld, von der er in der *Ästhetischen Theorie* spricht. Was aber, so fragt sich, soll unwahr daran sein, wenn Philosophie mit Begriffen arbeiten muß, wenn durch sie „den Begriffen der Vorrang verschafft wird"[37]. Welche Schuld lädt sie damit auf sich, und woran mag sie sich vergehen?

Man muß, um sich einer Antwort darauf zu nähern, andere Stellen heranziehen, die diese Behauptungen plausibel werden lassen. Auch in der *Negativen Dialektik* ist die Rede von der Unwahrheit von Identität und von einer Schuld des Gedankens an der Sache, die er denkt.[38] Es ist dies jene Stelle, an der Adorno über den Begriff der Dialektik schreibt. Deren Name verheiße, so sagt er, zunächst nichts weiter, „als daß die Gegenstände in ihrem Begriff nicht aufgehen". Sie gerieten vielmehr mit „der hergebrachten Norm der adaequatio" in Widerspruch, der seinerseits aber „nichts Wesenhaftes", sondern der „Index der Unwahrheit von Identität" sei. Und dieser unwahre Begriff von Identität meine das Aufgehen des Begriffenen im Begriff.[39]

---

[33] *Negative Dialektik*, S. 23 oben; von daher ist die editorische Nachbemerkung Tiedemanns, a.a.O., S. 531, nicht zutreffend, wonach Adornos Notiz unausgeführt geblieben sei. Sie findet sich nur etwas verändert und verkürzt wieder.

[34] u.a. in der *Ästhetischen Theorie*, GS Bd. 7, S. 382f.

[35] *Ästhetische Theorie*, a.a.O., S. 382 unten, (Hervorhebung durch den Verfasser).

[36] in der *Ästhetische[n] Theorie*, a.a.O., heißt es entsprechend, daß Philosophie nicht ihr ontisches Substrat in die Texte kleben könne. Indem sie davon spreche, mache sie es - das Substrat - bereits zu dem, wovon sie es abheben wolle.

[37] so eine Notiz Adornos, die Tiedemann in den editorischen Nachbemerkungen zu GS Bd. 6 (*Negative Dialektik, Jargon der Eigentlichkeit*), S. 531 zitiert. Zur Umkehrung dieses Vorrangverhältnisses hin zu einem Vorrang des Objektes wird unten Weiteres ausgeführt.

[38] Adorno, *Negative Dialektik*, S. 16f.; eine ähnliche Formulierung findet sich auch schon in der *Vorrede* zur *Dialektik der Aufklärung*, S. 12, wo es heißt, daß Denken sich bei „der Selbstbesinnung über seine eigene Schuld" seiner Begriffssprache beraubt sehe.

[39] Adorno, *Negative Dialektik*, a.a.O., S. 17 oben.

Hergebracht ist die benannte Norm der *adaequatio* von Aristoteles. Sie meint bereits hier, was später Thomas von Aquin, Kant[40] und Hegel[41] vertieften, daß der Begriff mit der Sache übereinstimmen müsse, um wahr zu sein. Daß demnach, so könnte man es formulieren, die Qualitäten des Gegenstandes in der Abstraktionsform des Begriffs aufgehoben seien und dieser damit dasjenige erfasse, was die Sache ihrem Wesen nach sei. Diese Norm meint damit einen Wahrheitsanspruch des Begriffs, und zwar jenen, dem zufolge der Begriff die Sache ganz bestimmen, sie ganz haben soll und ihr daher angemessen ist.

Adorno nennt das den Anspruch des Aufgehens der Sache im Begriff den Anspruch auf *Identität.* Diese Wendung hilft indes, will man seinen Begriff der Identität exakter bestimmen, nicht viel weiter, weil das „Aufgehen der Sache im Begriff" keine sonderlich klare, gleichsam definitorische Bestimmung des Identitätsbegriffs ist. Eine oft geforderte *genaue* Bestimmung - was auch immer das sein mag -, was er heißen soll, fällt letztlich genauso schwer, wie die seines berühmteren Pendants der *Nichtidentität.*[42] Beide Begriffe erschließen sich erst, wenn man, und das ist bei Adorno ein noch zu erläuterndes Programm, die Konstellation betrachtet, in der sie erscheinen.

Grundlegend wichtig für ein Verständnis dessen, was mit der Wendung vom „Aufgehen im Begriff" gemeint ist, ist daher ein Einblick in dasjenige, was Adorno über das Verhalten vom Denken in Begriffen dachte. Mit ihnen beginnt ein Exkurs in die Konstellation seines Begriffes von Identität, die verschiedene, für die Subsumtionsproblematik im Recht relevante Aspekte der „Sache" aufzeigt, die mit dem Begriff Identität bezeichnet ist und auf die zum Abschluß der Konstellation noch einmal zusammenfassend eingegangen wird.

---

[40] vgl. Jürgen Mittelstraß, *Enzyklopädie Philosophie und Wissenschaftstheorie*, Mannheim u.a. 1980 Bd. 1, S. 44; heute werde diese Auffassung auch als Korrespondenztheorie der Wahrheit bezeichnet. Allerdings läßt sich Adornos Identitätsbegriff damit nicht fassen. Diesem zufolge sind auch alle anderen Wahrheitsbegriffe oder Wahrheitstheorien auf die eine oder andere Weise konsequent mit Identität verquickt.

[41] vgl. die kurze Zusammenfassung bei Bruno Keller, *Kritik, Utopie, Nichtidentität*, Zürich 1999, S. 14; und die Interpretationen bei Alex Demirović, *Der nonkonformistische Intellektuelle*, a.a.O., S. 632, oder bei Roger Behrens, a.a.O., S. 49.

[42] Adornos Identitätsbegriff wird ob seiner Vieldeutigkeit oft kritisiert. Vgl. u.a. die Kritik bei Michael Theunissen, *Negativität bei Adorno*, in: *Adorno-Konferenz* 1983, a.a.O., S. 41ff., 62; bei Herbert Schnädelbach, *Dialektik als Vernunftkritik. Zur Konstruktion des Rationalen bei Adorno*, a.a.O., S. 66ff., 69ff.; Anke Thyen, *Negative Dialektik und Erfahrung. Zur Rationalität des Nichtidentischen bei Adorno*, Frankfurt/M. 1989, S. 128, die jeweils kritisieren, daß der Begriff ob seiner Vieldeutigkeit ins Leere gehe. Diese Kritik verkennt aber, daß die Pluralität des Gebrauchs gerade erst verschiedene Dimensionen der „Sache" Identität beleuchtet und somit gar nicht auf eine Bedeutung fixiert werden kann, geschweige denn muß. So auch Reinhard Kager, *Herrschaft und Versöhnung*, Frankfurt/M., New York 1988, S. 149ff. Vgl. zu einer näheren Auseinandersetzung mit der Kritik auch Matthias Tichy, *Die Grenze der Identitätskritik - Zum Verhältnis von Identität und Subjekt bei Adorno*, in: ders., Katharina Scheppke (Hg.), *Das Andere der Identität*, Freiburg 1996, S. 91ff., der zugleich einen guten Überblick über die Entwicklung des Begriffs in Adornos Philosophie gibt.

b) Konstellation der Identität

Der bisher dargelegte Aspekt der Identität, also das postulierte Aufgehen der Sache im Begriff, ist für Adorno in jedem Fall „bloß ein Schein", und dieser Schein wohne, so heißt es, notwendig jedem Denken und jedem Gedanken inne, denn Denken heiße identifizieren.[43] Ohne Identifikation könne nicht gedacht werden, „jede Bestimmung ist Identifikation"[44].

Denken sei dabei immer nur als ein Denken in Begriffen zu verstehen, sei ohne Begriffe schlicht „keines"[45]. Es vollziehe sich „im Begriff"[46] als ein Denken eines Subjekts, das begrifflich immer ein Objekt denke.[47] Denn alle gedachten Begriffe gingen notwendig auf ein solches Objekt und damit auf etwas, das nicht selbst schon Begriff sei, also auf Nichtbegriffliches[48]. Oder, so streut Adorno es immer wieder über den gesamten Text ein in dem, was man vordergründig synonyme Bedeutung nennen könnte: auf die Sache[49], den Gegenstand[50], das Nichtidentische[51], das Verschiedene[52], das Andere[53], das Fremde[54], das Offene[55] und Gewordene[56], das Unauflösliche[57], das Substrat[58], auf Seiendes[59], das Ontische[60], die Faktizität[61], das Gedachte[62], das Sachhaltige[63], den Inhalt[64], die Qualität[65], das Gemeinte[66], das

---

[43] Adorno, *Negative Dialektik*, a.a.O., S. 17 oben.
[44] Adorno, *Negative Dialektik*, S. 152.
[45] Adorno, *Negative Dialektik*, S. 105.
[46] *Vorlesungen*, S. 38.
[47] S. 184; vgl. auch Adorno, *Zu Subjekt und Objekt*, in: GS Bd. 10/2, S. 741, 742, wo Adorno diese Sicht, daß ein wie immer auch geartetes Subjekt, ein Erkennendes, einem gleichfalls wie immer auch gearteten Objekt gegenüberstehe, als nur „*angeblich* naiv, wenngleich selber schon vermittelt" bezeichnet. (Hervorgeh. vom Verfasser) Vgl. dazu Adornos kritische Reflexionen über diese von ihm zuerst auch vorgenommene Gegenüberstellung als verdinglichtes Denken auf S. 746. Vgl. dazu auch die Kritik bei Schnädelbach, *Dialektik als Vernunftkritik. Zur Konstruktion des Rationalen*, in: *Adorno-Konferenz 1983*, a.a.O., S. 66ff., 69.
[48] Adorno, *Negative Dialektik*, S. 23, 530.
[49] *Negative Dialektik*, vgl. S. 17, 21, 26, 38, 148.
[50] *Negative Dialektik*, vgl. S. 38, 43, 89.
[51] *Negative Dialektik*, S. 44, 126, 152.
[52] *Negative Dialektik*, S. 155, 192.
[53] *Negative Dialektik*, S. 126, 162, 186.
[54] *Negative Dialektik*, S. 174, 191, 192, 306.
[55] *Negative Dialektik*, S. 31, 76, 381.
[56] *Negative Dialektik*, S. 165, 200.
[57] *Negative Dialektik*, S. 62, 126.
[58] *Negative Dialektik*, S. 152.
[59] *Negative Dialektik*, S. 139, 140.
[60] *Negative Dialektik*, S. 140.
[61] *Negative Dialektik*, vgl. S. 91, 112, 115, 140, 188.
[62] *Negative Dialektik*, S. 139.
[63] *Negative Dialektik*, S. 139.
[64] *Negative Dialektik*, vgl. nur S. 30ff., 48, 66.
[65] *Negative Dialektik*, S. 19, 53f.
[66] *Negative Dialektik*, S. 164.

Einzelne[67], Begriffslose[68] oder auch - mit etwas mehr Wertung - auf das Sprachlose und Opake[69], das Partikulare[70] oder das Besondere[71], ja sogar auf das Subjekt[72].

Dieses nichtbegriffliche Seiende sei dabei die Basis dafür, daß überhaupt gedacht werden könne, denn „Denken widerspräche schon seinem eigenen Begriff ohne Gedachtes und dieses Gedachte deutet vorweg auf Seiendes“[73].

Ohne Etwas, ohne Seiendes gäbe es für Adorno aus zweierlei Gründen gar kein Denken: zum einen ist kein Denken denkbar, das nicht auf Etwas geht, denn „Denken ist dem eigenen Sinn nach Denken von etwas. Noch in der logischen Abstraktionsform des Etwas als eines *Gemeinten* oder *Geurteilten*, die von sich aus kein Seiendes zu setzen behauptet, lebt untilgbar dem Denken, ... was nicht Denken ist, nach“[74]. Das „Etwas als denknotwendiges Substrat des Begriffs ... ist die äußerste, doch durch keinen weiteren Denkprozeß abzuschaffende Abstraktion des mit Denken *nicht identischen* Sachhaltigen“[75]. Und zum anderen ist auch das denkende Subjekt zwingend ein Objekt, also ein Etwas, für das der Begriff vom Subjekt steht, der damit eben auch auf ein Objekt geht.[76]

Dieses gedachte Etwas ist aber mit dem Begriff, mit dem es gedacht ist, so klang es eben schon an, nicht identisch. Das gedachte Etwas ist nämlich, womit ein erheblicher Aspekt der Nichtidentität von Begriff und Sache deutlich wird, selbst kein Denken und damit auch kein Begriff.

Und mehr noch: daß der Gegenstand, die Sache, das Objekt, das Etwas in seinem Begriff aufgehe, daß der Begriff mithin alles an der Sache umfassen könne, was sie ist, ist für Adorno die Unwahrheit. Die begriffliche Fassung des befaßten Gegenstandes tue ihm daher schlicht Unrecht an. Und dieses Unrecht, so wissen es die Strafrechtler, indiziert sinngemäß, wenn diese Analogie erlaubt ist, die Schuld des Gedankens an dem, was er denkt.[77]

Der Begriff ist ihm vielmehr nicht mehr als nur eine Abstraktionsform des Gemeinten. Begriffe abstrahierten von dem, was sie als Nichtbegriffliches bezeichne-

---

[67] *Negative Dialektik,* S. 139, 154.
[68] *Negative Dialektik,* S. 20, 21.
[69] *Negative Dialektik,* S. 165.
[70] *Negative Dialektik,* S. 22, 76, 155.
[71] *Negative Dialektik,* S. 20; dem Begriff des Besonderen räumt Adorno eine Sonderstellung ein. Dieser hätte „keine Macht über das Besondere, das er abstrahierend meint“. *Negative Dialektik,* S. 175.
[72] vgl. Negative Dialektik, S. 148, bes. S. 176f., und seinen Aufsatz *Zu Subjekt und Objekt,* in: GS Bd. 10/2, S. 741ff., der sich mit der hier erkennbaren „Äquivokation“ beider Begriffe befaßt.
[73] *Negative Dialektik,* S. 139.
[74] *Negative Dialektik,* S. 44, (Hervorhebung vom Verfasser).
[75] *Negative Dialektik,* S. 139.
[76] Dahinter verbirgt sich bereits ein materialistischer Gedanke, der für den Topos vom Vorrang des Objekts später noch zentral wird, wenn davon die Rede sein wird, daß Subjekt ohne Objekt nicht zu denken, Subjekt also auch Objekt sei. Wohingegen die Möglichkeit, daß Objekt ohne Subjekt zu denken, sehr wohl denkbar wäre. Vgl. S. 184ff. und die sinngemäß sehr ähnlichen Ausführungen in *Zu Subjekt und Objekt,* in: GS Bd. 10/2, S. 741ff., 747.
[77] vgl. auch *Negative Dialektik,* S. 17.

ten. Alle Begriffe sind daher insofern für Adorno in gleicher Weise abstrakt.[78] Jeder einzelne von ihnen fasse aber aufgrund des Abstraktionsvorgangs immer nur einen Teil dessen, auf das er gehe, nämlich sein allgemeines Moment, das sich überhaupt abstrahieren lasse. Der Begriff, so formuliert Adorno anschaulich in seinen *Vorlesungen*, sei daher eine Art „Vergrößerungsglas" für die bezeichnete Sache.[79] Er vergrößere einen bestimmten Aspekt der bezeichneten Gegenstände und nehme „nur das an ihnen wahr, was groß genug ist, um mit anderen Gegenständen vergleichbar zu sein"[80]. Erst durch diese Vergleichbarkeit entfalte sich mit dem Allgemeinen des Begriffes dann auch erkennbar das Allgemeine an der Sache.

Dieser Abstraktionsmechanismus[81], der von der Sache etwas abhebt, führe aber das mit dem Begriff die Sache denkende Bewußtsein dazu, daß man sich zugleich von ihr in ihrer Besonderheit entferne[82], also davon, was sie jenseits ihres allgemeinen Momentes noch ist. Wenn, um nun ausnahmsweise doch ein bloßes Beispiel zu geben, mit dem Begriff *Haus* immer wieder verschiedene Häuser gemeint werden, kann man an den Häusern die Differenzen zwar wahrnehmen, wenn man sich ihnen in ihrer jeweiligen Besonderheit sinnlich zuwendet, etwa wenn man vor ihnen steht, sie sieht oder in ihnen lebt, unterhalb des Begriffs aber gehen diese ohne weiteres erfahrbaren Differenzen verloren. Der Begriff, so ließe sich sagen, nivelliere die mit ihm bezeichneten Gegenstände, mache sie, wenn schon nicht völlig gleich mit anderen, so doch zumindest komparabel, vergleichbar, um sich aber zugleich von ihrer jeweiligen Besonderheit, also von dem, was und wie sie als sie selbst sind, entfernt zu haben.

Dem Denken und seinem Begriff gehen damit immer die Qualitäten des besonderen bezeichneten Gegenstandes verloren. Denken ziele daher, so *Schweppenhäuser*,

---

[78] Das ist für die Frage der Subsumtion unter dogmatische oder Rechtsbegriffe insofern interessant, als die Frage nach abstrakten und konkreten Begriffen der Norm und den konkreten Begriffen des Sachverhaltes dadurch eine neue Wendung nimmt. Mit Adorno geraten Überlegungen eines quantitativen oder gar qualitativen Unterschiedes im Abstraktionsgrad der Begriffe in die Nähe einer bloßen - ideologischen - Behauptung. Denn die Rede vom konkreten Begriff suggeriert, daß er dem Gegenstand ganz nahe ist, wohingegen der abstrakte Begriff ferner sei. Die Entfernung vom Gegenstand aus dem Blickwinkel des Begriffs ist indes immer die gleiche. Diese Distanz, so die These, kann nur durch Erfahrung des Gegenstandes überwunden werden. Das mag auch der Grund dafür sein, warum man in der Anwendung einer Norm auf einen vermeintlich konkreten Fall keine klare Grenze ziehen kann, wo denn die Anwendung beginnen und wo noch Normauslegung vorliegen soll. Vgl. dazu Klaus Lüderssen, *Regel und Fall*, in: *Genesis und Geltung in der Jurisprudenz*, Frankfurt/M. 1996, S. 290f. Denn die Wendung von den abstrakten und konkreten Begriffen, von der abstrakten Norm und dem konkreten Fall ist eine hypostasierte Redeform, die außer acht läßt, daß es *den* konkreten Fall nicht gibt. Der Fall muß in Begriffen, als Sachverhalt, gebildet werden, kann nicht als Materie in die Akten geklebt werden. Damit aber erscheint er, genau wie die „konkretisierten" Normbegriffe, schon nur noch *in abstracta*. Diese sind aber zugleich diejenigen Begriffe, mit denen auch der Sachverhalt gebildet werden könnte. Regel- und Fallbeschreibung sind daher letztlich identisch, die Norm ist auch Fall, weil es eine „Anwendung" im Sinne einer von der Fallbeschreibung losgelösten Begriffsbenutzung nicht gibt.

[79] vgl. die *Vorlesungen*, S. 106.

[80] *Vorlesungen*, a.a.O., S. 106.

[81] vgl. *Negative Dialektik*, S. 20.

[82] *Negative Dialektik*, S. 152.

zwar potentiell immer auf die Erkenntnis einer Sache in ihrer qualitativen Besonderheit, es verfehle sie aber notwendig stets.[83]

Ihr, dem Nichtbegrifflichen, dem opaken Etwas[84], das dem Begriff, wie Adorno sagt, durch die Maschen falle[85], müsse sich aber das Denken zuwenden, das sich seiner abstrahierenden, damit reduzierenden und in gewisser Weise eben auch verfälschenden Wirkung bewußt sei. Und zwar durch die Erkenntnis, daß es, notwendig in Begriffen denkend und damit „als Medium des Allgemeinen"[86], nie ganz an das Besondere heranreiche.

Sowohl der Abstraktionsmechanismus des Begriffs, mit dem gedacht werden müsse, als auch dessen Auswirkungen können also - und das verweist darauf, wie nach Adorno zu denken sei - von Denken in einer reflexiven Wendung auf sich selbst erkannt werden; eine Erkenntnis, die Adornos *Negative Dialektik* freilich für sich reklamiert. Es könne daher das Denken jenes Moment der Herstellung von Unwahrheit, das in der Wirkungsweise liege, *in actu* immer in sich aufnehmen, gleichsam als ein stetiges Begleitwissen. Ein solches Denken schließlich, das sich dieser seiner notwendigen Unwahrheit immer, das heißt auch im Vollzug bewußt sei, ist für Adorno negativ-dialektisches Denken. Und das meint schließlich ein Denken, das die gedachten Sätze in das Selbstbewußtsein letztlich ihrer eigenen Unwahrheit tauchte. Diese normative Anforderung an Denken ist diejenige Anweisung, die Adorno an das Denken geben wollte[87], von der in der Einleitung bereits die Rede war.[88]

aa) der Widerspruch als Widerspruch der Sache gegen ihren Begriff

Dieses Selbstbewußtsein ist von Adorno auch folgerichtig als das konsequente Bewußtsein von Nichtidentität bezeichnet worden[89], als das Bewußtsein der Nichtidentität der Dinge mit ihrem Begriff. Dieses Moment der Nichtidentität, wie es im Beispiel des Begriffes *Haus* zu seinem konkreten Gegenstand oben bereits angedeutet wurde, ist von Adorno als „insofern umstandslos einsichtig" bezeichnet worden, „als jeder einzelne unter eine Klasse subsumierte Gegenstand Bestimmungen hat, die in der Definition seiner Klasse nicht enthalten sind"[90]. Der Begriff wird

[83] Gerhard Schweppenhäuser, *Adorno*, 3. Aufl. Hamburg 2003, S. 65. Die Betonung dürfte hier auf dem Begriff *potentiell* liegen. Denken dürfte sich faktisch meist mit der bloßen Einordnung unter den allgemeinen Begriff bescheiden. Zu der Genese und den Problemen dann weiter im Text.

[84] Adorno, *Vorlesungen*, S. 104.

[85] vgl. die *Vorlesungen*, S. 106.

[86] Gerhard Schweppenhäuser, *Adorno*, a.a.O., S. 65.

[87] so von ihm formuliert in der *Vorrede* zur *Negativen Dialektik*, S. 9, und auch in den *Vorlesungen*, S. 42f.

[88] warum damit eine Vorentscheidung für den Idealismus, gleichsam jene, eine Priorität des Geistes setzende Philosophie getroffen ist, erläutert Adorno in den *Vorlesungen* auf S. 38. Mit der Notwendigkeit der Operation mit Begriffen werden diese und mit ihnen ihr Organ, das Bewußtsein, immer als erstes behandelt. Das Bewußtsein werde in eine Art Prioritätsstellung hineinmanövriert. Vgl. zu dieser Überlegung näher Jan Weyand, *Adornos Kritische Theorie des Subjekts*, Lüneburg 2001, S. 22ff.

[89] zugleich definiert er dieses Bewußtsein seinerseits als Dialektik, vgl. *Negative Dialektik*, S. 17.

[90] Adorno, *Negative Dialektik*, S. 153.

hier seinem Gegenstand insofern nicht gerecht, als er als bloße „Merkmaleinheit der einzelnen Gegenstände“ bestimmte ihrer besonderen Qualitäten, nämlich zum Beispiel die jeweiligen Besonderheiten des Hauses, unterschlage, was dazu führe, daß der Sache jener erwähnte Vindikationsanspruch[91] gegen das Bewußtsein zustehe, also, um im Jargon zu bleiben, eine Eingriffskondiktion gegeben sei.

Umgekehrt sei es im übrigen ähnlich. Bei „nachdrücklicheren“[92] Begriffen, Adorno nennt als Beispiel den emphatischen Begriff der Freiheit, sei es gerade so, daß der Begriff mehr aussage, regelrecht verspreche, als sein bezeichneter Gegenstand tatsächlich erfüllen könne.[93] Hier könne der einzelne, der als frei bezeichnet werde, nicht das sein, was der Begriff der Freiheit insgesamt zu versprechen vermag.[94] Das einzelne bleibe hier hinter seiner Bezeichnung zurück. Es sei daher mal „mehr sowohl wie weniger als seine allgemeine Bestimmung“[95]. Erkenntnis, und damit ist die nur begrifflich vermittelte Erkenntnis gemeint, habe daher auch „keinen ihrer Gegenstände ganz inne“[96].

Im weiteren Fortgang, insbesondere in Kapitel IV, wird es insbesondere auf die Analyse jener Momente ankommen, in denen das Mehr und Weniger, also das andere des Gegenstandes gegenüber seinem Begriff erkennbar wird. Erkennbar war dies bereits im Fall des Windelkartons, in dem den vertauschten Zigaretten gleichsam mehr abzugewinnen war, als ihr Begriff vom Vertauschtsein das meinte. Interessant, so die Überlegung, muß und kann danach für *Straf*juristen - aber nicht nur für diese - sein, inwiefern sich die „unzählige(n) Bestimmungen“[97], die ihrerseits in dem allgemeinen und abstrahierenden Begriff nicht, wohl aber in der Sache enthalten seien und in ihm nicht aufgingen[98], zu diesem Begriff verhalten. Diese Bestimmungen, die dabei, wie es Adorno nennt, mit gedacht, in jedem Fall aber mit denkbar seien, wenn der Begriff seine Sache gleichsam aufrufe, seien ihr gleichwohl noch immanent und könnten gegen die Behauptung des Begriffs, die Sache sei mit

---

[91] Vgl. dazu schon oben in Kapitel I, S. 28, Anm. 115.

[92] Adorno, *Negative Dialektik*, S. 153 unten.

[93] die Einschränkung, daß dies nur bei den von ihm benannten nachdrücklicheren Begriffen der Fall sei, macht Adorno im übrigen in den Vorlesungen nicht. Dort heißt es, daß „in einem gewissen Sinn jeder Begriff auch mehr als das (ist), was unter ihm befaßt wird“. S. 18. Ob die dann in der *Negativen Dialektik* vorgenommene Einschränkung zutreffend ist, ist offen. Begriffe, die weniger auf Transzendentales gehen, weniger emphatische Begriffe verkörpern zwar ihrerseits weniger Versprechen oder wecken weniger Vorstellungen eines transzendentalen Mehr gegenüber dem bezeichneten Seienden, zum Beispiel der Begriff Haus, ausgeschlossen ist das aber nicht. Als vergleichsweise alltägliche Erfahrung kann man diese Überlegungen wohl dann bestätigt sehen, wenn sich Enttäuschung bezüglich einer von einem Begriff geweckten Erwartung einstellt, der das Seiende nicht gerecht wird. Etwa hinsichtlich einer Urlaubswohnung, die Erwartungen von Prospektbegriffen nicht erfüllt, was dann zu zivilrechtlichen Haftungsproblemen führen kann. Solche Divergenzen von Erwartungen und Begriff, das wäre zu untersuchen, dürften sich aber nicht als justiziabel erweisen. Jedenfalls liegt hierin ein Bereich von Rechtsproblemen mit z.T. sehr schwierigen Abgrenzungen.

[94] vgl. *Negative Dialektik*, S. 153f.

[95] Adorno, *Negative Dialektik*, S. 154; ähnlich in den *Vorlesungen*, S. 17 unten, S. 18f.

[96] *Negative Dialektik*, S. 25.

[97] *Vorlesungen*, S. 18.

[98] *Vorlesungen*, S. 18.

ihm identisch, ginge also ganz in ihm auf und könne umstandslos nur mit ihm erfaßt und umschrieben werden, geltend gemacht werden. Erfahrung nämlich könne ihre Vielheit, die der Begriff nicht mehr erfasse, unmittelbar wahrnehmen. Und Denken müsse, so Adorno, zu diesen unmittelbaren Erfahrungen, zu denen, daß es sich anders verhalte, als der Begriff das behaupte, also zur Erfahrung der Nichtidentität, den Kontakt bewahren.[99] Die subjektive Erfahrung des Vielen, die dem Anspruch des Begriffs opponiert, ist daher gleichsam der Anwalt der Sache gegen die Behauptung ihrer begrifflichen Identität.

Wenn es also heißt, daß die Sache mal mehr und mal weniger sein könne als ihr Begriff und mal sowohl mehr als auch weniger, dann wird der Adäquanzgedanke, daß der Begriff seinem Gegenstand entspreche, ihm also angemessen sei, hinfällig. Die denkende Bestimmung, eine Sache sei dies und jenes, sei so oder anders, wird daher zu einer bloßen, durch ein, wie Adorno sagt, „apophantisches Bedürfnis“[100] gespeisten Behauptung.

Begriffliche Bestimmungen sind daher, so verstanden, auch nichts anderes als eine Form von normativer Zuschreibung, nach der die Sache nur so, nur dies oder jenes sei und damit auch so sein soll, wie es der Begriff behauptet.[101] Der Begriff schreibe seinem Gegenstand gleichsam vor, was er zu sein habe: er ist im wahrsten Sinne prädikativ.

Die Anteile an der bezeichneten und „gemeinten“ Sache oder dem „geurteilten“ Gegenstand[102] aber, die schließlich noch gegen den Begriff gewendet werden können, nähmen dann, so Adorno, den Charakter eines Widerspruchs gegen diese genuine begriffliche Bestimmung an. All das geschehe vor dem Forum des identitätslogischen Denkens dadurch, daß die identifikatorische Bestimmung die Identität einer Sache mit ihrem Begriff behauptet, der freilich gerade nicht sie selbst ist.

Adorno faßt diese begriffliche vermittelte Bestimmung in die Formel A=B. Es stecke nämlich, so heißt es in den *Vorlesungen*, in jedem solchen prädikativen Urteil, daß A B sei, daß also, um bei dem Beispiel Haus zu bleiben, ein bestimmter Gegenstand (A), den wir gewohnt sind, als Haus (B) zu bezeichnen, ein Haus sei, der „nachdrückliche Anspruch drin“, daß die beiden „wirklich identisch“ seien[103], also - so der Identitätsbegriff - daß der Begriff seinen Gegenstand erfülle und dieser in ihm ganz aufgehe. Grammatikalisch drücke sich das, dem Beispiel weiter folgend, in dem Satz aus: Das (A) *ist* ein Haus. Dabei rückt mit dem Wort „ist“ eine Beugung des Verbs Sein in den Vordergrund, die der klassisch philosophischen Tradition zufolge[104] *copula* (lat: Band, Bindung; also die des grammatikalischen Subjekts mit dem Prädikat) genannt und nunmehr in ihrer die angezweifelte Identität ver-

---

[99] *Vorlesungen*, S. 17.
[100] *Negative Dialektik*, S. 155.
[101] *Negative Dialektik*, S. 152f.
[102] *Negative Dialektik*, S. 44.
[103] vgl. *Vorlesungen*, S. 18f.
[104] vgl. dazu Joachim Ritter, Karlfried Gründer (Hg.), *Historisches Wörterbuch der Philosophie*, Basel 1976, Bd. 4, Sp. 1099-1101.

mittelnden Funktion zum Zentrum der Kritik Adornos wird.[105] Es sei sprachlich, grammatikalisch die „Copula", die sage: „Es ist so, nicht anders."[106]

Die Nichtidentität des A, also hier die des konkreten, als Haus bezeichneten Gegenstandes, mit seiner Bestimmung als B trete nun in dem Urteil[107] A=B (A *ist* gleich B) nicht nur nicht hervor, es sei vielmehr so, daß, sofern sie hervortrete, diese Identität eben bestritten werde. Von daher nehme dann die Erfahrung, daß die Sache nicht mit ihrer Bezeichnung identisch sei und noch unzählige andere Bestimmungen enthalte, daß sie also gar nicht B sei, jedenfalls nicht nur, oder B auch nicht das A, jenen Charakter des *Widerspruchs* an.[108]

Dies allerdings erst, weil aus der Sicht Adornos auf dem Denken ein Zwang zur Identität laste, dessen Ursprung noch zu erläutern sein wird, aus dem heraus dasjenige, das sich ihm nicht füge, den Charakter des Widerspruchs annehme.[109] Dieser Widerspruch aber sei nichts anderes als der Widerspruch der Sache gegen ihren Begriff[110], also gerade nicht der Widerspruch zwischen Begriffen, und damit auch nicht im Denken, sondern derjenige, der im Begriff und damit in der mit ihm bezeichneten Sache liege; zum Beispiel der Widerspruch in den Begriffen „vertauscht" und „versteckt", der als Widerspruch, und damit als negatives, die Subsumtion störendes Moment, in der geschilderten Problematik überhaupt erst durch den Identitätszwang des subsumierenden Denkens entsteht, wonach die Sache in bloß einem Begriff aufgehen müsse, um sie einer Gattung zuordnen zu können. Das ihrer eindeutigen Bestimmung widerstrebende Moment darf nicht zur Geltung kommen, um eine Entscheidung nach den gebildeten Prämissen nicht zu gefährden.

bb) Dialektik als Bewußtsein der Nichtidentität

In der Erfahrung jenes Widerspruches zeige sich nunmehr nicht bloß irgendeine, sondern die grundlegende Problematik eines jeden Begriffs, die Denken immer berücksichtigen müsse. Dialektik versteht Adorno daher als das Bewußtsein dieser Problematik, als ein permanentes Bewußtsein der Nichtidentität, das heißt als das

---

[105] vgl. *Negative Dialektik*, S. 151, aber auch den Beitrag von Horkheimer über *Subsumtion und Kopula*, in: Max Horkheimer, GS Bd. 12, S. 70 ff. Schon grammatikalisch werde hier eine, wie Adorno sagt, idealistische Vorentscheidung für die Ontologie getroffen, die nach dem Sein der Dinge, nach dem Sein der Gegenstände, des Seienden fragt, etwa nach ihrem Wesen, das dann in der identitätslogischen Formulierung „A ist ein B" sich ausdrückt, wonach B das Wesen, das Sein des Seienden A zu sein habe. Vgl. dazu die Notizen Adornos, die Tiedemann in den editorischen Nachbemerkungen zu GS Band 6 zitiert, a.a.O., S. 531, und das Protokoll der Diskussion zwischen Horkheimer und Adorno über *Sprache und Erkenntnis*, in: Max Horkheimer, GS Bd. 12, S. 493ff.

[106] *Negative Dialektik*, S. 151.

[107] zum Urteilsbegriff heißt es in der *Negativen Dialektik*: „das Urteil, etwas sei so, wehrt potentiell ab, die Relation seines Subjekts und seines Prädikats sei anders als im Urteil ausgedrückt", a.a.O., S. 30. Ähnliche Gedanken finden sich auch schon in *Meinung, Wahn, Gesellschaft*, in: GS Bd. 10/2, S. 573ff., zum Begriff des Meinens. Vgl. dazu und zu den Implikationen etwa für den juristischen Begriff der Mindermeinung nochmals unten in Kapitel V.

[108] *Vorlesungen*, S. 19.

[109] *Vorlesungen*, S. 19.

[110] *Vorlesungen*, S. 17.

Selbstbewußtsein des Denkens von der Nichtidentität seines Begriffs mit der gedachten Sache.

Dieses Bewußtsein sei aber gleichwohl, aufgrund der vielfachen und unbestimmten Erfahrung dieser Nichtidentität, kein abstrakt methodisches, also eine „Verfahrensweise des Geistes", die sich nur deshalb „überall und stets zuverlässig anwenden läßt, weil sie der Beziehung auf die Sache, den Gegenstand der Erkenntnis sich entäußerte"[111]. Dialektik entstand für ihn vielmehr erst in der geistigen Auseinandersetzung eines Subjekts mit einem mannigfaltigen Objekt, das in sich nicht begrifflich identisch ist: „ ... denn die unversöhnte Sache, der genau jene Identität mangelt, die der Gedanke surrogiert, ist widerspruchsvoll und sperrt sich gegen jeglichen Versuch ihrer einstimmigen Deutung."[112] Das Denken der Nichtidentität sei daher auch kein Standpunktdenken. Es sei nichts von außen an die Sache Herangetragenes, sondern, so sagt er, Dialektik sei in den Sachen selbst, trage sich in ihnen zu und sei keine Behauptung um ihrer selbst willen.[113]

Vor dem Forum von Identität entfaltet demnach just die Sache selbst ihren Widerspruch gegen den Begriff, der sich wiederum in anderen Begriffen ausdrücken läßt und dem, so wird gleich gezeigt, mit diesen anderen Begriffen auch abgeholfen werden kann, wenn er auch durch bloße „begriffliche Veranstaltung" nicht zu eliminieren sei.[114] Der besagte Widerspruch ist also, wie Adorno es sagt, die Nichtidentität der Sache unter dem Aspekt ihrer begrifflichen Identität.[115]

cc) traditionelles Denken und theoretische Begriffe

Wenn Adorno bei seiner Kritik am Denken oft explizit von *logischem* Denken spricht und Kritik an formaler Logik im Vordergrund zu stehen scheint, von der er sich freilich immer distanzierte, weil sie ihm als bloße Technik ohne Erkenntnisgewinn, als Tautologie verpönt war[116], so nimmt er aber eine explizite Trennung von logischem Denken und Denken einer anderen Art nicht vor. Es geht ihm zwar auch[117], aber nicht nur um eine explizite Kritik an formaler Logik[118], sondern insge-

---

[111] vgl. die *Einleitung* zu *Zur Metakritik der Erkenntnistheorie*, a.a.O., S. 19.

[112] *Negative Dialektik*, S. 148.

[113] *Vorlesungen*, S. 206.

[114] *Negative Dialektik*, S. 156.

[115] *Negative Dialektik*, S. 17.

[116] vgl. u.a. *Negative Dialektik*, S. 64f., auch S. 25.

[117] vgl. u.a. Adornos *Einleitung* in: *Der Positivismusstreit in der deutschen Soziologie*, 5. Aufl. Darmstadt/Neuwied 1976, S. 7ff.; auch abgedruckt in: GS Bd. 8, S. 280ff.

[118] mit der er sich auch explizit eher wenig beschäftigte. So ist in einem der zahlreichen Beiträge zu Adornos 100. Geburtstag die Anekdote überliefert, wonach er nach einer Vorlesung gemeinsam mit einem seiner Assistenten an einem Hörsaal vorbeigelaufen sei, in den man durch ein Fenster hineinsehen konnte. Adorno habe mit einem kurzen Fingerzeig auf die an der Tafel vermerkten logischen und mathematischen Formeln verwiesen und seinem Begleiter mitgeteilt, daß er stolz sei, davon nichts zu verstehen. - Seine in die Materie der Logik vorstoßenden Gedanken endeten daher auch oft mit einer Kritik deduktionslogischer Verfahren und nahmen einen ähnlich spekulativen Zug an wie den beispielhaft in der *Dialektik der Aufklärung* zu lesenden, wonach „die deduktive Form der Wissenschaft ... Hierarchie und Zwang (spiegelt). Wie die ersten Kategorien den organisierten Stamm und seine Macht über den Einzelnen repräsentieren, gründet die gesamte logische Ordnung, Abhängigkeit, Verkettung, Umgreifen und Zusammenschluß der

samt um eine Kritik an der Denklogik jener Identität, die durch die Sprache, die Grammatik vermittelt ist und daher notwendig auch in formallogischen Systemansprüchen wiederauftaucht. Letztlich also um Kritik an einer eigenen, ebender identifizierenden Logik des Denkens in Begriffen, die mit logischen Systemen auch andere umfassendere Zwangsmechanismen entfaltet hat als nur den der einzelbegrifflichen Identifikation, worauf unten noch eingegangen wird.

Schnädelbach hat daher in gewisser Weise recht, wenn er in einer Kritik an Adornos Begriff von identifizierender Logik schreibt: „Die Logik und die Logiker selbst brauchen sich nicht angesprochen zu fühlen.“[119] Andererseits hat er aber auch in einem viel tieferen Sinne unrecht. Denn, so muß man modifizierend einwenden, sie brauchen sich doch nur insofern nicht weiter angesprochen zu fühlen als jeder andere Denkende auch, der in der von Adorno geschilderten grammatikalisch vermittelten Logik der Identität von Begriff und Sache denkt, und dem können sich freilich formale „Logiker“ genausowenig entziehen wie jeder andere auch, so er nur denkt.[120]

Vielmehr wirkte für Adorno ebenjener Identitätszwang von Begriff und Sache auch in dem fort, was er - damit auch das ganz alltägliche Denken meinend[121] - traditionelles Denken[122] nennt, und zwar als dessen „Lebensnerv“[123]. Genausowenig wie die Kritik damit aber nur das aus philosophiegeschichtlicher Sicht klassische idealistische Denken betrifft, also zum Beispiel das „herkömmliche“ Denken der adaequatio, reserviert Adorno die geschilderte Problematik bloß für den Bereich der philosophischen Arbeit. Das aber wird später für die Betrachtung der Einzeldisziplin *Recht* beachtlich sein. Er erklärt vielmehr, wie oben erwähnt, ausdrücklich

---

Begriffe in den entsprechenden Verhältnissen der sozialen Wirklichkeit, der Arbeitsteilung.“ *Dialektik der Aufklärung*, a.a.O., S. 28. Auch daher mutmaßte wohl nicht nur der Logiker, Adorno habe von dessen Fach nichts oder nicht viel verstanden. Auch der Jurist könnte angesichts der adornitischen Kritik am Recht zu der Annahme gelangen, daß sein Fach nicht ausreichend durchdrungen worden sei. Vgl. dazu noch unten in Kapitel III etwa die Kritik Jochen Bungs. Weil das aber auch der Betriebswirt hinsichtlich der Kapitalismuskritik Adornos formulieren dürfte, aus der gewiß fehlendes betriebswirtschaftliches Wissen spricht, bleibt die Frage im Raum, ob Adorno nicht gerade etwas von „der Logik“ verstanden hat, das dem Logiker gerade abgeht und vom Recht etwas gesehen hat, was juristische Betriebsblindheit verdeckt.

[119] so Herbert Schnädelbach, *Dialektik als Vernunftkritik*, in: Ludwig v. Friedeburg und Jürgen Habermas (Hg.), *Adorno-Konferenz 1983*, S. 66ff., 72, der Adornos Gedanken von negativer Dialektik, seiner „Logik der Nichtidentität“ generell kritisch gegenübersteht.

[120] Auch formallogische Denkformen sind in letzter Konsequenz auf das Übereinstimmen von Begriff und Sache angewiesen. Im Kleinen darin, daß ihre Einzelbegriffe, zum Beispiel ihre Prämissen oder Axiome mit ihren Gegenständen übereinstimmen, im Großen darin, daß die Wirklichkeit, die sie zu erfassen trachten, ihren Systematiken und Ableitungen entspricht, so daß ihre Satzsysteme mit den Gegenständen übereinstimmen. Daß dem aber auch so sei, Wirklichkeit also auch systematisch und logisch aufgebaut ist, wird damit a priori vorausgesetzt und subjektiv gesetzt. So auch Demirović, *Der nonkonformistische Intellektuelle*, a.a.O., S. 640: „... immer schon müsse das Seiende so bestimmt sein, daß es sich in das System einfügt“. Insofern erkennt sich das Subjekt in den Ergebnissen auch nur tautologisch selbst wieder. Das Prinzip der adaequatio setzt sich in allen Begriffssystemen weiter fort, auch wenn es so nicht benannt wird.

[121] vgl. *Dialektik der Aufklärung*, S. 2.

[122] u.a. *Negative Dialektik*, S. 43.

[123] *Vorlesungen*, S. 37.

den „theoretischen Gedanken“ schlechthin zum Träger der Problematik der Vorentscheidung für Begriffe und Bewußtsein[124] und schließlich jeden Gedanken, weil Denken, wie schon gesagt, immer und nicht bloß im Bereich der Wissenschaften oder der Philosophie im besonderen Identifizieren heiße und damit auch keine Art von Denken, gleich welcher Provenienz, seinen Gegenstand ganz innehaben könne.[125] So heißt es auch schon, wie oben kurz angedeutet, in der *Dialektik der Aufklärung*, daß sich das Denken bei der Selbstbesinnung auf seine eigene Schuld „nicht bloß des zustimmenden Gebrauchs der wissenschaftlichen“, sondern auch der „alltäglichen ... Begriffssprache beraubt“ sieht[126]; wohlgemerkt nur des *zustimmenden* Gebrauchs, nicht aber des Gebrauchs schlechthin.

Das juristische Arbeiten, die Subsumtion und die Suche nach subsumtionsfähigen Prämissen auf Ober- wie auf Untersatzebene, ist daher, so kann es nun als These formuliert werden, nicht weniger von der geschilderten Problematik durchdrungen, weil es zentral auf der Arbeit mit Begriffen aufbaut, unter die, wie das Eingangsbeispiel zeigen sollte, konsequent adäquat und qua explizit eigenem Anspruch zu subsumieren ist.

dd) Identität als Zwang zur Synthese

Es gilt aber, um die bislang dargestellten Gedanken über den Begriff noch zu vertiefen, eine Aussage Adornos näher zu beleuchten, die bislang nur beiher fiel: Adorno befaßt sich, wenn er von Begriffen redet, damit insofern, als er den Begriff selbst bereits als einen theoretischen Gedanken begreift. Wenn er von Begriffen rede, so heißt es in seinen *Vorlesungen*, so sei damit „nämlich nicht der übliche Begriff“ gemeint, sondern „der Begriff, der eigentlich bereits Theorie ist“.[127] Zwar kündigt Adorno an gleicher Stelle auch an, daß er dasjenige, was damit für seine Dialektik gemeint sei, später noch näher erläutern werde, doch bleibt er die Einlösung dieses Versprechens schuldig.

Man findet aber in der *Negativen Dialektik* andere Stellen, an denen er, erneut nur beiher, eine Art Definition seines „Begriffs“ präsentiert, die auf das verweisen könnte, was er mit der Wendung vom „Begriff als Theorie“ gemeint wissen wollte; dies zumal, wenn man sich die eingangs beschriebene und kritisierte identitätslogische Überlegung vor Augen hält, daß der Begriff zwar die unzähligen Bestimmungen seines Gegenstandes zu beinhalten behaupte, aber letztlich doch nur etwas, ein bestimmtes Element, an ihm vergrößern könne, das ihn komparabel und damit unter eine Begriffsklasse subsumierbar mache.

Begriffe, so heißt es an der fraglichen Stelle, seien „geronnene Synthesen“[128]. Sie seien synthetisierende Akte, das heißt Akte, die die sich potentiell widersprechenden, jedenfalls aber unterschiedlichen Sachmomente in einem, dem begrifflichen Moment vereinigen. Was aber, so muß man sich fragen, synthetisiert der Begriff denn in seinem Moment, wenn nicht die Mannigfaltigkeit der Bestimmungen der

---

[124] vgl. nochmals die *Ästhetische Theorie*, S. 382 unten.
[125] *Negative Dialektik*, S. 25.
[126] *Dialektik der Aufklärung*, a.a.O., S. 2.
[127] *Vorlesungen*, S. 17 unten.
[128] *Negative Dialektik*, S. 160.

mit dem Begriff bezeichneten Gegenstände, die dann unter dem Identitätsprimat als ein Widerspruch erscheinen kann?

Die oben angesprochene *copula* „ist" stehe schließlich, so Adorno, für diese Synthese ein. Sie bekunde, „daß es nicht anders sein soll: sonst würde sie nicht vollbracht. In jeglicher Synthesis arbeitet der Wille zur Identität"[129].

Daß damit der prädikative Begriff in seiner synthetisierenden Wirkung auch einen theoretischen und das dürfte eben heißen: einen die Wirklichkeit des Gegenstandes als (Syn-)These behauptenden, seine Wahrheit in dem Urteil, der Gegenstand sei dies und jenes, so oder anders, aussagenden Charakter erhält, dürfte damit deutlich werden. Er hebt, qua eigenem Anspruch, die unzähligen Bestimmungen in einer einzigen auf, vergrößert dabei einen bestimmten Aspekt und sagt darin, was oder wie die Sache entgegen ihre anderen potentiellen Bestimmungen sei. Jedes Denken, als Denken in Begriffen, als vergrößerndes, vergleichendes und schließlich vereinheitlichendes Denken, wird damit von Adornos Begriff vom Denken zugleich auch als theoretisches Denken angesehen, das heißt als notwendig mit einem Wahrheitsanspruch auftretendes Denken, das im Begriff immer die unterschiedlichen Qualitäten des gedachten Objekts unter sich bündele.

Gemeint ist damit aber nicht nur philosophisches Denken, sondern jedes Denken, das mit dem begrifflichen Anspruch sich artikuliert, etwas über die Welt und wie oder was sie sei auszusagen. Widersprüche der Sache gegen ihren so zu verstehenden „theoretischen Begriff" sind daher vor dem Primat der Identität Widersprüche nicht bloß gegen die vereinheitlichende Wirkung des Begriffs[130], sondern gegen seinen Wahrheitsanspruch, man könnte auch sagen: gegen den Anspruch der alleinigen Repräsentanz der Sache durch bloß den einen Begriff.

Negativ-dialektisches Denken kehrte nun in seiner sogleich zu erläuternden Praxis diese synthetisierende Tendenz der Begriffe[131] wieder um und kehrte sich den vereinigten unzähligen Bestimmungen am Gegenstand zu, dem von Adorno so genannten Vielen an ihm und dem, was die Vereinheitlichung durch den Begriff diesem antue.[132] Es nähere sich damit Begriff um Begriff seiner Wahrheit.

ee) Dialektik von Identität und Nichtidentität

Daß darin aber, in der geforderten Umkehr der synthetisierenden Wirkung der Begriffe genauso wie in der praktizierten Kritik an Identität, wiederum ein dialektisches, ein widersprüchliches Moment enthalten ist, macht sich Adorno selbst seinerseits durchaus bewußt. Nämlich dasjenige, diesem Vielen, dem jeweils Besonderen an der Sache gegen ihren allgemeinen Begriff, doch wieder nur mit Hilfe von Begriffen gerecht werden zu können, also wieder auf identifizierende Begriffe zurückgreifen zu müssen, mit denen das Problem freilich von neuem beginne. Nicht

---

[129] *Negative Dialektik*, S. 151.

[130] Adorno spricht in diesem Zusammenhang auch von dem traditionellen Denken als einem Einheitsdenken. Vgl. *Negative Dialektik*, S. 160, weil der „allgemeine Begriff" die „Einheit ... des unter ihm Befaßten" sei. *Negative Dialektik*, S. 175; ähnlich auch schon in der *Dialektik der Aufklärung*, S. 32.

[131] *Negative Dialektik*, S. 160 unten.

[132] *Negative Dialektik*, S. 160 unten.

nur eine Kritik an identifizierendem Denken sei ihrerseits wieder nur mit Hilfe des kritisierten Mechanismus möglich, also nur mit begrifflichem Denken, sondern auch Wege eines anderen begrifflichen Operierens der Vernunft seien nur mit Hilfe von Begriffen beschreitbar.[133] Um den geschilderten Problemen zu entgehen, helfe es keineswegs, Denken ganz in Frage zu stellen. Denn dessen verallgemeinerndes Moment ist schließlich keineswegs nur falsch.

Entgegen mancher Interpretationen ist Adornos Philosophie keine Abkehr vom begrifflich logischen und argumentativen, auch diskursiv genannten Denken und auch keine von wissenschaftlicher Theoriebildung.[134] Nicht die begrifflich erscheinende Vernunft schlechthin ist Gegenstand seiner Kritik, sondern, so sagt er, gerade ein Zuwenig an ihr.[135] „Selbstreflexion der Aufklärung", so heißt es auch schon in der *Dialektik der Aufklärung*, sei „nicht deren Widerruf: dazu wird sie dem gegenwärtigen status quo zuliebe korrumpiert". Vielmehr ist eben auch „[n]och die selbstkritische Wendung des Einheitsdenkens auf Begriffe, geronnene Synthesen angewiesen"[136]. Und damit eben selbst auf „identifizierende Akte, die darüber urteilen, ob der Begriff dem Befaßten Gerechtigkeit widerfahren läßt und ob das Besondere seinen Begriff auch erfüllt"[137].

Es geht Adorno also nur um die weiter unten noch zu beantwortende Frage, wie ein die Synthesen rückabwickelndes Mehr an begrifflicher Rationalität zu gestalten ist, um zu dem zu gelangen, was das identifizierende Denken durchaus als richtiges Ziel ausgibt, aber nicht erreicht.[138]

Es werde daher mit der Kritik an dem skizzierten Mechanismus der Begriffe nicht zugleich auch Kritik an dessen Zweck, dem Telos der Adäquanz, geübt, weil genau jene Adäquanz, also die begrifflich vermittelte Wahrheit über die Sache, auch von einem Bewußtsein der Nichtidentität noch angestrebt werde. Kritisiert werde aber, daß das Ziel des Einheitsdenkens schon seiner bloßen Form nach nicht erreichbar sei, gerade weil dieses Ziel begriffliche Identität heiße, weil das Vorstellungsvermögen des identifizierend denkenden Subjekts offenbar nicht mehr hinreichend sei, um noch den Gedanken zu wagen, daß Wahrheit auch in anderen Formen als in jenen bloßer begrifflicher Identität dargelegt und vermittelt werden könne. Adorno kritisiert die Schwächen des identifizierenden Denkens mithin nur

---

[133] Es wird unten auch deutlich werden, daß es sich mit den anderen begrifflichen Zwangsformen der Logik, der Schlüsse und Urteile und der Systeme nicht anders verhält. Auch sie werden in den Dienst ihrer Selbstkritik und damit in den Dienst der von ihnen erfaßten Sache gestellt werden.

[134] das wird mitunter unterstellt, so u.a. von Jürgen Habermas, *Theorie des kommunikativen Handelns* Bd. 1, S. 516; und in *Der philosophische Diskurs der Moderne. Zwölf Vorlesungen*, Frankfurt/M. 1985, S. 154f.

[135] vgl. Adorno, *Vernunft und Offenbarung*, in: GS Bd. 10/2, S. 608ff., S. 611, hiernach sei das Zuviel an Rationalität, wie sie in dem identifizierenden Gebrauch der Begriffe erscheint, gerade ein Zuwenig an Rationalität.

[136] *Negative Dialektik*, S. 160.

[137] *Negative Dialektik*, S. 149.

[138] Man kann, um wieder dem juristischen Jargon zu huldigen, auch von einem Rückgewährschuldverhältnis sprechen. Das Bewußtsein erstattet dem Gegenstand seine in der Synthese des Begriffs untergehenden Anteile zurück, Folge des Rücktritts von dem - allerdings nicht auf Freiheit ruhenden - Geschäft der Benennung.

deswegen, weil es sein eigenes Ziel seiner Form nach gar nicht erreichen könne. Er wolle es aber nur um so mehr erreichen. Er wolle auf Denken daher nicht verzichten, nicht auf das Streben nach stringent und folgerichtig begrifflich vermittelter Erkenntnis, sondern seine Anweisungen deshalb geben, damit das Denken um der Erkenntnis der Wahrheit willen besser werde.[139]

Sein Denken nimmt daher für sich in Anspruch, kritisch gegen Denken anzudenken, denkend seine eigenen Schwächen zu erkennen. Es werde in negativ-dialektischer Denkpraxis reflexiv. Denken, so heißt es, brauche sich nicht an seiner eigenen Gesetzlichkeit, also dem geschilderten Zwang zur Identität, genug sein zu lassen; „es vermag gegen sich selbst zu denken, ohne sich preiszugeben"[140].

Viel mehr als traditionell identifizierendes Denken wolle das dialektische Denken der Nichtidentität auf die wahre Identität der Sache hinaus. Es wolle sagen, was etwas sei, wohingegen das traditionelle Denken immer nur sage, worunter etwas falle, wovon es Exemplar sei.[141] Identifizierendes Denken entwerte die Sache, die es denke, indem sie es, vermittelt durch den Begriff, nur zu einem bloßen Exemplar seiner Art oder Gattung mache[142], negativ-dialektisches Denken wolle aber die ganze Wahrheit und gehe dafür notwendig in die Tiefe der Mannigfaltigkeit des Objektes. Es wolle insofern seiner Besonderheit gewahr werden, seiner „eigenen Identität", die „das Nichtidentische der Sache gegen ihre Identifikation"[143] wäre.

---

[139] Auch der *Horkheimersche* Gedanke, daß Denken nur dazu da sei, sich selbst abzuschaffen, daß es seine Aufgabe sei, sich selbst überflüssig zu machen, ist nicht aus einer grundsätzlichen Skepsis gegenüber Aufklärung heraus zu verstehen, sondern will Aufklärung gerade stärken, indem sich Denken darauf besinnen möge, wozu es als aufklärendes einmal gut, wozu Aufklärung gedacht war und in wessen Dienst Denken stehe: nämlich im Dienst der Verbesserung der Lebensverhältnisse der Menschheit und in der Einrichtung einer humanen und gerechten Ordnung. Beispielhaft dafür schreiben beide in der Dialektik der Aufklärung, daß „seit je ... die Aufklärung im umfassendsten Sinn fortschreitenden Denkens das Ziel verfolgt (hat), von den Menschen die Furcht zu nehmen und sie als Herren einzusetzen". A.a.O., *Begriff der Aufklärung*, S. 19. Denken würde daher seiner immanenten Notwendigkeit überflüssig, sobald die Umstände entfielen, die sie begründen. Und diese benennt Adorno auch in der *Negativen Dialektik*: Denken als „ein Verhalten", also selber gesellschaftliche Praxis, entstand selbst nur aus „Lebensnot", diese enthält es als Bedürfnis noch in sich. „Aus dem Bedürfnis heraus wird gedacht", a.a.O., S. 399.

[140] *Negative Dialektik*, S. 144, ein Satz, dem er für seinen Begriff von Dialektik definitorischen Charakter beimißt. Und den er für unabdingbar hält, um die Aufklärung human werden zu lassen. „Erheischt negative Dialektik die Selbstreflexion des Denkens, so impliziert das handgreiflich, Denken müsse, um wahr zu sein, heute jedenfalls, auch gegen sich selbst denken. Mißt es sich nicht an dem Äußersten, das dem Begriff entflieht, so ist es vorweg vom Schlag der Begleitmusik, mit welcher die SS die Schreie ihrer Opfer zu übertönen liebte." *Negative Dialektik*, S. 358. Vgl. dazu und zum näheren Sinn des aufrüttelnd Martialischen dieses Gedankens auch noch unten, Kapitel III.

[141] *Negative Dialektik*, S. 152.

[142] *Negative Dialektik*, S. 149.

[143] *Negative Dialektik*, S. 164; die Kritik Gerhard Gamms, *Wahrheit und sprachlicher Ausdruck - Vom Versuch Adornos, das Verschiedene zu denken*, in: Heinz Kimmerle (Hg.), *Das Andere und das Denken der Verschiedenheit*, Amsterdam 1987, S. 159ff., Adorno bleibe damit letztlich doch Identitätsphilosoph, ist daher zwar nicht ganz von der Hand zu weisen. An klingt der Vorwurf der Identitätsphilosophie auch bei Christian Többicke, *Negative Dialektik und kritische Ontologie*, Augsburg 1992. Allerdings vertritt Adorno mit der Überlegung, die Nichtidentität sei die eigene Identität der Sa-

Der Fehler des traditionellen identifizierenden Denkens sei daher gerade seine Zielstellung, Identität herstellen zu wollen, Wahrheit, wenn man so will, immer nur in identifizierenden Akten, in eindeutigen Urteilen erkennen zu wollen. Diese begrifflich vermittelte Form der Wahrheit sei das Problem ihrer Erkenntnis. Obwohl, so Adorno, insgeheim die Nichtidentität das Telos der Identifikation sei[144], also die Erkenntnis des mit dem Begriff nicht identischen, begriffslosen Gegenstands, verfehle sie es just durch jene Zielstellung. Dieser Zweck aber sei zugleich das an der Identifikation zu Rettende und damit eben der Impetus, die Sache ganz haben zu wollen.

Wenn aber die wahre Identität der Sache immer nur deren Nichtidentität gegen ihre Identifikation sei, müsse ihr aber dennoch das Mehr, das sie gegenüber ihrem Begriff ist, durch diesen nicht erst oktroyiert werden, so Adorno, es bleibe vielmehr, als das aus ihm Verdrängte, ihm immanent.[145] Eine Identität gewinne der Gegenstand hiernach erst dadurch, daß er durch den Begriff bestimmt wird, und zwar als sein Nichtidentisches, das mit dem Begriff erst aufgerufen wird. Der idealistische Satz, wonach das Bewußtsein das Sein bestimme, läutert sich aus dieser Perspektive zu einem bloß performativen Sprech-Akt, der mit dem Seienden im Begriff zugleich dessen Nichtidentität auf den Plan ruft, in Wahrheit aber gerade nicht mehr als das. Einerseits nähere sich daher die begriffliche Bestimmung der Sache, dem, was sie sei, als Nichtidentisches[146], andererseits gebe es aber ohne die Identitätsthese weder Identität noch Nichtidentität.[147]

---

che gegen ihre Bestimmung - wenn überhaupt - ein Identitätskonzept, in dem gerade auch angelegt ist, daß den Dingen letztlich gar keine (begrifflich vermittelbare) Identität eignet und daß eben just dasjenige, die begriffliche Identitätsfreiheit, das Antinomische, ihre Identität sei. Was dabei aber noch Identität heißen soll, ist völlig offen. Damit wird der Begriff der Identität dann aber derart unterschiedlich verstanden, daß die fröhliche Subsumtion Adornos unter den Begriff vom „Identitätsphilosophen" wieder so viele Differenzen verschleiert, daß es wenig sinnvoll erscheint, ihr zu folgen.

[144] *Negative Dialektik*, S. 152.

[145] vgl. zu dem Aspekt der Verdrängung, der nicht nur zufällig zur Freudschen Terminologie äquivok ist, sondern auch gesellschaftliche Verdrängungsprozesse meint, die *Vorlesungen*, S. 105: „Man könnte sagen, daß das Begriffslose selbst, wenn man an es herangeht, wenn man überhaupt ihm zum ersten Mal sich zuwendet, insofern schon durch den Begriff in einem negativen Sinn vermittelt ist, - nämlich als das Vernachlässigte, Ausgeschlossene; und daß eben darin, daß der Begriff es nicht in sich aufgenommen hat, etwas von der Voreingenommenheit, vom parti pris und von den Sperren des Begriffs sich erkennen läßt. So wie ja tatsächlich die Gruppen von Phänomenen, denen Freud seine Aufmerksamkeit zugewendet hat, dadurch charakterisiert werden, daß sie ... dem Mechanismus der Verdrängung in einem ganz besonderen Maß unterliegen. Es gibt ja auch so etwas wie gesellschaftliche Verdrängung, und zu dem Organ des philosophisch Denkenden ... gehört es ganz sicher, daß man etwas von dieser Verdrängung an Gegenständen, von dem, was Gegenständen von dem allgemeinen Bewußtsein verdrängt ward, spürt und von genau dem angezogen wird, worüber das approbierte Bewußtsein sich hinwegsetzt oder was es am liebsten überhaupt nicht zum Gegenstand der Betrachtung machen wollte."

[146] *Negative Dialektik*, S. 152.

[147] So daß auch Dialektik, wie es bei Gamm und Többicke angedeutet ist, nicht mehr ohne Identitätsthese existieren könnte. *Negative Dialektik*, S. 398. Auch an dieser Stelle taucht also der Gedanke der Utopie wieder auf, der von Horkheimer beschrieben wurde. Denn, wenn Dialektik ohne Identitätsthese „nicht das Ganze wäre", wäre es dann aber auch keine „Kardinalsünde, sie

Dem Wahren, also dem Nichtidentischen sich zu nähern, vermag Denken daher nur, indem es dieses Mehr, das die Sache an „unzähligen Bestimmungen enthält", das ihr „immanent" sei, auch zu denken versuche. Wer das, was ist, verstehen wolle, müsse daher, so Adorno, gerade mehr denken als das, was „ist", sprich: „[W]er es erkennen will, muß mehr, nicht weniger denken als der Bezugspunkt der Synthese des Mannigfaltigen, der im Tiefsten überhaupt kein Denken ist."[148] Und das heißt eben auch: nur ein Mehr an Begriffen kann das Mehr der Sache repräsentieren und es verständlich machen. Um so weniger Begriffe im gedanklichen Spiel seien, um so mehr damit das identifizierende Denken glaube, die Sache mit dem Begriff „aufspießen" zu können, je „rücksichtsloser es ihm auf den Leib rückt", um so mehr, so wurde es eingangs schon formuliert, entfernt sich das Denken von der (Nicht-)Identität der Sache.[149]

Diese Richtung der Begrifflichkeit, sich durch Abstraktion vom Gegenstand zu entfernen, sei gerade zu ändern, Begrifflichkeit also dem Nichtbegrifflichen zuzukehren. Das sei das „Scharnier negativer Dialektik"[150]. Und vor „der Einsicht in den konstitutiven Charakter des Nichtbegrifflichen im Begriff zerginge der Identitätszwang, den der Begriff ohne solche aufhaltende Reflexion mit sich führt".

ff) Verdinglichung und Stillstand

Dieses sich entfernende Denken, das zugleich die Differenz zwischen Gedanken und Gedachtem und damit auch die Distanz zwischen Denken und Gedachtem nicht mehr sieht und wahrnimmt, entwickele sich, so die Kritik Adornos, zudem zu einem verdinglichten Denken, das aufgrund seiner Entfernung von den Dingen zu einer geistigen Erfahrung mit ihnen zunehmend unfähig werde. Das Bewußtsein, das solcherart mit Begriffen denkt, werde verdinglichtes Bewußtsein[151], selber so starr, wie es die Sache erst werden lasse, indem es das Seiende durch den Begriff zu einem fixierten Gegenstand zusammenziehe.[152] Durch diesen Mechanismus werde Denken dann aber nicht nur irrational, sondern auch unmittelbar unwahr und wahnhaft.[153]

---

in einem dialektischen Schritt zu verlassen. Es liegt in der Bestimmung negativer Dialektik, daß sie sich nicht bei sich beruhigt, als wäre sie total; das ist ihre Gestalt von Hoffnung." A.a.O., S. 398. Adorno reserviert diese Hoffnung für den Moment, „nachdem der Identitätszwang zerging". A.a.O.; ähnlich auch a.a.O., S. 18.

[148] *Negative Dialektik*, S. 189; die Kritik, die sich an dem Ergebnis des Umkehrschlusses entzündet, nur negativ-dialektisches Denken sei folgerichtig überhaupt von einer Qualität, die den Begriff vom Denken rechtfertige, so Schnädelbach, a.a.O., S. 72, ist von daher folgerichtig. In gewissem Sinne muß Adorno aber zugestanden werden, daß negativ-dialektisches Denken, das Bewußtsein von der Unwahrheit der Identität des Denkens, ein qualitativ anderes Denken ist, dessen Qualitäten und Differenzen in der einheitlichen Bezeichnung Denken nicht mehr vorkommen.

[149] *Negative Dialektik*, S. 152.

[150] *Negative Dialektik*, S. 24.

[151] vgl. *Vorlesungen*, S. 41; Adorno hat, wie es auch Rolf Tiedemann in seinen Anmerkungen zu den von ihm herausgegebenen Vorlesungen anmerkt, S. 339, seinen Begriff von verdinglichtem Bewußtsein nicht mehr, wie er wollte, entfaltet. Dies wäre, so sagt er, auch eher eine - wohl empirisch - soziologische Aufgabe gewesen, weniger eine philosophische. Vgl. *Vorlesungen*, S. 41.

[152] Guzzoni, Ute, *Sieben Stücke zu Adorno*, a.a.O., S. 44.

[153] Adorno, *Meinung, Wahn, Gesellschaft*, in: GS Bd. 10/2, S. 573ff.

Das beschriebene Problem „der Inadäquanz von Gedanke und Sache“[154] werde dann negiert, wenn sich Denken daraufhin nicht mehr reflektiere, wenn der Denkende das seines Denkens immanentes Moment von Unvernunft aus den gedanklichen Augen verliere. Sobald solches Denken aber sich selbst setzte, sich verabsolutierte und verselbständigte, also das Moment des gedachten Gegenstandes außer acht ließe, das sich dem Denken entziehe, entfernte es sich nicht nur in der beschriebenen Art von der Sache, sondern würde unmittelbar zu „einer Lüge“ über das Gedachte.[155] „Ratio schlägt in Irrationalität um, sobald sie in ihrem notwendigen Fortgang verkennt, daß das Verschwinden ihres sei's noch so verdünnten Substrats ihr eigenes Produkt, Werk ihrer Abstraktion ist.“[156]

Solch verdinglichtes Denken hat dann aber die Begriffe, mit denen es denkt, und die Dinge, die es denkt, wie Adorno es sagt, völlig stillgestellt und so zu unveränderlichen und geschichtslosen gemacht. Es mißt die Begriffe außerdem auch nicht mehr an dem, was sie beinhalten, und das, was sie beinhalten, wird seinerseits nicht mehr am Begriff gemessen. Man selbst nehme zu dem Begriff ein Verhältnis ein, das nach seinem Wahrheitsgehalt gar nicht mehr frage.[157] Solches Denken, so heißt es in der *Negativen Dialektik*, „vergegenständliche durch die logische Identität des Begriffs“.

Dialektik aber laufe, ihrer subjektiven Seite nach, gerade darauf hinaus, so zu denken, daß nicht länger die Form des Denkens seine Gegenstände zu unveränderlichen, sich selber gleichbleibenden mache. „Daß sie das seien, widerlegt Erfahrung.“ Und diese Erfahrung ist zugleich wiederum diejenige, die es verwehre, was immer an Widersprüchen auftrete, in der Einheit des Bewußtseins zu schlichten.[158]

Denken, das sich mithin mit einem bloß identifizierenden Begriff nicht mehr beschiede, knüpfte auch die Geschichte seiner Gegenstände wieder auf und legte ihre gesellschaftliche Vermittlung frei. Solches Denken er*führe* sie sich in einer Art geistigen Reise[159], ließe sich auf sie ein und ginge mit ihnen ein Stück ihres Weges mit[160] und blickte auf den zurück, den sie gegangen. Es kehrte sich also auch darin, in der Erkenntnis, den historischen Prozeß als Vermittlungsprozeß[161] im Begriff verdichtet zu haben, die Richtung des Denkens wieder den synthetisierten Einzelmomenten zu.

[154] *Negative Dialektik*, S. 156.
[155] *Vorlesungen*, S. 135.
[156] *Negative Dialektik*, S. 152.
[157] *Vorlesungen*, S. 42.
[158] *Negative Dialektik*, S. 155.
[159] Das erinnert freilich zugleich an den klassischen Bildungsbegriff und seinen Prozeß langer, ausgedehnter Reisen, wie etwa der Goethes durch Italien, und hat Auswirkungen auf den modernen, wie man anschaulich in einem Rezeptionsversuch negativer Dialektik für die Pädagogik bei Andreas Gruschka, *Negative Pädagogik*, Münster 1988, nachlesen kann.
[160] Die friedlich sanfte Metapher vom „Mitgehen“ stammt von Ute Guzzoni, *Sieben Stücke zu Adorno*, a.a.O., S. 45.
[161] *Vorlesungen*, S. 217f.

c) Zur Kritik und Aufklärung des Identitätsbegriffs

Bevor nun Ideen Adornos dargelegt werden, wie dies im praktischen Diskurs gewährleistet werden könnte, wird in einem letzten Schritt der Darlegungen zum Begriff der Identität noch einmal auf vereinzelte Kritik an ihm eingegangen, um klarzustellen, daß es Adorno in seinen Überlegungen nicht nur, wie *Gerhard Gamm*[162] das zu verstehen scheint, auf eine gleichsam betriebsimmanente Kritik an heute überholten philosophischen Diskursen ankam, sondern daß seine philosophische Erkenntniskritik auch an alltäglichen praktischen Diskursen ansetzte, in denen er das kritisierte philosophische und erkenntnistheoretische Denken sedimentiert sah, so daß sie zugleich zu Kritik an Gesellschaft wurde, oder - je nach Gusto - aus ihr kam.

Entsprechend greift es auch zu kurz, die Kritik Adornos an der Verwendung des Begriffs von Identifikation, wie *Herbert Schnädelbach*[163] und *Anke Thyen*[164] das wollen, deswegen als in sich nicht stringent zu verwerfen, weil er aufgrund der mangelnden Differenzierung einen bestimmten Aspekt außer acht gelassen und einen anderen verabsolutiert habe, der sich aber, hier findet sich eine Schnittmenge mit *Gamm*, in der gegenwärtigen Philosophie so gar nicht mehr zeige. Beide Kritiken in diesen Punkten zumindest plausiblen Zweifeln zu unterziehen erlaubt es schließlich auch, Adornos Kritik auf die gesellschaftlichen Diskurse gleich welcher Art und damit auch auf die für Rechtsdogmatiker alltäglichen Diskurse auszudehnen.

So kann die folgende Auseinandersetzung mit den genannten Kritiken aufzeigen, daß jeweils ein nach der Auffassung des Verfassers mit dem Begriff von Identität gemeinter Gehalt verkannt wird, der - zumal für eine Kritik an Recht und Dogmatik - nicht unerheblich ist. Gleichwohl sind die Kritiken aber auch hinsichtlich der philosophischen Wahrnehmung Adornos so aufschlußreich, daß sie hier dargestellt und kommentiert werden sollen, weil sie die gesellschaftliche Relevanz des kritisierten Identitätsdenkens noch deutlicher zutage treten lassen.

aa) Zur Kritik *Herbert Schnädelbachs* und *Anke Thyens*

Schnädelbach kritisiert in seinem Beitrag zur Adorno-Konferenz von 1983, daß es Adorno nicht gelungen sei, stringent an die Kritik der Dialektik der Aufklärung anzuknüpfen, die die Abstraktionsformen des begrifflichen Denkens ihrerseits schon kritisiert hatte, allerdings ohne mit dem Topos vom *Identifizierenden Denken* und seiner analytischen Tiefe zu arbeiten. Statt dessen ist - dazu dann aber Näheres unten - dort der Topos der *instrumentellen Vernunft* zentral, wonach begriffliche Vernunft nur zu Zwecken der Herrschaft über die Erkenntnisgegenstände entstanden sei und nicht um ihrer eigentlichen Erkenntnis willen. Der neue Topos Adornos und das Konzept dahinter seien semantisch betrachtet nun nicht die logisch stringente Anknüpfung an den Topos der instrumentellen Vernunft, weil Adorno

> „nie zwischen >Etwas identifizieren als...< und >Etwas identifizieren mit...< unterscheidet. Zunächst werden alle Redeformen, in denen nicht gegen das logische Iden-

---

[162] ders., *Wahrheit und sprachlicher Ausdruck.*, a.a.O., S. 159ff.

[163] ders., *Dialektik als Vernunftkritik*, a.a.O., S. 66ff.

[164] dies., *Zur Rationalität des Nichtidentischen*, a.a.O.

> titätsprinzip verstoßen wurde, als Beispiele notwendigerweise identifizierenden Denkens ausgegeben, um sie dann sämtlich als bloße Identitätsbehauptungen unter generellen Tautologieverdacht zu stellen. Selbst wenn es zuträfe, daß alle Deklarativsätze Identifikationen von etwas als etwas repräsentieren, wird in ihnen doch nicht bloß Identität ausgesagt. (Wer mich als den und den identifiziert, identifiziert mich hoffentlich nicht mit dem, als den er mich identifiziert.)" [165]

Adorno habe demnach, so muß man hier *Schnädelbach* verstehen, denjenigen Aspekt des Sprachgebrauchs des Identitätsbegriffs unterschlagen, wonach man begrifflich ein Objekt nicht nur *mit* etwas, sondern, gleichsam als ein im Sinne negativer Dialektik nichtidentifizierendes Minus, auch bloß *als* etwas identifizieren könne. Gerade das aber erscheint aus der Perspektive Adornos fraglich.

Wenn man nämlich, um auf das sogenannte identitätslogische Denken zurückzukommen, von einer identifizierenden Logik der Grammatik ausgeht und sich die identifizierende Subsumtion vermittelt durch die *copula* „ist" betrachtet, deren Gebrauch in einen historisch genetischen und gesellschaftlichen Kontext zu stellen ist, wird deutlicher, daß mit Identität gerade das gemeint ist, was *Schnädelbach* doch in einem Nebensatz sehr wohl als Auswirkung des begrifflich operierenden Denkens befürchtet, nämlich daß das traditionelle Denken in Begriffen von einer vollständigen Identifikation eines Besonderen *mit* seinem allgemeinem Begriff gar nicht mehr zurückschreckt[166]. Daß sich aber dieses Denken in breiten gesellschaftlichen Feldern, nicht zuletzt auch in Alltagsdiskursen, etabliert hat, ist nun die Position Adornos.

Wenn *Schnädelbach* - und etwas später exakt gleich *Thyen*[167] - die in Adornos Sprachgebrauch fehlende Differenzierung des Begriffs vom Identifizieren gleichwohl bemängelt, so mag er zwar darauf verweisen, daß eine Identifizierung eines Gegenstandes *mit* etwas anderem, zumindest aber mit seinem Begriff, eine gesteigerte Form von Identifizierung derart bedeutet, daß derjenige, der so identifiziert, dem identifizierten Gegenstand gar kein Eigenleben mehr läßt, das jenseits des Begriffs läge, sondern ihn komplett mit einem anderen gleichsetzt, ihn also um seine Vielheit auf Einheit reduziert und stillstellt. Dagegen, so ließe es sich vermuten, scheint derjenige, der eine Identifikation von etwas *als* etwas anderes vornimmt, dem Objekt potentiell mehr von ihm einzugestehen als dasjenige, was sein Begriff aussagt[168], denn, so *Schnädelbach*, eine Identifikation „als etwas anderes" sei mehr als eine bloße Identitätsbehauptung.

Dann muß, anders kann man *Schnädelbach* dann nicht mehr verstehen, aber eine Identifikation *mit* etwas anderem „bloße Identität" sein. Was aber soll nun, das zum ersten, solch bloße Identität zwischen einem besonderen Gegenstand und einem Begriff praktisch sein? Daß Adorno nicht meint, ein Gegenstand A, den man als „Haus" bezeichnet, sei gleich mit den vier Buchstaben H, A, U und S, versteht sich

---

[165] Schnädelbach, a.a.O., S. 66ff., S. 71f.; Anke Thyen hat diese Überlegungen Schnädelbachs in *Negative Dialektik und Erfahrung*, S. 114ff. näher ausgeführt.

[166] eine Kritik, die sich im übrigen in ähnlichen Wendungen bereits in der *Dialektik der Aufklärung* findet, vgl. nur die S. 13, 19, 32, 190 oder den Entwurf über *Klassifikation*, S. 231.

[167] vgl. dies., *Negative Dialektik und Erfahrung*, a.a.O., S. 114ff., bes. S. 118f.

[168] so auch Thyen, a.a.O., S. 118.

„hoffentlich" von selbst. Identität, sei es „bloße Identität" oder „Identität als etwas anderes", muß daher bei Adorno jeweils zwingend etwas anderes meinen als Identität zwischen dem Objekt und seiner aus Buchstaben bestehenden „terminologischen Maske"[169]. Adorno meint daher mit Identität in der Tat die Reduktion des Gegenstandes auf sein allgemeines Moment, das heißt darauf, was er mit anderen gemein hat, und damit ein Moment der Verdrängung seiner Besonderheit[170]. Dieses Gemeinsame, durch das er mit anderen zu einer Gattung zugehörig behauptet wird, nimmt ihm in der Wahrnehmung (erst einmal) seine Besonderheit, also all dasjenige, das nicht als sein Allgemeines erscheint. Zudem liegt darin das kritisierte Element seiner Stillstellung, indem der Gegenstand seiner Geschichte beraubt wird und ihm ebenfalls potentielle Veränderungsmöglichkeiten genommen werden, so daß er via Nivellierung und Enthistorisierung zu einem mit sich und mit anderen Gleichbleibenden verdinglicht erscheint.

Daß in diesem Begriff von Identität, das zum zweiten, das Moment der Identifikation „als etwas anderes" aber schon enthalten ist, und zwar gerade als der Kern des Problems, wird deutlich, wenn man das Identifizieren letztlich doch wieder als nichts anderes paraphrasieren kann als dasjenige, das Adorno und Horkheimer in der Dialektik der Aufklärung auch mit der Wendung von der „Rekognition im Begriff"[171] meinen, das heißt die Wiedererkennung des Verschiedenen unter einem Allgemeinen. Etwas „identifizieren als etwas" heißt vom Grunde auf gerade gar nichts anderes als die Identifikation des Besonderen als Exemplar einer Gattung. Auch der „Identifizierung als ..." geht es um nichts anderes als um die Aussage, etwas als Exemplar einer Gattung wiedererkannt zu haben, meint also die Rekognition, die sich durch den Begriff ereignet, durch ihn vermittelt ist und sich in ihm ausdrückt. Sie ist, wenn man es vorsichtig ausdrücken will, die Basis dessen, was Adorno mit identifizierendem Denken meint. Sprachlich, in der kritisierten identifizierenden Logik der Grammatik, drückt auch sie sich in nichts anderem aus als durch die *copula* „ist". Zum Beispiel: „Das da, was ich erkenne, erkenne ich als Haus wieder. Das *ist* ein Haus."

Die Hoffnung, die *Schnädelbach* ergänzend ausdrückt, die darauf sich richtet, daß man nicht „mit" dem identifiziert werden wird, „als" der man identifiziert wurde, also in der Wahrnehmung nicht bloß Exemplar einer Gattung bleibt, die mit *Schnädelbach* im übrigen jedes Objekt hegen dürfte, das identifiziert wird, ist für Adorno just diejenige, die sich im gesellschaftlichen Prozeß gerade nicht erfüllt[172], weil in

---

[169] vgl. *Negative Dialektik*, S. 193, das Objekt sei „der positive Ausdruck des Nichtidentischen".

[170] zum Rekurs auf den psychoanalytischen Begriff der Verdrängung, der im gesellschaftlichen Erkenntnisprozeß sich widerspiegele, vgl. schon oben S. 49, Anm. 146 und die *Vorlesungen*, S. 104ff.

[171] vgl. *Dialektik der Aufklärung*, S. 190, dazu dann vertieft unten.

[172] Horkheimer, *Kopula und Subsumtion*, GS Bd. 12, a.a.O., S. 74, gibt dafür Beispiele. Die menschlichen Beziehungen, so sagt er, entsprächen dem Sprachgebrauch. „Man stellt die Frage, die nach Schopenhauer alle übrigen an Wichtigkeit übertrifft: was einer ist. Man führt Gespräche, die nur noch den Sinn haben, es herauszufinden, und der Staatsapparat hat die Tendenz, sich dieser Logik anzupassen. Einer ist ein Roter, ein Jude, ein Faschist, ein Feigling, ein Trotzkist, ein Fremder - das spricht ihm das Urteil, davon hängt sein Glück und Unglück ab. Er wird subsumiert, erfaßt, eingeordnet, eingesperrt und umgebracht. Die diskursive Logik feiert ihre Triumphe: die Fest-

diesem das Interesse an Erkenntnis oft genug mit der Klassifikation, der Einordnung als Exemplar, endet, obwohl sie für Adorno hier erst beginnt.[173] „Klassifikation ist Bedingung von Erkenntnis, nicht sie selbst, und Erkenntnis löst die Klassifikation wiederum auf."[174] Daß sie hier erst beginnen möge, ist aber eben erst die Hoffnung, die *Schnädelbach* hegt und die sich noch keinesfalls in gesellschaftlicher Praxis niedergeschlagen hat.[175] Er dürfte sie im übrigen wohl gerade aus der gegenteiligen Erfahrung heraus hegen und auch nur deswegen noch in einem - paradoxerweise bloßen - Nachsatz formuliert haben.

Just diese Hoffnung teilt Adorno mit ihm. Sie ist der Motor seiner Kritik. Gerade sie hat seinen kritischen Begriff von Identität geprägt, dessen Gehalt *Schnädelbach* in der Variante vom „Identifizieren als" unterschlägt. Diese Hoffnung wird von Adorno letztlich auch genauso ausgedrückt, nur: sie erfüllte sich erst im Denken der Nichtidentität, das *Schnädelbach* aber schon als selbstverständlich vorauszusetzen scheint. Erst, wer so denkt, wer also mitdenkt, daß das, was das Objekt „ist", also das, „als" was es identifiziert wird, nicht alles ist, denkt daher, so Adorno zu Recht,

---

stellung und Klassifikation, das >statement<, die beweisbare Aussage gilt etwas. Und was wäre leichter zu beweisen als eben das, was einem den Kopf kosten kann. Was einen retten könnte, pflegen Einsichten anderer Ordnung zu sein."

[173] Einmal angenommen, ein Polizeibeamter im Dienst und in entsprechender Kluft würde von Bürgern immer „nur", also bloß(!) als Polizeibeamter identifiziert, so würde er womöglich auch von jenen oft bemühten „linken Chaoten" nur als solcher gesehen und attackiert, die solche Reduktionen gerne vorzunehmen scheinen. Mit seiner Person, seinem Körper, seiner Geschichte, zum Beispiel als Familienvater, fände keine Identifikation statt. Die Wahrnehmung reduzierte sich auf ihn als Gattungsexemplar Polizeibeamter, das für viele eben auch, wie irrational auch immer, ein Haßobjekt darstellt. Nicht auszuschließen, daß auf solchen Reduktionen auch die Morde an zwei Polizeibeamten beruhten, die 1991 an der Startbahn West getötet wurden. Hoffentlich, könnte er dann sagen, wird er nicht nur mit seiner „Rolle" als Polizeibeamter identifiziert, die die Sensibilität für das sonst Menschliche an ihm abtöten könnte. Daß sich aber diese Hoffnung nicht erfüllen mag, zeigt die Geschichte. Es wäre darüber hinaus auch eine spannende Frage, wie sich die von Adorno beschriebenen Mechanismen zu den sogenannten *Rationalisierungen* verhalten, von denen in der Kriminologie die Rede ist, also wieviel Verdrängung in der Synthese von Tatmotiven liegt. Worauf im übrigen, wenn nicht auf vorangegangener „bloßer Identifikation", beruht das neuerdings durch den Film „Der Untergang" wahrgenommene und kritisierte(!) Bedürfnis des Produzenten Bernd Eichinger und das des Schauspielers Bruno Ganz, Hitler einmal „menschlich" darstellen zu wollen und nicht nur in seiner historischen Rolle als „das Böse" der als „der Führer"? Verhindert womöglich diese Reduktion auf die Rolle nicht auch bestimmte Erkenntnisse oder hat sie lange verhindert? Stellt sie nicht im Alltagsbewußtsein vieler Deutscher bis heute eine Entlastungsfunktion dar? Beginnt nicht potentiell Erkenntnis hier, wo diese Identität aufbricht?

[174] *Dialektik der Aufklärung*, a.a.O., *Klassifikation*, S. 231.

[175] auch Thyen, die sich nur mit der Frage nach Resten der metaphysischen Identitätsphilosophie befaßt, vgl. a.a.O., S. 116, beachtet diesen Aspekt nicht. Von daher ist auch die Überlegung Thyens, Adorno identifiziere „gewissermaßen identifizierendes Denken mit >identifizieren mit<", nicht ganz zutreffend. Adorno beschreibt einen Gebrauch des Begriffs, „die Krankheit des gesunden Menschenverstandes", stellt also Denken nicht im >identifizieren mit< still, der indes in der Sprachform angelegt ist, dessen Schwäche identifiziert wird. So auch Reinhard Kager, *Herrschaft und Versöhnung*, a.a.O., S. 36.

überhaupt erst[176] und denkt kritisch noch gegen die eigene Identifikation an, im Bewußtsein der Nichtidentität. Denken und Erkenntnis beginnen erst mit und nach der Klassifikation. Bloße Klassifikation, die pure Rekognition im Begriff oder auch „identifizieren als“ sind selbst noch kein Denken, auch wenn Denken Klassifikation begriffsnotwendig zu seinem Anfangspunkt hat. Es setzt sich aber erst in ihrem Verfall fort, den Denken verursacht.[177] *Schnädelbach* formuliert daher in seinem Nebensatz genau die Hoffnung, die die Kritik Adornos am Leben erhält, und liegt, ohne es zu merken, dabei ganz auf seiner Linie.[178]

Davon einmal abgesehen, und das noch zuletzt, verkennt *Schnädelbach* auch den globalen und reflexiven Charakter der Kritik der identifizierenden Logik des begrifflichen Denkens, die ihren Prototyp an der grammatikalischen Form der *copula* hat, aber auch in anderen Erscheinungsformen, wie *Horkheimer* es zeigt, immer auf sie zurückgeführt werden kann.[179] Adorno kritisiert schließlich auch dasjenige Denken, das das Denken kritisiert, als zumindest der Form nach mit dem pathischen[180] Charakter des Identifizierens infiziert. Es kann nicht ohne Identifikation gedacht werden, „jede Bestimmung ist Identifikation“[181]. Man muß das gewiß ernster nehmen, als *Schnädelbach* es tut. Denn es gibt nach Adorno letztlich - von lyrisch-ästhetischen Formen abgesehen - überhaupt keine Redeformen, die gegen das logische Identitätsprinzip verstoßen können, weil dieses Prinzip der Charakter oder die grammatikalisch vermittelte Logik der Sprache und des Denkens ist, die jeder Äußerung anhaftet, jeder Meinung und jedem Urteil oder, wie man es sinnfälliger beschreiben könnte: jeder - sei es, wenn man diese Unterscheidungen noch stark machen will: askriptiven, deskriptiven oder normativen - Umschreibung von Wirklichkeit.[182]

---

[176] Schnädelbach befürchtet in einer weiteren Überlegung, a.a.O., S. 72, genau das, daß Adorno Denken auf die geschilderte Weise überhaupt erst als negativ dialektisches Denken begriffen habe und daß dem so nicht sein könne. Gerade das aber meint Adorno so. Denken beginnt für ihn erst nach der Klassifikation als ein Denken, das mit der Resynthetisierung auch remystifiziert. Nach Adorno ist erst negativ-dialektisches Denken überhaupt Denken, das den Begriff verdient. Identifizierendes Denken ist Naturbeherrschung, wie in der *Dialektik der Aufklärung* diagnostiziert und in der *Negativen Dialektik* vertieft umschrieben und um zahlreiche Aspekte erweitert. Negativ-dialektisches Denken schließlich gewinnt die Freiheit, Denken zu sein.

[177] weswegen Adorno seine Dialektik auch als eine *Logik des Zerfalls* umschreibt. Und zwar desjenigen der begrifflich „zugerüsteten und vergegenständlichten Gestalt der Begriffe, die zunächst das erkennende Subjekt unmittelbar sich gegenüber hat. Deren Identität mit dem Subjekt ist die Unwahrheit.“ *Negative Dialektik*, S. 148.

[178] ansonsten differenziert Adorno wohl auch in der von Schnädelbach der Form nach gewünschten Weise, aber mit einem anderen Inhalt. Wenn er über die Utopie spricht, was er in der *Negativen Dialektik* mehrfach tut, dann heißt es zum Beispiel, diese sei „über der Identität und über dem Widerspruch, ein Miteinander des Verschiedenen. Um ihretwillen reflektiert Identifikation sich derart, wie die Sprache das Wort außerhalb der Logik gebraucht, die von Identifikation nicht eines Objekts, sondern von einer mit Menschen und Dingen redet.“ *Negative Dialektik*, S. 151. Adorno dürfte hier das „sich identifizieren mit“ in einem emphatischen Sinne gemeint haben.

[179] ders., *Kopula und Subsumtion*, GS Bd. 12, S. 70ff., 71.

[180] *Negative Dialektik*, S. 174.

[181] *Negative Dialektik*, S. 152.

[182] nachzulesen in Adornos Essay über *Meinung, Wahn, Gesellschaft*, a.a.O., S. 573ff.

Bei *Horkheimer* liest sich das wie folgt: „Sobald man spricht, wird ein Besonderes als ein Allgemeines bezeichnet. Davon abgesehen kann man nicht sprechen ... . Wird der Anspruch preisgegeben, daß jeder Satz dem Schema der Subsumtion eines besonderen Subjekts mittels der Kopula unter einen fertig vorgebildeten Prädikatsbegriff sich anpassen müsse, dann hört die formale Logik auf, universal zu sein. Insbesondere ist sie an das Postulat geknüpft, daß verbale in substantivische Aussagen sich übersetzen lassen müssen. Jedes Geschehnis >ist< ein Spezialfall seiner Gattung."[183]

Noch die dieses benennende Sprache leidet also, wie gleich noch vertieft wird, unter jener Krankheit. Negative Dialektik wird von Adorno gerade aus diesem Grund auch nicht als eine konsequente *Sprache* oder *Grammatik* der Nichtidentität benannt, sondern als das konsequente *Bewußtsein* davon, als das Bewußtsein, daß die Sätze, mit denen es denkt, unwahr sind. Nicht das begriffliche Denken ist also das Problem, so auch *Demirović*, sondern seine Haltung.[184]

Und wie bereits gesagt wurde, trifft diese Kritik nicht nur den wissenschaftlichen Positivismus[185], sei es den der Wiener Schule oder den kritischen Rationalismus *Poppers*, als vielmehr, wie seit der Gegenüberstellung der Theorien durch *Horkheimer*[186], jede sogenannte traditionelle Theorie, also alle Theorie und damit letztlich alle Begriffsbildung, die nicht kritisch-theoretische, und das heißt für Adorno: nicht eine negativ-dialektische der beschriebenen Art ist[187].

---

[183] ders., *Kopula und Subsumtion*, a.a.O., S. 71.

[184] ders., *Der nonkonformistische Intellektuelle*, a.a.O., S. 643; in einem Gespräch mit Josef Früchtl spricht Oskar Negt von einer anderen *Denkweise*, vgl. ders. *Unbotmäßige Zeitgenossen*, Frankfurt/M. 1994, S. 27; Helga Gripp-Hagelstange hat eine ihrer Abhandlungen zur *Negativen Dialektik* mit der Wendung vom anderen *Genus* des Denkens untertitelt, vgl. dies., *Negative Dialektik oder das „andere Genus des Denkens"*, in: Duisburger Beiträge zur soziologischen Forschung No. 5/1988.

[185] auch das verkennt Schnädelbach, a.a.O., der im ganzen versucht *Negative Dialektik* zu historisieren und als ein Denken anzusehen scheint, das seine Legitimation zur Kritik nur aus der Auseinandersetzung der Kritischen Theorie mit dem Positivismus der Wiener oder Popperschen Schule auf der einen Seite zu ziehen scheint und auf der anderen aus der mit der zeitgenössischen Ontologie, vor allem der Heideggers. Darin aber erschöpft sie sich zweifelsohne nicht. Daneben ist auch nicht zu erkennen, daß der epistemologische Positivismus, den Adorno angriff, gänzlich aus dem Wissenschaftsbetrieb verschwunden wäre; genausowenig, wie ontologische Konzepte der Erkenntnis überholt wären. Ein Blick in die modernere Rechtstheorie kann das leicht bestätigen. Vgl. zum Beispiel wieder Georg Küpper, *Grenzen der normativierenden Strafrechtswissenschaft*, Berlin 1990, m.w.N., der mit Bezug u.a. auf Welzel zum Sein zurückkehren, die „Angst vor dem Ontischen" überwinden und wieder „dem Wesen der Dinge auf den Grund gehen" will, a.a.O., S. 33. Ebenso, indes schon etwas älter, Armin Kaufmann, *Strafrechtsdogmatik zwischen Sein und Wert*, Köln u.a. 1982. Und bei Arthur Kaufmann und Winfried Hassemer heißt es in deren *Einführung in Rechtsphilosophie und Rechtstheorie der Gegenwart*, Heidelberg 1977, S. 286: „Im Begriff wird das Wesen (die Washeit) eines Gegenstandes erfaßt, wobei unter ‚Gegenstand' nicht notwendig etwas Substantielles zu verstehen ist".

[186] vgl. Max Horkheimer, *Traditionelle und kritische Theorie*, in: Max Horkheimer, Gesammelte Schriften 1936-41, Band 4, Hg. von Alfred Schmidt und Gunzelin Schmid Noerr, Frankfurt/M. 1981, S. 162ff.

[187] ders. *Vorlesungen* zur *Negativen Dialektik*, S. 36; „Ich würde denken, die beiden Termini Kritische Theorie und Negative Dialektik bezeichnen das gleiche."

Andere als die im beschriebenen Sinne unwahren Sätze kann Bewußtsein daher, egal ob wissenschaftlich Urteilendes oder bloß alltäglich Meinendes, gar nicht bilden, es muß sich dessen bloß bewußt werden.[188] Adorno hat dabei auch die sich in gewisser Weise einstellende psychosoziale Problematik und Ambivalenz dieses Denkens thematisiert: solches Bewußtsein nähere sich für ihn schließlich einem, das sich selbst nicht mehr ganz ernst nimmt.[189] Es verändert sich hin zu einem „als ob"-Denken. Denn „der unnaive Gedanke weiß, wie wenig er ans Gedachte heranreicht, und muß doch so reden, als hätte er es ganz. Das nähert ihn der Clownerie. Er darf deren Züge um so weniger verleugnen, als sie allein ihm Hoffnung eröffnen auf das ihm Versagte. Philosophie ist das Allerernsteste, aber so ernst nun wieder auch nicht."[190]

Aber dieses clowneske und „so ernst nun wieder auch nicht" seiende Bewußtsein ist sich doch im Ernst im klaren darüber, wie es identifiziert und daß seine bloßen Klassifikationen Erkenntnis verhindern und stillstellen können. Negative Dialektik als solches Bewußtsein ist daher, wie schon eingangs formuliert, wesentlich eine Praxis[191], die Praxis eines veränderten und dadurch auch verändernden Denkens, mit dem sich in der Auseinandersetzung von verändert denkendem, nämlich geistig erfahrendem Subjekt und gedachtem Objekt beide permanent verändern.[192]

Diese Denkpraxis verändert sich als das traditionelle Denken, das sich, wenn man so will, seiner Sprachlogik angepaßt hat.[193] Einer Sprache, die vermittelt über den

---

[188] Die *Vorlesungen* lesen sich daher auch nicht nur wie eine Kommentierung der *Negativen Dialektik* in einfachsten Sätzen, sondern wie eine Propädeutik der Praxis eines konsequenten Bewußtseins von Nichtidentität, in der Adorno dazu aufruft, das eigene Denken kritisch zu hinterfragen. Vgl. a.a.O., S. 42f.

[189] daher womöglich auch die Wendung von den Gedanken, die nur wahr sind, wenn sie sich selbst nicht verstehen. Vgl. *Minima Moralia*, a.a.O., S. 218, und von der Narretei, mit welcher im unwahren Zustand diejenigen geschlagen sind, die der Wahrheit nachhängen, vgl. *Negative Dialektik*, S. 396, und zwar diejenigen, die sie redlich suchen, als auch diejenigen, die sie sicher haben wollen.

[190] Adorno, *Negative Dialektik*, S. 26; das wird ergänzt durch den Gedanken, den Adorno in den die *Negative Dialektik* beschließenden *Meditationen zur Metaphysik* formuliert hat, wonach „reflektierte Menschen, und Künstler, ... nicht selten ein Gefühl des nicht ganz Dabeiseins, nicht Mitspielens aufgezeichnet (haben); als ob sie gar nicht sie selber wären, sondern eine Art Zuschauer." A.a.O., S. 356.

[191] Habermas, a.a.O., FR vom 11.10.2004, S. 10.

[192] Guzzoni, Ute, *Sieben Stücke zu Adorno*, Freiburg/München 2003, S. 45.

[193] Die Frage, was davon ursprünglich zuerst war oder den entscheidenden Impuls gab: ob die immanente Sprachlogik, also der Identitätszwang des Denkens oder der kapitalistische Markt und die Warenform, läßt sich nicht eindeutig beantworten. Klar zu sein scheint, was auch Habermas so sieht, daß Adorno die Sprachform nicht aus der Warenform herleitet. Vgl. ders., *Theorie des kommunikativen Handelns*, Bd. 1, S. 506f. Adorno denkt diesen Anpassungsprozeß gleichwohl nicht nur durch das Prinzip der Naturbeherrschung vermittelt, sondern auch durch die moderne Tauschgesellschaft, durch die kapitalistische Warenproduktion und den Warentausch, die letztlich aber auch der Naturbeherrschung geschuldet sind. Durch die Tauschlogik jedenfalls verschwinde, so Adorno von Karl Marx, Alfred Sohn-Retel und Georg Lukács beeinflußt (vgl. u.a. Reinhard Kager, Herrschaft und Versöhnung, a.a.O., Anm. 176, S. 254), hinter der Ware in ihrer Erscheinung ihr Prozeßcharakter als Produkt von Arbeit. Sie werde zu einem Naturwüchsigen fetischisiert. Entscheidend ist hierbei nicht mehr, was sie ist oder wozu sie gut ist, also ihr Gebrauchs-

begrifflichen Abstraktionsmechnismus, der nur das schon bekannte Allgemeine in den besonderen Dingen erkennt, „das Neue als Altes erscheinen (läßt)“ und damit schon als Sprache „abstempelt“, und damit einer Sprache, die beweisen wolle, so Horkheimer, „daß alles im Rahmen des seit je Bestehenden sich begibt“[194]. Dialektik, negative Dialektik, wie sie *Adorno* entwickelt, will aber gerade das Neue am Alten entdecken. „Dialektik ist der Versuch, das Neue des Alten zu sehen anstatt einzig das Alte des Neuen. Wie sie das Neue vermittelt, so bewahrt sie auch das Alte als Vermitteltes ... . Sie gibt dem Alten das Seine als dem dinghaft Verfestigten, das sie zu bewegen vermag, nur, indem sie die Kraft seiner eigenen Schwere entbindet.“[195] Gerade diesen Versuch, das Neue am Alten zu entdecken, hat der Verfasser unternommen, als er darauf hinwies, daß zwischen den Begriffen „vertauscht“ und „versteckt“ ein Widerspruch nicht notwendig besteht, sondern, das zum einen, wenn, dann nur in der Sache; und zwar, das zum anderen, auch nur dann, wenn man sie identifizierend mit einem Begriff aufspießt. Dieser Versuch wird unten dann erneut in einer breiteren dogmatischen Diskussion unternommen.

bb) Zur Kritik *Gerhard Gamms*

Gerhard Gamm ist daher ebensowenig recht zu geben, wenn er, ähnlich wie *Schnädelbach*, davon ausgeht, daß Adorno zu seiner Begriffskritik erst durch eine einseitige Interpretation, nämlich selbst durch die Hypostasierung eines klassisch-philosophischen Anspruchs gelangt, den diese aber längst nicht mehr aufrechterhalte[196], ganz so, als hinge Adorno seine Kritik nur an einer Schule der Philosophie und nicht an gesellschaftlichen Phänomenen des Denkens auf. Er schreibt: „Allein unter der klassischen (aristotelischen) Forderung der Philosophie, in der Übereinstimmung/Nichtübereinstimmung von Begriff/Urteil und Sache, Denken und Sein, eine rationale Darstellung dessen, was ist, zu leisten, kann das Verhalten des Begriffs als Defizit gebrandmarkt werden, als er ... das Nichtidentische zum Verschwinden bringt ..., und das, was er bestimmt, dadurch verdinglicht, daß er sagt, ‚worunter etwas fällt, wovon es Exemplar oder Repräsentant ist, was es also nicht selbst ist‘ ... .“ Für *Gamm* bezieht sich hiernach Adornos Kritik nur auf den klassischen Anspruch der aristotelischen Philosophie nach der *adaequatio*, den das heutige

---

wert, sondern nur noch ihr Tauschwert, also das, was man als Äquivalent für sie bekommt. Es interessiert gleichsam nur ihre Kommensurabilität mit anderen Dingen, also ihre Eigenschaft als geschichtsloses und nivelliertes Tauschobjekt. Vgl. *Negative Dialektik*, S. 150, und Demirović, *Der nonkonformistische Intellektuelle*, a.a.O., S. 645. Diese Wahrnehmungsweise, zentral, um in einer solchen marktförmigen Gesellschaft zu überleben, hat sich auf die Natur selbst, auf alle Objekte der Erkenntnis mithin übertragen. Der Mensch nimmt sich, so auch schon Lukács, weil er selbst seine Arbeitskraft auf dem Markt anbieten muß, letztlich selber so wahr, als ein mit anderen zu vergleichendes Ding, das bestimmten Anforderungen gerecht werden muß und damit gleichförmig wird. Die Frage nach einem Ursprung scheint im übrigen schon an sich problematisch zu sein. Sie ist, nun übertragen auf den Bereich materialistischer Dialektik, selber Ursprungsdenken, das negative Dialektik nicht ausführt.

[194] ders., *Kopula und Subsumtion*, a.a.O., S. 70.

[195] Adorno, *Einleitung* zu *Zur Metakritik der Erkenntnistheorie*, in: GS Bd. 5, S. 46.

[196] so aber ders., *Wahrheit und sprachlicher Ausdruck*, a.a.O., S. 164f.

philosophische Denken - oder das welcher Zeit auch immer - gleichsam gar nicht mehr so repräsentiere.

Er hält es daher auch für möglich, daß „man freilich von dieser klassischen Forderung ab[läßt]" und daß dann das Verhalten des Begriffs nur noch eine Dialektik von Kosten und Nutzen zeige. Zunutze könnte man sich seine „Diskursivierungsleistungen" und „seinen logischen Ordnungssinn" machen, seine Kosten seien die Einbuße an „geheimnisvollem Leben, an Farbe, Pathos und bedeutungsschöpferischer Freiheit". Adorno hätte schließlich, weil der klassische Anspruch gar nicht mehr existiere, auch „allen Grund, seine Behauptung über den Identitätszwang zu relativieren, wenn nicht gar zurückzuweisen"[197]. Inzwischen werde selbst der weiterführende Anspruch, nur in Begriffen und geschlossenen Systemen objektiv gültige Erkenntnis zu präsentieren, nicht mehr aufrechterhalten, so daß Adorno insgesamt gleichsam einen Gegner bekämpfe, den er sich selbst aufbaue.

Dagegen ist zum einen einzuwenden, daß Adorno das, wie er sagt, Vergehen dieses klassisch-philosophischen Anspruches selbst sehr wohl bewußt war.[198] Aber er sah das Denken, das es evoziert hatte, wie schon formuliert, als eines an, das sich im alltäglichen Denken sedimentiert hatte.[199] Jenes „traditionelle Denken ... hinterließ ... die Gewohnheiten des gesunden Menschenverstandes, nachdem es verging"[200], und zwar jene Denkgewohnheiten des „an seiner Gesundheit erkrankten Menschenverstandes"[201] und dessen Denkregeln, die sich in der *Negativen Dialektik* auf Adornos eigene Art sehr genau beschrieben finden. Verdinglichtes Denken, dessen Wirkung und Bedeutung Adorno beschreibt, ist dabei nur ein Aspekt, wenn

---

[197] ders., a.a.O., S. 165.

[198] ders., *Negative Dialektik*, S. 31, in bezug auf die Abkehr der Philosophie vom Systemdenken: „In einer geschichtlichen Phase, welche die Systeme, soweit sie ernstlich Inhalten gelten, ins ominöse Reich der Gedankendichtung relegierte und von ihnen einzig den blassen Umriß des Ordnungsschemas übrighielt, fällt es schwer, lebendig sich vorzustellen, was einmal den philosophischen Geist zum System trieb. Die Tugend der Parteiischkeit darf die Betrachtung der Philosophiegeschichte nicht daran verhindern, zu erkennen, wie überlegen es mehr als zwei Jahrhunderte hindurch ... seinen Widersachern war." Und in den *Vorlesungen* führt er aus: „Der Begriff des Systems ist längst in Mißkredit geraten ... . Es kostet infolge dessen keine große geistige Zivilcourage, wenn man sich gegen das System erklärt. Und es ist heute, wo es keinen Menschen mehr gibt, der sich ein bißchen was zutraut, der noch von Systemen handeln würde, beinahe besser, wenn man die Frage, ob Philosophie überhaupt ohne System möglich sei, aufwirft, als wenn man immer mal wieder versichert, daß kein System möglich sei." A.a.O., S. 53.

[199] ganz abgesehen davon, daß bürgerliche Gesellschaft ihren Ablauf in weiten Teilen logisch-systematisch, zum Beispiel in klar geordneten Hierarchien gliedert und der Einzelne in dieser Allgemeinheit nicht anders ohnmächtig untergeht als das Einzelne in seinem Oberbegriff. (Die Systemtheorie hat diesen empirischen Befund wiederum zur Theorie erhoben.) Darauf weist sehr klar wieder Alex Demirović, *Der nonkonformistische Intellektuelle*, a.a.O., S. 645, hin, wonach das Bürgertum mit dem Geist des Systems Ernst gemacht und die gesellschaftliche Wirklichkeit immer mehr danach eingerichtet habe. Das habe aber gerade nicht dazu beigetragen, die Autonomie des Einzelnen zu vergrößern, im Gegenteil seien sie ohnmächtiger geworden. Kritik an systemischer Identitätslogik ist daher immer auch Kritik an gesellschaftlichen Systemen und kann „die Einsicht vorbereiten, die zur Emanzipation erforderlich ist". Demirović, a.a.O., S. 646.

[200] *Negative Dialektik*, S. 43.

[201] *Negative Dialektik*, S. 295.

man so will, eine Folge von Denk*gewohnheiten* selbst, gleich welcher Art sie sein mögen.

Zum anderen fragt sich, nimmt man *Gamm* beim Wort, woher, wenn nicht aus den kritisierten Mechanismen des Begriffs, die auch von ihm beschriebenen Kosten rühren sollen. Woher sonst sollen sie rühren, wenn eben nicht aus den von Adorno geschilderten Mechanismen begrifflicher Abstraktion, der Entfernung vom Gegenstand mitsamt der Verarmung von Erfahrungsfähigkeiten durch bloßes begriffliches Operieren? *Gamm* sagt dazu nichts, was angesichts der Tatsache etwas ratlos macht, daß er dieselben Probleme und Folgen bloß begrifflicher Erkenntnis schildert, wenn seine Begriffe dies auch eher esoterisch eingefärbt vermögen.

Und schließlich zum dritten ist seiner Auffassung, wie auch schon derjenigen *Schnädelbachs* und *Thyens,* entgegenzuhalten, daß sich das identifizierende Denken der Art, wie Adorno es als ein aus der Geschichte der Philosophie sowohl wie auch aus der der Gesellschaft heraus Entstandenes wahrnahm, nicht nur auf die Philosophie, noch weniger nur auf eine ihrer Epochen beschränkt, sondern daß es das gesamte wissenschaftliche und schließlich auch alltägliche Denken infiziert hatte und bis heute unstreitig infiziert hat. Denn beide können schwerlich leugnen, daß verdinglichtes Denken, das seine entsprechenden Phänomene und gesellschaftlichen Auswirkungen bedingt, bis heute fortdauert und trotz Aufklärung sich am Leben erhält; genausowenig wäre im übrigen Adornos Methodenkritik jemals durch die Aufgabe von allgemeinen Methodenlehren in der Wissenschaft überholt worden, seine Kritik am Denken in Systemen durch ein dezidiert antisystematisches - erinnert sei nur an den Siegeszug der *Systemtheorie* durch die modernen Wissenschaften.[202]

Identifizierendes Denken und mehr noch: Denken in fixen Denkregeln ist nicht nur keine überholte antike Vorstellung, sondern vielmehr längst eine davon losgelöste gesellschaftliche Praxis, deren Ursprünge Adorno aufzeigt und die er offensichtlich im aristotelischen Denken der *adaequatio* oder dem der trinitarischen Axiomatik der Logik[203] nicht minder sah als in den erkenntnistheoretischen Vorstellungen eines *Kant, Descartes*[204] oder *Bacon*[205], um nur wenige, aber gewichtige Beispiele zu nennen.

Freilich längst vorhandene, schon u.a. bei *Popper* selbst zu erkennende Einsichten in die damit verbundene Problematik der Wahrheitsansprüche positivistischer Wissenschaften ändern nichts daran, daß der Anspruch einer Entsprechung von Be-

---

[202] Daß hier, ganz affirmativ, das Subjekt nur noch als „Ornament" des Systems erscheint (so Adorno, den Begriff Kracauers aufgreifend, vgl. Adorno, *Der wundersame Realist. Über Siegfried Kracauer,* in: GS 11, 395, 408), wie im Faschismus das Individuum als „Ornament der Masse", ist nur die konsequenzlogische Umsetzung der eigenen Auslöschung im systematischen Denken. Das System, so müßte man mit Luhmann sagen, hat sich der Spontaneität des Subjekts so bemächtigt, daß sein Leben inzwischen tatsächlich als System abbildbar scheint.

[203] vgl. dazu Helga Gripp-Hagelstange, *Negative Dialektik oder: das andere Genus des Denkens,* a.a.O., S. 2.

[204] und zwar an den Regeln aus seinem *Discours de la méthode,* die dieser, so schreibt Adorno *in Der Essay als Form,* in: GS Bd. 11, S. 21, „am Anfang der neueren abendländischen Wissenschaft und ihrer Theorie aufrichtet".

[205] vgl. die Darstellung und Kritik in der *Dialektik der Aufklärung,* S. 9ff.

griff und Sache noch heute Inhalt und weit verbreitet unangefochtener Modus des rationalen Denkens ist, Gehalt seiner Intention. Wer anders denkt und wer, wie vielleicht *Gamm* und *Schnädelbach*, schon längst begonnen hat, mit Begriffen gegen sie zu denken, und das auch noch ohne jedes System, ohne die Hypostasierung deduktiver Logik oder fixer Standpunkte, mag aus eigener oder fremder, nicht kritisch-theoretischer Erfahrung und Einsicht darauf gekommen sein, er wird dann aber trotzdem auch genau dem gerecht, was Adorno mit seiner Erkenntnis- als Gesellschaftskritik meinte, aber er widerlegt sie dadurch nicht.

d) Alternativen zur Identifikation - zum Begriffslosen mit Begriffen

Ist nun deutlich geworden, warum nach der Auffassung des Verfassers Adornos Kritik an dem sich in praktischen Diskursen des Alltags, wie auch in denen in der Wissenschaften sich sedimentiert habenden identifizierenden Denken auch noch aktuell von erheblicher Relevanz ist, finden sich im Folgenden die Antworten auf die Frage, welche Formen eine begrifflich erscheinende Vernunft, die ihren Begriff nicht desavouierte, für Adorno annehmen konnte.

aa) Mit dem Begriff über ihn hinaus

Daß die Nachfrage nach dem Wahrheitsgehalt der Begriffe und ihrer Gegenstände stattfinden und vor dem Hintergrund der an der Sache gemachten Erfahrung der Inadäquanz des Begriffs gegenüber seiner Sache gerade auf das kritisierte Denken nicht verzichtet werden kann, wurde bereits gesagt. Der Gedanke kann sich seines Objekts nur im allgemeinen Begriff versichern. Keines von beiden, so Adorno, sei „ohne das andere, das Besondere nur als Bestimmtes und insofern allgemein, das Allgemeine nur als Bestimmung von Besonderem und insofern besonders“[206]. Begriffen werden kann am Objekt nur, was von ihm im Begriff als ein Allgemeines vergrößert wird, also was es mit anderen gemein hat.[207] Es kann mit dem Begriff also auch auf sein verallgemeinerndes Moment nicht verzichtet werden. Adorno nimmt daher die Begriffe in einem gleichsam dialektischen Schritt nur noch stärker und vor dem Hintergrund der Kritik nur noch bewußter in den Dienst der Erkenntnis als das kritisierte Denken, dem diese Selbstreflexion fehle, und mißt die Begriffe an ihrem eigenen, verfehlten Anspruch.

Auch er fordert, um diesen einzulösen, primär sprachliche Prägnanz und gedankliche Stringenz[208] und will weder auf feste Definitionen noch auf logische Schlüsse und Urteile verzichten.[209] Diese seien zwar nicht das „Ein und Alles der Erkennt-

---

[206] Adorno, *Zu Subjekt und Objekt*, a.a.O., S. 756, *Negative Dialektik*, S. 175; vgl. dazu auch Gerhard Schweppenhäuser, *Adorno*, Hamburg 3. Aufl. 2003, S. 62ff.

[207] vgl. Ute Guzzoni, *Sieben Stücke zu Adorno*, a.a.O., S. 39; Reinhard Kager, *Herrschaft und Versöhnung*, a.a.O., S. 37f.

[208] *Negative Dialektik*, S. 29.

[209] Die Dialektik, daß sich die begrifflich diskursive Vernunft gerade mit ihren eigenen Mitteln reflektieren müsse, zeigt sich auch etwa in Sätzen, wie dem beinahe als Programmsatz zu bezeichnenden Diktum, wonach die *Negative Dialektik* danach trachte, „mit konsequenzlogischen Mitteln ... anstelle des Einheitsprinzips und der Allherrschaft des übergeordneten Begriffs die Idee dessen zu rücken, was außerhalb des Banns solcher Einheit wäre“. A.a.O., S. 10.

nis"[210], sie seien aber auch nicht zu verbannen. Denken, so heißt es vielmehr, „das in seinem Fortgang nicht der Definition mächtig wäre, nicht für Augenblicke es vermöchte, die Sache durch sprachliche Prägnanz einstehen zu lassen, wäre wohl so steril wie eines, das an Verbaldefinitionen sich sättigt"[211]. Zudem seien auch „Urteil und Schluß ... Denkformen, denen die Kritik des Denkens nicht entraten kann"[212].

Paradox mute so zwar die Forderung an, „daß der Begriff den Begriff, das Zurüstende und Abschneidende übersteigen und dadurch ans Begriffslose heranreichen könne"[213], nicht anders als diejenige, daß die Anstrengung zu leisten sei, „über den Begriff durch den Begriff hinauszugelangen"[214]. Für Adorno ist aber gerade das Vertrauen darauf, daß dieses Übersteigen möglich sei, „der Philosophie unabdingbar und damit etwas von der Naivetät, an der sie krankt".

Ein reflektiertes Denken müsse mithin mit Begriffen auftun, was begriffslos sei. Denn „nur Begriffe können vollbringen, was der Begriff verhindert"[215]. Aber, und das ist für Adorno die „Utopie der Erkenntnis", es müsse mit solchen Begriffen aufgetan werden, ohne es ihnen dabei gleichzumachen[216], genauso wäre es das „utopische Potential des Gedankens, daß er ... die Beschränktheit der so Denkenden durchbräche"[217].

Dabei im übrigen müsse es, wie angeklungen, Denken freilich auf einen sprachlich prägnanten Ausdruck ankommen. Nur dessen Genauigkeit könne das sprachliche Moment retten, das die durch es begründete Trennung von Gedanken und Sache wiederaufheben kann. Exakte Sprache muß gegen diese Trennung mobilisiert werden.[218] Erst durch den prägnanten Ausdruck werde Denken erkennbar, und er selbst werde durch das Denken, „an dem er sich abmüht wie Denken an ihm, seiner Zufälligkeit enthoben. Denken wird erst als Ausgedrücktes, durch sprachliche Darstellung, bündig; das lax Gesagte ist schlecht gedacht."[219]

Mit dem Begriff über ihn hinauszugehen, bedeutet aber zugleich auch einen Ausbruch aus den Begriffen, die das Subjekt durch gesellschaftliche Prozesse vermittelt gleichwohl „unmittelbar sich gegenüber hat"[220]. Also ein Hinaustreten aus den vermittelten Wahrheiten der Begriffe, die nicht die eigenen des Subjekts sind, aus Ur-

---

[210] *Negative Dialektik*, S. 167.

[211] *Negative Dialektik*, S. 167.

[212] *Negative Dialektik*, S. 30; auch an dieser Stelle wird der Gedanke vom Begriff als Theorie, als (Syn-)These, wieder sinnfällig: Adorno schreibt, wie oben schon erwähnt, über die Form des Urteils weiter, daß es potentiell abwehre, daß es anders sei, als in ihm ausgedrückt. Damit aber sperrt es sich wie auch schon die kritisierten Kategorien gegen das, was Denken wolle, sogar das, was die Denkformen Schluß und Urteil selber wollten, a.a.O., S. 30, nämlich „weiter denken als das, was bloß vorhanden, ‚gegeben' ist". Damit aber endet sowohl mit dem Begriff, der Kategorie, als auch mit dem Urteil das Denken, obwohl es hier erst beginnen wolle, wo „das Denken dem, woran es seine Synthesen übt, Gewalt antut". A.a.O., S. 30.

[213] *Negative Dialektik*, S. 21.

[214] *Negative Dialektik*, S. 27.

[215] *Negative Dialektik*, S. 62.

[216] *Negative Dialektik*, S. 21.

[217] *Negative Dialektik*, S. 134.

[218] *Vorlesungen*, S. 223.

[219] *Negative Dialektik*, S. 29.

[220] *Negative Dialektik*, S. 148.

teilen über die Welt, von denen es spüren könne, wie wenig es die eigenen seien[221], sondern bloß solche, die längst durch die abstrakte Begrifflichkeit des gesellschaftlichen Prozesses vorgegeben waren. Herauszutreten ist damit auch aus sprachlichen Konventionen, die mit dem Begriff auch die Erfahrung der mit den Begriffen beschriebenen Gegenstände verhindern.[222]

Unwahrheit ist mithin nicht nur die Identität von Begriff und Sache, sondern auch die Identität der Begriffe mit dem Subjekt.[223] Die Begriffe, an die sich das Subjekt - wenn man so will - gewöhnt hat, die ihm gesellschaftlich vermittelt angeboten werden, drücken nicht die mögliche Erfahrung aus, die es mit den Dingen machen kann. Zwar schiebe sich, so Adorno, durch subjektiv gesetzte Identität die subjektive Präformation des Phänomens vor das Nichtidentische des Gegenstandes. Erfahrungen, die sich schließlich von den gängigen Begriffen entfernen und im Fortgang mit neuen Erfahrungen auch neue Begriffe bilden, sind gleichwohl möglich, so daß subjektiv die Nichtidentität der Begriffe auch mit den Erfahrungen des Subjekts ihrerseits wiederum erfahrbar ist. Solche Erfahrungen wiederum nennt Adorno „nichtpräformierte" Erfahrungen.[224]

bb) Konstellation und Komposition

Wie der Weg zu der benannten Utopie der Erkenntnis aussehen, wie sie verwirklicht werden könnte, deutet er im Folgenden, verstreut über den gesamten Text, immer wieder an. Wenn nämlich nur ein Mehr an Begriffen vermag, das, was der Begriff an der Sache verhüllt, wieder aufzuhellen, „den bestimmbaren Fehler aller Begriffe" zu korrigieren, der dazu nötige, „andere herbeizuzitieren"[225], also nur ein Mehr an Begriffen die Sache aufzeige und sich ihrer wahren Identität nähern könne, dann stellt sich schließlich die Frage, auf welche Art diese Begriffe dabei operieren sollen und wie genau das Denken, das diese Begriffe benutzt, das Begriffslose noch auftun kann, wenn es sie ihnen nicht gleichmachen solle, wenn es nicht erneut nur identifizierend auftreten dürfe.

Adorno wendet sich in seiner Antwort darauf gegen die Gedanken von einem Fortschreiten der Begriffe im Stufengang hin zu allgemeineren Oberbegriffen, gegen jede Systematisierung im An- und Zugriff auf die Sache. Kritisch betrachtet er vielmehr die *Descartes*ischen Methodenlehren, die für ihn die neuzeitlichen Wissenschaften geprägt hatten, nach denen sich Themen, Gegenständen, Objekten immer auf eine bestimmte, klar strukturierte Weise zu nähern gewesen sei.[226]

[221] *Negative Dialektik*, S.
[222] vgl. Scheible, a.a.O., S. 31.
[223] *Negative Dialektik*, S. 148.
[224] Gegen die präformierten Erfahrungen, vermittelt durch immer dieselben präformierten Begriffe, die die Subjekte moderner Gesellschaft konstituierten, habe Adorno, wie er schreibt, immer andenken wollen. „Seitdem der Autor den eigenen geistigen Impulsen vertraute, empfand er es als seine Aufgabe, mit der Kraft des Subjekts den Trug konstitutiver Subjektivität zu durchbrechen". *Negative Dialektik*, *Vorrede*, S. 10.
[225] *Negative Dialektik*, S. 62; vgl. auch Adornos Stichworte zu den *Vorlesungen*, S. 220.
[226] vgl. die Kritik in seinem Beitrag über den *Essay als Form*, in: GS Bd. 11, S. 9ff., S. 21ff.

Statt dessen, und diesen Begriff übernimmt Adorno von *Walter Benjamin*, will er die Begriffe in „Konstellation" treten lassen[227]. Diese entspringe den herbeizitierten Begriffen, die seine Fehler korrigierten.[228] Konstellation „belichtet das Spezifische des Gegenstands, das dem klassifikatorischen Verfahren gleichgültig ist oder zur Last"[229]. Modell dafür sei das „Verhalten der Sprache", die kein bloßes Zeichensystem für Erkenntnisfunktionen biete, sondern dort, wo sie wesentlich als Sprache auftrete, Darstellung werde und ihre Begriffe nicht definiere.[230]

> „Ihre Objektivität verschafft sie ihnen durch das Verhältnis, in das sie die Begriffe, zentriert um eine Sache, setzt. Damit diene sie der Intention des Begriffs, das Gemeinte ganz auszudrücken. Solche Konstellationen repräsentieren, von außen, was der Begriff im Innern weggeschnitten hat, das Mehr, das er sein will, so sehr, wie er es nicht kann. Indem die Begriffe um die zu erkennende Sache sich versammeln, bestimmen sie potentiell deren Inneres, erreichen denkend, was Denken notwendig aus sich ausmerzte."[231]

Wie solch konstellativ begriffliches Denken und Schreiben aussehen kann, kann man nach dem hier Ausgeführten schon anhand der Termini erkennen, mit denen Adorno den notwendig fehlerhaften Begriff vom Objekt zu korrigieren versucht, ihn umstellt und auf Begriffe wie Sache oder Gegenstand zurückgreift, um das Objekt sogleich auch Seiendes oder Faktizität zu nennen, die freilich selbst begriffslos und damit sprachlos sei. Etwas, das in seinem Dasein nichts Bestimmtes wolle, also intentionslos und opak, zugleich aber auch je besonders, voller verschiedener Qualitäten und doch einzeln sei, darum auch Subjekt. Dennoch sei es gemeint und verkörpere einen anderen, nicht nur dem Begriff fremden Inhalt, et-

---

[227] vgl. Walter Benjamin, *Ursprung des deutschen Trauerspiels*, in: Gesammelte Schriften, Bd. I, Frankfurt/M. 1977, S. 214ff.; Benjamins Konstellationen zielen dabei dann, wie später bei Adorno, darauf ab, daß die Begriffe die empirischen Phänomene zergliedern und in eine Konstellation treten. Erkennbar werde dann das „intentionslose Sein" der Dinge, so daß Konstellationen dann für Benjamin der Ort der Wahrheit sind. Das Verhalten des Subjekts stellt dabei „ein in sie Eingehen und Verschwinden" dar. In den kürzeren Aufsätzen Benjamins *Über Sprache überhaupt und über die Sprache des Menschen*, in: GS Bd. 2, S. 140ff.; über die *Lehre vom Ähnlichen*, a.a.O., S. 204ff.; und *Über das mimetische Vermögen*, a.a.O., S. 210ff., finden sich weitere Thesen, die deutlich machen, wie sehr Benjamins Ideen die Grundlage für Adornos Denken von Mimesis und sprachlichen Konstellationen waren. So neben den Überlegungen zur Konstellation die Idee von der Sprache als der höchsten Form der Mimesis, der Fähigkeit zur Herstellung unsinnlicher Ähnlichkeit. Wenn er auch dessen Zielstellung - die „Darstellung der Ideen" - nicht übernahm, sondern statt dessen das Nichtidentische als Ziel der Konstellation setzte, können Benjamins Thesen als Grundlage negativ-dialektischen Denkens gelten. Vgl. Helga Gripp, *Theodor W. Adorno*, Paderborn 1986, S. 128. Zur Rezeption Benjamins durch Adorno vgl. u.a. Menninghaus, Winfried, Walter Benjamins Theorie der Sprachmagie, Frankfurt 1995, S. 9ff., 22ff., 33f., bes. S. 60ff.; Jürgen Habermas, *Bewußtmachende oder rettende Kritik - die Aktualität Walter Benjamins*, in: Siegfried Unseld (Hg.), *Zur Aktualität Walter Benjamins*, Frankfurt/M. 1972, S. 189ff., 202ff.; Wolfgang Bonß, *Empirie und Dechiffrierung von Wirklichkeit. Zur Methodologie bei Adorno*, in: *Adorno-Konferenz 1983*, a.a.O., S. 201ff., 207, und Susan Buck-Morss, *Dialektik des Sehens*, Frankfurt 1993, S. 318f., 322ff.

[228] *Negative Dialektik*, S. 62; vgl. auch die *Vorlesungen*, S. 221.

[229] *Negative Dialektik*, S. 164.

[230] *Negative Dialektik*, S. 164.

[231] *Negative Dialektik*, S. 164

was Sachhaltiges. Manches von ihm sei begriffen, dabei immer aber nicht selbst begrifflich. All das und freilich noch viel mehr und weniger sei das Objekt.

Ansonsten kann freilich das gesamte Werk der *Negativen Dialektik* als ein konstellatives bezeichnet werden, das auf seine Thesen immer wieder aufs Neue, in neuer, anderes beleuchtender Spielart zurückkommt. Adorno mußte so vorgehen, wenn er seinem eigenen paradox erscheinenden Anspruch, eine Theorie der Erkenntnis des Nichtbegrifflichen begrifflich zu formulieren, gerecht werden wollte.[232] Identifizierendes Denken und Nichtidentität, die beiden zentralen Topoi der *Negativen Dialektik*, aber auch sie selbst, konnten daher auch nicht definiert, sondern als Gemeintes nur konstellativ umrissen werden.

Man erfährt den Sinn und die Wirkung von Konstellation auch dann, wenn man in der *Negativen Dialektik* weiterliest, zum Beispiel sehr anschaulich anhand der Auseinandersetzung Adornos mit der *Hegel*schen Rechtsphilosophie, in der er beginnt, um den Begriff Recht herum seine theoretischen Gedanken zu gruppieren.[233] Die Begriffe, mit denen sie vorgetragen werden, beleuchten schlaglichtartig Momente bürgerlicher Rechtsrationalität. Die Begriffe sind hier zueinander in ein Verhältnis gesetzt, das keines systematischer, deduktiver Ableitung mehr ist, sondern Aspekte der Erfahrung mit Recht beleuchtet, die er um das Thema herum rotieren läßt und die zum Denken darüber herausfordern, was gemeint ist und was die Begriffe beinhalten. Weiter unten, in Kapitel III, werden sie auf ihren Wahrheitsgehalt hin hinterfragt werden. Die Herausforderung, nach ihm zu fahnden, stellt sich vertieft. Er erschließt sich erst, nachdem viel mehr gedacht ist, als bloß das, was dazu geschrieben wurde.

Es scheint hier - um im Abstrakten der Ideen zu verbleiben - in der Tat so zu sein, daß dort die Begriffe, das heißt die theoretischen Gedanken, so um die Sache zentriert, unsystematisch angeordnet sind und, wie es an anderer Stelle der *Negativen Dialektik* heißt, daß sie den Begriff, den sie öffnen möchten, umkreisen, „hoffend, daß er aufspringe etwa wie die Schlösser wohlverwahrter Kassenschränke: nicht nur durch einen Einzelschlüssel oder eine Einzelnummer, sondern eine Nummernkombination"[234].

Die Geschichte, den Prozeß im Gegenstand zu entbinden vermöge nur ein Wissen, das „auch den geschichtlichen Stellenwert des Gegenstandes in seinem Verhältnis zu anderen gegenwärtig hat. ... Erkenntnis des Gegenstandes in seiner Konstellation ist die des Prozesses, den er in sich aufspeichert"[235]. Solche Gedanken, die den Begriff umkreisen, und damit freilich die im Begriff gemeinte, nichtbegriffliche Sache, werden aus Sicht Adornos zum einen gleichsam vom Subjekt, das

---

[232] Bruno Keller faßt es in die Worte, daß sich Adornos Philosophie lesen lasse als „Reflexion auf die Grenzen begrifflichen Denkens". Da diese Reflexion ihrerseits begrifflich vermittelt ist, ist die *Negative Dialektik* die paradox anmutende Anstrengung der begrifflich diskursiven Entfaltung dieser Grenzerfahrung. A.a.O., S. 9. Konstitutiv versucht Adorno hier mithin das zu sagen, was sich nicht sagen läßt, das Unbegriffliche begrifflich einzuholen. Ähnlich auch Anke Thyen, *Negative Dialektik und Erfahrung*, a.a.O., S. 204, nach der das Nichtidentische der Grenzbegriff des Begrifflichen sei.

[233] *Negative Dialektik*, S. 303ff.

[234] *Negative Dialektik*, S. 165, 166.

[235] *Negative Dialektik*, S. 165, 166.

sie denkt, komponiert, zum anderen nötige aber nicht erst Erkenntniskritik, sondern „der reale Gang der Geschichte zum Aufsuchen von Konstellationen"[236], so daß darin wieder ein vom erkennenden Subjekt unabhängig objektives Moment liegt.

Adorno stützt sich mit dem Begriff der Komposition explizit auf Überlegungen *Max Webers*[237], die dieser in seinen religionssoziologischen Schriften vornahm, wonach soziologische Begriffe nicht dem Material deduktiv oktroyiert werden dürfen, sondern aus ihren „einzelnen, der geschichtlichen Wirklichkeit zu entnehmenden Bestandteilen allmählich komponiert werden müssen". Eine endgültige begriffliche Erfassung des Komponierten könne daher „nicht am Anfang, sondern muß am Schluß der Untersuchung stehen"[238]. *Webers* „Verbaldefinitionen" seien daher auch keine bloß identifizierend operierenden Oberbegriffe, sondern vielmehr „Versuche, durch die Versammlung von Begriffen um den gesuchten zentralen, auszudrücken, worauf er geht, anstatt ihn für operative Zwecke zu umreißen"[239].

In jenen Kompositionen sah Adorno schließlich einen Vorgriff auf Objektivität und, wenn man so will, die Wahrheit der Sache aufscheinen, die das Mehr der Begriffe aufschloß. Dabei eröffnete sich potentiell sowohl die Geschichte des gedachten Gegenstandes und damit auch seines Begriffs, aber auch sein Verhältnis zu anderen, in dem es steht, oder selbst seine immanente Widersprüchlichkeit. Solche Erkenntnis des Gegenstandes sei die „des Prozesses, den er in sich aufspeichert"[240]. Und obgleich subjektiv verfaßt, trete in solcher konstellativer Darstellung der Gegenstände, die all das beleuchten, was er speichert, also sofern die Komposition gelungen, das Subjekt, das sie verfaßte, gerade zurück.[241]

Solches Komponieren fordert Adorno schließlich von der Philosophie und auch, wenn man auf die Analogie zu Weber verweist, von allen theoretischen Gedanken. Diese hätten sich nicht auf Kategorien, Oberbegriffe zu bringen, „sondern in gewissem Sinn erst zu komponieren". Die theoretischen Gedanken hätten sich „in ihrem Fortgang unablässig (zu) erneuern, aus der eigenen Kraft ebenso wie aus der Reibung mit dem, woran sie sich (messen)". Was in ihnen sich zutrage, entscheide „nicht These oder Position; das Gewebe, nicht der deduktive oder eingleisige Gedankengang"[242]. Sie würden sonst nur Bekanntes wiederholen, wären verdinglicht und würden nichts Neues mehr aufdecken, worum es denkender Erfahrung, die die Begriffe immer wieder neu auf ihren Wahrheitsgehalt hinterfragt, aber ankommen müsse.[243] Solche Philosophie, solches Denken war die von ihm angestrebte

---

[236] *Negative Dialektik*, S. 168.

[237] vgl. den Bezug auf Weber, *Negative Dialektik*, S. 166ff., daneben noch auf dessen Arbeit *Wirtschaft und Gesellschaft*, die, so Adorno, mit „einem der Jurisprudenz entlehnten Überschuß an Verbaldefinitionen" zugleich als Beispiel konstellativer Erkenntnis diene. A.a.O., S. 168.

[238] Vgl. Max Weber, *Gesammelte Aufsätze zur Religionssoziologie* Band I, 7. Aufl. Tübingen 1978, S. 30.

[239] *Negative Dialektik*, S. 168.

[240] *Negative Dialektik*, S. 165, 166.

[241] *Negative Dialektik*, S. 167.

[242] *Negative Dialektik*, S. 44.

[243] so auch Wolfgang Bonß, a.a.O., S. 202.

„Verhaltensweise des Bewußtseins“[244], war dessen freie Reflexion auf Begriffe und als Denken eine mögliche Form der Freiheit des Subjekts.[245]

Dieses Neue aber sei nur in Formen von Konstellationen und Kompositionen darstellbar. Dabei kann es auch nicht methodisch gelenkt und gezielt angestrebt werden, sondern es tauche aus den Konstellationen heraus nahezu zufällig, ungeplant und ohne operative Strategie auf.[246]

Die *Negative Dialektik* schließt folglich mit jenen komponierten Konstellationen ab, die Adorno Modelle nannte, Modelle für das, was er an negativ-dialektischem Denken *in actu* zeigen wollte. Die *Negative Dialektik* war für ihn ein „Ensemble von Modellanalysen“[247].

e) rekapitulierende Überlegungen zum Begriff der Identität

Der Begriff der Identität bei Adorno ist, wie gezeigt, nicht auf einen definitorischen Nenner zu bringen. Seine Überlegungen zu diesem Topos verbleiben so kursorisch, wie es ihm Programm war, eben konstellativ, weil das Problem der Identität selbst vielfältig ist.[248] Wer eine zu deduktiver Ableitung operationalisierbar zu machende Definition sucht, ist bei Adorno falsch, hat sich philosophisch verlaufen.

Der Gedanke, der Gegenstand möge in seinem Begriff aufgehen, ist ein Aspekt dessen, was Adorno meint. Dahinter ruhen gleichermaßen Macht- wie Versöhnungsbedürfnisse gegenüber der Natur. Ein solches Identität anstrebendes oder behauptendes Umgehen mit Begriffen produziert die Unwahrheit, die geronnene Synthese Begriff reiche aus, die Vielheit des Gegenstandes zu erfassen, gerinnt also zu verdinglichenden und verdinglichten Behauptungen, denen Erfahrung widerspricht. Solches Bewußtsein denkt in identischen Bahnen und macht identisch. Die Gegenstände stehen aber freilich nicht still und sie sind diverser, als der Begriff es darstellen kann. Sie haben eine Geschichte und sind im Wandel, nur insofern und nicht im Sinne des „in Identität eingieß[enden]“[249] Begriffs sind sie auch mit sich selbst identisch. Aber das, wenn man so will, eschatologische Bedürfnis des Identitätsdenkens wird von ihnen widerlegt. Solche Identität *ist* nicht, sie ist ein Status des Bewußtseins und ihr Produkt.

Jene Form von Denken und Subjektivität kann in der Philosophie, den Wissenschaften und dem Alltagsdenken und -sprechen gleichermaßen auftauchen, aber muß es eben nicht zwingend. Meinte nämlich Adorno seine mitunter zu lesenden

---

[244] *Philosophische Terminologie* Bd. 1, a.a.O., S. 9, 30, 72, 80.

[245] *Negative Dialektik*, S. 31.

[246] Bonß, a.a.O., S. 206, verweist in einer Analyse dieser Stelle auf die epistemologischen Arbeiten von Thomas Kuhn über die *Struktur wissenschaftlicher Revolutionen*, Frankfurt/M. 2003 und *Die Entstehung des Neuen*, Frankfurt/M. 2002, die jeweils Adornos Überlegungen bei der Entdeckung von Neuem oder bei der Entwicklung sogenannter Paradigmawechsel bestätigen, ohne sich freilich auf ihn zu beziehen. Gerade in diesen Zufällen zeige sich im übrigen der unten noch näher zu erläuternde Vorrang des Objekts. Vgl. Adorno, *Zu Subjekt und Objekt*, S. 741ff., 746ff.

[247] *Negative Dialektik*, S. 39.

[248] Reinhard Kager, *Herrschaft und Versöhnung*, a.a.O., S. 149, spricht von „äußerst unterschiedlichen und eigentlich nicht zu trennenden Bedeutungsebenen“ des Begriffs. Auf den Seiten 149ff. erläutert er diese unterschiedlichen Ebenen den hier dargelegten Aspekten ähnlich.

[249] Reinhard Kager, a.a.O., S. 151.

Behauptungen eines totalen Verblendungszusammenhanges mitsamt totalem identifizierendem Denken und totaler Verdinglichung so absolut, wie es ihm unterstellt wird, - was dann häufig als die zentrale Aporie der Kritischen Theorie betrachtet wird[250] -, widerspräche er selbst seinem Denken der Nichtidentität, wonach auch Gesellschaft nicht in einem, wenn auch kritischen Begriff aufgehen könne.[251]

Andere Wege des Denkens, als Formen der Freiheit des Subjekts, sind vielmehr denk- und praktizierbar, denn auch das Identitätsdenken oder sein Begriff müssen nicht stillstehen. Identitätsdenken veränderte sich vielmehr „vor der Einsicht in den konstitutiven Charakter des Nichtidentischen". Mit dieser Einsicht „zerginge der Identitätszwang"[252] und veränderte Identität qualitativ.[253]

Wer hierfür nach einer Definition sucht, sucht tautologisch nach dem, was Identität meint, Adorno aber gerade nicht fortsetzen wollte. Auch Identität hat vielmehr eine Geschichte. Sie soll im Folgenden erläutert werden, insofern sie die alternativen Wege des Denkens und begrifflichen Darlegens, die Adorno vorschlägt, plausibel werden läßt.

---

[250] vgl. statt vieler Seyla Benhabib, *Kritik, Norm, Utopie*, Frankfurt/M., S. 92ff.; Anke Thyen, *Negative Dialektik und Erfahrung*, S. 14, 79ff., m.w.N., dagegen klar und den hier entfalteten Überlegungen ähnlich auch Alex Demirović, *Der nonkonformistische Intellektuelle*, a.a.O., S. 642f.

[251] Auch Reinhard Kager, *Herrschaft und Versöhnung*, Frankfurt/M., New York 1988, S. 183f., bezeichnet solche Überlegungen zutreffend als „schlechtes Identitätsdenken", a.a.O., S. 184, und verweist in diesem Zusammenhang darauf, daß Adornos Schriften schlicht zu wenig deutlich machten, daß manche Totalitätsbehauptungen zu weit gegriffen seien. Der Ausbruch aus dem von Adorno so genannten gesellschaftlichen Verblendungszusammenhang des Identitätsdenkens ist schließlich auch nach Adornos eigener Auffassung möglich. Seine Form der negativen Dialektik sei, so Adorno selbst, als dessen Selbstbewußtsein diesem zwar noch nicht entronnen, Dialektik könne sich in einem letzten Schritt aber noch gegen sie selbst wenden, vgl. *Negative Dialektik*, S. 397f.; nach Kager sind die von Adorno angestrengten Überlegungen der totalen Identität daher auch eher „provokante heuristische Prinzipien der Gesellschaftsanalyse", a.a.O., S. 183. Daß Adorno seine Behauptungen auch nicht als derart absolut verstanden wissen wollte, wie er es selbst kritisieren würde, also Dialektik durchaus ernst nahm, wird deutlich dadurch, daß er seine These von seiner Dialektik als der „Ontologie des falschen Zustands", vgl. *Negative Dialektik*, S. 22, mit der Einschränkung „angesichts der konkreten Möglichkeit von Utopie" versehen und keineswegs als im klassischen Sinne ewig verstanden hat. Daß das, was ist, nicht alles ist - und das hat Adorno stets behauptet -, kann erst sehen, wer sieht, daß es auch noch mehr gibt. Nur das kritisierte Identitätsdenken kann also, wenn es kritische Theorie verdinglicht, nach Aporien suchen, die es dann aber durch die Brille der Identitätslogik selbst geschaffen hat. Vgl. auch Christoph Türcke, *Kritik der Frankfurter „Adorno-Konferenz 1983", Befreiung der Philosophie von der Gesellschaft*, in: *Hamburger Adorno-Symposion*, S. 148ff., 149: „Negativ heißt: In der bestehenden Gesellschaft gibt es keine von deren ökonomischen Gesetzen unberührte Oase. Negativ heißt nicht: Diese Gesetze sind zu unwiderruflichen Naturgesetzen geworden, denen jede Faser und jedes Hirn mit physikalischer Notwendigkeit gehorchen." Und entsprechend schreibt Stefan Müller-Doohm in seiner Adorno-Biographie, daß Adorno der Überzeugung gewesen sei, daß „die Welt, so wie sie als Gegebenheit erscheine, als kontingent gelten müsse und zur Zukunft hin offen sei". Ders., *Adorno*, Frankfurt/M. 2003, S. 665.

[252] *Negative Dialektik*, S. 24.

[253] *Negative Dialektik*, S. 152.

> Fortschritt heißt: aus dem Bann heraustreten, auch aus dem des Fortschritts, der selber Natur ist, indem die Menschheit ihrer eigenen Naturwüchsigkeit innewird und der Herrschaft Einhalt gebietet, die sie über Natur ausübt und durch welche die der Natur sich fortsetzt. (Adorno, Fortschritt, in: GS Bd. 10/2, S. 625)

f) Genese des kritisierten Denkens

Wenn man sich fragt, warum Adorno überhaupt darauf kommt, das traditionelle Denken so zu kritisieren, wie es soeben dargelegt wurde, stößt man auf Thesen über dessen Genese, darüber, warum Denken so geworden sein mag, wie es als kritikwürdiger Gegenstand erscheint.

In der *Negativen Dialektik* findet sich das Denken nämlich nicht nur seiner Form nach kritisiert und als traditionelles in seiner Wirkungsweise in Frage gestellt, sie liest sich vielmehr selbst wie eine Komposition über den Begriff vom Denken, um den Adorno konstellativ Begriffe gruppiert, um das Denken als Gegenstand der Begriffe einzuholen und das Mehr, das sein Begriff abschneidet, hervorzukehren. Denken ist in den geschilderten Ausführungen selbst zum Gegenstand des Denkens geworden, nicht anders als der Begriff des Begriffs, und in diesen Konstellationen tauchen notwendig Thesen über die Entstehungsbedingungen der Form des Denkens auf, die an schon Bekanntes aus der mit *Max Horkheimer* verfaßten *Dialektik der Aufklärung* anschließen.[254]

In dem dortigen ersten Kapitel, das sich dem *Begriff der Aufklärung* widmet[255], finden sich in spekulativer Weise Thesen über ein Denken, das sich seiner Herkunft und seines Sinnes nicht mehr bewußt sei und sich und seine Form verabsolutiert und in den Dienst von zum Teil sehr zweifelhaften Zwecken gestellt habe.

aa) Denken als Naturbeherrschung

Primär sei Denken ein Instrument der Naturbeherrschung gewesen, das es dem Menschen ermöglicht habe, in der Auseinandersetzung mit der Natur zu bestehen. Die Auseinandersetzung sei mit einer Natur geführt worden, die übermächtig und furchteinflößend war. Ein Prozeß von „Aufklärung" habe dem Menschen schließlich dabei geholfen, diese Auseinandersetzung so zu gestalten, daß sie ihr Selbst gegen die Natur behaupten und die Ohnmacht gegenüber den Naturgewalten überwinden konnten.

Unter *Aufklärung* verstehen *Horkheimer* und *Adorno* dabei aber nicht nur die historische Epoche der europäischen Aufklärung, sondern all das, was in der Geschichte der Menschheit an Erklärungen darüber entstanden ist, wie Mensch und Umwelt funktionieren, um in der Natur zu bestehen. Schon die griechischen Sagen und Mythen, die ihrerseits, so wie die später aufkommenden Wissenschaften, vor allem die Naturwissenschaften, versucht hätten, den Menschen die Welt zu erklären, gal-

---

[254] Max Horkheimer, Theodor W. Adorno, *Dialektik der Aufklärung*, a.a.O., GS Bd. 3.

[255] *Dialektik der Aufklärung*, a.a.O., S. 19ff.

ten beiden als eine Form der Aufklärung: „Der Mythos wollte berichten, nennen, den Ursprung sagen: damit aber darstellen, festhalten, erklären."[256]

Die Form der Aufklärung, die im Europa der Frührenaissance von Italien aus sich nur fortsetzte und zu den modernen Wissenschaften führte, habe gleichsam ihren Ursprung in den Mythen der Vorzeit gehabt. Aber die dann entmythologisierende Aufklärung, der aufklärende Geist seien ihrer instrumentellen Form nach - zum Beispiel als positivistische Wissenschaften oder traditionelle Theorie - selbst in Mythologie und in blinde Herrschaft umgeschlagen, so daß die entmythologisierende Vernunft selbst entmythologisiert werden müsse.[257] Aufklärung sei ein „radikal gewordener Mythos, der sich nicht mehr als Mythos weiß"[258]. Ihr Tun produziere nicht nur Unwahrheiten der geschilderten Qualität, sonder sei selbst mythische Herrschaft über Natur[259] geworden.

Die Dialektik der Aufklärung, die diese Genese schildern will, liest sich daher wie ein Versuch einer großen, wenn auch explizit fragmentarisch gebliebenen Erzählung über die Entstehungsbedingungen von Vernunft, die primär dem Zwecke der Naturbeherrschung diente. Die *Negative Dialektik* Adornos schließt an diese Überlegungen insofern an, als sie eine Mikrologie des in der Dialektik der Aufklärung noch *instrumentelle Vernunft* genannten identifizierenden Denkens vorlegt, die dessen Funktion und Wirkung vertieft umschreibt[260], freilich ohne das so zu benennen und auch weitgehend ohne den Rekurs auf jenen dort zentralen Topos von der *instrumentellen Vernunft*. Die *Negative Dialektik* enthält gleichwohl gerade das, was Adorno und Horkheimer damals von einer zu liefernden Theorie gefordert haben, die mit „Unnachgiebigkeit gegen die Bewußtlosigkeit, mit der die Gesellschaft das Denken sich verhärten läßt"[261], vorgeht, und den Prozeß der Verhärtung analysiert. Denn gerade davon, wie Gesellschaft Denken verhärten ließ, will sie ein Bewußtsein schaffen, und just der Auflösung dieser Verhärtung dienen die, wie Adorno sie nannte, „Anweisungen ans Denken".

bb) Nachahmung von Natur als Naturbeherrschung

Die grundlegende Einsicht der *Dialektik der Aufklärung*, die sich dann in der *Negativen Dialektik* in extenso konstellativ ausgeführt findet, ist die, daß

> „Denken, in dessen Zwangsmechanismus Natur sich reflektiert und fortsetzt, ... eben vermöge seiner unaufhaltsamen Konsequenz auch sich selber als ihrer selbst vergessene Natur, als Zwangsmechanismus [reflektiert]. Zwar ist *Vorstellung* nur ein Instrument. Die Menschen distanzieren denkend sich von Natur, um sie so *vor* sich hinzu*stellen*, wie sie zu beherrschen ist. Gleich dem Ding, dem materiellen Werkzeug, das in verschiedenen Situationen als dasselbe festgehalten wird und so die Welt als das Chaotische, Vielseitige, Disparate vom Bekannten, Einen, Identischen scheidet, ist

[256] *Dialektik der Aufklärung*, S. 23.
[257] *Negative Dialektik*, S. 148.
[258] Kimmerle, *Verwerfungen*, S. 37.
[259] *Negative Dialektik*, S. 160.
[260] ähnlich auch Reinhard Kager, *Herrschaft und Versöhnung*, a.a.O., S. 36f.
[261] dies., *Dialektik der Aufklärung*, S. 58.

> der Begriff das ideelle Werkzeug, das in die Stelle an allen Dingen paßt, wo man sie packen kann."[262]

Diese Stelle der 1944 abgeschlossenen *Dialektik der Aufklärung* enthält in ihrem Kern bereits deutlich die Grundzüge dessen, was Adorno mehr als zwei Jahrzehnte später, 1966, über Denken als dessen Wirk- und Zwangsmechanismus sagen wird, so wie es hier bereits dargelegt wurde. Hieran ist von ihm also, entgegen mancher Auffassung[263], schlüssig und konsequent angeknüpft worden.

Denken ist nach dem, was schon in der Dialektik der Aufklärung geschrieben wurde, selbst Teil der Natur, weil auch das denkende Subjekt für Adorno noch Natur ist. Indes ist es Natur, die sich in einem Abwehrkampf gegen das Bedrohliche der Natur immer auch gegen sich selbst gekehrt hat. Damit hat es sich gegen die Natur, die nicht Denken ist, nicht anders verhärtet als gegen sich selbst. In jener Verhärtung reflektiere sich aber, so Horkheimer und Adorno, noch genau die Härte, die der Mensch durch Natur selbst erfahren hat. Sie sei zu einem Abwehr- und Beherrschungsmechanismus zugleich geworden. Oder, wie es Adorno wieder in den Vorlesungen beschreibt: bei „dem Geist, dem Begriff also" und seinen immanenten Widersprüchen

> „handelt es sich ... um das Prinzip der Herrschaft, der Naturbeherrschung, die sich dann ausbreitet, die sich dann fortsetzt in der Herrschaft von Menschen über Menschen und die ihre geistige Reflexion findet in dem Prinzip der Identität: in dem immanenten Bestreben allen Geistes, sein Anderes, das was an ihn herangetragen wird oder worauf er stößt, sich gleichzumachen und dadurch in seinen eigenen Herrschaftsbereich hineinzuziehen."[264]

Zugleich habe aber nur jenes der Natur gleichsam entnommene Prinzip der Härte die Reproduktion der Gattung und die des eigenen Selbst ermöglicht, wie es sich

---

262 *Dialektik der Aufklärung*, S. 56, (Hervorh. vom Verfasser).

263 Schnädelbach, *Dialektik als Vernunftkritik*, a.a.O., S. 72, wirft Adorno vor, er habe die Gedanken der Dialektik der Aufklärung gerade nicht logisch konsequent weitergeführt. Er vermißt bei Adorno eine klare, stringente Logik der Nichtidentität, die eine Kritik an der Logik des identifizierenden Denkens ermögliche, die nicht bloß „Gesellschaftskritik im logisch-philosophischen Sprachgewande" sei. Aber gerade, indem Adorno den Begriff der instrumentellen Vernunft weiter denkt und ihn in seinen in der *Negativen Dialektik* zum ersten Mal angestellten Überlegungen vom identifizierenden Denken eigentlich erst ausbuchstabiert, knüpft er stringent an die Gedanken der Dialektik der Aufklärung an. Daß die Kritik im übrigen nicht trägt, wurde oben gezeigt. Auch Anke Thyen, *Negative Dialektik und Erfahrung*, a.a.O., S. 14, will zwischen der *Dialektik der Aufklärung* und der *Negativen Dialektik* keine Verbindung ziehen und koppelt diese gleichsam von den Überlegungen der *Dialektik der Aufklärung* ab, um den dortigen von ihr behaupteten Aporien zu entgehen. Da diese Aporien aber so nicht zu sehen sind, wovon u.a. auch Demirović, *Der nonkonformistische Intellektuelle*, a.a.O., S. 642, Anm. 341, ausgeht, ist diese Unterbrechung eigentlich nicht nötig. Zur Kritik daran auch ders., a.a.O., S. 651, Anm. 367. Auch für Wiggershaus, *Die Frankfurter Schule*, a.a.O., S. 663ff., 669, stellt die *Negative Dialektik* gerade die Fortführung der *Dialektik der Aufklärung* dar, die die Bemühungen um einen „positiven Begriff der Aufklärung" fortsetzte.

264 Adorno, *Vorlesungen*, a.a.O., S. 21.

gesellschaftlich in der Ausprägung der europäischen Zivilisation niedergeschlagen habe.

Mit der darin aufgehobenen Angleichung an das herrschaftliche und bedrohliche, mächtige Verhalten der Natur habe aber der Mensch den Zwang, der ihm angetan wurde, nur verinnerlicht und weitergeführt, sich also nicht aus dem Bann der Naturgewalten befreit. Denn „jeder Versuch, den Naturzwang zu brechen, indem Natur gebrochen wird, gerät nur um so tiefer in den Naturzwang hinein. So ist die Bahn der Europäischen Zivilisation verlaufen."[265] Und just jener Naturzwang drücke sich selbst noch in den Mechanismen des Denkens aus: „Denken hat den Zwang in sich."[266]

Der Schrecken der Natur habe sich mithin im identifizierenden Denken erhalten und tut nun der Natur, und eben auch den Objekten der Erkenntnis[267], das an, was Natur dem Menschen angetan hat. Und er setze sich auch fort, wie es oben heißt, in „der Herrschaft von Menschen über Menschen", weil, wie man sagen kann, mit Natur notwendig auch die eigene Menschennatur gemeint ist. So exerziert der Mensch durch seine Form von Subjektivität an sich selbst zugleich noch einmal das, was einst die Natur außerhalb seiner selbst an ihm vollzog.[268] Er richtet die Härte reflexartig weiterhin auch gegen sich und seinesgleichen.

Für beide, Horkheimer wie Adorno, liegt darin zum einen der gesuchte Schlüssel zur Erklärung des Holocausts und des Faschismus, der sie zur Flucht zwang. Zum anderen liege hierin aber auch die noch grundlegendere Erklärung dafür, warum Menschen sich generell eine antagonistische, hierarchische und damit auf Herrschaft ausgerichtete Gesellschaft errichtet haben, die ihrerseits die Widersprüche schon notwendig enthalte, auf die das Denken stoßen könne. Denn nicht nur der einzelne Begriff, seine einzelne Sache, sondern auch die gesellschaftliche Realität als Ganzes gilt beiden als widerspruchsvoll.

> „Begriff und Realität sind des gleichen widerspruchsvollen Wesens. Was die Gesellschaft antagonistisch zerreißt, das herrschaftliche Prinzip, ist dasselbe, das, vergeistigt, die Differenz zwischen dem Begriff und dem ihm Unterworfenen zeitigt."[269]

Auch diese Gedanken finden sich, wie gesehen, in der *Negativen Dialektik* wieder, zwar konstellativ gestreut, aber durchaus konsequent fortgeführt. Auch sie repräsentieren das zentrale Motiv des Adornitischen Denkens, das „der Kritik von Naturbeherrschung und naturbeherrschender Vernunft, das der Versöhnung mit Natur, des Selbstbewußtseins des Geistes als eines Naturmoments"[270]. So heißt es in

---

[265] *Dialektik der Aufklärung*, S 29.

[266] *Vorlesungen*, S. 206.

[267] Erkenntnis und Beherrschung liefen zum Zwecke des Überlebens gleichsam in eins. Erkannt wurde Natur, um sie beherrschen zu lernen. Es ging nicht um bloße intentionslose Erkenntnis, sondern um die Gewinnung von Mitteln, nicht um Natur oder Erkenntnis als Selbstzweck.

[268] Zur Erklärung dieses Mechanismus zieht Adorno insbesondere Anna Freud heran und deren Thesen über die Identifikation mit dem Angreifer. Vgl. etwa Adornos Beitrag *Zum Verhältnis von Soziologie und Psychologie*, in: GS Bd. 8, S. 42ff., 76.

[269] *Negative Dialektik*, S. 58.

[270] *Kierkegaard. Konstruktion des Ästhetischen*, in: GS Bd. 2, S. 262.

der *Negativen Dialektik* nahtlos an das in der Dialektik der Aufklärung Ausgeführte anschließend, daß die Form der Rationalität, die Denken angenommen habe, eine totalitäre und partikulare sei, die „vom Bedrohlichen der Natur geschichtlich diktiert" worden sei. Jenes Denken sei eines, das nichts „draußen duldet", also eines, das alles, mit dem es konfrontiert wird, in seinen Mechanismus der Identifizierung hineinziehe und nivelliere. Es perpetuiere in der Angst Naturverfallenheit.[271] Und - jetzt wieder unter dem Topos des Einheitsdenkens: es ahme blinde Natur durch deren Unterdrückung nach.[272] Die Urteile des identifizierenden Denkens enthielten ein pragmatistisches und naturbeherrschendes Element[273], und Bewußtsein könne den Identifikationszwang als einen universalen Zwangsapparat erfahren und, so das nun schon bekannte dialektische Moment, Freiheit[274] nur durch diesen Zwang hindurch erreichen, nicht als „retour à la nature".[275]

cc) Selbstreflexion der Naturqualität

Das verdrängte Moment des Denkens, die Qualität des Geistes, seinerseits selbst noch Natur zu sein, könne aber, so die These und das Anliegen der beiden, wieder bewußtgemacht und damit die Mythologisierung des Geistes als das der Natur ganz andere erkannt[276] werden. Damit werde letztlich insgesamt das Projekt der Aufklärung über sich selbst aufgeklärt.

Nicht anders kann auch die Starrheit des Denkens, das auf die Natur reagierte und in seinen Zwangsmechanismen noch den Schrecken ausdrückt, den der Mensch empfand, wieder benannt und aufgebrochen werden. Denken, so heißt es in der *Negativen Dialektik*, könne gegen sich selbst denken, ohne sich aufzugeben, die „Kraft des Bewußtseins reicht an seinen Trug heran", autonom der Natur gegenüberzustehen. Rational sei erkennbar, daß hierin „die losgelassene, sich selbst entlaufende Rationalität falsch wird, wahrhaft zur Mythologie".[277] Und damit vermag es auch den „ihm immanenten Zwangscharakter ... kritisch zu erkennen; sein eigener Zwang ist das Medium seiner Befreiung"[278].

Diese Erkenntnis der Naturverwobenheit des Menschen und die der Naturverwobenheit auch des Geistes nannte Adorno auch „das Eingedenken der Natur im Subjekt".[279] Nicht nur dessen sollte gedacht werden, damit einher ging zugleich das zentrale Plädoyer für die bewußte Renaissance einer natürlichen Fähigkeit, die mit und durch die Selbstvergessenheit des Geistes als Natur verdrängt worden war,

---

[271] *Negative Dialektik*, S. 174.

[272] *Negative Dialektik*, S, 160, und, so heißt es weiter, es laufe auf „mythische Herrschaft" hinaus.

[273] *Negative Dialektik*, S. 153.

[274] gemeint sein dürfte die sogenannte *Freiheit zum Objekt*, von der Adorno gerne spricht, vgl. *Negative Dialektik*, S. 38, 58; eine Wendung, mit der Adorno - wie mit so vielem - an Hegel anschließt, vgl. dazu noch weiter unten und kritisch zur These, daß diese Wendung hegelianisch sei, Tiedemann, a.a.O., S. 302 (Anm. 148).

[275] *Negative Dialektik*, S. 150.

[276] vgl. statt vieler Konstantinos Rantis, *Psychoanalyse und „Dialektik der Aufklärung"*, Lüneburg 2001, S. 52.

[277] *Negative Dialektik*, S. 152.

[278] *Vorlesungen*, S. 206.

[279] *Dialektik der Aufklärung*, S. 57.

nämlich das Eingedenken der mimetischen Fähigkeiten des Menschen, von denen sich Adorno eine Heilung der gleichsam pathisch gewordenen Vernunft erhoffte.

dd) Mimesis und Mimikry

Der Weg zurück zum Selbstbewußtsein denkender Natur als Natur und zu einem herrschaftsfreieren Umgang mit ihr wie mit sich selbst führt für Adorno nur über die Erinnerung und diskursive Ausprägung verdrängter mimetischer Fähigkeiten, wie man sie heute noch etwa in künstlerischen Verhaltensweisen[280] wiederfindet, in die sie sich geflüchtet hätten[281].

Bei dieser von Adorno ausdrücklich geforderten Renaissance mimetischer Fähigkeiten sei indes begrifflich erscheinender Vernunft keinesfalls abzuschwören. Statt dessen sei diese Form der Vernunft um den verdrängten mimetischen Anteil zu ergänzen. Oder, wie *Wellmer* es ausdrückt: begriffliche „Rationalität und Mimesis müssen zusammentreten, um die Rationalität aus ihrer Irrationalität zu erlösen“[282]. Der Begriff, der das mimetische Verhalten verdrängte, müsse sich „in seinen eigenen Verhaltensweisen etwas von dieser zueigne(n), ohne an sie sich zu verlieren“[283].

Diese Verhaltensweise, so wird es sogleich näher ausgeführt, bestand in einem nachahmenden und abbildenden Verhalten, das von *Adorno* und *Horkheimer* als eine Art anthropologische Konstante konstruiert wird.[284] Wie der Mensch sich zu diesem Verhalten stellte, war für seine weitere Entwicklung ausschlaggebend.

Von beiden wird diese Entwicklung in der Dialektik der Aufklärung als eine Art Urgeschichte moderner bürgerlicher Vernunft dargestellt. In dieser, so heißt es, habe das mimetische Vermögen des Menschen verschiedene Phasen durchlaufen, die in der heutigen begrifflich diskursiven Vernunft als einer solchen gipfeln, die das ursprünglich mimetische Verhalten verdrängt habe, sich dessen aber nun wieder erinnern müsse.

Mimesis wird so, ohne daß Adorno das explizit sagt, zu einem Schlüsselbegriff seiner Philosophie[285], der mitsamt seiner historischen Dimension in der *Dialektik*

---

[280] Zu dem sicher problematischen Verhältnis von Philosophie oder Erkenntnistheorie zur Kunst in der Philosophie Adornos vgl. zum einen Adorno selbst, *Negative Dialektik*, S. 26ff.; und vergleiche Jürgen Habermas, der Adornos Philosophie vorwirft, den Anspruch auf diskursive und theoretische Erkenntnis fallengelassen zu haben, was aber, wie schon angedeutet, eine polemische Verzerrung darstellt. So zum Beispiel in der *Theorie des kommunikativen Handelns*, Frankfurt/M. 1981, Bd. 1, S. 516, und in: *Der philosophische Diskurs der Moderne. Zwölf Vorlesungen*, Frankfurt/M. 1985, S. 154f. Vgl. auch die Kritik bei Helga Gripp, *Theodor W. Adorno*, a.a.O., S. 12ff. Adorno hat dem ästhetischen Moment explizit nicht den Vorrang eingeräumt. Konstellative Diskurse sind diskursive Vernunftmodelle, deren Ziel nichts anderes als begrifflich vermittelte Erkenntnis von etwas ist, das in seinen Begriffen nicht aufgeht. Vgl. dazu auch noch weiter in Kapitel III.

[281] *Ästhetische Theorie*, S. 169.

[282] Albrecht Wellmer, *Wahrheit, Schein, Versöhnung. Adornos Rettung der Modernität*, in: *Adorno-Konferenz 1983*, S. 138ff., 141.

[283] *Negative Dialektik*, S. 26.

[284] so auch Bruno Keller, *Kritik, Utopie, Nichtidentität*, a.a.O., S. 133, wobei sich allerdings die herkömmliche Auffassung von Mimesis als künstlerisches Abbilden und Nachahmen, wie sie Keller bei Platon und Aristoteles verhaftet sieht, zur anthropologischen Überlegung nicht als gegensätzlich erweisen.

[285] so auch Josef Früchtl, *Mimesis - Konstellation eines Zentralbegriffs bei Adorno*, Königshausen 1986.

der Aufklärung zum ersten Mal eine zentrale Rolle erhält.[286] Einerseits, um die geschilderte Verhärtung als Naturreflexion und seinerseits natürlichen Reflex zu verdeutlichen, andererseits - und damit zusammenhängend - eben als Ausdruck für bestimmte natürliche Fähigkeiten des Menschen, deren historische Entwicklungen von Adorno und Horkheimer spekulativ thesenartig dargelegt werden und von beiden eine oft nicht ausreichend gewürdigte Schlüsselstellung für die Erklärung der geschilderten Phänomene erhalten.

Die Thesen über Mimesis und die Art der Rezeption einiger weniger zeitgenössischer Forschungsergebnisse durch Adorno und Horkheimer sind freilich nicht unproblematisch. Manche Darlegungen wirken, so zum Beispiel die Kritik *Vogels*[287], als fehle ihnen eine ausreichende empirische Grundlage, und wirken damit auch über Gebühr spekulativ.[288] Für Historiker sind sie daher, wie *Christoph Türcke* und *Gerhard Bolte* schreiben, auch oft ein Ärgernis; der Vogelflug, den beide über die Geschichte der Menschheit zurücklegen, gehe fahrlässig mit den Einzeldaten um.[289] Gerade darin, in der spekulativen Interpretation der wenigen Daten, liegt aber wohl das, was Vogel - trotzdem - mit den Worten vom bewundernswert Brillanten[290] der

---

[286] die er in den Schriften Adornos beibehalten wird. Wenn auch in der *Negativen Dialektik* nur noch selten davon die Rede ist, heißt das nicht, daß Adorno die Vorstellungen einer durch Mimesis ergänzten Vernunft aufgegeben habe, vielmehr ist sie in der *Negativen Dialektik* für die Konzeption konstellativer Darstellung zentral und bleibt es ebenso in dem zweiten großen Spätwerk Adornos, der *Ästhetischen Theorie.*

[287] ausführlich bei Martin Rudolf Vogel, *Mimesis - ad libitum?*, in: Brentel, Helmut u.a. (Hg.) Gegensätze - Festschrift für Jürgen Ritsert, Frankfurt u.a. 1996, S. 92ff.; die hier von Vogel und oft auch von anderen, vgl. u.a. Gerd Kimmerle, *Verwerfungen – Vergleichende Studien zu Adorno und Habermas*, Tübingen 1986, S. 7ff., 34ff., berechtigt vorgetragene Kritik an der Eurozentristik der Konzepte ist jedoch dadurch zu relativieren, daß es Adorno und Horkheimer vor allem darauf ankam, den Faschismus und die Ermordung der europäischen Juden aus der Geschichte der europäischen Zivilisation heraus zu erläutern. Man müßte in diesem Sinne auch weiter auf die Sprachkritik Adornos reflektieren, die sich ebenfalls auf europäische Sprachen richtet. Vgl. dazu Reinhard Kager, *Herrschaft und Versöhnung*, a.a.O., Anm. 60, S. 257.

[288] u.a. deswegen sind viele der Thesen, nicht nur derjenigen zur Mimesis, oft von den Einzelwissenschaften angegriffen worden. Dazu neigt auch die Kritik von Martin Rudolf Vogel, a.a.O. Alfred Schmidt hat dazu bereits in *Aufklärung und Mythos im Werk von Max Horkheimer*, in: Alfred Schmidt, Norbert Altwicker (Hg.), *Max Horkheimer heute: Werk und Wirkung*, Frankfurt/M. 1986, bemerkt, daß solche Kritik die philosophische Thematik der *Dialektik der Aufklärung* nur in eine unübersichtliche Fülle kulturwissenschaftlicher Einzelanalysen auflöse, die darauf abzielten, die Autoren bei falschen Tatsachenbehauptungen zu ertappen. Vgl. S. 234, Fn 65. Diese Kritik wird aber dem deutenden und eben spekulativen Vorgehen nicht gerecht. Es führt wieder genau dahin zurück, wovon sich die Autoren explizit abwenden wollten, zu einer positivistischen Sammlung von Tatsachen, zum Mythos der Aufklärung selbst, vgl. Adorno, *Wissenschaftliche Erfahrungen in Amerika*, GS Bd. 10/2, S. 702f.

[289] vgl. dies., *Einführung in die kritische Theorie*, Darmstadt 1994, S. 64.

[290] Martin Rudolf Vogel, a.a.O., S. 94, der das gerade auf die Vorgehensweise Adornos zurückführt, Daten nicht zu sammeln, sondern spekulativ zu deuten, oder, wie Adorno sagte: Man solle nicht nur über irrelevant Richtiges wachen, ohne sich der Gefahr des Irrtums auszusetzen. Ohne Risiko und Deutung ergehe sich Bewußtsein, regressives dann, bloß in Tautologien und bliebe ohne großen Gewinn relevanter Erkenntnis. Vielmehr müsse sie etwas riskieren. Dadurch könne sie zwar irren, aber auch mehr gewinnen. Vgl. etwa *Negative Dialektik*, S. 172.

Mimesis-Interpretation bezeichnete.[291]

Mimesis sei, so *Wellmer*, der Name für die „sinnlich rezeptiven, expressiven und kommunikativ sich anschmiegenden Verhaltensweisen des Lebendigen"[292]. Der Begriff der Mimesis selbst freilich dürfte - nach den Erfahrungen des Verfassers selbst noch in Künstlerkreisen - heute relativ unbekannt geworden sein. Seine historisch weitgehende Verdrängung[293], die Adorno das „mimetische Tabu"[294] nennt, ist ein Indikator für die Verdrängung seines Inhalts durch die gesellschaftlichen Prozesse. Der Begriff ist abgeleitet vom griechischen *mimeisthai*, das zumeist mit Nachahmung übersetzt wird.[295] Gebraucht wird der Begriff der Mimesis indes in einer derart großen Bandbreite von Bedeutungen, daß eine Festlegung auf nur einen Ausdruck dem Facettenreichtum seines Inhalts, also seinem Nichtidentischen gerade nicht gerecht würde, so daß Adorno die Polysemie auch mehr als lieb gewesen sein dürfte. Es scheint daher fast überflüssig zu erwähnen, daß Adorno ihn auch selbst nie weiter definiert oder eindeutiger bestimmt hat. Auf den französischen Philosophen *Jacques Derrida* soll im übrigen das Argument zurückgehen, daß die sichtbare polyseme Vielfalt nur ein symptomatischer Ausdruck für das Ambivalenzproblem[296] sei, das in der bezeichneten Sache selbst liege.[297] Ein Argument, das, nach allem, auch und besonders von Adorno stammen könnte und das symptomatisch für die gedankliche Nähe der beiden Philosophen stehen mag.[298]

Es finden sich, vom Gedanken des Nachahmens ausgehend, der durch die vielfältigen Begriffe gleichsam nur paraphrasiert zu werden scheint, vielfach so unterschiedliche Bedeutungen wie „sich ähnlich machen, zur Darstellung bringen, ausdrücken" oder auch „Mimikry, imitatio, Repräsentation"[299]. Ebenso findet man die

---

[291] Selbst das Lob Vogels vermag wohl der immer noch bahnbrechenden und bis heute nicht ausreichend erfaßten Erkenntnis, die in den Ausführungen zur Mimesis ruht, nicht gerecht zu werden. Es ist mit der Philosophie der *Dialektik der Aufklärung* und der der *Negativen Dialektik*, die zentral auf diesen Überlegungen beruhen, auch daher letztlich nicht viel anders, als wie mit so vielen Philosophien, die, wie Adorno mit dem ersten Satz der *Negativen Dialektik* mit einer Anspielung an Marx' Aufforderung an die Philosophie schreibt, überholt schienen, aber sich am Leben erhielten, „weil der Augenblick ihrer Verwirklichung versäumt ward".

[292] Wellmer, a.a.O., S. 141.

[293] von der Seong Man Choi, *Mimesis und historische Erfahrung - Untersuchungen zur Mimesistheorie Walter Benjamins*, Frankfurt/M. 1997, S. 18, Fn 14, spricht und die er, aber auch andere auf den Einfluß Platons in der Antike zurückführen.

[294] *Ästhetische Theorie*, S. 169.

[295] vgl. W. Martin Lüdke, *Anmerkungen zu einer „Logik des Zerfalls": Adorno-Beckett*, Frankfurt/M. 1981, S. 53; Helga Gripp, *Theodor W. Adorno*, a.a.O., S. 124; Keller, Bruno, *Kritik, Utopie, Nichtidentität*, a.a.O., S. 133.

[296] das auch Gebauer/Wulf, a.a.O., S. 10, betonen.

[297] so Tilmann Lang, a.a.O., S. 14ff.

[298] statt dessen finden sich Vergleiche u.a. bei Helga Gripp, *Theodor W. Adorno*, a.a.O., S. 132ff.; dies. als Gripp-Hagelstange, *Adorno und Derrida - oder: Der Versuch einer Dekonstruktion der Metaphysik*, Duisburger Beiträge zur Soziologischen Forschung Nr. 1/1990; Stefan Zenklusen, *Adornos Nichtidentisches und Derridas différence*, Berlin 2002; Holger Matthias Briel, *Adorno und Derrida - Oder wo liegt das Ende der Moderne?* Frankfurt/M. u.a. 1993.

[299] jeweils bei Gunter Gebauer und Christoph Wulf, *Mimesis*, Reinbek bei Hamburg, 2. Aufl. 1998, S. 9; weitere Formen des Verständnisses finden sich u.a. bei Tillmann Lang, a.a.O., S. 15 aufgelistet.

Termini „Reproduktion, Identifikation, Simulation, Simulacrum, Schein".[300] Es ist dabei, betrachtet man den Vorgang des Nachahmens, relativ leicht einsichtig, daß, wer nachahmt, sich dem nachgeahmten Objekt angleicht, sich ihm ähnlich macht, es simuliert; dabei den Anschein seines So-seins erweckend, immer aber nur ein Moment des Nachgeahmten repräsentierend. Dabei findet ein Ausdruck des Imitierten statt, sein wahrgenommenes So-sein wird zur Darstellung gebracht.[301]

Besonders relevant für das Verständnis der Verwendungsweisen des Begriffs durch Adorno sind auch die in diesem Vorgang aufgehobenen Aspekte des „sich gleich Machens, sich Anverwandelns" oder des „sich Angleichens, sich Anschmiegens" an das Objekt. Zu solchem Verhalten, begrifflich wie auch immer vermittelt, ruft Adorno, wie schon in dem konstellativen Verhalten der Begriffe gezeigt, in seinen Arbeiten immer wieder auf, wenn es darum geht, objektschonendere Wege der Erkenntnis zu betreten als den, das Objekt bloß begrifflich zu identifizieren. Die Bedeutungen, die Adorno wichtig waren, und die noch bestehenden Erscheinungsformen von Mimesis, die er in verschiedenen menschlichen Verhaltensweisen zu erkennen glaubte, erschließen sich auch hier erst durch das Verständnis der Konstellation[302] der Verwendungsweisen in seinen Texten, die polyseme Verwendung dabei immer in Rechnung stellend.

Für ihn bezeichnet der Begriff grundlegend ein archaisches Verhalten[303]. Sein Inhalt gilt vielen, auch Adorno und Horkheimer, als anthropologische Konstante menschlichen Verhaltens, als *conditio humana*[304]. Das Bewußtsein dieser Verhaltensweisen gilt indes als verdrängt, ohne aber doch als auszubildendes Potential völlig verschwunden zu sein. Diese Verdrängung will Adorno insofern aufheben, als er eine Vorstellung davon vermittelt, inwiefern sich das mimetische Verhalten im Laufe der Zeit entwickelt hat und wie versteckt es unter welchen Wandlungen auch immer fortlebt.

---

[300] Tilmann Lang, a.a.O., S. 15.

[301] Es ist, das muß noch eingefügt werden, hiermit auch deutlich, daß das nachahmende Verhalten der Mimesis, das sowohl phylo- als auch ontogenetisch weitgehend intentionslos beginnt, sich als solches, eben nicht als beherrschendes Erkennen wieder in den Erkenntnisweisen Adornos niederschlägt. Ebenso in den Thesen zum Denken des Seienden, das keine Anweisungen zu instrumenteller Praxis beinhalte, sondern aus der Kraft der Erkenntnis Handeln unprätentiös entstehen lassen wolle. Vgl. die paradigmatischen Darlegungen bei Demirović. *Der nonkonformistische Intellektuelle*, S. 635f.

[302] weswegen das wohl schon als Standardwerk zu bezeichnende Josef Früchtls auch den Untertitel *Konstellation eines Zentralbegriffs bei Adorno* trägt. Er schreibt, a.a.O., S. 4, daß Adorno den Begriff nicht in einer umfassenden Abhandlung expliziert habe. Vielmehr sei die Konstellation seiner essayistisch verfaßten Philosophie geschuldet, die sich dem Ideal eines Wissens, das sich den cartesianischen Methodenforderungen nach Elementaranalyse, Kontinuität und Vollständigkeit verschreibt, widersetze. Begriffe und Bedeutungen ließen sich nur konstellativ erfassen.

[303] das Kunst als „Organ der Mimesis" rational in den Dienst nimmt und damit seinen archaischen Charakter besiegelt. Vgl. Adorno, *Ästhetische Theorie*, S. 169.

[304] Gunter Gebauer und Christoph Wulf, *Mimesis*, a.a.O., S. 9.

aaa) Die drei Phasen der Mimesis

aaaa) die Phase der organischen Anschmiegung

Das benannte Archaische der Verhaltensweisen sei nämlich nicht bloß archaisch geblieben, auch wenn ihm ein untilgbarer natürlicher Rest innewohne, sondern im Wandel begriffen. *Adorno* und *Horkheimer* beschreiben diesen zivilisationsbedingten Wandel in der *Dialektik der Aufklärung* als dreistufigen phylogenetischen Schritt von einer ersten, der „organischen Phase" der Mimesis, dem „eigentlich mimetischen Verhalten", über eine zweite „magische" Phase, die ihrer organisierten Handhabung, bis hin zur historischen Phase, in der im Umgang mit Welt und Natur „die rationale Praxis, die Arbeit" an die Stelle von organischer Anschmiegung und Magie gesetzt wird.[305]

Die erste Phase der organischen Anschmiegung, dem eigentlich mimetischen Verhalten, wird von beiden nur kurz angedeutet.[306] Was man beim Menschen unter einem Verhalten organischer Anschmiegung vorstellen soll, scheint auf den ersten Blick offenzubleiben. Wie *Vogel* in seiner Kritik anmerkt, ist organisch anschmiegendes Verhalten vor allem aus der Fauna bekannt, von Tieren, die sich körperlich, mit ihrem Organismus, als Abwehr- und Schutzhandlung, an ihre Umwelt angleichen (etwa das auf einem Ast liegende Chamäleon, das dessen Farbe imitiert) oder von Natur aus angeglichen sind (zum Beispiel laubfarbene Froscharten auf dem Herbstwaldboden). Bei Menschen hingegen seien solche organisch anschmiegende Verhaltensweisen, das heißt körperliche Angleichungen an die umgebende Natur, historisch nicht mehr rekonstruierbar.[307]

Was *Adorno* und *Horkheimer* hiermit gemeint haben könnten, kann man aber - wenn auch als bloße Plausibilitätserfahrung - der *Dialektik der Aufklärung* ohne weiteres entnehmen. Beide erinnern hier an diverse Reaktionsweisen der unbeherrschten Körpernatur zum Beispiel auf Gefahrensignale, „bei deren Laut das Haar sich sträubte und das Herz stillstand." In solchen Momenten vollzögen die einzelnen *Organe* wieder „die Angleichung an die umgebende unbewegte Natur". Sie entziehen sich der Herrschaft des Subjekts, „selbständig gehorchten sie biologisch fundamentalen Reizen. Das Ich, das in solchen Reaktionen, wie der Erstarrung der Haut, Muskel, Glied sich erfährt, ist ihrer doch nicht ganz mächtig." In diesen Momenten nähere sich „das Bewegte dem Unbewegten, das entfaltetere Leben bloßer Natur".[308]

---

[305] vgl. *Dialektik der Aufklärung*, S. 205.

[306] vgl. auch Thyen, *Negative Dialektik und Erfahrung*, a.a.O., S. 73, die darauf hinweist, daß Adorno und Horkheimer weitere Anhaltspunkte für eine solche Urzeit nicht geben konnten, weil gesichertes empirisches Material nicht vorliege. „Das mag ein Grund dafür sein, warum sie den Menschen heute als eine Zeit des undifferenzierten Schreckens einer symbiotischen Einheit mit der Natur erscheint." Thyen verweist auch darauf, daß Adorno in der *Negativen Dialektik*, a.a.O., S. 315, von dem „Trüben der Frühgeschichte" spricht, in dem sich die „Fakten" verlieren. An dieser Stelle verteidigt er im übrigen noch einmal die Thesen der *Dialektik der Aufklärung*.

[307] vgl. Rudolf Martin Vogel, a.a.O., S. 95.

[308] *Dialektik der Aufklärung*, S. 204.

Es dürfte kaum ein Zweifel daran bestehen, daß jene Reaktionsweisen zum einen mimetisch genannt werden können, weil ihnen ein Moment der Nachahmung der „umgebende(n) unbewegte(n) Natur" eigen ist, nämlich das der Starre der Natur. Ebenso wenig Zweifel dürften sich daran ergeben, daß dies dem Überleben in bloßer Natur diente und diese Mimesis damit etwas wie eine natürlich-evolutionäre Form von Vernunft darstellte. Mimetisches Verhalten kann hier von der Natur selbst als zweckhaft gesetzt gelten, sie ist selbst schon eine Form der Rationalität.[309] Allerdings hegt ihr Moment der Angleichung eben auch ein bedenkliches; nämlich sowohl das der Verhärtung gegen die Natur, der man sich anglich, als auch eine Verhärtung der eigenen Körpernatur. Die Angleichung an die Naturhärte, an unbewegte Natur - es ist auch die Rede von „der Angleichung an den Raum" - galt beiden zugleich daher auch als eine von der eigenen Lebendigkeit entfremdende Angleichung an das Unlebendige, an das Tote: als Mimesis in Form der Mimikry. „Jene Erstarrungsreaktionen am Menschen", so schrieben sie, seien „archaische Schemata der Selbsterhaltung: das Leben zahlt den Zoll für seinen Fortbestand durch Angleichung ans Tote"[310].

Deutlich wird hier neben der Naturverwobenheit der mimetischen Reaktion, die sich der Herrschaft des Subjekts entzieht und sich bis heute zum Beispiel in den geschilderten unmittelbaren Angstreaktionen äußert, auch deren Ambivalenz als einer Angleichung an „das Tote", die sich nach Ansicht beider in späteren Phasen der Zivilisation noch stärker und verhängnisvoller ausprägen und im geschilderten Gebrauch des Begriffs wieder erscheinen wird.

bbbb) die magische Phase

In der magischen Phase, für die es historisch dagegen eine Menge an wissenschaftlichem Material gebe[311], wird Mimesis, wie es heißt, in eine organisierte Handhabe genommen. Mittels kollektiver Beschwörungsrituale, in denen Natur zum Beispiel in Masken[312] oder Tänzen nachgeahmt und dargestellt, vom Menschen in Bildern oder Szenen repräsentiert wird[313], um sie zu besänftigen oder zum Beispiel im Hinblick auf erhoffte Ernten günstig zu stimmen, erhoffen sich die Menschen zugleich einen Einfluß auf sie, nehmen sich aber auch durch Angleichung die Angst

---

[309] vgl. u.a. Bruno Keller, *Kritik, Utopie, Nichtidentität*, a.a.O., S. 133f.

[310] *Dialektik der Aufklärung*, S. 205.

[311] vgl. Vogel, a.a.O., S. 95, m.w.N. u.a. auf Regine Mattheis, *Bildungsästhetik und Selbstwerdung*, Wiesbaden 1998, und auf die Standardwerke von Hermann Koller, *Die Mimesis in der Antike. Nachahmung, Darstellung, Ausdruck*, Bern 1954, und Erich Auerbach, *Mimesis*, 8. Aufl., Bern 1988 (1. Aufl. 1946).

[312] vgl. Adorno, *Ästhetische Theorie*, S. 484ff., oder die Schilderungen bei Hermann Koller, a.a.O.; bei Erich Auerbach, a.a.O., oder zusammengefaßt bei Helga Gripp, *Theodor W. Adorno*, a.a.O., S. 125; und Hartmut Scheible, *Sehnsüchtige Negation. Zur Ästhetischen Theorie Theodor W. Adornos*, in: Protokolle, Wiener Halbjahresschrift für Literatur, bildende Kunst und Musik, Heft 2, 1972.

[313] Vgl. auch die zahlreichen Beispiele in der von Horkheimer und Adorno rezipierten Schrift Freuds, *Totem und Tabu*, a.a.O., S. 369; wie viele Gedanken aus den Ausführungen zu Mimesis und ihrer Wandlung aus dem zitierten Text Freuds stammen mögen, ist unklar. Auf fällt, neben anderem, daß auch Freud, a.a.O., S. 376, einen Dreischritt der menschlichen Entwicklung konzipiert: von einer animistischen zu einer religiösen in eine wissenschaftliche Phase.

vor ihr.[314] „Die Anstrengung, aus der unmittelbaren Furcht sich zu befreien, schuf beim Primitiven die Veranstaltung des Rituals."[315] Die in diesem Rahmen erkennbaren Gesten der Anverwandlung laufen nun organisiert ab, mimetisches Verhalten wird bewußt als Mittel zum Zweck eingesetzt, erst zu dem der Angstbeherrschung via Identifikation mit dem Angreifer[316], dann zur Beherrschung des Angreifers selbst. Diesen Ritualen eignet also bereits ein die Natur beeinflussendes Element, zumindest der - aus heutiger Sicht - Aberglaube[317] von Naturbeherrschung treibt zu ihnen. Angleichung und Nachahmung schlagen, wie *Gebauer* und *Wulf* es formulieren, in diesen beeinflussenden Praktiken bereits in Vorahmung[318] um, in anweisende Darstellungen von Natur, wie diese sich ihrerseits zu verhalten habe.

cccc) die rationale Phase

Die mimetisch anschmiegenden, die nicht verhärteten Verhaltensweisen im Umgang mit Natur werden nun in der dritten Phase der rationalen Arbeit zunehmend verpönt. In dieser Phase wird die Vorahmung und Besänftigung durch Mimesis als Mittel im Umgang mit Natur vollständig verdrängt, als vernünftig gelten nun nur noch die beherrschten Verhaltensweisen der Arbeitenden, und „von der Angleichung an die Natur bleibt allein die Verhärtung gegen diese übrig"[319]. Die beschriebenen Verhärtungen gegen Natur, teils in ihr angelegt, und die Versuche, Natur zu besänftigen und zu manipulieren, wenden sich in dieser Phase schließlich komplett gegen sie und arten gleichsam mittels ihres Härte-Prinzips in blinde Naturbeherrschung aus. Die Reaktion der Starre und Verhärtung gegen Natur wird zum entscheidenden Element ihrer Beherrschung, Mimesis erscheint schließlich in Form der gleichwohl noch naturhaften, diese aber bereits beherrschenden Ratio nur noch als Mimikry.

Horkheimer und Adorno nennen, wie gesagt, für alle diese Thesen und Interpretationen kaum und nur spärlich Daten oder Quellen[320], auch wenn sich Adorno an

---

[314] Nach Hartmut Scheible entsteht so, „durch Objektivation zum Bild, (die) erste Möglichkeit, dem Schrecken gegenüberzutreten und so ihn zu bannen". Ders., *Sehnsüchtige Negation*, a.a.O., S. 72. W. Martin Lüdke, a.a.O., S. 58, interpretiert das wie folgt: „Im Sichgleichmachen wird die Natur, wie sie sich präsentiert, nachgeahmt, sie wird - intentional - imitiert und dadurch verdoppelt, und erst in der Verdoppelung der Natur bzw. durch sie, die ja eine Art der Objektivierung ist, bietet sie sich zum Zugriff, wird sie beherrschbar."

[315] *Dialektik der Aufklärung*, S. 202.

[316] Dieser Mechanismus der Identifikation mit dem Angreifer, auf den Adorno, wie oben gezeigt, erst in seinem Essay von 1955 *Zum Verhältnis von Soziologie und Psychologie*, a.a.O., S. 76 explizit eingeht, ist freilich integraler Bestandteil auch der Überlegungen zur Mimesis. Anna Freud, die Mutter jener speziellen These über die abwehrenden Ichtätigkeit, die Adorno dann rezipiert, vgl. ihr Werk über *Das Ich und die Abwehrmechanismen*, London 1946, veröffentlicht diese These erst zwei Jahre nach der *Dialektik der Aufklärung*. Sie ist dort also noch nicht explizit enthalten.

[317] Diese mythischen Praktiken seien, so Adorno, die „blutige Unwahrheit", vgl. *Dialektik der Aufklärung*, S. 25.

[318] Gebauer und Wulf, *Mimesis*, a.a.O., S. 391.

[319] *Dialektik der Aufklärung*, S. 206.

[320] Die grundlegenden Werke von Erich Auerbach und Hermann Koller werden erst wenige Jahre nach der Dialektik der Aufklärung veröffentlicht, werden aber auch in den späteren Schriften

anderer Stelle unter anderem auf Platons Lehren beruft, die für die Antike das Tabu mimetischen Verhaltens verhängten.[321] Es bleibt bei dem spekulativen Interpretieren einzelner Daten und den beispielhaften Schilderungen der, wie sie sagen, Verfemung „unbeherrschter Mimesis". Unstreitig dürfte dabei sein, daß sich selbst phylogenetisch die Praktiken und Phänomene überschneiden und auch die verfemten Formen bis heute als partikulare in Form religiöser und esoterischer Praktiken fortdauern[322], von ontogenetischen Entwicklungen und ihren Widersprüchen oder Mixturen ganz zu schweigen.

Bedingung der Zivilisation sei jedenfalls die Strenge gewesen, „mit welcher im Laufe der Jahrtausende die Herrschenden ihrem eigenen Nachwuchs wie den beherrschten Massen den Rückfall in mimetische Daseinsweisen abschnitten, angefangen vom religiösen Bilderverbot über die soziale Ächtung von Schauspielern und Zigeunern bis zur Pädagogik, die den Kindern abgewöhnt, kindisch zu sein"[323].

Das Überleben in der Natur sicherte von nun an nur noch die rationale Arbeit, durch welche die Natur, so heißt es, nun „nicht mehr durch Angleichung beeinflußt, sondern durch Arbeit beherrscht werden" sollte.[324] Das habe freilich jenen gesellschaftlichen Kraftaufwand erfordert, der sich in der benannten Erziehung niederschlagen mußte, also in der gesellschaftlich organisierten Vermittlung derjenigen Wege, auf denen sich der Mensch durch die Natur gleichsam hindurchschlagen sollte. In diesen Vermittlungsprozessen wurde Mimesis erbittert bekämpft[325] und an ihrer Statt wurden die geschilderten Verhaltensweisen der rationalen Arbeit durchgesetzt. Die „(g)esellschaftliche und individuelle Erziehung bestärkt die Menschen in der objektivierenden Verhaltensweise von Arbeitenden und bewahrt sie davor, sich wieder aufgehen zu lassen im Auf und Nieder der umgebenden Natur". Beide lehnen sich in dieser Sequenz an die *Freud*sche Theorie des Todestriebs an, in dem sie ebenfalls einen mimetischen Impuls erkennen, nämlich den Wunsch nach einem Zurücksinken in ein unmittelbares Naturverhältnis.

Einen solchen Trieb sehen beide in der *Dialektik der Aufklärung* auch am Werk, wenn sie sich zu der Genese von kriminellem Verhalten äußern. Dazu führen sie in ihren Gedanken „(a)us einer Theorie des Verbrechers"[326] Weiteres aus, was in

---

nicht erwähnt. Adornos und Horkheimers Gewährsschriften sind die Studie „Théorie générale de la magie", in: L'Année Sociologique 1902-03, S. 100, der Ethnologen und Soziologen H. Hubert und M. Mauss und Callois, Le Mythe et l'Homme, Paris 1938, zudem finden sich Bezüge auf Sigmund Freuds *Totem und Tabu*, in: *Fragen der Gesellschaft – Ursprünge der Religion*, Studienausgabe Bd. IX., S. 287ff., bes. 364ff., der sich seinerseits auf Hubert und Mauss bezieht, vgl. a.a.O., u.a. S. 367, S. 424, Anm. 1.

[321] Vgl. dazu die wiederkehrenden Thesen in der *Ästhetische Theorie*; Platons Lehren, die Adornos Thesen erläutern, sind ausführlich zusammengefaßt bei Gebauer und Wulf, a.a.O., S. 50ff. Vgl. auch Lüdke, a.a.O., S. 53, und Seong Man Choi, a.a.O., S. 18, Fn 14.

[322] vgl. Adornos Kritik an magischen Praktiken im Spätkapitalismus in den *Minima Moralia*, a.a.O., S. 274; ebenso auch Vogel, a.a.O., S. 98ff.

[323] *Dialektik der Aufklärung*, S. 205.

[324] *Dialektik der Aufklärung*, S. 35.

[325] Adorno, *Ästhetische Theorie*, S. 489

[326] *Dialektik der Aufklärung*, a.a.O., S. 248ff.

Kapitel III noch vertieft wird - als ein dann im übrigen klassisch ätiologischer Ansatz.[327]

Für beide ist in der Verhärtung gegen den anschmiegenden Aspekt der Mimesis und durch die Konzentration auf die rationale Arbeit „das Ich geschmiedet worden", also das Selbstbewußtsein und die Identität des bürgerlichen Subjekts, von dessen Gattung Adorno annimmt, daß ihr unsägliche Anstrengung bereitet haben müsse, den „Primat der Identität" auch gegen sich selbst herzustellen.[328] Erst durch diese Anstrengung sei aber das bürgerliche Subjekt entstanden, dessen Untergang, wie Adorno glaubt, die Wahrheit wäre[329]. Erst im Wege seiner Konstitution habe sich „der Übergang von reflektorischer Mimesis zu beherrschter Reflexion" vollzogen. „Anstelle der leiblichen Angleichung an Natur tritt die ‚Rekognition im Begriff', die Befassung des Verschiedenen unter Gleiches."[330]

bbb) Die Rekognition im Begriff

Die Rekognition im Begriff, das Wiedererkennen des schon Bekannten, das als Bekanntes identifiziert und nicht als es selbst erkannt werden soll, die damit einhergehende Verdrängung des Unbekannten und Unbeherrschbaren, das Angst macht, wird so zu einer Funktion, die Natur dem Begriff gleichzumachen. Selbst darin ruht noch das mimetische Bedürfnis, mit dem Objekt im Begriff, durch ihn vermittelt, gleich, und das heißt auch, mit dem begrifflich Bezeichneten eins zu sein. Dies ist das Bedürfnis nach der Herstellung von Einheit, nicht nur des synthetisierten Vielen im Begriff, sondern auch die im Begriff vermittelte Einheit von begrifflich erkennendem Subjekt und erkanntem Objekt. Solches Denken, und damit eben auch das identifizierende Denken, sei Einheitsdenken. Es ist aber darin wieder nur Ausdruck der eigentlich schon verdrängten mimetischen Verhaltensweise, die sich sublimiert in Begriffe wieder vollzieht, als der höchsten Form der Mimesis[331].

Die Angleichung durch ursprüngliche Mimesis verkehrt sich daher zum einen, indem der Geist begrifflich die Natur oder die Objekte den Begriffen angleicht. Die Vorahmung, der Versuch einer Anweisung, wie sich das Objekt, die Natur zu verhalten habe, die schon in der Magie lag, wird nun im Begriff fortgesetzt, in der Anweisung, was das Objekt als sein Begriff zu sein habe.[332] Zudem wird die Anglei-

---

[327] Auch hier werde, wie noch zu zeigen sein wird, mit erbitterter gesellschaftlicher Gewalt gegen diese Verhaltensweisen reagiert, die das Verbot der Mimesis noch auf so sublimem gesellschaftlichem Terrain wie dem der Kriminalität aufrechterhalte. Mimesis werde mithin auch durch die Strafe und deren Androhung verdrängt.

[328] *Negative Dialektik*, S. 151.

[329] Die Doppeldeutigkeit dieser Überlegung liegt in der normativen Sicht auf das Subjekt begründet, das für Adorno falsches Subjekt ist und erst wahres Subjekt werden muß. Dessen Untergang wäre daher normativ die Wahrheit, ebenso bedeutete die Erkenntnis der Wahrheit diesem falschen Subjekt dessen Untergang. Wahr wäre daher sein Untergang sowohl wie die Wahrheit seinen Untergang hervorriefe, beides bedingte sich. Dazu weiteres unten.

[330] *Dialektik der Aufklärung*, S. 205.

[331] so Walter Benjamin, *Die Lehre vom Ähnlichen*, a.a.O., S. 209.

[332] Das verweist auf das unten noch eingehender dargelegte utopische Moment in der Identifikation und in der so auch normativen und nicht nur deskriptiven Kraft des Begriffs, daß der Ge-

chung in ihrer für beide Seiten - Objekt wie Subjekt - destruktiven Seite fortgesetzt, indem der gedachte Begriff sich selbst in seiner Härte der Naturhärte, ihrem Schrecken angleicht. Damit wird Denken schließlich genauso dinghaft und starr, wie es seine Gegenstände macht. Die so vermittelte Gleichheit ist daher letztlich nicht mehr die „unmittelbare der Mimesis", sondern „die vermittelte der Synthesis"[333].

Weil aber mit dem Verdrängen des Scheiterns der mimetischen Verhaltensweisen als solchen, die einen versöhnten Umgang mit Natur leisten konnten, auch dieses Scheitern vergessen wurde, ruht diese Erfahrung heute auch nicht mehr in den rationalen Verhaltensweisen, die sich der Natur entronnen wähnen. Vergessen wurde, daß die magischen Vorahmungen scheiterten, daß das magische Vermögen nicht ausreichte, Natur zu beherrschen. Das Bewußtsein, daß dies auch vermittels des Begriffs nicht gelingen wird, ist mitsamt dem bewußt mimetischen Verhalten verdrängt worden und muß wiederbelebt werden.

ccc) Identifizierende Ratio als Mimikry

Begriffe wären demnach nicht nur synthetisierende und verfälschende Abstraktionsformen, sondern auch momenthafte reflexartige Verhärtungen des Bewußtseins gegen die Objekte und gegen die eigene Natur. Sie dienen dem Überleben, der Orientierung, bieten selbst aber in der identifizierenden Variante ihres Gebrauchs keine differenzierten Möglichkeiten der Erfahrung des Objekts. Dessen Erkenntnis bleibt für Adorno daher immer unbelebt; eben so unbelebt, wie das Subjekt sein Objekt qua Begriff zu machen in der Lage ist.[334]

Begriffe verkörpern damit selbst noch die unbewußte und der Herrschaft entzogene Starre der Körpernatur, sind selbst-, das heißt naturvergessene Erscheinungsformen von Bewußtsein, mit dem sich der Mensch der Natur gleichmachen will und ihr doch nur ihren Zwang zurückgibt, mit dem sie zur Vernunft nötigte.[335] Begriffliche Rationalität, die sowohl die anschmiegende als auch die organisierte Mimesis verdrängen wollte, hält sie somit selbst noch am Leben, nur in Gestalt ihres Widerparts, der Mimikry, der Angleichung an das Tote. Geist, der mit begrifflichen Identifikationen arbeitet, betreibt selbst noch Mimesis, aber er vollzieht Angleichungen an das Unbelebte und ist insofern, wie Adorno schon in seiner Habilitationsschrift über *Kierkegaard* schrieb, „vernichtetes natürliches Leben"[336].

Je mehr das Subjekt das Objekt identifizierend „aufspießt", „ergreift, desto vollkommener findet (es) zum Objekt sich herabgestuft". Das Objekt zahle dem Subjekt regelrecht zurück, „was das Subjekt ihm zugefügt hat"[337]. Es verkümmere dadurch in seinen Erfahrungsmöglichkeiten, mache sich selbst so eindimensional[338]

---

genstand nur das sein solle, was der Begriff von ihm sage. Das utopische Moment, daß „kein Widerspruch, kein Antagonismus sein solle." *Negative Dialektik*, S. 153.

[333] *Dialektik der Aufklärung*, S. 205.

[334] ähnlich auch Reinhard Kager, *Herrschaft und Versöhnung*, a.a.O., S. 40f.

[335] vgl. *Fortschritt*, GS Bd. 10/2, S. 617ff., 624.

[336] Adorno, *Kierkegaard. Konstruktion des Ästhetischen*, GS Bd. 2, S. 55.

[337] *Negative Dialektik*, S. 151.

[338] Herbert Marcuses Schrift *Der eindimensionale Mensch*, dtv-Ausgabe München 1994, verweist, ebenfalls vermittelt über die Kritik logischer Allgemeinheit im Denken, ebenfalls auf diese Problematik. Vgl. a.a.O., vgl. S. 154, 158, dort heißt es: „Die gegebene Wirklichkeit hat ihre eigene

wie seine Erkenntnisobjekte und nähere sich dadurch in seiner Erfahrungsfähigkeit „tendenziell wieder der der Lurche an“[339]. Selbsterhaltung vollziehe sich daher zunehmend ohne das Selbst, das es doch zu erhalten galt. Das sich somit selbst zu einem nivellierten Objekt machende Subjekt[340], das seiner Qualitäten verlustig geht, sie erst gar nicht ausbildet, und diese weder an sich selbst noch an anderen Ob- oder Subjekten mehr wahrnehmen kann, werde damit auch kaum mehr fähig, „unmittelbare menschliche Erfahrungen zu machen“.[341]

Auch hierin sah Adorno Phänomene des verdinglichten Bewußtseins. Erst, so schrieb er, „haben die Menschen ... sich selber gewissermaßen den Dingen gleichgemacht. Dann machen sie, wenn es ihnen möglich ist, die anderen den Dingen gleich. Der Ausdruck ‚fertigmachen‘, ebenso populär in der Welt jugendlicher Rowdies wie in der der Nazis, drückt das sehr genau aus. Menschen definiert dieser Ausdruck ... als im doppelten Sinn zugerichtete Dinge.“[342] Nur dadurch aber sei mit dem Holocaust der „Kollaps der Zivilisation“[343] möglich gewesen, wurden für Adorno und Horkheimer der Faschismus und der industrielle, mit den Mitteln moderner Vernunft durchgeführte millionenfache Massenmord möglich.

Weil es mit den kritisierten Vernunftformen zum Beispiel noch vor 60 Jahren in Deutschland möglich war, an den Universitäten mit durchaus ernsthaften wissenschaftlichen und theoretischen, und das heißt auch logischen und systematischen Ansprüchen zu behaupten und zu lehren, daß Menschen jüdischen Glaubens keine Menschen seien, starb schließlich auch „in den Lagern nicht mehr das Individuum ..., sondern das Exemplar“, und war der Völkermord letztlich nur „die absolute Integration, die überall sich vorbereitet, wo Menschen gleichgemacht werden, geschliffen, wie man beim Militär es nannte, bis man sie, Abweichungen vom Begriff ihrer vollkommenen Nichtigkeit, buchstäblich austilgt. Auschwitz bestätigt das Philosophem von der reinen Identität als dem Tod.“[344]

Erst also zwangen die Zwangssysteme des Denkens das Systematisierte und seine Methoden das, was unter sie sich fügen sollte, ohne spezifische Referenz an den Gegenstand. Dann erfolgte, selbstvergessen, die Ausrottung des Besonderen nicht mehr nur im Medium des Begriffs. Hier aber, in den gesellschaftlich bedingten Er-

Wahrheit; die Anstrengung, sie als solche zu begreifen und über sie hinauszugehen, setzt eine andere Logik, eine widersprechende Wahrheit voraus. Sie gehören Denkweisen an, die ihrer ganzen Struktur nach nichtoperationell sind; sie sind dem wissenschaftlichen Operationalismus ebenso fremd wie dem gesunden Menschenverstand.“

[339] *Dialektik der Aufklärung*, S. 53; ebenso und vertiefend Stefan Zenklusen, *Adornos Nichtidentisches und Derridas différence*, a.a.O., S. 110ff., der von sekundärer Reanimalisierung der Menschen spricht, die in einer völlig einförmigen Welt nur noch nach Reiz und Reaktionsschema agieren.

[340] *Reflexionen zur Klassentheorie*, GS Bd. 8, S. 373ff., 376.

[341] *Erziehung nach Auschwitz*, in: GS Bd. 10/2, S. 674ff., 683.

[342] *Erziehung nach Auschwitz*, in: GS Bd. 10/2, S. 674ff., 684.

[343] Jochen Hörisch, *Es gibt (k)ein richtiges Leben im falschen*, Frankfurt 2003, S. 9.

[344] *Negative Dialektik*, S. 355; genau diese Entwicklungslinie vom erfahrungsarmen Bewußtsein zum massenhaften Mord an Menschen zeichnet so auch Demirović, a.a.O., S. 641, nach. Vgl. dazu auch nochmals in Kapitel III, S. 110.

kenntnis- und Erfahrungswegen, war sie längst angelegt. „Kritik an Gesellschaft ist daher Erkenntniskritik und umgekehrt."[345]

Mit dem natürlichen Charakter des Selbst war zugleich vergessen worden, was ursprünglich erreicht werden sollte: die versöhnte Existenz mit der Natur, die zuerst über Angleichung an sie gelingen sollte. Sie fand aber so nicht statt, konnte es nicht. Denn wo „Menschliches werden will wie Natur, verhärtete es sich zugleich gegen sie"[346]. Mensch und Natur wurden nicht harmonisch eins, vielmehr gelang der Gattung ihr Überleben nur auf Kosten beider. Lebendig bleiben, so schreiben es *Gebauer* und *Wulf*[347], müsse daher die Erinnerung daran, daß „das, was sich gleichmacht, nicht gleich wird; daß der Eingriff durch Mimesis mißlang"[348] und als begrifflicher Eingriff bis heute mißlingt. Denn selbst wenn Subjekt sich mit Objekt denkend im Begriff identifiziert, wird Subjekt nicht Objekt. Objekt „erhält sich ... diesem gegenüber immer als anderes"[349]. Die Erinnerung daran muß indes nicht nur lebendig bleiben, sondern erst wieder lebendig werden.

Das Selbstbewußtsein des Geistes als Natur, die im Begriff Mimikry betreibt, sei also mit seiner Verdrängung verlorengegangen[350], genauso wie „auf dem Weg von der Mythologie zur Logistik ... Denken das Element der Reflexion auf sich verloren" habe.[351] Daß sich Denken aber mitsamt seinem Zwangsmechanismus reflektieren, sich aus eigener Kraft heilen könne, ist die Hoffnung, mit der beide die *Dialektik der Aufklärung* abschließen, denn „die eigene Fragwürdigkeit konkret zu benennen freilich hat Denken stets wieder ausgereicht"[352]. Der Identitätszwang ist daher nicht einer des Denkens, der Vernunft an sich selbst, sondern, wie es *Helga Gripp* ausdrückt, Reflex „einer Entwicklung des Naturaneignungsprozesses, in welchem die Weichen falsch gestellt waren"[353], die aber neu gestellt werden können.

An die Kraft des Denkens zur Reflexion knüpft nun auch Adornos *Negative Dialektik* an. Sie vertieft daher die in der *Dialektik der Aufklärung* bereits begonnene Analyse der Funktionsweise des Begriffs und ergänzt die Hoffnung auf eine Reflexion der Aufklärung um Anweisungen für ein anderes Denken, für negativ-dialekti-

---

[345] *Zu Subjekt und Objekt*, a.a.O., S. 748.

[346] *Dialektik der Aufklärung*, S. 204.

[347] dies., *Mimesis*, a.a.O., S. 394.

[348] *Ästhetische Theorie*, S. 169.

[349] *Negative Dialektik*, S. 184.

[350] Letztlich ist diese Überlegung, der Verlust des Selbstbewußtseins des Menschen als Natur, die Schlüsselüberlegung zur Überleitung der Gesellschaftskritik, die Adorno und Horkheimer leisten, die hier aber nicht in dem Ausmaße vertieft werden kann, wie es nötig wäre, um ihr gerecht zu werden. Hieran jedenfalls hängt für beide die Einsicht in die destruktiven Prozesse der europäischen Zivilisation, als eines historischen Vorgangs, der das Bewußtsein seines Rationalität schaffenden Telos verloren habe, den Menschen als Teil von Natur inmitten der Natur mit ihr versöhnte Lebensbedingungen zu verschaffen. Der Mensch opfert vielmehr seine Naturhaftigkeit, um sein Selbst zu retten, opfert damit aber gerade das, was er erhalten sollte („Selbsterhaltung ohne Selbst"), und agiert in seinen Handlungen dadurch zunehmend irrationaler. Ein Konzept, mit dem neben vielem anderen, sowohl der Holocaust als auch Prozesse der fortschreitenden Umweltzerstörung erklärt werden können.

[351] *Dialektik der Aufklärung*, S. 55.

[352] *Dialektik der Aufklärung*, S. 54.

[353] dies., *Theodor W. Adorno*, a.a.O., S. 113.

sche Praxis, die sich in den geschilderten Formen von reflexivem Bewußtsein und den Versuchen ausdrücken, mit dem Begriff anders als logisch-deduktiv, cartesianisch geordnet, exklusiv definitorisch oder irgend regelgeleitet zu verfahren, Denken also nicht nur Mimikry an eine als logisch strukturiert, ableitbar oder als System gedachte Wirklichkeit betreiben zu lassen, als ihm vielmehr seine Freiheit durch den Zwang der Formen hindurch zu ermöglichen.

Erkennt das mit Begriffen operierende Bewußtsein schließlich die Härte dieses Vorgangs, den Mimikry-Charakter, könne sich das zum Begriff hinzutretende mimetische Moment dann auch so ausdrücken, wie Adorno es mit seinen Anweisungen zum konstellativ-komponierenden Vorgehen für möglich hielt.[354] Konstellatives Denken sei das sich begrifflich anschmiegende Denken, das mit einer Vielheit von Begriffen auch die Vielheit des Objekts nachahmte. Konstellatives Denken sei, so *Keller*, begriffliche Mimesis im zweifachen Sinn: Mimesis der Begriffe und Mimesis vermittels der Begriffe.[355]

Solche Vorgehensweise, so Adorno, bewahre noch im begrifflichen Ausdruck die Fühlung zu seinen Gegenständen und entferne sich nicht „in fortschreitender Distanz" abstrakt von ihnen. Es zeige sich in ihnen schließlich auch, wie in guten musikalischen Kompositionen, der Untergang der subjektiven Produktion. „Subjektiv hervorgebracht, sind diese gelungen allein, wo die subjektive Produktion in ihnen untergeht. Der Zusammenhang, den sie stiftet - eben die ‚Konstellation' -, wird lesbar als Zeichen der Objektivität: des geistigen Gehalts."[356] Solche Objektivität wäre daher erst ohne den identifizierenden Herrschaftsanspruch des Subjekts, ohne ihre synthetisierende Vergewaltigung[357], zu gewinnen. Also ohne Herrschaft und Gewalt, die sich im bloßen Gegenüber des Geistes zur Natur ausdrückt, die das Subjekt mimetisch überwindet. Eine solche Überwindung sei, so sagt es Adorno in den *Vorlesungen*, nicht mit der begrifflichen „Identifikation *der* Sache", also einer abstrahierenden Zuspitzung eines Moments, möglich, sondern mit Momenten einer begrifflichen Identifikation *mit* der Sache, die „begriffslos in der mimetischen Verhaltensweise gelegen ... und ... nun eben doch noch dem Begriff zuzueignen" sind.[358] Das Hinzutreten der Mimesis zur Ratio, das Adorno in seinen Modellen von Konstellation und Komposition dachte, gestaltete sich als begrifflich vermittelte Identifikation *mit* der Sache, als den damit mimetischen Verhaltensweisen der Begriffe.

Mit diesen hielt Adorno daher zuletzt auch das utopische Ziel für erreichbar, das Begriffslose mit Begriffen aufzutun, ohne es den Begriffen gleichzumachen[359]. Sein emphatischer Begriff von Wahrheit, sein Erkenntnismodus, der den Inhalt will,

---

[354] *Dialektik der Aufklärung*, S. 26ff.

[355] Bruno Keller, *Kritik, Utopie, Nichtidentität*, a.a.O., S. 130, Fn 8; mit Verweis auf Felicitas Englisch, *Adorno und Hegel*, in: *Das unerhört Moderne - Berliner Adorno-Tagung*, Lüneburg 1990, S. 37ff., 39.

[356] *Negative Dialektik*, S. 167.

[357] Helga Gripp, *Theodor W. Adorno*, S. 130.

[358] *Vorlesungen*, S. 135.

[359] *Negative Dialektik*, S. 21.

wollte diese Utopie[360], und das Hinzutreten des Mimetischen zu der sich ohne diese bloß negierenden Ratio bedeutete jene Utopie der Erkenntnis. Es eröffnete neue Wege, die diese Erkenntnis begrifflich vermittelt beschreiten konnte.[361]

g) Hin zu den Dingen - Vorrang des Objekts

Adorno plädiert also aus der Einsicht in die Irrationalität des identifizierenden Denkens für die Umkehr der Richtung, die dessen Erkenntnismodus einschlägt: nicht weg von den Dingen in abstrakte Begriffe und Kategorien, in Klassifikation, sondern hin zu den Objekten - oder, wie es *Edmund Husserl*, dessen Philosophie Adorno ebenfalls beeinflußt hatte[362], mit seiner Phänomenologie in einer klaren Abkehr vom *Neukantianismus* der Jahrhundertwende ausdrückte: „hin zu den Dingen".

Und diese Hinwendung zu den Dingen sollte aufgrund der Reflexion der Genese des verhärteten Denkens nunmehr angst- und damit gewaltfrei erfolgen[363]. Das Subjekt sollte sich „in angstloser Passivität der eigenen Erfahrung" anvertrauen[364], und das heißt entledigt von der Angst des Naturschreckens, davor also, sich erneut und verändert, nachdem man sich schon einmal rational dem Naturzusammenhang entronnen wähnte, den Dingen auszuliefern.[365] Die Angst, die sich nur immer wieder in Härte äußerte, sollte fallengelassen werden und mit ihr identifizierendes Denken selbst. Denn „(i)dentifizierendes Denken, das Gleichmachen eines jeglichen Ungleichen, perpetuiert in der Angst Naturverfallenheit". Dessen „totalitäre und darum partikulare Rationalität war geschichtlich diktiert vom Bedrohlichen der Natur".[366]

Mit jener Erkenntnis also war es für Adorno an der Zeit, dieser Rationalität zu entsagen und zwar eingedenk der Natur im Subjekt, der es - genauso wie auch der-

---

[360] *Negative Dialektik*, S. 66; in den *Vorlesungen* heißt es: „Erkenntnis, die den Inhalt will, *meint* die Utopie.", a.a.O., S. 224.

[361] Schweppenhäuser, Gerhard, *Adorno*, Hamburg 3. Aufl. 2003, S. 68.

[362] vgl. zu dem Verhältnis Adornos zu Husserl und zu den Parallelen zu dessen Philosophie die kurze Biographie von Hartmut Scheible, *Theodor W. Adorno*, Reinbek bei Hamburg, 6. Aufl. 2002, S. 29ff., 33, 75ff., der davon ausgeht, daß aus der Beschäftigung mit Husserl das eigentliche Zentrum der Philosophie Adornos entstanden sei.

[363] Bruno Keller, *Kritik, Utopie, Nichtidentität*, Zürich 1999, S. 11, Fn 13.

[364] Adorno, *Zu Subjekt und Objekt*, a.a.O., S. 741ff., 752.

[365] Man erlebt oft die Angst, die Menschen in Aggressionen ausdrücken, wenn sie mit Adornos Forderungen nach der Einsicht in die Unwahrheit ihrer Gedanken konfrontiert werden. Man spürt die heftigen Aggressionen, mit denen sie auf die Angriffe gegen ihre Sicherheit, ihre begriffliche Identität reagieren. Adorno nennt sie die Versicherung, etwas Festes zu haben. Sofort, wenn sie in Frage gestellt wird, wird wieder gefragt: Wohin führt das? Was bringt das, was hat man davon? Unsicherheit, die so entsteht, wird nicht ausgehalten, sondern sofort in die Suche nach Ergebnissen überführt. Solche Reaktionen sind empirisch nicht meßbar, nicht in Zahlen anzugeben, aber sehr wohl erfahrbar - Adorno deutet, wie schon angemerkt, selbst an, daß eine Studie zum verdinglichten Bewußtsein soziologische, wohl sozialpsychologische Forschungen vorausgesetzt hätte, vielmehr als weitere philosophische Überlegungen. Vgl. *Vorlesungen* S. 41.

[366] *Negative Dialektik*, S. 174.

jenigen außerhalb seiner - entkommen wollte. Antizipiert werden sollte ein angstloser Umgang mit Erfahrungen der Unverfügbarkeit.[367]

Identität war daher nicht nur „der Unwahrheit zu(zu)rechnen"[368], sondern es galt einzusehen, daß der Wille, das Objekt mittels des Begriffs zu identifizieren, einen reflexartigen „Machtanspruch" gegenüber dem zu Begreifenden darstellte, der vom Objekt stets widerlegt wurde[369] und ihm bloß Gewalt antat.[370] Weil die identische Bestimmung des Objekts, seine vollständige Erfassung, Bestimmung im Begriff, aber niemals gelingen konnte, war und ist der Anspruch bis heute hybrid[371], größenwahnsinnig.

Die Erkenntnis entlarvte nun den Machtanspruch und lieferte das Bewußtsein wieder seiner Ohnmacht gegenüber dem einzelnen Objekt, also auch gegenüber der Natur aus - ganz so, wie sich das Verhältnis seit jeher, wenn auch als verdrängtes, gestaltete. An jener imaginären Stelle der Historie, an der der Ratio erkennbar wurde, daß der Eingriff durch Mimesis mißlang, die Ohnmacht des Subjekts also zur Macht über Natur zwang, sind daher wieder die Weichen neu zu stellen: Aus der ohnmächtigen Erfahrung des Scheiterns heraus ist Mimesis mithin nicht mehr zu verdrängen, sondern mit begrifflicher Ratio zu verbinden.[372] Schon allein weil das Mimetische in identifizierender Ratio als Mimikry noch enthalten war, die Starre in begrifflicher Vernunft aber aufgebrochen werden sollte, war die zu erzielende Rationalität „weder das Andere der Vernunft, noch eine ganz andere Vernunft", wie *Brunkhorst* schreibt[373], sondern eine Vernunft, die durch den Begriff hindurch mit dessen Objekt anders verfuhr.

aa) Vorrang des Objekts

Diese Umkehrung der Erkenntnis, die mit der Selbstreflexion der Schwäche des Begriffs einherging, benannte Adorno als einen Prozeß, der den Objekten den Vorrang[374] verschafft - und eben nicht mehr, wie es doch nur die Unwahrheit war, den Begriffen!

Wahrheit, so sagt Adorno, die zum einen darin lag, das Verhältnis umzukehren, die aber auch so erst in bezug auf das Objekt erzielt würde, wäre folglich der Untergang des Subjekts in der Form, wie wir es als Identisches und Identifizierendes kennen, und meint damit den Untergang einer bestimmten Form von Subjektivität, wie sie die europäische Aufklärung und der moderne Kapitalismus hervorgebracht haben, also den Untergang einer Art Abwehrsubjekt, das stets blind damit beschäftigt war, den Kampf in der Natur und gegen die Natur fortzusetzen.

---

[367] Bruno Keller, a.a.O., S. 11, Fn 13.

[368] *Negative Dialektik*, S. 184.

[369] *Negative Dialektik*, S. 16.

[370] *Negative Dialektik*, S. 30; *Fortschritt*, in: GS Bd. 10/2, S. 617ff., 624.

[371] *Negative Dialektik*, S. 152.

[372] vgl. Helga Gripp, *Theodor W. Adorno*, a.a.O., S. 124ff.

[373] ders., *Die ästhetische Konstruktion der Moderne*, in: Leviathan 1998, S. 77ff., 82.

[374] vgl. dazu grundlegend den frühen Aufsatz *Zu Subjekt und Objekt*, a.a.O., und in der *Negativen Dialektik* die S. 184ff.

So beschwor er auch den Untergang einer Subjektivität, auf die sich zu seiner Zeit der europäische Faschismus stützen konnte und die er auch in seinen empirischen Arbeiten wiedererkannte, wie zum Beispiel - als besonders problematische Form - in den noch während des USA-Aufenthalts entstandenen Studien zum autoritären Charakter.[375] Hierdurch wird nun auch klar, warum Adorno Philosophie oder Erkenntnistheorie und -kritik nie ohne Gesellschaftskritik dachte, Erkenntnistheorie für ihn immer auch Gesellschaftstheorie war, waren für ihn doch Erkenntniswege gesellschaftlich vermittelt, also ein Ergebnis historischer Entwicklung.

Adornos Überlegung vom Objektvorrang, oder auch vom Vorrang des Inhalts[376], wollte zugleich die Erinnerung daran wachhalten, daß das Objekt zwar nichts unmittelbar Gegebenes sei, sondern subjektiv vermittelt, aber dennoch von Subjektivität und das heißt auch von geistiger Erkenntnis unabhängig. Denn „Subjekt ist der eigenen Beschaffenheit nach vorweg auch Objekt. Vom Subjekt ist Objekt nicht einmal als Idee wegzudenken; aber vom Objekt Subjekt. Zum Sinn von Subjektivität rechnet es auch, Objekt zu sein; nicht ebenso zum Sinn von Objektivität, Subjekt zu sein."[377] Subjekt muß, so formuliert es Adorno an anderer Stelle, eben auch etwas sein, „und etwas bezeichnet ein irreduzibel objektives Moment", denn wäre es nicht etwas, wäre es gar nichts.[378] Hier wird zugleich der Umschlag seiner Dialektik in eine materialistische erkennbar[379], weil Subjekt durch ein objektiv materielles Moment, das Etwas, vermittelt ist. Eine Welt ohne Mensch, ohne geistiges Subjekt wäre als Idee denkbar, aber eben kein Geist ohne Welt.

Und so besage die Wendung von der Vermittlung des Objekts schließlich auch, daß das Objekt der Erkenntnis „nicht statisch, dogmatisch hypostasiert werden darf, sondern nur in seiner Verflechtung mit Subjektivität zu erkennen" sei.[380] Also nicht identisch mit dem Subjekt, und das meint vor allem: nicht mit den begrifflichen Inhalten seines Bewußtseins, sondern daß wahr allein die Konstellation sei, in der beide sich durchdringen. „Index für den Vorrang des Objekts" sei, und das liegt nun auf der Linie der begrifflichen und das heißt eben geistigen Unbestimmbarkeit des Objekts, „die Ohnmacht des Geistes in all seinen Urteilen".[381]

Diese Ohnmacht sollte sich im Fortgang ihrer Selbsterkenntnis gleichsam selbstbewußt entfalten und auch keine Formen mehr annehmen, die ihrerseits bereits a priori einen Anspruch verdeutlichten, wie und was das Objekt sei, das heißt zu sein habe. Das konnte dann aber keine andere Konsequenz mehr haben als die Absage an die erkenntnistheoretische Dignität von begriffslogischen Anforderungen an die Erfassung oder Darstellung von Wirklichkeit, das heißt an Systeme und Methoden; also eine Ablehnung aller geistig-begrifflichen Instrumente, die jenseits

---

[375] als deren Folge er auch die USA schon damals nicht mehr vor einem Umkippen in ein totalitäres System sicher glaubte. Vgl. Adornos Einschätzung über seine *Wissenschaftlichen Erfahrungen in Amerika*, in: GS Bd. 10/2, S. 702ff., 735.

[376] *Negative Dialektik*, S. 58; *Vorlesungen*, S. 210.

[377] *Negative Dialektik*, S. 184f.

[378] *Negative Dialektik*, S. 187; *Zu Subjekt und Objekt*, S. 747.

[379] *Negative Dialektik*, S. 193.

[380] *Negative Dialektik*, S. 187.

[381] *Negative Dialektik*, S. 187.

des gedanklichen Erfahrens der je konkreten Sache lagen und an diese nur a priori von außen herangetragen wurden, ganz so, wie das Subjekt an das Objekt den Anspruch seiner Identität auch erst von außen herangetragen hatte.[382] Und ein Denken, das solchen Regeln entsagte, „respektiert ... das zu Denkende, den Gegenstand auch dort, wo er den Denkregeln nicht willfahrt"[383].

Aufgrund dieser Überlegungen erklärt sich auch die eingangs in der Einleitung bereits ausgeführte Ansicht, wonach Adornos Denken in seiner Skepsis vor Methoden, vor Denkgerüsten[384], wie er sagte, selbst schon wieder zumindest ein Prinzip etablierte, nämlich das der Methodenfreiheit. So sagt er es auch selbst. Die „Blindheit, mit welcher der Gedanke dem, worauf er geht, ohne Hypostase, wenn man will, ohne Methode, sich überantwortet", sei „methodisches Prinzip"[385].

Die Freiheit von solchen formalen Vorgaben und vom logischen (Natur-)Zwang zur Identität sollte eine neu zu erzielende „Freiheit zum Objekt" sein, um dessen Vielheit und auch innere Widersprüchlichkeit ohne Zwang zur Identität und widerspruchslosen Position zu erfahren.[386] Nicht nur, daß dadurch nicht mehr immer nur Bekanntes im Begriff wieder erkannt werden würde, nicht mehr nur danach gefragt würde, unter welchen Begriff etwas fiele, welcher Gattung etwas zugehörte, nicht nur also, daß dadurch erst wieder die Offenheit für Neues entstünde, vielmehr würde auch diejenige Wiederkehr des Immergleichen, die in den immer gleichen Denkprozessen sich schon der Form nach wiederfinde, aufgebrochen werden. Jeweils erhebt auch negative Dialektik daher wieder „Einspruch gegen den Mythos. Mythisch ist das Immergleiche, wie es schließlich zur formalen Denkgesetzlichkeit sich verdünnte."[387]

Angestrebt wurde vielmehr eine Freiheit, aus der sich das Objekt unreglementiert erschließen lassen könnte, die mit „unreglementierten Gedanken"[388] auch eine unreglementierte geistige Erfahrung ermöglichte, eine unreduzierte Erfahrung im

---

[382] *Negative Dialektik*, S. 150.

[383] *Negative Dialektik*, S. 144.

[384] *Negative Dialektik*, S. 66; *Vorlesungen*, S. 224.

[385] *Vorlesungen*, S. 204.

[386] Nach Heinz Steinert, *Kulturindustrie*, Münster 1998, S. 31, hieß Aufklärung für Adorno und Horkheimer, „die Fähigkeit der Menschen, *Erfahrungen* mit den Dingen der Welt durch Arbeit an ihnen und mit ihnen zu machen und dadurch nicht auf irgendwelche „Informationen" und „Kommunikationen" angewiesen zu sein, denen man ohnehin als im Zweifel herrschaftlichen Verkündungen mißtrauen sollte" (Hervorh. v. Steinert). Die Freiheit zum Objekt war somit auch eine solipsistische Freiheit, die erst den Begriff der Mündigkeit füllte, deren Wahrheitserfahrungen nicht kommunikativ hergestellt oder zwingend kontrolliert werden mußten. Daher stand, so Steinert, a.a.O., S. 31f., „für Adorno am Ausgangspunkt von Befreiung nicht die ‚richtige Information' (oder eine ‚herrschaftsfreie Kommunikation'), sondern die Fähigkeit zu Erfahrung durch Arbeit. ... Erfahrung mit den Dingen der Welt und der Gesellschaft ist eine ernste Sache, die nur gelingen kann, indem man die gesell-, also herrschaftlichen Verformungen erkennt und kritisiert." Und zu diesen Verformungen gehörten auch die allgemeinen Denkregeln, die Adorno kritisierte, gegen die er die mündige Freiheit geistiger Erfahrung setzte.

[387] *Negative Dialektik*, S. 66.

[388] *Negative Dialektik*, S. 42.

Medium begrifflicher Reflexion.[389] Darauf verweist auch der Titel, den er dem hier näher dargelegten zweiten Teil der *Negativen Dialektik* ursprünglich geben wollte: eine „Theorie der geistigen Erfahrung".[390]

Adorno wählt für jene neue Haltung des Subjekts, das selbst nie ganz Subjekt sei, gegenüber dem Objekt, das seiner Qualitätenvielfalt und Lebendigkeit nach selbst Subjektcharakter[391] trage, schließlich solche Variationen der Beschreibung, die gerade das Sinnliche des mimetischen Verhaltens ausdrücken: so die Wendung von dem sich Anschmiegen[392], die Hingabe an das Objekt[393] oder das sich Versenken ins Einzelne.[394] Erkenntnis, so heißt es auch, werfe sich, damit sie fruchte, weg an die Gegenstände[395], das Subjekt verzichte darin auf seine starre Abgrenzung gegenüber Natur und den Objekten der Erkenntnis und liefere sich ihnen gleichsam schutzlos aus, ohne seine festen Positionen.

Als negativ dialektisches Erkennen bezieht es also nicht vorweg einen Standpunkt, bringt sich nicht auf Kategorien, sondern erneuert sich permanent, es dringt ein in die Details und weder wie noch was das Objekt sei, ist vorher, das heißt vor der konkreten Auseinandersetzung mit dem Objekt dem Gedanken verbürgt.[396]

Die so zu vollziehende gedankliche Entäußerung an den Gegenstand träfe schließlich auch gerade ihn und nicht bloß seine Kategorie. So erst „begänne das Objekt unter dem verweilenden Blick des Gedankens selber zu reden"[397]. Es würde sich mit den Gegenständen zugleich ihrem Inhalt überlassen und würde als Denken überhaupt erst inhaltliches Denken, das heißt von ihm determiniert[398].

Denken wäre daher erst eines, das sich der Dialektik des Zwangsprinzips bewußt wäre: zum einen dem durch es vermittelten Schutz vor der Regression in Willkür, also der Tatsache, daß es ohne begrifflich vermittelten Zwang nicht geht. Zum anderen aber hängt seine Qualität als Denken an dem Bewußtsein, daß die Verabsolutierung der Zwangsmechanismen ihrerseits wieder Regression bedeute. „Denken erhöbe sich über die Alternative von Willkür und Zwang, indem es der Vermittlung ihrer antithetischen Momente sich versichert."[399]

---

[389] *Negative Dialektik*, S. 25; Gerhard Schweppenhäuser, *Ethik nach Auschwitz*, Hamburg 1993, S. 195ff., interpretiert Adorno so, daß darin, in der Möglichkeit einer unreglementierten geistigen Erfahrung, noch die neben der Sexualität letzte Möglichkeit subjektiver Glückserfahrung liege.

[390] so die editorische Nachbemerkung Rolf Tiedemanns zu den *Vorlesungen*, a.a.O., S. 337.

[391] vgl. Roger Behrens, a.a.O., S. 228; vgl. auch Helga Gripp, *Theodor W. Adorno*, Paderborn 1986, S. 101ff.

[392] *Negative Dialektik*, S. 53; *Anmerkungen zum philosophischen Denken*, in: GS Bd. 10/2, S. 599, 602.

[393] *Negative Dialektik*, S. 43.

[394] *Negative Dialektik*, S. 39.

[395] *Negative Dialektik*, S. 43; auch für diese Wendung findet sich der Idee nach schon ein Passus in der *Dialektik der Aufklärung*, in der im Odysseus-Kapitel die Urgeschichte bürgerlicher Subjektivität erzählt wird und es von Odysseus heißt, dieser habe sich der Sage nach in jedem Messen mit der Natur an sie weggeworfen, sich ihr preisgegeben, um sich selbst zu gewinnen. A.a.O., S. 55.

[396] *Negative Dialektik*, S. 43.

[397] *Negative Dialektik*, S. 38.

[398] *Vorlesungen*, S. 204.

[399] *Vorlesungen*, S. 206.

bb) Tasten und Schwindel

Insgeheim, das noch zuletzt, ist das Moment von Mimesis als tentatives im begrifflichen Denken noch im Begriff des Be-greifens etymologisch enthalten. Der Denkende begreift mit dem Begriff seinen Gegenstand. Es ist nicht die Hand, unmittelbare Physis, sondern der Gedanke, der tastet. Der Körper gerät nicht haptisch in Berührung mit den Gegenständen, sondern denkend, geistig erfahrend. Dieses Tasten kann nicht anders vonstatten gehen als das Streicheln eines Gegenstandes mit der Hand. Weil es ein ungeleitetes Tasten ist, die neugierig tastende Hand gleichsam blind überall anfassen will, gleicht es einem Tasten in das Dunkel.

Solch tastendes Denken, sagt Adorno, das schließlich ohne Standpunkt und Methode keinen Halt mehr kennt und so die Synthesen im Begriff wieder aufdröselt, erzeuge „Schwindel" und „einen Schock des Offenen". Die Offenheit und die Hingabe an den Gegenstand würden zwar meist „des Mangels an eindeutiger Position verdächtigt", Schwindel und Schock aber seien gerade der „index veri". Ihr Erscheinen als Negatives, als welche sie „im Gedeckten und Immergleichen notwendig erschein(en)", sei daher zwar auch Unwahrheit, aber „Unwahrheit nur fürs Unwahre",[400] für die Unwahrheit begrifflich fixer Position. Das erfahrende Subjekt arbeite in der Erkenntnis, das heißt in der Auflösung jener Positionen damit letztlich darauf hin, in ihr zu verschwinden, sich als identisches Selbst aufzulösen. Die Versenkung ins einzelne, aus der das identische Selbst nicht mehr mit einem kategorialen Oberbegriff auftaucht, ist dann schon bildlich gesprochen die Wahrheit als sein Untergang. Denken, das den Inhalt will, will daher also sowohl die Utopie der wahren Erkenntnis als auch die Utopie des Untergangs identifizierender, herrschender Subjektivität. Den Untergang durch die Wahrheit hindurch. Mit dem Begriff gegen ihn selbst - und auch gegen den vermittelten Begriff von Subjektivität.[401] Das die Synthesen auch seiner eigenen Begrifflichkeit umkehrende Subjekt würde die synthetisierenden Momente gleichberechtigt nebeneinander anerkennen, auch darin zeigte sich Utopie. Sie wäre „über der Identität und über dem Widerspruch, ein Miteinander des Verschiedenen"[402] und würde geleistet, wenn die Vielheit des Gegenstandes aus der Einheit seines Begriffs entlassen würde.

Die subjektive Seite der *Negativen Dialektik*, die darin besteht, sich der Unwahrheit seiner Sätze konsequent bewußt zu sein, das heißt das konsequente Bewußtsein der Nichtidentität hätte daher sein praktisch objektives Pendant „in der Aufgabe der Möglichkeit einer allgemeingültigen, bleibenden Aussage über was auch immer"[403].

---

[400] *Negative Dialektik*, S. 43.
[401] *Negative Dialektik*, S. 173.
[402] *Negative Dialektik*, S. 153.
[403] Ute Guzzoni, *Sieben Stücke zu Adorno*, Freiburg/München 2003, S. 30.

Mich interessiert nicht, ob das, was ich denke, wahr ist, weil ich weiß, daß es wahr ist. (Th. W. Adorno)[404]

h) Wissenschaftliche Identitätslogik und Kritische Theorie

Das Verschwinden des vermittelten Subjekts als ein bürgerliches in jener Erkenntnisweise, die ihren gängigen Wegen entsagt, ist für Adorno auch ein anderes Verschwinden als das in den von ihm kritisierten objektivistischen Methoden praktizierte, das die unpräformierte Erfahrung verhindere und mit denen sich das Subjekt als Nichtidentisches ganz durchstreiche. Dieser, wenn man so will, unwahre Subjektivismus wird von Adorno durch den wahre(re)n der negativ dialektischen Denkweise, durch ihre Positivität negierende und Identität beargwöhnende Praxis ersetzt.

Subjektivität als ein das Objekt und das Moment seiner Nichtidentität erst Hervorbringendes verschwindet hier gleichsam „nur" hinter der Objektivität des Urteils, das in Konstellationen und gelungenen Kompositionen als Aufschein gerade des Nichtidentischen erfolgt[405], und behält sich dadurch als Lebendiges und Erfahrendes, das seine bloß subjektiven Erfahrungen nicht verleugnen muß, sondern *selbst*bewußt - hier überhaupt macht der Begriff vom Selbst noch oder erst wieder Sinn[406] - vertreten und stark machen kann. Sie ist daher, und darauf verweist das kleine willkürlich und selbstherrlich erscheinende Monitum Adornos zu Beginn dieses Abschnittes, nicht mehr konstitutiv abhängig von einem wissenschaftlichen Konsens, der zum Beispiel im Wege ihrer Überprüfung durch autoritativ abgesicherte positivistische und formallogische Methoden herstellbar sein soll.[407] Ihr

---

[404] zit. nach Roger Behrens, a.a.O., S. 2. Adorno ist so in Gesprächsprotokollen über die „*Diskussionen über die Differenz zwischen Positivismus und materialistischer Dialektik*" mit Max Horkheimer wiedergegeben. Vgl. Max Horkheimer, GS Bd. 12, S. 436ff., 492.

[405] *Negative Dialektik*, S. 167f.

[406] eine Reflexion, die stark an das an Anmaßung grenzende, nun aber aus seiner Binnenlogik verständlich erscheinende Diktum Adornos erinnert, der aufgrund der Nivellierung der Individualität in der modernen Gesellschaft davon sprach, daß es „bei vielen Menschen bereits eine Unverschämtheit [ist], wenn sie Ich sagen". *Minima Moralia*, GS Bd. 4, S. 55. In dem Essay *Zum Verhältnis von Soziologie und Psychologie*, in: Soziologische Schriften I, S. 42ff., 83, heißt es: „Zeitgemäß sind jene Typen, die weder ein Ich haben noch eigentlich unbewußt handeln, sondern reflexartig den objektiven Zug widerspiegeln. Gemeinsam üben sie ein sinnloses Ritual, folgen dem zwanghaften Rhythmus der Wiederholung, verarmen affektiv: mit der Zerstörung des Ichs steigen der Narzißmus oder dessen kollektivistische Derivate." Ähnlich auch in den *Minima Moralia*, a.a.O., S. 73: „Der Narzißmus, dem mit dem Zerfall des Ichs sein libidinöses Objekt entzogen ist, wird ersetzt durch das masochistische Vergnügen, kein Ich mehr zu sein, und über ihrer Ichlosigkeit wacht die heraufziehende Generation so eifersüchtig wie über die wenigen Güter, als einem gemeinsamen und dauernden Besitz. ... das Individuum ist kaum mehr einer Regung fähig, die es nicht als Beispiel dieser oder jener öffentlich anerkannten Konstellation benennen könnte." Narzißtisches Verhalten kann damit aber nicht nur als eine Form der Abwehr gegen die Zerstörung des Ichs gedeutet werden, vielmehr ist der narzißtische Mensch einer, der überhaupt noch ein Ich hat.

[407] Auch insofern stellte sich nach den Wünschen Adornos Autoritätsfreiheit ein, wie sie Klaus Günther, *Dialektik der Aufklärung in der Idee der Freiheit*, in: Zeitschrift für philosophische For-

zugrunde liegt die Vorstellung eines mündigen Subjekts, das sich seiner eigenen Erfahrungen auch ohne fremde Hilfe in Form der kritisierten Zwangsmechanismen sicher sein und sich auch angstfrei der Gefahr des Irrtums aussetzen darf.

Hingegen verschwinden „in der desubjektivierenden Wirklichkeit des Positivismus“[408] nichtpräformierte Subjektivität ebenso wie ihr Objekt in den kritisierten Methoden selbst. Subjekt aber taucht als Verobjektiviertes, sich als Besonderes selbst negierend, nur in den subjektiven Setzungen der Methode, den Postulaten der Identitätslogik, wie dem der Identität, der Klassifikation, logischer Deduktion, Axiomatik oder des Systems, als ein schon nur noch Allgemeines wieder auf. Objektivität und Subjektivität verkehren sich im Positivismus gleichsam.[409] Es seien, neben anderen gesellschaftlichen Einflüssen, unter anderem jene objektivierten Denkstrukturen, die schließlich aus der Sicht Adornos die Erkenntnis des Objektiven genauso verhinderten wie, dadurch bedingt, die Genese eines Subjekts, das diesem Begriff im emphatischen Sinne gerecht werde. Darauf zielte das adornitische Monitum zu Beginn dieses Kapitels.[410]

Der Subjektivismus Adornos ist daher ein anderer, ein sich selbst bewußter und daher auch sich selbst ganz anders legitimierender als derjenige der gängigen, unter anderem auch im Positivismusstreit der späten 60er Jahre des vergangenen Jahrhunderts kritisierten positivistischen Methoden oder generell des philosophischen Idealismus, den Adorno auf seine kritische Weise erst bewußtmachte. Von daher ist der bloße Begriff vom Subjektivismus geeignet, die Unterschiede beider zu unterschlagen.

Deutlich wird das auch an einer erkenntnistheoretischen Kontroverse, die der Strafrechtslehrer *Klaus Lüderssen*, einer der wenigen Juristen der damaligen Zeit, die sich mit Adornos Erkenntnistheorie etwas näher befaßten, noch nach dessen Tode mit ihm führte. In dieser konfrontierte *Lüderssen* Adorno zuerst mit dem damals gängigen Willkürvorwurf[411], der darin gipfelte, daß Adorno mit seiner negativ dialektisch inspirierten Kritik am kritischen Rationalismus nur Subjektivität gegen Subjektivität, „Gefühl gegen Gefühl“ setze.[412] Weil aber die Subjektivität, mit der auch der kritische Rationalismus verfuhr, eine qualitativ ganz andere war als dieje-

---

schung 1985, S. 229ff., als das Zentrum der *Negativen Dialektik* erkannte. Nicht nur im Hinblick auf die ethische Erkenntnis eines Sollens des Subjekts war Freiheit intendiert, auch eine von autoritativen Vorgaben entledigte erkenntnistheoretische Freiheit zum Objekt war angestrebt, was seinen Schnittpunkt dort finden mag, wo es auch der subjektiven Erfahrung anheimgestellt ist, was oder wie ein Objekt zu sein, oder eben wie sich ein Subjekt als Objekt zu verhalten habe.

[408] Kimmerle, *Verwerfungen*, a.a.O., S. 37.

[409] so auch Wolfgang Bonß, *Empirie und Dechiffrierung von Wirklichkeit. Zur Methodologie bei Adorno*, in: *Adorno-Konferenz 1983*, Frankfurt/M. 1983, S. 201ff., 209f.: „In der Kritik der Umkehrung von Subjektivität und Objektivität liegen auch die Hauptmotive für Adornos Position im Positivismusstreit.“

[410] Erst dem besonderen Einzelnen, dem Individuum, wäre die Erkenntnis des besonderen Einzelnen möglich. „In der Sache wartet das Potential ihrer Qualitäten auf das qualitative Subjekt.“ *Negative Dialektik*, S. 54. Denken soll normativ diese Form annehmen, vgl. Tiedemann in den editorischen Nachbemerkungen zu den *Vorlesungen*, S. 340, aber kontrafaktisch erkennt ein nur objektiviertes Subjekt das Objekt nicht.

[411] Klaus Lüderssen, *Erfahrung als Rechtsquelle*, Frankfurt/M. 1972, S. 30ff., 31.

[412] Klaus Lüderssen, *Erfahrung als Rechtsquelle*, a.a.O., S. 30ff., 33.

nige der negativen Theorie Adornos, allein, weil dieser das von Adorno kritisierte idealistische Moment von Subjektivität ausblendete, mithin das im Objektivitätsanspruch wiederauftauchende gleichförmige Subjekt nicht zur Kenntnis nehmen wollte, ist auch der von *Lüderssen* als uneinsichtig verworfene Einwand Adornos berechtigt[413], daß sein Vorwurf an den Popperschen Positivismus mehr sei, „mehr Kraft“ habe als ein „tu quoque-Argument“. Dessen Subjektivität war, wie gezeigt, derart anders vermittelt als die des Positivismus, daß die Aufhebung beider Subjektivismen im gleichen Begriff die Differenzen beider nivellierte, die aber nicht nur inhaltlich außerordentlich bedeutsam waren, sondern auch dazu führten, daß man sich in beiden Lagern unversöhnlich gegenüberstand.

Lüderssen konterte damit den Idealismusvorwurf Adornos, der freilich auch den kritischen Rationalismus als klassische Identitätsphilosophie traf, seinerseits mit dem Tu-quoque-Argument, an den Differenzen offensichtlich desinteressiert. Statt dessen bemängelte er schließlich, daß die Gleichsetzung von klassischem Idealismus und kritischem Rationalismus wiederum deren Differenzen nivelliere,[414] wobei in diesem Punkt die Kritik nun greift. Ansonsten aber verkennt sie, was für die aus identitätslogischen Konzepten resultierende Kritik an Kritischer Theorie auffallend typisch ist, die partielle Anschlußunfähigkeit kritischer Theorie an identitätslogische Diskurse. Denn Kritische Theorie kritisiert das Medium der identitätslogischen Kritik genauso an ihr und anerkennt sie nicht, wie umgekehrt Identitätslogik von Kritischer Theorie letztlich nur unterwandert, vor allem auf ihre eigenen Widersprüche aufmerksam gemacht, von ihr aber nicht affirmativ ergänzt werden kann. „Als dialektische muß Theorie ... immanent sein, auch wenn sie schließlich die gesamte Sphäre negiert, in der sie sich bewegt.“[415] Der Widerspruch beider liegt nirgends anders als in der Sache der Erkenntnis, ist mithin objektiv. Die Widersprüchlichkeit beider Theorieentwürfe, die schon traditionelle Theorie nicht immer anzuerkennen vermag, sich aber auch gerade darin ausdrückt, durchzog den gesamten Positivismusstreit des vergangenen Jahrhunderts, auch schon den frühen mit der Wiener Schule, und mußte zwingend die Unversöhnlichkeit der Positionen Adornos und *Poppers* begründen, der letztlich auch erst *Habermas* abzuhelfen gedachte, als er seine kommunikationstheoretische Wende vollzog[416] und die negative Gesellschaftskritik Adornos, als zu „Gebärden“ regredierendes philosophisches Denken[417] verwerfend, in Diskursethik auflöste. Wie er sagte, wollte er dadurch die Erkenntnis der Wahrheit nicht mehr, wie noch die Kritische Theorie, an den Wissen-

---

[413] Theodor W. Adorno u.a., *Einleitung* zu *Der Positivismusstreit in der Deutschen Soziologie*, 5. Aufl. Darmstadt/Neuwied 1976, S. 7ff., 11, auch abgedruckt in: GS Bd. 8, S. 280ff.

[414] Klaus Lüderssen, *Erfahrung als Rechtsquelle*, a.a.O., S. 32.

[415] *Negative Dialektik*, S. 197.

[416] vgl. seine *Theorie des kommunikativen Handelns* Bde. 1, 2, Frankfurt/M. 1981, und hier insbes. Bd. 1 S. 514ff.; zum Verhältnis beider und zu den Entwicklungen des Habermasschen Denkens nach Adorno vgl. Axel Honneth, *Adorno und Habermas*, in: Merkur 1979, S. 648ff.

[417] Habermas, a.a.O., Bd. 1, S. 516.; dazu hätte Adorno, wenn er noch gelebt hätte, womöglich mit einer Passage aus der *Negativen Dialektik* geantwortet. „Die Allergie der gesamten approbierten philosophischen Überlieferung gegen den Ausdruck, von Platon bis zu den Semantikern, ist konform dem Zug aller Aufklärung, das Undisziplinierte der Gebärde noch bis in die Logik hinein zu ahnden, einem Abwehrmechanismus des verdinglichten Bewußtseins.“ A.a.O., S. 65.

schaften vorbei produzieren[418], sondern nur noch als Wissenschaft innerhalb des wissenschaftlichen Betriebs, und führte damit Kritische Theorie in die begriffstheoretische Identitätslogik zurück.[419]

[418] Habermas, Jürgen, *Die neue Unübersichtlichkeit*, Frankfurt/M. 1985, S. 204, ein Vorwurf der gleichermaßen Heidegger und Adorno zu gelten scheint.

[419] vgl. die Kritik unter anderem in Gerhard Bolte (Hg.), *Unkritische Theorie - Gegen Habermas*, Lüneburg 1989, und hierin besonders die Beiträge von Christoph Türcke, *Habermas oder Wie die kritische Theorie gesellschaftsfähig wurde*, S. 21ff.; Hans-Ernst Schiller, *Habermas und die kritische Theorie*, S. 101ff., und von Gerhard Schweppenhäuser, *Die „kommunikativ verflüssigte Moral". Zur Diskursethik bei Habermas*, S. 122ff.

Justiz ist vernünftig. Ich bin nicht gegen die Vernunft, ich will nur die Gestalt erkennen, die sie angenommen hat.
(Horkheimer/Adorno, *Dialektik der Aufklärung*, S. 273)

III. Adorno und das positive Recht - Deskriptionen und Implikationen

Adornos Ausführungen zur Idee und Praxis des Rechts, die auch durch seine spezifischen Überlegungen zur Entstehungsgeschichte der Rationalität bürgerlicher Gesellschaft vermittelt sind, sind, wie einleitend vermerkt, bereits von *Mathias Becker* unter staats- und rechtsphilosophischen Gesichtspunkten erörtert worden.[420] Das Folgende wird manches davon aufgreifen, zum Teil auch kritisch hinterfragen und aufgrund einer veränderten Akzentsetzung selbst auch Neues in den Vordergrund rücken. Dabei tritt es nicht mit einem wie auch immer gearteten und nach Adorno eben mit Hybris geblendeten Anspruch auf Vollständigkeit[421] in Bezug darauf auf, was sich aus den spärlichen und weit verstreuten Äußerungen Adornos zum Recht herauslesen ließe. Es leistet sich vielmehr den auf eine unreglementierte Erfahrung der Adornitischen Kritik am Recht gerichteten Luxus, schlaglichtartig und konstellativ zu verfahren, also nicht logisch-deduktiv fortschreitend.

Es versucht dabei des weiteren, auch eine Legitimation dafür zu liefern, warum sich mit Hilfe der im vorherigen Kapitel dargelegten Kritik an begrifflich operierender Vernunft juristische Begriffe und Konstrukte immanent kritisieren lassen, ohne dabei Adornos grundlegende Gesellschafts- und Vernunftkritik, die sich eben auch als Kritik am Recht und seiner Idee formulieren läßt, zu kleiner Münze herabzuwürdigen. Wenn sich auch freilich die Vehemenz seiner Gesellschaftskritik nicht ungemindert auf den Bereich des Rechtsbegriffes übertragen läßt. Weil aber die folgend in ihren Dimensionen näher zu erläuternde „Unwahrheit positiven Rechts“[422], die Adorno kritisierte, nicht nur in seinen offen barbarischen Verwendungen als Perversion seiner Idee zum Vorschein gekommen ist, sondern sich auch in den verzweigten Irrationalitäten eines „guten“ rechtsstaatlichen Rechts mitsamt seiner dogmatischen Praxis zeigt, reflektiert sich die Dialektik der begrifflichen Vernunft auch in dieser Praxis - wie etwa im Eingangsbeispiel - in der Schwäche ihres Mediums.

Angestrebt ist daher in Kapitel IV auch eine immanente Kritik an rechtsbegrifflicher Vernunft und ihrem verdinglichten oder verdinglichenden Denken in vernünftig bestellten strafjuristischen Feldern, also an strafjuristischer Dogmatik im weitesten Sinn. Indem sich diese Kritik dort in die heutigen (Straf-)Rechtsbegriffe und ihr auch historisch bedingtes Verhältnis zueinander versenkt, geht sie über das

---

[420] vgl. ders., *Natur, Herrschaft, Recht - Das Recht der ersten Natur in der zweiten: Zum Begriff eines negativen Naturrechts bei Theodor Wiesengrund Adorno*, Berlin 1997.

[421] zur Kritik am Cartesianischen Axiom der Vollständigkeit aus dessen *Discours de la méthode* im Hinblick auf das Ziel richtiger Erkenntnis vgl. die *Vorlesungen*, S. 113: „die Möglichkeit des Geistes [könnte] die der Intensität, der intensiven Versenkung und nicht die einer Art von quantitativer Vollständigkeit sein“.

[422] *Negative Dialektik*, S. 305.

hinaus, was Adorno selbst unternahm, ohne dabei das Recht und seine Methodik abstrakt zu negieren. Vielmehr soll die Vernunft des positiven Rechts, mitsamt ihrer Erscheinungs- und Anwendungsform, bei allen auch fataleren Schwächen, auf die Adorno hinwies, als besondere Erscheinungsform von Vernunft die Anerkennung erfahren, die sie verdient, und nur nach immanenten Überlegungen kritisiert, auf Widersprüche aufmerksam gemacht, aber nicht abstrakt verworfen werden.

a) Über die Unwahrheit des positiven Rechts

Betrachtet man die bisherigen Ausführungen über die notwendige Unwahrheit der Arbeit mit Begriffen und über die Irrationalität der so erscheinenden gesellschaftlichen Rationalität der Naturbeherrschung, liegt der Verdacht auf der Hand, daß Adorno auch dem positiven Recht weder ein Verifikationszeugnis ausstellen noch ihm sonst ungeschmälert lobenswerte Rationalität attestieren würde. Auch das positive Recht war - schon allein mit seinen in der subsumtionslogischen Aufbereitung (Obersatzbildung) und Umsetzung (conclusio) sich ergebenden Umschreibungen von Wirklichkeit auf Tatbestandsseite -, nicht anders als alle begrifflichen Fassungen von Wirklichkeit, eine Form der Unwahrheit gegenüber dem Nichtbegrifflichen des Begriffs. Es war inmitten einer Gesellschaft, die ihre Reproduktion nur mittels Beherrschung der äußeren und inneren Natur gewährleistete, auch zugleich Instrument dieser Naturbeherrschung und galt wie alle begriffliche Rationalität als zu diesem Zweck erst entstanden.[423] So habe seine „Sphäre", die Adorno die der „Legalität" nannte, zwar „positiv die Reproduktion des Lebens" geschützt, aber zugleich „in seinen bestehenden Formen, dank des zerstörerischen Prinzips von Gewalt, sein Zerstörendes ungemindert" hervorgekehrt.[424] Schon das erläuterte Prinzip der Gewalt beherrschender Sprache galt auch im positiven Recht notwendig fort. Und es machte sich sowohl seiner Form nach als auch mit seinen konkreten Inhalten angesichts einer möglicheren besseren und gerechteren Gesellschaft gleichsam an einer Idee von ihr schuldig, indem es unter dem Namen von Recht und Gerechtigkeit den Zusammenhang von naturbeherrschender Gewalt nur immer weiter beförderte, ohne sich dessen bewußt zu sein.[425]

Attestierfähig schien Adorno dem System des positiven Rechts daher nur dessen irrationale Vernunft, die sogar das „Urphänomen" einer „irrationalen Rationalität"[426] darstellte. Die bloße Idee eines Naturrechts, „eines Rechtes der ersten Natur in der gewordenen zweiten"[427], wie *Becker* es formuliert, hielt für Adorno daher noch die Erinnerung an die Unwahrheit und Schuld des positiven Rechts hoch, ohne daß freilich, angesichts der Unmöglichkeit und des Widersinns,

---

[423] Vgl. im einzelnen die zusammenfassende Darlegung bei Mathias Becker, *Natur Herrschaft Recht*, a.a.O., S. 152ff., m.w.N.

[424] *Negative Dialektik*, S. 303.

[425] vgl. auch Mathias Becker, a.a.O., S. 223, „Insofern der bürgerliche Gerechtigkeitsbegriff die Herkunft des Rechts aus Naturherrschaft verkennt, trägt er genau dazu [zur Herrschaft über Natur, V.R.] bei."

[426] *Negative Dialektik*, S. 304.

[427] Vgl. im ganzen Mathias Becker, *Natur Herrschaft Recht*, a.a.O.

Natur im Begriff zu identifizieren[428], dessen Wahrheit analog zu einer Utopie eines wahren gesellschaftlichen Zustandes zugleich positiv hätte ausformuliert werden können.[429]

Rückt man aber das Moment der Dialektik an Adornos Denken und damit auch an seinem Denken über Recht stärker in den Vordergrund, fällt sein Urteil über dessen Positivität schon nicht mehr so negativ aus, wie sich das in diesen Passagen andeutet. In seinen wenigen Beiträgen zum zeitgenössischen positiven Recht der Bundesrepublik, die sich nahezu ausschließlich Fragen des Strafrechts widmen[430], finden sich auch Anmerkungen und Einschätzungen, die dem gegenwärtigen Stand der Rationalität von Recht und seiner justiziellen Verfahren durchaus auch Positives abgewinnen konnten. Das sich daraus ergebende Bild von Widersprüchen, so läßt sich mit Adorno sagen und im Folgenden zeigen, zeichnete aber, jedenfalls bis auf eine noch darzulegende Ausnahme, kein subjektiver Denkfehler, sondern objektiv der Begriff des Rechts, also die Sache des Rechts selbst.[431]

Um das globale Urteil der Irrationalität der Vernunft dieser Sache darzulegen und zu begründen, griff Adorno insbesondere in der *Negativen Dialektik* wie gehabt zu dem Modus begrifflicher Konstellation und auf die Darlegung diverser assoziativ gestalteter Aspekte zurück.[432] Grundlegend hervorgehoben wurde hier die seines Erachtens konstitutive Irrationalität der sogenannten Garantien des positiven rechtsstaatlichen Rechts: die Bindung der Staatsgewalt an die Normen, deren allgemeine und bestimmte Fassung und der Gleichheitssatz, die er allesamt unter die Wendung von den „Konstituentien der Rechtssphäre"[433] subsumierte.

aa) Widerspruch zwischen allgemeiner Norm und besonderem Interesse

Die allgemeine Fassung der Norm, schon eine Folge ihrer begrifflichen Qualität noch vor allen rechtswissenschaftlichen Überlegungen zu abstrakten und konkreten Normbegriffen, mußte nach dem, was zum Begriff und dessen Verhältnis zu seinem je besonderen Gegenstand ausgeführt wurde, den Identitätsargwohn Adornos heraufbeschwören[434] und läßt seine Aussage, wonach ein auf diesen Normen fußendes System, von Staats wegen immer und gleichmäßig angewandt, „Herrschaft" ausdrücke, die er umschrieb als „die klaffende Differenz der

---

[428] vgl. die Ausführungen zur Nichtidentität des Objekts in Kapitel II.

[429] *Negative Dialektik*, S. 305: „Führt jede inhaltlich ausgeführte, positive Lehre vom Naturrecht auf Antinomien, so bewahrt dessen Idee dennoch kritisch die Unwahrheit positiven Rechts." Naturrecht galt ihm als das Korrektiv dieser Unwahrheit, aber eben auch nicht als begrifflich Gefaßtes, als „positive Lehre", sondern nur als bloße Idee, also als - sofern der Begriff nicht schon a priori tautologisch ist - *negatives Naturrecht*, so Becker, *Natur, Herrschaft, Recht*, a.a.O., S. 114ff., 228ff.

[430] vgl. Adorno, *Sexualtabus und Recht heute*, in: GS Bd. 10/2, S. 533ff. und *Sittlichkeit und Kriminalität - Zum elften Band der Werke von Karl Kraus*, (unveröffentlicht geblieben) in: GS Bd. 11, S. 371; vgl. zudem den folgend ebenfalls noch näher beleuchteten fiktiven Dialog in der *Dialektik der Aufklärung* über *Widersprüche*, a.a.O., S. 253ff.

[431] vgl. insbes. den Dialog über *Widersprüche*, a.a.O., S. 254.

[432] *Negative Dialektik*, S. 303ff.

[433] *Negative Dialektik*, S. 304.

[434] *Negative Dialektik*, S. 148, dessen Dialektik „[Identisches] eher beargwöhnt".

Einzelinteressen von dem Ganzen ..., in dem sie abstrakt sich zusammenfassen"[435], auch durchaus verständlich werden.

Seine Kritik richtete sich also darauf, daß sich das Einzelinteresse schon der Form halber - noch vor jedem Norminhalt und vor allen inhaltlichen Widersprüchen zwischen Recht und Gesellschaft - genausowenig in der abstrakten Norm wiederfinden konnte wie zuvor schon das einzelne Objekt im allgemeinen identifizierenden Begriff.[436] Schon die begriffsbedingte Abstraktionswirkung der Norm mußte die Differenzen der unter ihr behandelten Fälle auf eine Weise untergehen lassen, die die beteiligten Interessen mitunter derart tangierte, daß von ihrer vernünftigen Aufhebung in den geronnenen Synthesen der abstrakten Norm keine Rede mehr sein konnte. Auch das System des Rechts mußte sich, so wie jedes andere, von den Gegenständen entfernen, mit denen es zu tun hatte.[437]

Becker formuliert daher zu Recht, daß sich „der Hauptvorwurf, den Adorno gegen den Rechtsbegriff der bürgerlichen Gesellschaft erhebt, ... aus der konsequenten Anwendung der Kritik der Identitätsphilosophie auf das Gebiet des Rechts" und auf dessen Philosophie ergebe.[438] So richteten sich Adornos Überlegungen von der konstitutiven Unvernunft des Rechts in der *Negativen Dialektik* auch direkt gegen Aspekte der *Hegel*schen Rechtsphilosophie, die ihrerseits gerade in jener allgemeinen, bestimmten und gleich anzuwendenden Norm die Vernunft des sich etablierenden Weltgeistes am Werke sah.[439] Gegen diese klagte Adorno, so *Becker*, „insbesondere das Recht des Besonderen" ein[440].

Die Kritik an dem, was *Hegel* dort, paradigmatisch und von Adorno mit Genuß zitiert, in der Vorrede zu seiner *Rechtsphilosophie* schrieb,

> „[d]aß Recht und Sittlichkeit, und die wirkliche Welt des Rechts und des Sittlichen sich durch den Gedanken erfaßt, durch Gedanken sich die Form der Vernünftigkeit, nämlich Allgemeinheit und Bestimmtheit giebt, dieß, das Gesetz, ist es, was jenes sich das Belieben vorbehaltende Gefühl, jenes das Rechte in die subjektive Überzeugung stellende Gewissen, mit Grund als das sich feindseligste ansieht. Die Form des Rechten als einer Pflicht und als eines Gesetzes wird von ihm als ein todter, kalter Buchstabe und als eine Fessel empfunden; denn es erkennt in ihm sich nicht selbst, sich in ihm somit nicht sich frei, weil das Gesetz die Vernunft der Sache ist, und diese dem Gefühle nicht verstattet, sich an der eigenen Partikularität zu wärmen"[441],

[435] *Negative Dialektik*, S. 304.

[436] *Negative Dialektik*, S. 304.

[437] vgl. auch Mathias Becker, *Natur Herrschaft Recht*, a.a.O., S. 211: „So liegt die Unwahrheit positiven Rechts im Formalismus, der Entfernung von der Wirklichkeit ... ." Allerdings ist die Eingrenzung auf den Formalismus zu eng. In jedem Begriff manifestiert sich notwendig die Unwahrheit gegenüber seinem Gegenstand. Der Subsumtionszwang im Recht zementiert diese Unwahrheit.

[438] Mathias Becker, *Natur Herrschaft Recht*, a.a.O., S. 207.

[439] Hegel habe „denn auch, nach Phänomenologie und Logik, den Kultus des Weltlaufs am weitesten in der Rechtsphilosophie" getrieben, *Negative Dialektik*, S. 303.

[440] Mathias Becker, *Natur Herrschaft Recht*, a.a.O., S. 207f.

[441] Johann Friedrich Wilhelm Hegel, *Vorrede* zu den *Grundlinien der Philosophie des Rechts*, in: Hauptwerke in sechs Bänden, Darmstadt 1999, Band 5, S. 10.

wird dann auch umstandslos einsichtig, wenn man das von Adorno gegebene Beispiel betrachtet, das sich in seinem Aufsatz über *Sexualtabus und Recht heute*[442] als ein vergleichsweise konkretes findet: Das Sexualstrafrecht, dessen Reformbedürftigkeit Adorno in einem 1963 erschienenen und u.a. von *Fritz Bauer und Herbert Jäger* herausgegebenen Sammelband unter die Lupe nahm[443], gewährleistete, so Adorno, einen „allzu summarisch[en] Schutz" abhängiger Personen. So dürften, wie er schreibt, die damals „geltenden Bestimmungen dem Regisseur ein Verhältnis mit seiner Schauspielerin gestatten, dem Intendanten das mit einer Verwaltungsangestellten verbieten". Diese Bestimmungen, mit denen nur § 174 Nr.1 und 2 a.F. StGB gemeint sein konnten[444], sollten hingegen „bloß auf solche Fälle angewendet werden, wo die Vorgesetzten gegenüber den ihnen Unterstellten ihre Machtposition ausnutzen, sie wirklich und erweislich mit Entlassung und anderen Nachteilen bedrohen, nicht aber, weil das Paar von der Situation vereint wird".[445]

Daß das angesprochene, von der Situation vereinte Liebespaar, auf das sich die geltenden strafrechtlichen Normen auch bezogen haben mögen, sein Interesse in jenen Normen zu Recht nicht wiederfinden konnte, liegt auf der Hand, weil von seinem besonderen Fall nichts, was von dem „Gehege der Definitionen" der fraglichen Norm des § 174 StGB a.F.[446], in es eingehen durfte, also in den Vorgang, den Fall unter die gehegten Definitionen zu subsumieren. § 174 Nr. 1 StGB a.F. etwa stellte ausgesprochen restriktiv und losgelöst von der Frage der tatsächlichen Situation nahezu jeden, auch den einverständlichen und von der Abhängigkeitssituation unabhängigen sexuellen Kontakt in einem Ausbildungsverhältnis unter Strafe; § 174 Nr. 2 StGB a.F. denjenigen in einem Arbeitsverhältnis, in den ein Amtsträger involviert war, weil, wie es in der Rechtsprechung hieß, die genannten Verhältnisse

---

[442] vgl. Adorno, *Sexualtabus und Recht heute*, in: GS Bd. 10/2, S. 533ff, 546.

[443] Fritz Bauer, Herbert Jäger u.a. (Hg.), *Sexualität und Verbrechen*, Hamburg und Frankfurt/M. 1963; Adornos Beitrag findet sich auf den S. 299ff.

[444] § 174 I Nr. 1 und 2 a.F. StGB lauteten:

Mit Zuchthaus oder mit Gefängnis nicht unter sechs Monaten wird bestraft,

1. wer einen seiner Erziehung, Ausbildung, Aufsicht oder Betreuung anvertrauten Menschen unter einundzwanzig Jahren oder

2. wer unter Ausnutzung seiner Amtsstellung oder seiner Stellung in einer Anstalt für Kranke oder Hilfsbedürftige einen anderen zur Unzucht mißbraucht.

[445] *Sexualtabus und Recht heute*, a.a.O., S. 54.

[446] Die heutige Fassung des § 174 Nr. 1 und 2 StGB ist insofern gegenüber der damaligen Fassung des § 174 I Nr. 2 StGB verändert, als die heutige stärker nach dem Alter der schutzbefohlenen Person differenziert und dem auch von Adorno angesprochenen Gedanken einer Ausnutzung von Machtpositionen stärker Rechnung trägt. Nr. 2 macht es zur tatbestandlichen Voraussetzung, daß die Abhängigkeit der schutzbefohlenen Person auch tatsächlich durch den erkennbaren Einsatz von Macht und Überlegenheit mißbraucht wurde. Zudem kann heute der Tatbestand leichter durch das das Merkmal des *Mißbrauchs* ausschließende Einverständnis der betroffenen Person ausgeschlossen sein. Insbesondere dann, wenn bei einer sexuell motivierten Initiative der betroffenen Person ersichtlich kein Zusammenhang zum Abhängigkeitsverhältnis erkennbar ist, vgl. Tröndle/Fischer, § 174, Rn 15, und wenn ein Liebesverhältnis besteht, vgl. Sch/Sch-Lenckner/Perron, § 174, Rn 14. Gleiches gilt auch für die Voraussetzungen einer Ausnutzung eines Unterordnungsverhältnisses im Rahmen von Dienst- oder Arbeitsverhältnissen nach § 174 I Nr. 2 n.F.

von geschlechtlichen Motiven und Einflüssen reingehalten werden sollten.[447] Dieses Gesetz konnte dann aber von den Betroffenen nur als „todter, kalter Buchstabe und als eine Fessel empfunden“ werden. Gegenüber dem Recht und dem Belieben seiner partikularen und bloß subjektiven Überzeugung wurde es schon als bloße Folge seiner allgemeinen Form zur Unvernunft. Und wie der Begriff seiner Sache Unrecht und Gewalt antat und gar nicht anders konnte, mußte hier unausweichlich das Recht zum Unrecht an seinem Gegenstand werden.[448]

Daß sich Adorno hier mit seinen Vorschlägen, wie statt dessen zu verfahren sei, also etwa durch eine Gesetzesänderung oder eine veränderte Auslegung, etwa eine teleologische Reduktion der Norm, Abhilfe versprochen haben mochte, also eine Verbesserung im Einzelfalle noch für möglich hielt, zeigt, daß seine immanente Kritik am Bestehenden gleichwohl zu recht konstruktiven[449], vor dem Forum moderner Strafrechtskritiken aber auch bedenklichen Vorschlägen führte, etwa zu denen, Strafrahmen zu erhöhen[450]. An der Diagnose der durch die bloße Form der Norm, durch den Modus des Rechtsstaates selbst ausgelösten Problematik, die sich jederzeit an anderen Fällen wieder entzünden konnte, änderte dies freilich nichts.

bb) Begriffsbildung, Nivellierung, Subsumtionswahn

Adornos Kritik traf aber nicht nur die abstrakte Normierung, die dem Konkreten keinen angemessenen Raum ließ, sie richtete sich auch - entgegen seiner sonstigen Leidenschaft und seinem eifrigen Plädoyer für die Bildung von Begriffen, die entgegen dem siebten Satz des Tractatus *Wittgensteins*, man müsse darüber schweigen, worüber man nicht reden könne, gerade dort keinen Halt machten dürften, wo sich etwas nicht mehr sagen ließe[451], - gegen die Praxis der juristischen Begriffsbildung

---

[447] wiedergegeben auch in der Kommentierung durch Schönke/Schröder, 12. Auflage 1965, § 174 Rn 1 mit Bezug auf BGHSt 1, 56, 58; 71, 72; 8, 278, 280 oder BGH JR 1960, 68; vgl. auch Rn 27, wonach auch bei „Einwilligung“ der geschützten Person die Rechtsprechung grundsätzlich zur Verneinung des Tatbestandsausschlusses neigte, vgl. etwa BGHSt 1, 71, 72; 1, 122, 123; 2, 93, 94; 5, 147, 148; 8, 278, 280. Zudem galt es im Hinblick auf § 174 Nr. 2 a.F. auch schon als Ausnutzen der Amtsstellung, wenn sich der Amtsträger das Vertrauen und Ansehen zunutze machte, daß er als Amtsträger genoß; etwa gegenüber einer Büroangestellten. Vgl. Sch/Sch, § 174, Rn 30; eine Drohung oder eine anderweitige tatsächliche Machtausübung wurde in der Tat nicht vorausgesetzt.

[448] Adorno, *Sittlichkeit und Kriminalität - Zum elften Band der Werke von Karl Kraus*, (unveröffentlicht geblieben) in: GS Bd. 11, S. 371, wo es heißt, Kraus nehme das juristische „Denken ... bis in die Kasuistik hinein so streng, daß das Unrecht des Rechts darüber sichtbar wird“.

[449] nicht anders die neun ausdifferenzierten, seinen Beitrag zu *Sexualtabus und Recht heute* abschließenden Vorschläge einer analytischen oder empirischen Sozialforschung zum Strafrecht, vgl. a.a.O., S. 551ff.; unter anderem auch der für das gegebene Beispiel relevante der Analyse der „kategoriale[n] Struktur der einschlägigen Strafgesetze“, die „man lediglich auf ihre eigene Konsequenz hin befragen“ müßte. A.a.O., S. 552.

[450] vgl. dazu unten über Adornos Verhältnis zum Strafrecht im Besonderen.

[451] vgl. Ludwig Wittgenstein, *Tractatus logicus-philosophicus*, in: Schriften 1, 4. Aufl. Frankfurt/M. 1980, Satz 7; ähnlich auch im Vorwort: „man könnte den ganzen Sinn des Buches etwa in die Worte fassen: was sich überhaupt sagen läßt, läßt sich klar sagen; und wovon man nicht reden kann, darüber muß man schweigen.“ Dagegen Adornos Überlegung in der *Negativen Dialektik*, S. 21: es wäre „zu insistieren auf dem ... gegen Wittgenstein zu sagen, was sich nicht sagen läßt“.

überhaupt, die eben in ihrem nämlichen Bereich aufgrund des aus der Perspektive negativer Dialektik heraus heftig als auch unvernünftig zu scheltenden rationalen Subsumtionszwanges eine andere als die verallgemeinernde, die Besonderheiten nivellierende Wirkung gar nicht entfalten konnte.

Die nivellierende Wirkung jener Begriffsbildung war Adorno aber auch deswegen eine Form von Gewalt, weil sie im Einzelfall selbst das „Unsagbare" im Begriff verallgemeinerte und dadurch zu einer instrumentell-rational verfügbaren und subsumtionstechnisch verhandelbaren Diskursmasse erklärte. So jedenfalls brandmarkte Adorno es in den *Minima Moralia* als typischen Ausfluß der beschädigten Vernunft, in denen er die Dialektik der Praxis juristischer Begriffsbildung zum Holocaust aufzeigte. Denn durch dessen Kodifizierung als Genozid,

> „wie sie in der internationalen Erklärung der Menschenrechte niedergelegt ist, hat man zugleich, um des Protestes willen, das Unsagbare kommensurabel gemacht. Durch die Erhebung zum Begriff ist die Möglichkeit gleichsam anerkannt: eine Institution, die man verbietet, ablehnt, diskutiert."[452]

Selbst um des Guten willen, des internationalen Protestes gegen Genozide, oder um ihres Verbotes willen - schon der Regelung eines Verbots haftet etwas Bizarres an, nicht zuletzt auch die Idee einer Erlaubnis - mußte man die in ihrer Form einzigartigen Morde begrifflich fassen, ihr Unsagbares kommensurabel machen und ihnen mit der begrifflichen Fassung ihr Eigenes nehmen. Eine Kodifikation, zweifelsohne auch von einigem Fortschritt, war mit dem Nachteil behaftet, das Unsagbare des Holocausts im Begriff zur diskursiven Verhandlungsmasse zu erklären.

Mit dem Bedenklichen dieser Vernunft, die im Wege der Subsumtion zugleich zu einem Procedere des blanken Wahnsinns umschlagen konnte, lag ihre Dialektik offen zutage. Gegen sie polemisierte er:

> „Eines Tages mögen vorm Forum der United Nations Verhandlungen darüber stattfinden, ob irgendeine neuartige Untat unter die Definition des genocide fällt, ob die Nationen das Recht haben einzuschreiten, von dem sie ohnehin keinen Gebrauch machen wollen, und ob nicht angesichts unvorhergesehener Schwierigkeiten in der Anwendung auf die Praxis der ganze Begriff des genocide aus den Statuten zu ent-

---

Und ders., *Drei Studien zu Hegel*, GS Bd. 5, S. 336: „Philosophie ließe, wenn irgend, sich definieren als Anstrengung, zu sagen, wovon man nicht sprechen kann."

[452] *Minima Moralia*, GS Bd. 4, Anhang, S. 289. Auch in der autobiographischen Literatur der Opfergeneration findet sich das Problem der begrifflichen Nivellierung des jeweils Besonderen der Shoah für das je besondere einzelne Opfer erörtert. Besonders eindringlich bei Ruth Klüger: *weiter leben. Eine Jugend*, Göttingen 1992, vgl. etwa S. 82f.: „Die Unlust der meisten Leute ..., sich die Namen der kleineren Lager zu merken, ist vielleicht darauf zurückzuführen, daß man die Lager möglichst einheitlich und unter den großen Schildern der berühmt gewordenen KZs haben möchte. Das ist weniger strapaziös für Geist und Gefühl, als sich mit Differenzierungen auseinanderzusetzen. Ich bestehe auf die Unterscheidungen ... im Glauben, daß es um einer guten Sache willen geschieht, nämlich um den Vorhang aus Stacheldraht zu durchbrechen, den die Nachkriegswelt vor die Lager gehängt hat. Da ist eine Trennung von Einst und Jetzt, von uns und denen, die nicht der Wahrheit, sondern der Faulheit dient. ... Es ist einfacher für das Fassungsvermögen, wenn das Wort »Lager« alles Wissenswerte über diese Anstalten umreißt. Und so werden alle Opfer, alle Lager in der Zusammenfassung nivelliert."

fernen sei. Kurz danach gibt es mittelgroße Schlagzeilen in der Zeitungssprache: Genocidmaßnahmen in Ostturkestan nahezu durchgeführt."[453]

Die Diskussionen, ob die UN in den 90er Jahren im Kosovo eingreifen sollten, etwas später in Ruanda und heute im Sudan, zeigen, wie aktuell jene Überlegungen sind. Hätte man hier, angesichts der katastrophalen humanitären Lage und des ungeordneten Massenmordens zudem noch einen zu Subsumtionszwecken geführten Streit darüber geführt, ob nun hier oder dort ein Völkermord vorliege und wie viele Menschen in welchen Konstellationen dazu umgebracht werden müßten, hätte das gewiß, klar wie selten, den inhumanen Aberwitz der im Subsumtionszwang obwaltenden Vernunft belegt.[454]

Daß damit schließlich die kategorisierende Vernunft auch noch in die grausamsten Erscheinungen menschlichen Handelns einzufließen hatte, daß sie noch zur allgemeinen Regelung des Selbstverständlichsten zwang, daß kein Völkermord sein solle, macht auch eine Grenzziehung zu dem Charakter jener allgemein ordnenden Vernunft nicht mehr möglich, die den Völkermord anderswo oder zu anderer Zeit gerade Regeln unterwerfend befördert hatte, indem sie etwa die Begriffsbildung zu den Rassengesetzen zu Nürnberg[455] oder, diese ergänzend[456], zu jenen Verwaltungsvorschriften leistete, die man im Januar 1942 in Berlin-Wannsee für die Auswahl lebensunwerten Lebens entwarf[457]. Das hier von *Eichmann* und wohl auch von seinem Stellvertreter *Rolf Günther* verfaßte[458] und von *Heydrich* redigierte[459]

---

[453] *Minima Moralia*, a.a.O.

[454] Es ist keine Frage, dass hier etwa ein militärischer Einsatz an Regeln gebunden sein, der Idee des Rechts unterworfen sein sollte – und dass sich die NATO daran nicht gebunden fühlte. Zugleich kann diese Überlegung aber das immanent Irrationale der bloß subsumierenden Vernunft nicht tilgen – es bleibt bei dem Verweis auf die Dialektik, die keine guten Absichten kränken, sondern aufklären will.

[455] Gesetz zum Schutz des deutschen Blutes und der deutschen Ehre, vom 15.09.1935, RGBl. I 1146; Reichsbürgergesetz, vom 15.09.1935, RGBl. I 1146; u.a. abgedruckt in: Joseph Walk (Hg.), *Das Sonderrecht für die Juden im NS-Staat*, Karlsruhe 1981, I 636, 637, S. 127.

[456] In dem sogenannten Besprechungsprotokoll der Wannsee-Konferenz heißt es, daß die Richtlinien für die Selektion der zu Deportierenden auf den Definitionen der Rassegesetze aufbauten. Als das große, von den „Nürnberger Gesetzen" ungelöste juristisch-definitorische Problem galt hierbei die Einordnung sogenannter Mischlinge. Vgl. zu den hinter den Definitionsfragen verborgenen Machtkämpfen der NS-Bürokratie u.a. Marc Rosemann, *Die Wannsee-Konferenz - Wie die NS-Bürokratie den Holocaust organisierte*, München 2002, S. 114ff., 117.

[457] vgl. das Faksimile der einzigen verbliebenen von 30 Abschriften des sogenannten Besprechungsprotokolls der Wannsee-Konferenz vom 20.01.1942 u.a. abgedruckt in: Marc Rosemann, *Die Wannsee-Konferenz - Wie die NS-Bürokratie den Holocaust organisierte*, München 2002, S. 170ff., bes. S. 175ff.

[458] so Eichmanns eigene Aussage, vgl. Adolf Eichmann, *Götzen*, (unveröffentlichtes Manuskript) Haifa 1961, S. 219; zitiert nach Rosemann, a.a.O., S. 198: „Das Protokoll dieser Sitzung war lang, obgleich ich das Unwesentliche nicht einmal hatte stenographieren lassen." So Eichmann, a.a.O., S. 226.

[459] so Rosemann, a.a.O., S. 99; auch der Aussage von Hans-Heinrich Lammers, dem Chef der Reichskanzlei, vor dem Kriegsverbrechertribunal von Nürnberg zufolge sei das Protokoll keine Niederschrift gewesen, sondern eine einseitig vom Reichssicherheitshauptamt (RSHA) angefer-

Protokoll der sogenannten Wannsee-Konferenz gab schließlich detailliert Aufschluß darüber, wer fortan unter welchen theoretischen Begriff zu fallen hatte und damit welcher Terrormaßnahme auszusetzen war. Der Streit über die Kategorien, etwa über die vom sogenannten „Geltungsjuden"[460], vom „Mischling" oder der „Mischehe"[461], der Streit darüber, ob Menschen als Halbjuden zu töten oder ob sie nicht vielmehr als Halbdeutsche zu schützen waren[462], die dabei entbrannte Konkurrenz um die Definitionsmacht sind von keiner anderen Vernunft mehr getragen als jener sprachlich-instrumentellen.[463] Sprache und ihre inhaltsneutrale Form, die sprachlich-logische Form des Rechts und seiner Normen standen damit *a priori* unter einem Anfangsverdacht der Gewalt.

Womöglich erklärt sich auch daraus die vordergründig durchaus so maßlos wirkende Aufforderung Adornos, wonach Denken, eben begriffliches Denken immer auch gegen sich selbst denken müsse, sich an seinem Äußersten zu messen hätte, an dem, was dem Begriff entflieht. Messe es sich hieran nicht, so sei es „vorweg vom Schlag der Begleitmusik, mit welcher die SS die Schreie ihrer Opfer zu übertönen liebte"[464].

Daß nun aber just die Ereignisse von Auschwitz und anderswo Adorno als schlicht Unsagbares galten, an das kein Begriff mehr hinanreichte:

> „Was die Nazis den Juden antaten, war unsagbar: die Sprachen hatten kein Wort dafür, denn selbst Massenmord hätte gegenüber dem Planvollen, Systematischen und Totalen noch geklungen wie aus der guten alten Zeit des Degerlocher Hauptlehrers",[465]

daß hier damit selbst mit dem Begriff nicht mehr über ihn hinauszugehen war, also auch etwas Nichtidentisches nicht mehr zu erlangen sein mochte, macht ein weiteres dialektisches Moment in der Identität geltend. Galt Auschwitz Adorno als ein Synonym für den Völkermord und bestätigte dieser und dasjenige, was dort geschah, das „Philosophem von der reinen Identität als dem Tod", dann kam Identität als reine in der Identität des Todes vor[466], und es versagte dann jeder Begriff,

---

tigte Aufzeichnung. Vgl. *Trials of war criminals before the Nuernberg Military Tribunals under Control Council Law No. 10*, 15. Bde, Nürnberg 1946-49, Bde 13-15: The Ministries Case, Bd. 13, S. 414.

[460] vgl. dazu Raul Hilberg, *Die Vernichtung der europäischen Juden. Die Gesamtgeschichte des Holocaust*, Berlin 1982, Kapitel IV. *Definition*, S. 53ff., S. 58, Anm. 16.

[461] vgl. dazu Rosemann, a.a.O., S. 115ff.

[462] So lautete nach Raul Hilberg, a.a.O., S. 57, vgl. auch Anm. 11 - wohl entgegen Heydrichs und anderer Auffassung, so auch Rosemann, a.a.O., S. 99 - die Ansicht des Innenministeriums entgegen der Parteimeinung.

[463] Soll man es interessant finden, daß, wie Hilberg, a.a.O., S. 53ff. schreibt, es lange Zeit nicht gelungen war, den Begriff des Juden zu definieren und daß daran schon die antisemitische Fraktion des Deutschen Reichstags der 1890er Jahre gescheitert war? Vgl. dazu die Erinnerungen des antisemitischen Abgeordneten Hellmuth von Gerlach, *Von Rechts nach Links*, Hildesheim 1978, S. 111ff. Vgl. zu den Problemen, die dann die NSDAP seit den 20er Jahren damit hatte, wieder Hilberg, a.a.O., S. 53ff.

[464] *Negative Dialektik*, S. 358.

[465] *Minima Moralia*, a.a.O., S. 288.

[466] dazu Adorno, *Negative Dialektik*, S. 355.

und es versagten dann die Sprachen womöglich gerade dort, wo die Identität des Gegenstandes tatsächlich „rein" zu sein schien. Sollte in der Perspektive der Utopie nach dem Vergehen des Identitätszwanges das Absolute hervortreten[467], trat in der negativen Utopie der reinen Identität, der Integration des Völkermordes[468] just der unmittelbar erfahrbare Zwang zu jener Sprachlosigkeit auf, mit der sich die überlebenden Opfer jahrzehntelang herumquälen mußten.[469] Gerade dort, wo die Identität negativ absolut war, in der Hölle von Auschwitz, versagte der auf sie zielende Begriff.

Die Dialektik in der Sache aber gebot es gleichwohl, einen Begriff zu finden und den Widerspruch auszuhalten,

> „... wollte man nicht den Opfern, deren es ohnehin zu viele sind, als daß ihre Namen erinnert werden könnten, noch den Fluch des ‚Nicht gedacht soll ihrer werden' antun. So hat man im Englischen den Begriff genocide geprägt."[470]

---

[467] *Negative Dialektik*, S. 398: „Das Absolute jedoch, wie es der Metaphysik vorschwebt, wäre das Nichtidentische, das erst hervorträte, nachdem der Identitätszwang zerging."

[468] vgl. nochmals *Negative Dialektik*, S. 355: „Der Völkermord ist die absolute Integration."

[469] vgl. dazu etwa die psychoanalytischen Studien zum Schweigen der Generation der Opfer und die Weitergabe des nicht verarbeiteten Traumas auf die folgenden Generationen von Rose Ahlheim, *»Bis ins dritte und vierte Glied«. Das Verfolgungstrauma in der Enkelgeneration*, in: Psyche 1985, Heft 4, S. 330ff.; James M. Herzog, *Übermittlung eines Traumas: Unbewußte Phantasie und deren Auslösung durch die äußere Realität, mit besonderer Berücksichtigung des Holocaust*, in: Psyche 1996, Heft 6, S. 548ff.; Dina Wardi, *Siegel der Erinnerung*, Stuttgart 1997, m.w.N.; oder zur Bedeutung und Funktion des Schreibens oder auch des Verzichts auf Sprache die autobiographischen Berichte in der Literatur von Jorge Semprun, *Schreiben oder Leben*, Frankfurt/M. 1997 oder von Lily Brett, *Einfach so*, Frankfurt/M. 1999, die ebenfalls auf das Schweigen der Elterngeneration bezug nimmt. In der Literatur fiktiv verarbeitet findet sich das Problem etwa bei Vincent Engel, *Weinbergers Schweigen*, Berlin 2001.

[470] *Minima Moralia*, a.a.O., S. 288f.; Jorge Semprun, Überlebender aus Buchenwald, drückt jene mögliche Dialektik in *Schreiben oder Leben*, a.a.O., S. 23, 24, folgendermaßen, mit einer späten Entscheidung gewissermaßen für die Ästhetik der Sprache und für etwas aus, das nach subjektiver Komposition, endloser Konstellation klingt, die das Subjekt schließlich mit seinem Gegenstand verstrickt: „Dennoch überkommt mich ein Zweifel an der Möglichkeit des Erzählens. Nicht, daß das Erlebte unsagbar wäre. Es ist unerträglich gewesen, was etwas ganz anderes ist, wie man leicht verstehen wird. Etwas anderes, was nicht die Form eines möglichen Berichts betrifft, sondern seine Substanz. Nicht seine Gliederung, sondern seine Dichte. Zu dieser Substanz, dieser transparenten Dichte werden nur diejenigen vordringen, die es verstehen, ihr Zeugnis in ein Kunstwerk, einen Raum der Schöpfung zu verwandeln. Oder der Neuschöpfung. ... Man kann also immer alles sagen. Das Unsagbare, mit dem man uns ständig in den Ohren liegen wird, ist nur ein Alibi. Oder ein Zeichen von Faulheit. Man kann immer alles sagen, die Sprache enthält alles. ... Man kann alles über diese Erfahrung sagen. Es genügt an sie zu denken. ... Zeit zu haben, zweifellos, und Mut für einen unbegrenzten, wahrscheinlich unendlichen Bericht, der beleuchtet - selbstverständlich auch eingemauert - ist von der Möglichkeit, sich endlos fortzusetzen. Auf die Gefahr hin, in Wiederholung, im Wiederkäuen zu versacken. Auf die Gefahr hin, nicht mehr herauszufinden, möglicherweise den Tod zu verlängern, ihn in den verborgenen Winkeln des Berichts unaufhörlich wieder aufleben zu lassen, nur noch die Sprache dieses Todes zu sein, auf seine Kosten zu leben, tödlich."

cc) selbstgemachter Begriff und zweite Wirklichkeit

Dem juristischen Bereich, wie er es, dieses „Be-reich" als grammatikalisches Neutrum verstehend, auszudrücken pflegte, eignete aber nicht nur jenes geschlossene System an Definitionen oder deren nivellierende Wirkung. Es setzte sich vielmehr aus „selbstgemachte[n] Begriffe(n)" zusammen, die „die ausgereifte Jurisprudenz vor den Lebensprozeß der Gesellschaft" schob.[471] Damit aber ging es dieser schon von vornherein nicht mehr um ein Verstehen, um die Erkenntnis dessen, was sich in der Wirklichkeit, die nicht die der Begriffe des Rechtes war, abspielte, sondern, wie er es identifizierendem Denken vorwarf, nur noch darum, „[b]efriedigt" eine „begriffliche Ordnung ... vor das" zu schieben, „was Denken begreifen will".[472] Begreifen wollte Denken damit, sofern überhaupt, nur noch jenseits des Juristischen, weil dessen Denken nur noch subsumieren, also begrifflich ordnen wollte.

Juristisches Denken, so Adorno, habe sich längst entschieden, und zwar „durch die Subsumtion alles Einzelnen unter die Kategorie vorweg für die Ordnung, der das klassifikatorische System nur nachgeahmt ist"[473], und nicht dafür, das Verständnis der Probleme umfassend zu erlangen, also nicht für die Erkenntnis dessen, was der Fall, der Gegenstand der Regelung oder das Objekt des Urteils als mit seinen juristischen Begriffen nicht Identisches noch ist. Erkenntnis dagegen „gilt dem ihr Heterogenen, dem, was nicht sie selbst ist, und nicht dem Versuch, alles was da ist auf sich selbst und ihre Begriffe zu bringen; also nicht die Welt auf ein präfabriziertes System von Kategorien zu reduzieren".[474] Es kann kein Zweifel bestehen, daß dieser Gedanke auch der Kritik am juristischen Definitionsapparat zugrunde lag, an dessen Schemata einer „Prüfung", für das Strafrecht beispielsweise am dreistufigen Aufbau mit seinen Kategorien. Eine solche begrifflich erscheinende, in vorgegebenen Kategorien sich ausdrückende Vernunft aber war zwingend in der beschriebenen Form unwahr gegenüber seinem Gegenstand.

Dessen Erkenntnis setzte dagegen voraus, „gerade umgekehrt sich in einem bestimmten Sinne offen zu machen für das, was dem Geist an *Erfahrung* sich darbie-

---

[471] *Negative Dialektik*, S. 305.

[472] *Negative Dialektik*, S. 17.

[473] *Negative Dialektik*, S. 305; ob hier mit dem Begriff der Subsumtion auch die juristische Methodenbezeichnung gemeint ist, so Jochen Bung, *Subsumtion und Interpretation*, a.a.O., S. 13, ist fraglich, weil Adorno den Begriff der Subsumtion für den Vorgang des identifizierenden Denkens als solchen reservierte, das freilich in der formaljuristischen Subsumtionsmethode notwendig auch am Werk war. Felicitas Englisch, *Adorno und Hegel. Ein Mißverständnis über die Sprache*, in: *Das unerhört Moderne - Berliner Adorno-Tagung*, Lüneburg 1990, S. 28ff., weist daraufhin, daß Adorno die begriffliche Benennung als solche bereits als Subsumtion bezeichnet hat. Genauer in den Diskussionen mit Löwenthal und Horkheimer, abgedruckt in: *Diskussionen über Sprache und Erkenntnis*, in: Max Horkheimer GS Bd. 12, a.a.O., S. 499ff., 503. Dort heißt es: „Ich sehe nicht ein, warum ich den Akt der Subsumtion dem Akt des Benennens entgegenstellen soll." Adorno empfand diese Methode aber, entgegen Bung, der Adornos Rechtskritik als „Gegenbeispiel" zu Webers Charakteristik des rationalen Rechts bezeichnet, nicht ausschließlich nur als irrational. Sie war Rationalität, die aber mit Irrationalität im Bunde war. Eine einseitige Interpretation zu Lasten der Vernunft, die freilich auch Gutes wollte, gewichtet den dialektischen Charakter der Kritik zu schwach.

[474] Adorno, *Vorlesungen*, a.a.O., S. 113.

tet".[475] Das juristische „Gehege" von Definitionen, „die Subsumtion alles Einzelnen unter die Kategorie"[476] dagegen zielte darauf, auf ungeschmälerte Erfahrung des Rechtsproblems, freilich gerade nicht ab. Eine äußerst beschränkte Offenheit gegenüber dem nicht Präformierten gab es hier, wie in der Einleitung geschildert, erst auf der Ebene topischer Prämissensuche, nachdem die Realität des Falles längst von den Kategorien der Rechtssprache präformiert worden war, sich diese also erst einmal befriedigt davor geschoben hatte.

Hierdurch aber mußte im Subsumtionsprozeß, wie in allen Prozessen identifizierenden Denkens, die Erfahrungsfähigkeit dafür verkümmern, was die präformierten Begriffe der Jurisprudenz an möglichen Erfahrungen abschnitten. Ihre Begriffe stellten mithin eine nun nach den Ausführungen zur *Dialektik der Aufklärung* als klassisch zu bezeichnende „instrumentale Rationalität" dar und generierten im Bewußtsein der Juristen eine, wie Adorno sagte, „zweite Wirklichkeit sui generis", jenes „Gehege, ideologisch an sich selbst", das freilich „durch die Sanktionen des Rechts als gesellschaftlicher Kontrollinstanz, vollends in der verwalteten Welt, reale Gewalt aus[übt]".[477]

dd) Systemglaube und Begriffsjurisprudenz?

Die Annahme, daß Adorno mit dieser Kritik am System der selbstgemachten Begriffe oder am ideologischen Gehege von Definitionen das philosophische Systemdenken des 19. Jahrhunderts als auch noch in der zeitgenössischen Jurisprudenz vorherrschend vermutet habe, wovon *Jochen Bung* ausgeht[478], ist indes trotz der begrifflichen Anklänge[479] letztlich nicht anzunehmen. Es liegt vielmehr nahe, daß Adorno mit dem Begriff vom „Begriffssystem" schlicht den präformierten Begriffsapparat der Dogmatik gemeint hatte, über den die ausgereiften Dogmatiken der kontinentalen Jurisprudenz verfügten und den sie, wie von ihm geschildert und zumindest als Bild auch kaum von der Hand zu weisen[480], ordnungshalber vor die

---

[475] Adorno, *Vorlesungen*, a.a.O., S. 113.

[476] Adorno, *Negative Dialektik*, S. 304f.

[477] *Negative Dialektik*, S. 304.

[478] vgl. dens., *Subsumtion und Interpretation*, S. 13, der Adornos Überlegungen entgegnet, man dürfe nicht „das Recht ... verwechsel[n] ... mit der *Vorstellung* von Recht, wie sie in den Systemkonstruktionen und Methodenlehren der Begriffsjurisprudenz gegeben wird oder in der freischwebenden Normenaxiomatik einer ‚Reinen Rechtslehre' ". (Hervorh. von Bung)

[479] Hierfür könnte indes auch der Verweis auf die Kategorienlehren sprechen, deren Schöpfer ihrerseits meist darum bemüht waren, alle Begriffe auf eine bestimmte Anzahl von Oberbegriffen, eben Kategorien, zu bringen, aus denen dann alle anderen als abgeleitet galten. Vgl. zu der Geschichte der Kategorienlehren in der Philosophie, Joachim Ritter und Karlfried Gründer (Hg.), *Historisches Wörterbuch der Philosophiegeschichte*, Band 4, Basel 1976, Sp. 714ff.; Jürgen Mittelstraß (Hg.), *Enzyklopädie Philosophie und Wissenschaftstheorie*, Band 2, Mannheim/Wien/Zürich 1984, S. 368f. Das erinnert den Juristen wohl in der Tat an wenig mehr als an die Vorstellung und Praxis von Begriffspyramiden der sogenannten Begriffsjurisprudenz. Indes verweist Adorno, wie ausgeführt, eher auf die sozialpsychologische Seite dieser Praxis als auf den theoretischen Anspruch der zeitgenössischen Jurisprudenz.

[480] Man müßte doch bereits mit einiger dogmatischer Betriebsblindheit geschlagen sein, wenn man nicht mehr zugestehen könnte, daß allein der heute weitgehend anerkannte dreistufige Deliktsaufbau mit seinen jeweiligen begrifflichen Vorrichtungen als ein begriffliches Ordnungssys-

Gegenstände ihrer Regelung schöben. Dafür, daß Adorno der zeitgenössischen Rechtsmethodologie oder -philosophie damit aber keine blind-naive Treue zur Vorstellung von einem deduktionslogisch geschlossenen System unterstellte, spricht neben seinem Wissen um die Entwicklung des philosophischen Systemdenkens, welches im 18. und 19. Jahrhundert auf die Jurisprudenz abstrahlte, seit dem 20. Jahrhundert aber hier wie dort an Einfluß verlor[481], zumindest auch die Tatsache, daß Adorno, wenn er auch kein ausgewiesener Kenner der rechtstheoretischen Diskurse gewesen sein mag, selbst das bleibt aber eine Vermutung, so doch immerhin die Antrittsrede *Helmut Coings*[482] als Rektor der Johann Wolfgang Goethe-Universität zu Frankfurt im Jahre 1956 gelesen, wenn nicht auch gehört haben mußte, die sich der Geschichte und der ausdrücklich und unwiderruflich abnehmenden Bedeutung des Systemgedankens in der Rechtswissenschaft widmete. Adorno hatte ihren Inhalt - eine redliche Zitation unterstellt - in der *Einleitung* zur *Metakritik der Erkenntnistheorie* herangezogen[483], um der Parallele zur Philosophie wegen auf die noch heute[484] keineswegs überholte Argumentation *Coings*

---

tem bezeichnet werden kann, das man vor die Fälle schiebt, um ihrer begrifflich habhaft zu werden und sie auf ebendieser systematisch-begrifflichen Grundlage beurteilen zu können. In diesem System findet dann das von ihm selbst für die strafrechtliche Beurteilung von Verhalten Anerkannte jeweils einen teilweise konsentierten, teilweise streitigen Ort. Was sich rechtsbegrifflich nicht ausweisen kann, findet indes auch keinen Eingang und wird, um mit Adorno zu sprechen, nicht absorbiert. Vgl. *Negative Dialektik*, S. 305. „Je konsequenter aber die Rechtssysteme durchgebildet sind, desto unfähiger werden sie zu absorbieren, was sein Wesen daran hat, der Absorbtion sich zu verweigern." Das in diesem Satz formulierte Paradoxon gründet in der ihm immanenten Reflexion auf das Nichtidentische, das sein Wesen an der Verweigerung habe, im Begriff aufzugehen. Je konsequenter die Durchbildung der Rechtssysteme gelingt, desto weniger findet danach etwa das andere des Bekannten oder auch das Unvorhergesehene noch seinen Platz in der ausgebildeten und konsentierten Dogmatik. Vgl. wie zum Beleg dieser These noch unten in Kapitel IV B) a), S. 173ff. Beides könnte diesen seinen Platz als Nichtidentisches aber auch dann nicht finden, wenn die Durchbildung der Systeme von geringerer Quantität und Konsequenz wäre. Denn den Ausführung in Kapitel II zufolge kann es im Begriff, auch in dem des Rechts, nicht identisch gefaßt werden.

481 vgl. nochmals die oben wiedergegebenen Ausführungen Adornos zum Vergehen des Systemdenkens in der Philosophie aus der *Negativen Dialektik*, S. 31, im Rahmen der Kritik Gerhard Gamms und Herbert Schnädelbachs, oben S. 60f., wonach im gesellschaftlichen Prozeß ein blasser „Umriß des Ordnungsschemas übrig" blieb. Vgl. ebenso die Arbeiten von Alex Demirović, a.a.O., und Helmut Coing, *Geschichte und Bedeutung des Systemgedankens in der Rechtswissenschaft*, in: *Frankfurter Universitätsreden*, Heft 17, 1956, die auch die Entwicklung des Systemdenkens für die Philosophie betrachten; vgl. auch zusammenfassend Niklas Luhmann, *Rechtssystem und Rechtsdogmatik*, Stuttgart u.a. 1974, S. 11f., m.w.N.

482 vgl. dens., *Geschichte und Bedeutung des Systemgedankens in der Rechtswissenschaft*, in: *Frankfurter Universitätsreden*, Heft 17, 1956.

483 wo sich das von Adorno Zitierte auf S. 36 findet. Dort heißt es: „Das Buch des Gaius ist ein Lehrbuch gewesen, und das verweist uns auf den Zusammenhang, in dem das System seine Hauptbedeutung gewann. Es ist ein Mittel der Schule, ein Element des Unterrichts. Es dient der Darstellung des überlieferten Rechts für die Studenten." Vgl. bei Adorno die *Einleitung* zu *Zur Metakritik der Erkenntnistheorie*, GS Bd. 5, S. 36 oben.

484 betrachtet man nur den neueren Beitrag Björn Burckhardts, *Geglückte und folgenlose Strafrechtsdogmatik*, in: Albin Eser/Winfried Hassemer/Björn Burckhardt (Hg.), *Die deutsche Strafrechtswissenschaft vor der Jahrtausendwende. Rückbesinnung und Ausblick*, München 2000, S. 111ff.; 119;

aufmerksam zu machen, wonach sich die Rechtsvorstellung und Rechtsdarstellung als System im Allgemeinen, die der juristischen Dogmatik im Besonderen als Vehikel der Inhaltsdarstellung auch aus didaktischen Gründen eigne. Adorno zitiert dies mit folgender Deutung:

> „Leitet man, mit neueren Autoren, den Gedanken des Rechtssystems aus dem didaktischen Bedürfnis, dem nach in sich geschlossener und Hörer überzeugender Darstellung ab, so mag man wohl die philosophischen Systeme auf ein verwandtes Bedürfnis zurückführen ... Wie das System nichts ausläßt, verhält sich der Lehrer, Redner, Demagoge zu den Hörern. Seine irrationale Autorität wird durch die ratio vermittelt; der Führungsanspruch durch logisch-argumentativen Zwang."[485]

Daneben, daß sich in dieser Kritik sowohl an didaktischen Konzepten als auch an den wohl zu Recht antizipierten Erwartungshaltungen der Rezipienten wieder die bereits kritisierten Relikte einer systemhörigen Wahrnehmung des sogenannten gesunden Menschenverstandes niederschlagen, mußte Adorno aber wissen, daß das Systemdenken ansonsten hier wie dort seine unangefochtene Stellung verloren hatte.

Coing wies in dieser Rede nämlich sehr ausdrücklich darauf hin, daß auch das strenge begriffsjurisprudentielle Systemdenken, die Vorstellung bloß deduktiver Rechtsanwendung, die formallogische Orientierung an der Lehre vom Satz des Widerspruchs oder die nicht bloß metaphorische Annahme eines „Rechnens mit Begriffen" als allein rechtserkenntnisleitend weitgehend überholt seien und man unter dem Einfluß der soziologischen oder Interessenjurisprudenz erkannt habe, daß ohne Wertung, ohne Beachtung der beteiligten Interessen, keine Norm verstanden und kein Fall mehr entschieden werden könnte noch sollte.[486] Andererseits gab aber auch *Coing* den Systembegriff genausowenig auf, wie das die heutigen Methodenlehren oder diverse Kodifikationsprojekte tun. Geltung habe und unverzichtbar sei, so *Coing*, zumindest noch ein erweiterter Systembegriff, „der ... die Stoffordnung nach übergreifenden Gesichtspunkten, das Ordnungsschema also, meint".[487] Auch dieses System setze aber voraus, „daß ... zwischen den Einzelaussagen, die zum System zusammengeschlossen werden sollen, ein innerer Zusammenhang besteht"[488], und das hieße eben für die Rechtswissenschaft ein innerer Zusammenhang zwischen den Rechtssätzen, den allgemeinen Rechtsprinzipien und ihren Klassifikationen, ohne die freilich, jedenfalls den Konstituentien des Rechtsstaates gemäß, eine Entscheidung nicht möglich wäre.

Coing glaubte nämlich nicht,

ähnlich aber auch Robert Alexy, *Theorie der juristischen Argumentation*, Frankfurt/M. 1983, S. 330f. 331; Niklas Luhmann, Rechtssystem und Rechtsdogmatik, Stuttgart u.a. 1974, S. 15ff.; kritisch zum didaktischen Moment der Dogmatik aber Gerhard Struck, *Dogmatische Diskussion über Dogmatik*, in: JZ 1975, S. 84ff., 85f.

[485] Adorno, *Einleitung* zu *Zur Metakritik der Erkenntnistheorie*, GS Bd. 5, S. 36.

[486] Coing, *Geschichte und Bedeutung des Systemgedankens in der Rechtswissenschaft*, a.a.O., S. 39f.

[487] Coing, *Geschichte und Bedeutung des Systemgedankens in der Rechtswissenschaft*, a.a.O., S. 26.

[488] Coing, a.a.O., S. 27.

„daß die Jurisprudenz den Gedanken des Systems ... je wird aufgeben können. Sie kann die unzähligen einzelnen Rechtssätze nicht einfach als unableitbare Fakten hinnehmen; sie muß ihren inneren Zusammenhang suchen. Letzten Endes ist das Rechtssystem der Versuch, das Ganze der Gerechtigkeit im Hinblick auf eine bestimmte Form des gesellschaftlichen Lebens in einer Summe rationaler Prinzipien zu erfassen. Daß aber eine vernünftige, dem Denken erfaßbare Struktur die geistige und die materielle Welt beherrsche, ist die unaufgebbare Grundhypothese aller Wissenschaft."[489]

Abgesehen von jener idealistischen Projektion, die Adorno zur Genüge kritisiert hatte, war dem Vortrag *Coings* deutlich zu entnehmen, daß die Rechtswissenschaft dem strengen Systembegriff längst nicht mehr unkritisch unterlag und weder die vermeintlich wertungsfreie reine Rechtslehre noch eine formallogische Begriffsjurisprudenz ihr theoretisches Selbstverständnis bildeten.

Ansonsten zeigt schon ein nur oberflächlicher Blick in rechtsmethodologische Veröffentlichungen oder vor allem, wie es auch Adorno zwecks Ausarbeitung seiner Beiträge zum Recht getan haben dürfte, in strafrechtliche Lehrbücher der 60er Jahre, daß sich gleichwohl mühelos Stellungnahmen finden lassen, die trotz einiger Aufklärung durchaus noch an die Plädoyers beispielsweise eines *von Liszt* für ein geschlossenes begriffliches Strafrechtssystem erinnern, wie sie sich als eben begriffsjurisprudentiell geprägte um die Jahrhundertwende zum 20. Jahrhundert finden lassen.[490]

So heißt es paradigmatisch noch 1969 etwa in dem Lehrbuch von *Welzel*, daß die Jurisprudenz des Strafrechts „als systematische Wissenschaft ... den Grund legt zu einer gleichmäßigen und gerechten Rechtspflege".[491] Und zur gleichen Zeit schreibt *Jescheck* in der ersten Auflage seines neuen Lehrbuches, daß ohne die systematische Gliederung des Verbrechensbegriffs die Lösung eines Rechtsfalles „unsicher und von Gefühlserwägungen abhängig" bleibe.[492] Und generell für die Jurisprudenz spricht etwa *Diederichsen* davon, daß der „Gedanke, daß am Wert der Systemidee grundsätzlich gezweifelt werden müsse, ... sich trotz des bisherigen offensichtlichen Unvermögens, ein perfektes System herzustellen, jedenfalls in der Rechtswissenschaft nicht durchzusetzen vermocht" hat.[493] Vielmehr überwiege in ihr, und selbst noch in der Interessenjurisprudenz, das Systemdenken.[494]

---

489 Coing, a.a.O., S. 41.

490 vgl. ders., *Rechtsgut und Handlungsbegriff im Bindingschen Handbuche*, in: Strafrechtliche Aufsätze und Vorträge, Band 1 (1875-91), Berlin 1905, S. 212ff., 214ff.; oder nahezu gleichlautend die letzte Auflage seines Lehrbuchs, 21./22. Aufl. 1919, S. 1f., in dem er es als „die nächste Aufgabe der Strafrechtswissenschaft" betrachtet, „die Vorschriften des Gesetzes, bis zu den letzten Grundbegriffen und Grundsätzen aufsteigend, zum geschlossenen System zu entwickeln".

491 ders., *Das deutsche Strafrecht*, 11. Aufl. 1969, S. 1.

492 ders., *Lehrbuch des Strafrechts, Allgemeiner Teil*, 1969, S. 136, in dem es aber eben auch heißt, daß die Gefahr der auf abstrakte Formeln gebrachten Dogmatik darin bestehe, daß „der Richter sich auf die Automatik theoretischer Begriffe verläßt und dadurch Besonderheiten des Einzelfalles übersieht. Entscheidend hat immer die Lösung der Sachfrage zu sein".

493 Uwe Diederichsen, *Topisches und systematisches Denken in der Jurisprudenz*, in: NJW 1966, S. 697, 699; vgl. noch heute das wenn auch aufgeklärte Plädoyer für ein Strafrecht mit klaren, schneidigen Begriffen und einem geschlossenen System, Hans Joachim Hirsch, *Die Entwicklung der Straf-*

Grund für Kritik an einem Systemdenken in der Jurisprudenz dürfte damit also durchaus noch bestanden haben, selbst wenn Adorno spätestens seit der Rede *Coings* darüber informiert gewesen sein dürfte, daß die Wissenschaft vom Recht kein bruchloses begriffs- und systemlogischen Selbstverständnis mehr zur Schau trug. Anzunehmen bleibt aber, daß ihm nach der Lektüre gerichtlicher Urteile und der jener strafjuristischen Lehrbücher oder Gesetzeskommentare, die für die Abfassung seiner Beiträge über die Reform des Sexualstrafrechts und auch über *Karl Kraus´* Sittlichkeit und Kriminalität notwendig gewesen sein müssen, schon die starre Form besonders der Strafrechtsdogmatik und die ihrer exklusiven definitorischen Apparate, die sich über die Fälle legten, als kritikwürdiges begriffliches System vollkommen ausgereicht haben dürften.

Denn auch diese Apparate, die sich gleich einem die Empfindungen sedierenden Mehltau über die Rechtsfälle legen konnten, duldeten „nichts draußen", weil sie das, was sich nicht durch einen dogmatischen Begriff legitimieren konnte, zumeist nur abschnitten, aus der Wahrnehmung ausblendeten. Und hierin wirkte für Adorno der Mechanismus des Naturzwangs nach, wirkte jener „Zirkel der Identifikation, die schließlich immer nur sich selbst identifiziert", jene „totalitäre und partikulare Rationalität", die „geschichtlich diktiert" war „vom Bedrohlichen der Natur".[495]

Um subsumieren zu können, mußte das juristische System „von Definitionen" also notwendig von dem absehen, was nicht schon durch Gesetzes- oder dogmatische Begriffe präformiert war, war es gezwungen, „das nicht Gedeckte" abzuschneiden.[496] Was darunter noch, so wie im Eingangsbeispiel, an Einzelfallelementen im Wege topischer Erörterung die Entscheidung leiten und als begrifflich Wahrgenommenes in sie eingehen konnte, war der Kontingenz der Grenzwertigkeit der im weitesten Sinne unvorhergesehenen Rechtsfälle vorbehalten.

Adornos Kritik mag darum heute nicht mehr originell klingen, anerkannt und geleistet wird sie allemal noch. *Klaus Lüderssen* etwa greift sie in der Debatte um *law and literature* wieder auf, wenn er darüber reflektiert, daß - bei allen Grenzen der Individualisierung der Einzelfälle[497] - in der Wahrnehmung derselben deren

---

rechtsdogmatik nach Welzel, in: Festschrift zum 500jährigen Bestehen der Universität zu Köln, S. 399ff., 403, der auch sieht, daß ein Zuviel an Dogmatik schade, „weil der Bezug zur Praxis des Rechtslebens verlorengeht und damit eine Sterilität des Denkens um sich greift... ." A.a.O., S. 402f. Vgl. hier dazu auch weiter unten, S. 133ff.

494 Diederichsen, a.a.O., S. 698.

495 *Negative Dialektik*, S. 174; vgl. dazu auch die Ausführungen in der *Dialektik der Aufklärung*, S. 31ff. und die Erläuterungen oben in Kapitel II, S. 92ff.

496 *Negative Dialektik*, S. 304.

497 Lüderssen gelangt bis zu den Einsichten der Heisenbergschen Unschärferelation, die die Individualisierung bis in undurchführbare Bereiche treibt. Werner Heisenberg, *Wandlungen in den Grundlagen der Naturwissenschaft*, Frankfurt/M. 1980, S. 102, bestätigt gleichsam Adornos Überlegungen zur Unwahrheit begrifflicher Identität für die naturwissenschaftliche Forschung, wenn er sagt, „*Die Natur entzieht sich ... der genauen Festlegung in unseren anschaulichen Begriffen* durch die unvermeidliche Störung, die mit jeder Beobachtung verbunden ist. ... Durch die Art der Beobachtung erst wird entschieden, welche Züge der Natur bestimmt werden und welche wir durch unsere Beobachtung verwischen." Vgl. Lüderssen, *>Law as Literature< oder wenn die Wissenschaft zur Kunst*

„Unwesentliches“ ausgeblendet werden müsse, wobei aber unklar bleibe, was denn das jeweils „Unwesentliche“ eigentlich sei.[498] Abgeschnitten wird durch die Begrifflichkeit der Norm das Ephemere, dasjenige, was aus Normsicht nicht begrifflich ist oder eben, mangels eines präformierten dogmatischen Begriffs, nicht begrifflich werden kann; dieses Unwesentliche wäre, um eine *Hegel*kritik Adornos aufzugreifen, aber die kaum mehr verallgemeinerbare und damit der Rechtsrationalität „faule Existenz“[499] des Einzelfalls.

Adornos Kritik an dem Abschneiden des begrifflich nicht mehr Gedeckten ist zwar, auch wenn sie im Fortgang wieder an die alte Idee der Billigkeit erinnerte, mit der „das Korrektiv des Unrechts im Recht gemeint war“, womöglich nicht mehr zeitgemäß[500], dafür aber klassisch; nicht anders im übrigen als die in eine dekonstruierende Lesart auch von Rechtstexten überführte Abstraktionskritik *Derridas*, die mit derjenigen Adornos zahlreiche Gemeinsamkeiten hat.[501] Denn zuletzt davon, daß sich nach und aufgrund aller Systemkritik im Recht nun etwa die Freirechtslehre[502] mitsamt ihrem Konzept eines „richterlichen Voluntarismus“[503]

---

wird: Dekonstruktion und Jurisprudenz, in: *Genesis und Geltung*, Frankfurt/M. 1996, S. 349ff., 355. (Hervorh. durch den Verfasser).

[498] ders., *Regel und Fall*, in: *Genesis und Geltung in der Jurisprudenz*, Frankfurt/M. 1996, S. 283, 289. Nach den Überlegungen zur Nichtidentität des Gegenstandes, hier des Einzelfalles, wäre dieses Unwesentliche gar nicht bestimmbar. In diesen Rahmen, in die Fragen nach der Ausblendung von Seiendem des Rechtsfalles, schon sein Auserküren als Rechtsfall führt dazu, gehören auch die neueren poststrukturalistischen Rechtskritiken Jacques Derridas und Lyotards Konzept des Widerstreits, auf die hier indes nicht weiter eingegangen werden kann.

[499] vgl. *Negative Dialektik*, S. 20; Philosophie habe „ihr wahres Interesse dort, wo Hegel ... sein Desinteresse bekundete: beim Begriffslosen, Einzelnen und Besonderen; ... worauf Hegel das Etikett der faulen Existenz klebte.“

[500] Jochen Bung, *Subsumtion und Interpretation*, a.a.O., S. 13, zufolge repräsentiere der Billigkeitsgedanke, also die Überlegung, offensichtliche Ungerechtigkeiten des Rechts nach Billigkeitserwägungen auszugleichen, Ausnahmeentscheidungen zu treffen, schon zur Zeit Adornos nicht mehr „den neuesten Stand“; wohl den der rechtsmethodologischen Diskussion. Zu trifft fraglos, daß der Billigkeitsgedanke so alt ist wie die Rechtsidee selbst, aber Diskussionen um dessen Reichweite und Wirkung gibt es ganz praktisch bis heute, vgl. etwa für das Arbeitsrecht Günther Schaub, *Arbeitsrechts-Handbuch*, 11. Aufl. München 2005, §§ 31, Rn 5ff. und 210, Rn 10, zur gerichtlichen Billigkeitskontrolle und zur Kritik daran etwa Klaus Adomeit, *Rechtsfortbildung und Billigkeitskontrolle im Arbeitsrecht*, Festschrift für Günter Schaub 1998, S. 1ff. Fraglich ist zudem, ob Adorno tatsächlich einen „neuesten Stand“ - wozu auch immer - wiedergeben, als mehr darauf hinweisen wollte, daß es die Einsichten, die immanent notwendigen und wohl aufgrund der Form des Rechts unvermeidbaren Ungerechtigkeiten des positivierten Rechts, gleichsam die Kollateralschäden der Rechtsvernunft, mindern zu müssen, schon von ihrem Beginn an gab.

[501] Dessen Kritik an der Gewalt, die in der Abstraktion liegt, wird im Gegensatz zu derjenigen Adornos in der law and literature-Debatte im übrigen unter dem Aspekt dekonstruktiver, und das heißt ja auch Identitäten auflösender Lesart von Rechtstexten sehr wohl wahrgenommen. Vgl. nur Klaus Lüderssen, *Das Narrative in der Jurisprudenz*, in: FR Nr. 36 vom 12.02.2002, S. 26. Ein auch nur ganz knapper Bezug auf Adorno, auf dessen *Ästhetische Theorie* und das Verhältnis von literarischer Fiktion zur empirischen Wirklichkeit, findet sich in dieser Diskussion, soweit ich sehe, nur bei Anja Sya, *Literatur und juristisches Erkenntnisinteresse am Beispiel des Romans „Der Fall Gouffé“ von Joachim Maass*, Frankfurt/M. 2000, S. 11 (Anm. 48).

[502] vgl. schon Oskar Bülow, *Gesetz und Richteramt*, Leipzig 1885, Neudruck Aalen 1972 oder die Streitschrift von Hermann Kantorowicz, *Der Kampf um die Rechtswissenschaft*, Heidelberg 1906;

durchgesetzt hätte oder auch nur ein gleichsam *negativ* topisches Rechtsdenken[504], z.B eines, das auch dem Normapparat als Topos keine übergeordnete Geltung mehr beimessen wollte[505], so daß der Fallösung gleichsam gar kein logisch geordneter Begriffsapparat mehr angeboten werden kann, konnte freilich damals wie heute keine Rede sein.

ee) moralische Defekte

Es war Adorno daneben auch geläufig, daß selbst das ihm geschlossen anmutende Rechtssystem noch diverse Räume für Wertungen zuließ und benötigte. Indes nahm gerade das angesichts der Inhalte, die sich so ins Recht Einlaß verschafften, wiederum bedenkliche Formen an:

> „Während sonst die Verwissenschaftlichung der Welt so unerbittlich fortschritt, daß das Expertentum jede mögliche Erkenntnis beschlagnahmt, wird von einer Disziplin, die auf ihre wissenschaftliche Strenge soviel sich zugute tut wie die Jurisprudenz, an zentraler Stelle der common sense mit allem Trüben, das ihm innewohnt, bis hinab zum gesunden Volksempfinden und zur Durchschnittsmeinung, zum Kriterium erhoben. Das verschafft gerade dort, wo der Anspruch der Vernunft in der Jurisprudenz emphatisch wird, wo sie über ihren bereits verfestigten institutionellen Bereich hinausgeht, jenen destruktiven Instinkten Einlaß, welche die Psychologie hinter dem autoritären Bedürfnis zu strafen entdeckt hat."[506]

Neudruck Baden-Baden 2002; zusammenfassend zum ganzen Franz Wieacker, *Privatrechtsgeschichte der Neuzeit*, 2. Aufl. Göttingen 1967, S. 578ff., und Karl Larenz, *Methodenlehre der Rechtswissenschaft*, 6. Aufl. 1991, S. 59ff.

[503] so Klaus Adomeit, *Der Rechtspositivismus im Denken von Hans Kelsen und von Gustav Radbruch*, in: JZ 2003, S. 161ff., 162.

[504] vgl. zur Topik statt vieler Theodor Viehweg, *Topik und Jurisprudenz*, 5. Aufl. München 1974. Als *Negative* Topik wäre dann u.U. eine Topik zu bezeichnen, die, in die Richtung der Freirechtslehre tendierend, auf eine Topik zweiter Ordnung, auf Topoikataloge verzichtete und die Lösung immer wieder neu an dem jeweils Bedeutsamen des Einzelfalles entfaltet, sich also jeder verallgemeinerbaren Position enthält und auch auf solche nicht rekurriert. Vgl. auch zu der Kritik an von vornherein feststehenden Topoikatalogen Joachim Hruschka, *Die Konstitution des Rechtsfalles*, a.a.O., S. 56: „Jedenfalls erscheint es angesichts der Fülle stets neuer rechtlich relevanter Besonderungen an den einzelnen Fällen als zweifelhaft, ob ein ausreichender ‚Topoikatalog von Gesichtspunkten' für die Bildung von Sachverhalten im vorhinein entworfen werden kann. Die rechtliche Perspektive eines Urteilers wird sich vielmehr erst nachträglich in einem Katalog einfangen lassen." Für eine Negative Topik muß es zudem auf das, was, wie es oft heißt, „alle vernünftig finden" können oder „allen einleuchtet", gar nicht ankommen; mehr noch: genau darauf sollte es besser nicht ankommen. Vgl. ansonsten zu den Parallelen von Topik und Dialektik, die analog das Ausbuchstabieren auch einer negativen Topik reizvoll erscheinen lassen, zumal die Affinität von Dialektik und Topik stets noch betont wird, zum Beispiel als Identität durch Rüdiger Bubner, *Dialektik als Topik*, Frankfurt/M. 1990 oder vgl. die Nachweise bei Klaus Lüderssen, *Dialektik, Topik und „konkretes Ordnungsdenken" in der Jurisprudenz*, in: *Genesis und Geltung in der Jurisprudenz*, Frankfurt/M. 1997, S. 251ff., 254 m.w.N.

[505] so zum Beispiel bereits Gerhard Struck, *Topische Jurisprudenz: Argumente und Gemeinplatz in der juristischen Arbeit*, Frankfurt/M. 1971, der das Gesetz nur als einen Topos unter Gleichen gelten lassen will, allerdings eben auch positiv einen Katalog allgemeingültiger Topoi entwickelt.

[506] *Sexualtabus und Recht heute*, S. 549.

Und dort, wo dieser Einlaß nicht gewährt wurde, machte sich mit der bloß instrumentellen Form der Rechtsvernunft die „Dummheit" breit. In diese nämlich ginge die „verselbständigte instrumentelle Vernunft aus eigener Konsequenz über, formales Denken, das die eigene Allgemeinheit, und damit seine Verwendbarkeit für beliebige Zwecke, der Absage an die inhaltliche Bestimmung durch seine Gegenstände verdankt".[507]

Dies klang bereits in der Kritik an der juristischen Begriffsbildung zum Holocaust an: Die Formen der Rechtsvernunft, die Allgemeinheit der Norm, die Stringenz der dogmatischen Apparate dahinter und die deduktionslogische Methode der Subsumtion waren als allgemeine Formen neutral gegenüber ihren besonderen Inhalten, sie konnten in der Tat, wie es etwa durch den Positivismus *Kelsens* gleichsam affirmativ beschrieben und normativ gefordert wurde, jeden Inhalt annehmen.[508] Sie konnten barbarischen Zwecken zur Umsetzung dienen, wie in den Normen zur Selektion, und selbst noch dann, wenn sie humanen Zielen dienen wollten, wie in der Kodifikation des Holocausts, konnten sie in dem Fortgang ihrer Subsumtion potentiell in Inhumanität und Wahnsinn umschlagen.[509]

In der Auseinandersetzung um die Probleme des juristischen Positivismus und in dem Streit darüber, ob dieser die Juristen der Weimarer Republik gegenüber den Inhalten des nationalsozialistischen Rechts wehrlos gemacht habe[510], klangen diese Überlegungen zwar noch nicht als explizite an, sie sind hierin jedoch aufgehoben. Dieser Streit bezog sich meist nur auf den Gehorsam gegenüber dem Inhalt der gesetzten Norm des Staates und der Autorität seiner Satzung. Jener Autorität lag indes, so müßte man nun sagen, schon konstitutiv diejenige der richtigen Formen der Vernunft zugrunde: die der Allgemeinheit der Norm selber, des herrschaftlichen Anscheins der weitgehenden Stringenz des dogmatischen Begriffsapparates und seiner formallogischen Anwendung. Wie Adorno in der *Negativen Dialektik* formulierte, sollte ja „[n]ach herrschendem Consensus ... das Allgemeine seiner bloßen Form als Allgemeinheit wegen Recht haben".[511] Wenn die Vernunft des Rechts aber die so gewohnten richtigen Formen angenommen hatte, dann konnte ihr Inhalt gleichsam gar nicht mehr falsch und unvernünftig sein. Die Kritik am

---

[507] *Sittlichkeit und Kriminalität*, S. 379.

[508] Hans Kelsen, *Reine Rechtslehre*, 1. Aufl. 1934, S. 24ff.: „Eine Norm kann auch einen sinnlosen Inhalt haben." Und in der 2. Aufl. 1960, S. 201 heißt es: Es „kann jeder beliebige Inhalt Recht sein". Nach Adorno müßte es in kritischer Absicht heißen, daß zumindest jeder beliebige Inhalt die Form des Rechts annehmen kann. Ähnlich Felix Somló, *Juristische Grundlehre*, 2. Aufl. 1927, S. 308: „Es gilt unumstößlich die Wahrheit, daß die Rechtsmacht ... jeden beliebigen Rechtsinhalt setzen kann." Zum ganzen auch Arthur Kaufmann/Winfried Hassemer, *Einführung in Rechtsphilosophie und Rechtstheorie der Gegenwart*, 5. Aufl. Heidelberg 1989, S. 84ff.

[509] Zu widersprechen wäre Kelsen auch aus der hiesigen Perspektive allenfalls in der Hinsicht, daß es eben gerade Humanität und Gerechtigkeit wären, die sich durch die unvernünftige Form der Rechtsvernunft hindurch nicht ausdrücken ließen.

[510] vgl. dazu neuerdings wieder zum Beispiel Klaus Adomeit, *Der Rechtspositivismus im Denken von Hans Kelsen und von Gustav Radbruch*, in: JZ 2003, S. 161ff., 163; Hanno Durth, *Der Kampf gegen das Unrecht - Gustav Radbruchs Theorie eines Kulturverfassungsrechts*, Baden-Baden 2001, S. 186ff., mit Bezug auf die These Gustav Radbruchs aus seinem Beitrag *Gesetzliches Unrecht und übergesetzliches Recht*, in: *Süddeutschen Juristenzeitung* 1946, S. 105ff., 107.

[511] *Negative Dialektik*, S. 337.

Rechtspositivismus verschränkt sich hier mit der philosophischen Kritik am erkenntnistheoretischen Positivismus in der negativ-dialektischen Kritik an der allgemeinen Vernunft der Rechtsform.

Es war Adorno schließlich auch nichts mehr als „törichte[r] Scharfsinn", der „über die Allgemeinheit der logischen Apparatur als einsatzbereite Spezialität" verfügte.

> „Der Fortschritt jener Intelligenz hat die Triumphe der positiven Wissenschaft, vermutlich auch die rationalen Rechtssysteme erst ermöglicht ... . Aber indem sie die Qualitäten subsumierend ausschalten, verkümmern ihnen die Organe von Erfahrung. Je ungestörter von Unterbrechungen ihr Denkmechanismus sich dem zu Denkenden gegenüber etabliert, desto mehr entfernt er zugleich sich von der Sache und substituiert sie naiv durch die abgespaltene fetischisierte Methode. Die an ihr bis in ihre Reaktionsweisen hinein sich orientieren, tun es ihr allmählich gleich. Sie kommen zu sich selbst als das gescheite Rindvieh, dem das Wie, der Modus, etwas herauszufinden und nach vorgegebenen Klassen der Begriffsbildung zu organisieren, jegliches Interesse an der sei's auch subjektiv vermittelten Sache verdrängt. Ihr Urteile und Ordnungen werden schließlich so irrelevant wie die angehäuften Fakten, die mit Methode gut sich vertragen. Die Beziehungslosigkeit zur Sache neutralisiert diese. Nichts geht ihr mehr auf; aus nichts vermöchte der sich selbst genügende Scharfsinn mehr zu lesen, daß, was ist, anders sein sollte. Der geistige Defekt wird zum moralischen unmittelbar."[512]

Daß der moralische Defekt eintrat, ist unbestritten. Dieser mußte sich nicht erst in Erlaß und Umsetzung von Rasse- oder Apartheidgesetzen zeigen. Adorno sah ihn auch noch im Rechtsstaat der Bundesrepublik etwa im strafrechtlichen Umgang mit Tötungsdelikten im Straßenverkehr am Werke.

> „ ... wo einst das Sittengesetz waltete, wird nun darüber gewacht, daß man die Verkehrsordnung respektiert; die Voraussetzung dafür, jemanden guten Gewissens umzubringen, ist das grüne Licht der Ampel."[513]

Daß sich der moralische Defekt ansonsten gerade einmal 60 Jahre nach Stillegung der Folterkeller der *Gestapo* und nur 15 Jahre nach derjenigen des *Ministeriums für Staatssicherheit* selbst in Deutschland wieder in den Diskussionen um die Legitimation staatlich organisierter Foltermaßnahmen äußert[514], die dann womöglich formal

---

[512] *Sittlichkeit und Kriminalität*, S. 379f., daß, wie es hieß, der Fortschritt jener Intelligenz die rationalen Rechtssysteme erst ermöglicht habe, macht zugleich auch deutlich, daß die These vom Recht als Urphänomen irrationaler Vernunft nicht als zeitliche, sondern als prototypische verstanden werden muß.

[513] Adorno, *Sexualtabus und Recht heute*, a.a.O., S. 547; vgl. dazu noch näheres weiter unten.

[514] Als der Apologet der modernen Folterdiskussion kann Winfried Brugger gelten. Vgl. ders., *Würde gegen Würde*, in: VBlBW 1995, S. 414ff., 446ff.; ders., *Darf der Staat ausnahmsweise Foltern?*, in: Der Staat 35 (1996), 67; ders., *Vom unbedingten Verbot der Folter zum bedingten Recht auf Folter*, in: JZ 2000, S. 164ff.; oder ders., *Das andere Auge. Folter als zweitschlechteste Lösung*, in: FAZ Nr. 58 v. 10.03.2003, S. 8; vgl. aus der umfassenden kritischen Literatur dazu ausführlich Matthias Jahn, *Das Strafrecht des Staatsnotstandes*, Frankfurt/M. 2004, S. 209ff., 510ff., insbes. 528ff.; ders., *Gute Folter - schlechte Folter*, in: KritV 2004, S. 24ff.; zudem etwa Wolfgang Hecker, *Relativierung des Folterverbots in der BRD?*, in: KJ 2003, 210ff., Folter bedeute einen Rückgriff auf das Mittelalter; Ed-

in Legalität umzusetzen wären[515], gibt zugleich Auskunft über den gegenwärtigen Stand einer Idee von Menschenwürde oder dem, was von ihr *more arithmetico* nach Abzug sogenannter „abwägungsoffener Randzonen des Schutzbereichs", wie es der Verfassungsrechtler *Herdegen* formuliert[516], noch übrigzubleiben droht.

Adorno sah es voraus, daß es eine „Fortsetzung der Foltermethoden" geben würde, auf die, wie er schrieb, „ohnehin das kollektive Unbewußte hofft und auf deren Rationalisierung es lauert".[517] Daß sich auch Juristen in Deutschland wieder hergeben würden, hierfür das dogmatische Rüstzeug zu liefern, ist dann nur als ein zwar spät auftretender, aber nur konsequenter gesellschaftlicher Reflex zu bewerten.

Wenn man dann bei einer auch formellen Rationalisierung der Folter in Fällen, wie etwa in dem des Frankfurter Polizeivizepräsidenten *Daschner*, nicht mehr um die Frage einer Rechtfertigung strafrechtlich tatbestandlichen Verhaltens umhinkäme und dabei nicht auf die allgemeinen Rechtfertigungsgründe - deren Anwen-

---

zard Schmidt-Jortzig, *Die Verallgemeinerung des Außergewöhnlichen*, in: *Internationale Gemeinschaft und Menschenrecht*, Festschrift für Georg Ress, Köln u.a. 2005, S. 1569ff., 1579f.: der Staat zerstörte seine eigene Grundlage, würde der Ausnahmefall der Folter diese „abstrakt autorisieren". Oder Claus Roxin, *Kann staatliche Folter in Ausnahmefällen zulässig oder wenigstens straflos sein?*, in: *Menschengerechtes Strafrecht*, Festschrift für Albin Eser, München 2005, S. 461ff., nach dem sich der Staat nicht mit dem Täter, der die Würde des Opfers verletze, auf eine Stufe stellen dürfe. Folter als legitim anzuerkennen, entwickelte das Folgeproblem der Grenzziehung mit der Gefahr eines Dammbruchs und eines „Rückfalls in die Barbarei". A.a.O., S. 465f.; 467f.

[515] Daß sich die Frage nach der Formalisierung der Folter wieder in der dogmatischen Diskussion findet, zeigt u.a. der Beitrag von Hilgendorf, *Folter im Rechtsstaat?*, in: JZ 2004, S. 331ff., der darauf verweist, daß die „Zulassung" der Folter im Rechtsstaat bedeuten würde, daß „für die Anwendung ... Rechtsregeln erlassen werden" müßten. Außerdem müßten Beamte unter Umständen eine Zusatzausbildung als Folterer absolvieren. Beides sei schon aus historischen Gründen in der Bundesrepublik Deutschland kaum denkbar. Vergleichbar perhorresziert Edzard Schmidt-Jortzig, *Die Verallgemeinerung des Außergewöhnlichen*, in: *Internationale Gemeinschaft und Menschenrecht*, Festschrift für Georg Ress, Köln u.a. 2005, S. 1569ff., 1579, das entstehende Berufsbild des professionellen „Auskunftserzwingers".

[516] Vgl. Matthias Herdegen, in: Maunz/Dürig, Kommentar zum GG, 44. Lieferung 2005, Art. 1, Rn 44. In dessen aus der 42. Lieferung von 2003 stammenden Passagen, die sich in der 44. Lieferung so nicht mehr finden, hieß es in Rn 45 zudem noch, nachdem in den Passagen zuvor die bislang als unantastbar geltende Menschenwürde kunstvoll in einen Würdekern und einen weiteren Schutzbereich auseinander seziert wurde, daß diese „Abschichtung von Würdekern und weiterem Schutzbereich ... auch eine sachgerechte Beurteilung körperlicher und seelischer Eingriffe für präventive Zwecke [ermöglicht]". Im Einzelfall könne es sich daher ergeben, daß „die Androhung oder Zufügung körperlichen Übels, die sonstige Überwindung willentlicher Steuerung oder die Ausforschung unwillkürlicher Vorgänge wegen der auf Lebensrettung gerichteten Finalität eben nicht den Würdeanspruch verletzen". Letzteres aber auch wieder die 44. Lieferung 2005, Rn 45. Damit gibt dann die normlogische Sektion des Schutzbereichs auch wieder die Sektion lebender Körper frei; und „törichter Scharfsinn" könnte sich zu deren Legitimation nun befriedigt der normlogischen Apparatur Herdegens bedienen.

[517] *Negative Dialektik*, S. 283; Folter, die für Max Horkheimer ansonsten den Sinn hatte, den Anpassungsprozeß abweichender Subjektivität an das gesellschaftliche Ganze zu beschleunigen. Vgl. die zustimmende Bemerkung Adornos in: ders., *Erziehung zur Mündigkeit*, in: GS 10/2, S. 684.

dung auf Hoheitsträger bekanntlich streitig ist[518] -, sondern auf öffentlich-rechtliche Befugnisnormen zurückgreifen wollte, könnten Folternormen wenn nicht in Form präventiver Einzelbefugnisse in polizeilichen Landesgesetzen auch in anderer Form erlassen werden: in einer dem Parlamentsvorbehalt genügenden Folterordnung etwa, mitsamt kommentierend zu entwickelnden Definitionen und ministeriell zu erlassenden Durchführungsverordnungen, mündend womöglich in Bund-Länder-Streitigkeiten, wer die Folter nach den Regeln eines freilich nicht zu detailliert ausfallenden *Folterrechtsrahmengesetzes* des Bundes wie durchzusetzen habe.[519] Denn der Formalisierung des moralischen Defekts sind keine Grenzen gesetzt[520], sie waren es, wie die Geschichte lehrt, nie.

---

[518] vgl. neuerdings wieder Edzard Schmidt-Jortzig, *Die Verallgemeinerung des Außergewöhnlichen*, a.a.O., S. 1574 m.w.N.; Claus Roxin, *Kann staatliche Folter in Ausnahmefällen zulässig oder wenigstens straflos sein?*, a.a.O., S. 465f., nach dem die Voraussetzungen der §§ 32, 34 normimmanent ohnehin nicht erfüllt waren, und grundlegend den Überblick über den Meinungsstand bei Sch/Sch-Lenckner/Perron, § 32, Rn 42a ff. und § 34 Rn 7.

[519] zur rationalisierenden, die Wendung etwa von einer Folterordnung vermeidenden Begriffsbildung kann dann problemlos an die Sprachregeln der heimischen Diktatur angeknüpft werden, vgl. dazu etwa Victor Klemperer, *LTI* (Lingua Tertii Imperii), *Notizbuch eines Philologen*, Frankfurt/M. 1975. Daß überhaupt noch offen vom garstigen Begriff der Folter gesprochen wird, dürfte darauf zurückzuführen sein, daß ihr Gedanke noch nicht wieder mehrheitsfähig ist.

[520] Das kürzlich veröffentlichte - Az: 5/27 KLs 7570 Js 203814/03 (4/04), (Urteil vom 20.12.2004) - und in seiner Begründung klare Urteil des LG Frankfurt, in: NJW 10/2005, S. 692ff., mit Anm. von Heinrich Götz, NJW 14/2005, S. 953ff., gegen den Frankfurter Polizeivizepräsidenten Wolfgang Daschner, der wegen seiner Anweisung, Folter anzudrohen, wegen Verleitung zur Nötigung gegenüber dem Kindesentführer Magnus Gäfgen verurteilt wurde, verweist in einer bemerkenswerten Passage auf dieses Problem. Es zitiert, in: NJW 2005, S. 694, den Beitrag von Eric Hilgendorf, *Folter im Rechtsstaat?*, a.a.O., S. 336, der, so das Urteil, davor warne, daß Mißbrauch von Folter im Falle ihrer Formalisierung „nie ausgeschlossen werden könne. Bei einer ‚formalisierten' Folter gäbe es keine rechtlichen Grenzen mehr, und der vermeintliche Täter werde schrankenloser Willkür ausgesetzt". Ähnlich die Bedenken bei Claus Roxin, *Kann staatliche Folter in Ausnahmefällen zulässig oder wenigstens straflos sein?*, a.a.O., S. 467f. Das Urteil verweist damit, wohl ohne es zu merken, auf eine bemerkenswerte Dialektik der Formalisierung, die zum einen nach dem herkömmlichen Verständnis doch gerade rechtsstaatlich geboten wäre, um vereinbarte Grenzen einzuhalten und die Anwendung überprüfbar zu machen. Andererseits eröffnete sie danach aber gerade einer Anerkennung und damit auch der diskursiven Öffnung einen bedenklichen Raum. Nach dieser Lesart wäre gerade ihre Positivierung der Einstieg in eine unbegrenzte Ermöglichung von Folter, die, einmal in die vernünftige und ihren inhumanen Inhalt eskamortierende Form des Rechts gebracht, von ihm selbst nicht mehr eingegrenzt werden könnte. Worin dabei dann die Mißbrauchsgefahr bestünde, ob gerade in der Gefahr der Ausweitung, bleibt offen. Interessant ist indes, daß Hilgendorf dergleichen gar nicht gesagt, das LG Frankfurt dies jedoch so in seinen Beitrag hinein gelesen hat. Dieser äußert sich statt dessen wie folgt: „Die Vorstellung einer ‚formalisierten Folter' erscheint im Übrigen schon deswegen problematisch, weil es für Folter geradezu typisch ist, keine rechtlichen Grenzen anzuerkennen und den Gefolterten der schrankenlosen Willkür des Folterers auszuliefern." A.a.O., S. 336. Folter gewinnt für Hilgendorf gerade ihren Sinn und Nutzen durch die Schrankenlosigkeit und die Ermöglichung von absoluter Willkür gegenüber dem Opfer. Folter wäre ihrem Sinn nach damit *a priori* rechtsfeindlich. Nachzugehen wäre daher dann der Frage, ob die Folter das Recht nach beider Lesart also immer über sich hinaus triebe und sich immer weitere Grenzen schaffte, die das sie einmal anerkannt habende Recht wehrlos nachvollziehen müßte.

Vorerst ist es *Herdegens* Verdienst, diesen Defekt mit seiner jüngsten, zu offensichtlich ausschließlich vom erwünschten Ergebnis her argumentierenden Kommentierung des *Maunz-Dürig* an historisch belasteter, dafür aber nur um so geeigneterer und prominenter Stelle wieder salonfähig gemacht zu haben. Die Menschenwürde, so schreibt in der Reaktion darauf *Böckenförde*, war unantastbar.[521]

ff) deabstract them - mimesis as „law as literature"

Auf weniger spektakulärer Ebene waren die Probleme, die die wohl unstreitige Diagnose der Verkümmerung der Erfahrungsfähigkeiten von Juristen mit sich brachten, schon mehrfach Gegenstand selbstreflexiver Erörterung. Adornos Klage ist hier zweifellos nicht originär. Sie findet schon Vorstreiter, als die in der *Dialektik der Aufklärung* kritisierten Denkmodelle der Aufklärung gerade erst etabliert werden. Schon zu Zeiten der späteren europäischen Renaissance, genauer im Jahre 1708, zu einer Zeit, in der man darum stritt, das systematische gegen das topische Denken im Recht und der Rechtsvermittlung zu etablieren, gab *Gian Battista Vico*, wie von *Theodor Viehweg*[522] eingehender dargelegt, die Folgen zu bedenken, die eine juristische Systembildung und damit die neuen, auf *Bacon* und *Descartes* zurückgehenden Methoden axiomatisch-deduktiver Ableitung hätten.[523] Lägen, wie *Viehweg* die Ausführungen *Vicos* aus dessen dissertatio *de nostri temporis studiorum ratione* übersetzt, zwar die Vorteile der neuen Studienart „in Schärfe und Genauigkeit", so schienen aber „die Nachteile ... zu überwiegen, nämlich Verlust an kluger Einsicht, Verkümmerung der Phantasie und des Gedächtnisses, Dürftigkeit der Sprache, Unreife des Urteils, kurz: Depravierung des Menschlichen".[524]

Diese Frühform einer Juristenausbildungsdiskussion wiederholte sich auch wieder vor nicht allzu langer Zeit in den USA. Von hier aus schwappte Mitte der 90er Jahre des letzten Jahrhunderts wieder einmal die alte Kunde desensibilisierender Abstraktionswirkung nach Deutschland[525], verflüssigte sich dann in der Rezeption des sogenannten law-and-literature Movement, dessen Woge besonders *Klaus Lüderssen* nach Deutschland lenkte[526], bevor sie wieder folgenlos im Sande des systemischen Getriebes der Jurisprudenz verebbte. In diesem Kontext war es *Robert Weisberg*, der im Rahmen der Debatte um den Nutzen von Literatur im Recht darauf verwies,

---

[521] Vgl. Ernst Wolfgang Böckenförde, *Abschied von den Verfassungsvätern: Die Neukommentierung von Art. 1 des Grundgesetzes markiert einen Epochenbruch*, in: FAZ vom 03.09.2003, S. 33; ders., JZ 2003, S. 809ff.; zur Problematik des veränderten Würdeverständnisses, allerdings ohne Bezug auf die Folterdebatte, vgl. auch Friedrich Wilhelm Hufen, *Erosion der Menschenwürde?*, in: JZ 2004, S. 313ff.

[522] ders., *Topik und Jurisprudenz*, 5. Aufl., München 1974.

[523] vgl. die Hinweise auf die von Vico rezipierten Methodendiskussionen des 17. Jahrhunderts von Francis Bacon und René Descartes, die Theodor Viehweg gibt, a.a.O., S. 15, Fn 2.

[524] Theodor Viehweg, *Topik und Jurisprudenz*, a.a.O., S. 15ff., 17.

[525] vgl. den Beitrag von Robert Weisberg, *The Law-Literature Enterprise*, in: Yale Journal of Law and the Humanities I (1988), S. 11ff.

[526] vgl. u.a. ders., *„Law as Literature" als Herausforderung von „Law and Economics"*, in: *Genesis und Geltung in der Jurisprudenz*, Frankfurt/M. 1996, S. 328ff. und *„Law as Literature" oder wenn die Wissenschaft zur Kunst wird: Dekonstruktion in der Jurisprudenz*, a.a.O., S. 349ff.

„we can read literature to better understand concrete human elements to law that conventional legal texts obscure, and thus can use literature to deabstract and >humanize< them".[527]

Dieser These, daß *deabstracting* in einem Kausalzusammenhang mit *humanizing* und *abstracting* in einem mit der Depravierung des Menschlichen stehen, dürfte Adorno unumwunden zugestimmt haben.

Nicht anders zeigt sich die Aktualität Adornitischer Überlegungen in Passagen *Klaus Lüderssens*, die zumindest implizit an Adornos Thesen über Mimesis erinnern, wenn dieser zustimmend *Paul de Mans* Sinnieren über die Kraft narrativer und lyrischer Sprache zitiert, deren „Tropen" sich so viel „erlauben" dürften[528], ohne gleichwohl an Erkenntnisleistung etwas einzubüßen, so daß es doch Sinn machte, über die Ursachen dieses Phänomens nachzudenken, die *Lüderssen* selbst noch nicht zu entziffern vermochte. Es lohnte sich wohl, die These zu diskutieren, ob sich nicht hinter dem erkenntnisfördernden Potential der Tropen jenes durch die rationalen Diskurse verdrängte mimetische Vermögen verbirgt, das sich in narrativer wie lyrischer Sprache zeigt. War doch die Erinnerung, die Adorno wachzuhalten versuchte, gerade diejenige an die erkenntnistheoretischen Potentiale der mimetischen Nische Ästhetik, die sich in seinem nicht mehr vollendeten Spätwerk, der *Ästhetischen Theorie*, ausformuliert finden.[529] Diesen Versuchen wurde lange, zuerst von *Habermas*, entgegengehalten, Wissenschaft danke ab und werde durch die Anleihen an der Literatur selbst zur Kunst, Theorie zur Ästhetik.[530] Daher seien die Diskursebenen strikt zu trennen. Eventuell aber formuliert das law-and-literature-Movement im Kern gar keine andere These als das literarisch vermittelte Eingedenken des Mimetischen in die Abstraktionswelten des juristischen Betriebes. Daß *Lüderssen* einen seiner Beiträge zu *law and literature* mit dem Untertitel „oder wenn die Wissenschaft zur Kunst wird" versehen hat[531], verweist schließlich nicht anders als seine Überlegung, daß „die Juristen bei ihrer Suche nach richtigen Entscheidungen sich der Zugänge versichern sollen, die dem, was Wahrheit sein könnte, durch die Literatur als Kunst eröffnet werden"[532], auf die genannten Parallelen in der Sache. Daß es dabei unmöglich darum gehen kann, Rechtswissenschaft und rechtliche Erkenntnisverfahren mit allem, was daran hängt, durch Kunst und bloß mimetische Vernunft zu ersetzen, kann als Konsens gelten.[533] Auch Adorno hat dergleichen, wie oben dargelegt, nie gefordert.

---

[527] ders., *The Law-Literature Enterprise*, in: Yale Journal of Law and the Humanities I (1988), S. 11ff.

[528] vgl. denselben, *Genesis und Geltung in der Jurisprudenz*, a.a.O., S. 335f., der Paul de Mans *Allegorien des Lesens*, Frankfurt/M. 1988, S. 91ff. zitiert.

[529] vgl. Adorno, *Ästhetische Theorie*, GS Bd. 7.

[530] vgl. nur ders., *Zur Einebnung des Gattungsunterschiedes zwischen Philosophie und Literatur*, in: *Der philosophische Diskurs der Moderne*, Frankfurt/M. 1985, S. 219ff.

[531] vgl. ders., *>Law as Literature< oder wenn die Wissenschaft zur Kunst wird: Dekonstruktion und Jurisprudenz*, in: *Genesis und Geltung*, Frankfurt/M. 1996, S. 349ff.

[532] Lüderssen, *„Law as Literature" als Herausforderung von „Law and Economics"*, in: *Genesis und Geltung in der Jurisprudenz*, Frankfurt/M. 1996, S. 328ff., 343.

[533] auch wenn man bei Klaus Lüderssen mitunter in der Tat anderes, beinahe Radikaleres vermuten kann. Vgl. seinen Beitrag über *Das Auge der Denunziantin*, der sich mit der Erkenntnisleistung

gg) Ideologien des Inhalts

Der geschilderten Unwahrheit des Rechts seiner bloßen Form nach, die unmittelbar in Unrecht gegenüber dem Einzelfall umschlagen konnte, korrespondierte inhaltlich zum einen die Klassenjustiz und das bürgerliche Klassenrecht, das die Produktionsverhältnisse zementierte, und die, vermittelt über das Postulat rechtlich-formaler Gleichheit, die Idee der Gleichheit zur Unwahrheit, zu einem Mythos werden ließen. Dazu sogleich im Abschnitt aaa). Zum anderen wurde es aber auch dadurch zu Unwahrheit, als die für Adorno positiven Wissenschaften, vor allem die der Psychologie und der Soziologie, diverse Ansichten des juristischen Betriebes überholt hatten, an denen dieser aber auch in Form seiner selbstgemachten Begriffe unbeirrt festhielt, dabei machtbewußt auf das Recht eigener Begriffsbildung und damit auch eigener Auffassungen pochend. Dazu dann im Abschnitt bbb).

aaa) Klasseninhalt und Klassenjustiz

Adorno ließ nämlich bei aller abstrakten Kritik an der von politischen Inhalten unabhängigen formalen Herrschaft des Rechts[534] auch keinen Zweifel an seinem, jedenfalls in bürgerlichen Gesellschaften, die kapitalistische Gesellschaftsordnung als spezifische Herrschaftsform reproduzierenden Charakter, den es dort als bürgerliches Recht einer kapitalistisch strukturierten Gesellschaft annahm: Zwar

---

von Caravaggios *Negazione di Pietro* befaßt, in: FAZ vom 12.01.05, S. 42, in dem er am Ende dazu rät, eher das Gemälde und insbesondere den freilich eindringlichen Blick der dargestellten Denunziantin zu studieren, als an einer zeitraubenden wissenschaftlichen Fortbildungsveranstaltung zum Thema der Denunziation teilzunehmen, denn das Gemälde leiste „vielleicht, was in der empirischen Sozialforschung [zum Phänomen der Denunziation; V.R.] vermißt" werde. Es bedarf aber keiner näheren Erörterung, daß Lüderssen dasjenige, was er aus dem Bild herauszulesen vermag, zuvor ganz diskursiv vermittelt aus der einschlägigen kriminologischen und historischen Literatur rezipiert hat. Wenn dieser Diskurs also mehr als nur ein schöngeistiges Spiel werden soll, muß die Erkenntnisleistung mimetischer Vernunft ernsthaft reflektiert und auch theoretisch formuliert werden. Sie sollte zudem nicht nur auf Tagungen erörtert werden, sondern auch stofflichen Eingang in den universitären Lehrbetrieb finden.

[534] die ihm, nicht anders als seine ungleich weniger starke Kritik am Stalinismus und am real existierenden Sozialismus, den Status eines „linksbürgerlichen" Philosophen einbrachte, vgl. etwa Georg Klaus/Manfred Buhr (Hg.) *Philosophisches Wörterbuch*, Band 1, 12. Aufl. Berlin 1974, der „spätbürgerliche Ideologie" betreibe, die die Kritik am Kapitalismus „objektiv in die Apologie des ‚Bestehenden', d.h. des gegenwärtigen Kapitalismus, münden läßt". A.a.O., S. 419; und dessen Negative Dialektik „die neoromantische Empörung gegen die Wissenschaft" verkünde und daher „keine Alternative zur spätbürgerlichen Philosophie" sei. A.a.O., S. 858. Vgl. dagegen die Kritik am Sozialismus in der *Negativen Dialektik*, S.360, wo Adorno von der „administrativen Barbarei der Funktionäre" spricht und davon, daß „die östlichen Staaten ... die Kultur abgeschafft" und „als pures Herrschaftsmittel in Schund verwandelt" hätten. Beispielhaft dafür auch a.a.O., S. 204f.: „Theoretische Staatsmaschinerien verschanzen unterm fadenscheinigen Vorwand einer bald fünfzig Jahre währenden Diktatur des längst verwalteten Proletariats sich als Dauerinstitution, Hohn auf die Theorie, die sie im Munde führen. ... Materialismus wird zum Rückfall in die Barbarei, den er verhindern sollte." Zugleich wird hier die „Herrschaft der Planwirtschaft" von ihm mit „Staatskapitalismus" gleichgesetzt. A.a.O., S. 316.

drücke es auch „[s]chon der bloßen Form nach, noch vor Klasseninhalt und Klassenjustiz, ... Herrschaft ... aus“[535], aber Klassenrecht beinhalte es eben auch.

So war es ihm der kritisierte Gleichbehandlungsgrundsatz, durch dessen Postulat rechtlicher Gleichheit hindurch die Gefahr entstand, so formuliert Adorno es nun wieder vor dem Hintergrund der Gesellschaftstheorie, daß die bestehenden Differenzen, zum Beispiel die sozialen Gegensätze, nicht mehr im Spiegel der Norm thematisiert werden konnten und damit gerade in gesellschaftlicher Praxis zementiert wurden. Die nivellierende Tendenz der Vernunft drückte sich erst in diesem Rechtsgrundsatz als zu sich selbst gekommene Vernunft aus, und mußte dann indes - wie alle nivellierende Vernunft - wieder mythologisch werden.

Weil im Recht das „formale Äquivalenzprinzip zur Norm“ werde und es alles „über denselben Leisten“ schlage, leiste „solche Gleichheit, in der die Differenzen untergehen, ... geheim der Ungleichheit Vorschub“.[536] So hieß es etwa in dem Beitrag zu *Karl Kraus' Sittlichkeit und Kriminalität*, daß das Recht soziales Unrecht schaffte, indem es eben nur eine „unfreie Gleichheit“ voraussetzte.[537] Recht galt ihm bereits insofern als Instrument, nur noch einen bloßen Mythos von Gleichheit am Leben zu erhalten.[538] Seine allgemeine Form indes reproduzierte die in Wahr-

---

[535] Genau das brachte ihm im Westen den Status eines gefährlichen marxistischen Staatsfeindes und Terroristen ein, wobei seine Kritik am realen und wissenschaftlichen Sozialismus, am Marxismus in seiner leninistischen Form oder auch am SDS und an einer bloß aktionistischen Studentenbewegung gegenüber eben nicht berücksichtigt wurde. Vgl. den Bericht von Wolfgang Pohrt, *Der Staatsfeind auf dem Lehrstuhl*, in: *Hamburger Adorno-Symposion*, Lüneburg 1984, S. 47ff., und die Nachweise bei Wiggershaus, a.a.O., S. 727. Ähnlich einseitige Betrachtungen kann man aber auch heute noch finden. So heißt es bei Jochen Bung, a.a.O., S. 13, daß Adorno das Recht in seiner Einschätzung aus der *Negativen Dialektik*, insbes. auf S. 305, zum bloßen Erfüllungsgehilfen des Kapitalismus abkanzele. Das aber gibt der Text dort nicht her. Adorno spricht hier nicht einmal von Kapitalismus. Daß freilich der oben zitierte Begriff vom Klasseninhalt des Rechts und der von der Klassenjustiz darauf verweist, daß das Recht der bürgerlichen Gesellschaft auch die Funktion habe, das Eigentum an Produktionsmitteln zu schützen, wird so wenig niemand bestreiten wollen wie die Tatsache selbst. Darauf aber kam es Adorno, wie geschildert, gar nicht in erster Linie an. Vielmehr übte Recht noch vor diesen Inhalten Herrschaft seiner bloßen Form wegen aus und das trifft freilich auch das Recht des kritisierten Sozialismus des Ostblocks wie generell jedes positive Recht. Auch daß die Tendenz des Rechts, den Anspruch der Billigkeit niederzuschlagen, einen Sinnes sei mit dem ökonomischen Prozeß, der die Einzelinteressen auf den Generalnenner einer Totalität kürze, so Adorno, a.a.O., gilt gewiß nicht nur für das Recht bürgerlicher Gesellschaft. Daß Adorno freilich von beiden Lagern meist wechselseitig dem anderen zugerechnet wurde, mag ein Hinweis darauf sein, daß er mit dem, was er dachte, zumeist einen objektiven Kern traf.

[536] *Negative Dialektik*, S. 305.

[537] Adorno, *Sittlichkeit und Kriminalität*, GS Bd. 11, S. 367.

[538] Weil freilich die bürgerliche Gesellschaft ihre Subjekte immer auch zur Totalität des Produktionsprozesses verhalten und auf das Prinzip der Selbsterhaltung einschwören mußte, wurde die Institution Recht in der diesen Mechanismus noch stärker reflektierenden *Dialektik der Aufklärung* auch unter der Perspektive der Nivellierung der Individualität der Subjekte betrachtet. Das Gleichheitspostulat des Rechts wurde hier als ein Fetisch betrachtet, der innerhalb der Ungleichheit ausmerzenden Gesellschaft einen Legitimationscharakter erhielt. Vgl. *Dialektik der Aufklärung*, S. 33. Dort heißt es: „Den Menschen wurde ihr Selbst als ein je eigenes, von allen anderen verschiedenes geschenkt, damit es desto sicherer zum gleichen werde. ... Die Einheit des manipulierten Kollektivs besteht in der Negation jedes Einzelnen, es ist ... Triumph der repressiven

heit bestehende gesellschaftliche Ungleichheit[539] mit, denn „Formalisierung ist gegenüber dem Klassenverhältnis kein Neutraleres. Durch Abstraktion, die logische Hierarchie der Allgemeinheitsstufen, reproduziert es sich, und zwar auch dort, wo Herrschaftsverhältnisse hinter demokratischen Prozeduren sich zu tarnen veranlaßt werden."[540] Recht war mithin ein „nachlebender Mythos inmitten einer nur zum Schein entmythologisierten Menschheit".[541]

Er ließ also keinen Zweifel daran, daß auch die konkreten Inhalte des Rechts „Klassenrecht" und ihre Umsetzung „Klassenjustiz" darstellten, die der Reproduktion und Sicherung des bürgerlichen Eigentumsrechts dienten. Dieses „natürliche Recht"[542] war ihm, weil angehäuft durch das gesellschaftliche Enteigungsmedium der Hierarchie, die seit „je Zwangsorganisation zur Aneignung fremder Arbeit"[543] war, auch nur Produkt der - marxistisch gesprochen - privaten Aneignung des produzierten Mehrwerts, letztlich also „verjährtes historisches Unrecht".[544] Aber in die

---

Egalität, die Entfaltung der Gleichheit des Rechts zum Unrecht der Gleichen." A.a.O., S. 29. Gleichheit galt als Medium der Abstraktion von Differenz und wurde zum Fetisch, der nichts Abweichendes duldete, nichts mehr, was „draußen" war. „Es darf überhaupt nichts mehr draußen sein, weil die bloße Vorstellung des Draußen die eigentliche Quelle der Angst ist." A.a.O., S. 31f. Wie der Schamane das „Gefährliche durch dessen Bild" bannte, a.a.O., S. 32, so versuchte es auch das Recht, das alles nach seinem gleichem Maß nivellierte. Damit aber geht „Gerechtigkeit ... unter in Recht". A.a.O. Recht entstammte damit aber aus der Unfreiheit einer Gesellschaft, die den Schrecken der Natur nicht verarbeitet hatte. „Die Binde über den Augen der Justitia bedeutet nicht bloß, daß ins Recht nicht eingegriffen werden soll, sondern daß es nicht aus Freiheit stammt." A.a.O., S. 33.

[539] die freilich auch im (noch) sozialstaatlich domestizierten Kapitalismus der Bundesrepublik bis heute angehalten und in den letzten beiden Jahrzehnten zugenommen hat, vgl. statt vieler Belege für die fehlende Gleichheit und damit auch Chancengleichheit nur die beiden letzten hinlänglich diskutierten Pisa-Studien; vgl. zur Studie von 2000 Deutsches Pisa-Konsortium (Hg.), *Pisa 2000*, Opladen 2001, nach denen doch das gut gemeint naive Gerede von der Chancengleichheit am Start ein für allemal ad acta gelegt werden könnte, um es nur um so stärker einzufordern. Schon vor über 30 Jahren wiesen übrigens Pierre Bourdieu und Jean-Claude Passeron, *Die Illusion der Chancengleichheit*, Stuttgart 1971, das bloß noch Mythische der Gleichheitsidee für Frankreich nach. In dem neuesten Armutsbericht der Bundesregierung aus dem Jahr 2004 zeigt sich der Mythos genauso wieder wie in dem kürzlich, im März 2005, vorgelegten Bericht von *Unicef* über den Anstieg insbesondere der Kinderarmut in Deutschland, wo inzwischen über 1, 5 Mio. Kinder und Jugendliche unter 18 Jahren von Sozialhilfe leben müssen. Neueste Daten des *Paritätischen Wohlfahrtsverbands* in Deutschland bestätigen das. Danach gelten knapp 15% aller Kinder in Deutschland (ca. 23% im Osten) als arm. Diese, die von Beginn ihres Leben an von nahezu allen sozialen Teilhabechancen ausgeschlossen sein werden, werden uns später wieder begegnen, wenn unter dem Topos ätiologischer Kriminalitätstheorien kurz auf die sozialstrukturellen Theorien Bezug genommen wird.

[540] *Negative Dialektik*, S. 303.

[541] *Negative Dialektik*, S. 304.

[542] Adorno, *Reflexionen zur Klassentheorie*, GS Bd. 8, S. 373ff., 373.

[543] Adorno, *Reflexionen zur Klassentheorie*, a.a.O., S. 373.

[544] *Reflexionen zur Klassentheorie*, a.a.O., S. 373., inwiefern für diese These auch die historischen Überlegungen von Karl Marx über *Die sogenannte ursprüngliche Akkumulation*, vgl. ders., Marx-Engels-Werke Bd. 23, *Das Kapital*, S. 741ff., also der Aneignung feudaler und kirchlicher Güter durch das Bürgertum und die damit verbundene Expropriierung der Bauern und ihre „Freisetzung" als Proletariat eine Rolle spielten, ist unklar. Daß Adorno aber an der fraglichen Stelle in

bürgerliche Rechtswelt wanderte es mit dem bereits gesellschaftsvertraglich gesicherten Odium eines Naturrechts ein.[545]

Die Verkrüppelung der Rechtsidee zu einem bloßen Mythos von Gerechtigkeit, Gleichheit und Vernunft[546] sah Adorno aber auch schon in den Ideologien bestätigt, die *Hegel* zum bürgerlichen Recht entworfen hatte. Dieser habe, so Adorno, bereits sehr genau gewußt, daß die Antagonismen der bürgerlichen Gesellschaft zu groß seien, um sie noch in der Norm und dem Gleichheitspostulat schlichten zu können.[547] Und so habe er „die Ideologie des positiven Rechts [geliefert], weil es ihrer, in der bereits sichtbar antagonistischen Gesellschaft, am dringendsten bedurfte“[548]. Daß *Hegel* gleichwohl in der oben zitierten Passage aus seiner Rechtsphilosophie eingeräumt habe, daß die subjektive Überzeugung und das subjektive Gefühl von Recht das allgemeine Gesetz „mit Grund als das sich feindseligste ansieht“, offenbarte nach Adorno nicht nur den ideologischen Charakter der Rechtslehre *Hegels*, der die Unschlichtbarkeit der Widersprüche „viel zu gründlich erfahren“ habe[549], sondern auch das Eingeständnis gegen die andere Beteuerung, das ihm daher „wie mit philosophischer Fehlleistung in die Feder gekommen“[550] sei.

bbb) überholte „selbstgemachte Begriffe“

Wenn Adorno ansonsten, wie gezeigt, davon sprach, daß die Jurisprudenz, diese geschilderte ideologische Welt des positiven Rechts, ein System „selbstgemachter Begriffe“ entwickelt habe, das sie vor den Lebensprozeß der Gesellschaft schöbe[551], und auch an anderer Stelle von dem juristischen Bereich als einem „klappernden Betrieb selbstgemachter Begriffe“ die Rede ist[552], dann meinte er mit jener Wendung von den „*selbstgemachten* Begriffen“ aber mehr als nur solche aus der dogmatischen Praxis geläufigen, hier beispielhaft ausgewählten Wortungetüme wie „Vorsatzschuldvorwurf“, „Verfügungsbewußtsein“, „Sachgedankliches Mitbewußtsein“, „unbeendeter Versuch“ oder „Aufhebung der tatsächlichen Sachherrschaft“, also mehr als im faktischen Sinne bloße Produkte eines autonomen semantischen Produktionsprozesses. Darauf verweist eine Stelle in den *Vorlesungen*, die sich der Genese und den Formen des sogenannten verdinglichten Bewußtseins widmete.[553] „Selbstgemachte Begriffe“ waren diesen Überlegungen zufolge jene Begriffe, die Objekte einer bedenklichen Fetischisierung darstellten. Sie traten seiner Auffassung zufolge an die Stelle der transzendentalen metaphysischen oder logisch absoluten

---

den *Reflexionen zur Klassentheorie*, S. 373, unmittelbar auf Marx' *Kritik der politischen Ökonomie* zu sprechen kommt, läßt diese Überlegung naheliegen.

[545] *Reflexionen zur Klassentheorie*, a.a.O.

[546] so auch Becker, a.a.O., S. 213, „Recht geht ... nur noch als Mythos der Gerechtigkeit in die Geschichte ein.“

[547] vgl. *Negative Dialektik*, S. 305.

[548] *Negative Dialektik*, S. 303.

[549] *Negative Dialektik*, S. 305.

[550] *Negative Dialektik*, S. 304.

[551] *Negative Dialektik*, S. 305.

[552] *Sexualtabus und Recht heute*, S. 551.

[553] vgl. die *Vorlesungen*, S. 42f.

Kategorien[554], die vom Prozeß der Aufklärung eingeholt und, wenn man so will, durch den gesellschaftlichen Prozeß ihrer Unwahrheit überführt worden waren. Die Sehnsucht aber nach dem transzendentalen, dem absoluten Begriff sah Adorno in schlicht säkulare Begriffe eingewandert, die ihrerseits ein solch transzendentales Versprechen gar nicht mehr gaben. Diese Begriffe unterlagen um der Erfüllung jenes unerfüllbaren Versprechens willen der beschriebenen Tendenz des identifizierenden Denkens zur Verdinglichung.[555] Und das meinte, wie gezeigt, daß das Bewußtsein sie nicht mehr in Frage, sondern still stellte und als wahr akzeptierte. Diese Tendenz, so Adorno,

> „könnte man selbstverständlich gesellschaftlich und auch geschichtsphilosophisch sehr weit zurückverfolgen. Ihr Hauptgrund ist sicher gerade der unwiderrufliche Verlust an absolut bindenden einheitlichen Kategorien. Je weniger also an sogenanntem Substantiellen, an Unbefragtem dem Bewußtsein mehr vorgegeben ist, desto mehr tendiert es – gewissermaßen kompensatorisch; um das auszugleichen – dazu, Begriffe, die selbst gemacht sind, die also gar nichts dem Bewußtsein gegenüber Transzendentes haben, in dieser Weise im wörtlichsten Sinne zu fetischisieren, das heißt, das Selbstgemachte zu verabsolutieren."[556]

Fetischisierung meinte in dem von Adorno apostrophierten „wörtlichen Sinne" wohl den religiösen Fetisch, das Anbeten eines bestimmten verabsolutierten Objektes. Legt man aber den Kontext zugrunde, dürfte sich, neben dem *Marx*schen Begriff des Warenfetischs, auch der psychoanalytische Begriff vom Fetisch dazu vermengen, was insbesondere aufgrund Adornos umfassender psychoanalytischer Bezüge[557] naheliegt. Dies erklärte auch, warum er den kompensatorischen Charakter wie geschehen hervorhebt.

---

[554] vgl. zu den Kategorienlehren der Philosophiegeschichte: Joachim Ritter und Karlfried Gründer (Hg.), *Historisches Wörterbuch der Philosophiegeschichte*, Band 4, Basel 1976, Sp. 714ff.; Jürgen Mittelstraß (Hg.), *Enzyklopädie Philosophie und Wissenschaftstheorie*, Band 2, Mannheim/Wien/Zürich 1984, S. 368f.

[555] *Vorlesungen*, S. 42.

[556] *Vorlesungen*, a.a.O., S. 43; ähnlich auch in *Negative Dialektik*, S. 91f., und insbesondere a.a.O., S. 339, wo der Marxsche Fetischbegriff betont wird. Von Begriffsfetischen spricht Adorno bereits in seinen phänomenologiekritischen Studien zu Husserl, *Zur Metakritik der Erkenntnistheorie*, GS Bd. 5, S. 196ff. Adorno kritisiert hier, daß Husserls Phänomenologie, die zwar die Begriffsfetische mit dem Blick auf die Sachen selbst durchbrechen will, sich des Rechts zu Denken begebe und sich „zur ‚Deskription'" bescheide. A.a.O., S. 197.

[557] Viele seiner Arbeiten widmen sich entweder unmittelbar der zeitgenössischen Entwicklung der Psychoanalyse oder sind durchzogen von psychoanalytisch motivierten Partien. Sie können hier nicht gesondert aufgeführt werden. Vgl. aber an psychoanalytisch fundierten Einzelarbeiten etwa den frühen aus der zurückgezogenen Habilitationsschrift über *Die Erkenntnis des Unbewußten und die psychoanalytische Methode*, in: Philosophische Frühschriften, GS Band 1, S. 224ff.; vgl. zudem die Studienauswertung über *Schuld und Abwehr*, in: Soziologische Schriften II, GS Bd. 9/2, S. 121ff., oder die Essays *Die revidierte Psychoanalyse*, in: Soziologische Schriften I, GS 8, S. 20ff.; *Zum Verhältnis von Soziologie und Psychologie*, a.a.O., GS 8, S. 42ff., und zur Rezeption der Psychoanalyse durch Adorno und Horkheimer zum Beispiel für die Dialektik der Aufklärung Konstantinos Rantis, *Psychoanalyse und „Dialektik der Aufklärung"*, Lüneburg 2001.

Fetischisierung meinte bei *Freud*[558], und diese Sicht hat sich in der Psychoanalyse bis heute gehalten[559], die Besetzung eines Objektes mit den Wünschen und Vorstellungen, die einem anderen, verlorengegangenen Objekt galten, von dem eine Ablösung nicht gelang. Damit verbunden ist immer eine Regression.[560] Fetische wirken also, wie Adorno es hinsichtlich des Begriffs hier selbst formuliert, in der dargestellten Form kompensatorisch. Sie stellen ausgleichende Objekte dar, dienen als sogenannte Ersatzobjekte. Die schlichte Übertragung der Vorstellungen und Wünsche auf das Ersatzobjekt erspart dem Übertragenden die auseinandersetzende Arbeit, die zur Anerkennung der Realität führte, und verhält ihn in just derjenigen Position, die er schon dem Objekt gegenüber einnahm als einem neurotischen Kompromiß. Statt sich von den Objekten abzulösen, hier also von den Wahrheit verkörpernden Begriffen, was allein die Gewinnung von Autonomie in der Realität gegenüber ihrer veränderten Gestalt ermöglichte, werden die Fetische zu Momenten, die einen mündigen Umgang mit der veränderten Realität verhindern.[561]

Derjenige, der den „selbstgemachten" Begriff fetischisiert, verbleibt mithin in der passiven und letztlich auch unmündigen, historisch regressiven Haltung, die das Subjekt gegenüber den absoluten Kategorien eingenommen hatte. Sie stehen ihm weiterhin, als wiewohl gesellschaftlich, durch fremde Erfahrung vermittelte[562], in dieser gesellschaftlichen Vermittlung unvermittelt gegenüber. Diesen Schein von Unmittelbarkeit bezeichnet Adorno als Bann der menschlichen Erfahrung, der „das Äquivalent des Fetischcharakters der Ware" sei, so daß hier eben auch der *Marx*sche Begriff vom Warenfetisch zu seiner Bedeutung gelangt.[563]

---

558 Früh, noch unter starker Betonung des Sexualtriebs und des vermuteten Kastrationsschocks beim Anblick der genitallosen Mutter Sigmund Freud, *Neurosenlehre* (1927), in: Studienausgabe, Frankfurt/M. 2000, Bd. III, *Psychologie des Unbewußten*, S. 381ff.; hier wird bereits deutlich, daß Fetische ein Ersatz einer bestimmten libidinös besetzten Vorstellung bilden, von der in einem Kompromiß nicht völlig abgegangen wird. Der Fetisch als Objekt ersetze den vermißten Penis des Weibes. Statt diese Vorstellung aufzugeben, werde der Fetisch dazu bestimmt, diese Vorstellung vor ihrem Untergang zu behüten. Vgl. a.a.O., S. 383f.; Folge sei eine Verleugnung der Realität, die den gebildeten Begriffen von ihr nicht entspricht, die aber zugleich beruhigende Befriedigung schafft.

559 Vgl. neuerdings Stavros Mentzos, *Neurotische Konfliktverarbeitung: Einführung in die psychoanalytische Neurosenlehre unter Berücksichtigung neuer Perspektiven*, Frankfurt/M. 2003, S. 205, 209f.; Jean Laplanche und Jean-Bertrand Pontalis, *Das Vokabular der Psychoanalyse*, Frankfurt/M. 1973, S. 377ff.

560 vgl. Jean Laplanche und Jean-Bertrand Pontalis, a.a.O., S. 379, gemeint ist die Regression der Libido auf eine Stufe früher Fixierung.

561 Freud, a.a.O., spricht von Verleugnung der Realität und Spaltung des Subjekts, das verleugnet. Mentzos, a.a.O., S. 210, hebt dabei den Erfahrung reduzierenden Charakter hervor: das „ganze", reife Objekt, bzw. die vollständige Beziehung werde zugunsten des Partiellen vermieden; Jean Laplanche und Jean-Bertrand Pontalis, a.a.O., S. 381, wiederum mit Hervorhebung der Realitäts- und Erfahrungsverleugnung.

562 Adorno spreche deshalb von Begriffsfetischen, so Scheible, *Theodor W. Adorno*, a.a.O., S. 80, weil „hinter ihrer Festigkeit und scheinbaren Beständigkeit der Prozeß ihrer Entstehung aus gesellschaftlicher Arbeit verschwindet".

563 Auf diesen legt Scheible, *Theodor W. Adorno*, a.a.O., S. 80f., sein Hauptgewicht, wenn er die Wendung der fetischisierten Begriffe erläutert. Marx' Begriff des Fetischs ist entnommen der „Nebelregion der religiösen Welt", auf den er zur Erläuterung des Geheimnisses der Ware Bezug nahm. Vgl. Marx, *Der Fetischcharakter der Ware und sein Geheimnis*, in: MEW, Band 23, S. 85ff., 86:

Unter diesem Bann bleibt es schließlich dabei, daß die durch den Begriff vorgegebene Wahrheit vom Subjekt als absolut akzeptiert und nicht mehr hinterfragt, nicht mehr der Erfahrung nachgestrebt wird, ob die Sache ihrem Begriff auch entspricht. Mit der unreflektierten Akzeptanz der das Phänomen präformierenden begrifflichen Maske wird daher jede eigene geistige Erfahrung im Umgang mit Begriff und Sache verhindert. Auch das Selbstgemachte und damit auch der selbstgemachte Begriff werde daher wieder, so Adorno, zu einem absoluten „An sich, aus dem das Subjekt nicht mehr hinaus" gelange.[564]

Auch insofern, als selbst der selbstgemachte Begriff des juristischen Bereichs wieder zu einer absolut bindenden Kategorie gerinnt, im Eingangsfall sind das etwa die Begriffe des „Verfügungsbewußtseins", des „Einverständnisses", der „Konkretisierung" des Gegenstandes oder seiner „Individualisierung" gewesen, wird juristische Sprache unweigerlich zu verdinglichter Sprache[565], mit der „die Welt auf ein präfabriziertes System von Kategorien"[566] reduziert wird. Ihre Begriffe erhalten den Charakter absoluter, jedenfalls die Entscheidungsfindung leitender Wahrheit und konservieren so die überwunden geglaubte gesellschaftliche Funktion, die die absoluten Begriffe der Kategorienlehren etwa der idealistischen Philosophie einnahmen. Denn diese vermittelten, so Adorno, den Glauben an absolute Gewißheiten, daran, „das Sichere der Erkenntnis in den Händen zu haben"[567]. Im Bereich des Juristischen wäre das dann das Sichere für den Erkenntnisprozeß der Rechtsfindung.

Statt indes mündig gegen die Begriffe andenken zu können, verbleibt der sich ihnen Unterwerfende in der passiven Haltung des Offenbarungsgläubigen. Die womöglich erforderliche Trauerarbeit um den Verlust bindender Kategorien, durch

---

Schon hier „scheinen die Produkte des menschlichen Kopfes mit eignem Leben begabte, untereinander und mit den Menschen in Verhältnis stehende selbständige Gestalten". Marx zufolge wird dem produzierten Gegenstand, der auf dem Markt einen Tauschwert und seinen Charakter als Ware erhält, mit diesem zugleich jener mythische, naturwüchsige Charakter zugeschrieben, den auch die religiösen Fetische verkörperten. Denn durch die Warenform hindurch wird ihre Herstellung im persönlichen Arbeitsprozeß nicht mehr erkennbar. Diesen eigenen Charakter, der bedingt ist durch die Abstraktion der persönlichen Arbeit zum abstrakten Tauschwert, nennt Marx den Fetischcharakter, der der Ware den Schein unmittelbarer Naturgegebenheit verleiht. Auch ihr klebe somit ebenfalls ein absolutes, subjektunabhängiges Moment an, das aber nur Produkt des Kopfes sei, vgl. Marx, a.a.O., S. 88ff. Vgl. insoweit auch den zustimmenden Bezug Adornos auf Marx etwa im *Jargon der Eigentlichkeit*, a.a.O., S. 454.

564 *Negative Dialektik*, S. 339.

565 so auch, allerdings ohne nähere Erläuterung, Klaus Günther, *Sprache und Recht*, unveröffentl. Ms.

566 Adorno, *Vorlesungen*, a.a.O., S. 113.

567 Vgl. etwa die Kritik Adornos in bezug auf die Kategorienlehre Kants in den *Vorlesungen*, a.a.O., S. 119: „Kurz, dieser Anspruch, daß man mit einem endlichen Kategoriensystem - denken Sie dabei zunächst einmal nur an die Kantische Kategorientafel, von der schließlich die Hegelsche >Logik< nicht durch so einen Abgrund getrennt ist, wie es Hegel wohl passen würde -, daß man also mit einer solchen Kategorientafel nun das Sichere der Erkenntnis in den Händen habe und andererseits damit von allen Fragen dispensiert sei, die darüber hinaus gehen; ... ich glaube, es ist keine große Zumutung, wenn ich sage, daß eben dieser Anspruch kassiert werden müßte." Ähnlich auch in der *Negativen Dialektik*, S. 24f.

die die Chance zur Autonomie gegenüber Begriffen entstünde, unterbleibt. Aufklärung gerät dadurch aber gerade in die Gefahr, wieder in Mythologie umzuschlagen und zurückzufallen; und das gilt eben auch im Bereich des Juristischen, das sich von zahlreichen seiner selbstgemachten Begriffe trotz längst möglicher besserer Einsicht nicht lösen wollte oder keine Distanz mehr zu ihnen finden kann.[568]

Die wohl auch etwas trotzig Pochendes verkörpernden Reaktionen aus der Strafrechtswissenschaft, die zum Beispiel *Claus Roxin* in seinem zwischen kausaler und finaler Handlungslehre vermittelnden Beitrag „Zur Kritik der finalen Handlungslehre" anführt[569], die den Zumutungen der Philosophie ans Strafrecht entgegneten, man habe schließlich das Recht auf eigene Begriffe[570] - woher auch immer abgeleitet -, können das andeuten. Nicht minder die befremdliche Überfremdungsthese *Bockelmanns*[571], der, ganz affirmativ die alte Wendung *Bindings*[572] aufgreifend, die „esoterische Moral und esoterische Psychologie des Strafrechts" beschwor und noch 1968 erleichtert feststellen zu können glaubte, diese seien „gegen Antastungen aus rechtsfremden Bereichen gefeit"[573], womit wieder die nicht esoterische Psychologie gemeint war, und auch „vor Überfremdungsversuchen sicher".[574] Strafrecht hatte sich nach dieser für Adorno zeitgenössischen Auffassung mithin keinesfalls an wissenschaftlichen Erkenntnissen zu orientieren, sondern „bildet seine Begriffe nach Maßgabe des Zwecks, zu dessen Erreichung sie dienen sollen". Und dieser Zweck sei „die Etablierung einer rationalen Ordnung des gesellschaftlichen Lebens"[575]. Von welcher Rationalität aber eine solche Ordnung war und sein mag, die durch eine esoterische Jurisprudenz geprägt bleibt, ist zweifelhaft. Wie inmitten eines solchen Begriffes von Ratio die Dialektik der Aufklärung wieder erkennbar

---

[568] Ein solches Beispiel liefert dann unten Kapitel IV B), Abschnitt a).

[569] vgl. Claus Roxin, *Zur Kritik der finalen Handlungslehre*, in: ZStW 74 (1962), S. 516ff., 523.

[570] Roxin, *Zur Kritik der finalen Handlungslehre*, a.a.O., S. 523: Es werde entgegengehalten, daß man, insbesondere „der Gesetzgeber in seinen Begriffsbildungen und Regelungen völlig frei sei. So sagt man etwa, der finale Handlungsbegriff sei wohl ontologisch oder philosophisch richtig ..., aber der rechtliche Handlungsbegriff sei ein anderer. Oder man schiebt die Frage nach dem vorrechtlichen Wesen des Vorsatzes oder der Teilnahme beiseite und sagt, daß jedenfalls niemand den Gesetzgeber hindere, den Vorsatz im Rechtssinne nur als dolus malus zu verstehen oder eine Teilnahme an unvorsätzlicher Tat zuzulassen." Das möge alles wahr sein, antwortet Roxin, um dann zu bedenken zu geben, was heute etwa für die Diskussion um die Willensfreiheit nicht anders gelten kann: „Nur wird oft übersehen, daß dieser Gegenstandpunkt zunächst nicht mehr als eine These ohne Begründung darstellt. Wenn es nämlich wirklich ein der Rechtsordnung vorgelagertes Wesen der Handlung, des Vorsatzes, der Teilnahme gibt, dann ist nur schwer der Schluß abzuweisen, daß der Gesetzgeber, wenn er sich an sie nicht hält, andere Dinge behandelt als er zu regeln glaubt. Wenn ein Baumeister die Gesetze der Statik nicht beachtet, wird das Haus einstürzen. Warum sollte nicht eine Rechtsregelung, die vorgegebene Sachgesetze mißachtet, falsch sein?"

[571] Paul Bockelmann, *Bemerkungen über das Verhältnis des Strafrechts zur Moral und zur Psychologie*, in: Herbert Jäger (Hg.), *Kriminologie im Strafprozeß*, Frankfurt/M. 1980, S. 11ff., zuerst veröffentlicht in: Arthur Kaufmann (Hg.), Gedächtnisschrift für Gustav Radbruch, Göttingen 1968, S. 252ff.

[572] dieser sprach in *Die Normen und ihre Übertretung*, Band II 1. Hälfte, 2. Auflage, Leipzig 1914, S. 3ff., von der „esoterischen Psychologie des Rechts".

[573] Bockelmann, a.a.O., S. 12.

[574] Bockelmann, a.a.O., S. 16.

[575] Bockelmann, a.a.O., S. 12.

wurde, ließ sich abschließend daran ablesen, daß selbst *Bockelmann* endlich bedauernd konstatieren mußte, daß eine „gänzliche *Emanzipation* des Strafrechts von der Psychologie" wohl unmöglich sei.[576]

Beide Beispiele lassen vermuten, daß dem verzweifelt angestrengten Festhalten an Begriffen auch gegen die durchaus mögliche bessere Einsicht ihrer Unwahrheit, neben den üblichen Erwägungen zur Rechtssicherheit und besseren Praktikabilität einer allgemein akzeptierten und unveränderten Dogmatik, durchaus auch etwas Fetischisierendes anhaften mochte.[577]

Überlegungen, wonach an den gewohnten und gewordenen eigenen dogmatischen Begriffen und Theorien festzuhalten sei, weil dies die Rechtssicherheit erhöhe oder den Betrieb reibungsloser am Laufen halte[578], gewinnen indes, nimmt man die Psychoanalyse weiterhin beim theoretischen Wort, den Charakter von Rationalisierungen.[579] Wer sich nicht eingestehen will, daß er im Wege eines neurotischen Kompromisses fetischisiert, benutzt dafür Decküberlegungen, erfindet, wenn man so möchte, Ausreden, die sein Verhalten als scheinbar rationales erklären. Erzielt wird damit ein neurotischer Gewinn: der energiesparende Verzicht auf Trauerarbeit und Umorientierung. Und der Status quo wird aufrechterhalten.

Aber mit dem Festhalten an verdinglichten Begriffen und an den über sie vermittelten scheinbaren Gewißheiten hielt jedenfalls die strafrechtliche Jurisprudenz eben auch an einigen durch die Sozialwissenschaften längst in Frage gestellten Ansichten fest. Und sie hält es freilich bis heute. Sie bleibt aus der Logik des Systems heraus weitgehend aufklärungsresistent. Man muß dafür nicht erst an die moderne Debatte um die Hirnforschung[580] oder die schon vergangene um die Einsichten der

---

[576] Bockelmann, a.a.O., S. 17, (Hervorh. v. Verfasser).

[577] Vgl. auch eine ähnlich Kritik bei Tilmann Moser, *Jugendkriminalität und Gesellschaftsstruktur*, Frankfurt/M. 1970, S. 17, der von juristischem Tatbestandsfetischismus spricht. Oder Klaus Lüderssen, *Das Narrative in der Jurisprudenz*, in: *Produktive Spiegelungen*, 2. Aufl. Baden-Baden 2002, S. 67f., der etwa im Hinblick auf den Topos der Rechtssicherheit selbst von einem fetischisierenden Gebrauch spricht. Der Begriff sei „möglicherweise sogar ein Alibi, um dahinterstehende Machtwünsche zu realisieren". A.a.O. Korrekt formuliert wäre das zwar eher ein rationalisierender Gebrauch. Es bedarf indes wohl keiner näheren Erörterung, daß das Recht eigener Begriffe mit einem Machtanspruch der Jurisprudenz einhergeht, besonders der des Strafrechts, damit auch Wahrheiten für sich zu reklamieren, die dann auf die zu entscheidenden Einzelfälle projiziert werden.

[578] So heißt es bei Bockelmann, a.a.O., S. 12, daß „das Strafrecht an die Vernunft der Rechtsgenossen appellieren" müsse. Es könne nicht „mit den verhüllten Techniken der hidden persuaders arbeiten". Aus dieser Sicht heraus war auf gesellschaftliche Aufklärung in der und durch die Jurisprudenz also schon deshalb zu verzichten, weil bestimmte Einsichten der „Vernunft" der Rechtsgenossen angeblich nicht zu vermitteln waren. Bemerkenswert daher, wie huldvoll so einflußreiche Dogmatiker wie Bockelmann ihren Mitmenschen die Fähigkeit absprachen, Erkenntnisse zu verarbeiten, und wie selbstverständlich sie das zur Grundlage eigener Position machten.

[579] vgl. Mentzos, *Neurotische Konfliktverarbeitung*, a.a.O., S. 64, „sekundäre Rechtfertigung von Verhaltensweisen durch Scheinmotive".

[580] vgl. nur die Beiträge der „ersten Garde" (Hillenkamp) der deutschen Neurobiologen, etwa Wolf Singer, *Ein neues Menschenbild? Gespräche über Hirnforschung*, Frankfurt/M. 2003; ders., *Keiner kann anders, als er ist*, in: FAZ vom 08.01.2004, S. 33; Gerhard Roth, *Fühlen, Denken, Handeln*, Frankfurt/M. 2003, die teilweise mit Verve von der aus Sicht der Hirnforschung nun womöglich

Psychoanalyse und deren jeweilige Auswirkungen auf die Postulate des Rechts denken[581], es reichen schon einfache Bemühungen im dogmatischen Diskurs, offensichtliche Widersprüche zu beseitigen, um an dem Beharrungsvermögen dogmatischer Begriffsapparate und den Denkgewohnheiten der Dogmatiker zu scheitern.[582]

Adorno benannte jedenfalls das Zurückbleiben des juristischen Wissens gegenüber den anderen Wissenschaften in seinem Beitrag zur Sexualstrafrechtsreform sehr deutlich. Denn auf dem Feld, „das der Jurisprudenz für ihre Domäne gilt, ver-

---

erwiesenen Unhaltbarkeit der strafrechtlichen Freiheitsannahmen ausgehen und daher den Freiheitsbegriff des Strafrechts nicht anders als die Schuldzuschreibungen durch den modernen Strafprozeß ad acta legen wollen. Denn die Entscheidungen des Individuums seien durch diverse frühkindliche Erfahrungen vorgegeben, die sich im sogenannten limbischen System abspeicherten und fortan, weitgehend unbeeinflußbar, das Verhalten des Menschen steuerten. Vgl. Gerhard Roth, a.a.O., S. 259ff. Das Bewußtsein vollzöge, wenn es sich als frei erlebe, nur eine Entscheidung nach, die sich vor der Bewußtwerdung in neuronalen Hirnvorgängen widerspiegelten. Von einem auf Freiheitsvorstellungen gründenden Schuldstrafrecht auszugehen, sei daher nicht mehr möglich. Vgl. Wolf Singer, a.a.O., S. 50f. Vergleichsweise unaufgeregt und routiniert läßt das der Strafrechtsbetrieb an sich abperlen, vgl. die Reaktionen von Thomas Hillenkamp, *Strafrecht ohne Willensfreiheit? Eine Antwort auf die Hirnforschung*, in: JZ 2005, S. 313ff.; Harro Otto, *Grundkurs Strafrecht, Allgemeine Strafrechtslehre*, 7. Aufl. 2004, § 1, Rn 63; Günther Stratenwerth/Lothar Kuhlen, *Strafrecht Allgemeiner Teil*, 5. Aufl. 2004, § 5, Fn 10; Johann Braun, *Meine Freiheit ist Deine Freiheit*, in: JZ 2004, S. 610ff.; Klaus Lüderssen, *Wir können nicht anders*, in: FAZ vom 04.11.2003, S. 33, und weitere Beiträge auch strafrechtlicher und kriminologischer Provenienz in: Christian Geyer, *Hirnforschung und Willensfreiheit. Zur Deutung der neuesten Experimente*, Frankfurt/M. 2004. Erwidert wird vor allem, daß die Forschungsergebnisse noch nicht gesichert seien, was auch die Hirnforschung zugesteht (man stehe erst ganz am Anfang, so Singer, a.a.O., S. 10), und auf zu weit gehenden oder verfehlten Interpretationen beruhten. Und selbst wenn: was sollte man anders tun, als sich weiterhin eine Verantwortung für das eigene Handeln zuzuschreiben? Ein reines Maßnahmerecht, eine Schutzstrafe verliere mit der Schuld jeden Begrenzungsmaßstab und sei mit dem Menschenbild der Verfassung genausowenig zu vereinbaren wie eine bloße auf das limbische System zielende Konditionierung. Vgl. Thomas Hillenkamp, a.a.O., S. 319f. Teilweise wird auch schon im vorhinein gesagt, daß auch dann, wenn die Erkenntnisse zuträfen, die Aufklärung durch die Naturwissenschaft nichts daran ändern könnte, daß der Mensch sich frei erlebe. Das reiche aus, Freiheit zu unterstellen. So etwa Björn Burckhardt, *Und sie bewegt uns doch: die Willensfreiheit*, in: Das Magazin 2/2003, S. 23f.

[581] auch die Versuche der Psychoanalyse, das Strafrecht kritisch zu beeinflussen (vgl. etwa den Band Herbert Jägers (Hg.), *Kriminologie im Strafprozeß*, Frankfurt/M. 1980, m.w.N.), es auf seine versteckten und fragwürdigen Zwecke hin, etwa die Erfüllung irrationaler Strafbedürfnisse (so etwa Herbert Jäger, KrimJ 1976, S. 98ff., 132; ders., *Strafrecht und psychoanalytische Theorie*, in: Jäger (Hg.), a.a.O., S. 47ff., 53), zu hinterfragen oder Freiheits- und Schuldvorstellungen zu überholen, sind entweder weitgehend gescheitert oder straftheoretisch affirmativ, eine irrationale Strafpraxis sogar noch legitimierend, rezipiert worden. Vgl. dazu nur Gimbernat Ordeig, *Hat die Strafrechtsdogmatik eine Zukunft?*, in: ZStW 1970 (82), S. 379ff., Bernhard Haffke, *Tiefenpsychologie und Generalprävention*, Aarau u. Frankfurt/M. 1976, S. 162ff.; ders., *Strafrechtsdogmatik und Tiefenpsychologie*, in: Herbert Jäger (Hg.), a.a.O., S. 133ff.

[582] Robert Alexy, *Theorie der juristischen Argumentation*, a.a.O., S. 216f., nennt dieses Beharrungsvermögen das Perelmansche Trägheitsprinzip, mit Bezug auf die Argumentationstheorie Chaim Perelmans, vgl. Alexy, a.a.O., S. 197ff., m.w.N., wonach die Berufung auf konsentierte Sätze der Dogmatik anders als die auf neue Sätze keiner Rechtfertigung bedürfe und erst der neue Satz seine Leistungsfähigkeit beweisen müsse.

fügt Wissenschaft, die von der Gesellschaft und die Psychologie, tatsächlich über mehr Daten, als den juridischen Sachverständigen bekannt ist". Die Jurisprudenz tue aber so, er formuliert dies konkret als Argument im Streit um die Relevanz des philosophischen Determinismus für die Jurisprudenz, „als hätten die Wissenschaften über Determinanten nichts ausfindig gemacht". Statt dessen suche sich jeder Jurist „auf eigene Faust die ihm passende Philosophie" aus und ersetze damit „durch einen klappernden Betrieb selbstgemachter Begriffe das gegenwärtig disponible Wissen".[583] Diese Diagnose dürfte heute auch wieder für den Umgang mit der Hirnforschung zutreffen.

Und selbst wenn man damals im juristischen Bereich doch vereinzelt, wie zum Beispiel im Streit um die Willens- und Handlungsfreiheit, einmal auf philosophische Debatten zurückgreifen wollte, würde man das, so der nicht ganz unbegründete Verdacht Adornos, doch nur in reaktionärer Gestalt tun.[584] So sei es „heute ... vor allem [die] Existenzialontologie", die zu Hilfszwecken herangezogen werde.[585] Adorno dürfte damit, das geht aus dem Beitrag nicht weiter hervor, auf die Rezeption der Ontologie *Nicolai Hartmanns*, aber auch der Phänomenologie *Husserls* und der Fundamentalontologie *Heideggers*[586] durch die Strafjurisprudenz angespielt haben, der den Menschen als ein ontologisches und das heißt seinsverstehendes Wesen ansah und im Existenzial die Struktur des Menschen als sein Dasein ausmachte.[587] Solche vermeintlichen Seinsstrukturen, die das Strafrecht und seine Dogmatik abbilden und das seinsverstehende Wesen des Dogmatikers erfassen können sollen, finden sich damals[588] und bis heute vielfach thesenartig formuliert[589]. Man braucht dazu nur, das ist der dogmatisch wohl bekannteste Fall, an die *Welzel*schen Überlegungen zur ontologischen Struktur des Handlungsbegriffs erinnern, die *Welzel* für ewig als finale erkannt zu haben für sich in Anspruch nahm.[590] Die Kritik an

583 *Sexualtabus und Recht heute*, S. 551.

584 A.a.O., S. 551.

585 A.a.O., S. 551.

586 vgl. zu Adornos Begriff von der Existenzialontologie Heideggers u.a. *Negative Dialektik*, S. 274ff.

587 vgl. Martin Heidegger, *Sein und Zeit*, Tübingen 1953; zusammenfassend Joachim Ritter (Hg.), *Historisches Wörterbuch der Philosophie*, Basel 1972, Bd. 2, Spalte 862ff.

588 vgl. den Klassiker Winfried Hassemers, *Tatbestand und Typus*, Köln u.a. 1968, und dessen Heidegger-Rezeption, a.a.O., S. 108, Anm. 115, wonach sogar der Zirkel des Verstehens, das Wie und nicht nur das Was Ausdruck „einer existenzialen Vor-Struktur des Daseins selbst" sei. Vgl. kritisch dazu Lüderssen, *Regel und Fall*, in: *Genesis und Geltung*, a.a.O., S. 283ff., 292.

589 vgl. dazu die kritische Untersuchung Ulfrid Neumanns, *Rechtsontologie und juristische Argumentation*, Heidelberg 1979. Vgl. affirmativ etwa die Aufsatzsammlung Armin Kaufmanns, *Strafrechtsdogmatik zwischen Sein und Wert*, München 1982; Georg Küpper, *Grenzen der normativierenden Strafrechtsdogmatik*, Berlin 1990, und Ernst Joachim Lampe, *Zur ontologischen Struktur des strafrechtlichen Unrechts*, in: Festschrift für Hans Joachim Hirsch, Berlin 1999, S. 83ff.

590 vgl. etwa aus den *Abhandlungen zum Strafrecht und zur Rechtsphilosophie* von Hans Welzel, Berlin/New York 1975, diejenigen über Kausalität und Handlung, S. 7ff., über *Die moderne Strafrechtsdogmatik und die Wertphilosophie*, S. 70ff. (zweiter Teil der Abhandlung über *Naturalismus und Wertphilosophie*, S. 29ff.) oder die *Vom Bleibenden und vom Vergänglichen in der Strafrechtswissenschaft*, S. 345ff.; vgl. neuerdings wieder über Welzels Bezüge zur Ontologie Nicolai Hartmanns und zur Phänomenologie Husserls die Beiträge von José Cerezo Mir, *Ontologie und Normativismus der fünfzi-*

solchen ontologischen Begründungsmustern, wonach damit im Zweifelsfall nur die bestehende Ordnung sanktioniert werden sollte, der Mensch sich, frei gesprochen, „sklavisch“[591] an die als bestehend erkannten Seinswelten auslieferte und seine Autonomie durch die Macht der Faktizität begrenzte[592], findet sich freilich nicht nur bei Adorno.[593] Es scheint auch daher etwas zu moderat formuliert zu sein, wenn man zu den ontologischen Konzepten des juristischen Betriebes, wie sie beispielsweise *Küpper* für die Dogmatik oder *Hassemer* für die Rechtstheorie entwickelt oder verteidigt haben, nur nonchalant vorbringt, sie seien „nach den Einsichten der modernen Erkenntnistheorie fragwürdig“[594]. Sie sind jedenfalls aus der Perspektive der zutiefst ontologiekritischen Philosophie Adornos bloß hybride idealistische Projektionen des verdinglichten und verdinglichenden Bewußtseins in eine von ihm unabhängige Realität, die das ***ontologische Bedürfnis***[595] sich in einiger Naivität und aus dem letztlich nur unmündigen Bedürfnis nach Sicherheit und Halt heraus als Bestand von Invarianten des Seins, von absoluten Wahrheiten zu erkennen anmaßt, aber nicht mehr als das.[596]

Adornos Einsicht, daß aber auch das fortgeschrittene gegenwärtige Wissen der anderen Wissenschaften disponibel war, enthält die notwendige Einschränkung, die zugleich eines der sich später - die Diagnose Adornos stammt aus dem Jahr 1963; die kritischen, das heißt die bewährte strafrechtliche Praxis in Frage stellenden Sozialwissenschaften[597] gehen im großen Maßstab erst mit Beginn der 1970er Jahre

---

ger Jahre, in: Jörg Arnold u.a. (Hg.), *Menschengerechtes Strafrecht*, Festschrift für Albin Eser, München 2005, S. 101ff., und von Enrique Bacigalupo, *Die Diskussion über die finale Handlungslehre im Strafrecht*, a.a.O., S. 61ff.

591 vgl. nur die polemische Kritik, auch unter Bezugnahme auf Adorno, bei Wolfgang Gast, *Juristische Rhetorik*, 3. Aufl. Heidelberg 1997, S. 286ff., der die Juristen, die auf Ontologie rekurrieren, wie folgt einschätzt: „manche mögen's sklavisch.“

592 so Ulfrid Neumann, *Rechtsontologie und juristische Argumentation*, a.a.O., S. 1, der Adornos Kritik aus der Negativen Dialektik aufnimmt.

593 ders., *Negative Dialektik*, S. 69, „Stillschweigend wird Ontologie verstanden als Bereitschaft, eine heteronome, der Rechtfertigung vorm Bewußtsein enthobene Ordnung zu sanktionieren.“

594 so Lüderssen, *Regel und Fall*, a.a.O., S. 292.

595 so die Überschrift Adornos zum ersten Kapitel seines ersten Teils der *Negativen Dialektik*, die zugleich auch verdeutlicht, daß hinter dem ontologischen Denken ein spezifisches Bedürfnis ruht, das sich in der Vernunft ontologischer Weisheiten ausdrückt. Vgl. Adorno, *Negative Dialektik*, S. 69ff.

596 eine ausführliche Ontologiekritik, die sich mit Adornos Überlegungen für die Jurisprudenz entwickeln ließe, müßte hieran, an einer Kritik des verdinglichten Bewußtseins ansetzen, das auch in der Jurisprudenz nach Lehren von Invarianten schielt. Vgl. *Negative Dialektik*, S. 102: „Gesellschaftlich ist das subjektive Bewußtsein der Menschen zu geschwächt, um die Invarianten, in die es eingekerkert ist, zu sprengen. Statt dessen paßt es ihnen sich an, während es ihrer Absenz nachtrauert. Verdinglichtes Bewußtsein ist ein Moment in der Totalität der verdinglichten Welt; das ontologische Bedürfnis seine Metaphysik“. Würde aber die Gesellschaft nicht mehr die Warenförmigkeit des Subjekts fordern, wäre für solches Bewußtsein auch kein Raum und keine Notwendigkeit mehr. „Müßten die Menschen nicht mehr den Dingen sich gleichmachen, so bedürften sie weder eines dinghaften Überbaus, noch müßten sie sich, nach dem Muster von Dinglichkeit, als invariant entwerfen.“ A.a.O., S. 103.

597 vgl. Wolfgang Naucke, *Die Sozialphilosophie des sozialwissenschaftlich orientierten Strafrechts*, in: Winfried Hassemer/Klaus Lüderssen/Wolfgang Naucke (Hg.), *Fortschritte im Strafrecht durch die Sozial-*

ins Strafrecht ein - zeigenden Dilemmata der Sozialwissenschaften im Recht andeutet: daß deren Wissen genausowenig gesichert und dadurch disponibel war wie das der Jurisprudenz.[598] Und diese Einsicht war es auch, die Adorno gerade davon abhielt, eine einfache Transformation von Wissensbeständen in den juristischen Betrieb zu empfehlen.[599] Besonders die Philosophie ermahnte er, daß es „falsch" sei, die Praxis „ganz zur Identität mit sich zwingen" zu wollen, aber eine „dezisionistische Praxis, welche die theoretische Besinnung abschneidet", sei dies nicht minder.[600] Sie war daher genausowenig wie auch andere Wissenschaften „in Gesetzgebung und juristische Prozeduren bündig zu transformieren. Ihnen ziemt einige Bescheidenheit, nicht nur, weil sie der philosophischen Komplexion nicht gewachsen sind, sondern auch dem theoretischen Stand der Einsicht zuliebe." Die Jurisprudenz war für ihn aber gleichwohl gehalten, „erst einmal das fortgeschrittenste Niveau des psychologischen und des gesellschaftlichen Wissens zu erreichen"[601]. Aus dem Dilemma gab es also auch keinesfalls den Ausweg, auf Aufklärung zu verzichten. Vielmehr schien Adorno selbst durch die mythische Rechtspraxis hindurch ein langsamer Aufklärungsprozeß durchaus möglich und legitim, der die auftauchenden Widersprüche reflexiv thematisierte und aushielt.

Ein Rekurs auf eine präventive Wirkung des Nichtwissens[602], also das künstliche Verharren, ein Sichblindstellen gesellschaftlicher Praxis auf einem Stand, den bessere Einsicht längst als überholt erkannt hatte, wäre ihm daher wohl das Paradebeispiel mythischer Rechtsbegründung gewesen; auf einer Linie liegend mit der Proklamation sogenannter staatsnotwendiger Fiktionen, konkret die der Schuld[603], also

---

wissenschaften?, Heidelberg 1983, S. 6, der darauf verweist, daß die 70er Jahre die Zeit der kritischen Sozialwissenschaft waren, nachdem seit dem 19. Jahrhundert Sozialwissenschaften immer wieder den Bezug zum Strafrecht gesucht haben, indes nicht unbedingt kritisch.

598 vgl. *Sexualtabus und Recht heute*, S. 550.

599 anders aber wohl Becker, *Natur, Herrschaft, Recht*, a.a.O., S. 228.

600 *Sexualtabus und Recht heute*, S. 550.

601 A.a.O., S. 550; das Strafrecht galt ihm dabei indes als eine „Einzelwissenschaft", die „der Frage der Freiheit nicht gewachsen ist und ihre eigene Inkompetenz offenbaren" mußte. *Negative Dialektik*, S. 214.

602 so die gleichnamige „Programmschrift" Heinrich Popitz', *Über die Präventivwirkung des Nichtwissens. Dunkelziffer, Norm und Strafe*, Tübingen 1968, in der Popitz Thesen derart aufstellt, daß die fehlende Aufklärung über die Wirkungslosigkeit der Strafandrohung und die hohen Dunkelziffer zahlen vorbeugend vor den möglichen Vertrauensverlusten in das Recht wirkten.

603 Eduard Kohlrausch, *Sollen und Können als Grundlagen der strafrechtlichen Zurechnung*, Sonderdruck aus der *Festgabe für Karl Güterbock*, Berlin 1910, S. 1ff., S. 26, der für den heute normativ genannten Schuldvorwurf, sich bewußt für das Unrecht entschieden zu haben und das trotz der individuellen Fähigkeit, anders handeln zu können, diese zugeschriebene Fähigkeit als „staatsnotwendige Fiktion" beschrieb. Vgl. auch ders., *Irrtum und Schuldbegriff*, Teil 1, 1903, S. 26, und für den deutschen Faschismus ders. und Richard Lange, *Kommentar zum StGB*, 38. Aufl. 1944, S. 204f.; ebenso dann nach dem Krieg noch Richard Lange, *Zum Denunziantenproblem*, in: SJZ 1948, Spalte 302ff., 311. Vgl. aber auch in ähnlicher Form und weniger politisch belastet Robert v. Hippel, *Deutsches Strafrecht Bd. II*, 1930, S. 285; Adolf Merkel, *Lehre vom Verbrechen und der Strafe* 1912, S. 94; und bereits kritisch dazu Arthur Kaufmann, *Das Unrechtsbewußtsein in der Schuldlehre des Strafrechts*, Mainz 1949, S. 109f., m.w.N. in Anm. 10.; heute wieder zu Recht kritisch der Bezug auf Kohlrausch durch Thomas Hillenkamp, *Strafrecht ohne Willensfreiheit? Eine Antwort auf die Hirnforschung*, in: JZ 2005, S. 313ff., 320, dem zufolge das Strafrecht auf einer solchen Fiktion und damit auf

mit der Legitimation eines Rechts um des bloßen Erhaltes einer irrationalen und gewalttätigen Staatspraxis wegen und nicht um der in diesem Staat lebenden Bürger willen. In einem solchen Staat aber, der um der Staatsräson willen sein Recht, seine strafrechtliche Praxis, über das Recht seiner Angehörigen stellte, sah Adorno „das Grauen potentiell schon gesetzt."[604]

Es war ihm daher auch der bürgerliche Rechtsstaat, der die Partikularität der herrschenden Unvernunft des Rechts über die besonderen Interessen seiner Bürger stellte, dessen „waltende Gesetzlichkeit dem Einzelnen und seinen Interessen konträr" war[605] und der sie damit, entgegen allen Gedanken an Menschenwürde und durch alle Abwehr- und Gleichheitsrechte hindurch, zur Identität mit der Totalität der Gesellschaft zwang. „Unter Bedingungen bürgerlicher Wirtschaft ist daran nicht zu rütteln."[606] Aber Unvernunft, Zwang und Unfreiheit waren für Adorno unter diesen Bedingungen, anders als unter anderen[607], wenigstens noch moralisch zu kritisieren: „Im eingestanden Bruch zwischen einer Vernunft des Rechts, welche zum letzten Mal den Schuldigen die Ehre einer Freiheit antut, die ihnen nicht gebührt, und der Einsicht in ihre reale Unfreiheit wird die Kritik am konsequenzlogischen Identitätsdenken moralisch."[608]

b) Adorno und Strafrecht

aa) Gerechte Sühne und Strafrechtsreform (1963)

Um so verwunderlicher mutet aber nun an, daß Adorno der hinlänglich kritisierten strafrechtlichen Praxis gegenüber eine mitunter erstaunlich affirmative Haltung einnahm. Waren die „Schuldigen", von denen Adorno spricht, auch nicht frei[609],

---

einer Lüge aufbaute, wenn sich die Ergebnisse der Hirnforschung und deren Interpretation als zutreffend erwiesen und man weiter an der Vorstellung von Schuld festhielte.

[604] Adorno, *Erziehung nach Auschwitz*, in: GS Bd. 10/2, Kulturkritik und Gesellschaft heute II, S. 674ff., 690, wo er Themen der Erziehung benennt, die auf das Ziel zentriert wären, Auschwitz zu verhindern. „Kritisch zu behandeln wäre, um nur ein Modell zu geben, ein so respektabler Begriff wie der der Staatsräson: indem man das Recht des Staates über das seiner Angehörigen stellt, ist das Grauen potentiell schon gesetzt."

[605] *Negative Dialektik*, S. 260.

[606] *Negative Dialektik*, S. 260.

[607] „Im Westen ist wenigstens erlaubt, es zu sagen." Adorno, *Negative Dialektik*, S. 360; wobei Adorno damit entweder einen sehr positiven oder einen sehr selektiven Begriff des Westens vertrat, wenn man in Rechnung stellt, daß auch „der Westen", versteht man darunter die nichtsozialistischen Länder Europas oder Nord- und Südamerikas, in den dort herrschenden Diktaturen Meinungsfreiheit freilich regelmäßig unterdrückte.

[608] *Negative Dialektik*, S. 286.

[609] Eine durchaus mögliche tiefschürfende Debatte zu Adornos dialektischem Verständnis von Willensfreiheit und Determinismus, das freilich das eine wie das andere gleichermaßen verwirft und anerkennt, die zur Kenntnis zu nehmen auch der gegenwärtigen Debatte kein Schaden sein soll, kann hier nicht geführt werden. Damit beschäftigt sich ausgiebig das erste Modell der *Negativen Dialektik* unter dem Begriff von der *Freiheit* und seiner Konstellation, a.a.O., S. 211ff. Die Unvernunft des Strafrechts und seiner punitiven Praxis muß nämlich nicht auf den empirisch kaum auflösbaren Widerspruch, vgl. etwa a.a.O., S. 260f., von genauso fraglos vorhandenen Freiheitspotentialen wie gegebenem Determinismus gestützt werden. Sie ergibt sich für den hiesigen

waren sie gefangen im totalen Ganzen, so war es ihm doch offensichtlich aus verschiedenen Gründen vernünftig[610], manche ihrer Regelverletzungen zu bestrafen, jedenfalls in solchen Fällen, in denen so etwas wie eine gerechte Sanktion noch denkbar war.

Das setzte voraus, daß die zu schützenden Rechtsgüter nicht ihrerseits Produkt von moralisierender Willkür waren und die Notwendigkeit eines rechtlichen Schutzes als eines Schutzes sozialer Güter auch zu belegen war, als was sie ihm jedenfalls im Falle des Sexualstrafrechts mitunter gerade nicht galten. Hier habe sich „eine Vorstellungsmasse angesammelt, die erst einmal überprüft werden müßte, anstatt daß heiliger Eifer jede nähere Besinnung unterbindet. Hypothetisch etwa sind die angeblich gefährlichen Folgen von Lektüre und Betrachtung von Pornographie. Töricht und ein Eingriff in die persönliche Freiheit, sie Erwachsenen vorzuenthalten, die daran Vergnügen finden."[611] Daß auch Strafrecht sich an den verfassungsrechtlich garantierten Grundfreiheiten zu orientieren hatte, stand außer Zweifel. Ebenso, daß sich hier die Judikatur mit „der Verstocktheit des gesunden Volksempfindens das Recht zur Verteidigung nicht-existenter Rechtsgüter anmaßte".[612] Vielmehr war ihm selbst „bei Minderjährigen die schädliche Wirkung [von Pornographie, V.R.] und deren Beschaffenheit erst einmal festzustellen". Und mit diesen Überlegungen schließlich waren ihm „die Logik der Gesetzgebung und ihre Anwendung [zu] durchdringen"[613].

Aber auch, wenn so etwas wie manifestes und strafwürdiges Unrecht vorlag, waren Gedanken an Gerechtigkeit nicht immer in Sanktionen umzumünzen: in Fällen, in denen etwa das Unrecht des Holocausts zur Verhandlung stand, war „die Gerechtigkeit ... ohnehin keiner Sanktion fähig, die der begangenen Untat gerecht würde"[614]. Gerade hier, wo es, wie er sagte, „gerechter Sühne" am dringendsten bedurfte, bei Taten der Faschisten in Deutschland, verwandelte sich die Vernunft rechtsstaatlicher Verfahren in Unvernunft. „Sobald gegen sie eine Justizmaschine mit Strafprozeßordnung, Talar und verständnisvollen Verteidigern mobilisiert werden muß, ist die Gerechtigkeit ... schon falsch."[615] Dialektisch war es gleichwohl, daß „der Freispruch ... das nackte Unrecht [wäre]", aber „die gerechte Sühne würde vom Prinzip zuschlagender Gewalt sich anstecken lassen, dem zu widerstehen al-

---

Zweck ausreichend aus der Unerreichbarkeit ihres Zweckes, von der offen ist, ob sie Adorno bewußt war.

[610] vgl. den Zusatz zur *Dialektik der Aufklärung*, S. 253.

[611] *Sittlichkeit und Kriminalität*, a.a.O., S. 367ff., 367; ähnliches galt freilich, so Adorno, darin Kraus zustimmend, für die Bestrafung von Homosexualität, die selber zu Kriminalität führe, selber sozialschädlich werde, in dem sie Homosexuelle der Erpressung ausliefere. Vgl. etwa a.a.O., S. 368, 382, 386f. Auch in: *Sexualtabus und Recht heute*, a.a.O., S. 542f., 546. Vgl. dazu auch den kurzen Bezug von Reinhard Merkel, *Strafrecht und Satire im Werk von Karl Kraus*, Baden-Baden 1994, S. 422, auf Adornos Beitrag zu Kraus, der zutreffend erkannt habe, daß die fehlende Sozialschädlichkeit von Homosexualität deren Bestrafung verbiete.

[612] so Adorno mit Bezug auf Karl Kraus in: *Sittlichkeit und Kriminalität*, a.a.O., S. 367.

[613] *Sexualtabus und Recht heute*, S. 546.

[614] *Negative Dialektik*, a a.O., S. 282.

[615] *Negative Dialektik*, a.a.O., S. 282.

lein Humanität ist. Benjamins Satz, der Vollzug der Todesstrafe könne moralisch sein, niemals ihre Legitimierung, prophezeit diese Dialektik."[616]

„Mir genügt", schreibt Adorno 1963 dazu in einem kurzen Kommentar zu einer stattgehabten Umfrage zur Todesstrafe,

> „ohne jede weitere Begründung, der Ekel davor, daß ein vor Angst halb irrer, auch physisch zerfallener Mensch, der sein Ich schon verloren hat, ehe man ihm den Kopf abhackt, in Gegenwart befrackter Notabeln umgebracht wird, die mit wichtiger Miene, ernst, aber gefaßt zuschauen, das Greuel als sittlich gefestigte Persönlichkeiten veranlassen, und es sich womöglich noch zum Guten anrechnen, daß sie dem einzig menschenwürdigen Impuls nicht folgten: die Staatsaktion aufzuhalten oder zu stören. All das ist so widerlich, daß ich es um keinen Preis sanktioniert sehen möchte - nicht einmal im Fall Eichmann."[617]

Der Widerspruch, daß eine gerechte Sanktion gegenüber den Tätern hier nicht mehr möglich war, gründete historisch, und er war nicht mehr zu schlichten, nur noch zu reflektieren. „Der geschichtliche Grund der Aporie ist, daß in Deutschland die Revolution gegen die Faschisten scheiterte, vielmehr daß es 1944 keine revolutionäre Massenbewegung gab."[618]

Wenn es in diesen Fällen der verpaßten Gerechtigkeit aber allein Humanität war, dem Prinzip zuschlagender Gewalt zu entsagen, Adorno zudem schon in der *Negativen Dialektik* daran dachte, aufgrund der Einsicht in den „Widerspruch, empirischen Determinismus zu lehren und gleichwohl die Normalungetüme zu verurteilen", es dabei, also bei dem Schuldspruch, zu belassen und „sie danach laufen [zu] lassen"[619], muß man gleichwohl andere Passagen zur Kenntnis nehmen, in denen er

---

616 *Negative Dialektik*, S. 282; ähnlich auch in dem Beitrag *Umfrage über die Todesstrafe*, in: *Vermischte Schriften II*, GS Bd. 20/2, S. 736. Gleiches könnte im übrigen auch für die Anwendung von Folter in bestimmten Nothilfefällen gelten und mit dem inzwischen landläufigen Topos des „menschlich Verständlichen" gemeint sein, mit dem das Handeln des oben, S. 132, Anm. 101, genannten Frankfurter Polizeivizepräsidenten Daschner so oft kommentiert wurde. Auch hier scheint die Anwendung von Folter im konkreten Fall als moralisch zu gelten, nicht aber ihre übergreifende und abstrakte Legitimation, die darüber dann ein legales Gewand fände. Dies zumal der Satz, es solle *nicht* gefoltert werden, auch nur wahr sei als Impuls, so Adorno, a.a.O., S. 281. Als „abstraktes Prinzip gerieten sie sogleich in die schlechte Unendlichkeit ihrer Ableitung und Gültigkeit. ... Der Impuls ... würde durchs Bestreben rücksichtsloser Rationalisierung verleugnet." A.a.O., S. 281.

617 *Umfrage über die Todesstrafe*, a.a.O., S. 736.

618 *Negative Dialektik*, S. 282.

619 was bereits an moderne strafrechtsteleologische Überlegungen etwa aus der Feder Klaus Günthers erinnert, dem der symbolisch expressive Gehalt des Schuldspruchs, vgl. zur Bedeutung des Schuldspruchs im Hinblick darauf Stefanie Schork, *Ausgesprochen schuldig*, Frankfurt/M. 2004, als staatliche Reaktion auf strafrechtlich normiertes Unrecht neben den zivilrechtlichen Ausgleichsregeln ausreichte und der auf die Verhängung von Freiheitsstrafe darob verzichten will. Vgl. dens., *Die symbolisch-expressive Bedeutung der Strafe - Eine neue Straftheorie jenseits von Vergeltung und Prävention?*, in: Festschrift für Klaus Lüderssen, Baden-Baden 2002, S. 205ff., 207, 219; und dens., *Verantwortlichkeit in der Zivilgesellschaft*, in: Stefan Müller-Doohm (Hg.), *Das Interesse der Vernunft* (2000), S. 465ff., 480ff.; kritisch dagegen aber Klaus Lüderssen, *Opfer im Zwielicht*, in: Weigend/Küpper (Hg.), Festschrift für Hans-Joachim Hirsch, S. 879ff., 888, der zu Recht in Frage stellt, ob Strafrecht für diese symbolische Expression der legitime Ort sei.

ansonsten vergleichsweise affirmativ dafür eintrat, Strafen zu verhängen und aus einer als fatal kritisierten und oft nur repressiv-disziplinierend fungierenden Strafpraxis[620] heraus keinen Ausweg zu finden.

Jenseits nicht-existenter Rechtsgüter, die bloß das gesunde Volksempfinden aus moralischen Erwägungen heraus behauptete, gab es auch für Adorno Fälle strafwürdigen Unrechts, in denen Strafe nicht nur als gerechte möglich zu sein schien, sondern in denen sie sich auch nicht nur als impulsive Reaktion, sondern auch theoretisch legitimieren ließ. In seinem Beitrag zu *Karl Kraus'* Sittlichkeit und Kriminalität gab er zu verstehen, daß bei aller Kritik am positiven Recht das Strafrecht gleichwohl, darin *Kraus* offensichtlich zustimmend, eine soziale Schutzvorrichtung sei[621]. Strafe war damit nicht nur eine Reaktion gerechter Sühne, sondern diente dem Schutz der positiven Rechtsgüter. In dem Beitrag zur Strafrechtsreform heißt es schließlich, es sei „unbestreitbar", daß das Strafrecht eine „Schutzfunktion" erfülle.[622] Es erfülle diese unter anderem bei Gewaltverbrechen, insbesondere bei solchen gegen Kinder. Es müsse nämlich „selbstverständlich ... verhindert werden, daß Kindern Gewalt geschieht".[623]

Betrachtet man den von Adorno vorgenommenen Konnex der Schutzfunktion des Strafrechts mit der Verhinderung von Gewaltverbrechen, wird deutlich, daß es ihm just auch eine Wirkung des Strafrechts zu sein schien, Verbrechen zu verhindern. Er schrieb damit, neben seinen Vorstellungen von „gerechter Sühne", der Strafe offensichtlich eine präventive Wirkung zu, und zwar, wenn nicht alles täuscht, eine negativ generalpräventive Wirkung. Die Sanktionsdrohungen eines so wirkenden Strafrechts waren wohl daher, wie es dann 1963 mit Blick auf dessen Reformen hieß, auch „keineswegs nur zu mildern. Manches wäre zu verstärken, zumal Paragraphen, welche gegen Roheitsdelikte gerichtet sind."[624] Aber nicht nur

---

620 „Die intelligible Freiheit der Individuen wird gepriesen, damit man die empirischen hemmungsloser zur Verantwortung ziehen, sie mit der Aussicht auf metaphysisch begründete Strafe besser an der Kandare halten kann." *Negative Dialektik*, S. 214 - eine andere Umschreibung der „staatsnotwendigen Fiktion" in kritischer Absicht.

621 Adorno, *Sittlichkeit und Kriminalität - Zum elften Band der Werke von Karl Kraus*, in: GS Bd. 11, S. 367ff., 368; der Beitrag wurde 1964 verfaßt und blieb unveröffentlicht.

622 *Sexualtabus und Recht heute*, S. 545

623 *Sexualtabus und Recht heute*, S. 545.

624 *Sexualtabus und Recht heute*, S. 546f.; es ist anzunehmen, daß sich Adorno hierbei auf die damals immerhin 60 Jahre zurückliegende Forderung Kraus' eingelassen hatte, die dieser schon, jedenfalls nach der Interpretation Adornos, in seinem Werk über Sittlichkeit und Kriminalität aufgestellt habe. Hiernach habe Kraus trotz seiner Kritik am Strafrecht „manchmal nicht Milderung, sondern Verschärfung von Strafgesetzen" gefordert, insbesondere, so der Kontext, bei Gewaltverbrechen gegen Kinder. Vgl. Adornos Interpretation in *Sittlichkeit und Kriminalität*, a.a.O., S. 374. Adornos Beitrag zu Kraus war, so die editorischen Nachbemerkungen Tiedemanns, aus einer kurzen Anzeige im *Spiegel* vom 05.08.1964 entstanden und unveröffentlicht geblieben. Der auf Wunsch u.a. von Herbert Jäger verfaßte Beitrag zum Sammelband zur Strafrechtsreform über *Sexualtabus und Recht heute*, der diese Forderung schließlich, auch wie bei Kraus im Kontext von Gewalt gegen Kinder erhoben, übernimmt, stammt aus dem Jahr 1963. Es liegt nahe, daß ihm Kraus' Werk zu *Sittlichkeit und Kriminalität* bei der Fassung seines inhaltsverwandten Aufsatzes Hilfestellung und Inspiration war. Dafür spricht der explizite Verweis auf die Neuauflage von

hier, bei den im Vergleich zu anderen Delikten wohl zu gering sanktionierten Roheitstaten, sondern auch bei Delikten, begangen im Zustande der Trunkenheit, sah Adorno damals Nachholbedarf.[625] Ebenso dürften dazu auch Delikte im Straßenverkehr gezählt haben.[626]

An anderer Stelle findet sich das Plädoyer, sich offenbar auch des Strafrechts, als eines zur Verfügung stehenden, aber nicht aus einem Strafbedürfnis heraus anzuwendenden Machtmittels, zur Bekämpfung des Antisemitismus zu bedienen.[627] Weil dieser getragen werde von dem von Adorno in seinen berühmten, in den USA entstandenen Studien diagnostizierten autoritären Charakter[628], der autoritätshörig in seiner Persönlichkeitsstruktur verhärtet und für Bildung unansprechbar sei, müsse auf diesen Charakter mit Autorität, offensichtlich auch mit strafender Autorität reagiert werden.

> „Wir haben es hier nicht mehr mit Menschen zu tun, die wir bilden oder verändern können. ... Wo sie sich ernsthaft vorwagen bei antisemitischen Manifestationen, müssen die wirklich zur Verfügung stehenden Machtmittel ohne Sentimentalität angewandt werden, gar nicht aus Strafbedürfnis oder um sich an ihnen zu rächen, sondern um ihnen zu zeigen, daß das einzige, was ihnen imponiert, nämlich wirklich gesellschaftliche Autorität, einstweilen denn doch noch gegen sie steht."[629]

Auch hier, auf diese Charaktere, sollte Strafrecht dann abschreckend wirken können und zugleich als *ultima ratio* des staatlichen Handelns ohne Sentimentalität als politisches Kampfmittel eingesetzt werden.

Kraus' *Sittlichkeit und Kriminalität*, a.a.O., S. 533, und auch der direkte Bezug auf Kraus an der fraglichen Stelle, a.a.O., S. 547.

[625] Vgl. insoweit die kritischen Äußerungen zur strafmildernd angerechneten Trunkenheit in: *Sittlichkeit und Kriminalität* mit Bezug auf ein Erlebnis von Karl Kraus, a.a.O., S. 374, und in: *Sexualtabus und Recht heute*, a.a.O., S. 547.

[626] vgl. *Sexualtabus und Recht heute*, S. 547; „Daß immer wieder versichert wird, angeheiterte, übrigens auch ihrer Sinne mächtige Autofahrer, die jemand totfahren, hätten kein Kavaliersdelikt verübt, bezeugt bloß, wie eingewurzelt die Neigung ist, ihre Untat als solches zu sehen, und das dürfte sich auch in der Rechtsprechung reflektieren." Und zum Straßenverkehr: „wo einst das Sittengesetz waltete, wird nun darüber gewacht, daß man die Verkehrsordnung respektiert; die Voraussetzung dafür, jemand guten Gewissens umzubringen, ist das grüne Licht der Ampel. ... Legalitäres Bedürfnis hegt offenbar die Brutalität des Straßenverkehrs." A.a.O.; vgl. dazu auch Becker, a.a.O., S. 212, Anm. 768; daß Adornos zweifellos sehr pointierte These zum grünen Licht der Ampel nicht trägt und auch zu seiner Zeit nicht getragen haben dürfte, weil sich bei der Voraussehbarkeit eines tödlichen Unfalls auch die grüne Ampel nicht legitimierend heranziehen ließe, ist für Strafrechtsdogmatiker freilich klar und wird unten zur Fahrlässigkeitsdogmatik noch gezeigt werden.

[627] Adorno, *Zur Bekämpfung des Antisemitismus heute*, in: GS Bd. 20/1, Vermischte Schriften I, Gesellschaft, Unterricht, Politik, S. 360ff., 364.

[628] vgl. dazu Adorno, *Studies in the Authoritarian Personality* (*Studien zum autoritären Charakter*), in: Soziologische Schriften II, S. 143ff.

[629] Adorno, a.a.O., S. 364; und - womöglich aber weniger auf das staatliche Strafrecht gemünzt - vgl. S. 375: man müsse antisemitisch eingestellte und gewalttätige Jugendliche „wohl schon in der Schule mit Autorität konfrontieren, ihre ideologische Wirkung auf die anderen unter Strafe stellen, diese Strafen dann auch durchführen".

Auch wenn vor allem die Äußerungen zur Schutzfunktion des Strafrechts, das Gewaltkriminalität verhindern könne, von einem noch recht unbesehenen und wohl auch zeitbedingten Glauben[630] an die Theorie der abschreckenden Wirkung der Strafe getragen zu sein scheinen[631], finden sich detaillierte und weiter verallgemeinerungsfähige Äußerungen zur Theorie der Strafe nicht. So wird etwa an anderer Stelle der generalpräventive Gedanke auch wieder relativiert. Es stimme nämlich „jedenfalls [so viel] an der Abschreckungstheorie"[632], so heißt es zur juristischen Auseinandersetzung mit dem Faschismus, daß das kollektive Unbewußte auf die Fortsetzung der Foltermethoden der Faschisten lauere und daß eine Justiz, die die Thematisierung des Widerspruchs scheute, trotz der Lehre des empirischen Determinismus die „Normalungetüme" zu verurteilen, zur Fortsetzung dieser Foltermethoden „als Politikum" ermutige.[633] Was dagegen an der Abschreckungstheorie seiner Meinung nach nicht stimmte, bleibt offen.[634]

bb) Strafe in der Dialektik der Aufklärung (1944)

Ähnlich strafrechtsaffin wie die oben genannten Passagen lesen sich aber auch Äußerungen, die sich in den Aufzeichnungen und Entwürfen im Anhang zur *Dialektik der Aufklärung* finden. Selbst wenn man, wie *Grenz*, davon ausgeht, daß sie sämtlich von Horkheimer stammen[635], sind sie zumindest mit dem *placet* Adornos

---

630 vgl. Wiethölter, *Rechtswissenschaft*, a.a.O., S. 90: „Aber das ist Glaube, nicht Recht."

631 vgl. zur Behandlung der negativen Generalprävention Jürgen Baumann, *Strafrecht Allgemeiner Teil*, 3. Auflage Bielefeld 1964, S. 11: „Schon die bloße Existenz dieses Strafrechts und das Wissen um seine Rechtsfolgen hält die Adressaten des Strafrechts, die diesem Recht unterworfene Gesellschaftsmitglieder, von der Begehung strafbarer Handlungen ab." Ähnlich Hans Welzel, *Das deutsche Strafrecht*, 9. Aufl., Berlin 1965, S. 6; Schmidhäuser, *Allgemeiner Teil*, Tübingen 1970, S. 36; Schönke/Schröder, 12. Aufl. 1965, vor § 13, Rn 5f.; Schwarz/Dreher, 26. Aufl. 1964, vor § 13, Rn 1; kritisch zur Empirie der Generalprävention aber schon Eberhard Schmidt, *Materialien zur Strafrechtsreform*, 1. Bd. Gutachten der Strafrechtslehrer, 1954, S. 9ff, 16ff., und Paul Bockelmann, *Vom Sinn der Strafe*, Heidelberger Jahrbücher V, 1961, S. 25ff., 33f.

632 *Negative Dialektik*, S. 283.

633 *Negative Dialektik*, S. 282; ein Widerspruch, der von keiner übergeordneten Logik mehr zu schlichten sei.

634 Die Überlegungen zur Schutzfunktion und die Forderung nach einer Strafmaßanhebung wirken auch deswegen um so erstaunlicher, als schon Georg Rusche in einer 1939 abgeschlossenen, noch von Otto Kirchheimer überarbeiteten und vom IfS in den USA veröffentlichten Studie *Punishment and Social Strukture*, dt.: *Sozialstruktur und Strafvollzug*, Frankfurt/M./Köln 1974, auf das Ideologische an der Theorie der Generalprävention verwies und durchaus auch empirisch gesättigte Zweifel an den behaupteten Wirkungen sähte, vgl. insbes. S. 272ff., wonach die Strafpolitik keinen Einfluß auf die Verbrechensrate habe und insbesondere eine harte, abschreckende Strafe Kriminalität nicht verhindere. Abhängig sei ihre Rate in erster Linie von den sozialen Verhältnissen in der Gesellschaft. Vgl. besonders eindringlich a.a.O., S. 287f. Vgl. ansonsten zu den ungewöhnlichen Entstehungsbedingungen des Buches - Otto Kirchheimer, der Georg Rusche nie begegnet sein soll, war von Horkheimer gebeten worden, das für ihn nicht zufriedenstellende Manuskript Rusches zu überarbeiten, ohne daß dieser davon Kenntnis erhalten hätte - auch das Nachwort von Heinz Steinert in der Ausgabe Frankfurt/M. 1981.

635 Friedmann Grenz zufolge, ders. *Adornos Philosophie in Grundbegriffen*, Frankfurt/M. 1974, S. 257, Anm. 26, sind die Aufzeichnungen und Entwürfe allein von Horkheimer verfaßt, von Adorno stammten nur die Zusätze zu diesen. Grenz gibt dafür indes keine Belege an. Es scheint jedenfalls

geschrieben worden.[636] Darin heißt es in einem fiktiven Dialog zwei junger Leute, die sich über die Widersprüchlichkeit bürgerlicher Berufe unterhalten, die Reflex der objektiven Widersprüche der Gesellschaft sei, daß einer von beiden „ja auch kein öffentlicher Ankläger sein [möchte], und doch erschiene mir die freie Bahn für Raubmörder als ein weit größeres Übel denn die Existenz der Zunft, die jene ins Zuchthaus liefert. Justiz ist vernünftig. Ich bin nicht gegen die Vernunft, ich will nur die Gestalt erkennen, die sie angenommen hat."[637]

Justiz, selbst die Strafjustiz war demnach vernünftig, auch wenn die Form, die ihre Vernunft angenommen hatte, eine solche war, die die einzelnen zur Identität mit dem unwahren Ganzen zwang und schon dadurch, vermittelt über die Institutionen des Rechts, Gewalt ausübte.[638] Auch dann noch, wenn sie, wie Adorno schrieb, nicht wie im Dritten Reich die Gesellschaft unmittelbar dem willkürlichen Zugriff einzelner auslieferte[639], und damit nur eine instrumentelle Form der Vernunft war, die nur die Reproduktion der bürgerlichen Gesellschaft nach den Maßstäben naturbeherrschender Vernunft sicherte. Warum aber war dann selbst noch die diese Gewalt vermittelnde Vernunft der Strafjustiz das kleinere Übel im Vergleich zu der „freie[n] Bahn für Raubmörder"? Eine Antwort findet man in dieser Passage der *Dialektik der Aufklärung* nicht, aber auch nicht an anderer Stelle. Betrachtet man dazu noch die folgenden, ebenfalls der *Dialektik der Aufklärung* entstammenden Ausführungen zu den Zwecken des Strafvollzuges, wird das Bedürfnis nach einer Antwort noch dringender.

Adorno schreckte nämlich, wie in den Passagen aus seinen Beiträgen der 60er Jahre gezeigt, wenn er auch nicht selbst Ankläger sein wollte, nicht vor Forderungen zurück, die sogenannten Raubmörder oder andere, die Strafgesetze verletzten, ins Zuchthaus zu schicken. Selbst die, wie auch *Felix Herzog* hervorhebt[640], frappierend an *Foucaults* Theorien zur Entstehung bürgerlicher Strafe erinnernde Umschreibung der Zuchthäuser und ihrer clandestinen Zwecke, die sich in der *Dialektik der Aufklärung* nur wenige Seiten vor dem Plädoyer für die Strafe finden läßt[641], haben Adorno von Kriminalisierungsforderungen bemerkenswerterweise keinen Abstand nehmen lassen. Zu den Zwecken der „bürgerlichen Freiheitsstrafe"[642] heißt es in *Aus einer Theorie des Verbrechers*:

---

gesichert zu sein, daß die Passagen, die unter dem Titel *Aus einer Theorie des Verbrechers* firmieren, aus den Entwürfen Horkheimers stammen, nämlich aus dessen *Theorie des Verbrechers*, vgl. Max Horkheimer, GS Band 12, S. 266ff., deren letztes Drittel (S. 273ff.) in die *Aufzeichnungen und Entwürfe* der *Dialektik der Aufklärung* Eingang fanden.

636 Becker, *Natur, Herrschaft, Recht*, a.a.O., S. 217 geht offensichtlich davon aus, daß die Passage von Adorno stammt.

637 *Dialektik der Aufklärung*, S. 273.

638 *Negative Dialektik*, S. 302.

639 *Negative Dialektik*, a.a.O.

640 ders., *Prävention des Unrechts oder Manifestation des Rechts*, Frankfurt/M. 1987, S. 24.

641 *Dialektik der Aufklärung*, a.a.O., S. 258ff.

642 *Dialektik der Aufklärung*, a.a.O., S. 258: „... Wie der Verbrecher, so war die Freiheitsstrafe bürgerlich."

> „Die Rationalisierung der Existenz von Zuchthäusern durch die Notwendigkeit, den Verbrecher von der Gesellschaft abzusondern, oder gar durch seine Besserung, trifft nicht den Kern. Sie sind das Bild der zu Ende gedachten Arbeitswelt, das der Haß der Menschen gegen das, wozu sie sich machen müssen, als Wahrzeichen in die Welt stellt."[643]

Die Zuchthäuser dienten damit nicht bloß dem Gedanken der Sicherung der Gesellschaft vor dem Täter oder gar seiner Besserung durch Sühne und Reue. Im Grunde galten sie Adorno und Horkheimer als Wahrzeichen einer bürgerlichen Arbeitsgesellschaft, in der jeder für sich und seine Selbsterhaltung sorgen und durch die Marktlogik von anderen isoliert überleben muß. Bestraft wurde der Verbrecher daher vor allem, so Horkheimer, für seine Torheit, der berechnenden Intelligenz der bürgerlichen Reproduktionsformen nicht zu genügen. Denn: „Jede andere Theorie der Strafe verrät Zweifel der Gesellschaft an der eigenen Vernünftigkeit."[644]

Darin aber, in der Orientierung an der organisierten Selbsterhaltung, war ihnen die bürgerliche Gesellschaft und ihre Zivilisation immer noch bloßes Naturverhältnis, unzivilisiert. In den die Wirklichkeit des Prinzips bloßer Selbsterhaltung beweisenden Institutionen der Gefängnisse, die das Programm der Zucht nur heute nicht mehr im Namen tragen, wird daher denjenigen, „denen es draußen nicht gelingt", sich dieses Prinzip in einem dazu notwendigen Gewaltakt zu verinnerlichen, der Gewaltakt dann „drinnen in furchtbarer Reinheit angetan."[645]

Drinnen, in den Zuchthäusern umreißen

> „die absolute Einsamkeit, die gewaltsame Rückverweisung auf das eigene Selbst, dessen ganzes Sein in der Bewältigung von Material besteht, im monotonen Rhythmus der Arbeit, ... als Schreckgespenst die Existenz des Menschen in der modernen Welt. ... Der Mensch im Zuchthaus ist das virtuelle Bild des bürgerlichen Typus, zu dem er sich in der Wirklichkeit erst machen soll."[646]

---

643 *Dialektik der Aufklärung*, *Aus einer Theorie des Verbrechers*, S. 258.

644 Horkheimer, *Theorie des Verbrechers*, a.a.O., S. 269.

645 *Dialektik der Aufklärung*, a.a.O., S. 258; bei Horkheimer, *Theorie des Verbrechers*, GS Band 12, S. 269, heißt es: „Die Gesellschaft gilt sich als konkrete Vernunft, die Vereinigung jener, die gemeinsam vor Natur sich schützen wollen. An dem, der nicht mit strengem Gehorsam für die Inkorporation bezahlt, vollstreckt sie selbst den zerstörenden Drang der Natur, dem er durch sie bisher entronnen war, Gesellschaft wird an ihm zur vorsätzlichen, systematischen Naturgewalt, mit der verglichen die unvermittelte in ihrer Grausamkeit noch als wahrer Stand der Unschuld erscheint."

646 *Dialektik der Aufklärung*, a.a.O., S. 258; moderne Untersuchungen von Gefängnissen bürgerlich-demokatischer Rechtsstaaten wie Japan oder der USA belegen das auf erschreckende Weise beeindruckend. Vgl. u.a. den Bericht über den Niederländer Jan de Cock, der in den letzten Jahren diverse Gefängnisse in der Welt bereiste und in ihnen lebte, von Christian Sywottek, *Reise in den Knast*, in: FR v. 29.03.2005, S. 8. Sywottek beschreibt die Erfahrungen de Cocks etwa mit den Gefängnissen Japans und der USA, die insbesondere die Isolation und den individualitätsvernichtenden Drill zu Ordnung und disziplinierter Arbeit wiedergeben, der die Haftzeit dort prägt. Am schlimmsten seien, so de Cock, die Haftbedingungen in den modernen Industrieländern, weil sie die Kontrolle über das Indidviduum erlangen wollten. Vgl. auch die Übersetzung einiger von de Kocks Berichten aus dem Niederländischen, in: *Hotel hinter Gittern*, Stuttgart 2004, insbeson-

Das Gefängnis war demnach also im besten Falle, und das drückt das moderne Strafvollzugsrecht heute auch in dem seit 1977 geltenden § 2 StVollZG aus, nicht die Schule des Verbrechens, als die man es inzwischen resignativ anerkennt[647], sondern die Schule bürgerlicher Sozialisation, die man im Jargon Resozialisierung nennt. Wer draußen von den Pfaden bürgerlicher Subjektivität abweicht, muß drinnen, in der zu Ende gedachten Arbeitswelt, auf den rechten Pfad naturbeherrschender Vernunft zurückgebracht werden. Dies gelingt Adorno und Horkheimer zufolge, indem dort der Verbrecher als „der Schwache, Zurückgebliebene, Vertierte qualifiziert die Lebensordnung leiden [muß], in die man selbst sich ohne Liebe findet". Von den Wärtern der Gefängnisse und den Polizisten, Staatsanwälten und Richtern bürgerlicher Gesellschaft „[wird] verbissen die introvertierte Gewalt an ihm wiederholt"[648].

Verbrecher, Kriminelle waren für Adorno und Horkheimer nämlich gerade diejenigen, die zu den Wünschen der bloßen Selbsterhaltung, insofern identisch mit dem anerkannten Ziel bürgerlicher Gesellschaft, nicht auch die legitimen Mittel und Wege fanden. Sie hatten „in Wahrheit das schwächere, labilere Selbst".[649] Bei *Horkheimer* heißt es insofern:

> „Die konsequente, organisierte Selbsterhaltung wird vom Verbrecher zu Gunsten der beschränkten, anarchischen verletzt. Seine Klugheit ist zu kurz. Er vermag nicht zu warten. Ihm, der alles berechnet, fehlt es jedoch an berechnender Intelligenz."[650]
>
> „Der Verbrecher hat es gerade noch zum ehrlichen Banditen gebracht, der um eine feste Summe den Mord besorgte. Auf dieser Stufe ist er stehengeblieben, wie Kurpfuscher und Heilapostel heute noch auf der des Alchimisten stehen, dem Übergang zur Naturwissenschaft. Der Verbrecher will seine Freiheit nicht aufgeben, ... kann sich nicht zum Subjekt machen, so sehr er sich müht."[651]

Für beide unterlagen die Verbrecher dem mimetischen Drang, sich nicht auf den zivilisatorisch vorgesehenen Wegen mit der internalisierten Machete bürgerlich-instrumenteller Vernunft durch die Natur durchzuschlagen, sondern passiv in Natur zurückzusinken.[652]

> „Die Kraft, von der Umwelt sich als Individuum abzuheben und zugleich durch die konzessionierten Formen des Verkehrs mit ihr in Verbindung zu treten, um in ihr

---

dere, S. 224ff., 256ff. Ähnlich auch die Schilderungen von Stephan Zenklusen, a.a.O., S. 115, über Strafformen in den USA, die auch durch die Studie von Nils Christie, *Kriminalitätskontrolle als Industrie - Auf dem Weg zu Gulags westlicher Art*, Pfaffenweiler 1995, bestätigt werden, der den Arbeitsdrill und die zwangsweise monadologische Existenz der Gefangenen vor allem in US-amerikanischen Gefängnissen beschreibt und dann z.T. mit dem der Gulags der Stalinzeit vergleicht.

647 vgl. etwa Klaus Günther, *Kritik der Strafe I*, a.a.O., S. 125: „Die Erfahrung spricht eher dafür, daß potenziell gutwillige Strafgefangene im Gefängnis überhaupt erst nachhaltig in ein kriminelles Milieu sozialisiert werden, dessen Werte und Einstellungen sie verinnerlichen und so eine delinquente Identität überhaupt erst ausbilden."

648 *Dialektik der Aufklärung*, a.a.O., S. 259.

649 *Dialektik der Aufklärung*, a.a.O., S. 259.

650 *Theorie des Verbrechers*, a.a.O., S. 269.

651 *Theorie des Verbrechers*, a.a.O., S. 271.

652 *Dialektik der Aufklärung*, a.a.O., S. 259f.

> sich zu behaupten, war im Verbrecher angefressen. Er repräsentierte die dem Lebendigen tief innewohnende Tendenz, deren Überwindung das Kennzeichen aller Entwicklung ist: sich an die Umgebung zu verlieren, anstatt sich tätig in ihr durchzusetzen, den Hang sich gehen zu lassen, zurückzusinken in Natur. ... Süchtigkeit solcher Art durchzieht, was dem unentwegten Fortschritt zuwiderläuft, vom Verbrechen, das den Umweg über die aktuellen Arbeitsformen nicht gehen kann, bis zum sublimen Kunstwerk. Die Weichheit gegen die Dinge, ohne die Kunst nicht existiert, ist der verkrampften Gewalt des Verbrechers nicht so fern."[653]

Unabhängig davon, daß beide nicht sagen, wodurch dieser Prozeß beim Verbrecher ausgelöst wird, werden damit gleichwohl von beiden schon spätestens 1944[654] zumindest implizit die Thesen formuliert, die man später auch in der kritischeren ätiologisch-sozialstrukturellen Kriminologie[655] etwa unter dem Stichwort von Subkulturthesen[656] oder, auf *Durkheim* und *Merton* zurückgehend, Anomietheorien[657] wiederfinden wird.

---

[653] *Dialektik der Aufklärung*, a.a.O., S. 259, 260; und bei Horkheimer liest man: „Das Stigma des Verbrechers ist die Nutzlosigkeit. Er überspringt das Stadium der Produktion und sucht vom zirkulierenden Mehrwert soviel wie möglich sich anzueignen", allerdings „unter Ausschaltung des Tauschs. ... Das Verbrechen ... ist Aneignung ohne Tausch." A.a.O., S. 269. Das Zurücksinken in Natur und die Verweigerung der vorgesehenen Wege, also die Verweigerung von Kultur im weitesten Sinn, läßt sich in dem durch die genannten Theorien beschriebenen Verhalten und seinen Motiven wiederfinden. Freilich läßt sich jenes Zurücksinken und die Verweigerung, den kulturell vorgegebenen Wegen zu folgen, nicht als einen bewußten oder gar freiwilligen Akt deuten, sondern nur als einer verstehen, der durch gesellschaftliche Zwänge, wenigstens aber Umstände vermittelt ist.

[654] die Aufzeichnungen Horkheimers zur *Theorie des Verbrechers* stammen aus den Jahren 1939-42, vgl. insoweit die editorischen Bemerkungen Gunzelin Schmid Noerrs, in Max Horkheimer, GS Band 12, a.a.O., S. 250.

[655] vgl. zu dieser Kategorie Peter Alexis Albrecht, *Kriminologie*, 2. Aufl. München 2002, S. 37ff.

[656] In Subkulturen werden abweichende Lebensmuster ausgebildet, die sich von der übergeordneten Kultur unterscheiden. Ausschlaggebend dafür sei, daß die Angehörigen der Subkultur die Ziele des Statusdenkens der übergeordneten Kultur nicht erreichen könnten. Vgl. grundlegend Albert K. Cohen, *Delinquent Boys: The Culture of the Gang*, 1955. Albrecht, a.a.O., S. 39f., faßt diesen Ansatz so zusammen: „Während Mittelschichtsjugendliche mit Hilfe von Geld, Kleidern, Autos oder Wohnung imponieren können, die nicht nur als äußeres Statuszeichen dienen, sondern zugleich auch den Zugang zu etablierten Erfolgswegen symbolisieren, sind Unterschichteltern ökonomisch nicht in der Lage, ihren Kindern diese Statusmerkmale zu verschaffen. Durch die Schaffung eines abweichenden Werte- und Verhaltenssystems werden Statuskriterien angeboten, die Unterschichtsjugendliche mit ihren gegebenen Möglichkeiten erreichen können. Daneben wird durch die konkurrierenden devianten Normen gleichsam Vergeltung an den herrschenden Normen geübt." Solche Unterschichtskulturen seien zudem, so Dietmar K. Pfeiffer/Sebastian Scheerer, *Kriminalsoziologie*, Stuttgart 1979, S. 28ff., 40ff., durch ihre hohe Bedeutung von Sportlichkeit, der Suche nach Aufregung und Spannung oder die Liebe zum Spiel geprägt.

[657] Vgl. grundlegend Emile Durkheim, *Die Regeln der soziologischen Methode*, hg. v. René König, 1976, S. 141ff., und darauf aufbauend Robert K. Merton, *Sozialstruktur und Anomie*, in: Fritz Sack/René König (Hg.), *Kriminalsoziologie* 3. Aufl. Wiesbaden 1979, S. 283ff. Anomie meint Regellosigkeit. Dieser Zustand werde in bezug auf die einzelne Person dann wahrscheinlich, wenn, wie Albrecht, a.a.O., S. 38, es formuliert, die anerkannten gesellschaftlichen Ziele über die vorgegebenen sozialstrukturellen Wege nicht zu erreichen sind. Insofern müßten illegale Mittel ergriffen werden, um die begehrten Ziele zu erlangen.

Gleichwohl sahen beide auch, daß deren Taten „engstirnig, persönlich, unmittelbar destruktiv" blieben.[658] Und das Destruktive und Gefährliche dieser Taten, womöglich auch das Gefährliche der Täter selbst, mag nun die Antwort darauf geben, warum Adorno dem erbitterten Kampf gegen solch destruktiv mimetische Verhaltensweisen und ihrer Verdrängung durch den Strafvollzug nun plötzlich einen Sinn, und sei es auch nur den der Sicherung der Gesellschaft vor destruktiver Mimesis, abgewinnen konnte. Hieraus läßt sich dann auch die Deutung gewinnen, daß er den Widerspruch, kein Ankläger sein zu wollen und doch die Vernunft der Strafjustiz gutzuheißen, die den perhorreszierten Raubmördern die freie Bahn nimmt, als einen objektiven in der Sache wahrnahm. So nimmt auch *Becker*[659] an, daß Adorno als einer „der um seiner Gefangenschaft im Netz gesellschaftlich vermittelter Selbsterhaltung weiß und Schlimmeres verhindern will, sich das schlechte Gefühl, die Niederlage vor dem Identitätsprinzip im Strafanspruch und dem positiven Recht schmerzhaft eingestehen" mußte.[660] Dieses vermeintliche Eingeständnis, durch Strafe, sei es vermittels ihrer generalpräventiven, sozialisierenden oder bloß sichernden Wirkung, doch Schlimmeres verhindern zu können, habe Adorno also, so muß *Becker* verstanden werden, zu den Forderungen nach härterer Bestrafung von Roheitstaten verleitet.

cc) subjektive Denkschwächen

Wenn man sich dieser Deutung anschließt, und es spricht einiges für sie, kann man aber spätestens heute ausreichend Daten zur Kenntnis nehmen, die die Einsicht vermitteln, daß dieses zum Ausdruck gebrachte Eingeständnis unnötig war, weil sich jene besagte Niederlage vor dem Identitätsprinzip hätte vermeiden lassen können. Adorno hätte aus dem Widerspruch vermeintlich zu niedriger Strafen hier und zu hoher dort schon eine Nivellierung nach unten fordern können. Repressiver Zeitgeist im Verbund mit zeitlich bedingten Vorurteilen, eventuell auch sein eigenes Strafbedürfnis[661], mag hier wohl mit ihm durchgegangen sein, selbst wenn dieses zuerst nur die Gestalt eines reaktiven moralischen Impulses auf Unrecht angenommen haben mochte.

---

[658] *Dialektik der Aufklärung*, a.a.O., S. 240; wobei Horkheimer das Destruktive der Tat weniger in den etwaigen Folgen für ein möglicherweise gegebenes einzelnes Opfer sah als mehr in der destruktiven Auswirkung auf den bürgerlichen Produktionszusammenhang: „Die je aktuelle Herrschaft, so destruktiv sie sich gegen die Menschen erweist, perpetuiert sich in Formen, in denen sich zugleich das gesellschaftliche Leben reproduziert. Der Verbrecher dagegen, zu schwach, zur zeitgemäßen sich aufzuschwingen, ... hat an der gesellschaftlichen Reproduktion des Lebens zum Zweck von dessen Beherrschung keinen Anteil. Insofern ist er destruktiv." Vgl. Max Horkheimer, GS Band 12, a.a.O., S. 270f.

[659] ders., a.a.O., S. 217, Fn 788.

[660] Mathias Becker, *Natur, Herrschaft, Recht*, a.a.O., S. 217.

[661] das er an anderen meist kritisierte, etwa an Kant, vgl. *Negative Dialektik*, a.a.O., S. 257, dessen Ethik ihren repressiven Aspekt behalte, der „ungemildert im Strafbedürfnis" triumphiere. Oder an dem Persönlichkeitstypus des sogenannten autoritären Charakters in: *Schuld und Abwehr*, in: Soziologische Schriften II, GS Bd. 9/2, S. 175ff.; ähnlich in *Ad vocem Hindemith*, in: Musikalische Schriften IV, GS Bd. 17, S. 241, das psychologische Geheimnis des autoritären „Revoluzzers" sei das Strafbedürfnis.

Was die Anhebung der Strafrahmen bei Delikten gegen die körperliche Unversehrtheit angeht, befindet er sich freilich bis heute in guter Gesellschaft. Denn das 6. *Strafrechtsreformgesetz* von 1998 sah die dort für zu niedrig befundenen Sanktionsrahmen auch[662], kam indes genausowenig wie Adorno damals auf die wahrlich nicht sehr fern liegende Idee, die im Verhältnis zu diesen für zu hoch befundenen Strafrahmen anderer Delikte einfach nach unten anzugleichen.[663] Aber auch ansonsten war der Widerspruch wohl eher subjektiver Denkschwäche denn der Sache geschuldet. Wenn die Kritik an den Legitimationsmustern des Strafrechts zu Zeiten der 60er Jahre des vergangenen Jahrhunderts, geschweige denn zu Zeiten der 40er Jahre - insbesondere in der Strafrechtswissenschaft selbst - auch noch nicht sehr ausgeprägt sein mochte[664], so hätte man wohl auch damals schon die Problematik der destruktiven Folgen des Strafvollzugs erkennen können, dem die Unterwerfung des Subjekts unter die Marter des Konformen bürgerlicher Lebensweise vielfach gar nicht gelingt, und darob, aber auch jenseits dieses clandestinen Zwecks, seine beständige Fruchtlosigkeit vor dem Forum relativer Strafzwecke. Man hätte der Einsicht nahekommen können, daß gerade der bürgerliche Zuchtversuch, den Adorno und Horkheimer doch ihrerseits schon in kritischer Absicht beschrieben, ein untauglicher war, der regelmäßig scheiterte. Strafe, so kann man es heute wis-

---

[662] BGBl. 1998 I, S. 164ff; dieses hatte sich die Harmonisierung der Strafrahmen, die bei Delikten, die sich gegen die körperliche Unversehrtheit richteten, gegenüber Vermögensdelikten zu gering ausfielen, auf die Fahne geschrieben. Vgl. dazu Friedrich Dencker u.a., *Einführung in das 6. Strafrechtsreformgesetz*, München 1998, S. 2, 28.; Hans Kudlich, *Das 6. Gesetz zur Reform des Strafrechts*, in: JuS 1998, 468ff., 469, 473; Gregor Stächelin, *Das 6. Strafrechtsreformgesetz - Vom Streben nach Harmonie, großen Reformen und höheren Strafen*, StV 1998, S. 98ff. Vgl. auch schon gegenüber dem insoweit ähnlich motivierten sogenannten Verbrechensbekämpfungsgesetz von 1994 (BGBl. I 1994, S. 3186ff.) kritisch Michael Hettinger, *Zur Rationabilität heutiger Strafgesetzgebung im Hinblick auf die Rechtsfolgenbestimmung*, in: GA 1995, S. 399ff., 401ff., der darauf verweist, daß dieser Zustand schon seit Jahrzehnten angehalten habe.

[663] so insbesondere Gregor Stächelin, *Das 6. Strafrechtsreformgesetz*, a.a.O., S. 101, unter Verweis auf den hier fraglichen verfassungsrechtlichen Aspekt der Erforderlichkeit einer Erhöhung der Strafrahmen; ebenso mit Bezug auf Stächelin, Ellen Schlüchter (Hg.), *Bochumer Erläuterungen zum 6. Strafrechtsreformgesetz*, Bochum 1998, S. VII.

[664] vgl. dazu schon die Ausführungen oben auf S. 152 und die dortigen Nachweise in Anm. 212; andererseits begann die Kritik am Strafen, die auch auf dessen durchgreifende Legitimationsprobleme abhub, gerade erst, vgl. zum Beispiel Arno Plack, *Die Gesellschaft und das Böse*, 1967, S. 110ff., 118f.; etwas moderater Rudolf Wiethölter, *Rechtswissenschaft*, Frankfurt/M. und Hamburg 1968, S. 110ff., 118f. Und bereits in der ersten Hälfte des 20. Jahrhunderts hatte es, beginnend mit Freuds frühen Anmerkungen über *Die Verbrecher aus Schuldbewußtsein* von 1916, in: Studienausgabe Bd. X, S. 253ff., tiefgreifende Kritik an der unreflektierten Praxis des staatlichen Strafens aus psychoanalytischer Richtung gegeben, die allerdings noch nicht gänzlich an ihrer Legitimation rüttelte. Vgl. dazu auch Theodor Reik, *Geständniszwang und Strafbedürfnis*, Leipzig u.a. 1925, auf die Arbeiten Freuds rekurrierend, a.a.O., S. 150ff.; rezipiert von Gotthold Bohne, *Psychoanalyse und Strafrecht*, in: ZStW 47 (1927), S. 439ff.; Franz Alexander, Hugo Straub, *Der Verbrecher und seine Richter*, 1929; etwas später dann Paul Reiwald, *Die Gesellschaft und ihre Verbrecher*, Zürich 1948, neu herausgegeben v. Herbert Jäger und Tilmann Moser, Frankfurt/M. 1973, S. 64ff., m.w.N. zum strafrechtskritischen psychoanalytischen Schrifttum der zwanziger und dreißiger Jahre.

sen, wenn man den Gedanken denn zulassen[665] und die ihn stützenden Daten denn wahrnehmen möchte, verhindert Schlimmeres eben gerade nicht - im Gegenteil. Schlimmstenfalls eben, und das nicht zu selten, erfüllt Strafe nicht nur ihren behaupteten Zweck nicht, sie bewirkt gerade auch Kontraindikationen.[666] Zudem lassen sich insbesondere die Abschreckungsthesen empirisch nicht verifizieren.[667]

Den Gesetzgeber, der nach den üblichen verfassungsrechtlichen Maßstäben gefordert wäre, zu belegen, daß der Grundrechtseingriff, den neben der Ge- oder Verbotsnorm insbesondere der Vollzug der Strafe bedeutet[668], auch den legitimen Zweck erfüllt, dem sie dienen solle[669], und der das folglich weder beweisen kann noch versucht, retten aus staatsrechtlicher Perspektive sogenannte Einschätzungsprärogativen[670], die ihm bei fehlender oder unklarer empirischer Verifizierung einen Entscheidungsspielraum zubilligen.[671] Und die höchsten deutschen Gerichte, bis hin zum Verfassungsgericht, verhelfen sich mit einem in den epistemologischen Adelsstand einer Theorie erhobenen Mix aller denkbaren Strafzwecke, der sogenannten Vereinigungstheorie.[672]

---

[665] Insbesondere ist Klaus Günther zuzustimmen, wenn er sagt: „Der Glaube an die Strafe scheint so weit verbreitet und so tief verwurzelt zu sein, daß es sich noch nicht einmal lohnt, darüber zu diskutieren." Ders., *Die symbolisch-expressive Bedeutung der Strafe*, a.a.O., S. 205; vgl. dazu auch dens., *Kritik der Strafe I*, in: Westend, Neue Zeitschrift für Sozialforschung 2004, S. 117ff.

[666] vgl. statt vieler Klaus Lüderssen, *Abschaffen des Strafens?*, a.a.O., hierin etwa Übernahme der Aufgaben des Strafrechts durch andere Rechtsgebiete - ein Blick auf das konkurrenzfähige (andere) öffentliche Recht und Zivilrecht sowie die dazugehörigen Verfahrensgänge, S. 410ff., 413; ebenso Klaus Günther, *Kritik der Strafe I*, a.a.O., S. 125.

[667] Karl-Ludwig Kunz, *Kriminologie*, 4. Aufl. Berlin u.a. 2004, S. 320 m.w.N. in den Anm. 17, 18; 323f.; Peter Alexis Albrecht, *Kriminologie*, 2. Aufl. München 2002, S. 62ff., 106; Heinz Schöch, *Empirische Grundlagen der Generalprävention*, in: Festschrift für Hans-Heinrich Jescheck, Berlin 1985, S. 1082ff., Karl F. Schumann/Claus Berlitz/Hans-Werner Guth/Reiner Kaulitzki, *Jugendkriminalität und die Grenzen der Generalprävention*, Neuwied 1987, S. 161ff. zusammenfassend für das Jugendstrafrecht; vgl. auch Heinz Steinert, Festschrift für Christian Broda, 1976; Arno Plack, *Plädoyer für die Abschaffung des Strafrechts*, München 1974, S. 105ff; Klaus Lüderssen, *Die Krise des öffentlichen Strafanspruchs*, in: ders., *Abschaffen des Strafens?*, Frankfurt/M. 1995, S. 22ff., 31, Anm. 34f., m.w.N.; Klaus Günther, *Die symbolisch-expressive Bedeutung der Strafe*, a.a.O., S. 205.

[668] vgl. nur Klaus Lüderssen, *Freiheitsstrafe ohne Funktion*, in: Joachim Schulz/Thomas Vormbaum (Hg.), Festschrift für Günther Bemman, Baden-Baden 1997, S. 47ff., 48; Gregor Stächelin, *Strafgesetzgebung im Verfassungsstaat*, Berlin 1998, S. 114f., mit Verweis auf den die betroffenen Grundrechte nennenden § 196 StVollzG.

[669] vgl. zu dieser Anforderung an den rationalen, säkularen Rechtsstaat etwa Günther Jakobs, *Das Schuldprinzip*, Opladen 1993, S. 7; generell zum Problem der Vereinbarkeit von Strafrecht und Verfassung vgl. Gregor Stächelin, a.a.O.; Otto Lagodny, *Strafrecht vor den Schranken der Grundrechte*, Tübingen 1996; Ivo Appel, *Verfassung und Strafe. Zu den verfassungsrechtlichen Grenzen staatlichen Strafens*, Berlin 1998.

[670] vgl. Otto Lagodny, a.a.O., S. 173ff.

[671] Otto Lagodny, a.a.O., S. 173ff., diese erlaube dem Gesetzgeber, fehlende empirische Erkenntnisse zu überbrücken. Der Maßstab der verfassungsrechtlich erforderlichen Verhältnismäßigkeitsprüfung beschränkt sich nach gängiger Rechtsprechung nur auf die Frage, ob das Mittel - einerseits die Verhaltensnorm selbst, anderseits die Sanktion der Strafe - schlechthin oder objektiv ungeeignet ist, das gewünschte Ziel zu erreichen; vgl. BVerfGE 71, 206, 215 m.w.N.

[672] BVerfGE 28, 268, 291; 32, 98, 109; 39, 1, 57; 45, 187, 253f.; 71, 206, 215ff; vgl. dazu Klaus Tiedemann, *Verfassungsrecht und Strafrecht*, Heidelberg 1991, S. 21ff.; Jescheck/Weigend, AT 5.

Mit Adorno ließe sich das naive Beharren auf den eingespielten Legitimationsmustern, den kanonisierten Strafzwecktheorien, die zunehmend nur noch eine irrationale und aus Gründen der Staatsräson durchgehaltene Strafpraxis legitimierend nachzeichnen, wohl, wenn er denn die Einsicht geteilt hätte, als verdinglichtes Denken bezeichnen, weil die Theorien auf ihren Gehalt nicht hinterfragt, sondern als Offenbarungsglaube akzeptiert werden. Andere nennen das Strafrecht und das Festhalten an ihm einen „Anachronismus unserer Epoche“[673], der mit dem beschriebenen Festhalten an überholten dogmatischen Begriffen auf nichts als sein handwerkliches Pendant verweist.

Kritik aus der Perspektive kritischer Theorie hätte daneben auch die instrumentelle mythisch-mathematische Praxis verdient gehabt, die die Straftaten, genauer die Schuld, auf der Ebene der Strafzumessung in Monate und Jahre umrechnet, vergleichbar macht und als etwas ansieht, dem ein äquivalenter Austausch folgen müsse. Lag schon den frühen Leibesstrafen ein solch mythischer Ausgleichsgedanken zugrunde, wurde dem Dieb hier etwa die „diebische Hand“ abgehackt[674], so war in dieser archaischen Vernunft „spiegelnder Strafen“[675], in denen sich das Talionsprinzip des Auge um Auge manifestierte[676], immerhin noch ein unmittelbar mimetisches Moment enthalten; mußte hier doch gleichsam die der Tat des Diebstahls ähnlich gewordene, sie verkörpernde und zu ihr lebendig sich verhaltende Hand als Ausgleich für das Stehlen geopfert werden. So sollte, wie *Ebert* sagt, „auf magische Weise die Ordnung wiederhergestellt werden.“[677] Solche unmittelbar mimetischen Momente verschwinden zwar weitgehend in der rationalen Rechnung der Geld- und Freiheitsstrafe, die die „qualitative Gleichheit“ der Spiegelstrafe durch „quantitative Verhältnismäßigkeit“ ersetzte[678], die aber in ihrer aufgeklärten Rationalität gleichwohl nicht weniger magisch ausfällt. Auch wenn es banal scheint:

Aufl., S. 75ff., 78f., m.w.N.; Wolfgang Naucke, *Strafrecht, Eine Einführung*, 7. Aufl. Neuwied u.a. 1995, Rn 142.

673 Lüderssen, *Abschaffen des Strafens?*, a.a.O., S. 7, m.w.N. in Anm. 2.

674 vgl. zu den Leibesstrafen der Antike und des Mittelalters etwa Ludwig Günther, *Die Idee der Wiedervergeltung* I, (Erlangen 1889) Neudruck Aalen 1966, S. 251ff.; Udo Ebert, *Talion und Spiegelung im Strafrecht*, in: Festschrift für Karl Lackner, Berlin, New York 1987, S. 399ff., 400, 407 m.w.N.; ders., *Talion und Vergeltung im Strafrecht*, in: Heike Jung/Heinz Müller-Dietz/Ulfrid Neumann (Hg.), *Recht und Moral*, Baden-Baden 1991, S. 249ff., 261

675 zum Begriff vgl. Hinrich Rüping/Günther Jerouschek, *Grundriß der Strafrechtsgeschichte*, München 2002, S. 30, Rn 69; Udo Ebert, *Talion und Spiegelung im Strafrecht*, a.a.O., S. 399ff., 401, 407ff.

676 so Udo Ebert, *Talion und Spiegelung im Strafrecht*, a.a.O., S. 404.

677 Udo Ebert, *Talion und Vergeltung*, a.a.O., S. 266; der Zeitlosigkeit und Ubiquität der *lex talionis*, die Ebert, *Talion und Spiegelung im Strafrecht*, a.a.O., S. 403, 413, diagnostiziert, dürfte dann, wenn man das mimetische Moment darin anerkennt, die Annahme Adornos von der anthropologischen Konstante des mimetischen Vermögens korrespondieren.

678 Ebert, *Talion und Vergeltung*, a.a.O., S. 250; er beschreibt den Prozeß als einen der Entwicklung der Vergeltung mit Gleichem zur Vergeltung mit gleichwertigem Ungleichen. Auch die Reaktion mit Gleichem war aber nicht gerechter oder unproblematischer als die von der Tat abstrahierende Freiheitsstrafe. Auch Talion als formales Prinzip wurde, wie man schon in der Antike wußte, der Tat bei weitem nicht immer gerecht. Auch es schlug jede Tat über denselben Leisten: was etwa, wenn der Täter nur ein Auge hatte, das Opfer aber zwei? Vgl. dazu Ebert, *Talion und Vergeltung*, a.a.O., S. 253 m.w.N.

Warum es für welches Verhalten jeweils wie viele Jahre Freiheitsentzug geben muß, ist völlig unklar und wird sich niemals begründen lassen.

Paradigmatisch für Adornos Dialektik hätte sich zudem angeboten, auf die Rudimente der *Hegel*schen Straftheorie einzugehen, wonach die Strafe als Negation derjenigen Negation, die die Straftat darstellte, wieder in die Positivität der Geltung des verletzten Rechtes führt[679], die damals wie heute[680] in der Debatte um Strafe virulent waren. Daß auch doppelte Negation nicht ohne weiteres in Position überging, auch im Recht also nicht „*more arithmetico* minus mal minus plus“[681] ergeben konnte, Strafe auf diese Weise vielmehr nicht zu rechtfertigen, sondern gerade auch als Mittel der identifizierenden Herrschaft mathematischer Logik zu denken und zu kritisieren war[682], die sich in die Herrschaft des bürgerlichen Strafrechts hinein verlängert hatte, hätte Adorno seiner negativen Dialektik entsprechend, seiner Philosophie gemäß immanent, konsequent aufzeigen können.[683]

So aber schien ihm trotz aller Kritik an der „Zunft“ des Justizapparates[684] nicht nur dessen Strafpraxis, sondern auch der Ruf nach dessen punitiver Reaktion in eigener Sache vernünftig. Daß Adorno gemeinsam mit *Ludwig von Friedeburg* als Institutsleitung bei der legendären „Besetzung“ des Instituts für Sozialforschung im Januar 1969 schon auf einen bloßen Verdacht hin die Polizei rufen ließ und auch Anzeige gegen seinen Schüler *Hans Jürgen Krahl* erstattete, gegen den er im nachfol-

---

[679] Hegel, *Grundlinien der Philosophie des Rechts*, § 99: „Die Verletzung dieses als eines daseienden Willens also ist die Aufhebung des Verbrechens, das sonst gelten würde, und ist die Wiederherstellung des Rechts.“

[680] Beispielsweise in der Theorie positiver Generalprävention nach Günther Jakobs, *Das Schuldprinzip*, Opladen 1993, S. 27, mit so explizitem wie paradoxem Bezug auf Hegel (S. 26f.), der eine präventive Zwecke erfüllende Strafe bekanntlich ablehnte: „... das Geschehen wird als ein Weltentwurf verstanden, als Behauptung, so solle Gesellschaft stattfinden. ... Strafe ist die Gegenrede gegen seinen [des Täters, V.R.] Weltentwurf, die Feststellung, daß der Täter mit seiner Tat Unmaßgebliches behauptet hat. ... Man bezeichnet den skizzierten Strafzweck heute als positive Generalprävention; Generalprävention, weil ein Effekt bei allen Bürgern hervorgerufen werden soll, positiv, weil dieser Effekt nicht in einer Angst vor Strafe bestehen soll, sondern in der Beruhigung, daß die Norm gilt, ... die durch die Tat beeinträchtigte Normgeltung durch die Strafe wieder gefestigt wurde.“

[681] *Negative Dialektik*, S. 161.

[682] *Negative Dialektik*, S. 159: „Die Gleichsetzung der Negation der Negation mit Positivität ist die Quintessenz des Identifizierens, das formale Prinzip auf seine reinste Form gebracht.“

[683] Ein Ansatz dazu war in der *Dialektik der Aufklärung* bereits geleistet, weil hier zumindest auf die Straftat als Form der Negation des Rechts Bezug genommen zu werden scheint. Wenn es dort, a.a.O., S. 241, nämlich heißt: „Es ist beim Verbrecher die Negation, die den Widerstand nicht in sich hat“, und Adorno an anderer Stelle, in der *Negativen Dialektik*, S. 161ff., 162, die Wendung von der in Position umschlagenden doppelten Negation mit dem Gedanken verwirft, daß die Negation nicht negativ genug war, das Bestehende also nicht konsequent genug negiert wurde, müßte dies auch auf das Phänomen des Normbruchs übertragen werden. Dessen Negation haftete potentiell die Negation des Widerstands an, der nicht konsequent genug formuliert war. Eventuell bezieht sich auch das Diktum Adornos, wonach die Vergeltungstheorie „mythologische[r] Unsinn“ sei, vgl. *Umfrage über die Todesstrafe*, a.a.O., S. 736, auf das als Gedanke an Vergeltung angelegte Theorem Hegels.

[684] *Dialektik der Aufklärung, Widersprüche*, S. 273.

genden Strafverfahren auch als Zeuge aussagte, zeigt das.[685] Wie ernst es ihm mit dem Diktum aus der Dialektik der Aufklärung war, daß er gleichwohl nie selbst würde Ankläger sein wollen, kann sich auch darin ausgedrückt haben, daß er gegen die scheinbar das Institut besetzenden Studenten nicht selbst die Polizei in Marsch setzen wollte, sondern daß ausgerechnet der Rektor der *Johann Wolfgang Goethe*-Universität *Walter Rüegg* darum gebeten wurde, sich mit der Staatsmacht zu identifizieren[686]. Dies beleuchtete die andere Seite der Medaille des Widerspruchs.

c) Brutstätten der Identität

Adornos Kritik an der Vernunft der Jurisprudenz, wie sie eben skizziert wurde, schildert zwar einige der von ihm empfundenen Widersprüche, die sein Urteil über die Irrationalität der Rechtsvernunft begründeten, sie verbleibt aber doch vergleichsweise abstrakt. Auch wenn sie sich ihrer Ambivalenzen versichert, mithin immanente Kritik bleibt, die sich nicht in Verwerfungen ergeht, so steigt sie doch nicht in die Erörterung einzelner Kasuistiken ein. Eine detaillierte, in das Verhältnis der einzelnen Rechtsbegriffe zu ihrem Gegenstand eingehende Auseinandersetzung mit der Unwahrheit des positiven Rechts und der von ihr ausgebildeten *Dogmatik*, deren Namen sich Adorno in seinen Passagen zum Recht nur ein einziges Mal zu eigen macht[687], findet in seinen Schriften nicht statt.[688]

---

[685] vgl. zu diesem Vorgang Hartmut Scheible, *Theodor W. Adorno*, a.a.O., S. 144ff.; Rolf Wiggershaus, *Die Frankfurter Schule*, a.a.O., S. 702. Vgl. dazu auch die Bildmaterialien zu dem „unerquicklichen“ (Wiggershaus) Prozeß gegen Krahl mit dem Zeugen Theodor W. Adorno in dem Beitrag von Gerd Koenen, *Thankmar, der junge Krahl*, in: FR vom 03.02.2005, S. 28f.

[686] In einer vom *Südwestrundfunk* gemeinsam mit *Arte* im Jahre 2003 produzierten Dokumentation über Adorno kommt in einem Interview auch Walter Rüegg zu Wort, der schildert, wie er von der Institutsleitung in Person von Ludwig von Friedeburg - besonders Adorno, der das Vorgehen mit von Friedeburg abgesprochen hatte, war sonst sehr auf die Unabhängigkeit des IfS gegenüber der *Johann Wolfgang Goethe-Universität* bedacht - aufgefordert wurde, aufgrund der erneuten Besetzung durch Studenten doch bitte die Polizei zu rufen. Dieser erklärte zwar, er sei nicht zuständig und die Institutsleitung könne durch Delegation auch nicht davon ablenken, daß sie es sei, die den Konflikt mit den Studenten suche, war dann aber doch dazu bereit. Womöglich erhoffte sich hier auch Adorno durch Delegation einen Ausweg aus der widersprüchlichen Situation, in der er offenbar auch noch über einen ersten Impuls hinaus eine Identifikation mit der Staatsmacht für nötig hielt und zugleich scheute. Daß er dann, wie im gleichen Film Alexander Kluge schildert, einige der zuerst festgenommenen 76 Studenten nach der Entlassung aus dem Polizeigewahrsam fragte, ob sie gefoltert worden seien, beleuchtet neben einer bemerkenswerten Naivität womöglich auch sein schlechtes Gewissen.

[687] nämlich in seinem Plädoyer aus *Sexualtabus und Recht heute*, a.a.O., S. 553, daß die „dogmatischen Begriffe, die in der Gesetzgebung auch heute noch umgeistern, wie die des gesunden Volksempfindens, der allgemein geltenden Anschauung, der natürlichen Moral“ von „philosophisch Gebildeten“ herauszuarbeiten und zu analysieren wären.

[688] Der lobende Verweis auf Karl Kraus und dessen Versuch, das „Juristische Denken bis in die Kasuistik hinein so streng“ zu nehmen, „daß das Unrecht des Rechts darüber sichtbar wird“, mag eine solche Auseinandersetzung getroffen haben, die er selbst nicht vornahm. Vgl. Adorno, *Noten zur Literatur*, a.a.O., S. 371. Kraus habe in seinen Abhandlungen zur Jurisprudenz „auf eigene Faust das Prinzip der immanenten Kritik entdeckt ... .“ Er akzeptiere dieses Prinzip im Programm einer, so nun Kraus zitierend, „rein dogmatischen Analyse eines strafrechtlichen Begriffes, die die bestehende Rechtsordnung nicht negiert, sondern interpretiert“. Vgl. Adorno, a.a.O.,

Das nun in Kapitel IV Folgende tritt daher unter Rückgriff auf das eingangs „zur Not" abstrakt zur *Negativen Dialektik* ausgeführte in eine kleine Analyse dogmatischer Diskussionen ein, um Orte, Topoi zu entdecken, an denen sich die vielbeschworene Unwahrheit inmitten der Vernunft des positiven Rechts für Juristen zeigen kann. Denn wenn die Arbeit mit Begriffen unwahr ist[689], weil Begriff und Gegenstand nicht in einem Verhältnis der Identität zueinander stehen, sondern naturbeherrschendes Denken diesen Zusammenhang nur erheischt, um im Akt der begrifflichen Erkenntnis die Versöhnung von Subjekt und Objekt zu behaupten, dann müßte sich das schließlich, wie im Eingangsbeispiel oder in dem kleinen Hinweis Adornos auf das von der Situation vereinte Liebespaar schon angedeutet[690], auch ausführlicher in manch anderer rechtsbegrifflicher Arbeit zeigen lassen. Und es stellt sich die Frage, ob sich nicht vor diesem Hintergrund auch bei juristischen Dogmatikern ein Gespür für die mit ihrer begrifflichen Arbeit dann notwendig zusammenhängende Produktion von Unwahrheit entwickeln ließe. Insofern erscheint es lohnend zu sein, sich anhand einiger durchaus ganz geläufiger strafrechtsdogmatischer Fragen in die dort entfalteten Diskussionen zu versenken und damit gleichsam an dogmatischen Modellen dem nachzuspüren, was *Adorno* mit der Unwahrheit des Arbeitens mit Begriffen, des damit identifizierenden Denkens gemeint hat.

Entfaltet werden soll diese reflexive Betrachtung wiederum, wie schon im Eingangsbeispiel vollzogen, anhand der Rechtsprechung, diesmal anhand höchstrichterlicher. Dabei hat die Auswahl just von Texten aus der Rechtsprechung jeweils offensichtlich einen immanenten Grund. Die Gerichte sind qua Verfassungsauftrag die Brutstätten und Produktionshallen der Identität durch Recht; zuerst der alltagssprachlich vollziehbaren Identifizierung des Sachverhalts, sodann subsumtiv derjenigen mit seinem Rechtsbegriff. Sie können den Fall nicht unentschieden lassen, können gar nicht anders, als über ihn, der Gesetzesbindung aus Art. 20 III GG gemäß, zu urteilen[691], das heißt sie in der syllogistischen Conclusio mit rechtsbegrifflich vermittelter Identität zu versehen.

Dieser Identitätszwang aber gründet in den Zwängen des Rechtsstaates, den er selbst erst ausbildet. So soll es nach konsentierter verfassungsrechtlicher Dogmatik das aus den Grundideen der Verfassung (namentlich aus den Art. 20 III, Art. 1 III, Art. 19 IV, Art. 28 I 1 GG) abgeleitete Rechtsstaatsprinzip[692] sein, das für den Bürger einen umfassenden Rechtsschutz fordere, der auch die umfassende tatsächliche und rechtliche Prüfung des Streitgegenstandes durch die staatlichen Gerichte beinhalte.[693] Daraus folge als wesentlicher Bestandteil des Rechtsstaatsprinzips - in Ver-

---

S. 370; die Dialektik des Vorgehens Kraus' drückt Adorno in den Worten aus: „Die Moralität von Kraus ist Rechthaberei, gesteigert bis zu dem Punkt, wo sie umschlägt in den Angriff aufs Recht selber." A.a.O., S. 371.

[689] vgl. oben in Kapitel II, S. 46ff.

[690] vgl. oben S. 115ff.

[691] vgl. dazu auch schon die aus dekonstruktivistischer Sicht Derridas ähnlich vorgetragene Einrahmung seiner Kritik in die drei sogenannten Aporien des Rechtsstaates, in: ders., *Gesetzeskraft - Der „mystische Grund der Autorität"*, Frankfurt/M. 1991, S. 46ff.

[692] vgl. nur Kissel, *Kommentar zum GVG*, Einleitung, Rn 197, m.w.N.; Krebs, in: von Münch/Kunig, GG-Kommentar, Bd. 1, § 19, Rn 50, m.w.N.

[693] Kissel, a.a.O., Rn 197, m.w.N.

bindung mit den Grundrechten, insbesondere Art. 2 I GG - ein allgemeiner Justizgewährungsanspruch[694]. Aus diesem wiederum ergebe sich dann auch das Recht des Bürgers auf eine verbindliche gerichtliche Entscheidung.[695] Das staatliche Gewaltmonopol und der damit verbundene, den Bürgern idealtypisch gesellschaftsvertraglich abgerungene Verzicht auf Selbsthilfe, die beide den Ideen der Gleichheit und der des Sozialstaatsprinzips dienen sollen, ihrerseits also aus dem Rechtsstaatsprinzip abgeleitet werden[696], führten sogleich im Wege des gesellschaftsvertraglichen Synallagmas den Entscheidungszwang für die Gerichte herbei.[697] Der Richter dürfe daher noch nicht einmal dann auf eine Entscheidung verzichten, wenn es an einer die vorgelegte Frage erfassenden Regelung fehle[698]. Sie unterliegen vielmehr dem sogenannten Rechtsprechungsverweigerungsverbot[699] und müssen entscheiden![700]

Daß sie dies, wie einleitend geschildert, auf allen logischen Ebenen der Subsumtionsarbeit, auf Ober- und Untersatz- und der Ebene der Conclusio, begrifflich identifizierend vollziehen, ist damit gleichsam nichts als eine Errungenschaft der in sich widersprüchlichen zivilisierten Vernunft des Rechtsstaates, die den Naturzwang des begrifflichen Denkens und seine Irrationalität in den Dienst der Idee von Gerechtigkeit stellt.[701] Wie Adorno es sagte: diese Irrationalität sei immanent angelegt in den „Konstituentien der Rechtssphäre selbst“[702].

Im Strafrecht korrespondieren diesem unmittelbaren Zwang das Legalitätsprinzip und die Offizialmaxime.[703] Die Staatsanwaltschaft muß ermitteln, der Strafrichter

---

[694] vgl. Sachs, *Kommentar zum Grundgesetz*, Art. 20, Rn 162; Kissel, a.a.O., Rn 197a; BGHZ 67, 185, 187; BGH DRiZ 78, 185ff.; aus strafprozessualer Sicht LR-Rieß, 25. Aufl. 1999, Einleitung Abschnitt G, Rn 16ff.

[695] Kissel, a.a.O.

[696] Kissel, a.a.O., Rn 209.

[697] Isensee, *Handbuch des Staatsrechts*, Bd. 1, § 13, Rn 82; Kissel, a.a.O., Rn 213, m.w.N.; Krebs, a.a.O., § 19, Rn 50.

[698] Kissel, a.a.O., Rn 213; Gerd Pfeiffer, DRiZ 1988, 82ff., 84; Manfred-Carl Schinkel, *Werden die Verwaltungsrichter durch die Politik überfordert*, DRiZ 1978, S. 232ff., 233.

[699] Kissel, a.a.O., Rn 213; Stein, NJW 1964, 1764; Friesenhahn DÖV 1979, 864; vgl. etwa auch kurz zur Historie Arthur Kaufmann/Winfried Hassemer, *Einführung in Rechtsphilosophie und Rechtstheorie der Gegenwart*, 5. Aufl. Heidelberg 1989, S. 84.

[700] Kissel, a.a.O., Rn 213; dabei sind freilich auch solche Beschlüsse Entscheidungen im hiesigen Sinn, mit denen ein Gericht etwa seine Zuständigkeit ablehnt, an ein anderes verweist oder Klagen aufgrund offensichtlicher Unbegründetheit abweist.

[701] Es kann im übrigen keine Frage sein, daß der Subsumtionszwang, gründend auf den rechtsstaatlichen Regeln, historisch eine bedeutende Errungenschaft, etwa einen Schutz vor richterlicher Willkür bedeutet, dessen Vernunft hier – um es noch einmal zu unterstreichen – nicht abstrakt negiert werden soll. Darauf hingewiesen werden soll nur, daß sich notwendig im Sinne des hier Ausgeführten auch noch in den Regeln des Rechtsstaates Naturgewalt reflektiert, die ihre Anwender und die ihr Unterworfenen in den Emanationen der immanenten Unvernunft des Rechtsstaates erfahren. Die Staatsgewalt ist gewandelte Naturgewalt. Sie aber zu bändigen, sie in Regeln zu zwingen, reflektiert diese Gewalt noch.

[702] *Negative Dialektik*, S. 304.

[703] vgl. § 152 I, II StPO und die entsprechende Kommentierung etwa durch LR-Rieß, Einleitung Abschnitt G, Rn 18; Kleinknecht/Meyer-Goßner, StPO, § 152, Rn 1, 2; als Ausnahmen gelten insoweit die Privatklage (§§ 374ff. StPO) zum Offizialprinzip, und das Opportunitäts- zum Lega-

muß das Gesetz anwenden und verurteilen, wenn die Beweise ausreichen. Aus rechtsstaatlicher Perspektive muß die Entscheidung zudem aufgrund des Analogieverbotes des Art. 103 II GG und des § 1 StGB vorhersehbar sein, der Begriffsapparat also zu diesem rechtsstaatlich gebotenen Zweck immer wieder nach demselben Schema Anwendung finden.[704] Die Anwender müssen daher mit dem Apparat der juristischen Definitionen und mit der notwendigen Subsumtion an dem Neuen, dem immer neuen Fall, der beurteilt werden muß, immer wieder nur das schon Bekannte suchen. *Engisch* nannte diese Suche, wie gesagt, das Hin- und Herwandern des Blickes[705], zwischen Altem hin und Neuem her. Sowenig man dieses Subsumieren nach den erläuterten Dikta Adornos und Horkheimers[706] aber noch Denken nennen sollte und damit ein so bedeutendes Werk wie *Engischs* Einführung in das Juristische Denken in eine des juristischen Nichtdenkens umgetauft gehörte[707], so sehr gilt doch nach prozessualer Maxime, daß damit, just also mittels dieses Nichtdenkens, die Wahrheit von Amts wegen erforscht, § 244 II StPO, und begrifflich geschildert werden muß.[708] Die Jurisprudenz kann dabei nicht anders als die Philosophie „die facta bruta [nicht] an den Haaren herbeischleppen“[709] und sie daran in die Akten ziehen. Sie ist dazu auf ihre Vermittlung in Begriffe verwiesen.[710] Will sie mit ihnen die „Wahrheit als Wirklichkeitserkenntnis“[711] präsentieren, scheint auch sie damit, so das Diktum Adornos, notwendig von der Sehnsucht geprägt zu sein, daß ihr Objekt, der Fall oder das Rechtsproblem, wie man möchte, mit den von ihr gewählten Begriffen identisch sein, in sie aufgehen möge.[712] Und

litätsprinzip. Vgl. Kleinknecht/Meyer-Goßner, § 152, Rn 1f., 7; Kühne, *Strafprozeßrecht*, S. 126ff., 130ff.

[704] Auch hierin wird daher eine bedeutende Funktion der Dogmatik gesehen: rechtsstaatlich bindende, klare und vorhersehbare Anwendungsregeln für die Regel des Rechts zu entwickeln. Vgl. Björn Burckhardt, *Geglückte und folgenlose Strafrechtsdogmatik*, a.a.O., S. 118, m.w.N. in Anm. 26.

[705] ders., *Logische Studien*, S. 15; und vgl. nochmals dazu oben Kapitel I, Einleitung, S. 35, Anm. 95.

[706] Vgl. oben Kapitel II, S. 84f., zur *Rekognition im Begriff* und nochmals Max Horkheimer, *Kopula und Subsumtion*, a.a.O., S. 70; Adorno, *Einleitung*, in: *Zur Metakritik der Erkenntnistheorie*, a.a.O., S. 46f.; ders., *Negative Dialektik*, S. 72, 189.

[707] vgl. Karl Engisch, *Einführung in das juristische Denken*, Stuttgart 1956.

[708] zum Wahrheitsbegriff vgl. LR-Rieß, Einleitung Abschnitt G, Rn 42ff.: „Wahrheit als Wirklichkeitserkenntnis“, Rn 43; KK-Herdegen, § 244, Rn 3f.

[709] Adorno, *Negative Dialektik*, S. 22: „Tatsächlich kann keine [Philosophie, V.R.], selbst nicht der extreme Empirismus, die facta bruta an den Haaren herbeischleppen und präsentieren wie Fälle in der Anatomie oder Experimente in der Physik; keine, wie manche Malerei lockend ihr vorgaukelt, die Einzeldinge in die Texte kleben.“

[710] vgl. etwa Joachim Hruschka, *Die Konstitution des Rechtsfalles*, a.a.O., S. 21: „Der Urteiler muß den gerade in den Blick genommenen Aspekt des wahrgenommenen Faktums einordnen können, und das heißt praktisch: er muß ihn benennen können. Die Notwendigkeit, Wahrnehmungen mitteilen zu müssen, mit ihnen arbeiten zu müssen, zwingt zu sprachlicher Formulierung.“

[711] LR-Rieß, a.a.O., Rn 43; Rn 44: „Das geltende Prozeßrecht geht, mag dies auch erkenntnistheoretisch naiv erscheinen, davon aus, daß es prinzipiell möglich ist, durch eine nachforschende Tätigkeit eines Subjekts eine Erkenntnis von einem außerhalb dieses Subjekts liegenden Geschehen, also von einer Realität zu gewinnen, die mit dieser Erkenntnis übereinstimmen kann. Es kennzeichnet diese Übereinstimmung ... als Wahrheit.“

[712] *Negative Dialektik*, S. 152: „Im Vorwurf, die Sache sei dem Begriff nicht identisch, lebt auch dessen Sehnsucht, er möge es werden.“

wie er es für die Philosophie schreibt, scheint auch für die Jurisprudenz unabdingbar, scheint auch sie an jener „Naivetät" erkrankt zu sein, daß ihr Begriff an seine Sache, daß er „ans Begriffslose" heranreichen könne.[713]

Gleichwohl ahmt die juristische Literatur, zumindest als ein Reflex auf diese jurisprudentielle Praxis des urteilenden Identifizierens, diese urteilende Praxis notwendig nach, jedenfalls sofern sie sich mit der Entwicklung von Dogmatik befaßt. Sie will das Recht darstellen und kommentieren und will Recht behalten; will zeigen, wie die Dinge sind, und weiß, wenn sie nicht für gut befunden, besser, wie sie statt dessen zu sein haben. Wie eingangs am Beispiel *Roßmüllers* und *Rohrers* gesehen[714], können und wollen auch sie gar nicht anders, als neue Antworten zu entwickeln, Positionen und Standpunkte einzunehmen, wie das Recht zu sprechen sei oder bessere als die angebotenen Lösungen vorzulegen. Ein dogmatischer Beitrag, der sich in Anbetracht einer rechtsdogmatisch schwierigen Situation einer Lösung und das heißt eines abschließenden Begriffes bewußt enthielte, die Unentscheidbarkeit eines Falles bewußt propagierte, wäre wohl schon gar kein dogmatischer Beitrag mehr; er würde vielmehr unter die Kategorie der Rechtsphilosophie subsumiert. Das höchste der Gefühle der dogmatischen Kritik an jurisprudentieller Identität, freilich ohne das so zu nennen, scheint vielmehr die aus einem Konflikt resultierende Forderung nach einer Lösung *de lege ferenda* zu sein, der immerhin ein Eingeständnis immanent ist, daß mit der geltenden Rechtslage kein identifizierender (Rechts-)Staat zu machen sei.

Dieser wissenschaftlichen Praxis will und kann sich auch der Verfasser nicht völlig entziehen. Es soll und kann nun folgend nämlich nicht darauf ankommen, jede aufgrund rechtsstaatlicher Zwänge vorgenommene Identifizierung durch die Rechtsbegriffe anzugreifen, vielmehr sollen folgend nur dort, und das auch ganz praktisch, Anregungen zu einem veränderten Blick auf dogmatische Figuren gegeben und Entscheidungsvorschläge - auch unter Anschluß an Vorschläge aus fremder Feder - gemacht werden, wo sich die Unwahrheiten des rechtlichen Begriffes aufdrängen. Genausowenig, wie es der immanenten Kritik negativer Dialektik darum geht, im Wege eines infiniten Regresses jede positive Wendung anzugreifen[715], kann es darum gehen, seinen eigenen Erfahrungen keinen Weg in den Begriff mehr zu weisen. Es geht der Kritik an Identität eben nicht um ein Verstummen.[716] Vielmehr geht es mit dem juristischen Begriff gegen ihn und über ihn hinaus.

---

[713] *Negative Dialektik*, S. 21: „Daß der Begriff den Begriff, das Zurüstende und Abschneidende übersteigen und dadurch ans Begriffslose heranreichen könne, ist der Philosophie unabdingbar und damit etwas von der Naivetät, an der sie krankt."

[714] vgl. dazu oben Kapitel I, die Einleitung, S. 15ff.

[715] vgl. die Kritik von Adorno an einem infiniten Prinzip der Negation, *Vorlesungen*, a.a.O., S. 37: Kritik an dem Identitätsanspruch, „der natürlich nun nicht an jeder einzelnen Sache in schlechter Unendlichkeit zu führen ist".

[716] vgl. Adorno, *Vorlesungen*, S. 45: es sei gerade „ein Schulfall" dessen, was er als eine schlecht abstrakte Fragestellung bezeichnete, wenn man sagte, „ja, wendet er denn seine Negativität auch auf seine eigenen Sachen an?". Denn es gehe zwar um die Pflicht zur unablässigen Selbstreflexion des eigenen Denkens, aber gerade nicht darum, „daß ich, weil ich zu allen möglichen Phänomenen in einer bestimmten und in einem sehr ausgeführten theoretischen Zusammenhang stehen-

Denn die - vor dem Hintergrund des zur *Negativen Dialektik* Ausgeführten - nunmehr eben konstitutive Irrationalität der naiven Rationalität des Rechtsstaats kann und wird folgend inmitten der Auseinandersetzung mit juristischen Begriffen gezeigt werden. Die Irrationalität des sich freilich auch im juristischen Begriff vermittelnden Naturzwangs tritt, wie eingangs zu sehen war und weiter zu sehen sein wird, schließlich dort wieder unmittelbar auf, wo der Begriff, das Medium des Zwangs, seine Unwahrheit vor insistierender Erfahrung nicht mehr verbergen kann.

Dabei erfaßt die folgende Kritik diverse Topoi dogmatischer Diskurse und den Umgang mit ihnen, die aus höchst subjektiver Erfahrung, also ganz unreglementiert, ohne jede Methode als bedenklich empfunden, als unschlüssig erfahren wurden; aus Zeitgründen selbstverständlich nur eine handverlesene Auswahl.

Eine den geräuschlosen Ablauf des klappernden juristischen Handwerksbetriebes mit seinen selbstgemachten Begriffen unterbrechende Erfahrung von Nichtidentität zwischen Sache und Begriff vor dem Forum des Identifikationszwangs läßt sich indes wahllos und häufig machen. Die folgende Darstellung kennt daher kein bestimmbares Prinzip, weil schon ihr Inhalt, die in einem Widerspruchsempfinden konkretisierte Erfahrung eines Unbehagens an identifizierender Dogmatik, keinem Prinzip folgt. Diese Erfahrung als Erfahrung des antithetischen Moments im Begriff ist als Idiosynkrasie gegen Verdinglichung ein spontaner leiblicher Impuls. Er findet seinen Begriff kontingent; so wäre daher auch die Erfahrung als kontingent zu bezeichnen. Die Plausibilität der vernunfts- und identitätskritischen Gedanken Adornos im Allgemeinen und für das positive Recht im Besonderen, wie sie in Kapitel II und III entfaltet wurden, kann daher auch nicht logisch systematisch, sondern nur als ein Aufschein von Widersprüchen vermittelt werden.

---

den Weise mich kritisch verhalte, nun auch, a priori sozusagen, eine solche sogenannte Negativität meinen eigenen Sachen gegenüber einnähme. Wenn ich schließlich meine Dinge, die nur in der Relation der bestimmten Negation sich konstituieren, im allgemeinen für falsch oder für unwahr hielte, dann würde ich sie halt nicht sagen. Darin, daß ich sie sage, daß ich sie ausspreche, liegt im Grunde bereits das drin, daß, soviel ich es vermag die Selbstreflexion in diese Dinge auch eingegangen ist." Rüdiger Bubner, *Adornos Negative Dialektik*, in: Adorno-Konferenz, a.a.O., S. 35ff., 38, ist jemand, der diese schlecht abstrakte Denkweise offensichtlich in der *Negativen Dialektik* vermutete: Eine Möglichkeit, diese zu „methodisieren" bestünde darin, daß „der Einspruch ... um des Einspruch willens fortgesetzt und damit beliebig fortsetzbar gemacht [wird]". Dort aber, so Bubner, wo „es nur darauf ankommt, jeglicher These ein Nein entgegenzusetzen, endet der Protest in simpler Selbstbestätigung, und die Erkenntnis nimmt nicht zu". Das hat indes mit dem, was Adorno in der *Negativen Dialektik* formuliert hat, seltsam wenig zu tun. Bubners Anliegen, die Gedanken der Negativen Dialektik methodisieren zu wollen, irritiert schon grundlegend. Daß es Adorno auf die Anleitung zu einem abstrakten Nein gegenüber Thesen und Urteilen angekommen sein soll, dürfte zudem in Kapitel II entkräftet worden sein.

> In der Unparteilichkeit der wissenschaftlichen Sprache hat das Ohnmächtige vollends die Kraft verloren, sich Ausdruck zu verschaffen, und bloß das Bestehende findet ihr neutrales Zeichen. Solche Neutralität ist metaphysischer als die Metaphysik. (DdA, S. 29)

IV. Nichtidentität und Dogmatik

A) Dimensionen der Identitätskritik für die Jurisprudenz

Wenn sich also das Folgende *prima vista* gerichtlichen Identifikationen widmet, so wird dies den Anweisungen aus Kapitel II entsprechend als kategorialer Ausgangspunkt einer denkenden Identitätskritik verstanden, die die betrachteten Identifikationen nicht abstrakt verwirft, sondern sich immanent mit ihrer notwendigen Unwahrheit befaßt. Das beginnt mit dem Nachvollzug ihrer in ein deduktionslogisches Gewand gehüllten Begründung und hakt ein in solchen Momenten, in denen sich der unmittelbaren Erfahrung des Verfassers, also ganz subjektiv, ein Widerspruch anmeldet.

Festgehalten wird dabei nicht nur an der in Kapitel II hinlänglich abstrakt begründeten Vorstellung der Nichtidentität von Begriff und seinem Gegenstand, vom Rechtsbegriff und seinem Rechtsobjekt. Es wird vielmehr versucht, dieses Verhältnis der Nichtidentität mit Hilfe derselben konsequenzlogischen Argumentation in diversen Widersprüchen aufzeigen, deren Form ihrerseits wiederum kritisiert wird. Dabei wird sich die Argumentation den Fällen notwendig um einiges weiter öffnen, als dies seine jurisdiktionellen Identifizierungen zu tun vermochten.

Die folgenden Argumentationsschritte werden daher zwar auch, aber nicht nur an logischer Folgerichtigkeit haften, sondern, besonders im Abschnitt b) des folgenden Kapitels IV B), einen Schauplatz geistiger Erfahrung der Rechtsbegriffe betreten, auf dem sich der Vorhang öffnen wird für eine Auseinandersetzung mit den nichtbegrifflichen Inhalten dieser Rechtsbegriffe und für die Konstellation, in der sie stehen. Dort wird damit ihrem nichtbegrifflichen Objekt der Vorrang vor seiner sonst gewohnten kategorialen Zurüstung eingeräumt und mit einem Mehr an begrifflicher Rationalität erfahrbar gemacht werden, was sein Oberbegriff an ihm verdrängte.

In Abschnitt a) desselben Kapitels soll dagegen erst eine gesonderte Betrachtung eines verdinglichten dogmatischen Denkens im Vordergrund stehen, das seine geronnenen Synthesen auf eine Art und Weise vor den Fall schiebt, daß das apophantische Bedürfnis[1], das Adorno, wie gezeigt, als einen Kern des verdinglichten Denkens betrachtete, dem Fall nur noch mit bloß behauptenden Zuschreibungen zu Leibe rücken vermag.

In beiden Abschnitten wird dort nunmehr, konsequent an den einleitenden Jargon anknüpfend, dem angeschuldigten Rechtsbegriff das erkenntnistheoretische Hauptverfahren eröffnet.

---

[1] vgl. oben Kapitel II, S. 54, m.w.N.

Zuvor aber sollen, der besseren Übersicht halber, noch einmal kurz die Dimensionen der Identitätskritik, die bislang erarbeitet wurden, und diejenigen Dimensionen, die folgend spezifisch zur Geltung kommen, abstrakt umrissen werden.

a) Theorie, Synthese und Verdrängung

Bislang konnte in der Diskussion des Falles zu Beginn, in der *Roßmüller* und *Rohrer* an der mit Zigaretten gefüllten Windelpackung nur benannten, daß die Zigaretten vertauscht worden seien, den Aspekt ihres Versecktseins aber unbeachtet ließen, gezeigt werden, wie durch den Identitätszwang hindurch das identifizierende Rechtsbewußtsein aus Gründen der ordnenden Subsumtion unter einen im Wege topischer Suche gefundenen Begriff eine Qualität der bezeichneten Sache unterschlug. Adorno sprach in den *Vorlesungen* insoweit von einem zu Subsumtionszwecken gebildeten Begriff, der mit einem emphatischen Anspruch auftrete, die Sache ganz zu haben.[2] Er sprach von einem Begriff, der bereits Theorie war, der mithin in der Verbindung mit der *copula*, etwa in dem Satz: „Die Zigarettenstange *ist* versteckt oder vertauscht", die Theorie aufstellte und damit den Anspruch auf Wahrheit vertrat, daß die fraglichen Objekte jeweils nur versteckt oder nur vertauscht seien.[3]

Dieses so begriffliche Wirken nannte er, wie in Kapitel II gezeigt, einerseits, in Anlehnung an die *Hegel*sche Dialektik, Synthese[4] und andererseits, in Anlehnung an den psychoanalytischen Begriff *Freuds*, Verdrängung[5]. Hinter dem gesellschaftlichen Prozeß des Benennens verbarg sich zugleich der Mechanismus der Ausblendung von synthetisierten Sachanteilen, deren Wahrnehmung eine eindeutige, reibungslose Subsumtion stören würde.

Machte man nun gegen die Identifizierung im Begriff des Vertauschens das verdrängte, synthetisierte Moment des Versecktseins bewußt, so machte man damit zugleich den hier sinngemäß so genannten Vindikationsanspruch gegen den Begriff geltend, seine Synthese solle wieder herausgeben, was sie unterschlug. Verliehe man dem Vindikat dann einen begrifflichen Ausdruck, den des Versecktseins, so führte das aufgrund der von *Roßmüller* und *Rohrer* gewählten Form der exklusiven Gegenüberstellung aufgrund des emphatischen und theoretischen Charakters ihres Begriffs zu einem Widerspruch. Das verdrängte, synthetisierte Moment erhielte den Charakter der Antithese. Dieser Widerspruch sei aber keiner zwischen Begriffen, er sei vielmehr nirgends anders als in der Sache des bezeichneten Objekts selbst zu verorten, also in dem Objekt der Zigarettenstangen, die wiederum das Objekt von Vermögensverfügung oder Wegnahme darstellten. Er läge damit, wie vielfach betont, auch nicht in der subjektiven Denkschwäche des Dogmatikers, denn dieser könnte ihn auch durch noch so sorgfältiges dogmatisches Denken nicht logisch glätten. Weil er also in der gedachten Sache liege, könnte er schließlich, wie hier geschehen, zugunsten ihrer insoweit umfassenderen Wahrnehmung gegen den

---

[2] vgl. oben Kapitel II, S. 48f.
[3] vgl. oben Kapitel II, S. 55.
[4] vgl. oben Kapitel II, S. 58ff.
[5] vgl. oben Kapitel II, S. 62, Anm. 146, und S. 67.

„Versuch ihrer einstimmigen Deutung“[6] geltend gemacht werden. Das wiederum hinderte zugleich die Subsumtion nach Maßgabe der entwickelten Parameter.

b) Nivellierung, Fetisch und Vorahmung

Wenn auch folgend in dem erwähnten Abschnitt b) des Kapitels IV B) eine solche Kritik anhand eines höchstrichterlichen Urteils zu § 315b StGB erneut geführt werden soll, so wird sich die Identitätskritik an dogmatisierender Praxis darin freilich nicht erschöpfen. Denn Adornos konstellativ umrissener Begriff von Identität führt, wie es ebenfalls in Kapitel II gezeigt wurde[7], die Problematik des identifizierenden Denkens weit über das Phänomen der Verdrängung synthetisierter Momente im Begriff hinaus, weil das mit dem Begriff vom identifizierenden Denken bezeichnete Objekt, eben solches Denken, auch mehr an „Qualitäten“, in diesem Fall freilich: an Mängeln besitzt, als sich im Begriff der Verdrängung erfassen ließen. Er kritisierte dort, was auch in der philosophischen Diskussion unterschätzt zu werden scheint, die Unwahrheit der in der gesellschaftlichen Denkpraxis sedimentierten Verdinglichung in einem viel umfassenderen Sinn.[8] Der Bedeutungsgehalt der benannten Unwahrheit erschöpft sich eben, wie gezeigt, nicht in wenigen Sätzen, oder gar in einer Definition, sondern eröffnet sich erst beharrlicher Reflexion auf die Unvernunft gesellschaftlicher Vernunft und das dann auch in diversen Phänomenen. Das im Alltagsbewußtsein trotz aller fachspezifischen Reflexion gleichwohl noch dominierende philosophische Adäquanzdenken hat eben, so könnte man es formulieren, mehr Symptome hinterlassen, als sich mit dem bloßen Begriff vom Identitätszwang zu Lasten der Erfahrung einer nichtidentischen und nichtbegrifflichen Realität ausdrücken lassen. Mag auch die darin ruhende Verdrängung, der Begriff von ihr, so etwas wie einen Urgrund, jedenfalls aber die notwendige Bedingung der Unvernunft begrifflicher Vernunft bedeuten.

So dürfte schon anhand des von Adorno selbst gegebenen Beispiels des von der Situation vereinten Liebespaares deutlich geworden sein, daß die im Wege der Subsumtion unter die Normbegriffe des § 174 Nr. 1 StGB a.F. stattgehabte Verdrängung von Anteilen am Objekt, dem Fall, zu einer Gleichsetzung desselben mit anderen Fällen führte, die über bedeutende Differenzen zwischen denselben hinwegtäuschen könnte. Solches Recht würde dann aber, wie Adorno mit Bezug auf die Untersuchungen *Karl Kraus'* sagte, unmittelbar zum Unrecht an seiner Sache.[9] Die Verdrängung der Differenz der besonderen Sache zu ihrem allgemeinen Begriff führte also nicht nur zur Verdrängung der besonderen Qualitäten, die in ihr selbst ruhen, sondern auch zur Verdrängung ihrer Differenz zu anderen Objekten.

Identifizierendes Denken bedient sich zudem, und auch das bedeutet eine der geschilderten Dimensionen, sogenannter präformierter, das heißt vorgegebener und nicht mehr hinterfragter Begriffe. Und genau damit, mit dem Rückgriff auf diese vorgegebenen Begriffe, greift jenes Denken bereitwillig auf bloß vorgegebene Erfahrungen zurück, stellt diese nicht mehr in Frage und macht sie mit dem Begriff

---

[6] vgl. *Negative Dialektik*, a.a.O., S. 148.
[7] vgl. oben Kapitel II, S. 49ff.
[8] vgl. oben Kapitel II zur Auseinandersetzung mit der dort dargelegten Kritik an Adorno, S. 65ff.
[9] vgl. ders., oben Kapitel III, S. 116ff., insbes. Anm. 29.

nicht über ihn hinaus neu, sondern akzeptiert die bloß behauptete Entsprechung von Begriff und Gegenstand a priori als gegeben. Vorgegeben ist mit solchem Rückgriff schließlich auch, wie und was das Subjekt am Objekt zu erfahren und welche Auseinandersetzung es mit ihm zu führen habe, besser gesagt: daß es keine Auseinandersetzung mehr zu führen, sondern seine begriffliche Ordnung befriedigt davor zu schieben habe. Damit insbesondere wird sich Abschnitt a) des Kapitels B) befassen.

Damit verbunden ist auch im Bereich des Juristischen, innerhalb seines ideologischen Geheges an Definitionen, daß dessen Begriffe, die Adorno „selbstgemachte" Begriffe nannte, die Funktion eines Fetischs erfüllten. Eines Fetischs, der in Gestalt eines Begriffs eine offenbarte, nicht mehr hinterfragbare Wahrheit im Schilde führte. Solches Denken verzichtete nicht nur notwendig auf neue und auf abweichende und damit auf ganz eigene, subjektive und besondere Erfahrungen, sondern machte statt dessen auch das so Kategorisierte zu einem Exemplar des schon Bekannten. Es ließ abweichende und neue Erfahrungen mit dem Objekt aus Angst vor dem Unberechenbaren der Natur, etwa derjenigen seines Gegenstandes, nicht zu. Nach dem Wahrheitsgehalt seiner Begriffe, danach, ob seine Fetische auch erfüllten, was es sich von ihnen verspricht, fragte dieses Denken lieber nicht; sicherheitshalber ahmt es mit seinem Begriff dem Objekt vielmehr vor, wie und was dieses zu sein habe: nämlich eben Exemplar eines schon Bekannten.

Auch diese Dimension wird folgend in Abschnitt a) anhand eines Urteils der höchstrichterlichen Rechtsprechung zu den Voraussetzungen eines Rücktritts vom Versuch nach § 24 I 1 StGB erörtert. Zugleich, und das offenbart eine besondere Dialektik des Rechtsstaatsprinzips, wird daran verdeutlicht, wie gerade aus dem am Ende von Kapitel III erläuterten rechtsstaatlichen Rechtsverweigerungsverbot heraus durchs Insistieren auf die Fetische der vorgegebenen Dogmatik, auf ihre selbstgemachten Begriffe eine bemerkenswerte Form von Rechtsverweigerung entstehen kann. Mit dieser aber schlägt dann die Vernunft des aufgeklärten Rechts geradewegs aus seiner berechenbaren Form heraus in Mythos um: In den Mythos davon, was vorgeblich der Fall sei und was in ihm sich zuzutragen habe. Dazu also sogleich unter IV B) a) im Kontext der selbstgemachten Begriffe der Dogmatik des § 24 I 1 StGB.

Wie solches Denken, das nach der Realität seines Begriffs nicht mehr fragte, zugleich seine Starre, seine Unbelebtheit in eine von ihm unabhängige Realität selbst dort noch zu projizieren vermochte, wo gar nicht auf unmittelbar vorgegebene Rechtsbegriffe zurückgegriffen werden konnte, und wie es damit selbst dort noch der Realität vorahmte, wie diese zu sein und was sich in ihr wie zu ereignen habe, wird dann im Abschnitt b) des Kapitels IV B) erläutert, wenn hier gegen Ende die verdinglichende Rhetorik *Hans Kudlichs* zu Fragen objektiver Zurechnung untersucht werden wird.[10]

---

[10] Erwähnt werden sollte an dieser Stelle, daß die dortige Kritik an einem Beitrag Kudlichs, die, weil sie das Denken, also trotz manch sedimentierter Objektivität zutiefst Subjektives betrifft, so klingen mag als ob, doch gleichwohl nichts mit dem Autor zu tun hat, also keinesfalls *ad hominem* vorgetragen wird. Der Beitrag Kudlichs ist so zufällig Gegenstand des Folgenden geworden wie

Außerdem wird verdeutlicht werden, sodann ebenfalls in Abschnitt b) zur Dogmatik des objektiven Zurechnungszusammenhangs, daß die Nichtidentität des Objektes mit seinem dogmatischen Topos nicht nur zu jener, der Identifizierung notwendig immanenten Verdrängung von Qualitäten führt, sondern daß es gerade wieder jene Verdrängung ist, die zugleich Grund und Anlaß neuer, vertiefter und auch weiter führender dogmatischer Diskussionen wird. Oft genug nämlich kommt es in den dogmatischen Diskussionen vor, daß gegen den unterschlagenden Zwang des einen Begriffs ein anderer als Antithese in Stellung gebracht, daß die Synthese des einen Topos wieder in These und Antithese sich gegenüberstehender Topoi aufgedröselt, gleichsam resynthetisiert wird. Begreift man hierbei aber den Widerspruch als eine antithetische Hervorhebung von Qualitäten, zeigt sich, daß schließlich just deren konstellierender Aufstellung um das Objekt herum das gelingt, dabei keinem der Topoi, sondern dem Objekt den Vorrang einräumend, was sich Adorno von der Konstellation der Begriffe erhoffte, die sich um ihr Nichtbegriffliches herumgruppieren: nämlich ein umfassenderes Verständnis der Qualitäten des Objekts und damit auch der Probleme des Falles zu vermitteln.

B) Zwei Modelle

Um zu den Fragestellungen zu gelangen, die identifizierende Logik als Widersprüche begreifen könnte, braucht es nun jeweils, sowohl in Abschnitt a) als auch in Abschnitt b), wieder der immanenten Hinführung durch das kategoriale Gestrüpp, das ideologische Gehege der konsentierten Dogmatik. Das war schon einleitend, zu Beginn dieser Arbeit notwendig, als in die Untiefen topischer Prämissensuche zur Frage der Abgrenzung von Betrug und Diebstahl vorgestoßen wurde, und das wird folgend auch für dieses Kapitel gelten, in dem sich der Verfasser stärker noch als in Philosophie und Rechtstheorie in jenes ideologische Gehege der Dogmatik vertiefen und sich mit der Machete aufgeklärter Vernunft durch ihr Gestrüpp hindurch schlagen wird. Unter a) wird, wie gesagt, der identifizierende Gebrauch der selbstgemachten Begriffe des § 24 I 1 StGB, also die Dogmatik zum Rücktritt vom Versuch, juristischer Problemkern werden, unter b) werden anhand höchstrichterlicher Rechtsprechung zu § 315b StGB Fragen des Vorsatzes, der objektiven Zurechnung und der Kausalitätstheorien gestellt und erörtert werden.

a) Verdinglichte BGH-Logik: Nichts Denken = Etwas Denken

aa) einleitende Bemerkungen

Die Dogmatik zum Rücktritt vom Versuch nach § 24 I 1 StGB bereicherte der BGH kürzlich mit einer eher fragwürdigen Entscheidung[11] zu der Frage, wann im

---

alles andere auch und ist selbst noch an der Stelle von der gewohnt gewaltigen dogmatischen Kompetenz des kritisierten Autors, an der die Kritik ansetzt.

[11] BGHSt 40, 304, 306 = NStZ 1995, S. 121 mit Anm. Ingeborg Puppe, NStZ 1995, S. 403ff. = NJW 1995, S. 974 = JR 1996, S. 28 m. Anm. Claus-Jürgen Hauf; vgl. zudem die kritische Besprechung von Thomas Schmidt in: JuS 1995, S. 650; Andreas Heckler, *Beendeter Versuch bei fehlender Vorstellung des Täters über die Folgen seines Tuns?*, in: NJW 1996, S. 2490ff.; Uwe Murmann, *Rücktritt*

Rahmen der Suche nach einem möglichen Rücktrittsverhalten ein beendeter und wann ein unbeendeter Versuch anzunehmen sei. Diese Frage ruft mit den selbstgemachten Begriffen vom beendeten und unbeendeten Versuch die für die genannte Norm zentralen Fetische auf den Plan. Diese sollen die zu ihrer Anwendung notwendigen Wahrheiten offenbaren.

Eine Antwort hierauf gilt nach überwiegender Ansicht und ständiger Rechtsprechung[12] als notwendig, um die Rücktrittsmöglichkeiten sinnvoll voneinander abzugrenzen. Entscheidend dafür, um festzustellen, ob ein beendeter oder unbeendeter Versuch gegeben ist, sei allein die Vorstellung des Täters vom Verwirklichungsgrad seiner Tat.[13] Hiernach gilt der Versuch als beendet, wenn der Täter bei Abbruch der Tatausführung mit der nach den Umständen nicht fern liegenden Möglichkeit rechnet[14], daß es zur Vollendung keiner weiteren Tätigkeit mehr bedarf.[15] In diesem Fall soll ein Rücktritt nur noch nach Var. 2 des Satzes 1 möglich sein, also unter der Bedingung, daß der Täter die Vollendung verhindert. Voraussetzung hierfür seien eigene, zur Verhinderung der Tatvollendung geeignete Tätigkeiten.[16]

Halte der Täter aber sein Handeln für noch nicht geeignet, den Erfolg herbeizuführen, also noch weitere Schritte für notwendig, so ist ein unbeendeter Versuch anzunehmen[17], der als Rücktrittsvoraussetzung nach Var. 2 das bloße freiwillige Aufgeben der Tat erfordert. Klar und unstreitig ist daher, daß es immer nur auf die Tätervorstellung ankommt, Irrtümer über das Fortschreiten der Tat gehen jeweils entweder zu seinen Gunsten oder Lasten.[18]

Man kann diese Einteilung in einen *beendeten* und einen *unbeendeten* Versuch als sogenannte selbständige Rechtsfiguren[19] vor dem Hintergrund des Normwortlautes sicherlich bezweifeln. Dieser gibt hierfür keinen zwingenden Anlaß, weswegen etwa *Kühl* vorsichtig anmerkt, daß die Unterscheidung nur als Ableitung aus den gesetzlichen Merkmalen des *Aufgebens* (Var. 1) und *Verhinderns* (Var. 2) verstanden werden

---

vom Versuch bei Gleichgültigkeit des Täters?, in: JuS 1996, S. 590ff., und Jörg Scheinfeld, *Der strafbefreiende Rücktritt vom Versuch in der Fallbearbeitung*, in: JuS 2002, S. 251ff.

[12] vgl. die Nachweise bei Lackner/Kühl, § 24, Rn 3.

[13] Sch/Sch-Eser, § 24, Rn 13, m.w.N., u.a. BGHSt 4, 180, 181; BGH NStZ 1993, S. 398, 399.

[14] nicht nur rechnen muß(!), so ausdrücklich BGH NStZ 1992, S. 434, 434.

[15] Lackner/Kühl, § 24, Rn 4; BGHSt 31, 170 172; 33, 295, 297; 35, 90, 92 und GS 39, 221, 227, der beendete Versuch setze voraus, daß der Täter nach der letzten Ausführungshandlung den Eintritt des tatbestandsmäßigen Erfolges für möglich halte.

[16] Lackner/Kühl, § 24, Rn 19.

[17] Sch/Sch-Eser, § 24, Rn 14, m.w.N., BGHSt 4, 180, 181; 10, 129, 131.

[18] vgl. zum Beispiel BGHSt 33, 295, 299, zur Verkennung der tatsächlichen Ungeeignetheit. Vgl. auch BGHSt 36, 224, 225f.

[19] Als dritte „selbständige", vgl. Lackner/Kühl, § 24, Rn 3, Rechtsfigur des Versuchs gilt der sogenannte fehlgeschlagene Versuch. Was jedoch Selbständigkeit hier jenseits der normierten Voraussetzungen des § 24 I S. 1 bedeuten mag, soll dahingestellt bleiben. Kritisch jedenfalls zu diesen Aufteilungen besonders Rolf Dietrich Herzberg, *Rücktritt vom Versuch trotz bleibender Vollendungsgefahr*, in: JZ 1989, S. 114ff., 120; ders., *Der Rücktritt durch Aufgeben der weiteren Tatausführung*, in: Hans-Dieter Schwind (Hg.), Festschrift für Günther Blau, Berlin 1985, S. 97, 99 und ders., *Gesamtbetrachtung und Einzelaktstheorie beim Rücktritt vom Versuch: Entwurf einer Synthese*, in: NJW 1988, 1559, 1562.

könne.[20] Auch *Maurach*, *Gössel* und *Zipf* betonen die ausschließliche Notwendigkeit der Subsumtion des Gesetzeswortlauts zur Feststellung eines Rücktritts.[21] Und bereits *Ulsenheimer* und nach ihm *Herzberg* hatten kritisch darauf hingewiesen, daß die jenseits des Wortlauts gebildeten „formelhaften Gesetzesumschreibungen ... ein solches Eigenleben entfalten, daß sie den Gesetzestext selbst und seinen sachlichen Hintergrund vollständig verdrängen“[22]. Und wie dieses fragwürdige Eigenleben hier erstaunliche Früchte trug, wird sogleich gezeigt werden.

Bemerkenswert an dem Statut jener selbständigen Rechtsfiguren ist daneben, daß es sich bei diesen „Ableitungen“ nicht um eine klassische Konkretisierung des abstrakten Normwortlautes handeln kann, sondern um eine neue abstrakte Begrifflichkeit, die nach dem üblichen Verständnis des Abstraktionsbegriffs noch abstrakter als die Norm selbst zu sein scheint - das erinnert an die abstrahierenden Konstrukte *Roßmüllers* und *Rohrers*, die sich vom erreichten Stand der Konkretisierung wieder entfernten - und nur aus der Geschichte der Rücktrittsnorm heraus verstanden werden kann.[23]

Sie bringt jedenfalls den BGH dazu, seine Subsumtion in der erwähnten Entscheidung auf diese Begrifflichkeit hin zu fokussieren und womöglich so etwas wie „Gesetzesauslegung“ an dem Begriff des *beendeten* Versuchs zu betreiben, also Auslegung an einem Begriff, der eben kein Gesetzesmerkmal ist.[24] Und von hier an nimmt dann das angedeutete Eigenleben seinen dogmatischen Lauf.

bb) Feststellung und Subsumtionsvorgänge

Zu entscheiden war ein Fall, in dem sich ein Täter jenseits des durch die Dogmatik vorgegebenen subjektiven Dualismus verhielt, indem er sich nach seiner inkriminierten Handlung über die Folgen seines Tuns schlicht gar keine Gedanken machte.

---

[20] Lackner/Kühl, § 24, Rn 3.

[21] dies., Strafrecht AT 2, 7. Aufl., § 41, Rn 16; anders zum Beispiel die Anm. von Hauf, a.a.O., S. 29, wonach der Abgrenzung von beendetem und unbeendetem Versuch „überragende Bedeutung“ bei der Bestimmung der Anforderungen an den Rücktritt zukomme.

[22] Klaus Ulsenheimer, *Grundfragen des Rücktritts vom Versuch in Theorie und Praxis*, Berlin/New York 1976, S. 218; ähnlich Rolf Dietrich Herzberg, *Der Rücktritt durch Aufgeben der weiteren Tatausführung*, a.a.O., S. 99 und ders., *Gesamtbetrachtung und Einzelaktstheorie beim Rücktritt vom Versuch. Entwurf einer Synthese*, a.a.O., S. 1562, und Detlev Krauß, *Der strafbefreiende Rücktritt vom Versuch*, in: JuS 1981, 883, 885.

[23] vgl. nur die kurzen Ausführungen von Jörg Scheinfeld, *Der Rücktritt vom Versuch in der Fallbearbeitung*, in: JuS 2002, S. 250ff., 251, wonach sich die Verwendung der Begriffe vom beendeten und unbeendeten Versuch nur aus der Entstehungsgeschichte des § 24 StGB erklären lasse. Das Gesetz habe schon auf der Grundlage des § 46 Nr. 1 und 2 a.F. StGB zwar nicht wörtlich, aber doch in der Sache zwischen einem Rücktritt vom beendeten und vom unbeendeten Versuch unterschieden. Daran habe auch der Gesetzgeber nichts ändern wollen. Scheinfeld zitiert den Regierungsentwurf zu § 24 StGB von 1962 mit den Worten: „Absatz 1 unterscheidet in herkömmlicher Weise zwischen dem Rücktritt vom noch nicht beendeten und dem Rücktritt vom beendeten Versuch.“ Vgl. zur Geschichte auch LK-Vogler, 10. Aufl., § 24 vor Rn 1, und Michael P. Müller, *Die geschichtliche Entwicklung des Rücktritts vom Versuch*, Frankfurt/M. 1995, S. 99ff.

[24] zutreffend kritisch daher Jörg Scheinfeld, a.a.O., S. 251f., u.a. hinsichtlich der Auslegung am Merkmal des *fehlgeschlagenen* Versuchs, der ebenfalls kein Gesetzesmerkmal ist.

Die Vorinstanz hatte festgestellt, daß der Angeklagte dem Opfer zweimal mit bedingtem Tötungsvorsatz in den Bauch gestochen und sich nach dem Führen der Stiche keinerlei Gedanken mehr darüber gemacht hatte, ob die Stiche tatsächlich zum Tode führen würden. *Zugunsten* des Angeklagten, so die Vorinstanz, müsse hier von einem unbeendeten Tötungsversuch ausgegangen werden.[25] Das Landgericht ging daher davon aus, daß der Täter die Tat dadurch freiwillig aufgegeben hatte, daß er nicht weiter auf das Opfer einstach.

Der BGH nahm dagegen an, daß in einem solchen Fall ein beendeter Versuch anzunehmen sei, und hob das Urteil auf.[26] Zur Begründung führten die Richter an, daß der Täter dann, wenn er sich keine Vorstellungen über die Folgen seines Tuns mehr mache, sowohl mit der Möglichkeit rechne, daß der angestrebte oder in Kauf genommene Erfolg eintrete, als auch damit, daß er ausbleibe. Halte der Täter den Erfolg aber für möglich, so liege ein beendeter Versuch vor und der Täter könne Straffreiheit nur erlangen, wenn er zur Verhinderung der Tatvollendung handele.[27]

cc) Kritik der Subsumtionsvorgänge

aaa) BGHSt 40, 304, 306

Dieser Subsumtionsvorgang ist in mehrfacher Hinsicht problematisch.[28] Man mag sich zwar darüber wundern, daß ein Täter, der eben noch mit Eventualtötungsvorsatz einem anderen zweimal mit einem Messer in den Bauch gestochen hat, sich im nächsten Moment, in dem er von seinem Opfer abläßt, keine Gedanken mehr darüber machen soll, ob das in der Folge zum Tode führt.[29] [30] Wenn das

---

[25] BGHSt 40, 304, 305; (Hervorh. durch den Verfasser).

[26] BGHSt 40, 304, 306.

[27] BGHSt 40, 304, 306.

[28] vgl. die zahlreichen Aspekte der Kritik in den Beiträgen aus Anm. 11.

[29] so auch Murmann, *Rücktritt vom Versuch bei Gleichgültigkeit des Täters? - BGHSt 40, 304*, in: JuS 1996, S. 590, 592, „praktisch schwer vorstellbar"; Jörg Scheinfeld, a.a.O., S. 251, Anm. 2, der es dahingestellt sein lassen will, wie das möglich sein soll. Indes sind solche Konstellationen auch jenseits des Falles, den das LG Gera zu beurteilen hatte, durchaus denkbar. Beispielsweise: Der Täter wird während des Tatvorgangs überrascht und denkt statt über die Folgen seines Tuns bloß noch an Flucht. Puppe weist in ihrer Anmerkung, a.a.O. (Anm. 8), S. 404, zudem mit Recht darauf hin, daß zahlreiche Täter, die mit ihrem Versuch ein anderes, außertatbestandliches Ziel erreichen wollten und erreicht haben, ebenfalls oft nicht darüber nachdenken werden, ob ihre bisherigen Handlungen ausreichen, den Erfolg herbeizuführen. Von daher sei die Entscheidung gerade vor dem Hintergrund der Entscheidung BGHSt GS 39, 221, 230ff. = BGHGS NStZ 1993, S. 433, wichtig, in der dem Täter, der sein außertatbestandliches Ziel erreicht sah, die Möglichkeit zum Rücktritt nach § 24 I 1 1. Alt StGB zugebilligt wurde.

[30] In der Kritik durch die Literatur wurde nicht erörtert, daß einiges dafür sprechen dürfte, die Problematik bereits in der Feststellung des Vorsatzes zu lokalisieren. Die auffällig spärlichen Ausführungen des Urteils des LG Gera (zugrunde liegt die Urteilsausfertigung des Urteils vom 05.04.1994, Az. 200 Js 6921/93 - 1 Ks) im Hinblick auf den Vorsatz legen die Vermutung nahe, daß sich der Angeklagte schon während der Tat über die Möglichkeit einer Todesfolge nicht bewußt war (S. 5, 6, 9), also schon der Vorsatz auf Sachverhaltsebene zugeschrieben wurde. Das erklärte dann womöglich, warum er auch Bruchteile danach nicht darüber reflektierte, ob das Opfer sterben könnte. Das Urteil begnügt sich insoweit mit der sachverständigen Erläuterung einer gesteigerten Lebensgefährlichkeit der Handlung (S. 7) und mit der Feststellung, der Ange-

Instanzgericht diese Tatsache aber so feststellt und keinerlei Zweifel daran hat, daß sich der Angeklagte diesbezüglich tatsächlich keine Vorstellungen gemacht hatte, dann darf die Revisionsinstanz an dieser Feststellung auch nicht mehr rütteln.[31] Denn § 337 I StPO wird einhellig entnommen, daß die Revisionsinstanz grundsätzlich an die Feststellungen der Tatrichter gebunden sei.[32] Ausnahmen davon sind zwar anerkannt, beziehen sich aber bloß auf solche Fälle, in denen die getroffenen Feststellungen gegen gesicherte Denk- und Erfahrungssätze verstoßen.[33] Und zwar

---

klagte wisse grundsätzlich um die Möglichkeit, daß ein Mensch durch die von ihm vorgenommenen Handlungen sterben könne (S. 6, 9). Daraus scheint auch der Schluß auf die Billigung erfolgt zu sein, die, was noch bedenklicher ist, gar keine Begründung findet (S. 5). Das Urteil liegt insoweit auf der seit langem bekannten und vielfach üblichen Linie der Vorsatzzuschreibung, die auf das aktuelle Wissen zum Handlungszeitpunkt aus dem grundsätzlichen und ganz abstrakten „Wissen" des Täters um die Tötungseignung der vorgenommenen Handlung schließt. Vgl. insoweit die Analysen und Kritik dieses Vorgehens bei Reinhard Lempp, *Jugendliche Mörder. Eine Darstellung an 80 versuchten Tötungsdelikten von Jugendlichen und Heranwachsenden*, Bern/Wien 1977, S. 174ff.; Wilfried Rasch und Stefan Hinz, *Für den Tatbestand ermitteln...*, in: Kriminalistik 1980, S. 377ff.; Peter Alexis Albrecht, *Kriminologie*, 2. Aufl., S. 173ff., § 16 V 1; Klaus Lüderssen, *Grenzen der „Sachkunde" des Gerichts (§ 244 Abs. 4 Satz 1 StPO) für die Beurteilung der inneren Tatseite bei jugendlichen Tätern, speziell mit Blick auf den bedingten Vorsatz*, in: Knut Amelung (Hg.), Festschrift für Hans-Ludwig Schreiber, S. 289ff., 292ff. In diesen Beiträgen wird darauf hingewiesen, wie wenig sachgerecht dieses Vorgehen ist und wie meist, besonders in der ersten Vernehmung, deren Protokoll den Verfahren dann zugrunde liegt, den juristisch nicht geschulten Beschuldigten das „diffizile" Vokabular (Albrecht, a.a.O., S. 174) des *dolus eventualis* in den Mund gelegt wird, ohne daß diese sich über Inhalt und Tragweite der Begriffe bewußt wären. Der Angeklagte hatte sich, wie das Urteil ergibt, dahin gehend eingelassen, daß er über die Möglichkeit, das Opfer könnte sterben, nach den Stichen nicht nachgedacht hatte, weil alles so schnell gegangen sei (S. 6). Daß er das dann Bruchteile von Sekunden zuvor noch getan haben soll, scheint zumindest zweifelhaft. Um einiges näher liegt dagegen die Annahme, daß er von vornherein nicht von einer möglichen Todesfolge ausgegangen ist. Da, wie das Urteil ausgiebig erörtert, nach den Stichen aus den Wunden kein Blut austrat (S. 10), hatte der Angeklagte auch aus diesem Grund keinen weiteren äußeren Anlaß, darüber zu reflektieren. Dies läßt es dann doch um einiges plausibler erscheinen, daß es nach den Handlungen auch an Reflexionen der von der Dogmatik des § 24 I 1 StGB geforderten Art fehlte. Anders ausgedrückt: Wer sich einmal, auf der Vorsatzebene, mit einer bloßen Zuschreibung verhilft, darf sich dann bei der Suche nach subsumtionsfähiger Empirie für § 24 I StGB nicht wundern, wenn er hier plötzlich wieder feststellen muß, was eben schon nicht anerkannt wurde, daß nämlich eine aktuelle Reflexion über die Tötungstauglichkeit der Handlung gefehlt hat.

[31] so auch Murmann, a.a.O., S. 592, der ebenfalls die Bindung an die Tatsachenfeststellungen des LG Gera nach § 337 StPO hervorhebt.

[32] Vgl. nur BGHSt 2, 248, 249; 17, 351, 352; 21, 149, 151; 38, 14, 15; KK-Kuckein, § 337, Rn 3; Roxin, Strafverfahrensrecht, § 53, Rn 1, 10.

[33] BGH NStZ 1982, S. 478, 479; KK-Kuckein, § 337, Rn 3, 28; allerdings kommt ein solcher Verstoß auch erst dann in Frage, wenn eine tatsächliche Annahme nach der Lebenserfahrung schlechthin ausgeschlossen erscheint. Auch ein erhebliches Maß an Unwahrscheinlichkeit genügt nicht ohne weiteres. Vgl. KK-Kuckein, a.a.O., Rn 28; BGH 26.01.1971 1 StR 649/70. Dabei wird die Prüfungskompetenz des Revisionsgerichts überwiegend nicht mehr damit begründet, es handele sich auch bei jenen Sätzen noch um Normen, so etwa noch BGHSt 6, 70, 72f.; 17, 382, 385; vgl. dazu auch Kühne, *Strafprozeßrecht*, a.a.O., § 64, Rn 1072. Vielmehr wird heute einerseits davon ausgegangen, daß bei Nichtbeachtung jener Sätze ein Verstoß gegen Art. 3 I GG gegeben, also das Gebot der Gleichbehandlung gleicher Sachverhalte verletzt sei, was zur Sachrüge führte, oder

gegen solche, die nach allgemeiner Lebenserfahrung keine Ausnahme zulassen und deren Inhalt seiner Wahrscheinlichkeit nach an Sicherheit grenzt.[34] Daß die Feststellung des Instanzgerichts, der Täter habe sich keine Vorstellungen über die Folgen seines Tuns gemacht, gegen gesicherte Erfahrungssätze verstoßen hätte, die nach allgemeiner Lebenserfahrung keine Ausnahme zuließen, macht der Senat zwar nicht explizit geltend - er hätte sich dann nämlich mit der grundsätzlichen Bindung auseinandersetzen und das Abweichen von dieser Tatsachengrundlage begründen müssen[35] -, die tatsächliche Argumentation des BGH wirkt aber doch so, als hätten die Senatsrichter das gleichwohl angenommen.

Denn angesichts der Vorgabe des § 337 I StPO mutet es paradox an, wenn der BGH aus der festgestellten Tatsache, der Angeklagte habe sich keinerlei Vorstellungen mehr gemacht, die weitere Feststellung ableitet, er habe dann sowohl mit dem einen als auch mit dem anderen gerechnet. Denn warum sollte er? Wenn er, wie das LG feststellte, *gar nichts* dachte, erscheint die Ableitung, daß er dann *etwas* gedacht hat, als ganz andere Tatsache. In der Literatur wurde diese Argumentation daher entsprechend kritisiert. Wer sich nichts vorstelle, heißt es, stelle sich weder die Möglichkeit *noch* die Unmöglichkeit der Tatvollendung vor, so *Schmidt*[36] und

---

daß § 261 StPO nicht richtig angewendet worden sei, was dann die Verfahrensrüge eröffnete. Vgl. die Nachweise bei Otfried Ranft, *Strafprozeßrecht*, 3. Aufl. Stuttgart u.a. 2005, § 69, S. 492 oder Sarstedt/Hamm, *Die Revision in Strafsachen*, 6. Aufl. Berlin/New York 1998, Rn 914ff.

[34] BGHSt 31, 86, 98; OLG Stuttgart NJW 1982, S. 295, 295; LR-Hanack, § 337 Rn 171 m.w.N.

[35] Gleiches gilt freilich für die weniger strengen Erfahrungssätze, die Ausnahmen zulassen und die nur in stark eingeschränktem Maße der Prüfungskompetenz der Revisionsgerichte unterliegen. Vgl. dazu etwa Otfried Ranft, *Strafprozeßrecht*, a.a.O., und LR-Hanack, § 337, Rn 174, 146.

[36] Thomas Schmidt, in: JuS 1995, S. 650, 651, mit bedenklicher redaktioneller Überschrift: „Beendeter Versuch bei *Gleichgültigkeit* des Täters". Ebenfalls übertitelt Murmann, a.a.O., (Anm. 8), S. 590, seinen Beitrag mit „Rücktritt vom Versuch bei *Gleichgültigkeit* des Täters? - BGHSt 40, 304". (Hervorh. jeweils vom Verfasser) Dies mag daher rühren, daß der BGH am Ende seines Urteils mit einer Analogie zum *dolus eventualis* arbeitet und festhält, daß bei Gleichgültigkeit des Täters gegenüber dem als möglich erkannten Erfolg auch bedingter Vorsatz angenommen werde, weil er mit jeder eintretenden Möglichkeit einverstanden sei. Vgl. BGHSt 40, 304, 306. Klarzustellen wäre aber, daß die Gleichgültigkeit erst daraus abgeleitet werden kann, daß der Täter den Erfolg auch tatsächlich für möglich hält und dem Geschehen gleichwohl seinen Lauf läßt, was der BGH so auch annimmt. Der BGH hat dies dann auch im Ergebnis zwar, wie zitiert, unterstellt, aber keinesfalls begründet, was auch Thomas Schmidt, a.a.O., S. 651, „apodiktische Kürze, ohne jede Begründung", hervorhebt. Denn die Gleichgültigkeit des Täters ist kein Ergebnis der Tatsachenfeststellung des LG gewesen, sondern erst abgeleitet aus der Projektion der Möglichkeitsvorstellung in die Täterpsyche. Ob aber als gleichgültig bezeichnet werden kann, wer sich in bezug auf den jeweils gleich gültigen Gegenstand gar keine Vorstellungen macht, ist mehr als fraglich. Dazu Heckler, a.a.O., S. 2491: „Denn Gleichgültigkeit gegenüber den Folgen des eigenen Tuns setzt notwendig zunächst die Vorstellung von der Existenz möglicher Folgen voraus ... . Der Gleichgültige weiß um die Möglichkeit von Folgen seines Tuns, findet sich aber mit dem Ausgang des Geschehens ab, wie auch immer dieser aussehen mag ... . Wer sich hingegen keine Vorstellungen über die Folgen seines Tuns macht, ist mangels Folgebewußtsein mit nichts einverstanden - alles andere wäre eine Unterstellung." Anders aber Harro Otto, *Jura-Kartei* 1995, StGB § 24/23, der Gleichgültigkeit des Täters gegenüber dem Erfolgsereignis bejaht, wenn und weil er sich nach Begründung oder Erhöhung einer Gefahr für die Rechtsgüter anderer keine Gedanken über die Folgen seines Tuns macht. Diese Sicht ist allein zweifelhaft, spielt für die hiesige Frage aber keine Rolle, weil auch der BGH die Gleichgültigkeit nicht unmittelbar aus dem

Puppe[37]. Wer sich keine Vorstellungen über die Folgen seines Tuns mache, rechne mit gar nichts, so *Scheinfeld*[38] und *Heckler*[39]. Denn „rechnen“ hätte die Reflexion über mögliche Alternativen erfordert und damit ein Vorstellungsbild des Täters von der Erfolgstauglichkeit seiner Handlung notwendig vorausgesetzt.[40]

Der BGH erkennt damit zwar erst einmal das festgestellte Ergebnis des LG Gera durchaus an. Aber dieses Anerkenntnis erfolgt nur vordergründig. Schon im nächsten Schritt wird es wieder in einem positiven Gedankenbild aufgehoben, das nach Maßgabe des LG Gera *de facto* gerade nicht vorhanden gewesen sein soll. Der BGH stellte damit, so *Hauf*, auf eine in Wirklichkeit nicht vorhandene Tätervorstellung ab.[41] Dem ist ohne weiteres zuzustimmen.

aaaa) Projektionen

Betrachtet man diesen schon auf den ersten Blick bemerkenswerten Subsumtionsvorgang des BGH im einzelnen, läßt sich deutlich erkennen, daß die Richter die aus der überkommenen Dogmatik geläufigen Definitionen des beendeten und unbeendeten Versuchs in das nach den Feststellungen des LG Gera faktisch nicht vorhandene Denken des Täters hineinprojiziert haben. Und zwar nicht in der üblichen alternativen Gegenüberstellung eines „entweder - oder“, sondern als gleichberechtigt nebeneinander: Beide in der Dogmatik vorgegebenen Vorstellungsinhalte seien dann zugleich erkennbar gewesen, wenn kein Vorstellungsinhalt festgestellt werden kann.

Jenseits dieser beiden Vorstellungsalternativen, entweder von dem Hinreichen der Tathandlung für den Erfolg oder eben von ihrer Defizität hierfür auszugehen, kennt der BGH damit offensichtlich nur noch einen weiteren gedanklichen Weg, den ein Täter nach einer Versuchshandlung hinsichtlich möglicher Folgen seines Tuns beschreiten könne: Er muß sich beide Möglichkeiten zugleich vorstellen. Die Möglichkeit, daß er auch tatsächlich, wie doch festgestellt, einfach gar nicht darüber nachgedacht haben könnte, wie sich sein angeblich von einem Tötungsvorsatz begleitetes Handeln auswirken würde, wollten die Senatsrichter offensichtlich nicht gelten lassen oder schlicht nicht wahrhaben.[42]

Aber nicht nur das ist bemerkenswert. Auch jene von den Richtern offerierte dritte Möglichkeit erscheint schon angesichts der Widersprüchlichkeit beider Gedanken zweifelhaft. Sie ist aber noch zumindest für den Fall denkbar, daß der Han-

---

von ihm auch gar nicht anerkannten „Nichtsdenken“ abgeleitet hat, sondern eben erst aus der Projektion des Für-möglich-Haltens.

[37] Ingeborg Puppe, a.a.O., S. 403, 404.

[38] Jörg Scheinfeld, a.a.O., S. 252, der zutreffend darauf hinweist, daß mit der gleichen Argumentation *dolus eventualis* angenommen werden muß, wenn ein Täter ohne Vorstellungen über die Folgen eine lebensgefährdende Handlung vornehme. Nichts zu denken führte dann automatisch immer zu vorsätzlichem Handeln.

[39] Andreas Heckler, *Beendeter Versuch bei fehlender Vorstellung des Täters über die Folgen seines Tuns?*, in: NJW 1996, S. 2490f.

[40] Heckler, a.a.O., S. 2491.

[41] Hauf, a.a.O., S. 29.

[42] Daß es um einiges plausibler ist, schon den Tötungsvorsatz in Frage zu stellen, wurde oben schon begründet. Vgl. dazu die Ausführungen in Anm. 30.

delnde schlicht im Zweifel über die Tauglichkeit seiner Handlung ist und sich nach einer Abwägung über die als möglich eingeschätzten Folgen nicht entscheiden kann und dann auch tatsächlich beides für möglich hält.[43] Aber so war dem hier gerade nicht.

Bedenklich stimmt damit aber auch noch Folgendes: Die Richter haben sich mit diesem Urteil nicht nur geweigert, die Möglichkeit anzuerkennen, daß der vermeintlich mit Tötungsvorsatz gehandelt habende Täter im Fall des LG Gera nach seiner Versuchshandlung nicht mehr über die Folgen derselben nachgedacht habe, sie haben damit implizit noch etwas viel Grundsätzlicheres deklariert. Sie statuierten nicht etwa das für die Anwendung des § 24 I 1 elementare normative Erfordernis, daß ein Täter sich in jedem Fall zu den Folgen seiner Versuchshandlung in der Art gedanklich verhalten solle, wie das in der herkömmlichen Dogmatik beschrieben ist. Sondern die Verweigerung der Anerkennung der Feststellung des LG Gera sagt etwas grundlegend anderes: Sie besagt vielmehr, daß es so, wie festgestellt, *de facto* nicht sein *kann*.

Nicht nur eben, daß es, was so nicht gesagt wurde, aus normativen Erwägungen wünschenswert wäre, daß Täter über die Folgen ihres Tuns nachdenken, und daß sie auch nur dann zurücktreten könnten.[44] Die Vorgabe des Senats wird angesichts der Bindungswirkung der höchstrichterlichen Rechtsprechung vielmehr dafür sorgen, daß kein Instanzgericht jemals wieder eine Feststellung treffen und auch beurteilen wird, die an das, was das LG Gera ausgeführt hat, heranreicht. Die Begriffe der Instanzgerichte sollen damit künftig nicht mehr nachahmen, was möglich wäre, geschweige denn, was wirklich ist, sie werden vielmehr von nun an vorahmen, was ein Täter in der fraglichen Situation zu denken habe.

Anders gesagt: Einen Täter, der nach seiner mit Tötungsvorsatz ausgeführten Handlung über die Tauglichkeit derselben gar nicht mehr nachdenkt, wird es nun nicht mehr geben können, weil es ihn, jedenfalls in der Wahrnehmung der beteiligten Senatsrichter einfach - und das hieße eben konsequent auch: denkgesetzlich - nicht geben durfte. Sollte er nicht nachgedacht haben, hat er eben doch nachgedacht!

Das verweist aber wieder darauf, daß der BGH eine Diskussion in bezug darauf, ob er nach Maßgabe des § 337 I StPO von den Feststellungen des Instanzgerichts abweichen durfte, dringend hätte führen müssen.

---

[43] Wenn der Täter in diesem Fall dann tatsächlich nicht handelt, um der als möglich eingeschätzten Todesfolge vorzubeugen, dann, aber auch nur dann, läßt sich mit einiger Vorsicht auch unterstellen, ihm seien dann auch beide Möglichkeiten gleich gültig gewesen. Dann machte es in der Tat Sinn, einen beendeten Versuch anzunehmen. Vgl. dazu nochmals die Ausführungen in Anm. 36.

[44] Diese Überlegung stellt der BGH zwar noch an, aber freilich erst nach Zuschreibung der erwähnten Gedanken, vgl. a.a.O., S. 306: „Würde man hier darauf abstellen, daß der Gleichgültige auch den Nichteintritt des Taterfolges für möglich hält - und deshalb einen unbeendeten Versuch annehmen ... -, so käme der Täter in den Genuß der Straffreiheit, obwohl er keine Distanzierung von der drohenden Rechtsgutsverletzung, geschweige denn eine innere Umkehr, erkennen läßt. Das stünde mit der dem § 24 StGB zugrundeliegenden Wertentscheidung nicht im Einklang."

bbbb) kriminalpolitische Motive?

Sucht man nun jenseits dieser strafprozessualen Frage nach einem Erklärungsansatz für diesen Begründungsweg, kann man einen solchen Ansatz - zumindest vordergründig - darin finden, daß der BGH die Anerkennung eines strafbefreienden Rücktritts unbedingt vermeiden wollte[45]. Man kann damit kriminalpolitische Motive für eine vermeintliche Subsumtion annehmen, die sich nicht einmal an der Auslegung des „eigenständigen Rechtsinstituts“ des beendeten Versuchs als wieder - wie schon im Eingangsbeispiel - mehr an den der Subsumtion zugrundegelegten Tatsachen interpretierend zu schaffen macht.[46] Denn die Bemühungen des BGH gehen - das kriminalpolitische Motiv unterstellt - nicht in die Richtung, die Voraussetzungen des beendeten Versuchs vor dem Hintergrund einer normativen Prämisse, der zufolge es eben wünschenswert sei, daß ein Täter immer über die Folgen seines Tuns nachdenke und auch nur dann den Strafausschluß aus § 24 I StGB verdiene, dahin gehend erweiternd zu verändern, daß auch derjenige, der sich keine Gedanken über die Folgen seines Tuns mache, seinen Versuch beendet habe oder ihn für beendet halte. Denn dann könnte er bloß dadurch, daß er nicht weiter handelte, auch nicht zurücktreten. Sie begnügen sich vielmehr mit der Projektion des dogmatisch gewünschten und womöglich allein denkbaren Gedankenbildes - dem (auch) Für-möglich-Halten des Erfolgseintritts - in die Psyche des Täters.

Diese Projektion transportiert zwar nicht die Exklusivität der Alternativen dorthin, denn die Gleichung *keine Vorstellung = für möglich halten* wäre dann wohl doch einen Schritt des Guten zuviel gewesen, sondern legt die gewünschte Alternative

[45] So auch Scheinfeld, a.a.O., S. 252. Dafür spricht im übrigen auch der von sämtlichen Anwendungsvoraussetzungen losgelöste Satz in der Urteilsbegründung: „Er hat die Gefahr geschaffen und muß sie beseitigen.“ Vgl. BGHSt 40, 304, S. 306. Kritisch dazu auch Hauf, a.a.O., S. 30. Dies hat auch mit der Annahme eines beendeten Versuchs nichts mehr zu tun, der nach der objektiv gegebenen Gefahrschaffung gar nicht fragt, sondern nur nach der Vorstellung des Täters davon. Es drängt sich daher der Verdacht auf, der BGH lasse gleichsam das fahrlässige Verkennen der geschaffenen Gefahr für das Rechtsgut, also der Erfolgstauglichkeit der Versuchshandlung, für die Annahme des beendeten Versuchs ausreichen. Aus reichte mithin, daß der Angeklagte den Eintritt hätte für möglich halten müssen. So auch Schmidt, a.a.O., S. 651, „abgestellt ... auf ein objektives Wissenmüssen“. Dagegen, daß es darauf ankomme, wendet sich aber ausdrücklich BGH NStZ 1992, S. 434, 434; vgl. oben Anm. 14.

[46] Daß der BGH hier die festgestellte Tätervorstellung noch einmal interpretiert, nehmen auch Schmidt, a.a.O., S. 651, und Murmann, a.a.O., S. 592, an, der von einer extensiven und wohl kaum mehr haltbaren Interpretation der Feststellungen des LG spricht. Auch der Vorgang der topischen Prämissensuche im Eingangsbeispiel konnte als eine Sachverhaltsinterpretation bezeichnet werden. Dort begann man, an den jeweiligen Objekten der einzelnen Fälle nach Qualitäten zu suchen, die an anderen Objekten ebenfalls zu finden waren, und darüber eine Analogie zu rechtfertigten unter dem Absehen von jeweils Unwesentlichem. Vgl. dazu oben Kapitel I, S. 22ff., insbes. Anm. 98, und Kapitel III, S. 117, insbes. Anm. 78. Hier indes wurde der Sachverhalt doch etwas anders interpretiert, dem Fall wurde nichts Zusätzliches, nichts Neues am schon Vorhandenen, keine begrifflich neue Qualität auf Untersatzebene entnommen, es wurde vielmehr der bereits gesicherte Topos in ihn hineingelegt. Es wurde mithin eine Zuschreibung derart vorgenommen, wie sie insbesondere Lüderssen kritisiert: es wurde um der Subsumtion willen auf der Ebene des Sachverhaltes zugeschrieben, was nicht zu finden war. Das Abzuurteilende wurde also nicht vorgefunden, sondern erst geschaffen. Vgl. dazu Klaus Lüderssen, *Gebotene Zuschreibung?*, a.a.O., S. 113.

vordergründig gleichberechtigt mit ihrem, sie negierenden Pendant, dem *Rechnen* mit dem Ausbleiben des Erfolges in die Gedanken des Täters hinein. Damit bleibt es aber dabei, daß es eine echte dritte Möglichkeit, die nichts mehr mit den schon bestehenden dogmatisch vermittelten Bildern eines nachtatlichen Denkens gemein hat, nicht geben darf.

Das Ergebnis dieser Projektion lautet dann freilich: die für die erwünschte Subsumtion notwendige Tatsache, wonach der Täter den Erfolgseintritt für möglich gehalten hat, ist in die Täterpsyche projiziert und kann nun wieder als ausreichend für einen beendeten Versuch aus ihr herausgeholt werden. Doch diese Subsumtion besteht, wie gesagt, weder aus der Auslegung an einem Gesetzesbegriff, kann folgerichtig auch nicht dessen Anwendung sein, noch aus der Subsumtion der durch das LG Gera ermittelten Tatsachen unter die gefundene Prämisse. Der damit nur noch der Form nach, also pseudo-subsumtive Vorgang hat am Ende weder etwas mit dem Wortlaut des § 24 I 1 StGB zu tun noch mit der durch das LG Gera ermittelten Tatsachenbasis. Der Fall, den dieses ermittelt hatte, ist damit, weil es ihn aus der Perspektive der gewohnten Begriffs- und Denkmuster der Rücktrittsdogmatik gar nicht geben konnte, von den Senatsrichtern auch gar nicht mehr behandelt worden.[47] Statt dessen ist er zu einem anderen, schon bekannten Fall begrifflich umgewandelt und damit inhaltlich so verändert worden, daß er, angepaßt an die kasuistischen Vorstellungen der Dogmatik, noch unter ihre geläufigen Begriffe subsumierbar war. Ihr Gehege hat gleichsam „nichts draußen" geduldet und keine womöglich verunsichernde Erfahrung eines Neuen mehr zugelassen.

cccc) geronnene Erfahrungssätze

Es zeigt sich damit aber, daß sich dieser Vorgang nur allein mit kriminalpolitischen Motiven nicht begründen lassen kann. Denn dafür, das gewünschte Ergebnis zu erhalten, hätte, wie gesagt, etwa auch eine erweiternde Prämissenbildung hingereicht. Vielmehr ist anzunehmen, daß der fetischisierte Dualismus der überkommenen Dogmatik, der ein Täterverhalten jenseits der geschilderten Maßgabe nicht zu kennen scheint, so sehr in die Vorstellung der Richter - übrigens nicht nur in die der Richter des BGH-Senats - eingewandert ist, daß die Option, der Täter könne schlicht gar nichts dergleichen, also *nicht* gedacht haben, für irreal, und das heißt als erfahrungs- und denkgesetzlich schlicht außerhalb jeder Wahrscheinlichkeit liegend gehalten wurde. Ein nachtatliches Täterdenken, das die vorgegebenen Wege noch nicht einmal insofern einschlägt, daß es, wenn schon nicht eine, dann aber doch beide - sich widersprechenden - Möglichkeiten zugleich beinhaltet, kann es weder aus der Warte der so verstandenen herkömmlichen Dogmatik noch aus der des BGH geben. Entsprechend nimmt auch *Schmidt* an, daß letztlich doch „Zweifel im Tatsächlichen die Auffassung des Senats" getragen haben.[48] Zweifel, so müßte man weiter formulieren, die zu einer Negation des Tatsächlichen geführt haben.

---

[47] ähnlich auch Murmann, a.a.O., S. 592, nach dem sich der BGH bloß im Rahmen seiner sonstigen Rechtsprechung bewege, ohne wirklich den Fall zu behandeln.

[48] ders., a.a.O., S. 651, der in der Entscheidung eine Tendenz des BGH erkennt, in bestimmten Fällen das Vorstellungsbild des Täters in deutlich wertender, normativer Weise zu ermitteln. Damit werde weniger auf das wirkliche Wissen des Täters abgestellt als vielmehr auf ein objektives

Daß die Senatsrichter damit eben faktisch und unterderhand eine Ausnahme vom Grundsatz der Tatsachenbindung aus § 337 I StPO angenommen haben, ohne das zu benennen, wurde gesagt. Ebenso, daß die Feststellungen des LG Gera aus der Sicht des Senats damit offensichtlich gegen Denk- oder Erfahrungsgesetze verstoßen haben müssen.

Interessant ist nun aber, daß die zu beachtenden Erfahrungssätze dann die Dogmatik selbst in ihren Definitionen der Wendungen vom beendeten oder unbeendeten Versuch benennen muß: daß ein Täter nach seiner Versuchshandlung über die Folgen nachdenkt und zwar entweder so, daß er den Erfolgseintritt für möglich oder noch nicht für möglich hält - oder eben beides. So verstanden geben die selbstgemachten Begriffe im Gehege des § 24 I 1 StGB mit ihrem Dualismus zu verstehen, daß die allein denkbaren Möglichkeiten eines Nachtatverhaltens begrifflich erschöpfend erfaßt seien.[49] Zum einen müsse ein Täter in jedem Fall überhaupt etwas denken, und zum anderen müsse er entweder A oder non-A denken, *tertium non datur*. Jedenfalls insofern *non*, als allenfalls noch der Kunstgriff der Projektion beider Möglichkeiten statt als logisches dis- nun als con-junktim zugleich ein *tertium* bedeuten könnte.

Diese Sätze sind dann in der Rechtsprechung der Senatsrichter offensichtlich derart verdinglicht zum Tragen gekommen, daß die Möglichkeit eines Abweichens der Realität nicht mehr vorstellbar war oder sein durfte. Die hiervon abweichende Fallgestaltung, die das LG Gera gleichwohl ermittelt hatte, hat dieses dann auch nicht zum Überdenken oder zur Auseinandersetzung mit diesen Sätzen, geschweige denn zu ihrer Veränderung geführt, sie mußte ihnen vielmehr weichen. Die auf diese Weise identifizierenden Sätze der Dogmatik, ihre geronnenen Synthesen wurden also nach ihrem Wahrheitsgehalt nicht mehr befragt. Sie führten so zu einer Entscheidung, die die festgestellte Besonderheit des Falles weder erfahrbar machte noch ihr begrifflich zum Ausdruck verhalf. Sie machten vielmehr den Fall zu einem Exemplar des schon Bekannten! Und so heißt es entsprechend auch bei *Murmann*, daß der ermittelte Sachverhalt einfach an die bisherigen Fälle angepaßt worden sei.[50]

Die präformierten und im geschilderten Sinne präformierenden Kategorien des beendeten und unbeendeten Versuchs scheinen hier die Kraft jener absoluten Kategorien erhalten zu haben, von denen in Kapitel III die Rede war. Offenbar glaubte man beim BGH, mit diesen Kategorien, wie Adorno sagte, auch das für die Rechtsfindung Sichere der Erkenntnis in den Händen gehalten zu haben, und so band man sich dort an sie wie an absolute.

Wissenmüssen. Daß es aber hierauf ankommen dürfe, wurde in einer anderen Entscheidung explizit abgelehnt. Vgl. oben Anm. 14.

[49] Insofern, weil dann doch letztlich die Norm des § 24 I 1 StGB selbst diesen Satz enthielte, der aus ihr bloß abgeleitet ist, käme hier dann auch - wenn auch ganz anders als ursprünglich gemeint - die oben benannte etwas ältere Ansicht in bezug auf die normative Kraft von Denk- und Erfahrungssätzen zu ihrem Recht, wonach gesicherte Erfahrungssätze selbst Normcharakter erhielten, selbst Rechtsnormen im Sinne des § 337 I StPO seien. So noch BGHSt 6, 70, 72; 17, 382, 385; vgl. dazu auch Kühne, *Strafprozeßrecht*, § 64, Rn 1072, 948, und LR-Hanack, § 337, Rn 11, m.w.N.

[50] Murmann, a.a.O., S. 592.

bbb) Das Urteil des LG Gera[51]

Daß der Entscheidung des Senats trotz aller Mängel in der Begründung dann im Ergebnis gleichwohl zuzustimmen ist, liegt daran, daß sie sich, wie gleich gezeigt wird, aus einer Subsumtion des Wortlautes des § 24 I 1 recht zwanglos ergeben kann. Doch dem wurde auch die Entscheidung des LG Gera nicht gerecht. Denn nicht nur der BGH kam mit dieser von vornherein festgelegten und festlegenden Wirklichkeitsbeschreibung, also mit einer identifizierenden Vorahmung der dogmatischen Begriffe, nicht zurecht. Nicht nur er traute sich nicht, eine von diesen Möglichkeiten divergente dritte Variante als möglich anzuerkennen. Auch das *LG Gera* handelte entsprechend.

Es ließ nämlich die Tatsache, daß der Täter nichts dachte, *zu seinen Gunsten* wirken, wie es schon in der Wiedergabe des Urteils durch den BGH heißt:

> „Zu Gunsten des Angeklagten müsse von einem unbeendeten Versuch ausgegangen werden, weil sich der Angeklagte nach Ausführung der Stiche überhaupt keine Vorstellungen über die Folgen seines Tuns gemacht habe."[52]

In den Ausführungen des *LG Gera* selbst liest sich das dann wie folgt: Der Angeklagte sei „gemäß § 24 StGB strafbefreiend zurückgetreten. Es handelt sich vorliegend um einen unbeendeten Versuch ... ."[53] Zur Begründung heißt es dazu:

> „Der Angeklagte ... habe sich nach der Ausführung der Stiche überhaupt keine Gedanken darüber gemacht, ob [das Opfer, V.R.] sterben könnte. Nach dieser Einlassung hielt der Angeklagte den Todeseintritt gerade nicht für möglich. Die Kammer hat diese Einlassung nicht als Schutzbehauptung gewertet, denn dem Angeklagten kann nicht unterstellt werden, daß er die Wirkung der Verletzungen wahrgenommen hat. ... Die Kammer ist ... davon ausgegangen, daß der Angeklagte seinen Bruder nicht hat bluten sehen. ... Nach alledem mußte der Angeklagte nicht davon ausgehen, daß er [das Opfer, V.R.] tödlich verletzt hatte, so daß die Kammer seiner Einlassung insoweit gefolgt ist. Hat sich der Angeklagte gar keine Vorstellungen über die Folgen seines Tuns gemacht, so muß *zu seinen Gunsten* von einem unbeendeten Versuch ausgegangen werden ... ."[54]

Doch auch ein solches Vorgehen hat kaum mehr etwas mit der erforderlichen Subsumtion des Sachverhaltes unter die Begriffe der Norm gemein, es hat letztlich sogar ganz auf die Subsumtion der ermittelten Tatsache unter die Normbegriffe verzichtet.

Denn die Wendung, man müsse trotz fehlender Vorstellung des Täters zu den Folgen seines Tuns zu dessen Gunsten von einem unbeendeten Versuch ausgehen, weist der erläuterten Begründung zufolge deutlich darauf hin, daß man die Straflosigkeit des Angeklagten aus § 24 I 1 StGB im Wege einer *in-dubio-pro-reo*-Argumentation zu erreichen suchte. Denn von einem unbeendeten Versuch sei deshalb aus-

---

[51] Der Erörterung zugrunde liegt, wie bereits gesagt, die Urteilsausführung des LG Gera, Urteil v. 05.04.1994, Az. 200 Js 6921/93 - 1 Ks.

[52] BGHSt 40, 304, 305.

[53] LG Gera Urteil, a.a.O., S. 9.

[54] LG Gera Urteil, a.a.O., S. 10, (Hervorh. durch den Verfasser).

zugehen, weil man dem Angeklagten nicht unterstellen konnte, „daß er die Wirkung der Verletzungen wahrgenommen hat", also bloß „zu Gunsten des Angeklagten"[55]. Im Zweifel also für die ihm günstigere Tatsache!? Die Frage ist dann aber: für welche Tatsache?

Doch wohl erst einmal nur für jene, wonach der Angeklagte die Verletzungen nicht wahrgenommen und darob keinen Anlaß hatte, daran zu denken, daß das Opfer sterben könnte. So weit, so gut. Daraus ergibt sich aber erst einmal nur, daß die Annahme, der Angeklagte habe, wie es seine Einlassung erkennen läßt, tatsächlich nicht über die Folgen seines Tuns nachgedacht, plausibel und für das LG Gera ausreichend glaubhaft war. Warum sich damit zugleich zugunsten des Angeklagten die Möglichkeit zur Feststellung ergeben sollte, sein Versuch sei daher unbeendet, bleibt unklar. Denn ein unbeendeter Versuch setzte doch gerade die Feststellbarkeit eines *aliuds*, den Beweis einer ganz anderen Tatsache voraus: nämlich denjenigen, daß der Angeklagte auf der Basis einer nachtatlichen Reflexion über mögliche Folgen nicht (mehr) mit dem Eintritt des angeblich in Kauf genommenen Erfolgs gerechnet hat.

Das LG Gera hielt aber noch in der gleichen Passage die Einlassung für glaubwürdig, der Angeklagte habe sich „gar keine Vorstellungen über die Folgen seines Tuns gemacht", machte also die gänzliche Absenz von Gedanken zur Grundlage seiner Entscheidung. Wenn dem Urteil aber diese Feststellung zugrunde liegt, wie kann sich dann *zugunsten* des Angeklagten die weitere tatsächliche Annahme ergeben, er habe den Erfolg nicht für möglich gehalten?

Das machte doch nur und allenfalls dann Sinn, wenn man, wie es die erste Satzfolge der zitierten Passage auch nahelegte,

---

[55] Man könnte zwar auch an eine analoge Anwendung des § 24 I 1 StGB zugunsten des Angeklagten denken, dagegen spricht aber, daß das LG Gera insoweit ausdrücklich § 24 I StGB direkt angewendet wissen wollte. Zudem ließe eine analoge Anwendung ausdrückliche Ausführungen zu deren Voraussetzungen vermissen. Wenn auch die Unbedenklichkeit der analogen Anwendung einer strafrechtlichen Norm, sofern zugunsten des Täters, schnell festzustellen gewesen wäre, bliebe aber bedenklich, daß zu den tatbestandlichen Voraussetzungen einer analogen Anwendung keine Begründungen ersichtlich werden; insbesondere zu der Frage einer planwidrigen Regelungslücke (vgl. Horn, *Einführung in die Rechtswissenschaft und Rechtsphilosophie*, 2. Aufl. Heidelberg 2000, Rn 184), der vergleichbaren Sachlage (vgl. Horn, a.a.O., Rn 186) und der Einschlägigkeit des Gesetzeszwecks (Horn, a.a.O., Rn 186). Schon für die Annahme einer Regelungslücke fehlte dabei jede Begründung. Sollte sie stillschweigend vorausgesetzt worden sein, scheint dies aber nur vor dem Hintergrund der hiesigen Überlegungen vertretbar, wonach jedenfalls nach der Maßgabe der herkömmlichen Dogmatik eine Lücke für den Fall gegeben zu sein scheint, daß ein Täter nicht nachdenkt. Das setzte aber eben voraus, daß der Normwortlaut selbst nicht subsumiert wurde. Ganz unklar bleibt dann aber zum einen, warum das Fehlen gedanklicher Überlegungen des Täters zu den Folgen seines eigenen Tuns der Sachlage nach damit vergleichbar sein sollte, daß er darüber mit der Schlußfolgerung nachdenkt, sein Tun sei für den Erfolgseintritt nicht ausreichend. Das eine hat mit dem anderen nichts zu tun. Zum anderen stellte sich die Frage, ob der *ratio legis* zufolge auch gedankenlose Täter ohne Verhinderungshandeln straflos ausgehen sollten. All das bleibt offen.

> „Der Angeklagte ... habe sich nach der Ausführung der Stiche überhaupt keine Gedanken darüber gemacht, ob [das Opfer, V.R.] sterben könnte. Nach dieser Einlassung hielt der Angeklagte den Todeseintritt gerade nicht für möglich“,

aus dem bloßen Nichtsdenken abgeleitet hätte, daß der Angeklagte dann auch unmöglich an den Tod des Opfers gedacht haben, und daraus wiederum, daß er dann den Tod auch nicht für möglich gehalten haben konnte. Dann aber wäre doch aufgrund dieser kunstgriffigen Ableitung nicht bloß *zugunsten* des Täters von einem unbeendeten Versuch auszugehen, sondern als Tatsache zu präsentieren, daß der Angeklagte auf Basis gänzlich fehlender Reflexionen konsequenzlogisch auch nicht (mehr) mit dem Eintritt des Erfolges gerechnet haben konnte.

Aber dieser Weg, der wegen des gänzlichen Verzichts auf eine Reflexionsleistung seitens des Angeklagten ohnehin recht fraglich wäre, wurde offensichtlich nicht beschritten. Denn, so heißt es am Ende der Passage im Wortlaut:

> „Hat sich der Angeklagte gar keine Vorstellungen über die Folgen seines Tuns gemacht, so muß *zu seinen Gunsten* von einem unbeendeten Versuch ausgegangen werden ... .“

Damit aber hat das LG Gera den Zweifelssatz offensichtlich von der festgestellten Tatsache („gar keine Vorstellungen“) weg auf die noch offene Frage der subsumtionsfähigen Prämisse (unbeendeter oder beendeter Versuch) gelenkt.[56] Anders formuliert: Wenn wegen des festgestellten Fehlens eines Gedankenbildes unklar ist, ob ein unbeendeter oder ein beendeter Versuch vorliegt, ist nicht etwa zugleich festzustellen, daß der Angeklagte dann auch nicht mit dem Eintritt des Todes gerechnet hat, vielmehr muß *zugunsten* des Angeklagten diese ihm günstigere Prämisse herangezogen werden.

Offensichtlich entschied man sich also nur deswegen, weil man dem Angeklagten die Erkenntnis der Verletzung und damit die des möglichen Todeseintritts nicht unterstellen konnte, *in dubio pro reo* für die ihn weniger belastende, den Freispruch vom Vorwurf des versuchten Totschlags ermöglichende Variante. Das aber ist doch einigermaßen irritierend.

Denn der Weg eines Freispruchs nach Maßgabe des *in-dubio*-Satzes, der zwar durchaus auch für den Bereich des Rücktritts, also auch für persönliche Schuldausschließungs- oder Strafaufhebungsgründe[57] gilt[58], ist bei einer festgestellten kla-

---

[56] Denn die Ausführungen des LG Gera besagen auch nicht, daß dann, wenn sich nicht mehr ermitteln läßt, ob der Angeklagte die Wirkung der Verletzung erkannt hat, zu seinen Gunsten davon ausgegangen werden muß, daß er sie nicht erkannt hat. Dann ließe sich zwar *in dubio pro reo* kein Grund dafür finden, an der Einlassung zu zweifeln. Auch dann aber ergäbe die Anwendung des Zweifelssatzes noch keinen Entscheid für die dem Angeklagten günstigere, der Prämisse entsprechende Annahme, daß er nicht mehr mit dem Eintritt des Todes rechnete. Vielmehr wäre auch dann erst noch eine subsumtionsfähige Prämisse zu bestimmen.

[57] vgl. zur systematisch-dogmatischen Einordnung des Rücktritts als persönlicher Schuldtilgungs-, Schuldaufhebungs- oder Strafaufhebungsgrund etwa Sch/Sch-Eser, § 24, Rn 4, m.w.N. zu weiteren Ansätzen.

[58] vgl. dazu BGHSt 10, 129, 130 und RGSt 70, 1, 3; vgl. auch Walter Stree, *In dubio pro reo*, Tübingen 1962, S. 22f., 23; Axel Montenbruck, *In dubio pro reo*, Berlin 1985, S. 18, 33, 35f.

ren Sachlage keinesfalls statthaft, sondern nur dann, wenn eben auch tatsächlich Zweifel im Tatsächlichen bestehen, sich also Tatsachen des Fallgeschehens nicht mehr ausreichend ermitteln lassen.[59] Der Grundsatz kann also nur bei solchen Zweifeln während der Rechtsfindung Anwendung finden, die sich nach abgeschlossener Beweiswürdigung ergeben, wenn entscheidungserhebliche Tatsachen nicht zur vollen Überzeugung des Gerichts festgestellt werden können.[60] Die Rechtsfrage aber, die Frage nach den anzuwendenden Prämissen muß dagegen unstreitig auch bei Zweifeln über die Auslegung des Gesetzes immer eindeutig entschieden werden[61], denn das gebiete das erläuterte Rechtsverweigerungsgebot, ist also Ausdruck des Rechtsstaatsprinzips. Nach diesem Findungsprozeß sind dann konsequent zu den zur Not auch fortgebildeten Prämissen die gefundenen Tatsachen zu subsumieren.

Das Recht mag dann, auf welche Prämissen man sich auch immer geeinigt hat, auch Entscheidungen ergeben, die für den Angeklagten günstiger sind als andere, die so gefundenen Entscheidungen sind dann zwar dogmatisch umstrittene, aber doch eindeutige Entscheidungen auf der Grundlage der interpretierten Norm, aber keine Entscheidungen *zu seinen Gunsten.* Der Bürger ist also auch dann keineswegs ein bloßer Günstling der dritten Gewalt.

Das Ergebnis der Beweisaufnahme wies solche Zweifel aber doch gerade nicht auf. Das Landgericht hatte es explizit als glaubwürdig angesehen und sich dann eindeutig darauf festgelegt, daß sich der Angeklagte „gar keine Vorstellungen über die Folgen seines Tuns gemacht" hatte. Es läßt daher nicht tatsächlich die eine oder andere Möglichkeit an Gedankeninhalt zu, so daß man sich *in dubio* zugunsten des Angeklagten für die ihn weniger belastende Annahme entscheiden könnte. Es verhielt sich gerade nicht so, daß man nicht genau wußte, was der Angeklagte gedacht hatte, mithin die Möglichkeit bestand, er sei davon ausgegangen, daß sein Tun nicht ausreichen würde. Denn dann könnte man dies gewiß zu seinen Gunsten annehmen.[62] Zu einer solchen Entscheidung aber war kein Raum.[63]

---

[59] vgl. nur Jescheck/Weigend, *Strafrecht Allgemeiner Teil,* S. 143ff.; Baumann/Weber/Mitsch, AT, § 9, Rn 106ff.

[60] Jescheck/Weigend, a.a.O., S. 143f.

[61] vgl. zum rechtsstaatlich begründeten Entscheidungszwang schon oben Kapitel III, S. 154ff.; daß der Grundsatz bei Zweifeln über die Rechtslage nicht gelte, sagen ausdrücklich etwa BGHSt 14, 68, 73; OLG Braunschweig, NJW 1976, S. 60, 62; zustimmend LK-Schroeder, § 17, Rn 24; und auch pointiert unter Rückgriff auf den römischen Rechtsgrundsatz, der sich etwa auch in § 293 ZPO wiederfindet, Max Grünhut, *Alternative Tatsachenfeststellung im Strafprozeß,* in: Monatsschrift für Kriminalbiologie und Strafrechtsreform, 1934 (25), 327ff., 333: „Jura novit curia. Die Rechtsfrage ist ihrer Idee nach stets einer eindeutigen Lösung fähig und bedürftig. Sie läßt für Zweifel weder im Sinn eines in dubio pro reo noch einer etwa zulässigen Alternative Raum." Das Recht ist dem Senat stets bekannt. Er muß gleichsam, wie oben dargelegt, immer eine eindeutige Möglichkeit der Identifizierung anbieten, mag die Frage auch noch so strittig, die Nichtidentität des Falles mit seinem Rechtsbegriff noch so offensichtlich sein.

[62] Das etwa blieb offen in den Entscheidungen aus BGHSt 10, 129, 130 und RGSt 70, 1, 3, in denen jeweils mehrere, vom BGH und dem RG auch erörterte Möglichkeiten denkbar waren, was der Täter nach seiner Versuchshandlung gedacht haben könnte und warum er seinen Plan nicht weiter verfolgt hatte. Eine Feststellung derart, daß der Täter gar nichts dachte, war hier weder durch das Instanzgericht noch durch die Revisionsinstanz vorgenommen worden. Auch die

Es ist daher nur um so erstaunlicher, daß das *LG Gera* aufgrund der vordergründigen Unvereinbarkeit seiner Feststellungen mit dogmatischen Vorgaben diese Feststellungen wieder in Zweifel zieht. Nicht die hier in ihrer exkludierenden Bipolarität der Wirklichkeit offensichtlich nicht angemessene, für Abweichendes nicht offene und daher den Fall in ihr „zu eng" ausfallendes Gehege zwingende, zur Absorption des Ergebnisses unfähige Dogmatik, sondern die eigene Tatsachenfeststellung wurde angezweifelt. Denn wer im Zweifel *zugunsten* des Angeklagten von einem unbeendeten Versuch ausgeht, weil sich der Angeklagte keine Vorstellungen machte, geht - dogmatisch konsequent gedacht - schließlich zugunsten dieses Angeklagten von einer anderen Tatsache aus, als ermittelt wurde, nämlich davon, daß er es eben, entsprechend der Begrifflichkeit des unbeendeten Versuchs, nicht für möglich hielt, daß seine Handlungen den Erfolg herbeiführten.

dd) unnötige Rechtsverweigerung

Beide Gerichte betrieben mithin gleichsam eine Art der Rechtsverweigerung. Die Tatrichter nahmen zugunsten des Angeklagten eine Tatsachenbasis an, die dem Ermittlungsergebnis widerspricht; die Richter des Senats dagegen eine abweichende Basis zu seinen Lasten[64]. Beide entscheiden damit den Fall aber nicht so, wie er ermittelt wurde. Und dies geschieht vor allem deswegen, weil die Dogmatik ihn nicht vorsieht, einfacher gesagt: weil die gegebene Dogmatik des § 24 I 1 StGB auf den Fall schlichtweg nicht „paßt".

Wer diese von der dogmatischen Praxis geprägte begriffliche Ordnung nur befriedigt vor den Fall schiebt, der eigentlich entschieden werden sollte, erkennt ihn offensichtlich deswegen nicht mehr, weil diese ihn nicht auf ihrer rechtsbegrifflichen Rechnung hatte. Diese normfern ihr Eigenleben führende Ordnung hätte aber, anstatt den Fall an sie anzugleichen, fortgebildet werden können - wenn man

---

Beispiele von Stree, a.a.O., S. 23, und Montenbruck, a.a.O., S. 33 sind dadurch gekennzeichnet, daß unaufklärbar bleibt, was der Täter dachte. So heißt es bei Stree, a.a.O., S. 23, freilich noch unter der an der Problematik nichts verändernden Geltung des § 46 StGB a.F.: Der Täter sei freizusprechen, wenn sich nicht feststellen lasse, „ob ein beendeter oder unbeendeter Versuch vorliegt. Hat der Täter zum Beispiel im Falle einer versuchten Abtreibung möglicherweise geglaubt, noch mehr tun zu müssen, um das erstrebte Ziel zu erreichen, so bleibt der Versuch bei freiwilligem Absehen von weiteren Handlungen straflos". Und Montenbruck, a.a.O., S. 33, bildet die Fallgruppe, in der „Zweifel an einem entlastenden Umstand ... zum Freispruch [führen] ... zum Beispiel Zweifel am Rücktritt vom Versuch". Solche Zweifel lagen indes nicht vor. Der Täter hatte den Feststellungen des LG Gera zufolge eben nicht „möglicherweise" etwas geglaubt. Und es gab insofern auch keine „Zweifel an einem entlastenden Umstand", die Feststellungen waren diesbezüglich vielmehr eindeutig. Daß allerdings zweifelhaft war, ob ein beendeter oder unbeendeter Versuch vorlag, soweit gewiß noch die Parallele, ist eine Frage der zweifelhaften Rechtslage, nicht einer zweifelhaften Tatsachengrundlage.

[63] Auch Murmann, a.a.O., S. 592, Anm. 13, weist darauf hin, daß das Tatgericht dann, wenn es eine derart nachhaltige Verdrängung der möglichen Folgen der Versuchshandlung durch den Täter nicht für möglich gehalten hätte, sich aber gleichzeitig nicht davon hätte überzeugen können, daß er den Erfolgseintritt für möglich hielt, *in dubio pro reo* davon hätte ausgehen müssen, daß dem nicht so war und damit ein unbeendeter Versuch vorlag. Man müßte hinzufügen: „nur dann"!

[64] So auch Hauf, a.a.O., S. 29.

an der Unterscheidung von beendetem und unbeendetem Versuch unbedingt festhalten wollte.

Und ob das indes in Fällen der gegebenen Art überhaupt noch möglich ist, bleibt zweifelhaft[65], scheint es doch mit diesem Fall auch solche Versuchskonstellationen zu geben, die nach der herkömmlichen Dogmatik weder beendet noch unbeendet sind.[66] Solche Fälle müßten dann, dazu noch weiter unten unter bbb), schon allein konsequenzlogischem Denken zufolge aus dem Anwendungsbereich des § 24 I 1 StGB ausscheiden.

Sowohl die Begründungswege der Entscheidungen als auch und mehr noch die zugrunde liegende Fallgestaltung sollten daher hinreichend Anlaß geben, die eingeübte Dogmatik in ihrer verdinglichten Gestalt zu überdenken[67], wenn man denn Fälle der vorliegenden Art mit der Norm des § 24 I StGB und ihren herkömmlichen dogmatischen Figuren erfassen möchte. Nicht anders ist die Rechtsprechung des BGH dringend zu überdenken.

aaa) Lösung mittels der Subsumtion des Wortlauts

Denn schon die einfache Gesetzessubsumtion hätte, wie *Scheinfeld* sehr anschaulich zeigt, dieses Problem nicht gehabt[68]:

Weil der Angeklagte keine Verhinderungsbemühungen an den Tag gelegt, sondern den Tatort verlassen hat, ohne sich um das verletzte Opfer zu kümmern, käme nämlich schon mangels Bemühungen, den Erfolgseintritt zu verhindern, ein Rücktritt nach § 24 I 1 Var. 2 StGB nicht in Betracht. Dann bliebe nur noch übrig, daß der Angeklagte die Vollendung der Tat aufgegeben hatte. Dafür hätte aber ein weiterer Stich auch die weitere Ausführung *derselben Tat* sein müssen. *Scheinfeld* nimmt in Übereinstimmung mit *Kühl*[69] und auch mit der Entscheidung des Großen Senats aus BGHSt 39, 221ff.[70] an, daß dies auf der Grundlage konkurrenzrechtlicher Überlegungen zur Frage der natürlichen oder tatbestandlichen Handlungseinheit zu entscheiden wäre[71], und kommt zu dem Ergebnis, daß ein Rücktritt deshalb nicht mehr angenommen werden könne. Die Annahme, es handele sich bei weiteren Aktionen des Täters noch um die dieselbe Tat, setzte nämlich nicht nur einen engen zeitlich-räumlichen Zusammenhang der Tathandlungen und die Ähnlichkeit der Begehungsweise voraus, sondern auch einen einheitlichen Motivationszusammenhang. Weil der Angeklagte sein außertatbestandliches Ziel aber erreicht hatte, setzte ein weiteres Zustechen eine neue Motivation voraus und ließe sich nicht

---

[65] ebenso Murmann, a.a.O., S. 592.

[66] Schon grundlegend scheint in der abstrakteren Auffassung, es gebe nur beendete oder unbeendete Versuche, ein identifizierendes Moment zu liegen, das den möglichen Versuchskonstellationen nicht gerecht wird. Es scheint dann aber auch mit diesen Begriffen nicht identische Versuche zu geben.

[67] ähnlich auch Schmidt, a.a.O., S. 651, die Dogmatik bedürfe insgesamt kritischer Überprüfung.

[68] Scheinfeld, a.a.O., S. 253; sollte das LG Gera also eine analoge Anwendung der Norm im Sinn gehabt haben, war demnach bereits schon die dafür nötige planwidrige Gesetzeslücke nicht zu erkennen.

[69] Kühl, AT, § 9 Rn 39.

[70] BGHSt GS 39, 221ff., 232.

[71] Scheinfeld, a.a.O.

mehr zu einer Gesetzes- und Tatbestandsverwirklichung verbinden. Damit wäre es auch nicht mehr die weitere Ausführung der Tat im Sinne des § 24 I 1 1. Var. StGB. Also ließe sich die Tat nicht mehr aufgeben.[72]

Wer hier den Tatbegriff anders fassen und auch einen weiteren Stich noch für die dieselbe Tat halten wollte, könnte für den Begriff der Aufgabe der Tat fordern, daß diese, so auch schon semantisch impliziert, einen Aufgabeentschluß voraussetzte.[73] Wenn man so will, wäre dieser dann der Gegenentschluß zum Tatentschluß. Ein solcher setzte dann aber auch eine gedankliche Umkehr derart voraus, daß der Angeklagte darüber nachdenken müßte, daß er es zu dem zuerst von ihm gebilligten Todeserfolg nunmehr nicht mehr kommen lassen möchte. Ein solcher Entschluß ist den Umständen des *LG-Gera*-Falles aber nicht zu entnehmen. Damit hatte der Angeklagte die Tat dann aber auch nicht aufgegeben. Weil das Gesetz aber eine andere Möglichkeit zum strafbefreienden Rücktritt von einem Versuch nicht vorsieht, kann § 24 I 1 StGB nicht zur Anwendung kommen. Der Gesetzestext, so kann man nun hinzufügen, scheint daher in seiner Fassung klüger gewesen zu sein als die von ihm losgelöste überkommene Dogmatik.

bbb) Lösung mittels der herkömmlichen Dogmatik

Allerdings hätte es, wie schon angedeutet, auch auf der Basis der herkömmlichen Dogmatik eine gut zu begründende Entscheidung des Falles gegeben. Dazu wäre indes ein Bewußtsein davon notwendig gewesen, daß die herkömmliche Dogmatik dem Gesetzeswortlaut des § 24 I 1 StGB ebenjene skizzierte, aus dem Wortlaut nicht unmittelbar hervorgehende Logik subintelligiert hatte, nach der seine Rechtsfolge nur dann Anwendung finden konnte, wenn sich der Täter Gedanken über die Folgen seines Tuns gemacht hatte. Wenn man schon die Möglichkeit des Aufgebens nur solchen Tätern zubilligen wollte, die sich Gedanken gemacht hatten und eine Tatvollendung nicht für möglich hielten, so kam ein Rücktritt hiernach eben schlicht nicht in Betracht. Ebenso verhielt es sich mit der Variante 2, die gleichfalls eine Reflexion über die Tatfolgen zur Voraussetzung machte. Mangels jedweder Reflexion wäre daher auch vor dem insoweit eindeutigen Hintergrund der herkömmlichen Dogmatik ein Rücktritt ausgeschlossen gewesen. Insofern ist dem BGH dann auch, wie gesagt, im Ergebnis durchaus zuzustimmen.[74]

Zu demselben kriminalpolitisch gewünschten Ergebnis hätte man also mit einer prägnanteren Begründung kommen können, wenn man sich von dem Identifika-

[72] Scheinfeld, a.a.O., allerdings verkennt er, daß nach der Rechtsprechung gerade des Großen Senats ein neuer Tatentschluß noch nicht deshalb anzunehmen und damit einen Rücktritt auch kaum schon deshalb auszuschließen wäre, weil der Täter sein außertatbestandliches Ziel erreicht habe. Denn daß trotz außertatbestandlicher Zielerlangung ein Rücktritt noch möglich sein soll, ist gerade der Tenor des Beschlusses gewesen. Wer das dann gleichsam durch die Hintertür der motivationslastigen Auslegung des Tatbegriffs wieder zurücknimmt, unterstellt der Entscheidung einen ihren Tenor aufhebenden Argumentationskreislauf. Scheinfeld ist daher jedenfalls insofern nicht zuzustimmen, als er sich bei seiner Prämissenauswahl für sein ansonsten sicher vertretbares Ergebnis auf die Entscheidung des Großen Senats beruft.

[73] so etwa auch Lackner/Kühl, § 24, Rn 8, mit Bezug auf BGHSt 7, 296, 296, wo es indes auf den so auch nur im Leitsatz benannten „Entschluß" einer endgültigen Aufgabe ankam.

[74] so im übrigen auch die in Fn 11 genannten Autoren.

tionszwang der herkömmlichen Dogmatik gelöst, erkannt und zugelassen hätte, daß sich der Fall den gegebenen Begriffen schlichtweg entzieht, daß er sich von ihnen nicht absorbieren läßt. Man hätte gegen die befriedigte Begriffsordnung der die Wirklichkeit dual einordnenden Dogmatik die Erfahrung machen können, daß weitere Möglichkeiten menschlichen Verhaltens denkbar sind, die sich ihren identifizierenden Begriffen entziehen. Wenn sich diese Begriffe aber als Voraussetzung für die gesetzlich angeordnete Rechtsfolge erweisen, dann bleibt subsumtionslogisch nichts anderes übrig, als sie bei dem Fehlen derselben zu verwehren. Daß dieses Ergebnis auch normativen Voraussetzungen gerecht würde, machte eine solche Entscheidung auch insofern gut vertretbar.

ee) Subsumtionszwang und Naturangst

Der - nun in *Adornos* philosophischem Sinne - subsumtionslogische und das heißt eben auch unvernünftige Zwang, der von den geronnenen Prämissen der beiden Varianten des § 24 I 1 StGB ausging, den Fall gleichwohl mit ihnen zu erfassen, ist bemerkenswert. Er läßt sich angesichts einer klar möglichen anderen Subsumtion, sowohl auf der Basis der herkömmlichen gesetzesfernen Dogmatik als auch auf der Basis der gesetzesnahen, nicht mehr anders begründen als durch den Zwang des identifizierenden Denkens, der sich in den Definitionen der Rechtsfiguren des § 24 I 1 StGB sedimentiert hatte. Und dieser Zwang schlägt hier in den prognostizierten Wahn um, in den Mythos von dem, was der Fall ist.

Den geronnenen Synthesen zugrunde lag die ohne Zweifel naheliegende und oft zu machende Erfahrung, daß Täter üblicherweise nach Versuchshandlungen über die Folgen ihres Tuns nachdenken. Das ist notabene ein Erfahrungssatz. Diese Erfahrung weitete sich aber nach der beschriebenen Maßgabe des Identifikationszwangs dahin gehend aus, daß sich der Täter auch immer so verhalten solle. Hierin ruht der oben beschriebene Normativismus identifizierenden Denkens, der die Objekte zur Identität mit dem Begriff verhält und damit jenen vorahmenden Machtanspruch ausdrückt, das Objekt müsse sich so gleichförmig verhalten, wie der Begriff es ausdrückt. Dieser „erkenntnistheoretische" Normativismus des identifizierenden Denkens, der als ein Normativismus des Faktischen bezeichnet werden könnte, ist freilich nicht derselbe, der in der ethisch-normativen Überlegung steckt, daß das nachtätliche Nachdenken des Täters zu Opferschutzzwecken sinnvoll und honorig sei. Doch diese Überlegung, die sich, wie gezeigt, als Rücktrittsvoraussetzung ohne weiteres ergeben hätte, hat der BGH, wie gesagt, nicht explizit als Grundlage einer veränderten Prämissenbildung angestellt. Denn diese ließe sich auch überhaupt erst dann entfalten, wenn die bloße Möglichkeit zugestanden würde, daß ein mit der dogmatisch ausgedrückten Verhaltenserwartung nicht identisches Verhalten des Objekts auch möglich sei, möglich also, daß die Welt mit ihrem geronnenen Begriff nicht identisch sein muß!

Dagegen entfaltet aber die identifizierende Logik des BGH nur den herrschaftlichen Normativismus identifizierender Verhaltenszuschreibung und -erwartung. Denn jene normative Überlegung, daß sich die empirische Erfahrung, wonach in der überwiegenden Mehrzahl der Fälle der Täter über die Folgen seiner Versuchshandlung nachdenke, auch immer wiederholen müsse, gab den Ausschlag für eine zwang- und wahnhafte Subsumtion.

Verweist man auf die in Kapitel II erörterten Thesen Adornos zu dem Ursprung jenes Zwanges, läßt sich auch hierfür noch ein Motiv vermuten. Es verberge sich nämlich, so wurde es dort ausgeführt, hinter diesem Vorgang die beschriebene archaische Motivation der Naturbeherrschung, die in Angst vor ihr und in den gattungsgeschichtlich gewonnenen Erfahrungen von Ohnmacht gründet. Etwa in Angst vor einem unberechenbaren Täter und mit ihm vor einer durch alle gesellschaftlichen Vermittlungen hindurchbrechenden und dadurch unberechenbar gewordenen Natur.[75]

Entgegen einigen Stimmen aus dem Schrifttum ist also nicht die ausschließlich subjektive Abgrenzung von beendetem und unbeendetem Versuch das Problem[76],

---

[75] Ähnliche Motive und letztlich nur der Naturbeherrschung dienende Zwangsvorstellungen können im übrigen auch hinter zahlreichen Entscheidungen zur Vorsatzproblematik vermutet werden, die auch schon den hier erörterten Fall erfaßt hatte, vgl. oben Anm. 30. Beispielhaft kann dafür die von Klaus Lüderssen, *Gefährdet ein Zuviel an Schuld die Resozialisierung des Täters*, in: Merkur 2002, S. 265ff., und in: *Grenzen der „Sachkunde" des Gerichts (§ 244 Abs. 4 Satz 1 StPO) für die Beurteilung der inneren Tatseite bei jugendlichen Tätern, speziell mit Blick auf den bedingten Vorsatz*, a.a.O., besprochene und kritisierte Entscheidung des LG Darmstadt zum sogenannten Darmstädter Steinewerferfall angeführt werden; zur Revisionsentscheidung auch kurz zustimmend Rolf Dietrich Herzberg, *Der Vorsatz als „Schuldform", als „aliud" zur Fahrlässigkeit und als „Wissen und Wollen"?*, a.a.O., S. 71, in der der BGH den aus § 211 StGB gefällten Schuldspruch des LG Darmstadt bestätigte. Dieser galt drei Jugendlichen im Alter von 14 bis 18 Jahren, die an einem Wintertag in der Abenddunkelheit mehrfach etwa fußballgroße Steine von einer Brücke geworfen hatten, die über eine Schnellstraße führt. Dies hatte in zwei Fällen tödliche Unfälle verursacht. Das Instanzgericht hatte sich erhebliche Mühe gegeben, den Tötungsvorsatz vor allem aus derjenigen Tatsache herzuleiten, daß die Jugendlichen gewußt hätten, daß in den Autos Menschen saßen. Weil sie zudem abstrakt in der Lage gewesen seien, die Gefährlichkeit ihrer Handlung einzuschätzen, hätten sie, so das LG, auch den Tod der PKW-Insassen zumindest billigend in Kauf genommen. Zur auch von Lüderssen geteilten Kritik an diesem Vorgehen vergleiche schon die Ausführungen in Anm. 30. Daß es vor dem Hintergrund dieser Kritik, insbesondere bei Jugendlichen, aber schon an den unterstellten kognitiven Reflexionen zur Tatzeit gefehlt haben könnte, von dem fraglichen Moment der Billigung ganz zu schweigen, diskutiert Lüderssen in seinen Beiträgen mit dem Schluß, daß eine Verurteilung aus § 227 StGB näher gelegen und auch ausgereicht hätte. Offensichtlich wußten es aber die Richter besser. Oder zumindest glaubten sie, wie Lüderssen sagt, einfach zu wissen, „wie es in einem Täter aussieht, wenn er einen Tötungsvorsatz faßt, auch dann, wenn es sich dabei nicht um eine direkte Absicht handelt". Ders., *Grenzen der „Sachkunde"*, a.a.O., S. 291. Auf der Grundlage des bislang Ausgeführten müßte vielmehr die These aufgestellt werden, daß die Richter diese Vorstellung in verdinglichter Form parat, diese aber gleichwohl für die einzig denkbare Wahrheit hielten. Das ordentliche Begriffsschema hierfür, das dann vor den äußeren Sachverhalt geschoben werden kann, lautet: „Wer so etwas macht, muß wissen, was passieren kann, und billigt es folgerichtig." Etwas anderes kann und darf es nicht geben. Diese in ihrem identifizierenden Charakter Normatives und Faktisches verklammernde und aus Überzeugung vertretene Formel dürfte aus Angst und Schrecken geboren gewesen sein, die der Fall ausgelöst hatte. Nicht zu vergessen, daß sie auch künftig noch auch über den Richtern mit Fahrlizenz schwebt. Die Reaktion darauf ist eine verdinglichte Abwehr gegen das unberechenbar Bedrohliche, für das die Taten der Jugendlichen stehen, das wenn schon nicht kontrollierbar, so doch wenigstens noch zur allseitigen Beruhigung eindeutig identifizierbar sein muß.

[76] so zum Beispiel Hauf, a.a.O., S. 29 m.w.N.

sondern der von den Prämissen ausgehende und in sie eingegangene identifizierende Zwang, daß sich ein Täter schon denkgesetzlich immer gedanklich zu seinem Tun verhalten müsse und dies nicht nur aus ethischen Gründen zu tun habe. Denn daß das Subjekt-Objekt der begrifflichen Fixierung, eben der Täter, der Angeklagte, spontan ist[77], das heißt, daß er sich den eine Verhaltenserwartung ausdrückenden und Verhalten identifizierenden Begriffen der Dogmatik und der in sie eingegangenen allgemeinen Vorstellungen zu entziehen vermag[78], legt der Fall des *LG Gera* zumindest sehr nahe. Er vermittelt, läßt man sein Ergebnis zu, daß die Präformation der Begriffe vom beendeten und unbeendeten Versuch einer sich davon nicht einfangen lassenden Vernunft durchbrechbar ist. Und beide Entscheidungen zeigen, wie schwer sich eine so identifizierende Dogmatik damit tut, diese Erkenntnis zu absorbieren.

---

[77] In Kapitel II wurde darauf hingewiesen, daß Adorno keineswegs die verdinglichte These aufgestellt hatte, der sogenannte totale Verblendungszusammenhang, der die Subjekte empirisch zur Gleichförmigkeit verhalte, sei undurchbrechbar. Auch jener Verblendungszusammenhang ist kein Fetisch. Das Potential abzuweichen, kann auch dieser diagnostizierte Zusammenhang nicht tilgen. Das Subjekt sei, so heißt es etwa, seiner Möglichkeit nach spontan. Vgl. Adorno, *Zur gegenwärtigen Stellung der empirischen Sozialforschung in Deutschland*, in: GS Bd. 8, Soziologische Schriften I, S. 478ff., 479: „Wir haben uns davor zu hüten, die Menschen, mit denen wir uns befassen, als bloße Quanten zu sehen, deren Denken und Verhalten blinden Gesetzen unterliegt. Wir wissen, daß sie auch dann Menschen mit der Möglichkeit freier Selbstbestimmung und Spontaneität bleiben, wenn sie in ihnen selber undurchsichtige Zusammenhänge eingespannt sind".

[78] Vgl. dazu wiederum die Beispiele bei Klaus Lüderssen, *Grenzen der „Sachkunde"*, a.a.O., S. 292f., der insbesondere jugendliche Täter schildert, deren Biographie so viel an Gewalterfahrung enthielt, daß ihre Erfahrung den allgemeinen, der Vorsatzzuschreibung zugrunde liegenden Sätzen, diese oder jene körperverletzenden Handlungen seien im allgemeinen lebensgefährlich, völlig widersprach. Wenn trotzdem, wie oben in Anm. 30 geschildert, Vorsatz entgegen den vorliegenden Daten im Einzelfall nur aufgrund dinghafter Vorstellungen, fixer Erwartungen im erschaffenden Sinne zugeschrieben wird, dann kann, so Lüderssen, ein „solcher Zurechnungsbetrieb, selbst wenn er ‚analytisch' als Tatsache diagnostiziert wird, ... jedenfalls nicht damit rechnen, daß Juristen ihn ohne weiteres gutheißen. Wer das aber will, muß die Sache beim Namen nennen und darf nicht darüber hinweggehen oder gar verschleiern, daß er einen normativen Schritt tut und damit das Problem auf einer ganz anderen Ebene löst, beziehungsweise dort entstehen läßt." Ders., a.a.O., S. 293. Daß die Richter indes wußten oder auch nur in Kauf nahmen, daß sie einen normativen Schritt taten und nicht vielmehr vom feststellenden Charakter ihrer Zuschreibung überzeugt waren, muß bezweifelt werden. Vielmehr wäre an die womöglich beängstigende Nichtidentität der Wirklichkeit mit ihrer allgemeinen Vorstellung zu erinnern.

Der Begriff ... könnte nicht gedacht werden, wenn nicht in der Sache etwas zu ihm drängte. (Adorno, ND, S. 396)

b) Der Auffahrunfall

Auch das Folgende widmet sich, diesmal auch als Ausgangspunkt für weitere Betrachtungen der verdinglichenden Wirkung identifizierender juristisch-dogmatischer Begriffe in der Fallbeschreibung einem Urteil des BGH[79]. Besonders reflektiert werden im Folgenden die Ausführungen Adornos zum Verhältnis von Begriff und Gegenstand, nach denen der Begriff mehr und weniger sei als sein Gegenstand, wonach er die Sache beschneide und erst unreglementierte Erfahrung das andere des Begriffs, dessen Machtanspruch, die Sache ganz zu haben, widersprechend, hervorbringen könne.

Auch wenn nach Adorno der jeweilige Begriff nicht gedacht werden könnte, wenn in der Sache nicht etwas zu ihm drängte, so verdrängte sein Gedachtwerden doch gleichwohl dasjenige, was im selben Objekt durchaus auch noch zu anderen Begriffen drängt. Die drängende Vielzahl der Begriffe, *index veri* fürs Falsche, für die Unwahrheit des einzelnen Begriffs, sei erfahrbarer Beweis der Nichtidentität, als der wahren Identität der bezeichneten Sache vor dem Forum ihrer Identifizierung. Das Folgende eröffnet diesbezüglich Schauplätze geistiger Erfahrung, die das Mehr der Sache, das Weniger des nicht nachdrücklichen Begriffs unmittelbar einsichtig und rational erfahrbar machen sollen. Geistige Erfahrung bildet folgend den Schauplatz der Konstellation und beleuchtet darin das verdinglicht Einzelbegriffliche auf seine Vielfalt hin.

An der benannten Entscheidung des BGH hierfür von besonderer Relevanz wird ein *obiter dictum* werden, von dem, wie schon im Beispiel der Abgrenzung von Diebstahl und Betrug, die Identität eines Sachverhaltsmoments, hier folgend dem psychischen Moment des Vorsatzes, mit seinem Begriff behauptet wird, obgleich das der möglichen und nötigen Erfahrung des Falles widerspricht.

Dargestellt wird, wie sich die dort vorgenommene identifizierende Gegenüberstellung vorsatzdogmatischer Begriffe dann auch auf immanent juristischer Ebene in Widersprüchen ausdrücken würde, wollte man die so konstitutierte Identität auch gegenüber anderen Fällen urteilend zur Geltung bringen. Daß hierbei schon die dogmatische Diskussion zum Vorsatz selbst die Nichtidentität des psychischen Sachverhalts mit seinem dogmatischen Begriff aufzeigt, freilich ohne das so zu nennen, unterstreicht schließlich die hier erhobene These, daß sich dogmatische Diskussionen, begriffen auch als wetteifernde Erörterungen um möglichst präzise fallbeschreibende Prämissen, ihrerseits überhaupt erst aus der Nichtidentität des Gegenstandes mit seinem Begriff ergeben können.

Daß aber gerade die aus der Nichtidentität der Sache resultierende Unwahrheit des juristischen Begriffs gegenüber seinem Gegenstand das Lebenselixier solcher

---

[79] BGH StV 2000, S. 22ff., mit der Argumentation teilweise zustimmender, i.E. aber ablehnender Anm. Kudlich = NJW 1999, 3132f., mit i.E. zustimmender, in der Begründung aber ablehnender Anm. Freund, *Äußerlich verkehrsgerechtes Verhalten als Straftat? - BGH, NJW 1999, 3132*, in: JuS 2000, S 754ff.; König, JA 2000, S. 777ff. und Kopp, JA 2000, 365ff.

Diskussionen ist, wird dann mittels einer Zusammenfassung der seit Jahrzehnten geführten dogmatischen Debatte über den sogenannten Erbonkelfall gezeigt, deren Thesen jeweils das nichtbegriffliche Etwas an ihm erhellen, das aus dem Dunkel des Einzelbegriffs nur schwach aufleuchtet. Die Vielheit der in jenen Thesen entfalteten Begriffe ermöglicht dann, gesammelt betrachtet, als eine Konstellation des Falles begriffen, eine Erfahrung mit ihm, die weit über das hinausgeht, was mit seiner bloß eindeutigen Identifizierung möglich wäre.

aa) Das Urteil

Der BGH bestätigte in seinem Urteil vom 22.07.99 eine Entscheidung des LG Hamburg gegen einen Angeklagten, der sich mit seinem PKW eine unübersichtliche Stelle im Straßenverkehr zunutze gemacht haben sollte, um Auffahrunfälle zu provozieren. Durch das LG Hamburg wurde er deshalb in sieben solcher Fälle unter anderem wegen gefährlichen Eingriffs in den Straßenverkehr gemäß § 315b I Nr. 2 und 3, III i.V.m. § 315 III Nr. 1 und 2 StGB verurteilt.[80]

In diesen Fällen, so heißt es in der Begründung, bremste er sein Fahrzeug bei der Annäherung an eine Kreuzung, nachdem er den linken Fahrtrichtungsanzeiger gesetzt hatte, bereits an der Einfahrt zu einer vor der Kreuzung auf der linken Seite gelegenen Tankstelle ab. Die nachfolgenden Verkehrsteilnehmer fuhren, wie vom Angeklagten „vorhergesehen und beabsichtigt", auf die von ihm gefahrenen Fahrzeuge auf, weil sie annahmen, er würde erst an der Kreuzung abbiegen.[81]

In den Urteilsfeststellungen heißt es weiter, daß hierbei ein nach dem äußeren Erscheinungsbild den Vorschriften der Straßenverkehrsordnung entsprechendes Verhalten zu den Unfällen geführt habe. Ein äußerer Verhaltensverstoß gegen die Regeln der Straßenverkehrsordnung sei mithin nicht festzustellen gewesen.[82]

Gleichwohl bestätigte der BGH das Urteil der Vorinstanz aus § 315b I Nr. 2 und 3, III i.V.m. § 315 III Nr. 1 und 2 StGB und äußerte sich dabei gesondert nur zu den zwei folgenden, seiner Meinung nach problematischen Punkten.

aaa) Anwendung auch auf immanente Verkehrsvorgänge

Zum einen dazu, daß gemäß § 315b I Nr. 2 und 3 StGB ein Eingriff in den Verkehr festgestellt werden mußte, obgleich der Angeklagte Teilnehmer am Verkehr war. Konkret gefährliches und regelwidriges Verhalten von Verkehrsteilnehmern im Verkehr soll zwar grundsätzlich nur von § 315c erfaßt werden.[83] Der BGH führt dazu aus, daß aber auch Vorgänge im ruhenden und fließenden Verkehr von § 315b I Nr. 2 und 3 StGB erfaßt werden könnten, sofern der Täter vom *Verhalten* eines normalen Verkehrsteilnehmers dadurch *abweiche*, daß er durch die Zuwider*handlung* gegen die Verkehrsvorschriften die Schaffung eines Hindernisses beabsichtige, wenn also das Hindernis nicht die bloße Folge, sondern Zweck des ver-

[80] in einigen Fällen davon Tateinheit mit Betrug gegenüber der Haftpflichtversicherung, die aufgrund der Schadensmeldung an den Angeklagten Geld auszahlte. Vgl. BGH, StV 2000, S. 22.

[81] BGH, StV 2000, S. 22.

[82] BGH StV 2000, S. 23.

[83] Tröndle/Fischer, § 315b, Rn 5; Sch/Sch-Cramer/Sternberg-Lieben, § 315b, Rn 7.

botswidrigen Verhaltens sei.[84] Dabei kann er sich auf eine gefestigte Rechtsprechung[85] stützen.

Einen ebenso gefährlichen Eingriff i.S.d. § 315b I Nr. 3 StGB nehme dann vor, so der BGH weiter, wer das von ihm gesteuerte Kraftfahrzeug in verkehrsfeindlicher Einstellung bewußt zweckwidrig einsetze.[86] Gemeinsam sei beiden Fallgruppen, daß der Täter in der Absicht handeln müsse, die Verkehrsvorgänge zu einem Eingriff zu pervertieren. Es müsse ihm darauf ankommen, in die Sicherheit des Straßenverkehrs einzugreifen.[87]

bbb) Anwendung trotz fehlenden „äußerlichen" Regelverstoßes

Zum anderen äußerte er sich zu der Frage, wie ohne feststellbaren äußeren Regelverstoß das Verhalten das Merkmal des ebenso gefährlichen Eingriffes begründen könne. Voraussetzung hierfür sei nämlich nicht ein verkehrswidriges Fahrverhalten, sondern die Tatsache, daß der Täter den Unfall absichtlich herbeiführe. Dabei wird vom BGH folgende hier im besonderen interessierende Unterscheidung gemacht:

Aus einem äußerlich ordnungsgemäß scheinenden Fahrverhalten werde dann kein unerlaubter Eingriff in die Sicherheit des Straßenverkehrs, wenn sich der Fahrer

> „in jeder Hinsicht verkehrsgerecht verhält und dies mit der Hoffnung verbindet, daß ihm ein Unfall Gelegenheit zu einer vorteilhaften Schadensabrechnung mit der gegnerischen Haftpflichtversicherung bietet. Dies gilt auch dann, wenn der Verkehrsteilnehmer das Unfallereignis billigend in Kauf nimmt. Die bloße Hoffnung auf einen Verkehrsunfall wie auch die billigende Inkaufnahme eines drohenden Unfalls mögen verwerflich sein. Aus dem verkehrsordnungsgemäßen Fahrverhalten wird auf diese Weise aber kein unerlaubter Eingriff in die Sicherheit des Straßenverkehrs. Eine Bestrafung nach § 315b liefe darauf hinaus, daß schon die böse Gesinnung geahndet würde."[88]

Das gleiche Fahrverhalten soll indes dann strafbar sein,

> „... wenn der Täter einen Unfall *absichtlich* herbeiführt. Wer ein bestimmtes Fahrmanöver (etwa ein ... Abbiegen) zu dem Zweck ausführt, die Unaufmerksamkeit oder eine Fehleinschätzung eines anderen Verkehrsteilnehmers auszunutzen und so einen Verkehrsunfall herbeizuführen ..., setzt sein Fahrzeug verkehrsfeindlich und zweckwidrig ein ..., selbst wenn sein Verhalten äußerlich verkehrsgerecht erscheinen mag. Tatsächlich verhält er sich damit verkehrswidrig; denn ein Verhalten, das allein die Schädigung eines anderen Verkehrsteilnehmers bezweckt, verstößt stets (vgl. nur § 1 Abs. 2 StVO) gegen die Straßenverkehrsordnung. ..."[89]

---

[84] BGH StV 2000, S. 23, (Hervorh. vom Verfasser).

[85] vgl. etwa BGHSt 21, 301, 302; 41, 231, 234; BGH VRS Band 64, S. 267f.

[86] so auch schon BGHSt 28, 87, 88; 41, 231, 234.

[87] BGH StV 2000, S. 23.

[88] BGH StV 2000, S. 23.

[89] BGH StV 2000, S. 23, (Hervorhebung durch den BGH); bei der letzteren Ausführung kann der BGH auf das ähnlich gelagerte und ebenfalls umstrittene Urteil aus NZV 1992, S. 157, m. zustimmender Anm. von Seier und ablehnender Anm. von Scheffler in: NZV 1993, S. 463, verwei-

Entscheidend für die Abgrenzung eines strafbaren äußerlich verkehrsgerechten Verhaltens von einem straflosen wirkte sich danach aus, wie der Täter subjektiv-voluntativ zu einem Unfall als Folge seines Handeln eingestellt sei. Führte er ein Fahrmanöver in der Hoffnung oder unter Billigung eines Verkehrsunfalls aus, bliebe er straflos, handelte er absichtlich und nur zu dem Zweck, einen Unfall herbeizuführen, machte er sich strafbar.

Der BGH bestimmt hierbei den Begriff der Absicht nicht. Anzunehmen ist aber, daß damit *dolus directus* ersten Grades, also das zielgerichtete Wollen[90], gemeint war, oder aber die dann festzustellende Tatsache, daß es dem Täter auf den Erfolg ankam.[91] Dies selbst dann, wenn der Absichtsbegriff, wie hier, letztlich nur untechnisch verstanden werden kann, weil er sich mit seinem Bezugsobjekt „Unfall" nicht auf ein objektives Merkmal des § 315b StGB bezieht. Daß der BGH damit auch den nach der gängigen Auslegung des Absichtsbegriffs ebenfalls in Betracht kommenden[92] *dolus directus* zweiten Grades, das sichere Wissen[93], gemeint haben könnte, ist unwahrscheinlich. Es scheint hierfür schon deswegen wenig Raum zu sein, weil es angesichts dessen, daß der Angeklagte auf die Unaufmerksamkeit derjenigen Fahrer angewiesen war, die hinter ihm herfuhren, fernliegt, davon auszugehen, daß der Angeklagte sicher gewußt habe, daß sich ein Unfall ereignen würde. Vielmehr dürfte hinsichtlich der kognitiven Vorsatzseite das auch im Rahmen des gezielten Willens ausreichende[94], dahinter aber in der Wahrnehmung meist zurücktretende bloße Bewußtsein der Möglichkeit eines Unfalls gegeben gewesen sein.

Die nun nötige tatsächliche Annahme, daß es dem Angeklagten bei seinem Verhalten auch ausschließlich und gezielt auf einen Unfall angekommen sei, schloß die

---

sen, in dem sich das Gericht mit der äußerlichen Verkehrswidrigkeit ähnlich schwertat. In diesem Fall bremste der Angeklagte sein Fahrzeug an einer auf gelb umschaltenden Ampel ab, nachdem er zuvor an einer anderen Ampel noch bei gelb weitergefahren war. Der hinter ihm fahrende Verkehrsteilnehmer hatte sich darauf verlassen, daß sich der Angeklagte so auch bei der zweiten Ampel verhalten werde. Dies aufgrund einer kurz vor der Ampel noch vorgenommenen Beschleunigung des Hintermannes vorhersehend, hatte der Angeklagte nur deswegen abgebremst, um einen Unfall zu provozieren. Der BGH, der hier die Verurteilung aus §§ 315b I Nr. 2, III i.V.m. 315 III Nr. 1 und 2 StGB bestätigte, hatte argumentiert, daß nicht entscheidend sei, „ob sich der Täter im Hinblick auf seine Anhaltepflicht gerade noch verkehrsmäßig oder schon verkehrswidrig verhält, sondern daß er sein Fahrzeug unter dem *Schein* verkehrsgerechten Verhaltens absichtlich als Mittel zur Unfallverursachung - und damit bewußt zweckentfremdet verkehrsfeindlich einsetzt". Vgl. BGH NZV 1992, S. 157, (Hervor. durch den Verfasser), unter Bezug auf BGHSt 23, 4ff. Daß hier vom „Schein verkehrsgerechten Verhaltens" die Rede ist, beantwortet die vordergründig offengelassene Frage nach der Verkehrswidrigkeit dann wohl doch in dem Sinne, daß das Verhalten schon verkehrswidrig war.

[90] vgl. statt vieler Sch/Sch-Sternberg/Lieben, § 15, Rn 66; Lackner/Kühl, § 15, Rn 20; BGH GA 1985, 321, 322; BGHSt 4, 107, 108; 18, 246, 248.

[91] LK-Schroeder, § 16, Rn 79; Jescheck/Weigend, AT, S. 297; Maurach/Zipf, AT 1, § 22, Rn 28.

[92] vgl. dazu Kühl, AT, § 5, Rn 30; Lackner/Kühl, § 15 Rn 20; daß selbst noch *dolus eventualis* gemeint sein kann, so Lackner/Kühl, a.a.O., ist aufgrund der expliziten Ausnahme durch den BGH ausgeschlossen.

[93] vgl. Sch/Sch-Sternberg/Lieben, § 15, Rn 68.

[94] vgl. statt vieler Sch/Sch-Sternberg/Lieben, § 15, Rn 67; BGHSt 18, 246, 248; 21, 283, 284; teilweise wird das Wissenselement sogar ganz für überflüssig erachtet, vgl. LK-Schroeder, § 16, Rn 76. Dazu dann noch Näheres unten.

Vorinstanz aus der Häufung der Unfälle, die sich überwiegend nach einem vergleichbaren „Strickmuster" zugetragen hätten; ein Schluß, den auch der BGH für möglich hielt und daher revisionsrechtlich nicht beanstandete.[95]

In diesem Fall aber, in dem die Absicht erwiesen sei, so der BGH weiter, werde dann - anders als bei einem bloßen Hoffen oder Billigen - auch nicht nur die böse Gesinnung bestraft. Denn die Feststellung, der Täter habe einen Unfall absichtlich herbeigeführt, enthalte notwendigerweise, daß er seine verwerfliche Gesinnung in ein unfallverursachendes Verhalten umgesetzt habe, daß es also nicht bei dem bösen Gedanken geblieben sei.[96]

bb) Immanente Kritik

Die Kritik im Schrifttum an der Begründung dieser Entscheidung war mannigfaltig, auch wenn sie nicht immer zu einer Ablehnung des Ergebnisses führte.[97] Sie soll folgend kurz zusammengefaßt werden, weil sie die Argumentationsstränge für die hier interessierende Identitätskritik vorbereitet.

aaa) Unklare Ablehnung von Gesinnungsstrafrecht

Kritisiert wurde durch *Kudlich*, daß dann, wenn bei objektiv identischem Verhalten die subjektiv-voluntative Komponente über die Strafbarkeit entscheiden solle, schon die Ausführung des BGH zum Gesinnungsstrafrecht nicht überzeugen könne.[98] Zwar wird der Begriff des Gesinnungsstrafrechts weder durch den Senat noch von *Kudlich* selbst erläutert.[99] Gemeint zu sein scheint mit dem Topos vom Gesinnungsstrafrecht aber wohl ein Strafrecht, das ein nicht pflichtwidriges (aber für einen Schaden kausales!) Handeln nur deswegen unter Strafe stellt, weil die es tragende Gesinnung vom sozialen Standard abweicht.[100]

So verstandenes Gesinnungsstrafrecht könne nämlich, so *Kudlich*, nicht dadurch vermieden werden, daß zwischen den Vorsatzstufen unterschieden und dann ausgeführt werde, die schwerere Stufe habe sich in ein schädigendes Verhalten umgesetzt, so daß es bei der bösen Gesinnung nicht geblieben sei, wenn es zuvor heißt, daß die Strafe für ein ebenfalls schädigendes, äußerlich ganz gleiches Verhalten mit

---

[95] BGH StV 2000, S. 23.

[96] BGH StV 2000, S. 23.

[97] ausdrücklich zustimmend Freund, a.a.O., S. 759, und, etwas martialisch, auch König, a.a.O., S. 779: „Im Straßenverkehr ist kein Raum für Desperados und Wegelagerer."

[98] Kudlich, a.a.O., S. 24; nach Rath, *Gesinnungsstrafrecht*, Hamburg 2002, handelt es sich bei dieser Entscheidung um Gesinnungsstrafrecht. Vgl., a.a.O., S. 47ff., 64ff. Die Judikatur des BGH sei, so Rath, jüngst in einer ganzen Reihe von Entscheidungen dazu „verkommen".

[99] genausowenig von Scheffler, a.a.O., S. 463, der Gesinnungsstrafrecht auch schon in dem Urteil des BGH aus NZV 1992, S. 157, erkannte. Selbst Rath, *Gesinnungsstrafrecht*, a.a.O., dessen Arbeitstitel einiges erwarten ließe, hält sich aber mit einer näheren Erläuterung des Begriffs, die auch Geschichtliches erfassen müßte, zurück. Vgl. grundlegend, ders., a.a.O., S. 22ff.

[100] ähnlich Rath, *Gesinnungsstrafrecht*, a.a.O., scheint darunter die Kriminalisierung ausschließlich innerer Dispositionen zu verstehen, a.a.O., S. 64: in diesem Fall, so Rath, solle „nach Ansicht des Bundesgerichtshofes die (innere) Disposition des Täters über das Gegebensein von Kriminalunrecht ... entscheiden". Und zwar die Kriminalisierung solcher „Intentionen des Agierenden, mit denen sich keine interaktionell nicht mehr hinnehmbare Gefahrerhöhung verbindet". A.a.O., S. 65. Grundlegend dazu a.a.O., S. 22ff.

einer niederen Vorsatzform nur auf die böse Gesinnung zielte. Denn auch in dem Fall des Handelns in der Hoffnung auf einen Unfall, genau wie in dem des eventualvorsätzlichen Handelns ist die sogenannte „böse Gesinnung" in ein für einen Schaden kausales Geschehen umgesetzt worden. Auch in diesen Fällen ist es daher nicht bei der verwerflichen Gesinnung geblieben.[101] Dem Verdacht des bloßen Gesinnungsstrafrechts kann daher jedenfalls mit dieser Begründung so ohne weiteres nicht entgegnet werden.[102]

bbb) Irrelevanz des alleinigen Schädigungszwecks und des § 1 II StVO

aaaa) weitere Zwecke?

Ebensowenig trägt nach *Freund*[103] der Verweis auf den Zweck des Verhaltens, das allein die Schädigung eines anderen bewirken solle, und nur dadurch dann doch gegen die StVO verstoße, namentlich deren Gebot zur Rücksichtnahme aus § 1 II. Weil sich hiernach jeder Verkehrsteilnehmer so zu verhalten habe, daß kein anderer geschädigt oder gefährdet werde, entspreche, so der BGH, ein Verhalten, das nur die Schädigung eines anderen bezwecke, stets nicht mehr der StVO.[104]

Begründet man aber die Verletzung einer Verhaltensregel nur mit dem subjektiven Aspekt des Schädigungsmotivs, was angesichts der objektiven, zumindest auf eine Gefährdung, Behinderung oder Belästigung abstellenden Fassung des § 1 II StVO fragwürdig ist[105], scheint ein solcher Verstoß auch dann unabweisbar zu sein, wenn der Täter nicht nur, sondern auch zu dem Zwecke der Schädigung anderer ein Verkehrsmanöver ausführt. Es ist aber nicht ausgeschlossen, daß der Angeklagte in die Tankstelleneinfahrt nicht bloß deswegen eingebogen war, weil er einen Unfall verursachen wollte, oder ihn gezielt anstrebte, sondern auch deshalb, weil er, für den Fall des normalen Ablaufs, tanken oder an der Tankstelle eine Zeitung oder

---

[101] so auch Kudlich in seiner Anm., a.a.O., S. 24; Freund, *Äußerlich verkehrsgerechtes Verhalten als Straftat? - BGH, NJW 1999, 3132*, in: JuS 2000, S. 754, 755.

[102] Der BGH könnte indes, was in den Anmerkungen nicht diskutiert wurde, mit seinen Ausführungen Folgendes gemeint haben: Womöglich ist er der Auffassung, daß sich bei absichtlichem Handeln, dem gezielten und gewollten Anstreben des Erfolges, der Zweck der Handlung auf das final überdeterminierte Ziel einenge und keine anderen Zwecke des Handelns mehr gegeben gewesen seien. Dann würde die Handlung, wie er schreibt, allein zum Zweck der Schädigung ausgeführt, und allein die pönalisierungswürdige Absicht hätte die Handlung hervorgerufen. Dagegen würde sich eine geringere böse Gesinnung, das Hoffen oder Billigen, dann nicht in eine Handlung umsetzen, wenn sie einen anderen angestrebten Zweck nur begleite, wenn der Fahrer also nur anläßlich eines Abbiegens zum Zwecke des Tankens auf den Unfall hoffe oder ihn um der Versicherungszahlung willen billige, aber zum Abbiegen *omni modo facturus* entschlossen war. Dann hätte sich nicht die Schädigungsabsicht in die Handlung umgesetzt, sondern ein anderes Denken und Wollen. Das ist indes eine Frage der Strafwürdigkeit des Fahrens bei alleinigem Schädigungszweck und weniger eine der Umsetzung eines Wunsches in ein Verhalten. Dazu aber sogleich unter bbb).

[103] ders., a.a.O., S. 755: „So entsteht kein angemessenes Konzept des Rechtsgüterschutzes."

[104] BGH, a.a.O., S. 23 unten.

[105] dazu ausführlich sogleich unter bbbb).

sonstiges kaufen wollte.[106] Ob der BGH unabhängig davon die Verurteilung ausgeschlossen hätte, wenn der Fahrer sein Manöver noch zu einem anderen Zweck vorgenommen hätte, ist angesichts dessen, daß auch dann das Fahrzeug zum Zwecke der Schädigung pervertiert worden wäre, sehr fraglich. Angesichts des in der Rechtsprechung erkennbaren Strafbedürfnisses trotz unterstellter Verkehrsrichtigkeit des Verhaltens scheint in diesem Fall die Annahme der Straflosigkeit doch einigermaßen unwahrscheinlich. Ganz abgesehen davon, daß der Absichtsbegriff des StGB auch keineswegs darauf fixiert ist, daß der tatbestandliche Erfolg das alleinige Ziel der Handlung sein müsse.[107] Auch von diesem Begriff her bestand damit keine dogmatisch vermittelte Notwendigkeit, auf den Schädigungszweck als alleinigen Fahrtzweck zu bestehen.

bbbb) Verstoß gegen die StVO nur durch Intentionen?

Daß ein Verstoß gegen § 1 II StVO angesichts seiner objektiven Fassung daneben aber durch jedes Verhalten begangen werden kann, das andere schädigt, gefährdet, behindert oder belästigt, sofern es gemäß § 49 I Nr. 1 StVO nur fahrlässig oder vorsätzlich begangen wird[108], zeigt darüber hinaus, daß auch die Begrün-

---

[106] Freund, a.a.O., S. 755, der zu Recht darauf verweist, daß das aber gerade nicht festgestellt worden sei.

[107] vgl Sch/Sch-Cramer/Sternberg-Lieben, § 15, Rn 66: die Erreichung des Ziels braucht nicht der „einzig angestrebte Erfolg zu sein ... . Auch ein neben einem anderen Ziel angestrebter Nebenzweck ... genügt". Ebenso Roxin, AT I, § 12, Rn 11.

[108] Sanktioniert würde das dann nach Maßgabe des § 49 I Nr. 1 StVO als Ordnungswidrigkeit. Geht man zudem nach einer inzwischen im Vordringen befindlichen Auffassung davon aus, daß der vorsätzliche Verstoß gegen eine Norm des Strafrechts den fahrlässigen zur Voraussetzung habe, so daß Fahrlässigkeitsunrecht notwendig im Vorsatzunrecht enthalten sein müßte, - vgl. dazu Roxin, AT I, § 24, Rn 88; NK-Puppe, § 15, Rn 6 a.E. m.w.N.; Harro Otto, *Grundkurs Strafrecht* AT, § 10, Rn 2; Stratenwerth/Kuhlen, *Strafrecht Allgemeiner Teil*, § 15, Rn 16; am eindringlichsten plädiert seit langem dafür Rolf Dietrich Herzberg, *Das vollendete vorsätzliche Begehungsdelikt*, in: JuS 1996, 377, 381; ders., *Unrechtsausschluß und Erlaubnistatbestandsirrtum*, in: Festschrift für Stree/Wessels, S. 203ff.; ders., *Die Sorgfaltspflichtwidrigkeit im Aufbau der fahrlässigen und der vorsätzlichen Straftat*, in: JZ 1987, S. 536ff.; ders., *Erlaubnistatbestandsirrtum und Deliktsaufbau* (Teil 1), in: JA 1989, S. 243ff.; ebenso ausdrücklich Joachim Bohnert, *Das Bestimmtheitserfordernis im Fahrlässigkeitstatbestand*, in: ZStW (94) 1982, S. 68ff., 78; wohl auch Keiichi Yamanaka, *Die Entwicklung der japanischen Fahrlässigkeitsdogmatik*, in: ZStW (102) 1990, S. 928ff., 944 und Wolfgang Mitsch, *Fahrlässigkeit und Straftatsystem*, in: JuS 2001, S. 108; ebenso Hans Joachim Hirsch, allerdings kritisch gegen die Zurechnungslehre auf dem Boden der finalen Handlungslehre, *Die Entwicklung der Strafrechtsdogmatik nach Welzel*, in: Festschrift zur 600-Jahr-Freier der Universität Köln, S. 399ff., 405; ders., *Zur Lehre von der objektiven Zurechnung*, in: Festschrift für Lenckner, S. 124f., der zutreffend darauf verweist, daß mit einer Gleichsetzung der Zurechnungskriterien auch die von der Rechtsprechung noch vorgenommene Unterscheidung zwischen Voraussehbarkeit des Erfolges beim Fahrlässigkeitsdelikt und der des Kausalverlaufs beim Vorsatzdelikt hinfällig würde; Armin Kaufmann, *„Objektive Zurechnung" beim Vorsatzdelikt?*, a.a.O., S. 259; auf der Basis des Schutzzwecksgedankens einschränkend Hans Kudlich, *Ein Schnäpschen in Ehren*, in: JuS 1996, 596, 598; daß aber in jedem Fall zumindest die Sorgfaltspflichtverletzung Voraussetzung auch für das vorsätzliche Delikt sei, konstatieren Friedrich Nowakowski, *Zu Welzels Lehre von der Fahrlässigkeit*, in: JZ 1958, S. 335ff., 388ff., 390; Detlev Krauß, *Erfolgsunwert und Handlungsunwert im Unrecht*, in: ZStW 76 (1964), S. 19ff., 47f.: es stehe jedem frei, seinen verwerflichen Zielen nachzugehen, solange er nicht gegen Sorgfaltspflichten verstoße; Diethelm Kienapfel, *Das erlaubte Risiko im Straf-*

dung des Verstoßes gegen diese Norm nicht den entscheidenden Punkt der Strafbarkeit ausmachen kann.[109] Zum einen verhielte sich, der Logik des BGH zufolge, dann auch ein solcher Fahrer im Sinne des § 1 II StVO verkehrswidrig, der ein Fahrmanöver nur in der Hoffnung oder mit der Billigung eines Unfalls so ausführte, daß ein anderer gefährdet oder geschädigt wird. Zum anderen entwickelte sich dann das *obiter dictum* des BGH, wonach sich ein Fahrer gleichzeitig „in jeder Hinsicht verkehrsgerecht" verhalten könne, wenn er bei einem schädigenden Fahrmanöver die *de facto* eingetretene Schädigung eines anderen erhofft oder gebilligt habe, zu einer *contradictio in adiecto*.

Diese Argumentation krankt daher folgerichtig daran, daß ihr zufolge wiederum ein nur böser Wille einen Verstoß gegen die StVO begründen könne, wenn das von ihm getragene Verhalten nur irgend kausal für eine der in § 1 II StVO genannten Folgen werde. Das unter dem Topos vom Gesinnungsstrafrecht aufgerufene Problem verlagert sich dann gleichsam nur auf die verwaltungsrechtliche Ebene eines Gesinnungs-Ordnungswidrigkeitenrechts. Ob es aber nicht auch für eine Ordnungswidrigkeit wiederum eines zumindest nach den Maßstäben der fahrlässigen Verletzung zu fordernden sorgfaltspflichtwidrigen Verhaltens bedarf, also gerade eines nicht verkehrsgerechten[110], ist nunmehr auch und insbesondere vor dem Hintergrund des Vertrauensgrundsatzes fraglich. Hiernach dürfe nämlich derjenige Fahrer, der sich seinerseits verkehrsgerecht verhalte, „mangels erkennbarer Gegenanzeichen oder erfahrungsgemäß häufiger typischer Verstöße mit fremdem verkehrsrichtigem Verhalten rechnen und sich darauf einstellen"[111]. Warum dieser Grundsatz dann suspendiert sein sollte, mithin ein Verstoß gegen § 1 II StVO anzunehmen sei, wenn der Täter zwar verkehrsrichtig, aber nur zu dem Zweck einer Schädigung fährt, ist aber ganz unklar. Ein solches Verständnis der §§ 49 I Nr. 1, 1 II StVO liefe für den Fall zwar schädigungsabsichtlichen, aber „äußerlich" verkehrsrichtigen Handelns auf eine reine Erfolgshaftung hinaus.

Weil jedenfalls nach dieser Logik der Grund für die Strafbarkeit nicht an die Absicht allein gekoppelt sein kann, läßt sich im übrigen auch darüber diskutieren, ob

---

recht, Frankfurt/M. 1966, S. 12f.; Wilhelm Preuß, *Untersuchungen zum erlaubten Risiko im Strafrecht*, Berlin 1974, S. 211ff.; Jescheck/Weigend, AT, § 25, IV 1 - was dann jeweils auch für das Ordnungswidrigkeitenrecht greifen dürfte, weil sich die Definitionen von Vorsatz und Fahrlässigkeit hier nicht von denen des StGB unterscheiden (vgl. nur Joachim Bohnert, Kommentar zum OwiG, § 10, Rn 1), so ließe sich ein solcher Verstoß aber auch bei absichtlichem Handeln nicht erkennen, wenn das Verhalten ansonsten nicht objektiv sorgfaltspflichtwidrig war. Gerade das behauptet aber der BGH, so daß die Begründung in sich zusammenfiele, weil dann ein Verstoß gegen § 1 II StVO nicht in Betracht kommen kann. Daß es des Bezugs auf § 1 II StVO im Ergebnis auch nicht bedarf, wird unten noch gezeigt.

[109] so auch LK-König, § 315b, Rn 33, Anm. 47, in Entgegnung zu Kudlich, a.a.O., S. 25, der die Entscheidung so zu verstehen scheint, als spezifiziere gerade der Verstoß gegen § 1 II StVO die Handlung zu einem Eingriff. Wenn dem so wäre, würde man, worauf Kudlich verweist, mit dem Erfordernis der Schädigung in der Tat mehr verlangen als die Norm des § 315b StGB selbst, der bloß eine konkrete Gefährdung voraussetzt.

[110] vgl. dazu auch die Nachweise oben in Anm. 108.

[111] vgl. Hentschel, *Straßenverkehrsrecht*, 38. Aufl., München 2005, Einleitung, Rn 136; BGH DAR 2003, S. 308; BGH VR 1990 S. 739ff., 740; BGH NZV 1992, S. 108.

die Einschränkung der Strafbarkeit nur für absichtliches Handeln in der Tat, so *Kudlich*, als „zu milde“[112] zu bewerten ist.

ccc) Ausschluß von *dolus eventualis*

Die von *Kudlich* zugleich aufgeworfene Frage, warum das Handeln mit der niederen Vorsatzform des *dolus eventualis* zur Begründung des § 315b I Nr. 2 und 3 StGB nicht hinreichen solle[113], läßt sich also nicht damit erklären, daß ein hiervon begleitetes äußeres Geschehen, das andere schädigt, nicht nach § 1 II StVO verkehrswidrig sei. Plausibel wird dieser Ausschluß allein im Hinblick auf die Bemühungen, die Anwendung des § 315b I StGB trotz der allgemein anerkannten Sperrwirkung des § 315c StGB[114] zu ermöglichen, wenn die fraglichen Handlungen sich äußerlich als eine Teilnahme am Verkehr darstellen. Denn dann liste, wie schon ausgeführt, § 315c StGB dasjenige konkret gefährliche Fehlverhalten abschließend auf, das nicht nur nach den Vorschriften der StVO bußgeld-, sondern sogar strafbewehrt sein solle.

Weil aber auch trotz des abschließenden Kataloges des § 315c StGB eine Strafbarkeit eines anderweitig vorschriftswidrigen Verkehrsverhaltens möglich sei, wenn, wie oben zitiert, der Täter vom *Verhalten* eines normalen Verkehrsteilnehmers dadurch *abweiche*, daß er durch die Zuwider*handlung* gegen die Verkehrsvorschriften die Schaffung eines Hindernisses beabsichtige, wenn also das Hindernis nicht die bloße Folge, sondern angestrebter Zweck des verbotswidrigen Verhaltens sei[115], scheint es auf der Hand zu liegen, daß ein Handeln mit *dolus eventualis* diesen Anforderungen nicht gerecht werden könnte. Die hierbei zudem irritierende Kontradiktion, daß ein Verkehrsverhalten bei objektiver Betrachtung von einem sonst gewöhnlichen Verhalten nur aufgrund einer subjektiven Zwecksetzung abweichen können soll, läßt sich wohl wiederum nur mit Blick auf die Begründung eines Verstoßes gegen § 1 II StVO erläutern, die jedoch, wie gezeigt, nicht tragen kann, weil dieser Verstoß etwa auch bei einer bedingt vorsätzlichen Schädigung gegeben wäre.

Entscheidend für die Durchbrechung der Sperrwirkung des § 315c StGB sei weiterhin, daß der Fahrer das von ihm gesteuerte Kraftfahrzeug in verkehrsfeindlicher Einstellung bewußt zweckwidrig einsetze.[116] Dann könne auch ein in § 315c I

---

[112] Kudlich, a.a.O., S. 24; ähnlich Freund, a.a.O., S. 758f.

[113] Kudlich, a.a.O., S. 23, Anm. 3, 24; indes ohne weiter nach einer Antwort zu suchen.

[114] vgl. neuerdings ausdrücklich BGHSt 48, 233, 237; = NZV 2003, S. 488ff. = NStZ 2003, S. 486ff., der nun für alle Varianten des § 315b I StGB, also auch für die Fälle des verkehrsfremden Inneneingriffs zu verkehrsfeindlichen Zwecken, für den das freilich nichts wirklich Neues ist, auch einen zumindest bedingten Schädigungsvorsatz fordert. Damit werde, so der BGH, die schon bisher geforderte Absicht, den Verkehrsvorgang zu einem Eingriff zu pervertieren, konkretisiert. Vgl. zur Kritik an dieser womöglich zu weit gehenden, den Anwendungsbereich des § 315b I StGB erheblich eingrenzenden Forderung die Anmerkung von Jürgen Seier und Katharina Hillebrand in: NZV 2003, S. 490, und von Peter König, *Verkehrsfeindlicher Inneneingriff und Gefährdungsvorsatz*, in: NStZ 2004, S. 469. Ebenfalls kritisch dazu Hentschel, *Straßenverkehrsrecht*, § 315b, Rn 1, mit einem Überblick über die Veränderungen des Anwendungsbereichs in Rn 10, 13.

[115] BGH StV 2000, S. 23, (Hervorh. vom Verfasser); was allerdings nicht darüber hinwegtäuschen darf, daß der Unfall auch bei absichtlichem Handeln die Folge desselben ist!

[116] so auch schon BGHSt 28, 87, 88; 41, 231, 234.

StGB umschriebenes Verhalten zugleich den Tatbestand des § 315b I StGB erfüllen, es könne mithin Tateinheit bestehen.[117] Erkennbar wird damit, in welch hohem Maße der „verkehrsfremde Inneneingriff" subjektiv determiniert sein soll.[118]

Wie nahe aber selbst ein Handeln mit der Vorsatzform des *dolus eventualis* diesen Kriterien kommen kann, wird deutlich, wenn man in Rechnung stellt, daß die Verursachung eines Unfalls, wie durch *Freund* angedeutet, ohne weiteres auch einen durchaus gleichberechtigten Nebenzweck eines wiederholten Fahrmanövers darstellen kann. Nimmt man nun ergänzend dazu an, daß der jeweils nur für möglich gehaltene Unfall[119] dabei als angenehme Verdienstquelle gebilligt wird, scheint doch schon diese bloße Billigung eines Unfalls zusammen mit dem gegebenen Gefahrenbewußtsein auf eine verkehrsfeindliche Einstellung hinzuweisen. Davon begleitet, würde dann selbst dieses Verhalten zu einem bewußt *auch* zweckwidrigen Einsatz des Fahrzeugs.

Hielte man nun abschließend hiergegen, daß ein Verhalten im Verkehr nur dann kein wirkliches, sondern nur ein „scheinbare[s]" Verkehrsverhalten sei, wenn es ausschließlich dem Zweck der Schädigung anderer dienen solle[120], bleibt aber die Frage offen, warum nicht ebensogut auch ein Verhalten, das der Schädigung anderer zumindest alternativ nebenbei dienen soll, als ein nur scheinbares und kein eigentliches Verkehrsverhalten gelten könne. Denn auch durch jenes Verhalten würde das Fahrzeug subjektiv zu einem Werkzeug pervertiert, andere zu schädigen.

Auch ein äußerlich verkehrsgerechtes Verhalten, das den Unfall nur als Nebenzweck billigte, verstieße damit nicht nur gegen § 1 II StVO, sondern läge auch ansonsten von den genannten Erfordernissen des § 315b StGB nicht allzu weit entfernt. *Kudlichs* Bedenken, denen zufolge die Einschränkung der Strafbarkeit für die Fälle direkten Vorsatzes zu milde sei, sind also auch hiernach durchaus plausibel.[121]

ddd) Subjektive Merkmale zur Begründung des objektiven Tatbestandes

Aus systematischen Gründen bemängelt wird zudem, und das wird folgend zentraler Gegenstand der Überlegungen sein, daß der BGH damit trotz äußerer Verkehrsrichtigkeit letztlich nur aus der Absicht „auf das Deliktische des Verhaltens" schloß[122] und damit selbst den objektiven Tatbestand nur aufgrund von Subjektivem als erfüllt ansah. War in den meisten bislang entschiedenen Fällen des gefährlichen Eingriffs in den Straßenverkehr durch Teilnahme daran wenigstens noch ein von der Schädigungsabsicht unabhängiges objektiv unerlaubtes Verhalten der Kraftfahrer gegeben[123], konnte hier darauf, jedenfalls *prima vista,* nicht mehr

[117] BGHSt 22, 67, 76.
[118] König, a.a.O., S. 778.
[119] vgl. dazu die obigen Überlegungen zum Absichtsbegriff des sicheren Wissens.
[120] König, a.a.O., S. 778.
[121] Insbesondere wäre daher auch die bislang noch gar nicht diskutierte Frage zu erörtern, warum nicht auch *dolus directus* zweiten Grades zur Begründung eines Eingriffs hinreichen kann. Wenn ein verkehrsordnungswidriges Fahrverhalten in dem sicheren Wissen erfolgt, damit einen Unfall herbeizuführen, dürfte das Fahrzeug doch auch zu einem Schädigungswerkzeug pervertiert sein.
[122] Freund, a.a.O., S. 755.
[123] Beispielhaft ausgewählt: BGHSt 23, 4, 5, konnte auf ein Zufahren auf kontrollierende Polizisten zurückgreifen. Ebenso gelagert sind die Beispiele in BGHSt 26, 176, 177; 28, 87, 91f.; BGH

zurückgegriffen werden; ein erster Eindruck, dem sich auch der BGH nicht mehr entziehen konnte.

Man kann gegen diese Bedenken - wie auch geschehen - einwenden, daß die mit Subjektivem angereicherte und auf Feststellungen zur subjektiven Tatseite angewiesene Begründung objektiver Tatbestandsmerkmale nichts wirklich Neues sei.[124] Bekannt ist dieses Phänomen etwa aus dem Betrugstatbestand, in dem man von einem „Vorspiegeln falscher Tatsachen" ohne implizites Wissen des Täters um die Falschheit der zur Kenntnis gebrachten Tatsache nicht sinnvoll sprechen kann[125]; aus dem Tatbestand der Unterschlagung, in der nach einer verbreiteten Auffassung die Zueignung in der Manifestation eines Zueignungswillens bestehen soll, die aber erst die Prüfung eines auf Zueignung gerichteten Willens voraussetzte[126]; aus dem der Jagdwilderei, § 292 I Nr. 1 StGB, der ein dem Wilde „Nachstellen" fordert, das ohne Bezüge auf den Vorsatz sinnvoll nicht definierbar ist[127], oder aus der Verbrechensverabredung des § 30 II StGB, die sich einer Unterteilung in objektiven und subjektiven Tatbestand in Gänze sperrt.[128] Und noch das Handlungsunrecht des fahrlässigen Deliktes, namentlich die es begründende Sorgfaltspflichtverletzung, läßt sich mitunter, worauf folgend ebenfalls noch eingegangen wird, ohne Bezug

NStZ 1987, S. 225. In BGH NZV 1997, S. 276, und in BGHSt 21, 301, 302, beurteilte das Gericht ein verkehrsordnungswidriges Fahren auf der Gegenfahrbahn. BGHSt 41, 231ff. widmete sich dem verkehrsordnungswidrigen Gehen eines Fußgängers auf der Fahrbahn. Und in BGHSt 28, 87, 88, fuhr ein Fahrer mit seinem PKW an, obgleich ein Mensch von außen in einem Seitenfenster hing. Ähnlich in BGH NJW 1989, S. 917, 918. Kopp, a.a.O., S. 366, ist daher der Meinung, daß der BGH bislang immer ein äußerlich verkehrswidriges Verhalten gefordert habe. Anders aber ebender in dieser Hinsicht streitige Fall aus BGH NZV, 1992, S. 157ff.

[124] u.a. weisen darauf Wessels/Beulke, AT, §§ 6 und 7; Roxin AT I, § 10, Rn 53, oder Freund, AT, § 7, Rn 22ff., 28ff. hin.

[125] Freund, *Äußerlich verkehrsgerechtes Verhalten als Straftat? - BGH, NJW 1999, 3132*, a.a.O., S. 757, spricht hierbei von der „Täuschung", die ohne Rekurs auf das Wissen um die Falschheit nicht sinnvoll angenommen werden könne, wobei dieser Begriff aber kein Tatbestandsmerkmal darstellt.

[126] vgl. nur Rudolf Rengier, *Strafrecht BT 1*, § 5, Rn 7ff. m.w.N.

[127] vgl. die Kommentierung bei Sch/Sch-Eser/Heine, § 292, Rn 5: Als Nachstellen seien alle Handlungen anzusehen, welche die Durchführung der anderen Handlungen (Fangen usw.) bezwecken. Der Begriff bezeichne daher eine Vorstufe, „Versuchshandlungen". Er stelle daher auch ein unechtes Unternehmensdelikt dar. Gerade das wiederum machte aber den Vergleich mit der vorliegend diskutierten Fallgruppe problematisch, weil es um eine vollendete Gefährdungs- und nicht um eine institutionalisierte Versuchsstrafbarkeit geht. Das signalisierte auch der mögliche Prüfungsaufbau des unechten Unternehmensdelikts des § 292 I Nr. 1, 1. Var. StGB, in dem mit dem Tatentschluß, hier wohl mit dem Vorsatz, ein Tier zu fangen, erlegen oder sich zuzueignen (vgl. Tröndle/Fischer, § 292, Rn 11; Sch/Sch-Eser/Heine, § 292, Rn 5), begonnen werden könnte, um sodann das unmittelbare Ansetzen nach § 22 StGB dazu zu prüfen. Vgl. auch Baumann/Weber/Mitsch, AT, § 8, Rn 46ff. Gleichwohl wird mit „Nachstellen" auch eine Handlung, etwas Objektives beschrieben.

[128] Vgl. Sch/Sch-Cramer/Heine, § 30, Rn 25; ergänzend zum AT vgl. Freund, a.a.O., der zudem das Beispiel der Mittäterschaft nennt, bei der eine gemeinschaftliche Begehung ohne subjektive Elemente des Zusammenwirkens nicht vorstellbar sei.

auf Subjektives, zum Beispiel auf das Sonderwissen des Täters, nicht plausibel begründen.[129]

Letztlich hat man sich auch auf dieser Basis Anfang des vergangenen Jahrhunderts darauf besonnen, daß eine rein objektive, genauso eine naturwissenschaftlich wertfreie Bestimmung des Tatbestandes unmöglich sei, und sich nach und nach dazu durchgerungen, den Bezug auf die Täterpsyche, nicht anders als den auf wertende Merkmale als objektiv zumindest mit unrechtskonstituierendes Merkmal anzuerkennen.[130] Vereinzelt führt diese Erkenntnis in moderneren Strömungen heute sogar zu der Forderung nach der Aufgabe der Trennung von objektivem und subjektivem Tatbestand, was darauf verweist, daß es einen mit sich identischen objektiven Tatbestand, entgegen seinem Begriff, nicht zu geben scheint.[131]

Trotzdem dürfte man mit dem Verweis auf diesen üblichen und anerkannten subjektiven Bezug innerhalb des objektiven Tatbestandes dem speziellen Problem nicht ganz gerecht werden. Zum einen bezieht sich das geforderte subjektive Element der Absicht vorliegend nicht auf ein Merkmal des objektiven Tatbestandes des § 315b StGB, ist damit also untechnisch zu verstehen.[132] Zum anderen ist bei den genannten Normen keine Hierarchie der Vorsatzstufen zu verzeichnen, wie sie der BGH für den Tatbestand des § 315b StGB aufbaut. In den genannten Normen reicht jeweils auch ein Handeln mit *dolus directus* zweiten Grades und *dolus eventualis*

---

[129] Das ist auch anerkannt bei den Anhängern von die Sorgfaltspflichten und die Vorhersehbarkeit und Vermeidbarkeit der Rechtsgutsverletzung objektiv-generell bestimmenden Theorien. Vgl. zum Sonderwissen nur BGHSt 14, 52, 54; Baumann/Weber/Mitsch, AT, § 22, Rn 24; Sch/Sch-Cramer/Sternberg-Lieben, § 15, Rn 139ff.; Kühl, Strafrecht AT, § 17, Rn 31f., jeweils m.w.N.; Hirsch, *Die Entwicklung der Strafrechtsdogmatik nach Welzel*, a.a.O., S. 405; Jakobs, *Tätervorstellung und objektive Zurechnung*, in: Gedächtnisschrift für Armin Kaufmann, S. 284ff., und dessen Schüler Heiko Lesch, *Der Verbrechensbegriff*, Köln u.a. 1995, S. 257, 262f. Struensee hat daraus für die Fahrlässigkeit den Ausweg aufgezeigt, auch hier einen subjektiven Tatbestand zu implementieren, vgl. ders., *Der subjektive Tatbestand des fahrlässigen Delikts*, in: JZ 1987, 53ff., 60, weil es für die Fahrlässigkeit erforderlich sei, daß „der Handelnde von den Bedingungen des eingetretenen Erfolges einen tatbestandsrelevanten Ausschnitt kennt, von dem nach Bewertung der Rechtsordnung eine intolerable Gefahr (‚unerlaubtes Risiko') ausgeht". Ähnlich bei Köhler, *Strafrecht Allgemeiner Teil*, S. 200, und Roxin, *Allgemeiner Teil* I, § 24, Rn 66 die beide für den Fall bewußter Fahrlässigkeit die Vorstellung des Täters auf die gefahrbegründenden Umstände und das Vertrauen auf das Ausbleiben des Erfolges in einem subjektiven Tatbestand prüfen wollen. So auch Gössel, *Fälle und Lösungen zum Strafrecht*, 7. Aufl. Heidelberg 1997, S. 6, 155, der für den Fall eines objektiv riskanten, subjektiv aber als risikolos eingeschätzten Verhaltens eine Art Tatbestandsirrtum anzunehmen scheint und zur geordneten Erörterung dieser Fragen einen eigenen subjektiven Tatbestand fordert. Für die Unrechtsbegründung ist eine solche Prüfung freilich nur relevant, wenn man dabei zwischen unbewußter und bewußter Fahrlässigkeit unterscheidet, wie etwa Köhler, a.a.O., der überhaupt nur die bewusste Fahrlässigkeit bestrafen möchte.

[130] vgl. zur Entwicklung Jescheck/Weigend, AT, § 30 I, S. 316ff., m.w.N.; Schmidhäuser, *„Objektiver" und „subjektiver" Tatbestand: eine verfehlte Unterscheidung*, in: Hans Walder, Stefan Trechsel (Hg.), Festgabe zum 65. Geburtstag von Hans Schultz, (zugleich SchwZStr Band 94), Bern 1977, S. 61ff., 62, m.w.N. in Anm. 6; Freund, AT, § 7, Rn 22ff.

[131] vgl zum Beispiel Freund, a.a.O., S. 756f.; ders., AT, 1998, § 7, Rn 22ff., 28ff.; ähnlich Schmidhäuser, a.a.O., S. 61ff., 71.

[132] Anderes gilt im Rahmen des § 315 III Nr. 2 StGB, den der BGH nicht mehr gesondert begründet.

aus. Zweifelhaft scheint zudem, ob, anders als etwa bei den Subjektives implizierenden Merkmalen des Nachstellens, der Verabredung, dem gemeinsamen Handeln oder dem Vorspiegeln, das Merkmal des Eingriffs eine semantische Vorentscheidung für Subjektives treffe, etwa in der Art, daß nur der eingreifen könne, der auch eingreifen wolle. Selbst wenn man das aber noch für möglich hielte, weisen jedenfalls die in den Nr. 1 und 2 des § 315b I StGB aufgezählten Eingriffe in den Verkehr, das Zerstören, Beschädigen oder Beseitigen von Anlagen oder Fahrzeugen und das Bereiten von Hindernissen, auf die sich Nr. 3 bezieht („ebenso gefährliche Eingriffe"), diesen Bezug nicht auf. Vielmehr ordnet § 315b StGB in Abs. V gerade auch die Strafbarkeit des fahrlässigen Eingriffs in den Straßenverkehr an; eine Norm, die aber nur noch dann Anwendung finden könnte, wenn man die Auslegung des Merkmals Eingriff von subjektiven Erwägungen freihielte, weil sie mit dem Erfordernis einer bewußten und gezielten Zweckentfremdung suspendiert würde.[133] Ob man sich also mit dem Verweis auf den anderswo üblichen und notwendigen Rekurs auf Subjektives begnügen und damit die Zweifel an dieser Rechtsprechung ausräumen kann, ist durchaus offen, kann hier aber nicht erschöpfend geklärt werden.

eee) Qualifikationsmerkmal des § 315 III Nr. 1 StGB - Doppelverwertung der Absicht

Zuletzt bleibt an der Begründung des Senats noch Folgendes offen: Abgesehen von einem kurzen Passus *Gropps*[134], dem zufolge unklar sei, wie sich § 315b I und III StGB unterschieden, „wenn der BGH die Absicht schon im Grundtatbestand verwendet", und einer diesen wohl mißverstehenden Entgegnung *Königs*[135], für den das ganze deswegen kein Problem darstellt, weil es sich von selbst verstehe, „daß mit der Annahme der Verletzungsabsicht sogleich die Würfel in Richtung auf die Absichtsqualifikation gefallen" seien, wird nicht weiter thematisiert, daß der BGH zusätzlich zu der Begründung des objektiven Grundtatbestandes mit Hilfe der Absicht, einen Unfall herbeizuführen, dann den dieses grundtatbestandliche Unrecht noch qualifizierenden Tatbestand des § 315 III Nr. 1 a) StGB heranzieht. Hiernach werde qualifiziert bestraft, wer den Eingriff in der Absicht vornimmt, einen Unfall herbeizuführen.

Wenn aber dieselbe Absicht zugleich einen Verstoß gegen § 1 II StVO und - auch damit - die für den Grundtatbestand unabdingbare Pervertierung des Fahrzeuges zu verkehrsfeindlichen Zwecken begründen soll, dann stellt sie in einem eine notwendige Bedingung für das Grundtatbestandsmerkmal des ebenso gefährlichen

---

[133] Daß das freilich nicht geschieht, führt dann - nach herrschender Auffassung - konsequent dazu, daß der Wille des Gesetzgebers durch die Rechtsprechung mißachtet wird. Ein Verstoß gegen Art. 20 III GG und das Prinzip der Gewaltenteilung liegt damit nahe. So heißt es eben in der Rechtsprechung und auch der insoweit zustimmenden Kommentarliteratur, daß § 315b I Nr. 2 und 3 StGB für eine fahrlässige Begehung aus dem Verkehr heraus begriffslogisch keinen Raum mehr lasse, vgl. BGHSt 23, 4, 6, mit entsprechenden Rechtfertigungsbemühungen; zustimmend OLG Karlsruhe NJW 1978, S. 1391; Sch/Sch-Cramer/Sternberg-Lieben, § 315b, Rn 13.

[134] ders., a.a.O., S. 367.

[135] ders., a.a.O., S. 779.

Eingriffs dar und soll dessen Unrecht zugleich als Qualifikationsmerkmal des § 315 III Nr. 1 a) StGB qualifizieren. Die Absicht, einen Unfall herbeizuführen, wird jedenfalls der Begründung des BGH zufolge paradoxerweise einmal objektiv unrechtsbegründend und einmal subjektiv qualifizierend verwertet.[136]

Das aber ist nicht nur - mit derselben Konsequenzlogik gedacht, die auch *König* an den Tag legt, - normlogisch ausgeschlossen, weil damit erst das Qualifikationsmerkmal das Unrecht des Grundtatbestandes begründet und nicht steigert. Zudem ist eine solche Auslegung schon mit dem in § 46 III StGB einfachgesetzlich normierten Verbot der strafschärfenden Doppelverwertung von Tatbestandsmerkmalen unvereinbar. Daß mit dieser Auslegung die böse Absicht zugleich den Grundtatbestand und die Qualifikationsnorm begründete, ist damit zwar in der Tat, wie *König* es, das Problem bagatellisierend, ins Reich jener legitimierenden Subsumtionslogik verweisend feststellt, die „sich von selbst" verstehende Folge der Annahme der Absicht[137], wird aber eben dadurch vor dem Forum des Schuldprinzips verfassungsrechtlich nicht unbedenklicher, daß zur Annahme einer gegenüber dem Grunddelikt gesteigerten Schuld schon unrechtssteigernd keine neuen Tatsachen verwertet werden können. Der Gesetzgeber scheint in § 315b III StGB zwar durchaus zu erkennen gegeben zu haben, daß man objektiv pflichtwidrig in den Verkehr eingreifen kann, *weil* man damit einen Unfall provozieren will. Für diese Fälle hat er dieses mit der tatbestandlichen Absicht insoweit identische Motiv qualifizierend strafschärfend gewürdigt. Aber er kann damit kaum so verstanden werden, daß man sich zugleich grunddeliktisch und qualifiziert strafbar machte, *indem* man einen Unfall provozieren will!

> „Dieses Verhältnis, daß der Begriff immer zugleich weniger und zugleich mehr ist als die Elemente, die unter ihm befaßt werden, - dieses Verhältnis ist nun nichts Irrationales, nichts Zufälliges, sondern die philosophische Theorie, die philosophische Kritik kann dieses Verhältnis und muß dieses Verhältnis bis ins einzelne bestimmen." (Adorno, *Vorlesungen*, a.a.O., S. 18)

cc) Überlegungen zur Nichtidentität des Vorsatzes mit seinem Begriff

aaa) Begriffe als Theorien

Die hieran anschließende und nunmehr besonders interessierende Frage, der im Folgenden vergleichsweise unreglementiert auf jenem benannten Schauplatz geistiger Erfahrung nachgegangen werden soll, ist diejenige nach dem Verhältnis der

---

[136] ähnlich auch Kudlich, a.a.O., S. 25, Anm. 24; Scheffler, a.a.O., NZV 1993, S. 465, zustimmend, der schon für die Entscheidung des BGH aus NZV 1992, S. 463, anmerkte, daß nach „§ 315b III i.V.m. § 315 III Nr. 1 StGB die Begehung unter besonderen deliktischen Absichten ein Qualifikationsmerkmal darstellt und daher nicht als „konstituierendes Merkmal des Grunddelikts" herangezogen werden sollte.

[137] König, a.a.O., S. 779.

vorsatzdogmatischen Begriffe der *Absicht* einerseits und dem *Hoffen* und dem *dolus eventualis* andererseits, zwischen denen nach Ansicht des Senats die Grenze zur Straflosigkeit eines ansonsten, das heißt objektiv identischen Verhaltens verlaufen solle.

Hinsichtlich des *dolus eventualis* wurde bereits ausgeführt, daß sich dessen Ausgrenzung noch mit dem Bemühen erklären lassen kann, das strafbare Verhalten aus § 315b StGB von dem des § 315c StGB abzugrenzen. Noch ganz unklar erscheint aber, warum das Verhalten, das in der *Hoffnung* auf einen Unfall erfolgt, vom Anwendungsbereich des § 315b StGB ausgeschlossen bleiben soll, und darüber hinaus, ob und wie der Senat eine Unterscheidungslinie zwischen Hoffnung und Absicht überhaupt, wenn er es denn tun müßte, entwickeln wollte. Die Frage lautet konkret: In welchen Fällen hofft der Fahrer - dann straflos - auf einen Unfall, und in welchen handelt er - dann strafbar - absichtlich?

Daß aufgrund dieser Rechtsprechung künftig eine solche Abgrenzung überhaupt nötig werden könnte und zumindest implizit auch als möglich angesehen werden muß, beleuchtet das, was Adorno als den theoretischen Charakter des Begriffs bezeichnet.[138] Offensichtlich soll es, so muß das Diktum des BGH, *obiter* hin oder her, verstanden werden, identifizierendem Bewußtsein möglich sein, die subjektiv-voluntativen Momente eines Falles entweder in dem Begriff des Hoffens oder aber, dem exklusiv entgegengesetzt, in dem der Absicht auszudrücken. Ein Täter soll also, die objektiven Umstände hinzugenommen, einen Erfolg durch ein Handeln verursachen und dabei entweder nur auf seinen Eintritt hoffen oder aber diesbezüglich nur absichtlich handeln können. Jeweils soll offensichtlich das subjektiv-voluntative Moment ganz in nur einem von beiden Begriffen aufgehen können, die sich dann untereinander vollständig unterschieden. Identifizierendes Denken mitsamt seinem Impetus beherrschender Ordnung will gleichsam sagen können, wovon dieses Moment jeweils Exemplar sei.

bbb) *argumentum e contrario?*

Einen ersten Hinweis darauf, wie sich eine solche Theorie begründen und die damit vorgenommene Identifizierung plausibel machen ließe, könnte man in der Urteilsbegründung selbst finden, wenn man sich die Begründung der geforderten subjektiven Tatseite noch einmal vor Augen führt: die Vorinstanz schloß auf ein absichtliches Handeln zum einen aus der Tatsache, daß das Täterverhalten mindestens sieben Mal einen Schadensfall verursacht hatte, zum anderen daraus, daß das Vorgehen immer nach demselben „Strickmuster" abgelaufen sei; womit ausgedrückt sein dürfte, daß sich hinter dem Verhalten eine gewisse Planung verborgen hatte. Anzunehmen ist ferner, daß es in einer nicht näher bestimmbaren Anzahl von Abbiegemanövern des Angeklagten gar nicht zu einem Unfall gekommen sein dürfte, scheint es doch unwahrscheinlich, daß jeder seiner Versuche immer mit dem gleichen Automatismus zu dem erwünschten Erfolg geführt hatte. Über die Anzahl dieser Handlungen, die der Versuchsstrafbarkeit des § 315b II StGB zu-

---

[138] vgl. dazu oben Kapitel II, S. 56, 58ff.

folge ebenfalls unter Strafe stehen müßten[139], ist nichts bekannt. Sie dürften ohne Geständnis auch nicht nachweisbar sein, weil in diesen Fällen die nachfolgenden Fahrer zwar womöglich mit einem Schrecken, aber sonst ungerührt davongefahren sein dürften.

Wenn die Vorinstanz aber unter revisionsrechtlicher Billigung des BGH aus der Häufigkeit und der *strickmuster*haften Ähnlichkeit der Fälle auf den zielgerichteten Willen schließt, liegt nun *e contrario* zumindest die Vermutung nahe, daß bei nur einem verhandelten Schadensfall oder sogar bloß einem dahin zielenden Verhalten des Angeklagten ohne Schadensfolge allenfalls der Eventualvorsatz oder ein bloßes Hoffen anzunehmen gewesen wäre, was dann aber weder für eine Vollendungs- noch, mangels Entschluß, für eine Versuchsstrafbarkeit hinreichte. Ob dieser Schluß haltbar wäre und sich darüber eine plausible Unterscheidung herleiten ließe, wird folgend mit erörtert werden.

ccc) Studien zu einer Abgrenzung

Die folgenden Studien widmen sich nun, selbst dann noch, wenn von Absicht und Hoffnung nicht unmittelbar die Rede ist, gleichwohl demjenigen, was man mit Adorno das Nichtbegriffliche ihres jeweiligen Begriffs nennen könnte. Sie fahnden danach, wie der BGH jene Begriffe gemeint haben und was er implizit mit der Nennung ihres Namens auf den Plan und auf den Schauplatz der nun folgenden geistigen Erfahrungsreise gerufen haben könnte. Auf dem Wege dieser Reise, die retrospektiv zugleich Teile des Weges rekonstruiert, den sie gegangen sind[140], wird deutlich werden, welch diverse Momente etwa ein so, wie noch zu zeigen sein wird, verstandener Absichtsbegriff aufgerufen hat. Momente, die nur in ihrem bloßen Einzelbegriff nicht erkennbar, weil verdrängt, synthetisiert, aber gleichwohl mit verhandelt sind. Rekonstruiert, resynthetisiert wird mit ihnen auch das sogenannte Nichtbegriffliche des Begriffs, das sogleich einen Teil seiner Geschichte bedeutet, die eine Geschichte der Synthetisierung ist.

---

[139] So auch König, a.a.O., S. 779; LK-König, § 315b, Rn 33. Hierbei ist insbesondere die Ausführungen von Kopp in seiner Anm. zur Entscheidung, a.a.O., S. 367, zu widersprechen. Dieser schließt aus der Wendung des BGH, daß die Absicht strafbegründend sei, weil sie sich in einem unfallverursachenden Verhalten niedergeschlagen habe, daß der Eintritt eines Unfalls, also ein Schädigungserfolg, Voraussetzung jeder, also auch der Versuchsstrafbarkeit sei. Der BGH wollte damit den Eintritt des Schadens aber wohl kaum zu einer Voraussetzung des objektiven Tatbestandes machen. Denn dann ginge eine solche Auslegung *contra legem* über die tatbestandlich geforderte konkrete Gefährdung der benannten Rechtsgüter hinaus. Vielmehr wollte er damit zu erkennen geben, daß nicht bloß die Gesinnung bestraft werde, weil sich diese ja in ein schädigendes Verhalten umgesetzt habe. Das hätte sie sich aber auch bei einem nur gefährdenden Verhalten. Den Eintritt eines Schadens im Versuch zur Voraussetzung zu machen stünde nun im diametralen Gegensatz dazu. Zudem ist es gerade die typische Voraussetzung eines Versuchs, daß es zu einem Erfolgseintritt, hier zu einer konkreten Gefährdung, nicht gekommen sein muß. Aus reichte dafür gemäß § 22 dann die Vorstellung des Täters, daß die Gefährdung der fraglichen Objekte unmittelbar bevorstehe. Die Bestrafung der darauf gerichteten Absicht wäre hier schwerlich Gesinnungsstrafrecht.

[140] vgl. zu den Begriffen vom Reisen und von Wegen nochmals oben in Kapitel II, S. 65, Anm. 160f.

Daß die behauptete, abgrenzende Unterscheidung von Hoffen und Absicht schon grundlegend nicht leicht vorzunehmen sein kann, wird schon dann deutlich, wenn man sich den starken voluntativen Gehalt beider Begriffe vergegenwärtigt, der sich darin umschreiben lassen dürfte, daß der Hoffende den Erfolg genauso *intensiv will* wie derjenige, der ihn anstrebt und derjenige, dem es auf ihn ankommt.[141]

aaaa) Alltagsbeispiele

Zieht man zur Erläuterung dieser Überlegung ein Alltagsbeispiel heran, ließe sich etwa von dem Trainer des FC Bayern München nach der deftigen 2:4-Niederlage im Hinspiel des Europapokals gegen den FC Chelsea durchaus vermuten, daß er mit seiner Mannschaft im Rückspiel gezielt einen Sieg anstrebt. Die damit aufgerufene Finalität formuliert sich im Jargon des Fußballers: „Wir gehen auf den Platz, um zu gewinnen." Zugleich aber dürfte er auch hoffen, daß seiner Mannschaft der angestrebte Sieg gelingen wird. Ähnlich wird es auch einem Lottospieler bei Abgabe des ausgefüllten Tippscheins auf einen Treffer - und seien es auch nur „drei Richtige" - ankommen, und zugleich wird er dabei darauf hoffen, daß sein Wunsch in Erfüllung geht. Und auch ein Elfmeterschütze, dem es beim Anlauf auf den Ball auf ein Tor ankommt, hofft zugleich, daß der Keeper den Ball nicht halten und er das Tor treffen wird.[142]

Schon diese wenigen Beispiele deuten darauf hin, daß die psychische Disposition eines absichtlich Handelnden stets mit der Hoffnung darauf verwoben ist, das angestrebte Ziel auch zu erreichen. Ebenso scheint es genau darauf aber auch dem auf das Ziel hoffenden Täter stets anzukommen. Der identifizierende Anspruch des jeweiligen Begriffs, zwei voneinander verschiedene Gegenstände zu bezeichnen, scheint damit zu scheitern. Etwas in der Sache des subjektiv-voluntativen Elements scheint nach beiden Begriffen zu drängen, die sich damit zumindest nicht in der Weise widersprechen, wie der BGH das behauptet.

Gleiches dürfte so auch für den hier unternommenen Schluß *e contrario* gelten. Es wäre doch äußerst zweifelhaft, wenn man sich auf den fixen, über Strafe entscheidenden Standpunkt stellen wollte, daß der Angeklagte, der mit einem entsprechenden Erfolgswunsch nur einmal handelt, diesen nur straflos erhofft und nur derjenige, der mit dem gleichen Wunsch mehrfach nach einem gleichen Strickmuster

---

[141] LK-Schroeder, § 16, Rn 76: „Das Erstreben des Erfolges gibt eine so intensive innere Beziehung des Täters zum Erfolg, daß auf der Wissensseite keine weiteren Merkmale erforderlich sind. Auch ist die Abgrenzung zwischen Wollen und bloßem Wünschen bzw. Hoffen kaum zu ziehen." Rath, *Gesinnungsstrafrecht*, a.a.O., S. 45, faßt das Hoffen und die Absicht, nicht anders als das Wünschen und Wollen, unter die Fallgruppe des „inneren Hinzielens". Vgl. auch Kristian Kühl, *Strafrecht Allgemeiner Teil*, § 5, Rn 34, dem zufolge die Absicht als Vorsatzform „durch ein besonders intensives Wollen gekennzeichnet" ist. Ähnlich Fritjof Haft, *Strafrecht Allgemeiner Teil*, S. 153.

[142] Mit diesen Beispielen dürfte auch klar werden, daß die Entscheidung für den einen oder anderen Begriff nicht nur von einer statistisch zu ermittelnden Wahrscheinlichkeit abhängen kann, mit der der erwünschte Erfolg eintreten wird. Für den Elfmeterschützen wird diese Wahrscheinlichkeit recht hoch, für den Lottospieler recht gering ausfallen, sein Ziel zu erreichen, beide hoffen gleichwohl. Die Wahrscheinlichkeit eines Sieges bei einem Fußballspiel dürfte sich aber erst gar nicht berechnen lassen, Fußball hat eigene Gesetze.

verfährt, auf den Erfolg abzielt. Denn zum einen ist es denkbar, daß es auch einem Fahrer, der sich nur einmal im benannten Sinne verhält, auf den Schaden gezielt ankommt. Auch er kann ihn mit seinem einmaligen Handeln gezielt anstreben. Und umgekehrt scheint auch derjenige Fahrer, der mehrfach handelt, jeweils auf den erwünschten Erfolgseintritt hoffen zu müssen.

Jenseits der Zweifel an der Berechtigung der Unterscheidung der Vorsatzstufen und der Ungereimtheiten an dem Begründungsweg der Strafbarkeit aufgrund des ausschließlichen Schädigungszwecks scheint sich damit auch auf die dritte in der Urteilsbegründung auftretende Frage, wie und ob sich eine strafbare Absicht und eine straflose Hoffnung auf einen Unfall sinnvoll voneinander unterscheiden lassen, keine klare Antwort finden zu lassen.

bbbb) Die Erbonkelfälle

Blickt man gleichwohl auf der Suche nach einer Antwort darauf in die juristische Literatur, stößt man auf eine bereits ältere, schon zur Wende in das 20. Jahrhundert geführte dogmatische Diskussion, die dieser Frage zwar weitgehend nicht ausdrücklich[143], immer aber doch jedenfalls implizit nachgegangen ist. Entzündet hat sie sich unter anderem an Fallkonstellationen wie etwa an jener bereits seit der Jahrhundertwende diskutierten eines Erbonkels, der seinen Neffen bei Gewitter in den Wald schickt, in dem dieser vom Blitz erschlagen wird.[144] In den Bemühungen um eine konsistente Lösung wurde hier das bloße Hoffen des Onkels auf den Tod des Neffen, das vor dem Forum des § 212 I StGB Straflosigkeit begründete, seiner möglicherweise gegebenen Tötungsabsicht in ähnlicher Weise exklusiv gegenübergestellt, wie das auch der BGH vorliegend für möglich hielt. Diese beinahe als rechtshistorisch zu bezeichnende Diskussion hat sich später, mit dem Fortschreiten der technischen Entwicklung auch noch in einer zweiten, ebenso äußerst theoretischen Variante etabliert, in der ein Erbneffe seinem Onkel ein Flugticket in der Hoffnung - oder in der Absicht[145] - schenkt, der Onkel möge mit dem Flugzeug abstürzen.[146]

---

[143] Eine Ausnahme bildet etwas später der grundlegende Beitrag Karl Engischs, *Untersuchungen zu Vorsatz und Fahrlässigkeit im Strafrecht*, Berlin 1930, insbes. S. 150ff., der hier ausführlich um eine Abgrenzung bemüht ist, worauf folgend noch gesondert eingegangen wird.

[144] Diese Variante war, so Bernd Schünemann, *Über die objektive Zurechnung*, in: GA 1999, S. 207, 209, ursprünglich von Ludwig Traeger, *Der Kausalbegriff im Straf- und Zivilrecht*, Marburg 1904, S. 8, gebildet worden: „A schickt seinen zehnjährigen Neffen, den er als einziger Verwandter beerben wird, während eines Gewitters auf eine mit hohen Bäumen bepflanzte Anhöhe." Honig hat sie dann in seinen die neuere Epoche der objektiven Zurechnung einleitenden Beitrag übernommen, vgl. Richard Honig, *Kausalität und objektive Zurechnung*, in: Festgabe für Reinhard von Frank, Band I, 1930, S. 174ff., 186. Diese Konstellation sei danach „ironischer Weise", so Schünemann, a.a.O., S. 210, Anm. 15, nur noch mit verkehrten Rollen dargestellt worden.

[145] Das zu lösende Dilemma deutet sich an dieser Stelle schon an, wenn versucht wird, dem Fall – nach der üblichen Sicht letztlich auf der Ebene des Untersatzes - sprachlichen Ausdruck zu verschaffen, ohne das Ergebnis vorwegzunehmen, weil, wie Klaus Lüderssen, *Grenzen der „Sachkunde" des Gerichts (§ 244 Abs. 4 Satz 1 StPO) für die Beurteilung der inneren Tatseite bei jugendlichen Tätern, speziell mit Blick auf den bedingten Vorsatz*, in: Festschrift für Hans Ludwig Schreiber, 2003, S. 289ff., 295, es formuliert, der Vorsatz, nicht anders als die Kausalität, zugleich Norm und Sachverhalt seien, was wohl bedeuten soll, daß es eine Sprache für beides jenseits des normativen Jar-

Beide Fälle gelten inzwischen als Schulfälle für die in den 60er Jahren des vergangenen Jahrhunderts aufkommende und vor allem von *Roxin*[147] und *Rudolphi*[148], aber auch von *Jescheck*[149] ausgelöste und vorangetriebene Debatte um die objektive Zurechnung im Vorsatzdelikt.[150] Sie sind dabei zugleich - neben der analog zu dem hiesigen Problem verlaufenden Diskussion zu der möglichen Absicht oder dem Hoffen des Täters auf den Erfolgseintritt - unter so vielen weiteren Aspekten erörtert worden, die wiederum ihrerseits die Frage nach der Absicht und dem Hoffen tangieren, daß nunmehr zuerst diesen Aspekten nachgegangen werden soll, weil sie den Schlüssel zur gesuchten Antwort liefern werden.

In den Fokus der dogmatischen Diskussion ist dabei insbesondere das Verhalten des vermeintlichen Täters und davon ausgehend der „Zusammenhang von Handlung und Erfolg"[151] gerückt. Sowohl im Hinblick auf dieses Verhalten von Neffe oder Onkel als auch im Hinblick auf seinen Zusammenhang mit dem Erfolg sind derart zahlreiche Aspekte herausgearbeitet worden, und zwar gerade jenseits des Normwortlauts[152], also im Wege topischer Erörterung, daß dieser Fall zugleich, wie

---

gons nicht gibt. Der gängigen subsumtionslogischen Trennung von Ober- und Untersatz läßt sich mithin im Bereich des Vorsatzes schon kaum mehr sprachlich gerecht werden. Und so läßt sich auch hier angesichts der postulierten Gegensätze vom Hoffen oder Wünschen zu dem „Vorsatz als Wissen und Wollen" kein für den subjektiven Tatbestand relevanter Untersatz ohne vorentscheidenden begrifflichen Bezug auf den Obersatz bilden.

[146] vgl. Welzel, *Das deutsche Strafrecht*, 11. Aufl. 1969, S. 66. Zu Zeiten des geringen Individualflugverkehrs wurde der Fall noch mittels eines verschenkten Eisenbahntickets gebildet: vgl. ders., *Studien zum System des Strafrechts*, ZStW 58 (1939), 491ff.; ebenso bei Engisch, *Untersuchungen*, a.a.O., S. 150.

[147] ders., *Pflichtwidrigkeit und Erfolg bei fahrlässigen Delikten*, in: *ZStW* 74 (1962), S. 411ff. Roxin begründete hier die Lehre von der Risikoerhöhung; ders., *Gedanken zur Problematik der Zurechnung im Strafrecht*, in: Festschrift für Honig, 1970, S. 133ff., und ders., *Zum Schutzzweck der Norm bei fahrlässigen Delikten*, in: Festschrift für Gallas, 1973, S. 241ff.

[148] ders. für die Fahrlässigkeit, *Vorhersehbarkeit und Schutzzweck der Norm in der Fahrlässigkeitslehre*, in: *JuS* 1969, S. 569ff.

[149] vgl. die erste Auflage seines Lehrbuches: Hans-Heinrich Jescheck, *Lehrbuch des Strafrechts Allgemeiner Teil*, Berlin 1969, S. 187ff. und 386ff.

[150] obwohl sich die ersten Beiträge von Roxin und Rudolphi nur der objektiven Zurechnung im Fahrlässigkeitsdelikt widmen; anders etwa als der frühe Beitrag Honigs oder der genannte Engischs, der seinerseits schon die Verletzung objektiver Sorgfalt als Merkmal auch der Vorsatzdelikte bis hin zum Versuch auffaßt. Daß die Debatte von Roxins späteren Beiträgen aus mit starken Bezügen auf Honig vertieft und die Lehre so verdichtet wurde, dürfte die Ursache dafür sein, daß von dieser Lehre heute zwischen den Zurechnungsmaßstäben in Fahrlässigkeit und Vorsatz kein Unterschied mehr gemacht wird. Auf fällt dabei aber doch, daß man sich dazu nie ausdrücklich verhalten hat, sondern das heute eher beiläufig erwähnt. Vgl. dazu nochmals die Beiträge aus oben Anm. 108.

[151] So bezeichnet den Gegenstand der Diskussion Richard Honig, *Kausalität und objektive Zurechnung*, in: *Festgabe für Reinhard von Frank*, Band 1, Tübingen 1930, S. 175, es gehe ihr um die Erkenntnis der „Eigenart des Zusammenhanges zwischen Handlung und Erfolg". Oder um die „objektive Beziehung zwischen Handlung und Erfolg", a.a.O., S. 176, oder um den „Wirkungszusammenhang" von Erfolg und menschlichem Verhalten, a.a.O., S. 183.

[152] Weder die hier relevante Adäquanztheorie noch die später aufkommende Lehre der objektiven Zurechnung waren bekanntlich, worauf mitunter gesondert hingewiesen wird, im Gesetz veran-

angekündigt, als Modell dafür dienen wird, zu zeigen, wie die in einer dogmatischen Diskussion zur Beschreibung des Falles entwickelten Topoi derart um einen Fall herum in Konstellation treten können und müssen, um diesen einer umfassenderen rationalen Erfahrung zu öffnen. Dabei wird dann auch deutlich, daß die dogmatische Diskussion gerade davon getragen wird, daß der Fall mit seinem topischen Rechtsbegriff nicht identisch ist. Ähnlich wie schon bei dem eingangs erörterten Modell haben auch die Teilnehmer der Diskussion den auf Untersatzebene unstreitig eindeutig vorgegebenen Fall immer wieder auf diverse Weise zu interpretieren vermocht, haben sie es immer wieder verstanden, den Fall und das Moment des Zusammenhangs von Handlung und Erfolg mit jeweils anderen Begriffen neu zu umschreiben.

α) Konstellation des Erbonkelfalles

αα) Die Topoi der *v. Kries* und *Traeger*

Um die Jahrhundertwende zum 20. Jahrhundert hatten zuerst *v. Kries*[153] und dann *Traeger*[154] den naturalistischen Kausalbegriff der *conditio sine qua non*-Formel um das normative Element der Adäquanz erweitert. Beide wollten auf der Basis der sogenannten Adäquanztheorie diejenigen Kausalverläufe auf objektiver Ebene nicht zurechnen, die, *ex ante* betrachtet, höchst unwahrscheinlich waren und deren Ende in einem strafrechtlich verfolgten Erfolg als bloßer Zufall zu werten war.

ααα) *v. Kries*sche Adäquanz

Von Kries, der in seinen Beiträgen von 1888 und 1889 indes noch nicht den Erbonkelfall, dafür aber ähnlich gelagerte Varianten untersuchte[155], wollte in solchen

kert. Genausowenig freilich wie die hier nicht weiter behandelte Relevanztheorie. Vgl. Rath, *Gesinnungsstrafrecht*, a.a.O., S. 41, m. Anm. 41, m.w.N.

[153] J. v. Kries, *Über den Begriff der objektiven Möglichkeit und einige Anwendungen desselben*, Vierteljahresschrift für wissenschaftliche Philosophie, Band 12, 1888, S. 179ff, 287ff., 393ff.; und dann ders., *Über die Begriffe der Wahrscheinlichkeit und Möglichkeit und ihre Bedeutung im Strafrechte*, in: ZStW 9 (1889), S. 528ff., der mit seinem Ansatz zuvorderst bei erfolgsqualifizierten Delikten eine Einschränkung des weiten, aus dem *versari*-Prinzip resultierenden Haftungsmaßstabes erreichen wollte. Eine Einschränkung mittels des Fahrlässigkeitserfordernisses war damals genausowenig anerkannt wie die der Zurechnungseingrenzung dienende Formel von der Unmittelbarkeit des Erfolges. Die Beiträge von Kries' sind im übrigen auch von Horkheimer erwähnt und vor dem Hintergrund ihrer Rezeption durch Max Weber diskutiert worden. In Horkheimers Aufsatz über *Traditionelle und kritische Theorie*, a.a.O., S. 167, heißt es: „Er [Weber, V.R.] entwickelte im Anschluß an Theorien des Physiologen v. Kries und juristischer und nationalökonomischer Autoren wie Merkel, Liefmann und Radbruch die ‚Theorie der objektiven Möglichkeit'. Die Erklärung des Historikers bestehe ebensowenig wie die des Strafrechtlers in einer möglichst vollständigen Aufzählung aller beteiligten Umstände, sondern im Hervorheben des Zusammenhangs zwischen bestimmten, für den geschichtlichen Fortgang interessanten Bestandteilen des Ereignisses und einzelnen, determinierenden Vorgängen." Mit Liefmann dürfte Horkheimer den Ökonomen Robert Liefmann gemeint haben.

[154] Ludwig Traeger, *Der Kausalbegriff im Strafrecht und Zivilrecht*, Marburg 1904, S. 159ff.

[155] so etwa diejenige eines Kutschers, der „aus Unachtsamkeit, etwa schlafend, den rechten Weg verfehlt", so daß dann dort „der Reisende, den er fährt, vom Blitz erschlagen wird". Vgl. v. Kries, *Wahrscheinlichkeit und Möglichkeit*, a.a.O., S. 532. Oder diejenige, in der jemand (A) „in unvorsichti-

Fällen den Begriff der Ursache, wie ihn die *conditio sine qua non*-Lehre verstand, auf eine Handlung wie etwa die des Neffen nicht mehr anwenden, sondern hielt einen strafrechtlichen Erfolg nur dann für verursacht, wenn er Folge eines für den Erfolg adäquaten Verhaltens war.[156] Adäquat verursacht war er dann, wenn der Zusammenhang zwischen Verhalten und Erfolg „ein zu verallgemeinernder" war, wenn das Verhalten „allgemein geeignet ist, eine Tendenz besitzt, einen Erfolg solcher Art hervorzubringen".[157] Nur dann habe das Verhalten eine strafrechtlich relevante Ursache geschaffen. Eine nur inadäquate Ursache stelle das Verhalten dagegen dann dar, wenn der „Zusammenhang ... mit dem Erfolge ... nur eine Eigentümlichkeit des vorliegenden Falles ist", wenn es „nur in zufälliger Weise die Veranlassung desselben geworden ist" [158]. Besitze mithin das Verhalten nicht die allgemeine Tendenz, einen Erfolg der eingetretenen Art hervorzurufen, so sei dieser im strengen Sinn der Adäquanztheorie gar nicht durch dieses verursacht worden. Eine solche Tendenz, Erfolge der eingetretenen Art hervorzurufen, habe das Verhalten dann, wenn es die objektive Möglichkeit ihres Eintritts erhöhe[159], wenn es die Möglichkeit des Erfolges vermehre, das heißt wenn es einen begünstigenden Umstand für den Erfolgseintritt darstelle.[160]

Nach *von Kries* kann der Zusammenhang von Handlung und Erfolg damit so umschrieben werden, daß das Verschicken in das Gewitter zwar kausal im Sinne der *conditio sine qua non*-Formel war, aber nicht adäquat kausal. Es besaß, so könnte man sagen, nicht die allgemeine Tendenz, war nicht im allgemeinen Sinne geeignet, einen Erfolg der Art hervorzurufen, daß der Neffe vom Blitz getroffen werde, weil dieser Verlauf höchst unwahrscheinlich war. Es hatte also die objektive Möglichkeit des Todeseintritts nicht erhöht oder vermehrt, war kein begünstigender Umstand. Vielmehr ist es nur in zufälliger Weise zu dem Tod des Neffen gekommen, dieser Verlauf stellte damit nur eine Eigenart des konkreten Falles dar.

βββ) *Traegers* Adäquanzbegriff

Ludwig Traeger hat 1904, auf *v. Kries* aufbauend, dessen Kriterien weiter verfeinert. Seine Untersuchungen münden in der die *von Kries*schen Elemente zusammenführenden Definition, eine Handlung sei dann „adäquate Bedingung des Erfolgs, wenn sie generell begünstigender Umstand eines Erfolgs von der Art des eingetretenen ist, das heißt wenn sie die objektive Möglichkeit eines Erfolges von der Art des eingetretenen in nicht unerheblicher Weise erhöht"[161].

---

ger Weise Feuerwerk abgebrannt und dadurch die Kleidung des nahebei befindlichen B in Brand gesetzt [hat], so daß dieser schwere Brandwunden davongetragen hat". B stirbt aber nicht „an diesen Brandwunden, sondern erst später, nachdem er schon außer Lebensgefahr befindlich scheint, in der zum Zweck der Transplantation von Haut auf einzelne nicht völlig verheilte Stellen vorgenommenen, ihm nicht zuträglichen Narkose". v. Kries, *Über den Begriff*, a.a.O., S. 218ff.

[156] v. Kries, *Über den Begriff*, a.a.O., S. 200f.

[157] v. Kries, *Über den Begriff*, a.a.O., S. 200f.; ders., *Wahrscheinlichkeit und Möglichkeit*, a.a.O., S. 531f.

[158] v. Kries, *Über den Begriff*, a.a.O.; ähnlich ders., *Wahrscheinlichkeit und Möglichkeit*, a.a.O., S. 532.

[159] v. Kries, *Über den Begriff*, a.a.O., S. 202.

[160] v. Kries, *Wahrscheinlichkeit und Möglichkeit*, a.a.O., S. 532.

[161] Traeger, *Der Kausalbegriff im Straf- und Zivilrecht*, a.a.O., S. 159.

Traeger ging nun der Frage nach, wie sich das Urteil objektiver Möglichkeit im Hinblick darauf genauer begründen ließe, welche Erkenntnisse dem Möglichkeitsurteil zugrunde liegen müßten. Dafür, das „erforderliche Möglichkeitsurteil" zu bilden, sei „das gesamte Erfahrungswissen zugrunde zu legen", seien „alle zur Zeit der Begehung der Handlung ... vorhandenen Bedingungen, die zu diesem Zeitpunkte dem einsichtigsten Menschen erkennbar waren", vorauszusetzen, zudem aber auch „die dem Täter selbst außerdem noch bekannten" [162]. Um sagen zu können, ob die Handlung die objektive Möglichkeit des Erfolgseintritts erhöht hatte, war demnach nicht nur „festzustellen, ob ein Erfolg von der Art des eingetretenen ohne die zu prüfende conditio s.q.n. weniger häufig eintritt oder nicht"[163], entscheidend war auch das zu verobjektivierende Wissen des Täters um die möglicherweise gegebenen Bedingungen.

Wann es, darauf aufbauend, der Fall sein sollte, daß ein Verhalten den Erfolg objektiv möglich machte, blieb zwar weiterhin ohne Wertung schwer zu bestimmen, so *Traeger*, aber, so sagte er, die Unbestimmtheit der Begriffe und deren Bedürfnis nach wertender Ausfüllung sei auch im Strafrecht durchaus üblich.[164] Sicher sei nur, daß jedenfalls eine nur „sehr geringe Erhöhung der Möglichkeit" nicht genüge, das heißt eine „solche Begünstigung, mit der die Erfahrung des Lebens nicht mehr rechnet. Die Erhöhung der Möglichkeit darf nicht allzu unerheblich sein; sie muß sich als eine Begünstigung nach der Regel des Lebens darstellen."[165]

Ein Erfolg, dessen „objektive Möglichkeit durch eine bestimmte Handlung oder ein sonstiges Ereignis in vorher erkennbarer Weise generell nicht erhöht wird", galt damit „schlechthin als zufälliger".[166] Schärfer könne die Grenze nicht angegeben werden, was auch schon *von Kries* erkannt gehabt habe. Auch dieser sah nämlich an dieser Stelle die „Werturteile und Willensentscheidungen der Praxis" gefordert.[167]

Andere Autoren dieser Zeit drängte der Zusammenhang von Verhalten und Erfolg zu weiteren in den Vordergrund gerückten Begriffen. Ein adäquater Kausal-

---

[162] Traeger, a.a.O., S. 159: „Die Hinzuziehung dieser Bedingungen rechtfertigt sich deshalb, weil andernfalls jemand, der durch Zufall die Kenntnis von Bedingungen, die selbst für den einsichtigsten Menschen nicht erkennbar waren, erlangt hat, ein Verbrechen begehen könnte, ohne zur Verantwortung gezogen werden zu können." Dadurch werde indes kein atypischer Verlauf zu einem adäquaten gestempelt, weil die Ausdrücke atypisch und adäquat keinen begrifflichen Gegensatz darstellten. A.a.O., S. 161. Es bleibe zudem trotz des Rekurses auf das ex ante bestehende Wissen des Täters dabei, daß das Adäquanzurteil kein subjektives Wahrscheinlichkeits-, sondern ein objektives Möglichkeitsurteil sei. A.a.O., S. 162.

[163] Traeger, a.a.O., S. 160.

[164] so Traeger, a.a.O., S. 164f., gegen die Kritik Radbruchs, der die Theorie mangels Präzision für das Strafrecht für unanwendbar hielt. Gustav Radbruch, *Die Lehre von der adäquaten Verursachung*, 1902, S. 13, in: *Abhandlungen des kriminalistischen Seminars an der Universität Berlin*, Neue Folge 1. Bd., 3. Heft.

[165] Traeger, a.a.O., S. 164f.

[166] Traeger, a.a.O., S. 166: gerechtfertigt werde diese Ansicht schließlich durch die, wie man heute sagen würde, normentheoretische Überlegung: „was der einsichtigste und umsichtigst handelnde Mensch nicht mehr als eine durch sein Handeln wahrscheinlich gemachte Folge erkennen kann, das kann nicht hinterher in rechtliche Beziehung zu seinem Handeln gesetzt werden". A.a.O., S. 166.

[167] v. Kries, *Über den Begriff*, a.a.O., S. 215ff., 423ff.

verlauf sei etwa gegeben, wenn der Erfolg eine „berechenbar“[168] gewesene Folge des Verhaltens gewesen sei oder wenn das Verhalten eine „beachtliche“ oder „leichte“ Möglichkeit[169] geschaffen habe, die den Erfolg in einer „wahrscheinlichen“, „normalen“ oder „regelmäßigen“ Weise[170] verursacht habe. Im Verbund mit dem Merkmal der zu erwartenden „Häufigkeit“ oder „Regelmäßigkeit“ des Erfolgseintritts wurde auch von der „Typik“ gesprochen, die Verhalten und Erfolg verbinden müsse.[171]

γγγ) Topoisammlung

Betrachtet man nur die wenigen Begriffe, die hier für die adäquate Beschreibung des Verhaltens und des Zusammenhangs von Handlung und Erfolg entwickelt wurden, werden bereits zahlreiche Qualitäten deutlich, die die Debatte im übrigen bis heute prägen.[172] Eine diese bisher vorgestellten Topoi sammelnde Umschreibung könnte wie folgt lauten:

Der Zusammenhang von Handlung und Erfolg ist von einer nur sehr *geringen Wahrscheinlichkeit.* Zwar ist das Verhalten unstreitig eine *conditio sine qua non* für den Erfolg, die *objektive Möglichkeit*, daß er sich auf seiner Grundlage ereignet, ist aber *sehr gering.* Es besteht zwar in jedem Fall ein äquivalenter Bedingungszusammenhang, letztlich aber ist dieser von einem Verhalten geprägt, das in *vorher erkennbarer Weise* die *objektive Möglichkeit* eines solchen Verlaufs *nicht generell erhöht*, das heißt die Möglichkeit seines Eintritts nicht *vermehrt* hat. Es hat *keine beachtliche, keine leichte*, sondern eine *nur unerhebliche* Möglichkeit geschaffen, daß der Erfolg eintritt. Der äquivalente Kausalzusammenhang beruht auf einem Verhalten, das in dieser Art *keine generelle Tendenz* besitzt, *allgemein nicht geeignet* ist, einen Erfolg der eingetretenen Art hervorzurufen. Vielmehr war er nicht nur *äußerst unwahrscheinlich*, sondern so unwahrscheinlich, daß er dem allgemeinen Erfahrungswissen *nicht erkennbar* war, man nach allgemeiner Lebenserfahrung *nicht mit ihm rechnen* mußte. Der Zusam-

---

168 Moritz Liepmann, *Einleitung in das Strafrecht*, Berlin 1900, S. 76ff., 82, der Erfolg müsse in einem berechenbaren Zusammenhang zur Handlung stehen.

169 Carl Ludwig von Bar, *Gesetz und Schuld II*, Berlin 1907, § 106, S. 209ff.

170 Wilhelm Sauer, *Grundlagen des Strafrechts*, Berlin und Leipzig 1921, S. 434ff.

171 so etwa Hermann Kriegsmann, *Zur Lehre von der adäquaten Kausalität*, in: Der Gerichtssaal LXVIII (1906), S. 134ff., 147ff., 148.

172 Auch in den modernen Beiträgen, auch in Lehrbüchern und Kommentaren häufen sich noch genau dieselben Begriffe und finden wieder die gleichen Kämpfe um den einschlägigen Begriff statt. Freilich ohne zur Kenntnis zu nehmen, daß sie alle bereits gebildet wurden. Beispielsweise heben Kühl, Eser/Burkhardt und Wolter auf die fehlende Beherrschbarkeit des Geschehens ab. Für Kühl, AT, a.a.O., § 4, Rn 77, ist der Blitzschlag kein für Menschen beherrschbares Geschehen, es wirkten Naturkräfte. Für Eser/Burkhardt, *Strafrecht I*, Nr. 4 A 62, ist das Kausalgeschehen nicht beherrschbar und bei Jürgen Wolter, *Objektive Zurechnung und modernes Strafrechtssystem*, in: Enrique Gimbernat u.a. (Hg.), *Internationale Dogmatik der objektiven Zurechnung und der Unterlassungsdelikte*, Heidelberg 1995, S. 3ff., 8, fehlt es an der menschlichen Beherrschbarkeit und der objektiven Bezweckbarkeit und darum schon an der Vorstufe einer Handlung. Für Joachim Hruschka, *Strafrecht nach logisch-analytischer Methode*, 2. Aufl. Berlin 1988, S. 403, fehlt es an der objektiven Vorhersehbarkeit, weil daher das Ganze nicht bezweckbar sei, fehle es an dem „objektiven Finalzusammenhang“. *Baumann/Weber/Mitsch*, AT, a.a.O., § 14, Rn 45, dagegen verbleiben beim Kausalmodell und verneinen wegen „völliger Unwahrscheinlichkeit“ die Kausalität.

menhang ist daher *nicht berechenbar* gewesen, sondern *ein atypischer,* weil er *alles andere als häufig* vorkomme, und daher nur eine *unbeachtliche Eigentümlichkeit* des Falles. Der Erfolgseintritt hing sogar so stark vom *Zufall* ab, daß sich sagen läßt, daß das in Frage stehende Verhalten ihn - in dem adäquaten Sinne - *gar nicht verursacht* habe.

Schon *Engisch,* der diese Diskussion in den 30er Jahren in seiner Abhandlung über die *Kausalität als Merkmal der strafrechtlichen Tatbestände*[173] beleuchtet hatte, schien ihr zu entnehmen, wie eng die hier auftretenden Begriffe miteinander zusammenhingen. Schon er bildete daraufhin einen ihre Ergebnisse zusammenfassenden Verweisungszusammenhang, der die Begriffe nicht nur allesamt nutzte, sondern ihre Verbindung aufzeigte:

> „M. E. laufen diese verschiedenen Formulierungen - jede richtig verstanden - auf dasselbe hinaus. ... [E]in Erfolg [ist] die berechenbare, die beachtliche Folge eines Verhaltens, wenn er wahrscheinlich ist: das Wahrscheinlichkeitsurteil gründet sich aber meist (immer?) auf die Bekanntschaft mit „typischen" Zusammenhängen zwischen Verhalten und Erfolg. Bei alledem ist der offenbar zentrale Begriff der Wahrscheinlichkeit o b j e k t i v zu verstehen: als ein bestimmter Grad objektiver Möglichkeit. ... Indem auf eine „Vermehrung" der Möglichkeit ... abgestellt wird, wird freilich der ... Gedanke zum Ausdruck gebracht, daß ein Tun ... dann die adäquate Ursache eines Erfolges heißen darf, wenn gerade e s den Erfolgseintritt wahrscheinlich macht, d.h. wenn nicht die gleiche ... Tendenz zum Erfolg hin schon ohne Rücksicht auf das Tun bestanden hat. Aber dieser Gedanke ist ebenso u n b e s t r i t t e n wie richtig; er wird von den anderen Theorien nur nicht besonders ausgesprochen."[174]

Engisch deutet damit nicht nur an, daß die Begriffe aufeinander verwiesen waren - berechenbar, beachtlich, wahrscheinlich, typisch, möglich, vermehrt möglich - , so daß auch er letztlich nichts anderes verdeutlichte, als daß die Begriffe aufeinander angewiesen waren, wenn sie von dem fraglichen Objekt etwas sagen wollten. Er wies zudem darauf hin, daß sich die um die adäquate begriffliche Erfassung des Zusammenhangs bewerbenden Topoi gar nicht ausschlossen; sie brauchten sich vielmehr, um die Fehler des je anderen zu korrigieren. Etwas in dem umschriebenen Zusammenhang drängte das Denken offenbar zu den diversen Begriffen, die es jeweils immer wieder neu umschrieben. Es löste ein dogmatisches Denken aus, das sich dem Gegenstand in immer neuen begrifflichen Gewändern näherte, das gleichsam gegen den alten Begriff andachte und so das Neue im Alten entdeckte. Mit den Begriffen wurden damit Gedanken entfaltet, die von anderen Gedanken, wie *Engisch* sagt, nicht bestritten, sondern von den anderen Theorien nur nicht besonders ausgesprochen worden seien.

Doch dessenungeachtet zog die dogmatisierende Karawane unaufhaltsam weiter und brachte, wie gleich gezeigt wird, immer neuere Umschreibungen von Verhalten und Zusammenhang hervor; immer wieder mit dem Anspruch, nun den eigentlichen, zentralen oder entscheidenden, den richtigen, den adäquaten, den einen Topos gefunden zu haben.

---

[173] Karl Engisch, *Die Kausalität als Merkmal der strafrechtlichen Tatbestände,* Tübingen 1931.

[174] Engisch, a.a.O., S. 45ff.

Eine solch neue Debatte wurde insbesondere durch die Annahme eröffnet, das Verhalten habe den Erfolg letztlich gar nicht verursacht. Dies stieß, weil man am Verursachungsbegriff der Äquivalenztheorie nicht rütteln wollte, meist auf Kritik. Das wertende Adäquanzurteil und das, wie man sagte, ontologische oder naturwissenschaftliche Kausalurteil sollten nicht vermischt, sondern getrennt voneinander ermittelt werden.

ββ) *Honigs* objektive Zurechnung

Honig entwickelte daher 1930 im Streit zwischen Adäquanz- und Äquivalenztheorie den ersten Ansatz für die heutige Lehre der objektiven Zurechnung. Weil es sich bei dem Adäquanzurteil schon um eine außerhalb der „ausschließlich ontologischen Bedeutung des Kausalbegriffes“[175] liegende Wertung handele, sei die Adäquanztheorie keine Kausaltheorie mehr. „Nicht handelt es sich hierbei noch um den Nachweis eines Kausalzusammenhangs, sondern um die Beurteilung des bereits als vorhanden erwiesenen.“[176] Über Kausalität sei kein Wort mehr zu verlieren, wenn man den Zusammenhang nach der Bedingungstheorie festgestellt habe. Vielmehr trete dann zum Kausalitätsurteil ein weiteres selbständiges Urteil hinzu, eben „das über die objektive Zurechnung“.[177]

Honig griff zur näheren Gestaltung eines solchen objektiven Zurechnungsurteils auf *Larenz* zurück, der wenige Jahre vor ihm unter Rückgriff auf die normativen *Hegel*schen Zurechnungskategorien des 19. Jahrhunderts, die vor dem Eingang des naturwissenschaftlich objektiv kausalen Tatbestandsbildes in die Dogmatik Geltung hatten, den Begriff der objektiven Zurechnung für das Zivilrecht umrissen hatte.[178] Auch *Larenz* ging es dabei insbesondere darum, die „Tat“ eines Handelnden vom bloß zufälligen Geschehen abzugrenzen. Relevant wurde aus dieser Sicht die menschliche Willensäußerung als menschliche Handlung, die als bewußtes Setzen von Ursachen ein zweckhaftes Eingreifen des menschlichen Verstandes in Naturvorgänge bedeutete.

Insbesondere die Sicht der Aufklärung auf die Gestaltungskraft des Menschen kam hier zum Vorschein, wenn es bei *Honig* mit deutlichem Bezug auf Hegel zusammengefaßt heißt, daß „der Mensch seine Zwecke durch Eingreifen in die Naturvorgänge verwirklicht, die Natur seinen Zwecken unterwirft“[179]. Soweit der Mensch fähig sei, die Wirkungen eines bestimmten Verhaltens vorauszusehen, und soweit er weiter fähig sei, diese Wirkungen durch entsprechendes Verhalten herbeizuführen, so weit reiche die Möglichkeit seiner Urheberschaft.[180] Deshalb, so *Honig*, könne sein Verhalten „auch objektiv betrachtet ... als zweckhafte Äußerung seines

---

[175] Honig, a.a.O., S. 178.

[176] Honig, a.a.O., S. 178.

[177] Honig, a.a.O., S. 179f.

[178] Karl Larenz, *Hegels Zurechnungslehre und der Begriff der objektiven Zurechnung*, Leipzig 1927, mit Bezug auf die damals verbreitete Verwendung des Begriffs der objektiven Zurechnung und die bald ad acta gelegte Unterscheidung von *imputatio facti* und *imputatio iuris*, a.a.O., S. 60 mit Anm. 2 und S. 70 mit Anm. 2.

[179] Honig, a.a.O., S. 183.

[180] Honig, a.a.O., S. 183f.

Willens angesehen werden. ... Zurechenbar ist demnach derjenige Erfolg, welcher als zweckhaft gesetzt gedacht werden kann"[181].

Honig kam zu diesem Ergebnis, wie er selbst sagte, zwar in Parallelität zu dem auf hegelschen Gedanken fußenden Ergebnis von *Larenz*, aber letztlich „unabhängig von jeder philosophischen Einstellung". Herleitbar sei dieses nämlich auch allein aus „den allgemein anerkannten Grundsätzen der allgemeinen Rechtslehre"[182]. Diese nämlich fordere vom Menschen nur dasjenige Verhalten, das nach allgemeiner Erfahrung vom menschlichen Willen erwartet werden, ihm zugemutet werden könne. Und dies sei ohnehin nur dasjenige, welches in seinem Machtbereich liege, welches zu beobachten ihm möglich sei. Verbote könnten von ihrem Adressaten damit nur die Vermeidung derjenigen Erfolge fordern, die er voraussehen und dann auch bewirken oder vermeiden könne.[183] Vom Standpunkt dieser normlogischen Überlegungen aus gelange man daher auch zu dem Ergebnis, daß ein für einen Erfolg kausales Verhalten „rechtserheblich nur dann ist, wenn es in Hinblick auf die Bewirkung bzw. Vermeidung des Erfolges als zweckhaft gesetzt gedacht werden kann"[184]. Entscheidend war *Honig* damit der Gedanke der Bezweckbarkeit, das heißt die Frage nach der Beherrschbarkeit des Geschehens durch den Willen. Mit den Begriffen der „Voraussehbarkeit" oder „Berechenbarkeit" sei, so *Honig*, nicht „der Kernpunkt der objektiven Beziehung des Täters zum Erfolg getroffen worden, sondern lediglich mit der ‚Beherrschung' des Kausalverlaufs"[185].

Für den Erbonkelfall bedeutete das Folgendes: Konnte das Hinausschicken ins Gewitter auf eine bewaldete Anhöhe als zweckhaft auf das Erreichen des eingetretenen Erfolges gedacht werden, war es rechtserheblich und der Erfolg zur Handlung objektiv zurechenbar. Dies war dann der Fall, wenn der Onkel sich die Naturgewalt des Gewitters zunutze machte, etwa dann, wenn zu beobachten war, daß die Gewitter zu dieser Jahreszeit über die Anhöhe zogen und Blitze dort einschlugen."[186] Wenn nicht, so lag der Erfolgseintritt außerhalb des Machtbereichs. Er konnte dann nicht mehr vorausgesehen und nicht beherrscht werden. Vielmehr war dann der Onkel nicht fähig, den Erfolg zu bewirken, die Möglichkeit seiner Urheberschaft reichte nicht aus. Weil er sich im Hinblick auf den Erfolg die Natur nicht zunutze machen konnte, mußte er sein Verhalten auch nicht so einrichten, daß Erfolge dieser unvorhersehbaren Art vermieden wurden.

---

[181] Honig, a.a.O., S. 184; bei Larenz, a.a.O., S. 67ff., heißt es entsprechend: „Durch die Fähigkeit, Zwecke zu setzen und zu realisieren, dem Kausalverlauf die Richtung auf ein vielleicht fernes, aber gewußtes und gewolltes Ziel zu geben, sich ihn dienstbar zu machen, beherrscht der Wille das Naturgeschehen und verwandelt es in die eigene Tat. ... Die Zurechnung als das Urteil über die Tat ist demnach nicht ein kausales, sondern ein teleologisches Urteil. Nur darf man den Zweckbegriff hier nicht subjektiv, sondern muß ihn objektiv fassen; d.h. man darf nicht dabei stehenbleiben, dasjenige zuzurechnen, was gewußt und gewollt war, sondern muß auch das zurechnen, was gewußt und damit vom Willen umspannt sein konnte, was als Gegenstand des Willens möglich war."

[182] Honig, a.a.O., S. 182.

[183] Honig, a.a.O., S. 187f.

[184] Honig, a.a.O., S. 188.

[185] Honig, a.a.O., S. 187.

[186] Honig, a.a.O., S. 186.

γγ) *Engischs* Sorgfaltspflicht

Wie oben schon angedeutet, knüpfte *Engisch* noch 1931[187] insbesondere an die dargelegten Überlegungen von *Traeger* an. Zu *Honigs* Ausführungen, die *Engisch* im Ergebnis keinen großen Unterschied bedeuteten, fiel ihm vor allem ein, daß der Begriff der objektiven Zurechnung ohne Gewinn sei, weil Kausalität, Tatbestandsmäßigkeit und Rechtswidrigkeit allesamt die objektive Zurechnung beträfen.[188] Den Adäquanzgedanken als Beitrag zur Tatbestandslehre behielt er damit zwar bei, wollte ihn indes als gesondertes Merkmal neben die Kausalität stellen[189] und beschäftigte sich zudem mit weiteren Verfeinerungen, die schließlich, vermittelt über den Begriff der Gefahrschaffung und den der Vermeidbarkeit des Erfolges bei objektiver Wahrscheinlichkeit seines Eintritts, in den Gedanken der objektiven Sorgfalt mündeten.

Engisch knüpfte zuerst an die *Traeger*sche Bestimmung der Vermehrung der Möglichkeit des Erfolgseintritts an, die das Verhalten, das den Erfolg zur wahrscheinlichen Folge habe, geschaffen haben mußte.[190] Es durfte, so formuliert es *Engisch*, angesichts einer „geringen Wahrscheinlichkeit" des Erfolgseintritts, die ihm bereits zur Adäquanz ausreichte, nicht schlechthin unwahrscheinlich sein, daß das Verhalten den Erfolg nach sich zog.

---

[187] Karl Engisch, *Die Kausalität als Merkmal der strafrechtlichen Tatbestände*, Tübingen 1931. Engisch ist hier einer der ersten in der moderneren Debatte, der zugleich die Frage nach der freiwilligen Selbstgefährdung stellt. Insofern ist Friedrich-Christian Schroeder, *Der Täter hinter dem Täter*, Berlin 1965, S. 92ff., nicht zuzustimmen, der der Meinung ist, daß zuerst Heinz Rutkowsky, *Die psychisch vermittelte Kausalität*, in: NJW 1952, S. 606ff., 607, und ders., Besprechung zu Jürgen Baumann, Strafrecht AT, Bielefeld 1960, in: NJW 1961, S. 1153, diesem Ansatz gefolgt sei. Engisch, a.a.O., S. 51, verhilft sich, um die Frage nach der Bedeutung der freiwilligen Selbstgefährdung zu umgehen, mit der Eventualität, daß es sich bei dem Opfer um einen Ahnungslosen oder Unmündigen handele. Ansonsten sind außer ihm neben Rutkowsky zumindest noch F.-C. Schroeder, *Der Täter hinter dem Täter*, a.a.O., S. 93f.; Hirsch, *Zur Lehre von der objektiven Zurechnung*, S. 137; Schünemann, a.a.O., S. 220, oder Roxin, *Finalität und objektive Zurechnung*, in: Gedächtnisschrift für Armin Kaufmann, Köln u.a. 1989, S. 238, dieser Variante nachgegangen. Teilweise heißt es dann, es finde sich die Lösung des Falles weder unter Rückgriff auf den Vorsatz noch mit Hilfe der Zurechnungslehre, weil „die Überredung des Onkels, einen Spaziergang zu unternehmen, ja von vornherein nur eine straflose Teilnahme an freier Selbstgefährdung", genauer gesagt eine straflose Anstiftung dazu sei. So jedenfalls Schünemann, a.a.O., S. 220. Wenig zufriedenstellend ist daran aber, daß auf diese Weise kein immanenter Grund zur Ablehnung der Täterschaft des Neffen angegeben wird, der dann indes gebraucht würde, wollte man etwa den üblichen Aufbau nicht umgehen, wonach vor der Teilnahme erst Täterschaft zu prüfen sei. Wie und an welcher Stelle im Tatbestandsaufbau die Täterschaft des Neffen dabei dann nach der finalen Lehre abzulehnen sei, wird hierdurch nicht klar. Nicht anders sähe sich hier dann auch die Lehre von der objektiven Zurechnung mit dem Postulat immanenter Begründung konfrontiert, die ebenso immanent Täterschaft ablehnen müßte.

[188] Engisch, a.a.O., S. 59, Anm. 1.

[189] zur Begründung dessen vgl. eingehend, ders., a.a.O., S. 59; daß Engisch das Merkmal der Adäquanz sogleich als Bestandteil des Verbrechensmerkmals der Rechtswidrigkeit verstanden wissen und damit auch das erlaubte Risiko als Rechtfertigungsgrund behandelt wissen wollte, vgl. a.a.O., S. 52, 53, Anm. 2, ändert daran freilich nichts.

[190] Engisch, a.a.O., S. 46.

Schon ein solch bloß gering wahrscheinliches Verhalten könne aber, so *Engisch*, „auch als ‚gefährlich' in Richtung auf den betreffenden Erfolg bezeichnet werden, ... denn Gefahr ist ein gewisser Grad der Möglichkeit der Verletzung". Die adäquaten Verhaltensweisen seien damit die „in Richtung auf den Erfolg gefährlichen Handlungen"[191]. Weil nun aber, wie auch bei *Honig* gesehen, die Rechtsnormen verlangten, daß man sein Verhalten jedenfalls so einrichte, daß nicht schlechthin unwahrscheinliche Erfolge vermieden würden, daß sich also keine der verbotenen Erfolge einstellten, lasse derjenige, der die Gefahr ihres Eintritts nicht vermeide, die zur Vermeidung erforderliche Sorgfalt in seinem Verhalten außer acht.[192] Das Merkmal der Adäquanz gehe daher „insoweit in dem Merkmal der Außerachtlassung der erforderlichen Sorgfalt auf"[193].

Engisch argumentierte vor diesem Hintergrund zum Fall des Erbonkels, daß das Überreden des Opfers zu einem Gang durchs Gewitter ein nur relativ ungefährliches, weil mit einer zu geringen Erfolgswahrscheinlichkeit behaftetes Handeln sei. Weil so aber auch keine Gefahr zu vermeiden gewesen sei, hätten Neffe oder Onkel auch nicht sorgfaltspflichtwidrig im Hinblick auf den Erfolg und damit nicht adäquat gehandelt. Denn es habe keine objektiv beachtenswerte Gefahr bestanden; der Eintritt sei daher, so heißt es auch hier wieder, reiner Zufall gewesen.[194]

δδ) *Welzels* Topos der Sozialadäquanz

Mit einem ähnlich begründeten Ergebnis wie *Honig* löste *Welzel* 1939, also noch vor Hypostasierung seiner finalen Handlungslehre, in seinen „Studien zum System des Strafrechts"[195] die Onkelfälle über den Topos von der Sozialadäquanz, der, vermittelt über das Moment des rechtlich irrelevanten Risikos, auch in den sogleich folgenden Überlegungen *Roxins* enthalten ist. *Welzel* wollte Handlungen aus dem Zugriff des Rechts ausscheiden, die sich „funktionell innerhalb der geschichtlich gewordenen Ordnung des Gemeinschaftslebens eines Volkes" bewegten.[196] Der Sinn des Rechts bestehe nämlich darin, unter den Handlungen nur die „für ein sittlich-geordnetes Gemeinschaftsdasein unverträglichen" auszuwählen und zu verbieten. Andere, die sich gänzlich im Rahmen der sozialen Ordnung bewegten, nannte er sozialadäquat. Eisenbahnfahren sei so eine Handlung, nicht anders als der Rat, eine solche Fahrt zu unternehmen. Überrede daher etwa der Neffe seinen Onkel, so formuliert es *Welzel*, in der „Absicht, daß dieser ums Leben kommen möge"[197], zu einer Eisenbahnfahrt, so handele es sich dabei um eine für das Recht nicht relevante sozialadäquate Handlung. Schon deshalb, weil der Tatbestand die Vertypisierung strafwürdigen Unrechts sei und damit sozialadäquates Verhalten

[191] Engisch, a.a.O., S. 46f.
[192] Engisch, a.a.O., S. 53.
[193] Engisch, a.a.O., S. 53.
[194] Engisch, a.a.O., S. 50.
[195] Welzel, *Studien zum System des Strafrechts*, in: ZStW 58 (1939), 491ff.
[196] Welzel, *Studien*, a.a.O., S. 516.
[197] Welzel, a.a.O., S. 517.

von vornherein nicht erfasse, könne die Handlung des Neffen den objektiven Tatbestand eines Tötungs- oder Verletzungsdeliktes auch nicht erfüllen.[198]

ee) *Roxins* mißbilligtes Risiko

Roxin griff schließlich 1970 in der Festschrift für *Honig* dessen Ansatz zur objektiven Zurechnung auf und entwickelte ihn in diesem Beitrag so fort, daß dieser heute als die Geburtsstunde der Lehre von der objektiven Zurechnung gilt.[199] Er strich, wie schon *Honig*, heraus, daß für den untersuchten Zusammenhang von Handlung und Erfolg die eigentliche juristische Grundfrage nicht in der Ermittlung „irgendwelcher Gegebenheiten, sondern in der Festsetzung der Maßstäbe" liege, nach denen wir bestimmte Erfolge einer Person zurechnen wollen. *Roxin* fragte hier danach, ob man einen Erfolg einem Menschen als „sein Werk" zurechnen könne, und suchte dafür nach einem „inhaltlich konkretisierbaren allgemeinen Zurechnungsmaßstab".[200]

Roxin teilte dabei die Auffassung *Honigs*, die auch schon für *Engisch* zentral war, daß ein Verhalten, das objektiv mit den Pflichtanforderungen des Tatbestandes in Einklang stand, nicht die Herbeiführung eines tatbestandlichen Erfolges bezwecken konnte.[201] Allerdings schien ihm das Kriterium der Beherrschbarkeit durch den menschlichen Willen, das der objektiven Zweckhaftigkeit zugrunde liege, „bei näherem Hinsehen nur scheinbar an der Faktizität des Könnens orientiert"[202]. Denn der Onkel hätte den Tod des Neffen freilich vermeiden können, wenn er ihn nicht in den Wald geschickt hätte. Auf der fehlenden Beherrschbarkeit könne daher der Ausschluß des Tatbestandes nicht beruhen, sondern nur darauf, daß die Rechtsordnung das „Experiment mit den Naturgewalten" deswegen nicht verbiete, weil dieses Verhalten „kein meßbares Risiko einer Rechtsgüterverletzung schafft; es ist ungefährlich und dem Gesetzgeber darum gleichgültig"[203]. Denn „die Chance, vom Blitz getroffen zu werden, ist statistisch so gering, daß das Recht sie nicht als unerlaubte Gefahr bewertet"[204]. Anders sei es aber, was *Honig* und letztlich auch schon *von Kries* ebenso erkannten, wenn der Onkel um die gesteigerte Gefahr des Spaziergangs wußte; etwa weil allgemein bekannt war, daß die Blitze dort regelmäßig einschlugen.

Die objektive Bezweckbarkeit eines Schaden stiftenden Kausalverlaufs hänge also davon ab, so *Roxin*, ob das Verhalten ein rechtlich relevantes Risiko tatbestandlicher Rechtsgüterverletzung geschaffen habe; ein Aspekt, den *Roxin* auch schon in den dargelegten Überlegungen *Engischs* zur Gefahrschaffung begründet sah.[205] Denselben Effekt, die Zurechnung zufällig eintretender Verletzungen zu verhindern,

---

[198] Welzel, a.a.O., S. 517.

[199] nachdem er zuvor seinen Gedanken von der Risikoerhöhung bereits in seinem Beitrag *Pflichtwidrigkeit und Erfolg bei fahrlässigen Delikten*, in: ZStW 74 (1962), S. 411ff., entwickelt hatte, auf den er in der Festschrift für Richard Honig dann zurückgreift.

[200] Roxin, *Gedanken zur Problematik der Zurechnung im Strafrecht*, a.a.O., S. 133.

[201] Roxin, *Gedanken*, a.a.O., S. 135.

[202] Roxin, *Gedanken*, a.a.O., S. 135.

[203] Roxin, *Gedanken*, a.a.O., S. 135.

[204] so Roxin, *Finalität und objektive Zurechnung*, S. 238.

[205] Roxin, *Gedanken*, a.a.O., S. 136.

übernehme, so *Roxin*, im Fahrlässigkeitsdelikt bereits das geläufige Kriterium der objektiven Vorhersehbarkeit. Auch hier trage es also bei Verhaltensweisen, die kein rechtlich relevantes Risiko in sich bergen. Und bei den Vorsatztaten stehe es „bei aller Vielfalt der aufgesuchten Begründungen nicht anders".[206]

β) Konstellation der Begriffe um die Sache

Läßt man nun die aufgrund doch offensichtlich ganz subjektiver Erfahrung der jeweiligen Autoren mit dem Fall gewonnenen und sich in den beispielhaft ausgewählten Veröffentlichungen niederschlagenden Umschreibungen des Zusammenhangs von Handlung und Erfolg in eine von Adorno als Möglichkeit begrifflicher Rationalität bevorzugte Konstellation treten, müßte man die bislang gebildeten Begriffe unreglementiert um die von ihnen bezeichnete Sache zentrieren und derart in ein Verhältnis bringen, daß sie sich, wie Adorno sagt, selbst gegenseitig tragen[207]. Dann müßte sich seinen Überlegungen zufolge ein durch das Mehr an begrifflicher Ratio verursachter Erfahrungs- und Erkenntnisgewinn im Hinblick darauf ergeben, wie der Fall im allgemeinen, und im besonderen jener Zusammenhang von Handlung und Erfolg, beschaffen, zu bewerten und damit jeweils zu umschreiben sei.

Seiner Meinung nach müßte nämlich jeder der von den dargestellten Autoren gebildete und vermeintlich zentrale oder entscheidende Begriff die anderen bereits deswegen in sich enthalten, weil er als Einzeltopos die Sache doch bloß aufspießt, in der die anderen Begriffe aber als Elemente enthalten sind, die er - als die verschiedenen Momente seines Objekts, also des untersuchten Zusammenhangs - in sich synthetisiert und zugleich aus der Wahrnehmung verdrängt.

Daran änderte selbst das dargelegte und nachvollziehbare Bemühen der referierten Autoren in ihrem subjektiven Ausdruck um möglichst präzise Bestimmung, um ein möglichst präzises momentanes Einstehenlassen der Sache im Begriff nichts, für das Adorno gleichwohl, wie gezeigt, auch plädierte[208]. Auch die präzise Bestimmung verdrängte durch ihren Identitätsanspruch das Mehr der Sache. Jeder der gebildeten und zweifelsohne durchaus etwas von der Sache treffenden Begriffe macht schließlich durch seinen Wahrheitsanspruch hindurch die Sache gleichwohl zum bloßen Exemplar eines Gattungsbegriffs und verdrängte damit seine anderen Qualitäten aus der geistigen Wahrnehmung.

Und das bedeutete schließlich, daß nur sämtliche in der Diskussion entstandenen, in ihr von jeweils subjektiver Wahrnehmung gebildeten Topoi zugleich, allesamt genommen, im Wege eines mimetischen, und das meint konstellativen Verhaltens jener Topoi, mit der Nichtidentität des Objekts auch dessen Wahrheit aufzeigen könnten. Die Vielheit dieser Topoi, die die Adäquanztheorie und die Lehre von der objektiven Zurechnung, wie bislang gezeigt, herausgebildet hatten - *Kaufmann* nennt sie freilich in kritischer Absicht ein „Ensemble von Topoi"[209] -, müßten sich in ih-

---

[206] Roxin, *Gedanken*, a.a.O., S. 137.

[207] vgl. Adorno, *Der Essay als Form*, a.a.O., S. 21: „Alle Begriffe sind so darzustellen, daß sie einander tragen, daß ein jeglicher sich artikuliert, ja nach der Konfiguration mit anderen." Hier treten dann „diskret gegeneinander abgesetzte Elemente zu einem Lesbaren zusammen".

[208] vgl. nochmals oben Kapitel II, etwa S. 64.

[209] Armin Kaufmann, *„Objektive Zurechnung" im Vorsatzdelikt*, in: Festschrift für Jescheck, S. 271.

rer Konstellation mimetisch an ihr Objekt anschmiegen. Und mit ihrem damit notwendig werdenden Mehr an begrifflicher Vernunft, das die Synthesen rückabwickelt, würde dann just dieselbe notwendig irrationale Vernunft des identifizierenden Begriffs wieder rational.[210] Auf diese Weise erst, wenn das Objekt nicht mehr identisch sein müßte mit einem Begriff, sondern diesem mehrere Begriffe ähnlich, machte sich nicht mehr der Begriff, subjektives Bewußtsein das Objekt Untertan, das Objekt machte sich vielmehr mit Hilfe des Subjekts die Begriffe ihm ähnlich.

Werden alle Topoi gleich weit zum Mittelpunkt des beschriebenen Objektes angeordnet, so öffneten sie dann, wie es hieß, das Objekt dem mikrologischen Blick. Und es würde lesbar in der Konstellation, erkennbar jenem prognostizierten gesteigerten Glück unreglementierter Erfahrung[211]. Diese sprengte die entstandene Chimäre, den Trug seiner Identität als Gattungsexemplar. Wie der Schlüssel zu einem Schloß, wie eine Zahlenkombination zu einem Schließfach ermöglichten die Begriffe erst gemeinsam, als das Ensemble, als das *Kaufmann* sie negiert, unreglementierter Erfahrung den Blick auf das Objekt als nichtidentisches. Eine solches „in Konstellation treten" könnte sich dann wie folgt lesen lassen.

αα) Konstellation der genannten Topoi

Der konkret aufgetretene Kausalzusammenhang zwischen Handlung und Erfolg war ein äußerst unwahrscheinlicher. Selbst für den einsichtigsten Menschen war er ein objektiv nicht erkennbarer und ebenso nicht vorauszusehender. Es war allgemein nicht zu erwarten, daß der Erfolg eintreten würde. Der Zusammenhang des Verhaltens zur Handlung war also kein von einer allgemeinen Tendenz getragener Zusammenhang, sondern nur ein ganz eigentümlicher, singulärer der besonderen Situation. Er war völlig atypisch und ereignete sich rein zufällig. Das Verhalten des vermeintlichen Täters hatte daher auch den Erfolgseintritt nicht adäquat begünstigt, die Möglichkeit seines Eintritts nicht erhöht, nicht vermehrt. Es hatte damit keine strafrechtlich relevante Ursache für den Erfolg geschaffen. Es hat ihn somit gar nicht adäquat, so verstanden eigentlich gar nicht verursacht.

Man konnte mit diesem Verhalten einen Zusammenhang der eingetretenen Art nicht objektiv bezwecken. Der menschliche Verstand konnte ihn nämlich nicht bewußt setzen, die Wirkung des Verhaltens nicht bewußt herbeiführen. Der bloß äquivalent kausale Zusammenhang, also die Kausalität als Naturgesetz verstanden, war ihrerseits weder bewußt noch zweckhaft in Dienst zu nehmen, sie ließ sich weder vorhersehen noch steuern. Das Verhalten selbst stellte damit keinen steuernden oder bewußten Eingriff in den Ablauf der Natur dar. Von menschlichem Bewußtsein getragenes Verhalten konnte sie, die Natur, an dieser Stelle in keiner Weise beherrschen. Ein äquivalenter Kausalzusammenhang der eingetretenen Art ließ sich also vom Menschen nicht urheben. Er trat vielmehr ganz zufällig ein. Damit war er auch nicht die Tat oder das Werk eines Menschen, sondern das eines bloßen Zufalls. Urheber war dieser bloße Zufall.

---

[210] vgl. dazu oben Kapitel II, S. 62ff.

[211] vgl. Adorno, *Der Essay als Form*, a.a.O., S. 30: „... sublimiert zur Idee des Glücks einer Freiheit dem Gegenstand gegenüber, welche diesem mehr von dem seinen gibt, als wenn er unbarmherzig der Ordnung der Ideen eingegliedert würde."

Der Erfolg lag schlichtweg nicht mehr im Machtbereich dessen, der durch sein Verhalten eine äquivalent kausale Ursache setzen konnte, der Verlauf des Geschehens war von ihm nicht zu beherrschen und daher weder zu bewirken noch zu vermeiden, und deshalb, weil er nicht vermeidbar war, war er auch nach den normlogischen Überlegungen, wonach als Schuld vorwerfbar nur sei, was auch vermieden werden konnte, rechtlich nicht weiter erheblich.

Ein solcher Zusammenhang ließ sich damit insgesamt nicht mehr als zweckhaft gesetzt denken. Weil das so war, weil der Zusammenhang so unwahrscheinlich war, die Wahrscheinlichkeit eines Erfolgseintritts, statistisch betrachtet, zu gering, ließ sich aber auch von dem Verhalten, das ihn begründete, nicht sagen, dies habe eine rechtlich ausreichende, eine für das Recht beachtliche Gefahr geschaffen. Es war vielmehr völlig ungefährlich[212]. Denn wer einem anderen ein Flugticket schenkt, schafft angesichts des technischen Entwicklungsstandes keinerlei Lebensgefahr für den Beschenkten und damit noch nicht einmal eine Gelegenheit zur freiwilligen Selbstgefährdung des eigenen Lebens.[213] Nicht anders wäre es aber zu beurteilen, wenn er den anderen bloß in ein Gewitter geschickt hätte, von dem er nicht wußte, wann dessen Blitze wo vermehrt einschlugen. Beide Verhaltensweisen waren daher dem Gesetzgeber gleichgültig.

Man hatte nämlich, wenn man sich so verhielt, nichts, insbesondere keinerlei Vorsichtsmaßnahmen, außer acht gelassen, keine Sorgfalt unterlassen, schon weil man nicht vorsichtig sein, sich nicht um etwas sorgen mußte. Ja, man konnte noch nicht einmal vor-sichtig sein, weil sich nichts vor(her)sehen ließ. Daher haftete dem Verhalten eben auch kein Mangel an Sorgfalt im Hinblick auf ein mögliches Erfolgsvermeiden an. Vielmehr war das geschilderte Verhalten, insbesondere das Verreisen mit Individualverkehrsmitteln, aber selbst ein Spaziergang bei Gewitter, noch gänzlich im sozialen Sinne adäquat, angemessen und normal, weil sich beides ganz im Rahmen der geschichtlich gewachsenen sozialen Ordnung bewegte. Wenn dann diesen sozialadäquaten Verhaltensweisen, die letztlich nur ein rechtlich unerhebliches Experiment mit den Naturgewalten darstellten, überhaupt noch eine Gefährlichkeit anhaftete, dann aber doch nur noch ein kaum meßbares Risiko, das daher

---

[212] so inzwischen auch Hirsch, *Zur Lehre von der objektiven Zurechnung*, a.a.O., S. 137, bezogen auf das sogenannte erlaubte Risiko des Autofahrens: „Fährt ein Autofahrer völlig korrekt, so wird ihm kaum jemand eine riskante Verhaltensweise nachsagen." Was Hirsch freilich wieder dazu veranlaßt, dies gegen den Topos der erlaubten Gefahr geltend zu machen, weil deshalb „doch eigentlich schon die Gefährlichkeit des konkreten Verhaltens zu verneinen [wäre]", mithin also der Gefahrbegriff. Daß dies mit Roxin, a.a.O., S. 115, gerade auch ein Vertreter der Zurechnungslehre so sieht, dürfte die hiesige These nur bestätigen.

[213] Besonders deutlich wird dies anhand eines weiteren Falles, der in diesem Kontext oft diskutiert wird, am Meteoritenfall, in dem ein Mann seine Freundin an einen bestimmten Ort bestellt in der Hoffnung, sie werde dort von einem Meteoriten erschlagen. Vgl. Roxin, AT I, § 24, Rn 3, Anm. 6, Rn 11. Hier noch, wie Roxin das seinem Ansatz verpflichtet tun muß, von einer rechtlich nicht mißbilligten Gefahrschaffung zu sprechen wirkt schon angesichts der Absenz jeder Gefahr bizarr. Die Berechtigung des Begriffs rührt freilich aus der hypothetischen Annahme des Meteoriteneinschlags; denn wenn er einschlug (nicht anders als der Blitz im Erbonkelfall), mußte, logisch betrachtet, auch eine Gefahr bestanden haben.

auch ein rechtlich unerhebliches Risiko bedeutete, also eine durchaus erlaubte Gefahr.

ββ) Systematik und Ordnung?

Diese Gedanken, diese Begriffe sind vergleichsweise lose gruppiert, sie sind in keine Systematik, keinen Ableitungszusammenhang integriert. Keiner suggeriert, näher am Objekt zu sein als der andere. Subjektives dogmatisierendes Bewußtsein hat hier, in einer das Objekt bloß lose umkreisenden Konstellation, noch kein begriffliches Vorrangverhältnis geschaffen, keine logische Ordnung, kein begriffslogisches Gerüst[214], und damit noch dem Objekt und seinem Vielen selbst den Vorrang vor dem strukturierten einzelbegrifflichen Bewußtsein eingeräumt. Die Begriffe, zu denen subjektives Bewußtsein seit über einhundert Jahren gedrängt wird, verweisen aufeinander, ergänzen, erläutern und tragen sich dadurch selbst. Sie sind allesamt dem umschriebenen und bewerteten Zusammenhang von Handlung und Erfolg, dem Objekt der Begriffe, als Bestandteile zu entnehmen und um ihn herum zu komponieren, umkreisen ihn mimetisch.[215] Indem sie seine Teile umschreiben, werden sie ihm als Konstellation ähnlich.

Es hat keine Synthetisierung der Art stattgefunden, daß nun der eine, der zentrale oder der entscheidende Topos dieser oder jener sei. Vielmehr lautete die These: Ein solcher Ableitungszusammenhang läßt sich nicht ohne notwendigen Widerspruch aus der Sache selbst heraus begründen. Einen zentralen oder entscheidenden Aspekt kann sich nur herrschaftliches Bewußtsein selbst setzen, das sich mit diesem Begriff unlauter den Vorrang verschafft und mit dieser schlecht subjektiven Setzung so objektiv falsch liegt wie sein identifizierender Begriff. Dieser ist unwahr, behauptet Unwahres. Denn die Sache scheint den Vorrang eines Begriffs gerade nicht zu gebieten, sich darin gerade nicht als Ganze wiederzufinden, auch wenn die einzelnen Ansätze das apophantisch bedürftig behaupten.

Erst solcher Art strukturierendes Bewußtsein, das sich zu Thesen aufschwänge wie derjenigen, daß zentral und entscheidend etwa der Gedanke der objektiven Möglichkeit oder der von der Steuerbarkeit des Kausalverlaufs sei, setzte sich dann Widersprüchen derart aus, wonach der Vorrang eines Begriffs durch den Vorrang eines anderen widerlegt sei, etwa weil objektiv möglich nur der steuerbare Kausalverlauf sei oder der Kausalverlauf nur dann steuerbar, wenn er objektiv möglich oder vorhersehbar sei. Beide Aspekte verweisen aber nicht bloß aufeinander, sie tragen sich gegenseitig, sie sind vielmehr aufeinander angewiesen, um sich gegenseitig zu erläutern. Beide sind gleichberechtigte Aspekte einer Umschreibung ein und desselben Falles, keiner müßte vor dem Forum geistiger Erfahrung als minderwertig zurücktreten.

Denn wer etwa sagte - und das eben mit dem typischen und vorhersehbaren und daher diskursadäquaten herrschaftlichen Habitus identifizierender Sprache -, entscheidende Grundlage der Zurechnung (oder des Adäquanzurteils) sei die *Beherrsch-*

---

[214] vgl. nochmals, Adorno, *Der Essay als Form*, a.a.O., S. 21: Die Konstellation erstelle „kein Gerüst und keinen Bau".

[215] vgl. dazu noch einmal die Rezeption des Kompositionsbegriffs Webers durch Adorno, oben Kapitel II, S. 67, Anm. 238.

barkeit, so relativ neu etwa wieder *Hassemer*[216], geht im kritisierten Sinne synthetisierend vor. Denn schon die Frage, wann ein Kausalverlauf beherrschbar war, mußte zur Erläuterung auf die synthetisierten Momente zurückgreifen: dann etwa, wenn das Verhalten eine Gefahr geschaffen hatte, die sich in voraussehbarer Weise realisiert hatte, also eine rechtlich relevante Gefahr. Voraussehbar aber war der Erfolgseintritt, wenn Kausalverläufe der eingetretenen Art allgemein erwartbar oder denkbar waren, etwa wenn sie typisch oder häufig zu erwarten waren, zumindest aber, wenn eine objektiv erkennbare Möglichkeit bestand. Welcher der Begriffe sollte dann aber noch „der zentrale" sein? Jeder Begriff braucht hier den anderen, greift auf ihn zurück, um seinen Fehler zu korrigieren; just so, wie es Adorno - trotz der Nichtidentität freilich auch dieses Prozesses mit seinem Begriff - präzise umschrieb. Und alle gemeinsam beleuchten etwas, freilich nicht erschöpfend, von der Mannigfaltigkeit ihres Gegenstandes. Sie werden ihm, der nicht Begriff ist, begrifflich ähnlich. Das meinte die Wendung von der Mimesis der Begriffe.

Genausogut ließe sich nämlich auch sagen, und das geschieht bezeichnenderweise auch, Grundlage der Zurechnung sei bloß die Voraussehbarkeit[217] oder, wieder wie bei *Honig*, das allgemeinere und damit wahre Prinzip sei die objektive Bezweckbarkeit[218]. Aber, so müßte man hiergegen einwenden: War es das grundlegende Prinzip der Beherrschbarkeit, das entschied, weil Voraussehbarkeit Beherrschbarkeit implizierte? Oder war es nicht viel entscheidender, daß Beherrschbarkeit Voraussehbarkeit voraussetzte? Oder war nicht vielmehr beides nur möglich, wenn der Erfolg als objektiv bezweckbar gesetzt werden konnte?

Die Verabsolutierung eines Aspektes, also seine Fetischisierung, die Identifizierung mit nur einem, dem „eigentlichen" Topos entwickelte sich vielmehr, so nannte es Adorno, zu einer Lüge über das Geschehen, die die Konstellation entlarvt. Nicht nur, daß sie den Begriff nicht operativ umreißen will: Er wäre als ein operativer gerade wieder unwahr, weil er dem begrifflichen Feld, *Walter Benjamin* würde von einem Kraftfeld sprechen[219], entrissen würde, in dem er mikrologisch dreinblickender Erfahrung aber notwendig begegnet.

Ein solch operativer Begriff wäre gegenüber seinem Gegenstand, gegenüber der Vielheit seiner Aspekte unwahr. Wie gesagt: Er degradierte den Fall immer nur zu einem Exemplar einer anderen Gattung von Fallgruppen, die in dem weiten Feld der objektiven Zurechnung genannt werden. So wäre er schon grundlegend nicht etwa ein Exemplar der Gattung der Fallgruppe des fehlenden Vorsatzes, was aber, wie sogleich gezeigt wird, die finale Lehre meint, sondern einer aus der Gattung fehlender objektiver Zurechnung, so etwa *Honig* oder *Roxin*; für manche wäre er

---

[216] Winfried Hassemer, *Prolegomena einer Lehre von der Zurechnung*, in: Festschrift für Günther Bemmann, Baden-Baden 1997, S. 175ff., 178f.; vor ihm auch, wie gezeigt, Richard Honig, a.a.O., S. 187, zumindest was das Verhältnis der Begriffe Voraussehbarkeit, Berechenbarkeit und „Beherrschbarkeit durch den Willen" angeht.

[217] vgl. nur LK-Schroeder, § 16, Rn 127ff., der für die Fahrlässigkeit meist von Erkennbarkeit spricht, zwischen beidem aber nur einen terminologischen Unterschied sieht.

[218] vgl. etwa Joachim Hruschka, a.a.O., S. 404: er nennt das „objektiven Finalzusammenhang".

[219] Zu den Gemeinsamkeiten zwischen Adorno und Benjamin und zu den Anleihen bei ihm für sein Modell der Konstellation vgl. die kurzen Ausführungen oben in Kapitel II, S. 65, Anm. 228.

nicht, wie einmal für *Welzel*, einer aus der Gattung der Fälle fehlender Sozialadäquanz, sondern ein Exemplar der Fallgattung freiwilliger Selbstgefährdung; anderen ist er ein Exemplar nicht etwa aus der Gruppe von Fällen rechtlich gebilligter Gefahren, sondern einer aus der Gattung der Inadäquanz des Kausalverlaufs.

Aber der Schein dieses Gattungswesens, der Schein bloßer, hilflos vereinzelter Existenz als Exemplar eines allgemeinen trügt. Er entsteht erst durch die durch Kategorisierung, Abstraktion begründete Entfremdung von seiner Besonderheit. Denn ihm sind die unterschiedlichen Topoi allesamt als durchaus jeweils neue immanente Qualitäten zu entnehmen, wenn man sich den jeweiligen Ansätzen überantwortet und ihre partielle Prägnanz der Beschreibung würdigt, die immer auch eine divergente Erfahrung mit dem Fall ausdrückt. Dann, läßt man sich auf diese geistige Erfahrung ein, sprengt der mikrologische Blick schließlich auch seine Identität, den geschilderten Trug, er wäre bloß ein Exemplar.

Das bekannte Beispiel *Welzels*, der im Wandel von drei Jahrzehnten, wie oben gezeigt, zuerst den einen Aspekt der Sozialadäquanz, dann, wie gleich zu sehen sein wird, den anderen eines fehlenden steuernden Willens herausstellte, sich also einmal ganz sicher war, eine Absicht beim Täter zu erkennen, dann aber plötzlich nur noch dessen Hoffnung, spricht für sich. Hier werden - ganz subjektiv - Wahrheitsmomente ausgedrückt und erfahrbare Qualitäten erfaßt, die offensichtlich durch die Subsumtion unter nur einen Begriff unterschlagen und von Identitätszuschreibungen verdrängt würden.

γ) Vorsatzfragen

Kommt man nun zurück zu den Vorsatzfragen, erkennt man, daß sich vor dem Hintergrund der „Zurechnungslehre“[220] der Adäquanztheorie über nahezu den gleichen Zeitraum hinweg, in dem über den objektiven Zusammenhang von Verhalten und Erfolg diskutiert wurde, immer auch die damit unabdingbar verwobenen Diskussionen darüber gehalten haben, ob der Ausschluß der Strafbarkeit des Verhaltens des vermeintlichen Täters nicht einfacher darüber vermittelt zu begründen sei, daß hinsichtlich des Erfolges schlicht und ergreifend - trotz eines dahin gehenden Wunsches - nicht vorsätzlich gehandelt wurde.[221] Solche Fragen waren zu Zeiten der kausalen Handlungslehre und des psychologischen Schuldbegriffs noch Fragen

---

[220] Roxin, *Gedanken*, a.a.O., S. 136.

[221] so Gustav Radbruch, *Die Lehre von der adäquaten Verursachung*, a.a.O., S. 39; Karl Klee, *Der dolus indirectus als Grundform der strafrechtlichen Schuld*, Berlin 1906, S. 31f.; Graf zu Dohna, *Beitrag zur Lehre von der adäquaten Verursachung*, in: Monatsschrift für Kriminalpsychologie und Strafrechtsreform, 2. Jahrgang 1906, S. 425ff., 431f.; Carl Ludwig von Bar, *Gesetz und Schuld II*, Berlin 1907, S. 309f.; Ernst Beling, *Grundzüge des Strafrechts*, Tübingen 1919, § 28 b) III, S. 46f; Reinhard Frank, *Das Strafgesetzbuch für das Deutsche Reich*, 1931, IX zu § 59, S. 197; Franz v. Liszt/Eberhard Schmidt, *Lehrbuch zum Strafrecht*, Berlin und Leipzig 1932; § 39 II 1 a, S. 254; für Absicht bei Ablehnung der Adäquanztheorie, aber gegen Zurechnung zur Schuld Josef Kohler, *Studien aus dem Strafrecht* I, Mannheim 1890, S. 70ff., 71; Theodor Breslauer, *Die Abgrenzung der strafrechtlichen Schuldformen*, Leipzig 1911, S. 6f.; für die Absicht, aber für einen adäquanztheoretischen Kausalbegriff: Traeger, *Der Kausalbegriff*, a.a.O., S. 167ff.; von Hippel, *Deutsches Strafrecht*, Band 2, Berlin 1930, S. 143ff.

der Schuld, heute sind es, sofern sie, wie bei den Finalisten, überhaupt noch gestellt werden, Fragen des Tatbestandes und seiner subjektiven Komponente.

αα) *Traeger* versus *Radbruch* und *Frank*

Schon *Traeger*, der, wie gezeigt, einem streng objektiven Adäquanzbegriff folgte, mußte sich seinerzeit mit den Ansichten *Radbruchs* und *Franks* auseinandersetzen, die auf der Grundlage einer reinen Äquivalenzkausalität schon damals analog der späteren finalen Debatte argumentierten, es handele sich bei dem Wunsch des Onkels, bei seinem Streben nach der Erbschaft, gar nicht um einen echten *dolus*. Bei *Radbruch*, bei dem der Täter Vater, nicht Onkel war, hieß es:

> „Wenn jener ... Vater, um das Kind zu töten, im Gewitter mit ihm spazierengeht und es wirklich vom Blitz erschlagen wird, werden wir da den Vater wegen Mordes strafen? ... Subjektive Voraussehbarkeit in unserem Sinne liegt nicht vor. ... Nur Gefühlstatsachen liegen vor. Ahnungen aber, und sind sie auch vom Wunsche getragen, vermögen den Vorsatz nicht zu begründen."[222]

Subjektive Voraussehbarkeit als Bestandteil des Vorsatzes fordere nämlich „die psychologische Realisierung eines logischen Wahrscheinlichkeitsurteils". Ein solches Urteil könnte aber nur dann gefällt werden, wenn der Erfolg „auf der Basis der erkennbaren Bedingungen überhaupt möglich, das heißt wenn er bei vollständigen Kenntnissen voraussehbar war"[223].

Bei anderen Autoren, die *Radbruchs* Ansicht teilten, hieß es, daß es an der Absicht damit aus „psychologischen Gründen" fehle. Für diese sei nämlich, dem Schein einer Absicht zum Trotz, das Bewußtsein relevant, „für das Erstrebte kausal zu sein". Immanent sei ihr „das Urhebergefühl", das sich nur dann ergebe, wenn der Täter sagen könne, der Erfolg sei „sein Werk".[224] Der Täter müsse den erstrebten Erfolg somit als genügend abhängig von seinem Handeln betrachten. Könne er hingegen auf das Mitwirken der „Mächte", die er anrufe, nicht rechnen, könne er keinen Einfluß gewinnen auf den Eintritt des Erfolges.[225] So seien nur unbestimmte Hoffnungen und Wünsche festzustellen.[226]

Und bei *Frank* hieß es:

> „Sofern der Erfolg erstrebt ist, befindet sich der Täter stets im Dolus, gleichgültig, ob er sich dessen Eintritt als sicher oder nur als möglich vorgestellt hat. Wem es um die Tötung eines Menschen zu tun ist, der haftet ..., auch wenn er es als sehr unsicher ansah", ob er den Menschen töten würde. Aber auch in diesen Fällen „muß der Täter

---

[222] Gustav Radbruch, *Die Lehre von der adäquaten Verursachung*, S. 39.

[223] Radbruch, *Die Lehre*, a.a.O., S. 39.

[224] so Ernst Heinrich Rosenfeld, *Schuld und Vorsatz im v. Lisztschen Lehrbuch*, in: ZStW Bd. 32, 1911, S. 466ff., 482f.: Es fehle dem Handelnden „das Urhebergefühl, er erlebt sich in bezug auf den Tod des [Opfers, V.R.] gar nicht als tätig werdend, die - vielleicht erschütternde - Gemütsbewegung: das ist dein Werk! macht er nicht durch. Weil es am Urhebergefühl fehlt, fehlt es auch am Wollen des Erfolges, am Vorsatz."

[225] Beling, *Grundzüge*, a.a.O., § 28 b) III, S. 46f.

[226] so die in Anm. 219 genannten Autoren, die allesamt nur der Äquivalenztheorie folgen und den Vorsatz ablehnen, Engisch nennt sie die „Subjektivisten".

> den Erfolg als einen konkret möglichen erkannt haben. Es genügt nicht die Vorstellung, daß vielleicht Handlungen dieser Art einen gewissen Erfolg nach sich ziehen, sondern die Vorstellung muß gerade an die konkrete Natur des Einzelfalles anknüpfen. Wer jemanden zu einer Reise veranlaßt in der Hoffnung, daß er verunglücken werde, handelt nicht dolos im Sinne des Strafrechts."[227]

Traeger widersprach *Frank* nicht in der Hinsicht, daß ein nur vage vorgestellter Erfolg nicht vom Vorsatz umfaßt sei, wohl aber in der, daß damit der Vorsatz des Erbonkels zu verneinen sei. Auch für den Onkel mußte vielmehr gelten, daß er den Erfolg als konkret möglichen erkannt hatte.[228] Damit hätte, so *Traeger*, auch nach *Frank* Absicht vorgelegen, trotzdem der Onkel von einer nur sehr geringen Erfolgswahrscheinlichkeit ausgegangen sein dürfte. Eine bloße Hoffnung läge also nur vor, wenn irgendein Erfolg, genauer: irgendein in den Erfolg mündender Kausalverlauf vage erhofft worden wäre.

Traeger widersprach aber auch *Radbruch*, denn er blieb auch gegen dessen Einschätzung, es handele sich bei dem zweckgerichteten Verhalten des Vaters nur um eine vom Wunsche getragene Ahnung, die den Vorsatz nicht begründen könne, dabei, daß der Onkel absichtlich gehandelt habe. Der Erfolg sei gleichwohl erstrebt, findet *Traeger*, und schon deswegen, aufgrund dieser engen emotionalen Bindung an den Erfolg, liege absichtliches Handeln vor. Es fehle aber gleichwohl schon, bevor man sich der Schuldfrage stellt, an der adäquaten Verursachung, weil wir der „Blitzgefahr ... beim Gewitter stets und überall ausgesetzt [sind], und wenn wirklich die Gefahr, vom Blitz erschlagen zu werden, im Walde etwas größer sein sollte, so rechnet das Leben erfahrungsgemäß mit dieser Tatsache nicht". Der absichtlich herbeigeführte Erfolg sei nur dann „zuzurechnen, wenn eine conditio s. q. n. zum Erfolge gesetzt ist, die zugleich generell begünstigender Umstand für Erfolge von der Art des eingetretenen ist".[229] Zum anderen genüge für die Absicht auch die Voraussicht des Erfolges als eines „gänzlich unwahrscheinlichen".[230]

ββ) *Engischs* „wirkliche Absicht"

Auch *Engisch* reflektierte in seinen Untersuchungen über Vorsatz und Fahrlässigkeit[231] wohl bislang am gründlichsten darüber, wie sich die Absicht definierte und wie sich das Moment des Hoffens oder des bloßen Wünschens zu ihr, zu dem Begriff von der Absicht, verhielt. Schon *Engisch* machte, wie eingangs auch hier dargestellt, deutlich, daß es für die Frage der hauptsächlich voluntativ zu bestimmenden Absicht nicht darauf ankam, ob sich der Täter den Erfolg als sicher oder nur als möglich vorstellte.[232] Ebenso stellte er den starken emotionalen Gehalt der Absicht heraus. Charakteristisch sei die emotionale Beziehung zur Erfolgsvorstellung, das Erstreben des in der Vorstellung antizipierten Erfolges.[233] Absicht liege daher vor,

---

[227] Frank, *Kommentar zum Strafgesetzbuch*, 3. und 4. Aufl. 1903, S. 104.
[228] Traeger, a.a.O., S. 171f.
[229] Traeger, a.a.O., S. 170.
[230] Traeger, a.a.O., S. 168.
[231] Engisch, *Untersuchungen über Vorsatz und Fahrlässigkeit im Strafrecht*, Berlin 1930.
[232] Engisch, *Untersuchungen*, S. 141.
[233] Engisch, *Untersuchungen*, S. 142.

wenn „der rechtswidrige Erfolg ... bezweckt, begehrt, erstrebt war“[234]. In Fällen, in denen nun aber der Erfolg schon objektiv nicht mehr als möglich, also nicht mehr als adäquat verursacht zu denken war, stellte sich *Engisch* zufolge ein Vorsatzproblem.[235] Hierbei nannte er folgende drei Beispiele:

> „Der Förster schickt den Gehilfen, der um ein Verbrechen weiß, bei Gewitter unter irgendeinem Vorwand in den Wald, damit er vom Blitz erschlagen wird; der begehrte Erfolg tritt ein. Der Ehemann, seiner Frau überdrüssig, überredete diese zu einer Eisenbahnfahrt in der Hoffnung, daß sie einem Unglück zum Opfer fallen werde; in der Tat wird die Frau von einem Eisenbahnunglück betroffen und tödlich verletzt. Der X schenkt seinem Bruder einen Flug, um auf diese Weise den Konkurrenten um die Erbschaft zu beseitigen; der Bruder stürzt mit dem Flugzeug ab.“[236]

Ähnlich wie *Traeger* sah auch *Engisch* in diesen Fällen normalerweise keinen Anlaß, auf den Vorsatz einzugehen, weil es hier bereits an der Verursachung fehle.[237] Allerdings waren für ihn zum einen Fälle denkbar, in denen der Täter trotz objektiver Gefährlichkeit diese verkannte[238], andererseits auch solche, in denen der Täter trotz absoluter Ungefährlichkeit irrig vom Gegenteil überzeugt sein mochte. Denkbar war für *Engisch* etwa der Fall, daß der Neffe die Gefahr, daß der Onkel erschlagen werden würde, „(wenn auch irrig) für sehr beträchtlich hält“[239]. Jeweils sei daher zu entscheiden, ob die Absicht im Sinne eines psychologischen Absichtsbegriffs das Urhebergefühl oder aber zumindest das Bewußtsein der Gefährlichkeit, also ein objektives Adäquanzurteil notwendig enthalte.[240] Und dem stimmte *Engisch* unumwunden zu. Erforderlich sei, in Anlehnung an den Vorschlag *Radbruchs*[241], daß ein logisches Wahrscheinlichkeitsurteil vom Täter psychologisch realisiert werde.[242]

Wo das angesichts der verschiedenen Stufen wahrscheinlicher Erfolgseintritte anzunehmen sei, konnte aber auch *Engisch* nicht bestimmen. Auch *Engisch* sah, wie eingangs anhand alltäglicher Beispiele demonstriert, daß in den meisten Fällen eines erstrebten Erfolges dessen Eintritt immer nur mehr oder minder wahrscheinlich sei, womit sich Absicht und Hoffen aber notwendig immer mischten.[243] Nach dem Maße der Wahrscheinlichkeit des Erfolgseintritts erlange, so resümierte *Engisch*, daher

> „bald die Absicht, bald der Wunsch das Übergewicht. ... Bei solchen Verhaltensweisen, die den begehrten Erfolg nur mit großer Unwahrscheinlichkeit erwarten lassen, erlangt der Wunsch dergestalt das Übergewicht über die Absicht, daß diese für die natürliche Anschauung verschwindet. Das ... ist aber der Fall bei den von uns in Be-

[234] Engisch, *Untersuchungen*, S. 143, der damit v.Liszt/Schmidt, *Lehrbuch*, a.a.O., S. 245 zitiert.
[235] Engisch, *Untersuchungen*, S. 150.
[236] Engisch, *Untersuchungen*, S. 150.
[237] Engisch, *Untersuchungen*, S. 151.
[238] Engisch, *Untersuchungen*, S. 151.
[239] Engisch, *Die Kausalität als Merkmal*, a.a.O., S. 49.
[240] Engisch, *Untersuchungen*, S. 151ff.
[241] Radbruch, a.a.O., S. 39.
[242] Engisch, *Untersuchungen*, S. 162.
[243] Engisch, *Untersuchungen*, S. 163f.

> tracht gezogenen Fällen, für die wir mangelnden Vorsatz annehmen, weil ein bloßes „Wünschen" und Hoffen, keine Absicht mehr vorliegt. Für menschliche Betrachtung ist hier die Absicht durch das Prävalieren des Wunsches ausgeschlossen, obwohl streng begrifflich genommen von einer Absicht noch die Rede sein kann ... . Hieraus erklärt sich auch, warum es unmöglich ist, die Grenze genau anzugeben, wo die Absicht aufhört und der Wunsch anfängt, wo wir demgemäß noch wegen Vorsatz strafen sollen, wo nicht. ... Wo das bloße Spiel mit den Gedanken ernst zu werden beginnt, läßt sich nicht immer mit Sicherheit sagen."[244]

Engisch machte zugleich deutlich, daß es sich auch aus dem Grund, daß man nicht genau sagen konnte, wo dann die Grenze zum Ernst überschritten wird, auch bei dem Urteil über den Vorsatz über ein klares Wertungsurteil handelte. „Daß bloße Wünsche uns nicht als zureichende emotionale Beziehung zur Tatbestandsverwirklichung erscheinen, um auf sie den Vorsatzvorwurf gründen zu können, ist allein Resultat der wertenden Stellungnahme, das wir uns als solches zum Bewußtsein zu bringen haben."[245] Diese Wertung ruht letztlich aber auf nichts anderem als auf Umständen objektiver Wahrscheinlichkeit, so daß klar wird, daß auch der Vorsatz von genau derjenigen Wertung abhängt, auf die schon *v. Kries* und *Traeger* in ihren Urteilen über objektive Adäquanz nicht verzichten konnten.

Deutlich wird daneben auch, daß es sich für *Engisch* bei dem Wunsch des Onkels nicht um eine „echte Absicht", sondern um ein bloßes Wünschen und Hoffen handeln konnte, wenn ein logisches Adäquanzurteil nicht zu fällen war. Trotzdem konnte er paradoxerweise den Onkelfall gleichwohl als die „Eventualität" bezeichnen, in der

> „A bei seinem Handeln (Einladung zur Fahrt, Fortsenden in den Wald) den tatbestandsmäßigen Erfolg geradezu e r s t r e b t und trotz der Unwahrscheinlichkeit seines Eintritts auf ihn gehofft hat"[246].

Denn die Absicht, die er emotional als „Erstreben" eines rechtswidrigen Erfolges bezeichnete, war zumindest „streng begrifflich"[247] gegeben, wenn sie auch nicht wie ein Vorsatz zu bewerten war.

γγ) *Welzels* kopernikanische Wende

Welzel schließlich sah in seinen Studien von 1939, in denen er, wie gezeigt, den Ausschluß der Strafbarkeit über den Gedanken der sozialen Adäquanz vermittelte, noch kein Problem dabei, daß der Neffe den Onkel in der Absicht zu einer Eisenbahnfahrt überredete, daß dieser bei einem Unglück ums Leben komme.[248] Im Gegenteil sei dieser Fall, so *Welzels* damalige Meinung, im Hinblick auf den Vorsatz völlig unproblematisch. Apodiktisch ließ er verlauten: „Dieses Beispiel hat weder etwas mit Kausalität noch mit dem Vorsatz zu tun."[249]

---

[244] Engisch, *Untersuchungen*, S. 164f.
[245] Engisch, *Untersuchungen*, S. 167.
[246] Engisch, *Die Kausalität als Merkmal*, a.a.O., S. 49.
[247] Engisch, *Untersuchungen*, S. 164.
[248] Welzel, *Studien*, a.a.O., S. 517.
[249] Welzel, *Studien*, a.a.O.

Ähnlich strikt wandte er sich just davon aber mit der weiteren Entwicklung seiner finalen Handlungslehre wieder ab. Dabei behielt er zwar den objektiven Tatbestand naturalistisch bei, schied hier also vordergründig alle subjektiven und wertungsbedürftigen Elemente aus, löste aber nunmehr den Gewitterfall doch und jetzt auch nur noch mit Hilfe des neu in den Tatbestand integrierten Vorsatzes.[250] Hierbei definierte er den Absichtsbegriff wie folgt: Etwas zu wollen heiße „im Strafrecht", das, man erinnere sich, in der Bildung seiner Begriffe schließlich frei sei, „nicht ‚haben' oder ‚erreichen' wollen (i.S. eines Erstrebens), sondern ‚verwirklichen' wollen."[251] Dieser Wille setze als Verwirklichungswille aber voraus, daß der Handelnde sich „eine Einwirkungsmöglichkeit auf das reale Geschehen" zuschreibe. Davon könne aber im Onkelfall keine Rede sein, denn eine Einwirkungsmöglichkeit auf den Ablauf hatte der Neffe nicht. Es handele sich hier bloß um einen Wunsch oder eine Hoffnung, aber nicht um Vorsatz.[252] Denn: „Was nach der eigenen Ansicht des Täters außerhalb seiner Einwirkungsmöglichkeit liegt, das kann er ... nicht verwirklichen wollen."[253]

So wird auch deutlich, daß die finale Lehre noch just dem psychologischen Vorsatzbegriff folgte, der sich mit der kausalen Lehre um *Radbruch* herum unmittelbar um die Jahrhundertwende gebildet hatte. Auch dieser Begriff setzte aber, wie *Engisch* nachgewiesen hatte, voraus, daß eine durchzuführende juristische Wertung der Absicht im streng begrifflichen Sinn ein psychologisch realisiertes objektives Adäquanzurteil entnehmen konnte, und zwar just jenes Adäquanzurteil, das bereits *Engisch* und später dann *Roxin* mit den Überlegungen zur objektiven Sorgfaltspflichtverletzung und zur rechtlich mißbilligten Gefahrschaffung gleichsetzten.

δδ) Finale Lehre versus Objektive Zurechnung

Betrachtet man nun den Streit, der sich seit den 1970er Jahren im Hinblick auf die Onkelfälle zwischen finaler Lehre und Lehre von der objektiven Zurechnung entwickelt hatte, fällt auf, daß sich die Argumente, vielfach ohne Kenntnisnahme der insoweit ganz gleich lautenden Diskussion der Jahrhundertwende, weitgehend

---

[250] Welzel, *Das deutsche Strafrecht*, a.a.O., S. 66.
[251] Welzel, *Das deutsche Strafrecht*, a.a.O., S. 66.
[252] Welzel, *Das deutsche Strafrecht*, a.a.O., S. 66.
[253] Welzel, *Das deutsche Strafrecht*, a.a.O., S. 66. Zu ergänzen wäre, daß sich diese Behauptung Welzels wieder vorahmender Identifizierung von Wirklichkeit nähert: Ähnlich der Zuschreibung der Rücktrittsdogmatik, nach der ein Täter über die Folgen seines Tuns immer nachdenken müsse, „kann" (!) der Neffe nicht verwirklichen wollen, sondern nur hoffen. Die Einschränkung, daß er das dann nicht könne, wenn er sich nach seiner eigenen und nicht nach einer externen, in seine Psyche zu projizierenden Ansicht keine Einwirkungsmöglichkeit zuschreibe, rettet die These davor. Sonst nämlich würde nicht nur eine objektive Wahrscheinlichkeitsprognose projiziert, diese verfestigte sich dann zudem zu einer immer gelten sollenden Denkregel. Ob der Täter auch *verwirklichen* will, wäre aber eben keine bloße Frage eines apophantischen Dekretes von Welzel, sondern sollte strikt eine Frage der Empirie bleiben. Engisch hat insofern in seinen Untersuchungen, a.a.O., etwas mehr Phantasie walten lassen und die Möglichkeit aufgezeigt, daß solche Fälle ohne weiteres denkbar sind, in denen das Denken des Täters von objektiver Vernünftigkeit, sie es auch aufgrund eines Irrtums abweicht.

wiederholen und mit ihnen auch wieder die Elemente des Falles herausgestrichen werden, die als sich vermeintlich aufhebend gegeneinandergestellt werden.

ααα) Standpunkte der Finalen Lehre

Auf *Welzels* Vorsatzbegriff bauen die verbliebenen Reste der finalen Lehre bis heute weitgehend auf. So löste etwa *Hirsch* den Onkelfall in der modernen Variante des Flugzeugabsturzes lange Zeit jedenfalls auch unter Zuhilfenahme des Vorsatzes.[254] Es fehle, so teilt auch er mit Bezug auf *Welzel* mit, am Verletzungsvorsatz. Die Vorstellung des Neffen beziehe sich lediglich auf das gewöhnliche, allgemeine Risiko des Soziallebens, Opfer eines Unglücksfalles zu werden, nicht aber auf ein konkretisiertes Verletzungsgeschehen. Es handele sich, so auch *Hirsch*, mithin um ein bloßes Hoffen, nicht aber um einen steuernden Willen.[255]

Armin Kaufmann begründet seinen finalen Standpunkt ähnlich. Mit Bezug auf *Engischs* geschilderte Untersuchungen schreibt er, daß es deshalb am Vorsatz fehle, weil dieser voraussetze, daß beim Täter „ein objektives Adäquanzurteil psychologisch realisiert werde“[256].

Ebenfalls aus finaler Perspektive lehnt *Küpper* die Lehre von der objektiven Zurechnung mit der grundlegenden Überlegung ab, daß die fehlende Beherrschbarkeit des Geschehens zum Fehlen der Tatherrschaft und damit zu einem auch durch die finale Lehre anerkannten Strafbarkeitsmangel führe.[257] Auch *Welzel* habe, wie *Küpper* vorträgt, gesehen, daß die Tatherrschaft „immanenter Bestandteil des (finalen, V.R.) Handlungsbegriffs“ und als solcher einer objektiven Zurechnungslehre vorrangig sei.[258] Die fehlende Steuerbarkeit führe daher über das Vehikel der Tatherrschaft zur Ablehnung einer Tötungshandlung.[259]

Diesen von der reinen Vorsatzlösung absehenden Weg geht inzwischen auch *Hirsch*[260], der indes nicht davon abläßt, daß die „Intention des Täters sich nur noch als ein Hoffen darstellt“[261].

---

[254] Hirsch, *Die Entwicklung der Strafrechtsdogmatik nach Welzel*, a.a.O., S. 405.

[255] ders., a.a.O.

[256] ders., *Der dolus eventualis im Deliktsaufbau*, in: ZStW 70 (1958), S. 64ff., 81; ders., *„Objektive Zurechnung“ beim Vorsatzdelikt?*, in: Festschrift für Jescheck, 1985, 1. Hb., S. 251ff., 266f.

[257] Georg Küpper, *Grenzen der normativierenden Strafrechtsdogmatik*, S. 91ff.; in diese Richtung weist auch der freilich nicht der finalen Lehre zuzurechnende Lösungsansatz von Friedrich-Christian Schroeder, *Der Täter hinter dem Täter*, Berlin 1965, S. 93f., der seinerseits noch weitere Nachweise liefert, a.a.O., S. 93, der den Fall als einen mittelbarer Täterschaft begreift, bei dem das Opfer Werkzeug an sich selbst sei. Ihm zufolge fehle es hier aber an der für die mittelbare Täterschaft erforderlichen Überlegenheit des Hintermannes und damit an der Tatherrschaft. Die hier einschlägigen Vokabeln sind freilich auch die von der Beherrschung und der Steuerbarkeit des Werkzeugs.

[258] Küpper, a.a.O., S. 92.

[259] Küpper, a.a.O., S. 92f.

[260] LK-Hirsch, vor 32, Rn 32; ders., *Zur Lehre von der Zurechnung*, in: Festschrift für Lenckner 1998, S. 135ff. unter Bezug auf Küpper, a.a.O.; es fehle, so Hirsch, an einer „Erfolgsverwirklichungshandlung“, S. 136f., dazu noch weiter unten.

[261] Hirsch, *Zur Lehre von der objektiven Zurechnung*, a.a.O., S. 137.

βββ) Standpunkte aus der Lehre objektiver Zurechnung

Die Positionen, die im Lager der objektiven Zurechnungslehre zum Vorsatzbegriff vertreten werden[262], erinnern dagegen an die Thesen *Engischs*. So sehen etwa *Schünemann*, *Freund*, *Roxin* und *Herzberg* in ihren Beiträgen keinerlei Problem darin, auch dann von einer Absicht des Täters zu sprechen, wenn es sich um Fälle wie die des Erbonkels handelt, also selbst dann noch, wenn sie aufgrund der Lehre von der objektiven Zurechnung die Schaffung einer rechtlich mißbilligten Gefahr ablehnen. Wenn man sich hier, wie etwa *Roxin* und *Herzberg* das ausdrücklich tun, zum Vorsatz überhaupt noch verhält - schon *Engisch* hatte deutlich gemacht, daß das bei Anerkennung eines objektiven Adäquanzurteils meist gar nicht mehr nötig sei -, wird im Ergebnis, wie gleich gezeigt wird, der finalen Lehre durchaus beigepflichtet, wobei auch hier stets betont wird, daß diese Diskussion nicht mehr nötig sei, weil schon eine objektive Zurechnung scheitere.

Bei genauerem Hinsehen bleibt nämlich auch hier noch die Frage nach dem Vorsatz durchaus relevant, wenn man schließlich, nach Ablehnung der Zurechnung, in den Versuch überleitet.[263] Wenn der Onkel den Neffen in Tötungsabsicht auf die tödliche Reise schickte, mag die Zurechnung zwar ausgeschlossen gewesen sein, was aber war dann mit dem möglicherweise bestehenden Tötungsentschluß? Diese Debatte stellt sich dann auch nicht anders, als wenn man, was ohnehin sinnvoller wäre, die Fälle von vornherein nur als Versuchskonstellationen erörterte, weil das Geschehen in der Realität ohnehin nicht zum Erfolg führte. Auch dann lautete die Frage: Hatte der Neffe denn einen für die Versuchsstrafbarkeit ausreichenden Tatentschluß?

Dabei wird dann auch von den Vertretern der objektiven Zurechnungslehre das Fehlen des Tatentschlusses, wie es heißt, im rechtlichen Sinne nicht mehr geleugnet. *Roxin* und *Herzberg* finden für die Ablehnung eines relevanten Entschlusses dann nur eine *prima facie* schlüssigere Begründung: Fehle es an der Verwirklichungsmöglichkeit des objektiven Tatbestandes aus rechtlichen Gründen, weil das geltende Recht einen Erfolg in der angestrebten Form niemals als rechtlich relevant anerkennen würde, so richtete sich der rechtliche „Schein-Vorsatz" auf etwas nicht strafrechtlich Verbotenes und wäre als ein Wahndelikt zu behandeln.[264] Allerdings

---

[262] Beispielhaft ausgewählt seien die Beiträge Schünemanns, a.a.O.; Freunds, *Äußerlich verkehrsgerechtes Verhalten als Straftat? - BGH, NJW 1999, 3132*, a.a.O.; Herzbergs, *Unrechtsausschluß und Erlaubnistatbestandsirrtum*, in: Festschrift für Stree und Wessels, S. 203ff., und ders., *Das vollendete vorsätzliche Begehungsdelikt*, in: JuS 1996, S. 377ff., und Roxins, *Finalität und objektive Zurechnung*, a.a.O.

[263] Auch das warf im übrigen schon Frank den Vertretern der Adäquanztheorie vor. Sie übersähen, daß sie nach der Ablehnung des Vorsatzes sich noch zum Versuch und damit auch zu der Frage zu äußern hätten, ob eine für die Versuchsschuld ausreichende Absicht gegeben sei. Vgl. Frank, *Das Strafgesetzbuch für das Deutsche Reich*, 18. Aufl. Tübingen 1931, S. 197.

[264] vgl. Roxin, *Finalität und objektive Zurechnung*, a.a.O., S. 241, oder sog. abergläubischer Versuch, a.a.O., 240; ähnlich ders., AT I, § 12, Rn 8; ähnlich Herzberg, *Unrechtsausschluß und Erlaubnistatbestandsirrtum*, in: Festschrift für Stree und Wessels, a.a.O., S. 203ff., 215, wonach es auch am Vorsatz fehle, weil der Täter sich zutreffend eine Verursachung vorstelle, die den objektiven Tatbestand nicht erfüllte, vergleichbar einem Manne, der wissentlich eigene Sachen zerstört. Ähnlich

lehnen sie auch die Formulierung, daß selbst der wahndeliktisch Handelnde den Erfolg *gezielt wollte*, nicht ab.[265] Die Tötungsabsicht wird auch hier zu einer rechtlich unbeachtlichen.[266] Daß es dem Neffen also auch auf den Tod ankam, obwohl er doch nur darauf hoffen konnte, wird nicht von der Hand gewiesen. Sein Wille interessiert aber, weil nicht auf einen objektiven Tatbestand gerichtet, rechtlich nicht. Man könne, so heißt es bei *Herzberg*, nur „in einem faktischen Sinne von der Erwartung oder der Absicht des Täters reden"[267]. *Engisch* nannte das, wie gesehen, einen streng begrifflichen Sinn. In einem ähnlich faktischen Sinne, nämlich notwendig untechnisch, hatte aber, wie gezeigt, auch der BGH den Absichtsbegriff verwandt, der sich in seiner Begründung auch nicht auf ein Tatbestandsmerkmal, jedenfalls nicht des § 315b I StGB, bezog, sondern ein hier nicht normiertes Tatmotiv umschrieb.[268]

δ) Fazit

Betrachtet man also die Probleme, die seit Jahrzehnten sämtliche Autoren der verschiedenen theoretischen Strömungen damit haben, sich zwischen Absicht und Hoffen selbst dann auf eine klare abgrenzende Linie zu einigen, wenn der erstrebte und erwünschte Erfolg, *ex ante* betrachtet, vollkommen unwahrscheinlich oder unvorhersehbar, der Kausalverlauf also nicht steuerbar, und das heißt auch unberechenbar und unbeherrschbar war, und legt man zugrunde, daß ansonsten, wie *Engisch* sagte, bald das Absichtsmoment, bald das Moment des Hoffens für die natürliche Anschauung überwiegt, bestätigt sich die eingangs vermutete Problematik, daß eine klare Abgrenzung nicht möglich ist, sofern man sich in dem unbestimmten Bereich des allgemeinen Sprachgebrauchs oder, wie es hieß, in einem „faktischen" oder „streng begrifflichen" Bereich bewegt. Sie gelingt offensichtlich erst und als exklusive Gegenüberstellung überhaupt nur dann, wenn man den Kunst(be-)griff einer sogenannten „psychologischen" Absichtsdefinition wagt oder, was davon nicht weit entfernt ist, ihren Begriff mit objektiven Adäquanzgedanken auflädt.

αα) kognitives Element der Absicht

Dann aber, so wurde es bislang noch nicht explizit benannt, bewegt man sich bei der Bestimmung eines so verstandenen Absichtsbegriffs nicht mehr auf der Ebene des subjektiv-voluntativen Moments der Täterseite, den er doch eigentlich umschreiben sollte, sondern hat sich bereits dem kognitiven Element des Vorsatzes zugewandt. Denn bei der Frage nach der psychologischen Realisierung von Adä-

---

ders., *Das vollendete vorsätzliche Begehungsdelikt*, in: JuS 1996, S. 377ff., 381, Anm. 26, und ders., *Die Sorgfaltspflichtwidrigkeit im Aufbau der fahrlässigen und der vorsätzlichen Straftat*, a.a.O., S. 539.

[265] vgl. Roxin, a.a.O., S. 240f., das, „was der Täter will", sei schon objektiv nicht tatbestandsmäßig. Nur noch von Hoffnung spricht Roxin aber in seinem AT I, § 12, Rn 8. Herzberg spricht von Tötungs*absicht* in ähnlicher Konstellation, ders., *Unrechtsausschluß und Erlaubnistatbestandsirrtum*, a.a.O., S. 214, dazu dann noch unten.

[266] Herzberg, a.a.O., S. 215, es sei daher Hirsch im Ergebnis doch zuzustimmen, daß „es in den fraglichen Fällen ... auch am Vorsatz" fehle.

[267] Herzberg, *Vorsatz und erlaubtes Risiko - insbesondere bei der Verfolgung Unschuldiger*, in: JR 1986, S. 7.

[268] Daß das dann im Kontext des § 315 III Nr. 2 anders ist, wurde schon gesagt. Vgl. dazu nochmals oben S. 196.

quanzurteilen geht es auch, wie jeweils betont wird, um das Wissen und um etwaig vorhandene besondere Kenntnisse des Täters. Entfaltet man den Adäquanzbegriff noch einmal so, wie das die obige Konstellation anschaulich machte, muß der Täter für die psychologische Realisierung seines Inhalts den Erfolgseintritt nämlich u.a. für objektiv möglich oder für nicht nur gering wahrscheinlich, für voraussehbar oder durch sein Verhalten berechenbar gehalten haben, nicht anders eben als den Kausalverlauf für steuerbar und den erwünschten Erfolgseintritt für sein Werk und nicht für das eines Zufalls.

Macht man sich nun aber bewußt, wie üblicherweise die kognitive Seite des *dolus eventualis*, also des Vorsatzes in seiner mindesten Form, umschrieben wird, nämlich unter anderem mit dem Für-möglich-[269] oder Für-wahrscheinlich-Halten[270] des Erfolges, wird klar, daß eine so verstandene Absichtsdefinition notwendig an die Semantik des kognitiven Moments des Eventualvorsatzes gekoppelt ist. Es kommt daher auch in der Tat, wie *Engisch* sagte, nicht darauf an, ob der Absichtstäter den Erfolg ***nur*** für möglich hält oder ob er sicher um seinen Eintritt weiß, sondern darauf, ob er ihn *überhaupt* für möglich hält.[271] Davon kann aber auf der Ebene einer juristisch sprachlichen Wertung nur noch dann die Rede sein, wenn seine von seinem vollständigen Wissen um die Tatumstände begleitete Vorstellung über den Kausalverlauf, von außen betrachtet, das wertungsabhängige Urteil objektiver Adäquanz als ein „ernstliches"[272] verdient.

Damit würde aber auch deutlich, welche Momente ein so verstandener Absichtsbegriff in sich birgt, und das meint auch, welche Aspekte seines nichtbegrifflichen

---

[269] vgl. Baumann/Weber/Mitsch, AT, § 20, Rn 48; Lackner/Kühl, § 15, Rn 23, 18; Tröndle/Fischer, § 15, Rn 9; LK-Schroeder, § 16, Rn 85, 93; MK-Joecks, § 16, Rn 21 m.w.N.

[270] LK-Schroeder, § 16, Rn 88, m.w.N.; MK-Joecks, § 16, Rn 21 m.w.N.; vgl. insoweit gerade zu den sogenannten kognitiven Theorien von der Möglichkeit oder der Wahrscheinlichkeit, Sch/Sch-Cramer/Sternberg-Lieben, § 15, Rn 75ff. m.w.N.

[271] ähnlich auch: Kühl, AT, § 5, Rn 37: Auf die „Möglichkeitsvorstellung, die normalerweise mit dem Anstreben eines Erfolges immer gegeben sein wird, sollte nicht verzichtet werden", sie müsse aber noch dahin gehend erhärtet werden, daß der Täter die Voraussetzungen kennen müsse, von denen die objektive Zurechnung des Erfolges zu seinem Verhalten abhängt. Auch SK-Rudolphi, § 16, Rn 36, hält es für unabdingbar, daß der Täter von „einem tatbestandsmäßigen Risiko des Erfolgseintritts ausgeht". Nach MK-Joecks, § 16, Rn 14, sei daher zu fordern, daß auf der Wissensseite „zumindest die Standards eingehalten werden, die für den dolus eventualis gelten". Ulrich Ziegert, *Vorsatz, Schuld und Vorverschulden*, Berlin 1987, S. 71f., spricht insoweit von dem „Bewußtsein der Tatmacht" als „kognitive Untergrenze" auch der Absicht. A.a.O., S. 72. Ihm zufolge habe gerade die „Wissensseite der Absicht" die Funktion, in diesen Fällen „trotz Realisierung des Angestrebten eine dolose Zurechnung auszuschließen". A.a.O., S. 71. Damit ist dann im übrigen auch die Antwort auf die Frage Kaufmanns, *„Objektive Zurechnung" im Vorsatzdelikt*, a.a.O., S. 260ff., gegeben, ob sich der Vorsatz auch auf die Umstände objektiver Zurechnung erstrecken müsse. Er muß! Und er tut dies auf der kognitiven Ebene, die auch das Bewußtsein derjenigen Umstände erfordert, die das Urteil rechtlicher Mißbilligung tragen, etwa das Bewußtsein einer erhöhten, einer normativ zu hohen Gefahrschaffung. Ebenso klar wird dann, warum etwa Mitsch, *Fahrlässigkeit und Strafrechtssystem*, a.a.O., S. 108, auf dem Standpunkt steht, daß der Erfolgsvorsatz die mit diesem Vorsatz ausgeführte Handlung pflichtwidrig mache: „Vorsätzlichkeit ist gleichbedeutend mit Pflichtwidrigkeit."

[272] so daher auch der Zusatz zur Definition des *dolus eventualis* bei Wessels/Beulke, AT, § 7 Rn 214.

Gegenstandes er synthetisiert. Er synthetisiert nicht nur den Willen des Täters, seinen gezielten Willen, und den Aspekt, daß es ihm auf einen bestimmten Erfolg ankommt oder auch den, daß er notwendig immer auch auf seinen Eintritt hoffen wird, sondern nunmehr selbst das kognitive Moment des Für-möglich- oder Für-wahrscheinlich-Haltens.

Wenn aber all das mit dem Absichtsbegriff zugleich aufgerufen und erkennbar ist, dann ist man hier an einem Punkt einer geistigen Erfahrungsreise angelangt, an dem deutlich wird, daß man sich auf dieser Reise der geronnenen Synthese des Absichtsbegriffs Begriff um Begriff seiner möglichen Wahrheit, seinem Nichtbegrifflichen genähert hat, das seinerseits wiederum nur in einer Vielfalt anderer Begriffe erkennbar ist. Man hat auf ihrem Wege somit die Synthese des Begriffs begrifflich rückabgewickelt.[273] Mit Begriffen, mit einem Mehr an begrifflicher Rationalität ist die Studie bislang über den Begriff der Absicht gerade hinaus gegangen, um zu dem zu gelangen, was mit dem Mehr der Sache gegenüber ihrem Begriff gemeint war.

ββ) Notwendiger Widerspruch in der Entscheidung

Ob die Richter des Senats über ihren Gebrauch der Begriffe Absicht und Hoffnung nun entweder nicht weiter reflektiert hatten oder ob sie in traditioneller Sichtweise dem semantischen Bild der kausalen Doktrin folgten, das offensichtlich auch die finale Lehre bei der Verschiebung des Vorsatzes in den Tatbestand beibehielt, ist nicht mit Sicherheit zu sagen. Letztere Variante scheint aber, stellt man die geläufige Tatsache in Rechnung, daß der BGH weiterhin nach dem Modell einer kausalen Prüfung operiert, einigermaßen wahrscheinlich.

Hält man sich nun noch einmal die Wendung des BGH vor Augen, wonach sich nicht gemäß § 315b I Nr. 3 StGB strafbar mache, wer sich

> „in jeder Hinsicht verkehrsgerecht verhält und dies mit der *Hoffnung* verbindet, daß ihm ein Unfall Gelegenheit zu einer vorteilhaften Schadensabrechnung mit der gegnerischen Haftpflichtversicherung bietet. ... Anders verhält es sich, wenn der Täter einen Unfall *absichtlich* herbeiführt. ...“[274]

dann bedeutete dies, daß der BGH das Begründungsmuster der kausalen Lehre, wonach ein nur hoffen könnender Täter die subjektiven Anforderungen an die Vorsatzschuld nicht erfüllen könne, übernommen und nunmehr paradoxerweise als einen Ausgangspunkt des objektiven Unrechtsausschlusses in den objektiven Tatbestand des § 315b I StGB integriert hätte.[275]

Das führte die Argumentation des BGH aber zwangsläufig in einen Widerspruch zu den Ausführungen zur Verkehrsrichtigkeit des fraglichen Verhaltens. Denn dann wäre mit der Feststellung, daß der Angeklagte nicht nur in einem streng begrifflichen oder in einem rein emotionalen Sinne absichtlich gehandelt hätte, son-

---

[273] vgl. dazu oben in Kapitel II, S. 58ff.

[274] BGH StV 2000, S. 23, (Hervorh. durch Verfasser); bei der letzteren Ausführung kann der BGH auf das Urteil aus NZV 1992, S. 157, m. zustimmender Anm. von Seier und ablehnender Anm. von Scheffler NZV 1993, S. 463, verweisen.

[275] Das wäre freilich insofern nur konsequent, als auch die Absicht als subjektives Element objektiv unrechtsbegründend wirkte.

dern auch im Sinne einer echten und das hieße vorsatzbegründenden Absicht, zugleich festgestellt, daß er, wie *Engisch* und *Kaufmann* sagten, ein objektives Adäquanzurteil psychologisch realisiert haben müßte; denn das wertungsabhängige Urteil objektiver Adäquanz ist aus diesem Absichtsbegriff sinnvoll nicht zu tilgen. Vermittelt über die obige Konstellation, bedeutete das aber auch, daß der Angeklagte dann davon ausgegangen sein muß, mit seinem Verhalten eine ausreichend große Gefahr für die nachfolgenden Fahrer zu schaffen. Wenn das aber nicht nur ein Irrtum des Angeklagten über die tatsächliche Lage war, wovon niemand ausgegangen ist, dann mußten gleichzeitig auch objektive Umstände vorgelegen haben, die den erstrebten Erfolg, den Zusammenstoß mit einem anderen Fahrzeug, vorhersehbar und vermeidbar werden ließen. Damit aber kann sich der Angeklagte mit seinem Verhalten gar nicht mehr im Rahmen eines sozialadäquaten, das heißt hier: verkehrsgerechten Verhaltens bewegt haben. Vielmehr muß sein Handeln eine ausreichende und beherrschbare Gefahr geschaffen haben, die über das sozialadäquate Risiko des Autofahrens hinausging und die damit den Gesetzgeber auch nicht mehr gleichgültig lassen konnte, weil man dem Angeklagten den Vorwurf machen mußte, die verursachten Unfälle nicht vermieden zu haben. *Engisch* nannte das den Vorwurf eines sorgfaltspflichtwidrigen Verhaltens.[276]

Hat damit ein Absichtstäter begriffsimmanent notwendig auch auf kognitiver Ebene ein objektives Adäquanzurteil psychologisch realisiert, so scheint sich dann aber auch der Vorwurf des Gesinnungsstrafrechts zu relativieren. Es verhält sich dann nämlich nicht mehr so, daß „nur" die Absicht im Sinne eines emotionalen Erstrebens die Strafbarkeit begründet, sondern auch ein ausreichend gefährliches, erfolgswahrscheinliches und damit auch objektiv sorgfaltspflichtwidriges Verhalten, das die Verwendung des Begriffs von der Absicht in Abgrenzung zur bloßen Hoffnung überhaupt erst rechtfertigt. Sonst nämlich hätte *Freund* in der Tat recht, wenn er sagt, daß dann, wenn allein die Absicht im Sinne eines bloß emotionalen Erstrebens das Handlungsunrecht einer vorsätzlichen Tat erfüllte, die „Neffen in den verschiedenen Erbonkelfällen ... unterschiedslos allesamt strafbar wären"[277]. Daß diese seine Kritik an der BGH-Rechtsprechung aber nicht trägt, zeigt sich erst, wenn man ihr unterstellt, daß hier der Absichtsbegriff der dargelegten kausalen Lehre zugrunde gelegt wurde.

---

[276] Dies macht - erinnert man nur noch einmal an die Diskussion, ob das Vorsatzdelikt immer ein fahrlässiges enthalte - auch deutlich, wie sehr das Verhalten trotz der überschießenden Innentendenz noch von einem Fahrlässigkeitsmoment geprägt ist. Der Absichtstäter nimmt hier die Sorgfaltspflichtverletzung absichtlich in seinen Dienst. Das klingt zwar paradox, wird dann aber deutlicher, wenn man die Differenz zu Absichtsdelikten aufzeigt, in denen die äquivalent erfolgsbegründenden Verhaltensweisen auf eine so offensichtliche und gesteigerte Weise gefährlich sind, daß die darin gleichwohl aufgehobene Sorgfaltspflichtverletzung in ihnen untergeht. Vgl. etwa die Ausführung Herzbergs, zu dem Fall, in dem jemand einem anderen mit einem Messer absichtlich eine Schnittwunde beibringt. Auch dieser Täter verletze, so Herzberg, die Sorgfalt im Umgang mit Messern, lasse sie fahren. Es sei in der Alltagssprache nur unüblich, diese Taten mit Fahrlässigkeit und Sorgfaltsmangel zu kennzeichnen. Wahrscheinlich wirkte das in der Alltagssprache im höchsten Maße ironisch. Vgl. dens., *Der Vorsatz als „Schuldform", als „aliud" und als „Wissen und Wollen"?*, in: 50 Jahre Bundesgerichtshof, Festgabe aus der Wissenschaft, Band IV, S. 60, 61.

[277] Freund, *Äußerlich verkehrsgerechtes Verhalten als Straftat?*, a.a.O., S. 755.

cccc) Moderne Fälle

Daß sich das schließlich auch in der modernen Diskussion zwischen der Lehre objektiver Zurechnung und der finalen Lehre deutlich demonstrieren läßt, soll abschließend gezeigt werden. Dabei stößt man in der dogmatischen Diskussion zugleich auf ein weiteres Modell verdinglichenden dogmatischen Denkens, das erst in seiner wahrheitskonfrontativen Auflösung den Fall so frei gibt, daß er die schon von *Engisch* entwickelte und hier ebenfalls aufgestellte Hypothese der Nichtidentität des gesteigerten subjektiv-voluntativen Moments mit den angebotenen Begriffen, vor allem dem der Absicht, bestätigt.

α) Beispiele *Kudlichs* und *Herzbergs*

Betrachtet werden soll zum einen ein Beitrag von *Kudlich*, den dieser in seiner im Ergebnis nicht zustimmenden Kritik des BGH-Urteils in den diskursiven Ring warf[278] und zum anderen ein Fallbeispiel von *Herzberg*, der mit diesem schon Jahre vor der fraglichen Entscheidung den Fall, den der BGH beurteilen mußte, fast vorweggenommen zu haben scheint.[279]

αα) *Kudlichs* Kinderfall

ααα) Die „verdinglichte" Variante

Wie der BGH so scheint auch *Kudlich* unbeschadet seiner oben dargelegten Kritik der Meinung zu sein, daß ein verkehrsgemäßes Verhalten, das in der Hoffnung erfolgt oder damit verbunden wird, einen anderen Menschen zu schädigen, nicht strafbar sein könne.[280] Anders sei es aber, wenn das gleiche verkehrsgerechte Verhalten „genau geplant" sei.[281]

Um beides zu unterstreichen, verweist er in seiner Anmerkung auf folgende zwei Beispiele: In einem fährt ein Autofahrer mit erlaubtem Tempo eine Straße entlang, als ihm ein Kind aus einer Lücke zwischen zwei parkenden Fahrzeugen so vor den Wagen läuft, daß selbst ein „Idealfahrer" nicht mehr bremsen kann.[282] *Kudlich* will den Fahrer hierbei nicht nur wegen der fehlenden Sorgfaltspflichtverletzung nicht aus einem Fahrlässigkeitsdelikt haften lassen. Er will, so seine Überlegung zur Hoffnung des Täters, auch dann mangels direkten Vorsatzes nicht aus vorsätzlichem Erfolgsdelikt bestrafen, wenn dieser dort in der *Hoffnung* verkehrsgerecht vorbeifuhr, irgendein Kind zu erfassen.

---

[278] Kudlich, StV 2000, a.a.O., S. 24ff.; ders., *Ein Schnäpschen in Ehren - Die Giftfalle des Apothekers*, in: JuS 1996, S. 596ff.

[279] Herzberg, *Unrechtsausschluß und Erlaubnistatbestandsirrtum*, in: Festschrift für Stree und Wessels, S. 203ff.

[280] Kudlich, StV 2000, a.a.O., S. 24, wo es heißt, daß es nicht zwingend sei, ein entsprechendes Verhalten straflos zu lassen, wenn es genau geplant sei. Und weiter: Es sei nicht generell ausgeschlossen, daß ein äußerlich rechtmäßiges Verhalten bei entsprechendem (insbesondere direktem) Tätervorsatz zur Strafbarkeit wegen eines vorsätzlichen *Erfolgs*delikts führe. A.a.O., S. 25, (Hervorh. von Kudlich). Für das verhaltensgebundene Delikt des § 315b StGB will Kudlich eine Strafbarkeit also selbst bei diesem direkten Vorsatz ausschließen. A.a.O., S. 25 a. E.

[281] Kudlich, StV 2000, a.a.O., S. 24.

[282] Kudlich, *Ein Schnäpschen in Ehren - Die Giftfalle des Apothekers*, JuS 1998, S. 596, 599.

Anders aber, wenn dieses äußerlich verkehrsgerechte Verhalten, wie *Kudlich* es, wie gezeigt, formuliert, „genau geplant" sei.[283] Dazu wandelt er das gegebene Beispiel leicht ab:

> „Hätte aber der Fahrer in Tötungs*absicht* das Kind, das jeden Tag zur gleichen Zeit unachtsam über die Straße läuft, so „abgepaßt" , daß er es an einer Stelle erwischt, an der er selbst als Idealfahrer nicht mehr bremsen kann, erscheine es widersinnig, eine Strafbarkeit nach §§ 212, 211 zu verneinen ... ."[284]

Widersinnig ist der Verzicht auf die Strafbarkeit des absichtlichen und geplanten Verhaltens nun aber nicht deswegen, weil *Kudlich* das Handeln des Täters hier absichtlich nennt, sondern weil es, wie er sagt, bei einem Vorsatzdelikt, dem anders als dem Fahrlässigkeitsdelikt die Gefahr einer „strafrechtlichen Zufallshaftung" nicht innewohne, ein Bedürfnis für die Einschränkung des Schutzbereichs nicht gebe. In dem Falle der genauen Planung sei nämlich das Geschehen für den Täter „beherrschbar" gewesen, und damit sei eine Strafbarkeit aus Vorsatzdelikt gerechtfertigt.[285]

Dem ist zwar zuzustimmen, wichtig ist aber, daß man, um einer *petitio principii* zu entgehen, „das Vorsatzdelikt" dabei nicht nur über den, wie *Engisch* sagte, strengen Begriff von der Absicht bestimmt, sondern gerade auch über den Aspekt der Beherrschbarkeit oder eben den der Planbarkeit des Geschehens - und das bedeutet, wie dargelegt, grundlegend auch über den Aspekt der psychischen Realisierung eines Adäquanzurteils. Der Täter muß dabei aufgrund seiner Kenntnisse den Erfolg ernsthaft für möglich halten. Bedeutsam ist dabei, hier scheint *Kudlich* etwas ungenau zu formulieren, daß für den Absichtsbegriff nicht das *Verhalten* des Täters genau geplant sein muß, denn das ist es auch dann, wenn der Fahrer nur, auf einen Unfall hoffend, in der Gegend herumfährt, sondern daß eine Möglichkeit der Planung des Kausalverlaufs gegeben ist und eben nicht nur auf einen Zufall spekuliert wird. Beides gesteht *Kudlich* schließlich auch unumwunden zu: Der Täter, so sagt er, soll nur das „unterlassen ..., dessen Gefährlichkeit er im konkreten Fall positiv kennt"[286].

Daß dann aber seiner Annahme, das Verhalten des Fahrers sei verkehrsgerecht und seine Strafbarkeit begründe sich über seine genaue Planung, letztlich genausowenig zuzustimmen ist wie der gleichlautenden Annahme des BGH, weil das Verhalten im Gegenteil gerade gegen objektive Sorgfaltspflichten verstoßen muß, wenn es den Absichtsbegriff tragen soll, zeigt sich vergleichsweise deutlich, wenn man

---

[283] Gemeint ist dabei aber wohl nicht nur die Planung des *Verhaltens* allein, sondern die Planung eines dadurch zu begründenden Unfalls, oder, wie der BGH sagt, daß der Unfall absichtlich erzielt erfolge, der Erfolg gezielt angestrebt werde. Denn das bloße Fahren eines Fahrers kann genau wie das Verschenken eines Flugtickets immer als „geplant" bezeichnet werden; auch in dem Fall, indem ein Kind unvorhersehbar auf die Straße läuft, fährt der Fahrer wohl geplant an der Stelle entlang, weil er die Straße dort ganz bewußt zu irgendeinem Zweck befährt!

[284] Kudlich, *Ein Schnäpschen in Ehren*, a.a.O., S. 599, (Hervorh. vom Verfasser).

[285] Kudlich, *Ein Schnäpschen in Ehren*, a.a.O., S. 599; Kudlich zieht auch hier die Parallele zum Erbonkelfall.

[286] Kudlich, StV 2000, S. 24.

darauf reflektiert, daß *Kudlichs* Beispiel geradezu ein Paradefall verdinglichenden Denkens ist, dessen Begriffe dringend auf ihren Wahrheitsgehalt hin befragt werden müssen.

Dafür, um festzustellen, daß das Verhalten gerade nicht verkehrsgerecht ist, braucht es auch hier keineswegs des fragwürdigen Kunstgriffes, dies über die alleinige Schädigungsabsicht und einen Verstoß gegen § 1 II StVO zu begründen, dessen Schwäche eingangs bereits gezeigt wurde. Vielmehr muß das Beispiel nur auf seine immanente Behauptung hin hinterfragt werden, daß es tatsächlich in der Lage sei, irgendeine auch nur denkbare Fallwirklichkeit adäquat zu beschreiben.

Nimmt man dieses Beispiel nämlich nicht einfach nur als vordergründig plausibel hin, sondern hinterfragt es, um mit *Adorno* zu sprechen, als begrifflich vermittelte Fallgestaltung auf seinen möglichen Wahrheitsgehalt, dann entstehen daran, daß es in einem adäquaten Sinne wahr sein könnte, doch erhebliche Zweifel.

Dieses Gebilde setzte nämlich ein Kind voraus, das *jeden Tag(!)* zur *gleichen Zeit(!)* an der *gleichen Stelle(!) unachtsam(!)* über die Straße läuft. Nur dann aber, wenn diese Elemente allesamt kumulativ gegeben sind, kann es der Fahrer bei verkehrsgerechtem Tempo überhaupt, wie *Kudlich* sagt, „genau so ‚abpassen'"[287], daß er nicht mehr rechtzeitig bremsen kann, um einen Zusammenstoß zu verhindern. Nur dann kann nämlich nicht nur das Verhalten, auf dessen Planbarkeit alleine es aber gerade nicht ankommt, sondern vor allem der Zusammenstoß, der Eintritt des erstrebten Erfolges vom vermeintlichen Täter „genau geplant" sein.

Zwei Fragen ergeben sich daraus: zum einen die, ob ein Opferverhalten, wie das von *Kudlich* umschriebene, überhaupt sinnvoll denkbar ist, und zum anderen die damit unmittelbar verbundene Frage, ob dann, wenn man das fürwahr akzeptierte, ein Fahrverhalten wie das des vermeintlichen Täters überhaupt noch äußerlich verkehrsgerecht sein kann?

Auf die erste Frage muß die Antwort schon lauten: Nein, ein Opfer, noch dazu ein Kind, das sich so verhält, ist sinnvoll nicht vorstellbar. Selbst wenn man es sich als ein womöglich noch zwangsneurotisches Schulkind mit einem immer gleichen Schulzeitende vorstellt, erscheint die Überlegung, daß es immer zur gleichen Zeit, an der gleichen Stelle und auch noch immer gleich unachtsam auf die Straße läuft, in einem ausgesprochen lebensfernen Licht.[288] Es müßte dafür immer zur gleichen Zeit das Gebäude verlassen, immer gleich schnell gehen und immer an der gleichen Stelle aus der immer gleichen Lücke zwischen zwei Fahrzeugen herauslaufen, die zudem immer dort stehen müßten. Das ergibt keinen Sinn. Das Kind müßte roboterhafte Züge inmitten einer unverrückbaren Straßenlandschaft zeigen. Der Fall ist dann in toto nur noch als eine unverrückbare Kulisse denkbar. Die Szene ist nach

---

[287] Kudlich, *Ein Schnäpschen in Ehren*, a.a.O., S. 599.

[288] Man mag hier gewiß einwenden, daß sich die bloße Lebensferne im Vergleich mit den Erbonkel- und insbesondere mit den Meteoritenfällen gegenseitig nicht viel gibt. Dieser Einwand wäre dann zwar zutreffend, er unterschlägt aber die Differenz, daß es sich bei den Erbonkel- und Meteorfällen nur um eine rhetorische Spielerei, bei Kudlichs Beispiel aber darüber hinaus noch um eines handelt, das sich selbst und sein Objekt auf bemerkenswerte Weise verdinglicht, Ausdruck eines verdinglichenden Denkens ist.

dem Maß verdinglichenden Denkens realiter so starr, wie ihre Begriffe sie machen.[289] Die Vorstellung von ihr hat etwas Wahnhaftes.

In bezug auf die zweite Frage muß dann aber, wenn man die Kulisse denn unbedingt so bilden mag, folgende Problematik erörtert werden: Es ist unstreitig anerkannt, daß ein Fahrer, der etwa Kinder am Straßenrand spielen sieht, sein Tempo drosseln und sich darauf einstellen muß, daß diese Kinder unvorhergesehen agieren und, zum Beispiel ihrem Spielgerät „Ball" hinterher, plötzlich auf die Straße laufen können.[290] Insbesondere gilt das für das Fahrverhalten an Schulen und generell dann, wenn Kinder eine Straße überqueren wollen.[291] Drosselt der Fahrer hier sein Tempo nicht, fährt er vielmehr mit einem unter anderen Umständen zulässigen Tempo von etwa 50 km/h weiter, verstößt sein Handeln unstreitig gegen im Verkehr erforderliche Sorgfaltspflichten, stellt also einen auch *äußerlichen*, nämlich schlicht durch zu schnelles Fahren begründeten Verstoß gegen die Verkehrsregeln dar.

Nicht anders aber, wenn der Fahrer der Kulisse *Kudlichs* sogar *weiß*, daß das Kind jeden Tag zur gleichen Zeit an der gleichen Stelle gleich unaufmerksam über die Straße läuft. Denn dann, so muß man es konsequent formulieren, *weiß* der Fahrer auch, daß das Kind in dem Moment auf die Straße läuft, in dem er an der Parklücke vorbeifährt. Er muß dann um so eher bremsen und es vorbeilassen. Der Fahrer verfügt dann unstreitig über das eingangs bereits erwähnte sogenannte Sonderwissen, das jedem Fahrer an dieser Stelle einen erhöhten Sorgfaltsmaßstab auferlegte und daher eine objektive Sorgfaltspflicht konstituiert. Dieser Fall vermittelte in seiner dargelegten Starre dem Fahrer ein Wissen, das er auch hätte, wenn er in der Anfahrt auf die Parklücke sehen könnte, daß ein Kind unachtsam durch sie hindurchgeht. Dann aber wäre er ebenfalls verpflichtet, sein Fahrzeug abzubremsen, und das ungerührte Weiterfahren verstieße wiederum als ein zu schnelles Fahren äußerlich gegen die Verkehrsordnung.

Dieser Fall verhielte sich dann auch nicht anders als die oben erwähnte abgewandelte Alternative des Erbneffens, der seinen Onkel mit der Kenntnis um einen etwaigen technischen Defekt des Flugzeugs das Flugticket schenkt.[292] Weil aus diesem Wissen um die unübliche Gefährdung des Onkels die Steuerbarkeit des Geschehens, nach *Honig* damit die objektive Bezweckbarkeit des Erfolges und nach *Roxin* die rechtlich mißbilligte Gefährlichkeit der Handlung resultieren[293], will nun aber auch die finale Lehre in diesen Fällen am Begriff des Vorsatzes als einem steu-

---

[289] vgl. zur Projektion der Starre und zum Wahnmoment, das jene Starre, wie es auch hier geschieht, auslösen kann, nochmals oben Kapitel II, S. 64f.

[290] vgl. Wessels/Beulke, AT, 30. Aufl., Fall 15 c, Rn 655, 671, 679. Vgl. auch das Beispiel bei Emilio Binavince, *Die vier Momente der Fahrlässigkeit*, Bielefeld 1969, S. 58: „Wenn zum Beispiel der Täter weiß, daß direkt nach einer Kurve öfters Kinder auf dem Fahrdamm spielen, dann darf er beim Passieren dieser Stelle keine Gefahr heraufbeschwören und muß die Kurve ganz langsam nehmen."

[291] vgl. Wessels/Beulke, a.a.O., Rn 671, m.w.N.; Baumann/Weber/Mitsch, AT, § 22, Rn 45; sinngemäß auch BGHSt 7, 118, 124; 12, 81, 83; 13, 169, 175.

[292] so bei Hirsch, *Die Entwicklung der Strafrechtsdogmatik nach Welzel*, a.a.O., S. 405.

[293] vgl. Roxin, *Gedanken zur Problematik der Zurechnung im Strafrecht*, a.a.O., S. 135.

ernden Willen und auch am Begriff der Absicht nicht mehr rütteln.[294] Die objektive Pflichtwidrigkeit des Verhaltens resultierte dann aus der Schaffung einer rechtlich mißbilligten Gefahr, die auf dem Wissen des Täters um die objektiv bestehende Gefahr beruht.

Kudlichs Beispiel hebt sich damit in seiner Starre als Argument für eine Strafbarkeit aus einem Vorsatzdelikt trotz äußerlich verkehrsgerechten Verhaltens gerade wegen der dieses Verhalten motivierenden Absicht des Täters selbst auf, weil nicht die Absicht oder die genaue Planung *des Verhaltens* die objektive Sorgfaltspflichtverletzung begründet, sondern weil sein Verhalten aufgrund gewisser Kenntnisse eine unerlaubte, weil nicht mehr sozialadäquate Gefahr schafft, die damit auch den Anschein äußerlicher Verkehrsrichtigkeit beseitigt.[295]

βββ) Die „nichtidentische“ Variante

Daran ändert sich auch nichts, wenn man das Beispiel realistischer umgestaltet und ihm eine weniger dinghafte, starre Form gibt. Angenommen sei etwa, daß der Fahrer zwar nicht genau wissen kann, wann das Kind die Straße überquert, aber Kenntnis von einem ungefähren Zeitraum hat, innerhalb dessen es an einer schlecht einsehbaren Stelle unachtsam auf die Straße laufen wird. Fährt dann jener Fahrer mit dem freilich ansonsten generell erlaubten Tempo von 50 km/h an dieser Stelle vorbei, so kann er dann das Kind nicht mehr, wie *Kudlich* meinte, „genau so ‚abpassen‘“, daß er es an einer Stelle erwischt, an der er nicht mehr rechtzeitig bremsen kann. Natürlicher Betrachtung wird seine Absicht hier vielmehr bald einem Hoffen weichen, weil ihm aufgrund der geringer gewordenen Wahrscheinlichkeit, das Kind zu erfassen, nicht mehr viel übrigbleibt, als auf den Eintritt des erstrebten Erfolgs nur noch wie auf einen Zufallstreffer zu *hoffen*.

Um das mit einer groben stochastischen Rechnung zu verdeutlichen: Gesetzt den Fall, das Kind hat immer zur gleichen Zeit frei und ist gegen ein Uhr mittags in einem ungefähren Zeitraum von 13.00 Uhr bis 13.03 Uhr an einer Stelle der Straße zu erwarten, die es auf dem Weg nach Hause passieren muß, so beträgt die Chance, das Kind tödlich mit einem Auto zu treffen, das mit einem Tempo von 50 km/h[296] fährt, etwa 1:2500[297], immer vorausgesetzt, der Fahrer sieht das Kind nicht und es

[294] vgl. Hirsch, *Die Entwicklung der Strafrechtsdogmatik nach Welzel*, a.a.O., S. 405: „Sobald nämlich der Täter mehr weiß als ein Beobachter seines Verhaltens, muß dieses Wissen Berücksichtigung finden. Indem man es deshalb bei der Bestimmung der Gefährlichkeit mit heranzieht, zeigt sich, daß diese mit abhängig vom Informationsstand des Täters ist und sich deshalb nicht von der subjektiven Tatseite lösen läßt. Auch die betreffende rechtliche Mißbilligung des Verhaltens läßt sich daher erst als Ergebnis der Feststellung von objektiver und subjektiver Tatbestandsseite entscheiden.“

[295] Nach Kaufmann, a.a.O., hätte sich hierbei in der Täterpsyche ein objektives Adäquanzurteil realisiert, das seinerseits gerade zur objektiven Pflichtwidrigkeit des Verhaltens führt, dessen Grundlage der Täter kennt. Nach Roxin ist das zugleich der objektive Kern, den der Tatvorsatz bei dem Vorsatz auf die Umstände der objektiven Zurechnung erfassen muß: das Bewußtsein der rechtlich erheblichen Gefahr, die die eigene Handlung schafft.

[296] Ob das dann noch ein erlaubtes Tempo ist, ist die zu entscheidende Frage!

[297] Zugrunde gelegt wird dabei, daß die Parklücke, die das Kind durchläuft, oder die unübersichtliche Stelle, an der es auf die Straße läuft, ca. 1 m breit ist, der Fahrer an dieser Stelle

betritt tatsächlich unaufmerksam[298] die Straße. Diese Wahrscheinlichkeit verkleinert sich freilich, je länger man den möglichen Zeitraum werden läßt. Nicht mitbedacht ist dabei die Möglichkeit, daß das Kind einmal krank ist oder früher freihat, was dann eine auch nur ungefähre Berechnung der Wahrscheinlichkeit eines „Treffers" kaum mehr möglich machte.

Die Möglichkeit, das Geschehen zu steuern, erweist sich damit unter diesem die verdinglichende Starre zumindest etwas auflösenden Blick als so gering, daß man sich nicht mehr ohne einen ausdrücklich wertenden Vorgang darauf festlegen kann, ob sich hier dann in der Psyche des Handelnden noch ein objektives Adäquanzurteil realisiert. Davon aber hinge ab, ob man dessen Verhalten noch als äußerlich erlaubt bezeichnen kann. Die Annahme der Planbarkeit des Geschehens, geschweige denn seiner *genauen* Planbarkeit, die seiner Berechenbarkeit oder Vorhersehbarkeit fällt jedenfalls viel schwerer, als *prima facie* womöglich gedacht.[299]

Weil gleichwohl auch hier wieder gilt, daß es dem Fahrer darauf ankam, das Kind tödlich zu erfassen, er dies jedenfalls mit dem ihm zur Verfügung stehenden Mittel des Fahrens auch gezielt angestrebt hat, läßt sich auch in diesem Fall das subjektiv-voluntative Element wieder zwanglos in beide Begriffe kleiden. Was hier aufgrund einer, wie *Engisch* sagte, natürlichen Auffassung in den Vordergrund rückt, bald die Absicht, bald das Hoffen, ist nicht bestimmbar. Absicht und Hoffen hier exklusiv gegenüberzustellen, also einen Widerspruch zu konstruieren, wird mithin auch diesem Fall nicht gerecht. Ob man sich hierbei für den skizzierten Begriff von der Absicht entscheiden mag oder für den Straflosigkeit implizierenden Begriff des Hoffens, hängt dann schlicht von dem Werturteil darüber ab, ob man die geschaffene Gefahr für so groß hält, daß man sie rechtlich mißbilligen will.

Genau zu dieser Einsicht, die Entscheidung für einen der beiden „streng begrifflich betrachtet" gleichermaßen adäquaten Begriffe letztlich nur auf der Grundlage eines Werturteils bilden zu können, kommt man, das nun zum Abschluß, auch mit der Betrachtung eines Fallbeispiels *Herzbergs*, mit dem dieser den Fall des BGH schon Jahre zuvor beinahe vorweggenommen hatte.

ββ) *Herzbergs* Vorfahrtsfall

In diesem der BGH-Entscheidung *prima vista* ausgesprochen ähnlich gelagerten Fall, werden die Fragen, die der BGH hier auslöste, bei genauerem Hinsehen ebenfalls aufgeworfen.

---

mit 50 km/h vorbeifährt und damit ca. 7/100 sec braucht, um diese Stelle zu passieren. Dann hat der Fahrer in einem Zeitraum von 3 min eine Chance von circa 1:2500, das Kind zu erfassen.

[298] Allein diese Basisannahme scheint schon so fernliegend, daß das Beispiel - seriös betrachtet - letztlich gar nicht mehr zu retten sein dürfte.

[299] Hier dürften Angst und moralische Empörung über das hinterlistige und verwerfliche Vorgehen, auch noch gegenüber einem Kind, mit einem Tötungswunsch das weitere Nachdenken vergessen lassen. Dann läge es nahe, die Ausblendung der Frage nach der bloßen Tauglichkeit des Mittels in Anbetracht der Konstellation des Falles als identifizierendes Denken zu umschreiben, und das meint hier: als ein Denken, das sich gegen eine weitere und vertiefte Erfahrung der einzelnen, zumal den Handelnden entlastenden Umstände aus Angst, Schrecken und Empörung reflexartig abschottet.

„A steuert sein Auto über die Vorfahrtstraße mit der *Absicht*, durch korrektes Fahren an der kritischen Stelle einen Unfall mit Verletzungsfolge zu verursachen, weil er sich über die dort zahlreichen Vorfahrtsmißachtungen ärgert und ein Exempel statuieren möchte. Das Vorhaben gelingt, ohne daß A sich im geringsten verkehrswidrig verhalten hätte.“[300]

Herzberg möchte den Fahrer trotz seiner, wie er sagt, Absicht nicht aus § 223 I StGB bestrafen, weil dieser nicht verkehrswidrig gefahren sei.[301] Er habe daher mangels rechtlich mißbilligter Gefahrschaffung den objektiven Tatbestand nicht erfüllt. Was *Herzberg* hinsichtlich § 315b I Nr. 3, III StGB sagen würde, der hier gleichfalls in Betracht käme, weil die Sperrwirkung des § 315c StGB wegen der alleinigen Schädigungsabsicht suspendiert wäre, ist zwar nicht ganz klar, anzunehmen ist aber, daß sich *Herzberg* dann, wenn das Verhalten tatsächlich verkehrsgerecht war, auch konsequenterweise gegen eine Strafbarkeit aus § 315b I Nr. 3, III StGB entscheiden würde. Denn Fahrlässigkeitsunrecht sei notwendiger Gehalt eines jeden Vorsatzunrechts.[302]

Bei diesem Beispiel fällt nun aber auf, daß *Herzberg* entweder den faktischen Absichtsbegriff verwendet oder aber seine Annahme der Verkehrsrichtigkeit nicht haltbar erscheint. Daß erstes anzunehmen ist, zeigt die Auseinandersetzung, die er an gleicher Stelle mit dem finalen Ansatz *Hirschs* führt. Dieser war, wie oben schon erläutert, der Meinung, daß sich für die Fälle der Erbneffen kein Vorsatz ermitteln lasse, weil sich deren Vorstellung „lediglich auf das gewöhnliche, allgemeine Risiko des Soziallebens, Opfer eines Unglückfalles zu werden, nicht aber auf ein konkretisiertes Verletzungsgeschehen“ beziehe. Daher handele es sich hier „um ein bloßes Hoffen, nicht um einen steuernden Willen“[303].

Hirsch würde nun für den A, so meint jedenfalls *Herzberg*, nicht anders entscheiden wollen als in dem Fall des Erbonkels. Für die finale Lehre fehle es nämlich, so *Herzberg*, auch hier an dem Vorsatz des A, weil sich dessen Vorstellung „lediglich auf das gewöhnliche, allgemeine Risiko des Soziallebens, Opfer eines Unglücksfalles zu werden“, beziehe und nicht auf ein konkretisiertes Verletzungsgeschehen. Deswegen könne es sich nur um ein „bloßes Hoffen“ handeln.[304]

Herzberg würde nun dem unterstellten Urteil *Hirschs* insoweit zustimmen, als es hier - trotz seines Begriffs von der Absicht - eben auch am Vorsatz fehle, „aber nur deshalb, weil der Täter sich zutreffend eine Verursachung vorstellt, die den objektiven Tatbestand nicht erfüllt, vergleichbar einem Manne, der wissentlich eigene Sachen zerstört“[305]. Damit wird klar, daß er hier an einen bloß faktischen Absichtsbegriff denkt und es sich rechtlich betrachtet um einen Scheinvorsatz handelte.

---

[300] Herzberg, *Unrechtsausschluß und Erlaubnistatbestandsirrtum*, a.a.O., S. 214, (Hervorhebung von Herzberg).

[301] Herzberg, *Unrechtsausschluß und Erlaubnistatbestandsirrtum*, a.a.O., S. 214.

[302] Vgl. dazu die genannten Beiträge Herzbergs insbesondere in Anm. 108.

[303] Hirsch, *Die Entwicklung der Strafrechtsdogmatik nach Welzel*, S. 405.

[304] Herzberg, a.a.O., S. 214f.; bei Hirsch, a.a.O., S. 405, der sich wiederum auf Welzel bezieht, a.a.O.

[305] Herzberg, *Unrechtsausschluß und Erlaubnistatbestandsirrtum*, a.a.O., S. 215.

Nach dem bislang zum kausalen Absichtsbegriff und dessen Koppelung an die Adäquanzgedanken Gesagten scheint nun aber all das, was *Herzberg* über seinen eigenen Fall sagt, gerade nicht zuzutreffen, weil das von A geschaffene Risiko das normale Risiko, Opfer eines Unglücksfalles zu werden, aufgrund seiner Kenntnisse um das an der genannten Stelle zahlreich auftretende Fehlverhalten der anderen Fahrer deutlich übersteigen dürfte und damit auch das normale Risiko des geschichtlich gewordenen adäquaten Sozialverhaltens des Autofahrens. Die objektive Vorhersehbarkeit eines Unfalls ist aufgrund des für die Bildung des Vorhersehbarkeitsurteils zu verwertenden Täterwissens erheblich gesteigert. Denn dieses Täterwissen beinhaltet, was *Herzberg* selbst sagt, die Ortskenntnis von den zahlreich vorkommenden Vorfahrtsmißachtungen. Wenn *Herzberg* gleichwohl davon ausgeht, daß der Fahrer sich nicht im geringsten verkehrswidrig verhalten, also nur ein rechtlich erlaubtes Risiko geschaffen habe[306], dann verkennt diese These die von ihm selbst gesetzte Bedingung und bedeutet eine *contradictio in adiecto*. Vielmehr liegt eben, was auch ganz anerkannt ist, in einer unbedingten und unvorsichtigen Nutzung des Vorfahrtsrechts aus bloß disziplinierenden Gründen bei Kenntnis der hier erhöhten Gefahrenlage wiederum die Schaffung eines rechtlich mißbilligten Risikos.[307] Von A wäre zu erwarten, daß er sich der Kreuzung mit Vorsicht nähert und sein Fahrverhalten so einstellt, daß er dann, wenn ein anderer vorhersehbar die Vorfahrt mißachtet, reagieren kann. Aufgrund dessen wäre dann auch in diesem Fall von der Angemessenheit eines kausalen Absichtsbegriffs auszugehen, der sich an jenes kognitive Vorsatzelement bindet, das oben das Bewußtsein von der gesteigerten und damit rechtlich mißbilligten objektiven Möglichkeit des Erfolgseintritts genannt wurde.

β) *Hirschs* Gegenbeispiel

Und weil sich schließlich in dem Beispiel *Herzbergs* mit dem Bewußtsein der erhöhten Gefahr aber auch zumindest ein gewisses Maß der von *Hirsch* verlangten Steuerbarkeit des Kausalverlaufs andeutete, ist es auch keineswegs mehr so ausgemacht, wie von *Herzberg* suggeriert, daß *Hirschs* finaler Ansatz hier mittels des Aspektes der bloßen Hoffnung zur Straflosigkeit gelangte.

Entsprechend müßte der Fall vielmehr so gebildet werden, wie ihn *Hirsch* in einem späteren Beitrag selbst formuliert hat, ohne dabei allerdings auf *Herzbergs* Beitrag Bezug zu nehmen,

> „daß jemand durch ein rechtlich als sorgfaltsgemäß zu bewertendes Verhalten, beispielsweise verkehrsgerechtes Autofahren, einen tatbestandlichen Erfolg verwirklichen möchte und es tatsächlich zum Erfolgseintritt kommt"[308].

---

[306] Herzberg, *Unrechtsausschluß und Erlaubnistatbestandsirrtum*, a.a.O., S. 214.

[307] vgl. BGHSt 12, 81, 83; 13, 169, 173; OLG Braunschweig VRS 13, 286, 288; Roxin AT I, § 24, Rn 23; Kühl, *Allgemeiner Teil*, § 17, Rn 32; Christian Laue, *Der Tatbestand des fahrlässigen Erfolgsdelikts*, JA 2000, 666, 669.

[308] Hirsch, *Zur Lehre von der objektiven Zurechnung*, a.a.O., S. 136.

Hier würde *Hirsch* inzwischen, wie oben erwähnt, zwar nicht mehr nur der Vorsatzlösung folgen, wohl aber weiterhin von einem straflosen Hoffen sprechen, weil sich „die Intention des Täters ... nur noch als ein Hoffen darstellt“. Die Straflosigkeit begründete sich indes entscheidend damit, daß sich der Fahrer „sorgfaltskonform ... und damit völlig im Rahmen sozialer Normalität“[309] verhalte. Das nämlich sei kein Mittel, mit dem sich zu einer steuernden Beherrschung des Kausalverlaufs ansetzen lasse.[310]

Herzberg scheint daher den Steuerungsbegriff *Hirschs* verabsolutiert, und damit im benannten Sinne fetischisiert zu haben. Er verkennt die Konstellation, in der der Begriff der Steuerung ganz genauso steht, wie alle anderen zur Umschreibung von Verhalten und Erfolgszusammenhang entwickelten Begriffe auch. Wie gezeigt wurde, greifen auch die finalen Überlegungen auf genau diejenigen Begriffe zurück, die die Geschichte des Adäquanzdenkens aus der Sache ihres Gegenstandes selbst hervorbrachte. Würde man *Hirsch* um die nähere Erläuterung seines Steuerungsbegriffs bitten, müßte auch er ihn unter Rückgriff auf andere Topoi explizieren, und es steht zu erwarten, daß er das nur mit Begriffen wie denen von der adäquaten Wahrscheinlichkeit, der gesteigerten Möglichkeit oder Wahrscheinlichkeit oder dem von der Vorhersehbarkeit könnte. Steuerbar dürfte vor allem sein, was sich berechnen und als nicht unwahrscheinlich vorhersehen läßt. Und vorhersehbar war in dem Beispiel *Herzbergs* ein Zusammenstoß mit anderen Fahrern, weil an der fraglichen Stelle Vorfahrtsmißachtungen zahlreich vorkamen.

Diese bedenkliche Fetischisierung des Steuerungsbegriffs durch *Herzberg* dürfte sich schließlich auch in der folgenden Passage zeigen, in der er die Auseinandersetzung mit *Hirsch* auf die Spitze treibt. Der steuernde Wille könne nämlich gar nicht das entscheidende Kriterium sein, so *Herzberg*:

> „Denn ziemlich genau das, was nach Hirsch den objektiven Tatbestand verwirklicht, hat sich A auch vorgestellt und gewünscht: die Kollision mit einem unaufmerksamen Fahrer ... . Wenn man für den Vorsatz außerdem noch verlangt, daß er über ein „bloßes Hoffen“ hinausgehen und sich als „steuernder Wille“ darstellen müsse, könnte man ihn nach Belieben in allen möglichen Fällen verneinen, wo jemand auf einen vielleicht noch unwahrscheinlicheren Unfall spekuliert, aber ein *unerlaubtes* Risiko schafft; etwa indem er für eine Stunde eine vergiftete Praline in die Konfektschale der Hotelrezeption mischt oder für zwei Stunden in der Nacht einen Stolperdraht über einen kaum benutzten Feldweg spannt. Vermutlich würde Hirsch in solchen Fällen nicht zögern, bei eingetretenem Erfolg das vollendete Vorsatzdelikt zu bejahen.“[311]

---

[309] Hirsch, *Zur Lehre von der objektiven Zurechnung*, a.a.O., S. 137.

[310] Hirsch, *Zur Lehre von der objektiven Zurechnung*, a.a.O., S. 137: „Solche sozialkonformen Verhaltensweisen [können] nicht als Ansetzen zu einer Tötungs-, Körperverletzungs- oder Sachbeschädigungshandlung begriffen werden.“ Es sei dann mangels einer „Erfolgsverwirklichungshandlung“ auch der objektive Tatbestand nicht erfüllt. Hirsch, a.a.O., S. 136. Schünemann, *Über objektive Zurechnung*, a.a.O., S. 207, erblickt darin im übrigen „alle Voraussetzungen für einen Brückenschlag zwischen dem Lager der objektiven Zurechnung und dem zuvor ausnahmslos in kritischer Distanz verharrenden finalistischen Lager“ .

[311] Herzberg, *Unrechtsausschluß und Erlaubnistatbestandsirrtum*, a.a.O., S. 215, (Hervorh. von Herzberg).

Vermutlich würde *Hirsch* das in der Tat nicht, aber das dürfte eben daran liegen, daß sein Begriff vom steuernden Willen kein anderer als derjenige ist, der zugleich die Realisierung eines objektiven Adäquanzurteils impliziert. Und daß der Täter ein solches realisiert hat, dürfte jedenfalls im Fall der vergifteten Praline der Fall sein, wo der Zugriff eines Gastes trotz der kurzen Verweildauer der Praline in der Schale noch hinreichend wahrscheinlich, objektiv möglich und vorhersehbar sein dürfte.[312] Und genau deswegen ist das geschaffene Risiko auch ein, wie *Herzberg* es ausdrückt, rechtlich unerlaubtes. Ob das allerdings auch für den Fall des gespannten Stolperdrahts gilt, müßte noch genauer untersucht werden, hinge dann aber doch letztlich auch von einem reinen Werturteil ab.[313]

ddd) Ergebnisse

aaaa) Theorien, Fetische, Vergrößerungsgläser

Blickt man nun noch einmal auf die eingangs erläuterten Dimensionen des Identitätsdenkens in der Jurisprudenz, müßte deutlich geworden sein, wie sehr etwa die Begriffe der Absicht und des Hoffens, aber auch nicht minder die anderen dargelegten zentralen Topoi, zugleich theoretische Fetische verkörperten. Dies wird insbesondere durch ihren bedeutenden Standort inmitten jener theoretischer Streitigkeiten deutlich, in denen sie die von anderen Theorien jeweils ausgeblendeten Realitätsanteile synthetisierten. Diese Begriffe verkörpern damit nicht nur ihrerseits Theorien. Innerhalb der Theorien, die sie fetischisieren, erhalten sie zugleich den Status von solchen Begriffen, die jene absoluten Wahrheiten verkörpern, von denen mehrfach die Rede war. Immer dienen sie als die Heilsbringer einer letztentscheidenden und identifizierenden Fallbeschreibung.

Bei näherem Hinsehen erwies sich so insbesondere der Begriff der Absicht als eine Synthese, als etwa auch an Kognitives bezeichnende Adäquanzüberlegungen gekoppelt, die ihn dann seines bloß voluntativen Gehaltes entbinden.

Was die Momente des Hoffens und der Absicht angeht, machte zudem eine abgrenzende Definition immerhin deutlich, in welchen Fällen exklusiv von Hoffen oder Absicht zu sprechen sei. Zugleich wurde eingeräumt, daß dies mit einem natürlichen Sprachgebrauch zusammenhänge, der mal das eine, mal das andere Moment in den Vordergrund rücke. „Streng" begrifflich nämlich seien letztlich eben beide Momente dem Gegenstand eigen, der mit ihnen begriffen werde. Dasjenige, das *Engisch* als „Prävalieren" eines Begriffes bezeichnete, wonach der eine Begriff

---

[312] Die Irritationen, die der Steuerungsbegriff hier auslöst, dürften auch damit zusammenhängen, daß die Konstellation eine der mittelbaren Täterschaft sein dürfte, in der das Opfer als Werkzeug gegen sich selbst fungierte. Vgl. dazu u.a. Friedrich-Christian Schroeder, *Der Täter hinter dem Täter*, Berlin 1965, S. 92ff.

[313] Hat der Täter den Draht etwa auf einer menschenleeren Insel zwischen zwei Bäume gespannt, die ihrerseits an einem vor Urzeiten gefertigten Weg stehen, fällt das Verhalten schließlich auch aus dem sozialadäquaten Rahmen, schafft aber noch nicht einmal eine geringe Gefahr. Ob man hier bereits von einem Versuch des § 223 I StGB ausgehen wollte, scheint sehr fraglich und eben letztlich ganz und gar wertungsabhängig. Wenn in Herzbergs Beispiel der Draht indes über einen zwar kaum, aber immerhin doch vorhersehbar benutzten Weg gespannt ist, näherte sich der Wille auch wieder einem steuernden.

den anderen in der Wahrnehmung - *Engisch* nennt sie natürliche Anschauung - überwiege, dürfte aber nichts anderes meinen als das, was Adorno Synthese oder Verdrängung des anderen Begriffs nannte. In manchen Fällen, in denen der Erfolg trotz des starken Strebens und des großen Wunsches nahezu unmöglich scheint, überwiegt das Hoffen. Dann scheint der Begriff der Hoffnung, so drückte Adorno es in seinen *Vorlesungen* aus, das adäquate Vergrößerungsglas für das voluntative Moment. Dann ist er der Begriff, der alle anderen Erwägungen zum gleichen Gegenstand in sich aufsaugt, das voluntative Moment aufspießt und identifiziert.

bbbb) Einzelfallbetrachtung und *e contrario*-Schluß

Legt man dies zugrunde, wird auch deutlich, warum der eingangs hypothetisch erfolgte Schluß *e contrario* nicht weitergeholfen hatte. Denn der Schluß von der Vielzahl der Fälle auf die Absicht des Täters konnte *e contrario* nur über das emotionale Element des Erstrebens Auskunft geben und damit die Absicht oder das Hoffen vom voluntativen Element des *dolus eventualis* abgrenzen, nicht aber bei dem Problem der Abgrenzung von Absicht oder Hoffen Entscheidungshilfe leisten. Daß der Angeklagte in so vielen Fällen handelte, kann nur ein Indiz dafür sein, daß er den Erfolg nicht nur billigte, sondern gerade auch anstrebte, aber darüber, ob er nicht gerade auch hoffen mußte, sagt diese Tatsache nichts aus.

Dieser indizierende Schluß sei eben zumindest möglich, hieß es[314]; möglich sei also die Annahme, daß er absichtlich gehandelt habe, weil er mehrfach und nach einem bestimmten Strickmuster vorgegangen sei, weil der Handlung gleichsam ein sich wiederholender Tatplan zugrunde zu liegen schien und der Angeklagte sein Verhalten, wie *Kudlich* sagen würde, daher auch genau geplant gehabt habe. Aber, so wurde hier dargelegt, die genaue Planung nur des Verhaltens entscheidet nicht darüber, ob der Angeklagte nicht vielmehr nur auf sein Ziel hoffen durfte, sondern die Frage nach der Steuerbarkeit oder Vorhersehbarkeit des angestrebten Kausalgeschehens, also letztlich diejenige, ob er auch ein objektives Adäquanzurteil psychologisch realisiert hatte.

Um nun abschließend zu beurteilen, ob der Angeklagte das auch getan hatte, scheint es lohnend, einmal eine freilich spekulative, aber doch durchaus naheliegende Eskalation der Entwicklung nachzuzeichnen: Geht man etwa davon aus, daß der Angeklagte eines Tages die Gefährlichkeit der fraglichen Stelle dadurch erfahren hatte, daß ihm noch ohne jede Ahnung von der günstigen Möglichkeit ein Fahrer von hinten auffuhr, so kann er dadurch zugleich auf die Idee gekommen sein, sich diese Stelle zunutze zu machen und könnte dort fortan mit dem Streben danach abgebogen sein, den einmal nur zufälligen Auffahrunfall zu wiederholen.

Fragt man sich aber, wie schon eingangs erwähnt, wie oft der Fahrer an der Stelle zuvor, also noch vor der Erfahrung ihrer Gefährlichkeit, zum Tanken abgebogen sein mochte, ohne daß sich ein Auffahrunfall ereignet hatte, wird die naheliegende Möglichkeit sichtbar, daß er nach dieser Zufallserfahrung in einer nur schwer zu schätzenden Häufigkeit an der fraglichen Stelle abgebogen sein konnte, ohne daß sich der erwünschte Auffahrunfall ereignet hatte. Die sich schon zu Beginn stel-

[314] BGH, a.a.O., S. 23 a. E.

lende Frage des Versuchs rückte damit ebenso wieder ins Licht wie die Frage nach der Zufälligkeit des ersten und der Wahrscheinlichkeit oder gar der - durch die Häufigkeit bedingten - Typik eines weiteren Unfalls, nach der Beherrschbarkeit des Geschehensablaufs und nach der Steuerbarkeit des erwünschten Erfolgseintritts.

Angesichts dessen, daß der Angeklagte also keineswegs sicher gewesen sein konnte, daß sich der erwünschte Erfolg einstellte, rückte hier auch neben der Absicht bald wieder das Moment des Hoffens in den Vordergrund. Daß dem BGH dann aber bei der Entscheidung für den Absichtsbegriff auch die Wendung vom „vergleichbaren Strickmuster" des Handelns eigentlich nicht weiterhelfen durfte, wird deutlich, wenn man sich bewußtmacht, daß der Ablauf des Geschehens kaum eine beachtliche Variationsbreite zuließ. Daß der Fahrer abbog und ein anderer auffuhr, war die notwendig immer gleiche Abfolge des Geschehens. Ein gleiches „Strickmuster" ergibt sich daher weniger aus der Hoffnung, dem Wunsch nach oder der Absicht auf einen Unfall als eben nur aus der jeweils gleichen Verkehrslage. Daß der Fahrer aber auch jeweils nur in der Hoffnung oder sogar nur mit der Billigung eines Unfalls zum Tanken abgebogen sein konnte, ohne daß sich daraus Änderungen an dem „Strickmuster" ergeben würden, verdeutlicht das.

Entscheidend dafür, daß die Vorinstanz unter Billigung des BGH ein absichtliches Handeln annehmen durfte, kann daher nur gewesen sein, daß hier, wenn das auch nicht explizit gemacht wurde, davon ausgegangen wurde, daß der Angeklagte kognitiv ein zu fällendes objektives oder logisches Adäquanzurteil zutreffend psychologisch realisiert hatte. Das heißt, daß er, wie eingangs erörtert, den Eintritt des erwünschten Erfolges zu Recht für objektiv möglich hielt, daß ihm der Kausalverlauf beherrschbar und damit der Eintritt eines Unfalls voraussehbar war. Und daß damit sein Handeln die Wahrscheinlichkeit eines Unfalls erheblich erhöhte, sorgte auch dafür, daß er gehalten gewesen wäre, sein Verhalten so einzurichten, daß es nicht zu einem Unfall hätte kommen können. Er handelte somit im Sinne *Engischs* sorgfaltswidrig, und im Sinne *Roxins* mußte sein Handeln das Maß des erlaubten Risikos überstiegen haben.

Daß es im übrigen auch zur Begründung eines solchen Risikos, für die Annahme der Beherrschbarkeit des Kausalverlaufs oder für die der Erhöhung der objektiven Wahrscheinlichkeit keines Rückgriffs auf den Strickmusterbegriff oder auf die Häufung des Verhaltens bedurfte, wird deutlich, wenn man bedenkt, daß sich der so verstandene, zur objektiven Unrechtsbegründung notwendige Absichtsbegriff immer für den jeweiligen Einzelfall ermitteln lassen mußte. In dem jeweiligen Einzelfall war aber die Möglichkeit der Steuerung nicht deswegen erhöht, weil die Wahrscheinlichkeit, daß ein anderer Fahrer wie erhofft auffährt, insgesamt berechnet ansteigen mag, wenn man es mehrmals versucht. Denn prozessual war jeder Fall als ein Einzelfall abzuhandeln, in dem sich die Steuerbarkeit des Kausalverlaufs immer aus seinen einmaligen Umständen ergeben mußte. Die Anzahl der Fälle sagt damit über die Abgrenzung von Hoffen und Absicht und über die Legitimität des strafbegründenden Absichtsbegriffs im einzelnen Fall gar nichts aus. Zur Begründung eines absichtlichen Handelns war vielmehr entscheidend, ob sich die Feststellungen auf ein psychologisch zu realisierendes und damit Kognitives meinendes objektives Adäquanzurteil stützen konnten und das meint: auf die rechtlich beachtliche Erhöhung der Erfolgswahrscheinlichkeit im Einzelfall, auf ein rechtlich mißbilligtes Risiko.

cccc) Sorgfaltspflichtverletzung des Angeklagten

Die Beispiele der Erbneffen und die *Kudlichs* und *Herzbergs* hatten gezeigt, daß es zur Begründung dessen auch auf die Kenntnis des Täters von der Gefährlichkeit seines Tuns ankommen konnte. Entscheidend dafür war nicht, ob man den Wunsch des Täters „nur" Hoffnung oder „sogar" Absicht nannte, sondern entscheidend war das Element der Gefahrenkenntnis.

α) ortskundiges Sonderwissen

War der Täter über die das normale Maß des sozialadäquaten Risikos hinausgehende Gefährlichkeit seines Verhaltens informiert, stellten sich daran gesteigerte Pflichten. Stellte es sich als eines dar, mit dem der Täter bewußt eine das verkehrsübliche Maß übersteigende, vorhersehbare und vermeidbare Gefahr schaffte, so bedeutete es dann, etwa in *Kudlichs* Fall, zugleich auch einen Verstoß gegen die Verkehrsregeln.

Im Kern angelegt war all das letztlich auch schon in der Begründung des BGH, wonach sich nicht strafbar mache, wer sich

> „in *jeder Hinsicht verkehrsgerecht verhält* und dies mit der Hoffnung verbindet, daß ihm ein Unfall Gelegenheit zu einer vorteilhaften Schadensabrechnung mit der gegnerischen Haftpflichtversicherung bietet"[315].

Entscheidend wäre nur gewesen, sich auch auf ein in *jeder* Hinsicht verkehrsgerechtes Verhalten zu konzentrieren. Wie unnötig dafür die bloße Frage nach der Absicht, wie berechtigt aber die nach Subjektivem hierfür war, zeigt sich, wenn man, wie es in seiner Anmerkung etwa auch *Freund* getan hat, die Verkehrswidrigkeit des Verhaltens mit Bezug auf die Kenntnis der Gefahr näher bestimmt. In der Tat wäre es, wie dieser schreibt, voreilig, die Entscheidung nur wegen ihres Rekurses auf Subjektives im objektiven Tatbestand abzulehnen[316]. Denn des Rekurses auf das Täterwissen, das zu einer *ex ante*-Beurteilung der Sachlage herangezogen wird, bedürfe es, weil sich ohne dieses Wissen, ohne die Perspektive des handelnden Subjekts, eine Verhaltensnormbegründung nicht sinnvoll vornehmen lasse.[317] Für die Fahrlässigkeit ist das, wie schon erwähnt, jedenfalls „der Sache nach"[318] längst anerkannt. Was hier nur Sorgfaltspflichtverletzung heißt, ist nichts anderes als das, was man in der Zurechnung zum Vorsatzdelikt etwa die rechtlich mißbilligte Gefahrschaffung nennt.[319]

[315] BGH StV 2000, S. 23, (Hervorh. durch den Verfasser).
[316] Freund, a.a.O., S. 755; Schünemann, *Über die objektive Zurechnung*, a.a.O., S. 217.
[317] ders., a.a.O., S. 755f.
[318] Freund, a.a.O., S. 756.
[319] so auch ausdrücklich Schünemann, *Über die objektive Zurechnung*, a.a.O., S. 217; Mitsch, *Fahrlässigkeit und Straftatsystem*, in: JuS 2001, S. 107ff., 108: „Untersucht man die Sachstrukturen genauer, stellt sich heraus, daß die Differenzen wohl nur noch sprachlicher Natur sind." Ähnlich Lackner/Kühl, § 15 Rdnr. 36ff.; Kindhäuser, *Erlaubtes Risiko und Sorgfaltswidrigkeit. Zur Struktur*

Voraus setzte die Anerkennung dieser Überlegung zum einen die Abkehr von der in der Rechtsprechung und noch innerhalb der finalen Lehre[320] aufrechterhaltenen kausalen Doktrin der objektiven Tatbestandsbegründung durch eine vermeintlich wertungsunabhängige kausale Erfolgsherbeiführung. Zugleich müßte anerkannt werden, daß, jedenfalls bei vorsätzlichen Begehungsdelikten, die Schaffung einer rechtlich mißbilligten Gefahr letztlich durchweg zur Begründung strafrechtlich relevanten Unrechts notwendig ist.[321]

Daß dies selbst für den BGH in dem fraglichen Fall kein revolutionärer Schritt gewesen wäre, zeigt sich schon daran, daß auch der Senat letztlich nach einer solchen Gefahr fahndete, als er die Bedeutung der äußeren Verkehrswidrigkeit des Verhaltens betonte. Daß er einen Verstoß gegen die StVO damit begründete, daß der Fahrer ein Manöver nur zum Zwecke der Fremdschädigung ausführe, führte, wie gezeigt, in die Irre, weil er damit zu der Meinung gelangte, der Verhaltensregelverstoß sei *nur* durch die Absicht, losgelöst von der zutreffenden Realisierung eines objektiven Adäquanzurteils, also nur durch das Streben nach dem Unfall begründet, das letztlich aber auch Hoffen heißen könnte. Daß das eben nicht sein kann, zeigten zum einen die hier erörterten Beispiele[322], zum anderen die dargelegte dogmengeschichtliche Entwicklung des Absichtsbegriffs.

Vielmehr wäre in Rechnung zu stellen gewesen, daß der Fahrer über das Sonderwissen eines Ortskundigen verfügte[323], der die ungewöhnliche Gefährlichkeit der fraglichen Straßenstelle kannte und das Auffahren eines anderen daher nicht nur wünschen und erhoffen, sondern absichtlich bewirken konnte. Wenn der BGH die Strafbarkeit damit begründet, daß sich im Gegensatz zu einem in jeder Hinsicht verkehrsgerecht fahrenden und auf einen Unfall hoffenden Täter ein Fahrer dann

---

strafrechtlicher Fahrlässigkeitshaftung, in: GA 1994, S. 197ff.; Herzberg, *Vorsatz und erlaubtes Risiko - insbesondere bei der Verfolgung Unschuldiger*, in: JR 1986, S. 7

[320] deren ontologischer Handlungsbegriff lediglich die rein objektive Tatbestandsbildung angriff und um einen subjektiven, eben den finalen Anteil ergänzte, vor der kausalen Begründung des objektiven Tatbestandes mit ihrer Kritik aber haltmachte, weil ein ontologischer Sachverhalt freilich keine willkürlich-subjektiven Wertungen verträgt. Daß nach Adorno gerade die Verleihung des ontologischen Status selbst die subjektive Wertung, eine Apophanie, bedeutet, wurde oben dargelegt.

[321] vgl. dazu neben den in Anm. 108 genannten besonders die grundlegende Studie von Frisch, *Vorsatz und Risiko*, Köln, Berlin u.a. 1983; damit läge auch der nächste Schritt nicht mehr fern, vermittelt über die Anerkennung der Identität von objektiver Sorgfaltspflichtverletzung und rechtlich mißbilligtem Risiko zu der Einsicht in Notwendigkeit des Handlungsunrechts fahrlässiger Tatbegehung als Grundlage für die Strafbarkeit auch aus vorsätzlicher Tat zu gelangen. Vgl. hierzu seit langem Herzberg, a.a.O., Anm. 108, und ausdrücklich dagegen wohl bislang auch nur Kudlich, a.a.O., Anm. 108. Eine davon freilich unabhängig zu erörternde Frage ist die nach dem konkurrenzrechtlichen Verhältnis der Deliktsformen. Selbst die Anerkennung, daß sich weite Teile der Zurechnungsstrukturen gleichen und hier nur die historisch gewachsenen Differenzen in den Begriffen auch solche in der Sache anmelden, die diese aber nicht bestätigt, hinderte nicht die hier freilich nicht geteilte These, daß das Vorsatzdelikt aufgrund der qualitativen Differenz vorsätzlicher Begehung gleichwohl noch ein *aliud* zur Fahrlässigkeit bleibe und kein bloßes *Plus* sei.

[322] vgl. Freund, a.a.O., S. 744: „Die böse Absicht schafft keine rechtlich unerlaubte Schädigungsmöglichkeit in Bezug auf das Leben des Onkels."

[323] vgl. nochmals etwa Roxin, *Allgemeiner Teil* I, § 24, Rn 123, oder Kühl, *Allgemeiner Teil*, § 17.

strafbar mache, „wenn [er] einen Unfall absichtlich herbeiführt“[324], dann verweist das gerade nicht nur auf das Moment des Herbeiführen- und Bewirken*wollens*, sondern des Bewirken*könnens*. Und hierin ist das Erfordernis der psychologischen Realisierung eines objektiven Adäquanzurteils aufgehoben. Dann aber müßte deutlich werden, daß mit der Beherrschbarkeit des Geschehens, dem Können, ein Verhaltensverstoß gegeben ist, der über den des Verstoßes gegen § 1 II StVO aufgrund einer bösen Absicht hinausgeht. Vielmehr, das wurde eingangs geschildert, muß sich der Verstoß auf ein objektiv pflichtwidriges Gefährdungsverhalten stützen können.

Daß man dies nun aus den Entwicklungen zur Adäquanztheorie, zur objektiven Zurechnungslehre und zu den Absichtsbegriffen der verschiedenen Lehren aus dem Wissen des Täters herleiten konnte, ist ausreichend erläutert. Denn er verfügte, nach dem modernen Sprachgebrauch zur Fahrlässigkeit, über das aus seiner Ortskundigkeit abzuleitende Sonderwissen, das, aus einer objektiven, das heißt mit dem Wissen des Täters *ex ante* beurteilenden Warte betrachtet, die für sein Fahrmanöver geltenden Vorsichtsmaßstäbe und die ihn treffenden Verhaltensanforderungen über die sonstigen Anforderungen hinaus steigern mußte. Zuzustimmen ist daher *Freund*, wenn er sagt, daß dann, wenn „der Betreffende nicht nur die ganz generelle Möglichkeit vor Augen hat, daß andere Fehler machen, sondern bestimmte Anhaltspunkte dafür bestehen, ... ein sonst erlaubtes Verhalten zu einem rechtlich mißbilligten werden [kann]“[325].

β) Verstoß gegen § 9 V StVO

Die für den Angeklagten zu beachtenden Pflichten ergaben sich schließlich auch recht zwanglos aus der Maßgabe des § 9 V StVO, der beim Abbiegen auf ein Grundstück, zu dessen Begriff auch Zufahrten zu Tankstellen[326] oder Tankstellen selbst[327] gezählt werden, verlangt, daß sich der abbiegende Fahrzeugführer so verhält, daß eine Gefährdung anderer, insbesondere der nachfolgenden Verkehrsteilnehmer[328] ausgeschlossen ist. *Ausgeschlossen* bedeutet dabei zwar nicht, daß jede Unfallverursachung zugleich einen Verstoß gegen § 9 V StVO begründet. § 9 V StVO normiert also keine reine Erfolgshaftung[329] und statuiert auch nicht die gleichsam

---

[324] BGH, StV 2000, S. 23.

[325] ders., a.a.O., S. 758.

[326] Hentschel, *Straßenverkehrsrecht*, 38. Aufl. München 2005, § 9 Rn 45; L. Martin, JR 1963, 193, Anm. zu BayOLG, a.a.O., S. 192; BGHSt 11, 296, 298; OLG Stuttgart DAR 56, 115; OLG Düsseldorf NZV 88, S. 231, für zumindest entsprechende Anwendung des § 9 V StVO; a.A. offenbar Janiszewski/Jagow/Burmann, *Straßenverkehrsrecht*, 17. Aufl. München 2002, § 9, Rn 53, nach denen eine Tankstelle als tatsächliches oder rechtliches öffentliches Gelände nur ein Straßenteil im Sinne des § 10 StVO sei. In einem möglichen Zweifelsfall gelte aber auch nach ihnen § 9 V StVO beim Abbiegen in eine Tankstelle.

[327] vgl. OLG Düsseldorf, a.a.O., S. 231.

[328] Hentschel, a.a.O., § 9, Rn 44; Janiszewski/Jagow/Burmann, a.a.O., § 9, Rn 52; OLG Düsseldorf, a.a.O., S. 231, und OLG Düsseldorf NZV 1993, S. 198, 199.

[329] ausdrücklich Hentschel, a.a.O., § 9, Rn 52; vgl. auch BayOLG VRS Bd. 45, S. 211ff., Bd. 42, S. 383ff.

unzumutbare Pflicht, mit Unvorhersehbarem zu rechnen[330]. Vielmehr gilt insofern auch hier noch der eingangs im Rahmen zu § 1 II StVO schon erwähnte Vertrauensgrundsatz, demnach grundsätzlich „mangels erkennbarer Gegenanzeichen oder erfahrungsgemäß häufiger typischer Verstöße mit fremdem verkehrsrichtigem Verhalten rechnen und sich darauf einstellen"[331] dürfe, wer sich seinerseits verkehrsrichtig verhalte.

Wohl aber verpflichtet § 9 V StVO zur Anwendung höchster Sorgfalt[332], setzt also äußerste subjektiv mögliche Sorgfalt und Umsicht voraus[333] und geht damit noch über die Anforderungen des § 1 II StVO hinaus.[334] Dies gelte um so mehr, wenn bei dem Abbiegemanöver aufgrund der besonderen Ortskenntnis vorhersehbar sei, daß eine Gefährdung entstehe, weil das Abbiegeziel für andere schwer erkennbar sei[335]; etwa dann, so der BGH in einem früheren Urteil, sollte „eine ... Grundstückseinfahrt nahe vor einer Straßenkreuzung oder -einmündung liegen und deshalb ein nachfolgender Fahrer die ihm angekündigte Absicht zum Abbiegen mißverstehen und auf die unmittelbar bevorstehende Straßenabzweigung beziehen können"[336]. Auf den Vertrauensgrundsatz kann sich der Fahrer gerade dann nicht mehr berufen, wenn in einer solchen Lage nicht erkennbar ist, daß der Hintermann sein Vorhaben auch verstanden hat.

Um das sicherzustellen, gilt etwa die Pflicht zur doppelten Rückschau, wonach sich der Linksabbieger auch unmittelbar vor dem Manöver noch einmal vergewissern müsse, daß der Hintermann seine Zeichen verstanden hat.[337] Gerade das gilt um so mehr, wenn damit zu rechnen ist, daß der Hintermann das Anliegen aufgrund der Verkehrslage nicht leicht erkennen kann. Es sind dann vielmehr alle Möglichkeiten zu ergreifen, die darauf hinweisen und damit eine Gefährdung verhindern können. Genannt wird etwa das rechtzeitige Ankündigen des Abbiegens durch Verlangsamen und Zeichengeben.[338] So schlägt auch *Freund* vor, daß der Fahrer „nur die Geschwindigkeit so [hätte] vermindern müssen, daß die nachfolgenden Verkehrsteilnehmer ‚gewarnt' worden wären; auch wäre es leicht möglich gewesen, diese Form der ‚Vorwarnung' durch ein in einer solchen kritischen Ver-

---

330 Hentschel, *Straßenverkehrsrecht*, a.a.O., Einleitung, Rn 150; OLG Düsseldorf NZV 1993, S. 198.

331 vgl. Hentschel, *Straßenverkehrsrecht*, a.a.O., Einleitung, Rn 136; ebenso etwa BGH VR 1990 S. 739ff., 740; BGH NZV 1992, S. 108, 109.

332 Hentschel, *Straßenverkehrsrecht*, a.a.O., § 9, Rn 52.

333 Hentschel, a.a.O., Einleitung, Rn 150.

334 Hentschel, a.a.O., Einleitung, Rn 150.

335 vgl. OLG Düsseldorf DAR 1974, S. 192.

336 so BGHSt 11, 298, 302, zum Abbiegen auf eine kurz vor einer Kreuzung gelegene Tankstelle. Ähnlich auch OLG Stuttgart DAR 1956, S. 115, wonach sich der links in ein Grundstück Abbiegende immer vergewissern müsse, ob der Hintermann sein Signal richtig verstanden habe, weil dieser in der Regel nur damit rechne, daß links in eine Straße eingebogen werde.

337 Hentschel, a.a.O., § 9, Rn 48; OLG Bremen *Verkehrsrechtliche Mitteilungen* 1966, 40.

338 BGHSt 11, 298, 302f.: „... so wird der Abbiegende dies bedenken und durch ein zusätzliches, auf die Grundstückseinfahrt hinweisendes Zeichen die verständlichen Zweifel seines Hintermannes klären müssen." Ebenso Hentschel, a.a.O., § 9, Rn 46.

kehrssituation erlaubtes Einschalten der Warnblinkanlage zusätzlich zu verstärken"[339].

Damit wäre auch für die aus der Sicht *Freunds* noch fragliche, hier wohl aber nicht mehr einschlägige Konstellation eine Antwort gefunden, in der sich trotz aller Maßnahmen nicht hätte feststellen lassen, daß der hintere Fahrer ausreichend gewarnt gewesen wäre. Weil § 9 V StVO, vermittelt über die Gebote höchster Sorgfaltsanforderung, dem Abbiegenden dann nahezu die alleinige Verantwortung dafür aufbürdet, eine Gefährdung zu verhindern[340], wirken sich schon die geringsten Zweifel daran zu seinen Lasten aus und verbieten dann das angestrebte Verhalten.[341] Der für den gefahrlosen Ablauf dann schließlich doch allein verantwortliche Fahrer darf dann, wenn er selbst die Gefährdung voraussieht, schlicht und ergreifend nicht abbiegen. Vielmehr hätte man von ihm genau das verlangen können, was er wohl ohnehin immer dann getan hätte, wenn er die voraussehbaren Auffahrunfälle unbedingt hätte vermeiden wollen: nämlich in die Tankstelle von der anderen Straßenseite her einzufahren.[342]

Die somit recht leicht zu begründende und zu erkennende äußerliche Verkehrswidrigkeit des Verhaltens hätten die Richter des Senats dann womöglich leichter erfassen können, wenn sie nicht mit dem Eventualvorsatz auch das kognitive Element des von der Ortskenntnis abhängigen Gefährdungsbewußtseins voreilig vor dem Forum der alles überragenden Absicht aus der Wahrnehmung ausgeschieden hätten oder sich wenigstens über den Gebrauch des Absichtsbegriffs und seine Implikationen Rechenschaft abgelegt hätten. Daß sie subsumtionszwanghaft nach Erfüllung einer offensichtlich doch rein voluntativen Absichtsdefinition strebten[343], läßt sich schließlich nur aus dem Dogma der vorangegangenen Entscheidungen begründen, die die Abgrenzung zu dem verkehrswidrigen Verhalten des § 315 c StGB anhand der bewußten Zweckentfremdung des Fahrzeugs zu verkehrsfeindlichen Zwecken vornehmen wollten[344], die aber allesamt auch mit der offensichtlichen Verkehrswidrigkeit des Verhaltens, von der erwähnten strittigen Ausnahme abgesehen[345], keinerlei Probleme hatten.

dd) Auflösungsansatz der Kritik

Es ist nun zwar nicht mehr intendiert, der eingangs erwähnten Kritik noch umfassend gerecht zu werden. Das muß einer gesonderten Untersuchung vorbehalten

---

[339] Freund, a.a.O., S. 758.

[340] Hentschel, a.a.O., § 9, Rn 52 und Einleitung, Rn 150; vgl. zu den Anforderungen u.a. BGH *Der Betrieb* 1968, S. 2126; BayOLG *Verkehrsrechtliche Mitteilungen* 1973, S. 39; OLG Hamm VRS Bd. 42, 422; OLG Köln VRS Bd. 99, S. 32 und OLG Düsseldorf NZV 1992, S. 238.

[341] Hentschel, a.a.O., Einleitung, Rn 150.

[342] Ansonsten wäre auch der Grenzbereich einer eventualvorsätzlichen Sachbeschädigung nach § 303 I StGB erreicht. Ebenfalls kämen eben §§ 223 I oder 223 I, II und 229 StGB in Betracht.

[343] und so eine aus dem bloßen Wortlaut heraus nicht zu begründende, weil durch ihn nicht vorgegebene Ungleichbehandlung der Vorsatzstufen vornahmen. So auch Kudlich, StV 2000, S. 24.

[344] vgl. nochmals BGHSt 23, 7; Sch/Sch-Cramer/Sternberg-Lieben, § 315b, Rn 8f.

[345] BGH NZV 1992, S. 157, mit Anmerkung Seier, a.a.O., S. 158f., und Scheffler NZV 1993, S. 463f.

bleiben. Andeutungsweise sei aber noch gesagt, daß die hier erfolgte schrittweise Resynthetisierung des Absichtsbegriffs zumindest zur Auflösung folgender Kritiken führen kann:

Nimmt man nämlich zur Kenntnis, daß es zur Begründung eines objektiv verkehrswidrigen Fehlverhaltens nicht der Absicht des Täters bedarf, einen Unfall herbeizuführen, deren isoliert voluntative Komponente vielmehr über ein objektives Fehlverhalten rein gar nichts aussagen kann, hätte es hier wohl genügt, zuerst einmal die Verkehrswidrigkeit des Verhaltens des Angeklagten mit Hilfe des § 9 V StVO und der Kenntnis um die Schaffung einer erhöhten, rechtlich mißbilligten Gefahrenlage zu begründen. Die in sich nicht plausiblen Ausführungen über die Möglichkeit eines bloßen Gesinnungsstrafrechts, dessen Begriff implizit auf die Frage nach der fehlenden Pflichtwidrigkeit verweist, hätte sich der Senat damit ersparen können. Ebenso hinfällig geworden wäre damit das wohl bloß aus Gründen der gleisnerisch wirkenden Rhetorik vorgenommene *obiter dictum*, wonach zwischen dem *dolus eventualis*, dem bloßen Hoffen auf einen Unfall, und der absichtlichen Verursachung zugleich die Grenze des vorschriftswidrigen Verhaltens verlaufe, das in sich ebenfalls keinerlei Sinn ergibt. Auch die Frage nach dem „vergleichbaren Strickmuster“ des Verhaltens konnte jedenfalls keine Auskunft über dessen Pflichtwidrigkeit geben, sondern nur über seinen erhöhten, isoliert voluntativen Gehalt, der allein sich aber auch bald im Namen des Hoffens benennen ließe.

Die Reflexion auf den verdinglicht vorgetragenen Gebrauch des fetischisierten Absichtsbegriffs, der bloß befriedigt vor den Fall geschoben, aber nicht auf sein Nichtbegriffliches hin hinterfragt wurde, hätte damit also nicht nur die Pflichtwidrigkeit des fraglichen Verhaltens zum Vorschein bringen, sondern auch die Begründung von Widersprüchen vermeiden können. Insoweit hätten die vorgetragenen Reflexionen in der Tat nicht nur weitergeholfen, den Fall in seiner Dimension gleichsam schöngeistig zu vertiefen, sondern auch Probleme aufzulösen, die sich so nun nicht mehr stellen.

Manchen Problemen aus der einführend entfalteten immanenten Kritik konnte damit aber auch nicht, jedenfalls nicht unmittelbar, abgeholfen werden. So bleibt etwa der durchaus noch irritierende Rekurs auf die Absicht des Täters zur Begründung des objektiven Tatbestandes vorerst unangetastet, der sich nur aus dem Bemühen erklären läßt, eine verkehrsfremde Verkehrsteilnahme zu definieren, also der postulierten Sperrwirkung des § 315c StGB gerecht zu werden. Ebenso unberührt von den vorgenommenen Reflexionen bleibt die diagnostizierte Doppelverwertung des intentionalen Moments, die indes aus verfassungsrechtlichen Gründen nicht mehr praktiziert werden dürfte. Wie sich aber insoweit eine verfassungskonforme Neuauslegung des definitorischen Geheges zu § 315b I StGB erreichen ließe, die zugleich dem Sperrwirkungspostulat gerecht würde, bleibt völlig offen.[346]

Womöglich führte ein zufriedenstellender Weg zu einer Lösung auch dieser Fragen aber auch über die hier entfalteten Überlegungen von der Pflichtwidrigkeit des

[346] ganz abgesehen davon, daß vor dem Hintergrund dieser Auslegung nicht nur § 315b IV, V StGB weitgehend, sondern dann auch aus verfassungsrechtlichen Gründen die Möglichkeit der Qualifikation des § 315 III StGB und damit auch die Anwendung des § 315b III StGB suspendiert würden; letzterer mit Verweis auf § 315 III StGB.

Verhaltens. So scheint es dann, wenn man sich in fraglichen Fällen weiterhin auf die besondere Kenntnis des Fahrers zu stützen vermag, in der Tat nicht allzu fern zu liegen, eine verkehrsfremde Verkehrsteilnahme und damit den Eingriff nach § 315b I Nr. 3 StGB auch dann schon anzunehmen, wenn das Verhalten nicht nur in dem klaren Bewußtsein um die nicht unerhebliche Gefährdung des Hintermannes und des folgenden Straßenverkehrs erfolgt, sondern wenn der Fahrer auch dessen Verletzung und Schädigung billigend in Kauf nimmt. Insoweit hätte die jüngste Entscheidung des BGH, die nun den Schädigungsvorsatz zur künftigen Voraussetzung des verkehrsfremden Inneneingriffs gemacht hat[347], dafür den Weg geebnet. Zudem ließe sich dieser auch objektiv davon abhängig machen, wie erheblich die Gefährdung des Straßenverkehrs war.

Wenn man sich also weiterhin an die Sichtweise klammerte, daß es jenen verkehrsfremden Inneneingriff im Sinne des § 315b I Nr. 2 und 3 StGB unbedingt geben müsse und andere Normen zur Sanktionierung der fraglichen Gefährdungen oder Schädigungen nicht ausreichten, ließe sich ein solch verkehrsfremdes Fahrverhalten, das von den üblichen fehlerhaften Verhaltensweisen des § 315c I StGB abwiche, darauf fußend wohl nicht nur dann annehmen, wenn sich, wie es *Freund* formuliert, das Verhalten zugleich als eine vorsätzliche Sachbeschädigung oder eine vorsätzliche Körperverletzung darstellt[348], sondern auch dann, wenn es die Qualität eines dahin gehenden Versuchs erreichte. Auch ein solches Fahrverhalten wiche reichlich „von den ‚normalen' Fehlleistungen im Straßenverkehr"[349] ab, stellte nach dieser Lesart also auch ein gefährliches Eingreifen in diesen dar.

Diese Lesart könnte zwar nicht dem erhobenen Einwand begegnen, daß sich damit der § 315b I Nr. 3 StGB in seiner Gestalt von einem Gefährdungs- zu einem kupierten Erfolgsdelikt wandelte[350], sie führte aber aus dem geschilderten Dilemma der Doppelverwertung heraus. Denn auf eine eventuell gegebene Absicht des § 315 III Nr. 1a) StGB müßte zur Begründung des Grundtatbestandes dann nicht mehr rekurriert werden.

---

[347] vgl. BGHSt 48, 233, 237 = NZV 2003, S. 488ff. = NStZ 2003, S. 486ff. So fragwürdig sie auch sein mag, sie leistet einer solchen Lesart Vorschub, weil sie es zur Voraussetzung eines verkehrsfeindlichen Inneneingriffs macht, daß der fragliche Fahrer nicht nur mit wenigstens dem Eventualvorsatz auf eine Gefährdung von Leib oder Leben oder fremden Sachen von bedeutendem Wert handelt, was ohnehin Voraussetzung der §§ 315b I, 15 StGB ist, sondern zumindest auch mit Eventualvorsatz einer Verletzung oder Schädigung der fraglichen Objekte, also mit Sachbeschädigungs- oder Körperverletzungsvorsatz. Daß der BGH insoweit nur von einem „Schädigungsvorsatz" spricht, a.a.O., S. 237, kann sinngemäß das Erfordernis des Körperverletzungsvorsatzes nicht ausschließen. Damit ist dann aber auch der bislang zumindest noch theoretisch denkbaren Möglichkeit eines fahrlässigen Inneneingriffs aus § 315b IV und V StGB begriffslogisch der finale Garaus gemacht.

[348] vgl. nochmals dazu BGHSt 48, 233, 237 = NZV 2003, S. 488ff. = NStZ 2003, S. 486ff.

[349] Freund, a.a.O., S. 759.

[350] so insbesondere die Anmerkung von Jürgen Seier und Katharina Hillebrand, NZV 2003, S. 490f., 490.

C) Fazit

Es schließt sich nun an dieser Stelle der Vorhang zu jener textlichen Bühne, die einen Schauplatz für die eingangs versprochene geistige Erfahrungsreise zum Identitätsdenken in der Dogmatik bot. Auf ihr wurde versucht, ausreichend deutlich zu machen, wohin die Reise ihre Teilnehmer in beiden Abschnitten a) und b) führen konnte: nämlich zu einer Erfahrung des verdinglichten Gebrauchs der Rechtsbegriffe, die das subsumierende Bewußtsein vor seine Gegenstände schob. Und zu einer Erfahrung der Vielfalt der daraus resultierenden Probleme, die eine solch vernünftige Verhaltensweise mit sich führte.

Gezeigt wurde vor allem in Abschnitt a), daß es gerade die Präformation der Begriffe und ihre routinierte Einübung in das dogmatische Denken war, die es abweichenden Gestaltungen schwermachte, noch als solche erkannt und auch als eine vom präformierten Begriff abweichende Gestaltung begrifflich absorbiert zu werden. Gezeigt wurde, wie das präformierte, verdinglichte Bewußtsein statt dessen, statt sich um die Erfahrung des Neuen zu bemühen, dazu tendierte, in diesem Neuen nur das Alte zu sehen und es zu nivellieren, seine Unterschiede zum Bekannten zu leugnen und den fetischisierten Begriff befriedigt als dessen Wahrheit vor das Objekt zu schieben.

Besonders in Abschnitt b) sollte vermittelt werden, daß es auch der notwendig mit Begriffen arbeitenden Jurisprudenz nicht gelingen kann, das Objekt in seinem Medium „Begriff" ganz zu haben, obgleich herrschaftliches Bewußtsein sich das wünscht. Aber dieses Bewußtsein kann das Objekt mit seinem identifizierenden Oberbegriff eben doch nur aufspießen, einengen und seiner Vielheit berauben. Erst einer Konstellation dieser Begriffe, die sie selbst ihres herrschaftlichen Anspruchs entkleidet und die sie zu einer anderen Haltung dem Objekt gegenüber zwingt, gelingt es, das Objekt, wenn schon nicht ganz, so doch um vieles umfassender zu begreifen. Denn die Konstellation macht sich dem Objekt ähnlich und öffnet es einer bleibenden und vertieften Erfahrung, die dann der Fetischisierung des Einzelbegriffes auch in anderen Diskussionen wieder vorzubeugen vermag und hier die Illusion der Herrschaft auch als solche durchschaut.

Diese Illusion ruht in den unwahren Synthesen der behandelten Rechtsbegriffe. Deren Resynthetisierung ist verbunden mit einer neuen Perspektive eines vertieften Blicks in die Tiefe des Objekts, des von Adorno apostrophierten mikrologischen Blicks auf die selbstgemachten Begriffe der behandelten Dogmatik des Strafrechts, und auf ihr Nichtbegriffliches, auf die Geschichte der Begriffe und die ihres Objekts.

Wie einleitend bemerkt: Diese Reise sollte weniger instrumentell dazu genutzt werden, um pragmatisch an neuen dogmatischen Lösungswegen zu basteln und dabei alte Wege bloß abstrakt zu verwerfen. Sie sollte primär dazu erfolgen, den identifizierenden Rechtsbegriff auf seinen Inhalt, sein Nichtbegriffliches zu hinterfragen, um es mit Hilfe eines begrifflichen Mehrs an Rationalität aus dem Dunkel seiner Identifizierung zu holen und um den behandelten Gegenstand aus seiner hilflosen Isolierung als bloßes Gattungswesen zu befreien.

Indem es den Trug seiner Identität durchbrach und in der Lage war, sein Neues in Abweichung zum alten Begriff in Erfahrung zu bringen, sollte ihm, insbesondere in Abschnitt a), zumindest etwas von seiner Besonderheit wiedergegeben werden, die ihm seine begriffliche Abstraktion zum Exemplar von nur präformiertem Allgemeinem genommen hatte.

Daß dabei nicht nur das Unrecht des Rechtsbegriffs gegenüber seinem Gegenstand, gleichsam das immanent notwendige Unrecht des Rechts und seine untilgbare Unwahrheit gezeigt werden konnten, sondern auch die immanente Fragwürdigkeit, die immanente Widersprüchlichkeit mancher Entscheidung und ihrer Behauptungen, die nicht Widersprüche zwischen Begriffen, bloße dogmatische Denkschwächen, sondern Widersprüche im Begriff selbst zutage förderten, war dabei freilich intendiert. Denn wenn Adornos Thesen etwas bezeichneten, ein Objekt, ein Seiendes, einen Gegenstand, ein Nichtbegriffliches, das der Erfahrung zugänglich war, und das war sein Anspruch, dann mußte sich all das auch im alltäglichen Gebrauch der Begriffe sowohl in der jurisdiktionellen als auch in der dogmatisch-theoretischen Praxis der Jurisprudenz zeigen lassen.

So ergab sich die vielfache Bestätigung seiner These, die Erfahrung ihres Objekts dann hier auch weniger aus einem identifizierenden Machtanspruch heraus, daß es so sei, wie kritisiert, und auch so zu sein habe, sondern vergleichsweise zwanglos aus der immanenten Suche nach der Wahrheit des Rechtsbegriffs selbst.

Daß es dabei gelungen ist, manches Problem zu lösen, manche dogmatische These zu entwickeln oder zu stützen, ist ein weiteres erfreuliches Produkt jener Reise, auf der eben nicht die Produktion von Identität im Vordergrund stand, sondern dem Objekt der Vorrang eingeräumt wurde, der Entdeckung seines Nichtidentischen. Insofern bleiben dann auch, etwa in der Diskussion zu § 315c I StGB, einige Fragen durchaus bewußt offen. Der Verfasser glaubt sich darin im Sinne negativ-dialektischen Denkens legitimert, das kein abschließendes sein und keine letzte Antwort auf die eröffneten Fragen geben wollte. Eine Letztbegründung von Thesen, noch dazu in dem hybriden Glauben an Vollständigkeit und Endgültigkeit, war nicht intendiert.

> „Unversöhnlichem Denken ist die Hoffnung auf Versöhnung gesellt, weil der Widerstand des Denkens gegen das bloß Seiende, die gebieterische Freiheit des Subjekts, auch das am Objekt intendiert, was durch Zurüstung zum Objekt diesem verloren gegangen ist."
> (*Negative Dialektik*, S. 31)

V. Ausblick

Adornos Kritik am Recht mag nun also, wie in Kapitel III angedeutet, in der einen oder anderen Form und in dem einen oder anderen Punkt schon von anderen vorweggenommen, lange vor ihm ausgiebig oder versteckt diskutiert worden sein. Darauf wohl zielte die Bemerkung *Jochen Bungs*[1], der von Adorno erinnerte Billigkeitsgedanke repräsentiere nicht mehr den neuesten Stand.

Manches von dem aber, was er der Vernunft der Jurisprudenz an Aufforderungen zur Selbstreflexion von dinghaftem Denken mit auf den Weg gab und was hier einmal in der Einleitung, einmal in Kapitel III und IV gezeigt werden konnte, beleuchtet doch die Vernunft des positiven Rechts, ihr identifizierendes Moment auf eine neue Weise. Und ebenso scheint manches von seinen rechtskritischen Inhalten auch erst in neuerer Zeit zur Kenntnis genommen zu werden, etwa in der Abhandlung von *Mathias Becker* zu einer Theorie eines negativen Naturrechts und zum Teil, auch ohne Adornos Aufforderung vom Eingedenken des Mimetischen in der Vernunft explizit anzuerkennen, in der *law as literature*-Debatte.

Daß Adorno daneben aber auch, wie angedeutet, einen meist doch nur beliebigen neuesten Stand womöglich gar nicht darstellen wollte, sich vielmehr der Unmöglichkeit bewußt gewesen sein mag, das zu können, kann folgende, seinem Beitrag zur Reform des Sexualstrafrechts vorangestellte Überlegung bedeuten:

> „Der Theoretiker, der heute in praktische Kontroversen eingreift, erfährt regelmäßig und beschämend, daß, was er an Gedanken etwa beizubringen hat, längst gesagt ward und meist besser beim ersten Mal. Nicht nur ist die Menge des Geschriebenen und Publizierten ins Ungemessene angewachsen: die Gesellschaft selbst scheint, trotz allem expansiven Wesen, auch im Überbau, in Recht und Politik, vielfach auf ältere Stufen sich zurückzubilden. Das nötigt peinlich dazu, altvertraute Argumente aufzuwärmen."[2]

Das nötigt zwar in der Tat dazu, ist aber doch letztlich, so muß man sagen, so peinlich nun auch wieder nicht. Denn, so Adorno: „Denken hat das Moment des Allgemeinen. Was triftig gedacht wurde, muß woanders, von anderen gedacht" worden sein.[3] Es kann daher auch keine Schande sein, mit seinen Gedanken auch mal später als andere zu kommen. Das gilt für ihn freilich wie für andere auch. Und weil Adorno als partiell zu spät Gekommener auch nicht anders konnte, als an die-

---

[1] vgl. oben Kapitel III, S. 127, Anm 81.

[2] Adorno, *Sexualtabus und Recht heute*, a.a.O., S. 533.

[3] Adorno, *Resignation*, in: GS Bd. 10/2, Kulturkritik und Gesellschaft II, S. 794ff., 798.

sem schon von anderen Gedachten wieder anzuschließen, mußte er sich, wie er sagt, „von den konkreten Gestalten des Bewußtseins leiten lassen, gegen die er angeht, und wiederkäuen, was sie vergaßen"[4].

So hat er, wenn auch in der *Negativen Dialektik* äußerst verdichtet, auf seine blitzlichtgewittrige Weise etwa jenen in Kapitel III benannten Widersinn benannt, der bereits der bloßen Form der Rechtsvernunft eignet, den andere entweder schon als Sinn begrüßt und damit anders bewertet hatten, etwa *Kelsen* deren reine, wiewohl nicht unschuldige als vielmehr performativ schuldige Form oder *Luhmann* ihre Reduktionsleistung im Hinblick auf die fraglose Komplexität der Rechtsprobleme[5], die aber auch die Reduktion der Möglichkeiten ihrer geistigen Erfahrung bewirkt.

Andere dagegen hatten die Vernunft des Rechts auch schon ebenso, wenn auch mit anderem Erkenntnisinteresse, kritisiert, so etwa die Kritiken der Interessenjurisprudenz am Systemdenken oder die der Naturrechtslehren am Positivismus.

Kritisiert wurde dann von Adorno der Widersinn jener partikularen Form der Rechtsvernunft, die vor allem darin partikular ist, daß sie stets nur den begrifflich vermittelten Teil der Wirklichkeit begreift, geistig ertastet, der sich mit den Normen und ihren Rechtsbegriffen konfrontiert sieht. Dies umschreibt die selektive Wirkung des hermeneutischen Zirkels der Rechtsanwendung. Gerade die diesem immanente Reduzierung der Fallwahrnehmung auf das rechtsbegrifflich Vermittelte erzeugt aber das geistige Unbehagen an Dogmatik, auf das diese Arbeit bereits Bezug nahm. Besonders unbehaglich wird die Vernunft der Dogmatik dort, wo der Fall so viel mehr an Bewegendem birgt, so viel mehr Fragen aufwirft, als die partikulare Form des Rechts an ihm begreifen will, als sich in seiner Systematik unterbringen läßt.[6] Diese Systematik, mitsamt ihren geronnenen Synthesen, den fetischi-

---

[4] Adorno, *Sexualtabus und Recht heute*, a.a.O., S. 533.

[5] Niklas Luhmann, *Das Recht der Gesellschaft*, Frankfurt/M. 1993, bes. S. 225f., 565f.

[6] Man muß nur an den aktuellen Fall des sogenannten „Kannibalen von Rothenburg" denken, an dem sich der BGH in seinen Subsumtionsbemühungen, Az. BGH 2 StR 310/04 - Urteil vom 22.04.2005 (LG Kassel), vor allem dafür interessierte, ob das Handeln des Angeklagten sich nicht doch, entgegen der Auffassung des LG Kassel, das aus § 212 verurteilte, unter den § 211 subsumieren ließ. Zur Frage dieser Verhandlung wurde - neben Fragen zur Genese der ausführlich geschilderten beteiligten Wünsche auf Täter- wie auf Opferseite und zum Zustand einer Zivilisation, die diese hervorbringt - nicht etwa, ob und wie das Strafrecht auf solch archaische Verhaltensweisen reagieren könne und ob es mit seinen Tatbeständen überhaupt noch auf solch unerwartete und archaische Verhaltensweise zugeschnitten war. Dies provoziert auch die nicht minder interessante Erwägung, daß selbst Unrecht noch zivilen, berechenbaren, identischen Formen zu gehorchen scheint. Daß selbst noch das abweichende Verhalten in einer Gesellschaft Normen oder Standards gehorcht. Statt dessen erörterte man, gezwungen von der Vernunft des Rechtsstaates und der begrifflichen Vernunft des § 211 II, etwa mit, wie es hieß, törichtem Scharfsinn Fragen der Art, ob nicht die Tatsache, daß der Angeklagte von der Tötung und der Verspeisung des Opfers Videoaufzeichnungen angefertigt hatte, um sie in das Internet zu stellen, im Hinblick auf das Merkmal des § 211 II 3. Gruppe 1. Merkmal verwertbar sein könnte. Als Straftaten, die mittels der Tötung begehbar werden sollten, kamen etwa § 184 III a.F. StGB, die Verbreitung von Pornographie, und auch § 168 StGB, die Störung der Totenruhe durch „beschimpfenden Unfug", in Betracht. Daß dabei dann das Schlachten der Leiche, das Ausweiden und Zerlegen mit dem Begriff der „grob ungebührlichen Handlung" identifiziert wird, führt zu der geschilderten wahnhaften Wirkung der rechtsstaatlich gebotenen Subsumtion der selbstgemachten Rechtsbegriffe. Ebenso kam in Betracht, daß der Angeklagte jene Videoaufzeichnung angefertigt hatte, um

sierten Rechtsbegriffen führt zu jener hilflosen Vereinzelung des Rechtsfalles, die der ihn bloß subsumierende und exemplarisierende Begriff bewirkt. Er erweckt jenen Trug des Identitätsdenkens, der Fall sei wie alles andere auch bloß ein Exemplar einer Gattung oder einer Norm; oder, wie etwa *Hassemer* sagen würde, eines Typus.

Die Reduzierung der Erfahrung von Wirklichkeit auf einen abstrakten Rechtsbegriff, der einordnen, unterordnen, ausblenden und abwehren will, erzeugt also ein Unbehagen auch gegenüber seiner kulturell vermittelten Vernunft, gegenüber der Unvernunft juristischer Vernunft. *Luhmann* nannte deren pragmatisch-positive Wirkung zwar, wie angedeutet, affirmativ Komplexitätsreduktion. Aber die Vernunft dieser Reduktion ist erfahrbar irrational. Sie hat etwas Wahnhaftes, dessen Inhumanität selten so deutlich werden kann wie im Fall der Diskussion des Genozids und des Einsatzes von UN-Truppen an Orten dieser Welt, an denen etwas einem Völkermord auch nur Ähnliches geschieht, das seinem Begriff aber doch zugleich meist entflieht.[7] Daran aber, an dem, was im Begriff gerade keinen Ort hat, semantisch utopisch ist, und nicht an seiner Definition, hätte sich eine Vernunft, auch eine juristische Vernunft zu messen, die sich selbst nicht mehr entläuft.

Die von Adorno des weiteren explizit benannte Unwahrheit des Rechts ist gekoppelt an die ebenfalls benannte und hier näher explizierte Unwahrheit seiner Begriffe. Auch diese, mit denen die Form der Rechtsvernunft operiert, haben etwas vielfach Unwahres. Und auch ihre Unvernunft ist mehrdimensional. Sie, Produkte eines autonomen, von der Strafrechtswissenschaft verteidigten semantischen Produktionsprozesses, werden der Rechtsvernunft zu den beschriebenen Fetischen, deren Wahrheit nicht mehr bezweifelt wird. Denn sie werden mitunter als *a priori*, noch vor aller Erfahrung gegeben, akzeptiert und herrschaftlich zufrieden vor die Fälle geschoben, denen sie so ihre gleichwohl erfahrbare Besonderheit nehmen. Im Fall des LG Gera und in dessen höchstrichterlicher Zurichtung wurde das gezeigt, von Adorno selbst war das im Fall des Liebespaares behutsam angedeutet. Der herrschaftliche Modus der in den Begriffen vollzogenen Synthese verdrängt aber nicht nur Aspekte der Wirklichkeit ihrer Objekte und enthält diese so einer durchaus möglichen umfassenden Wahrnehmung vor. Dieser Modus diktiert mitunter vielmehr seinerseits, welche Ereignisse überhaupt als mögliche wahrnehmbar seien und welche es nicht „geben" könne. Auch das offenbarte die Rechtsprechung des BGH zu den Fetischen des § 24 I 1 StGB.

Was die Rechtsbegriffe statt dessen an erfahrbar Nichtbegrifflichem meinen und wie sich das Gemeinte, gleichsam das Subjekt des Begriffs, seinen geronnenen Synthesen mit Hilfe eines Mehr an begrifflicher Rationalität entreißen läßt, zeigten etwa die Exkurse zum Absichtsbegriff des BGH. In diesen wurde deutlich, wie man den einzelnen Begriff gerade mit Hilfe des kritisierten Begriffs resynthetisie-

bei Ansicht der Szenen zu onanieren. Daher hätte, was das LG Kassel nicht ausreichend und nur unter Verstoß gegen Denkgesetze diskutiert hatte, das Merkmal „Zur Befriedigung des Geschlechtstriebes" ausführlich erörtert werden müssen. Das Unbehagen an dieser partikularen Vernunft dürfte mit Händen zu greifen und nicht nur durch den unbehaglichen Fall vermittelt sein.

[7] Vgl. dazu nochmals oben Kapitel III, S. 117ff.

ren, wie man mit Begriffen mimetisch über ihn hinaus zu dem gelangen konnte, was er verbarg, das Gemeinte auf einem Schauplatz geistiger Erfahrung konstellativ umkreisend. So wurde anhand der Geschichte der dogmatischen Erörterungen des sogenannten Erbonkelfalls die subjektiver Erfahrung zugängliche Vielfalt des betrachteten Fall-Objekts entfaltet, die sich in einer Fülle möglicher präziser Beschreibungen ein und desselben Moments offenbarte. Der Herrschaftsanspruch des identifizierenden Rechtsbewußtseins kapitulierte hier zugunsten des Vorrangs des Objekts und damit gerade zugunsten einer sich erweiternden Erkenntnis, eines Mehr an Rationalität.

Die Widersprüche „innerhalb des Begriffs", wie Adorno es in den *Vorlesungen* sagt, innerhalb der durch ihn bezeichneten Sache, die hierbei benannt wurden, die zwar nicht immer behebbarer Fehler, aber doch gleichwohl die Schuld des Gedankens seien, dessen identifizierender Herrschaftsanspruch sie durch ein unhaltbares Exklusivitätsversprechen produzierte, sind weder etwas „*heraklit*eisch Wesenhaftes", wie Adorno sagt[8], noch eben logisch zu glätten, weil doch nur die von diesem Gedanken benannten Widersprüche die in der gedachten Sache liegenden reflektieren können. Sie sind als von Begriffen nicht zu schlichtend auszuhalten und als aus der Sache selbst erwachsend zu reflektieren, die das Versprechen des Gedankens von ihr nicht hält. Gegen ihren Widerspruch ließe sich nicht subsumieren, allenfalls um den Preis einer allzu offensichtlichen, der Erfahrung schon eröffneten Unwahrheit.

Aus diesem Dilemma heraus sind gleichwohl jeden- und bestenfalls Lösungsvorschläge zu suchen, die den Widerspruch im Wege der Anerkennung des anderen, des verdrängten Moments aushalten und nicht ausblenden, auch wenn sie freilich auf wiederum andere, vermeintlich präzisere Identifikationen nicht verzichten können. Nicht ausgeschlossen ist deshalb, daß andere Gedanken an diesen jeweils neuen Wegen auch wiederum deren Unwahrheit, deren reduktive Wirkung erfahren und benennen mögen; selbst dann noch, wenn, soweit man das vermochte, an Gedanken in sie einging, was subjektivem Bewußtsein an äußerster Reflexion möglich war. Genausowenig ausgeschlossen ist, daß auch die umfassender wahrgenommene und beleuchtete Sache den kurzzeitig und vorübergehend präzisen, Versöhnung erheischenden Begriff dann wieder aufs neue vor sich hertreibt. Dem Begriff schwimmen auf diese Weise die Fälle immer wieder davon. Diese Erfahrung bedeutet eine Erfahrung ihrer Nichtidentität. Sie wird so zur Anwältin des Falles gegen seinen, ihn nur kategorisierenden Begriff. Der Sache in dieser Erfahrung anwaltendes Bewußtsein machte deren ureigenen Anspruch auf Herausgabe des an ihr Unterschlagenen geltend. Und wiederum nichts als bloß subjektive Erfahrung wäre berufen, über diesen Anspruch zu richten.

Adornos *Negative Dialektik*, seine Gedanken von der Unwahrheit der Sätze, der Begriffe, von der Unwahrheit der Urteile und Positionen, seine Anweisungen zu einem veränderten Denken, das, sich seiner Unwahrheit bewußt, alle Sätze in dieses Selbstbewußtsein taucht, hat der Jurisprudenz und ihrem dogmatischen Handwerk also durchaus einiges an Neuem mitzuteilen, das den neusten Stand freilich nicht

---

[8] vgl. Adorno, *Negative Dialektik*, S. 16.

tangiert. Manches davon wurde hier von dem Grunde seiner Erkenntniskritik in eine Kritik der juristischen Vernunft gehoben, vieles aber liegt dort noch ungeborgen. Man denke etwa an die von *Kargl* angesprochene Möglichkeit einer Kriminologie der Gewalt, die in Adornos Thesen angelegt sein soll[9], oder an seine von der gegenwärtigen Diskussion zur Willensfreiheit kaum beachtete Konstellation zum Begriff der Freiheit[10] aus der *Negativen Dialektik*.

Die von der Jurisprudenz in Gänze erst noch zu entschlüsselnde und hier, so ist zu hoffen, in Teilen bereits entzifferte Nachricht seiner negativ-dialektischen Flaschenpost gipfelt zuletzt womöglich in folgenden Passagen, die sich lesen, als seien sie niemand anderem als dem Juristen, gleich ob Anhänger von Mehrheits- oder Mindermeinung, ins Stammbuch geschrieben:

> „Die Setzung einer Meinung, die bloße Aussage, irgend etwas sei so, enthält potentiell bereits Fixierung, Verdinglichung, noch ehe die psychologischen Mechanismen ins Spiel kommen, welche die Meinung zum Fetisch verhexen. Die logische Form des Urteils, gleichgültig ob richtig oder falsch, hat in sich etwas Herrschaftliches, Verfügendes, das dann in der Insistenz auf Meinungen als auf einem Besitz sich widerspiegelt. Überhaupt eine Meinung haben, urteilen, dichtet sich schon in gewissem Maß gegen die Erfahrung ab und tendiert zum Wahn, während andererseits doch nur der zum Urteil Fähige Vernunft hat: das ist vielleicht der tiefste und untilgbare Widerspruch im Meinen."[11]

Übersetzt in die Praxis der Rechtsprechung und der Disziplin der Rechtsdogmatik, hieße das: Auch die hier mitunter gehegte Mindermeinung ist wenn schon keine herrschende, so doch eine herrschaftliche und beherrschende. Auch ihre Setzung, wie jede andere Aussage darüber, wie und was der Fall sei, beherbergt Herrschaftliches. Damit dichtete sich noch das in seiner Position isolierteste Urteil des Juristen in gewissem Maß gegen Erfahrung ab, und selbst noch sein reflektiertestes Urteil tendierte zum Wahn. Zugleich aber hat doch nur dieser, der zu solch reflektiertem

---

[9] vgl. dazu nochmals Walter Kargl, *Gewalttaten zwischen Anpassung und Widerstand - Eine Erinnerung an Adornos „Kriminologie der Gewalt"*, a.a.O., S. 102ff., und dazu kurz oben Seite 20, Anm. 27.

[10] vgl. dazu Adorno, *Negative Dialektik*, S. 213ff., paradigmatisch zu dieser Frage und ihrer immanenten Widersprüchlichkeit: „Ob der Wille frei ist, ist so relevant, wie die Termini spröde sind gegen das Desiderat, klipp und klar anzugeben, was sie meinen. Da Justiz und Strafe, schließlich die Möglichkeit dessen, was die Tradition der Philosophie hindurch Moral hieß oder Ethik, von der Antwort abhängen, läßt das intellektuelle Bedürfnis die naive Frage nicht als Scheinproblem sich ausreden. ... Zu reflektieren wäre über die in Rede stehenden Gegenstände nicht derart, daß man über sie als ein Seiendes oder ein Nichtseiendes urteilt, sondern indem man die Unmöglichkeit, sie dingfest zu machen, ebenso die Nötigung, sie zu denken, in ihre eigene Bestimmung hineinnimmt."

[11] Adorno, *Meinung Wahn Gesellschaft*, in: GS Bd. 10/2, Kulturkritik und Gesellschaft II, S. 573ff., 576; vgl. ähnlich in der *Negativen Dialektik*, S. 30: „Urteil und Schluß, die Denkformen, deren auch Kritik des Denkens nicht entraten kann, enthalten in sich kritische Keime; ihre Bestimmtheit ist allemal zugleich Ausschluß des von ihnen nicht Erreichten, und die Wahrheit, die sie organisieren wollen, verneint, wenngleich mit fragwürdigem Recht, das nicht von ihnen Geprägte. Das Urteil, etwas sei so, wehrt potentiell ab, die Relation seines Subjekts und seines Prädikats sei anders als im Urteil ausgedrückt."

Urteil fähige Jurist Vernunft. Das ist vielleicht der tiefste und untilgbare Widerspruch juristischer Vernunft.

Eine juristische Vernunft endlich, die diesen Begriff in seinem emphatischen Anspruch verdiente, wäre nunmehr nur jene negativ-dialektische, und das heißt eine auf ihren eigenen Widerspruch reflektierende Vernunft, die sich der Unvernunft ihrer Form, der Unwahrheit ihres Begriffs und damit ihrer immanenten Unvernunft bewußt wäre, von der sie sich nicht lösen kann.

Der darüber aufgeklärte Jurist, der gleichwohl der Wahrheit sich verpflichtet fühlte und sich ihr nähern wollte, dürfte nicht nur nicht um den Preis dieser Wahrheit recht haben und behalten wollen. Sein unversöhnliches Denken, dem nur die Hoffnung auf Gerechtigkeit gesellt ist, wüßte vielmehr, daß er der Unwahrheit des Begriffs selbst durch „bessere" Dogmatik nicht vollständig begegnen, sondern Dogmatik nur durch ein Selbstbewußtsein ihrer Unwahrheit hindurch betreiben und Recht nur durch ein Selbstbewußtsein seines Unrechts hindurch sprechen kann.

Literaturverzeichnis

Werke von Theodor W. Adorno und Max Horkheimer

Adorno, Theodor W., Negative Dialektik, Jargon der Eigentlichkeit, Gesammelte Schriften, Wissenschaftliche Buchgesellschaft Darmstadt, Lizenzausgabe 1998, Band 6

ders., Vorlesung über Negative Dialektik, Fragmente zur Vorlesung 1965/66, Nachgelassene Schriften, Abteilung IV, Vorlesungen, Band 16, hg. von Rolf Tiedemann, Frankfurt/Main 2003

ders., Ästhetische Theorie, GS Band 7

ders., Kierkegaard. Konstruktion des Ästhetischen, GS Band 2

ders., Minima Moralia, GS Band 4

ders., Drei Studien zu Hegel, in: GS Band 5, S. 247ff.

ders., Die Erkenntnis des Unbewußten und die psychoanalytische Methode, in: GS Band 1, S. 224ff.

ders., Schuld und Abwehr, in: GS Band 9/2, S. 121ff.

ders., Sittlichkeit und Kriminalität. Zum elften Band der Werke von Karl Kraus, in: GS Band 11, S. 367ff.

ders., Sexualtabus und Recht heute, in: GS Band 10/2, S. 533

ders., Zur Metakritik der Erkenntnistheorie, GS Band 5

ders., Studies in the Authoritarian Personality, in: GS Band 9/1, S. 325ff.

ders., Die Aktualität der Philosophie, in: GS Band 1, S. 325ff.

ders., Die Idee der Naturgeschichte, in: GS Band 1, S. 345ff.

ders., Thesen über die Sprache des Philosophen, in: GS Band 1, S. 366ff.

ders., Fortschritt, in: GS Band 10/2, S. 617ff.

ders., Erziehung nach Auschwitz, in: GS Band 10/2, S. 674ff.

ders., Der Essay als Form, in: GS Band 11, S. 9ff.

ders., Reflexionen zur Klassentheorie, in: GS Band 10/2, S. 373ff.

ders., Meinung Wahn Gesellschaft, in: GS Band 10/2, S. 573ff.

ders., Anmerkungen zum philosophischen Denken, in: GS Band 10/2, S. 595ff.

ders., Zu Subjekt und Objekt, in: GS Band 10/2, S. 741ff.

ders., Einleitung zum „Positivismusstreit in der deutschen Soziologie", in: GS Band 8, S. 280ff.

ders., Vernunft und Offenbarung, in: GS Band 10/2, S. 608ff.

ders., Wissenschaftliche Erfahrung in Amerika, in: GS Band 10/2, S. 702ff.

ders., Die revidierte Psychoanalyse, in: GS Band 8, S. 20ff.

ders., Zum Verhältnis von Soziologie und Psychologie, in: GS Band 8, S. 42ff.

ders., Umfrage über die Todesstrafe, in: GS Band 20/2, S. 736

ders., Zur Bekämpfung des Antisemitismus heute, in: GS Band 20/1, S. 360ff.

ders., Zur gegenwärtigen Stellung der empirischen Sozialforschung in Deutschland, in: GS Band 8, S. 478ff.

ders., Metaphysik. Begriffe und Probleme, Nachgelassene Schriften, Abteilung IV, Vorlesungen, Band 14, hg. von Rolf Tiedemann, Frankfurt/Main 1998

ders., Erziehung zur Mündigkeit, Vorträge und Gespräche mit Hellmuth Becker 1959-1969, hg. von Gerd Kadelbach, 4. Aufl. Frankfurt/Main 1975

ders., Philosophische Terminologie Band 1, 6. Aufl. Frankfurt/Main 1990

ders., Philosophische Terminologie Band 2, 5. Aufl. Frankfurt/Main 1989

ders./Horkheimer, Max, Dialektik der Aufklärung, GS Band 3

Horkheimer, Max, Kopula und Subsumtion, in: Max Horkheimer, Gesammelte Schriften Band 12: Nachgelassene Schriften 1931-1949, hg. von Gunzelin Schmid Noerr, Frankfurt/Main 1985

ders., Die Rackets und der Geist, in: GS Band 12, a.a.O., S. 287ff.
ders., Zur Soziologie der Klassenverhältnisse, in: GS Band 12, a.a.O., S. 75ff.
ders., Theorie des Verbrechers, in: GS Band 12, a.a.O., S. 266ff.
ders., Traditionelle und kritische Theorie, in: Max Horkheimer, Gesammelte Schriften 1936-41, Band 4, hg. von Alfred Schmidt und Gunzelin Schmid Noerr, Frankfurt/Main 1981, S. 162ff.

ders./Theodor W. Adorno, Diskussion über die Differenz zwischen Positivismus und materialistischer Dialektik, in: Max Horkheimer GS Band 12, S. 436ff.
dies., Diskussion über Sprache und Erkenntnis, in: Max Horkheimer GS Band 12, S. 493ff.

Sonstige Literatur

Adomeit, Klaus, Der Rechtspositivismus im Denken von Hans Kelsen und Gustav Radbruch, in: Juristenzeitung 2003, S. 161
ders., Rechtsfortbildung und Billigkeitskontrolle im Arbeitsrecht, in: Monika Schlachter (Hg.), Tarifautonomie für ein neues Jahrhundert, Festschrift für Günter Schaub zum 65. Geburtstag, München 1998, S. 1ff.
Albrecht, Peter Alexis, Kriminologie, 2. Aufl. München 2002
Alexander, Franz/Straub, Hugo, Der Verbrecher und seine Richter. Ein psychoanalytischer Einblick in die Welt der Paragraphen, Wien 1929
Alexy, Robert, Theorie der juristischen Argumentation, Frankfurt/Main 1983
Appel, Ivo, Verfassung und Strafe. Zu den verfassungsrechtlichen Grenzen staatlichen Strafens, Berlin 1998
Auerbach, Erich, Mimesis, 8. Aufl., Bern 1988 (1. Aufl. Bern 1946)

Bacigalupo, Enrique, Die Diskussion über die finale Handlungslehre im Strafrecht, in: Jörg Arnold u.a. (Hg.), Menschengerechtes Strafrecht, Festschrift für Albin Eser, München 2005, S. 61ff.
Backmann, Leonhard, Die Abgrenzung des Betrugs von Diebstahl und Unterschlagung, Köln u.a. 1974
Bar, Carl Ludwig von, Gesetz und Schuld II, Berlin 1907
Baumann, Jürgen, Strafrecht Allgemeiner Teil, 3. Aufl. Bielefeld 1964
ders./Weber, Ulrich/Mitsch, Wolfgang, Strafrecht Allgemeiner Teil, 11. Auflage, Bielefeld 2003
Becker, Mathias, Natur, Herrschaft, Recht - Das Recht der ersten Natur in der zweiten: Zum Begriff eines negativen Naturrechts bei Theodor Wiesengrund Adorno, Berlin 1997
Behrens, Roger, Adorno-Abc, Leipzig 2003
Beling, Ernst, Grundzüge des Strafrechts, 5. Auflage Tübingen 1919
Benhabib, Seyla, Kritik, Norm, Utopie - Die normativen Grundlagen der kritischen Theorie, Frankfurt/Main 1992
Benjamin, Walter, Ursprung des deutschen Trauerspiels, in: Rolf Tiedemann/Hermann Schweppenhäuser (Hg.), Gesammelte Schriften Band I, Frankfurt/Main 1977
ders., Über Sprache überhaupt und über die Sprache des Menschen, in: GS, a.a.O., Band II Teil 1, S. 140ff.
ders., Lehre vom Ähnlichen, in: GS, a.a.O., Band II Teil 1, S. 204ff.
ders., Über das mimetische Vermögen, in: GS, a.a.O., Band II Teil 1, S. 210ff.
Biletzki, Gregor C., Die Abgrenzung von Diebstahl und Betrug, in: JA 1995, S. 857ff.
Binavince, Emilio, Die vier Momente der Fahrlässigkeit, Bielefeld 1969
Binding, Karl, Die Normen und ihre Übertretung, Band II Schuld und Vorsatz, 1. Hälfte Zurechnungsfähigkeit, Schuld, 2. Aufl. Leipzig 1914, Neudruck Aalen 1991
Bockelmann, Paul, Bemerkungen über das Verhältnis des Strafrechts zur Moral und zur Psycho-

logie, in: Herbert Jäger (Hg.), Kriminologie im Strafprozeß, Frankfurt/Main 1980, S. 11ff., zuerst veröffentlicht in: Arthur Kaufmann (Hg.), Gedächtnisschrift für Gustav Radbruch, Göttingen 1968, S. 252ff.

ders., Vom Sinn der Strafe, Heidelberger Jahrbücher V, 1961, S. 25ff.

Böckenförde, Ernst-Wolfgang, Abschied von den Verfassungsvätern: Die Neukommentierung von Art. 1 des Grundgesetzes markiert einen Epochenbruch, in: FAZ vom 03.09.2003, S. 33

ders., Menschenwürde als normatives Prinzip, in: JZ 2003, S. 809ff.

Bohne, Gotthold, Strafrecht und Psychonalyse, in: ZStW 47 (1927), S. 439ff.

Bohnert, Joachim, Das Bestimmtheitserfordernis im Fahrlässigkeitstatbestand, in: ZStW 94 (1982), S. 68ff.

ders., Ordnungswidrigkeitenrecht, Kommentar, München 2003

Bolte, Gerhard (Hg.), Unkritische Theorie - Gegen Habermas, Lüneburg 1989

ders./Türcke, Christoph, Einführung in die Kritische Theorie, Darmstadt 1994

Bonß, Wolfgang, Empirie und Dechiffrierung von Wirklichkeit. Zur Methodologie bei Adorno, in: Adorno-Konferenz 1983, Frankfurt/Main 1983, S. 201ff.

Bourdieu, Pierre/Passeron, Jean-Claude, Die Illusion der Chancengleichheit, Untersuchungen zur Soziologie des Bildungswesens am Beispiel Frankreichs, Stuttgart 1971

Braum, Stephan, Geschichte der Revision im Strafverfahren von 1877 bis zur Gegenwart: zugleich eine Kritik der Kontinuität politischer Macht im Recht, Frankfurt/Main u.a. 1996

Braun, Johann, Meine Freiheit ist Deine Freiheit, in: JZ 2004, S. 610ff.

Breslauer, Theodor, Über die Abgrenzung der strafrechtlichen Schuldformen, Leipzig 1911

Brett, Lily, Einfach so, Frankfurt/Main 1999

Briehl, Holger Matthias, Adorno und Derrida - Oder wo liegt das Ende der Moderne?, Frankfurt/Main u.a. 1993

Brocker, Lars, Das Passieren der Kasse mit „versteckter Ware" - OLG Düsseldorf NJW 1993, S. 1407, in: JuS 1994, S. 919

Brugger, Wolfgang, Würde gegen Würde (Examensklausur), in: VBlBW 1995, S. 414ff., 446ff.

ders., Darf der Staat ausnahmsweise foltern?, in: Der Staat 35 (1996), S. 67ff.

ders., Vom unbedingten Verbot der Folter zum bedingten Recht auf Folter, in: JZ 2000, S. 165ff.

ders., Das andere Auge. Folter als zweitschlechteste Lösung, in: FAZ Nr. 58 vom 10.03.2003, S. 8

Brunkhorst, Hauke, Die ästhetische Konstruktion der Moderne, in: Leviathan 1998, S. 77ff.

ders., Theodor W. Adorno, in: Die deutsche Literatur, Reihe VI 1890-1990 Bd. 1, Lieferung 1 bis 5, Bern u.a. 1991, S. 315ff.

Bubner, Rüdiger, Adornos Negative Dialektik, in: Ludwig von Friedeburg/Jürgen Habermas (Hg.), Adorno-Konferenz 1983, Frankfurt/Main 1983, S. 35ff.

ders., Dialektik als Topik, Frankfurt/Main 1990

Buck-Morss, Susan, The Origin of negative dialectics, Hassocks Sussex 1977

dies., Dialektik des Sehens, Frankfurt/Main 1993

Bülow, Oskar, Gesetz und Richteramt, Leipzig 1885, Neudruck Aalen 1972

Bung, Jochen, Subsumtion und Interpretation, Baden-Baden 2004

Burckhardt, Björn, Geglückte und folgenlose Strafrechtsdogmatik, in: Albin Eser/Winfried Hassemer/Björn Burckhardt (Hg.), Die deutsche Strafrechtswissenschaft vor der Jahrtausendwende. Rückbesinnung und Ausblick, München 2000, S. 111ff.

ders., Und sie bewegt uns doch: die Willensfreiheit, in: Das Magazin 2003, S. 23ff.

Cerezo Mir, José, Ontologie und Normativismus der fünfziger Jahre, in: Jörg Arnold u.a. (Hg.), Menschengerechtes Strafrecht, Festschrift für Albin Eser, München 2005, S. 101ff.

Christie, Nils, Kriminalitätskontrolle als Industrie - Auf dem Weg zu Gulags westlicher Art, Pfaffenweiler 1995

Claussen, Detlev, Nach Auschwitz - Ein Essay über die Aktualität Adornos, in: Dan Diner (Hg.), Zivilisationsbruch - Denken nach Auschwitz, Frankfurt/Main 1988, S. 54ff.

Cohen, Albert K., Delinquent boys: The culture of the gang, New York 1971

Coing, Helmut, Geschichte und Bedeutung des Systemdenkens in der Rechtswissenschaft, in: Frankfurter Universitätsreden, Heft 17, 1956

Demirović, Alex, Der nonkonformistische Intellektuelle, Frankfurt/Main 1999

Dencker, Friedrich u.a., Einführung in das 6. Strafrechtsreformgesetz, München 1998

Derrida, Jacques, Gesetzeskraft - Der „mystische Grund der Autorität", Frankfurt/Main 1991

Diederichsen, Uwe, Topisches und systematisches Denken in der Jurisprudenz, in: NJW 1969, S. 697ff.

Dohna, Graf zu, Beitrag zur Lehre von der adäquaten Verursachung, in: Monatsschrift für Kriminalpsychologie und Strafrechtsreform, 2. Jahrgang 1906, S. 425ff.

Durckheim, Emile, Die Regeln der soziologischen Methode, hg. v. René König, Frankfurt/Main 1984

Durth, Hanno, Der Kampf gegen das Unrecht - Gustav Radbruchs Theorie eines Kulturverfassungsrechts, Baden-Baden 2001

Ebert, Udo, Talion und Spiegelung im Strafrecht, in: Wilfried Küper (Hg.), Festschrift für Karl Lackner, Berlin/New York 1987, S. 399ff.

ders., Talion und Vergeltung im Strafrecht, in: Heike Jung/Heinz Müller-Dietz/Ulfrid Neumann (Hg.), Recht und Moral, Baden-Baden 1991, S. 249ff.

Engel, Vincent, Weinbergers Schweigen, Stuttgart 2001

Engisch, Karl, Untersuchungen zu Vorsatz und Fahrlässigkeit im Strafrecht, Berlin 1930

ders., Die Kausalität als Merkmal der strafrechtlichen Tatbestände, Tübingen 1931

ders., Logische Studien zur Gesetzesanwendung, Heidelberg 1943

ders., Einführung in das juristische Denken, Stuttgart 1956 (10. Aufl. Stuttgart 2005 hg. v. Thomas Würtenberger)

Englisch, Felicitas, Adorno und Hegel. Ein Mißverständnis über die Sprache, in: Frithjof Hager/ Hermann Pfütze (Hg.), Das unerhört Moderne – Berliner Adorno-Tagung, Lüneburg 1990, S. 28ff.

Esser, Josef, Vorverständnis und Methodenwahl in der Rechtsfindung, Frankfurt/Main 1972

Frank, Reinhard von, Das Strafgesetzbuch für das Deutsche Reich, 3. und 4. Aufl. 1903

ders., Das Strafgesetzbuch für das Deutsche Reich, 18. Aufl. Tübingen 1931

Freud, Sigmund, Totem und Tabu (1912-13), in: Alexander Mitscherlich u.a. (Hg.), Studienausgabe Sigmund Freud, Frankfurt/Main 2000, Bd. IX, Fragen der Gesellschaft/Ursprünge der Religion, S. 287ff.

ders., Die Verbrecher aus Schuldbewußtsein (1916), in: Studienausgabe, a.a.O., Bd. X, Bildende Kunst und Literatur, S. 252f.

ders., Fetischismus (1927), in: Studienausgabe, a.a.O., Bd. III, Psychologie des Unbewußten, S. 379ff.

Freund, Georg, Strafrecht Allgemeiner Teil - Personale Straftatlehre, Berlin 1998

ders., Äußerlich verkehrsgerechtes Verhalten als Straftat? - BGH, NJW 1999, 3132, in: JuS 2000, S. 754ff.

Friedeburg, Ludwig von/Habermas, Jürgen (Hg.), Adorno-Konferenz 1983, Frankfurt/Main 1983

Friesenhahn, Ernst, Beitrag zum 16. Cappenberger Gespräch zu Nürnberg (Bericht von Wilfried Berg), in: DÖV 1979, S. 863ff., 864

Frisch, Wolfgang, Vorsatz und Risiko, Köln, Berlin u.a. 1983

Früchtl, Josef, Mimesis - Konstellation eines Zentralbegriffs bei Adorno, Königshausen 1986

Gadamer, Hans Georg, Wahrheit und Methode, 3. Aufl. Tübingen 1972

Gamm, Gerhard, Wahrheit und sprachlicher Ausdruck - Vom Versuch Adornos, das Verschiedene zu denken, in: Heinz Kimmerle (Hg.), Das Andere und das Denken der Verschiedenheit, Amsterdam 1987, S. 159ff.

Gast, Wolfgang, Juristische Rhetorik, 3. Aufl. Heidelberg 1997
Gebauer, Gunter/ Wulf, Christoph, Mimesis Kunst - Kultur - Gesellschaft, 2. Aufl. Reinbek bei Hamburg 1998
Geiger, Thomas, Zur Abgrenzung von Diebstahl und Betrug, in: JuS 1992, S. 834
Geilen, Gerd, Anmerkung zu OLG Hamm OLGSt. § 263, S. 165, in: Jura-Kartei 1979, § 263/2
Geppert, Klaus, Anmerkung zu OLG Düsseldorf NJW 1988, S. 922, in: Jura-Kartei 1988, StGB § 263/28
Gerlach, Hellmuth von, Von Rechts nach Links, Zürich 1937, Neudruck Hildesheim 1978
Geyer, Christian, Hirnforschung und Willensfreiheit. Zur Deutung der neuesten Experimente, Frankfurt/Main 2004
Glasersfeld, Ernst von, Radikaler Konstruktivismus. Ideen, Ergebnisse, Probleme, Frankfurt/Main 1996
Gössel, Karl Heinz, Rezension zu Backmann, Leonhard, a.a.O., in: JA 1976, S. 463ff.
ders., Strafrecht - Mit Anleitungen zur Fallbearbeitung, 7. Aufl. Heidelberg 1997
Grenz, Friedemann, Adornos Philosophie in Grundbegriffen, Frankfurt/Main 1974
Gripp, Helga, Theodor W. Adorno, Erkenntnisdimensionen negativer Dialektik, Paderborn u.a. 1986
Gripp-Hagelstange, Helga, Adorno und Derrida - oder: Der Versuch einer „Dekonstruktion" der Metaphysik, in: Duisburger Beiträge zur soziologischen Forschung No. 1/1990
dies., Negative Dialektik oder das „andere Genus des Denkens", in: Duisburger Beiträge zur soziologischen Forschung No. 5/1988
Grünhut, Max, Alternative Tatsachenfeststellung im Strafprozeß, in: Monatsschrift für Kriminalbiologie und Strafrechtsreform (25) 1934, S. 327ff.
Gruschka, Andreas, Negative Pädagogik, Münster 1988
Günther, Klaus, Dialektik der Aufklärung in der Idee der Freiheit, in: Zeitschrift für philosophische Forschung 1986, S. 229ff.
ders., Der Sinn für Angemessenheit, Frankfurt/Main 1988
ders., Verantwortlichkeit in der Zivilgesellschaft, in: Stefan Müller-Doohm (Hg.), Das Interesse der Vernunft, Rückblicke auf das Werk von Jürgen Habermas seit „Erkenntnis und Interesse", Frankfurt/Main 2000, S. 465ff.
ders., Die symbolisch-expressive Bedeutung der Strafe - Eine neue Straftheorie jenseits von Vergeltung und Prävention?, in: Cornelius Prittwitz u.a. (Hg.), Festschrift für Klaus Lüderssen, Baden-Baden 2002, S. 205ff.
ders., Kritik der Strafe I, in: Westend, Neue Zeitschrift für Sozialforschung 2004, S. 117ff.
ders., Sprache und Recht (unveröffentlichtes MS)
Günther, Ludwig, Die Idee der Wiedervergeltung I, Erlangen 1889, Neudruck Aalen 1966
Guzzoni, Ute, Sieben Stücke zu Adorno, Freiburg/München 2003

Habermas, Jürgen, Beitrag zum Tode Jacques Derridas, in: FR vom 11.10.2004, S. 10
ders., Theorie des kommunikativen Handelns, Bd. 1 und 2, Frankfurt/Main 1981
ders., Der philosophische Diskurs der Moderne. Zwölf Vorlesungen, Frankfurt/Main 1985, S. 154ff.
ders., Bewußtmachende oder rettende Kritik - die Aktualität Walter Benjamins, in: Siegfried Unseld (Hg.), Zur Aktualität Walter Benjamins, Frankfurt/Main 1972, S. 189ff.
ders., Die neue Unübersichtlichkeit, Frankfurt/Main 1985
Haffke, Bernhard, Tiefenpsychologie und Generalprävention, Aarau und Frankfurt/Main 1976
ders., Strafrechtsdogmatik und Tiefenpsychologie, in: Herbert Jäger (Hg.), Kriminologie im Strafprozeß, Frankfurt/Main 1980
Haft, Fritjof, Strafrecht Allgemeiner Teil, 8. Aufl. München 1998
Hanak, Gerhard/ Stehr, Johannes/ Steinert, Heinz, Ärgernisse und Lebenskatastrophen - Über den alltäglichen Umgang mit Kriminalität, Bielefeld 1989
Hansen, Uwe, Die subjektive Seite der Vermögensverfügung beim Betrug, in: MDR 1975, S. 533ff.

Hassemer, Winfried, Tatbestand und Typus, Köln u.a. 1968
ders., Diebstahl und Betrug (red. Überschrift), Anmerkung zu OLG Düsseldorf, NJW 1988, S. 922, in: JuS 1988, S. 574ff.
ders., Prolegomena einer Lehre von der Zurechnung, in: Joachim Schulz (Hg.), Festschrift für Günther Bemmann, Baden-Baden 1997, S. 175ff.
ders., Einleitende Bemerkungen zu »Kritik und Rechtfertigung des Strafrechts an der Jahrtausendwende« - Eine kritische Analyse der »Frankfurter Schule«, in: Ulfrid Neumann, Cornelius Prittwitz, Kritik und Rechtfertigung des Strafrechts, Frankfurt/Main 2005, S. 9ff.
ders./Lüderssen, Klaus/Naucke, Wolfgang, Fortschritte im Strafrecht durch die Sozialwissenschaften?, Heidelberg 1983
Hauf, Claus-Jürgen, Anmerkung zu BGH NStZ 1995, S. 121, in: JR 1996, S. 29ff.
Hecker, Wolfgang, Relativierung des Folterverbotes in der BRD?, in: KJ 2003, S. 210ff.
Heckler, Andreas, Beendeter Versuch bei fehlender Vorstellung des Täters über die Folgen seines Tuns?, in: NJW 1996, S. 2490ff.
Heintschel-Heinegg, Bernd von, Diebstahl oder Betrug, in: JA 1996, S. 97ff.
Hentschel, Peter, Straßenverkehrsrecht, 38. Aufl. München 2005
Herberger, Maximilian, Dogmatik, Frankfurt/Main 1981
Herzberg, Rolf Dietrich, Betrug und Diebstahl durch listige Sachverschaffung, in: ZStW 89 (1977), S. 367ff.
ders., Der Rücktritt durch Aufgeben der weiteren Tatausführung, in: Hans-Dieter Schwind (Hg.), Festschrift für Günther Blau, Berlin 1985, S. 97ff.
ders., Vorsatz und erlaubtes Risiko - insbesondere bei der Verfolgung Unschuldiger, JR 1986, S. 7ff.
ders., Die Sorgfaltspflichtwidrigkeit im Aufbau der fahrlässigen und der vorsätzlichen Straftat, in: JZ 1987, S. 536ff.
ders., Gesamtbetrachtung und Einzelaktstheorie beim Rücktritt vom Versuch: Entwurf einer Synthese, in: NJW 1988, 1559ff.
ders., Rücktritt vom Versuch trotz fehlender Vollendungsgefahr, in: JZ 1989, S. 114ff.
ders., Erlaubnistatbestandsirrtum und Deliktsaufbau (Teil 1), in: JA 1989, S. 243ff.
ders., Unrechtsausschluß und Erlaubnistatbestandsirrtum, in: Wilfried Küper (Hg.), Festschrift für Walter Stree und Johannes Wessels, Heidelberg 1993, S. 203ff.
ders., Das vollendete vorsätzliche Begehungsdelikt, in: JuS 1996, S. 377ff.
ders., Der Vorsatz als „Schuldform", als „aliud" zur Fahrlässigkeit und als „Wissen und Wollen"?, in: Claus-Wilhelm Canaris u.a. (Hg.), 50 Jahre Bundesgerichtshof, Festgabe der Wissenschaft, Band IV, Strafrecht, Strafprozeßrecht, München 2000, S. 51ff.
Herzog, Felix, Prävention des Unrechts oder Manifestation des Rechts, Frankfurt/Main 1987
Hettinger, Michael, Zur Rationabilität heutiger Strafgesetzgebung im Hinblick auf die Rechtsfolgenbestimmung, in: GA 1995, S. 399ff.
Hilberg, Raul, Die Vernichtung der europäischen Juden. Die Gesamtgeschichte des Holocaust, Berlin 1982
Hilgendorf, Eric, Folter im Rechtsstaat?, JZ 2004, S. 331ff.
Hillenkamp, Thomas, Der „Einkauf" verdeckter Ware: Diebstahl oder Betrug? - BGHSt 41, 198, in: JuS 1997, S. 217
ders., Strafrecht ohne Willensfreiheit? Eine Antwort auf die Hirnforschung, in: JZ 2005, S. 313ff.
Hippel, Robert von, Deutsches Strafrecht Bd. II, Berlin 1930, Neudruck Aalen 1971
Hirsch, Hans Joachim, Die Entwicklung der Strafrechtsdogmatik nach Welzel, in: Festschrift der Rechtswissenschaftlichen Fakultät zur 600-Jahr-Feier der Universität zu Köln, Köln u.a. 1988, S. 399ff.
ders., Zur Lehre von der objektiven Zurechnung, in: Albin Eser (Hg.), Festschrift für Theodor Lenckner, München 1998, S. 119ff.
Honig, Richard, Kausalität und objektive Zurechnung, in: August Hegler (Hg.), Festgabe für Reinhard von Frank, Band I, Tübingen 1930, Neudruck Aalen 1969

Honneth, Axel, Adorno und Habermas, in: Merkur 1979, S. 648ff.
Hörisch, Jochen, Es gibt (k)ein richtiges Leben im falschen, Frankfurt/Main 2003
Horn, Norbert, Einführung in die Rechtswissenschaft und Rechtsphilosophie, 2. Aufl. Heidelberg 2000
Hruschka, Joachim, Die Konstitution des Rechtsfalles. Studien zum Verhältnis von Tatsachenfeststellung und Rechtsanwendung, Berlin 1965
Hufen, Wilhelm, Erosion der Menschenwürde?, in: JZ 2004, S. 313ff.

Jäger, Herbert, Fritz Bauer u.a. (Hg.), Sexualität und Verbrechen, Hamburg/Frankfurt/Main 1963
ders. (Hg.)„ Kriminologie im Strafprozeß, Frankfurt/Main 1980
ders., Strafrecht und psychoanalytische Theorie, in: ders. (Hg.), Kriminologie im Strafprozeß, Frankfurt/Main 1980
ders., Veränderung des Strafrechts durch Kriminologie? Ansätze zur Konkretisierung interdisziplinärer Kooperation, in: KrimJ 1976, S. 98ff.
Jahn, Matthias, Das Strafrecht des Staatsnotstandes, Frankfurt/Main 2004
ders., Gute Folter - schlechte Folter?, in: KritV 2004, S. 24ff.
Jähnke, Burkhard u.a. (Hg.), Leipziger Kommentar zum StGB, Großkommentar, 11. Auflage Berlin/New York: Kommentierung zu
- § 16, 14. Lieferung (April 1994), bearbeitet von Friedrich-Christian Schroeder
- vor § 32, 16. Lieferung (September 1994), bearbeitet von Hans Joachim Hirsch
- § 242, 15. Lieferung (September 1994), bearbeitet von Wolfgang Ruß
- § 263, 33. Lieferung (Juli 2000), bearbeitet von Klaus Tiedemann
- § 315b, 36. Lieferung (Juli 2000), bearbeitet von Peter König

Jakobs, Günther, Das Schuldprinzip, Opladen 1997
ders., Studien zum fahrlässigen Erfolgsdelikt, Berlin/New York 1972
ders., Tätervorstellung und objektive Zurechnung, in: Gerhard Dornseifer u.a. (Hg.), Gedächtnisschrift für Armin Kaufmann, Köln u.a. 1989, S. 284ff.
Janiszewski, Horst/Jagow, Joachim/Burmann, Michael, Straßenverkehrsrecht, 17. Aufl. München 2002
Jescheck, Hans-Heinrich, Lehrbuch des Strafrechts. Allgemeiner Teil, Berlin 1969
ders. u.a. (Hg.), Leipziger Kommentar zum StGB, Großkommentar, 10. Auflage, Berlin/New York: Kommentierung zu § 24, (Oktober 1983), bearbeitet von Theo Vogler
Jescheck, Hans-Heinrich/Weigend, Thomas, Lehrbuch des Strafrechts. Allgemeiner Teil, 5. Aufl. Berlin 1996
Joecks, Wolfgang/Miebach, Klaus (Hg.), Münchener Kommentar zum Strafgesetzbuch, Band 1, §§ 1-51, München 2003
Jung, Heike, Abgrenzung von Diebstahl und Betrug, in: JuS 1993, S. 779

Kager, Reinhard, Herrschaft und Versöhnung, Einführung in das Denken Theodor W. Adornos, Frankfurt/Main 1988
Kantorowicz, Hermann (Gnaeus Flavius), Der Kampf um die Rechtswissenschaft, Heidelberg 1906, Nachdruck Baden-Baden 2002
Kargl, Walter, Gewalttaten zwischen Anpassung und Widerstand - Eine Erinnerung an Adornos „Kriminologie der Gewalt", in: Klaus Lüderssen (Hg.), Aufgeklärte Kriminalpolitik oder Kampf gegen das Böse, Bd. II, Neue Phänomene der Gewalt, Baden-Baden 1998, S. 102ff.
Kaufmann, Armin, Strafrechtsdogmatik zwischen Sein und Wert, München 1982
ders., Der dolus eventualis im Deliktsaufbau, in: ZStW 70 (1958), S. 64ff.
ders., „Objektive Zurechnung" im Vorsatzdelikt, in: Theo Vogler (Hg.), Festschrift für Hans-Heinrich Jescheck, Erster Halbband, Berlin 1985, S. 271ff.
Kaufmann, Arthur, Analogie und „Natur der Sache", Heidelberg 1982
ders., Das Unrechtsbewußtsein in der Schuldlehre des Strafrechts, Mainz 1949
ders./Hassemer, Winfried, Einführung in Rechtsphilosophie und Rechtstheorie der Gegenwart,

5. Aufl. Heidelberg 1989
Keller, Bruno, Kritik Utopie Nichtidentität - Adornos Kritik der identitätslogischen Vernunft im Spannungsfeld von philosophischem Begriff, gesellschaftstheoretischer Analyse und ästhetischer Erfahrung, Zürich 1999
Kelsen, Hans, Reine Rechtslehre, Einleitung in die rechtswissenschaftliche Problematik, Leipzig 1934
ders., Reine Rechtslehre, Einleitung in die rechtswissenschaftliche Problematik, 2. Aufl. Wien 1960
Kienapfel, Diethelm, Das erlaubte Risiko, Frankfurt/Main 1966
Kimmerle, Gerd, Verwerfungen - Vergleichende Studien zu Adorno und Habermas, Tübingen 1986
Kindhäuser, Urs, Erlaubtes Risiko und Sorgfaltspflichtwidrigkeit. Zur Struktur strafrechtlicher Fahrlässigkeitshaftung, in: GA 1994, S. 197ff.
Kirchheimer, Otto/Rusche, Georg, Sozialstruktur und Strafvollzug, Frankfurt/Main /Köln 1974
Kissel, Otto Rudolf/Mayer, Herbert, Gerichtsverfassungsgesetz, Kommentar, 4. Aufl. München 2005
Klaus, Georg/Buhr, Manfred (Hg.), Philosophisches Wörterbuch, Band 1, 12. Aufl. Berlin 1974
Klee, Karl, Der dolus indirectus als Grundform der strafrechtlichen Schuld, Berlin 1906
Kleinknecht, Theodor/Meyer-Goßner, Lutz, Strafprozeßordnung mit Gerichtsverfassungsgesetz und Nebengesetzen, 48. Auflage München 2005
Klemperer, Victor, LTI (Lingua Tertii Imperii), Notizbuch eines Philosophen, Frankfurt/Main 1975
Klüger, Ruth, weiter leben. Eine Jugend, Göttingen 1992
Koenen, Gerd, Thankmar, der junge Krahl, in: FR vom 03.02.2005, S. 28f.
König, Peter, Gefährlicher Eingriff in den Straßenverkehr durch „verkehrsgerechtes Verhalten", in: JA 2000, S. 777ff.
ders., Verkehrsfeindlicher Inneneingriff und Gefährdungsvorsatz, in: NStZ 2004, S. 175ff.
Kohler, Josef, Studien aus dem Strafrecht I, Mannheim 1890
Kohlrausch, Eduard, Sollen und Können als Grundlagen strafrechtlicher Zurechnung, Sonderdruck aus: Juristische Fakultät Königsberg (Hg.), Festgabe für Karl Güterbock, Berlin 1910
ders., Irrtum und Schuldbegriff, Teil 1, Berlin 1903
ders./Lange, Richard, Das Strafgesetzbuch für das Deutsche Reich, 38. Aufl. 1944
Köhler, Michael, Strafrecht Allgemeiner Teil, Berlin 1997
Koller, Hermann, Die Mimesis in der Antike. Nachahmung, Darstellung, Ausdruck, Bern 1954
Kopp, Thomas, Anm. zu BGH NJW 1999, S. 3132f., in: JA 2000, S. 365ff.
Krauß, Detlev, Erfolgsunwert und Handlungsunwert im Unrecht, in: ZStW 76 (1964), S. 19ff.
ders., Der strafbefreiende Rücktritt vom Versuch, in: JuS 1981, 883
Kriegsmann, Hermann, Zur Lehre von der adäquaten Verursachung, in: Der Gerichtssaal LXVIII (1906), S. 134ff.
Kries, J. von, Über den Begriff der objektiven Möglichkeit und einige Anwendungen desselben, Vierteljahreszeitschrift für wissenschaftliche Philosophie, Band 12, 1888, S. 179ff., 287ff., 393ff.
ders., Über die Begriffe der Wahrscheinlichkeit und Möglichkeit und ihre Bedeutung im Strafrechte, in: ZStW 9 (1889), S. 528ff.
Kudlich, Hans, Das 6. Gesetz zur Reform des Strafrechts, in: JuS 1998, S. 468ff.
ders., Anm. zu BGH NJW 1999, 3132f., in: StV 2000, S. 23ff.
ders., Ein Schnäpschen in Ehren - Die Giftfalle des Apothekers, in: JuS 1996, S. 596ff.
Kühl, Kristian, Strafrecht Allgemeiner Teil, 4. Auflage München 2002
Kuhn, Thomas, Die Struktur wissenschaftlicher Revolutionen, Frankfurt/Main 2003
ders., Die Entstehung des Neuen, Studien zur Struktur der Wissenschaftsgeschichte, Frankfurt/Main 2002
Kühne, Hans-Heiner, Strafprozeßrecht, 5. Aufl. Heidelberg 1999
Küpper, Georg, Grenzen der normativierenden Strafrechtsdogmatik, Berlin 1990
Kunz, Karl-Ludwig, Kriminologie, 4. Aufl. Berlin u.a. 2004

Lackner, Karl/Kühl, Kristian, Strafgesetzbuch Kommentar, 25. Auflage München 2004

Lagodny, Otto, Strafrecht vor den Schranken der Grundrechte, Tübingen 1996

Lampe, Ernst Joachim, Ontologische Struktur des strafrechtlichen Unrechts, in: Thomas Weigend und Georg Küpper (Hg.), Festschrift für Hans Joachim Hirsch, Berlin/New York 1999, S. 83ff.

Lang, Tillmann , Mimetisches oder semiologisches Vermögen? Studien zu Walter Benjamins Begriff der Mimesis, Göttingen 1998

Lange, Richard, Zum Denunziantenproblem, in: SJZ 1948, Spalte 302ff.

Laplanche, Jean/Pontalis, Jean-Bertrand, Das Vokabular der Psychoanalyse, Frankfurt/Main 1973

Larenz, Karl, Methodenlehre der Rechtswissenschaft, 6. Aufl., Berlin u.a. 1991

ders., Hegels Zurechnungslehre und der Begriff der objektiven Zurechnung, Leipzig 1927, Neudruck Aalen 1970

Laue, Christian, Der Tatbestand des fahrlässigen Erfolgsdelikts, in: JA 2000, S. 666ff.

Lempp, Reinhard, Jugendliche Mörder. Eine Darstellung an 80 versuchten Tötungsdelikten von Jugendlichen und Heranwachsenden, Bern/Wien 1977

Lesch, Heiko Hartmut, Der Verbrechensbegriff. Grundlinien einer funktionellen Revision, Köln u.a. 1995

Liepmann, Moritz, Einleitung in das Strafrecht, Berlin 1900

Liszt, Franz von, Rechtsgut und Handlungsbegriff im Bindingschen Handbuche, in: Strafrechtliche Aufsätze und Vorträge, Band 1 (1875-91), Berlin 1905, photomechanischer Nachdruck Berlin 1970

ders., Lehrbuch zum Strafrecht, 21./22. Auflage, Berlin und Leipzig 1919

ders./Schmidt, Eberhard, Lehrbuch zum Strafrecht, Berlin und Leipzig 1932

Lüdke, Werner Martin, Anmerkungen zu einer Logik des Zerfalls: Adorno-Beckett, Frankfurt/Main 1981

Lüderssen, Klaus, Erfahrung als Rechtsquelle, Frankfurt/Main 1972

ders., Kriminologie, Baden-Baden 1984

ders., Abschaffen des Strafens?, Frankfurt/Main 1995

ders., Genesis und Geltung in der Jurisprudenz, Frankfurt/Main 1996

ders., Gebotene Zuschreibung?, in: Trutz von Trotha (Hg.), Politischer Wandel, Gesellschaft und Kriminalitätsdiskurse: Beiträge zur interdisziplinären wissenschaftlichen Kriminologie, Festschrift für Fritz Sack, Baden-Baden 1996, S. 113ff.

ders., Freiheitsstrafe ohne Funktion, in: Joachim Schulz (Hg.), Festschrift für Günther Bemmann, Baden-Baden 1997, S. 47ff.

ders., Opfer im Zwielicht, in: Thomas Weigend (Hg.), Festschrift für Hans-Joachim Hirsch, Berlin 1999, S. 879ff.

ders., Produktive Spiegelungen, Baden-Baden 2. Aufl. 2002

ders., Das Narrative in der Jurisprudenz, in: FR Nr. 36 vom 12.02.2002, S. 26

ders., Gefährdet ein Zuviel an Schuld die Resozialisierung des Täters?, in: Merkur 2002, S. 265ff.

ders., Grenzen der „Sachkunde" des Gerichts (244 Abs. 4 Satz 1 StPO) für die Beurteilung der inneren Tatseite bei jugendlichen Tätern, speziell mit Blick auf den bedingten Vorsatz, in: Knut Amelung (Hg.), Strafrecht, Biorecht, Rechtsphilosophie, Festschrift für Hans Ludwig Schreiber, Heidelberg 2003, S. 298ff.

ders., Wir können nicht anders, in: FAZ Nr. 256 vom 04.11.2003, S. 33

ders., Das Auge der Denunziantin, in: FAZ Nr. 9 vom 12.01.2005, S. 42

Luhmann, Niklas, Das Recht der Gesellschaft, Frankfurt/Main 1993

ders., Rechtssystem und Rechtsdogmatik, Stuttgart u.a. 1974

Maiwald, Manfred, Literaturbericht Strafrecht - Besonderer Teil (Vermögensdelikte) – Besprechung von Backmann, Leonhard, a.a.O., in: ZStW 91 (1979), S. 923ff.

Man Choi, Seon, Mimesis und historische Erfahrung - Untersuchungen zur Mimesistheorie Walter Benjamins, Frankfurt/Main 1997

Marcuse, Herbert, Der eindimensionale Mensch, München 1994
Martin, L., Anmerkung zu BayObLG, JR 1963, S. 192, in: JR 1963, S. 193
Marx, Karl, Der Fetischcharakter der Ware und sein Geheimnis, in: Das Kapital, Marx-Engels-Werke, Band 23, Berlin 1975, S. 85ff.
ders., Die sogenannte ursprüngliche Akkumulation, in: Das Kapital, a.a.O., S. 741ff.
Mattheis, Regine, Bildungsästhetik und Selbstwerdung, Wiesbaden 1998
Maunz, Theodor/Dürig, Günter, Kommentar zum Grundgesetz, München, 42. Lieferung 2003 und 44. Lieferung 2005 zu Art. 1 GG
Maurach, Reinhart/Gössel, Karl Heinz, Strafrecht Allgemeiner Teil, Teilband 1, 8. Aufl. Heidelberg 1992
Maurach, Reinhart/Gössel, Karl Heinz/Zipf, Heinz, Strafrecht Allgemeiner Teil, Teilband 2, 7. Aufl. Heidelberg 1989
Maus, Heinz, u.a. (Hg.), Der Positivismusstreit in der deutschen Soziologie, 5. Aufl. Frankfurt 1976
Menninghaus, Winfried, Walter Benjamins Theorie der Sprachmagie, Frankfurt/Main 1995
Mentzos, Stavros, Neurotische Konfliktverarbeitung: Einführung in die psychoanalytische Neurosenlehre unter Berücksichtigung neuer Perspektiven, Frankfurt/Main 2003
Merkel, Adolf, Lehre vom Verbrechen und der Strafe, Stuttgart 1912, Neudruck Frankfurt/Main 1987
Merkel, Reinhard, Strafrecht und Satire im Werk von Karl Kraus, Baden-Baden 1994
Merton, Robert K., Sozialstruktur und Anomie, in: Fritz Sack/René König (Hg.), Kriminalsoziologie, 3. Aufl. Wiesbaden 1979, S. 283ff.
Miehe, Olaf, Unbewußte Verfügungen, Gießen 1987
Mitsch, Wolfgang, Fahrlässigkeit und Straftatsystem, in: JuS 2001, S. 107ff.
Mittelstraß, Jürgen (Hg.), Enzyklopädie Philosophie und Wissenschaftstheorie, Bände 1-4, Mannheim/Wien/Zürich 1980-1996
Montenbruck, Axel, In dubio pro reo aus normtheoretischer, straf- und strafverfahrensrechtlicher Sicht, Berlin 1985
Moser, Tilmann, Jugendkriminalität und Gesellschaftsstruktur, Frankfurt/Main 1970
Müller, Michael P., Die geschichtliche Entwicklung des Rücktritts vom Versuch bis zum Inkrafttreten des neuen StGB - AT 1975, Frankfurt/Main 1995
Münch, Ingo von/Kunig, Philip, Kommentar zum Grundgesetz, Bd. 1, Art. 1-19 GG, 5. Aufl. Berlin 1999
Murmann, Uwe, Rücktritt vom Versuch bei Gleichgültigkeit des Täters? - BGHSt 40, 304, in: JuS 1996, S. 590ff.

Naucke, Wolfgang, Die Sozialphilosophie des sozialwissenschaftlich orientierten Strafrechts, in: Winfried Hassemer/Klaus Lüderssen/ders. (Hg.), Fortschritte im Strafrecht durch die Sozialwissenschaften, Heidelberg 1983
ders., Strafrecht. Eine Einführung, 7. Aufl. Neuwied u.a. 1995
Negt, Oskar, Unbotmäßige Zeitgenossen, Frankfurt/Main 1994
Neumann, Franz, Demokratischer und autoritärer Staat, Frankfurt/Main 1967
ders., Behemoth. Struktur und Praxis des Nationalsozialismus 1933-1944, Frankfurt/Main 1998
ders., Der Funktionswandel des Gesetzes im Recht der bürgerlichen Gesellschaft, in: Zeitschrift für Sozialforschung 6/1937
Neumann, Ulfrid, Rechtsontologie und juristische Argumentation: zu den ontologischen Implikationen juristischen Argumentierens, Heidelberg 1979
ders. (Ges.Red.), Nomos-Kommentar zum Strafgesetzbuch, Baden-Baden: Kommentierung zu - § 15, 14. Lieferung (30.11.2003), bearbeitet von Ingeborg Puppe
Nowakowski, Friedrich, Zu Welzels Lehre von der Fahrlässigkeit, in: JZ 1958, S. 335ff., 388ff.

Ogorek, Regina, De l'Esprit de légendes oder wie gewissermaßen aus dem Nichts eine Interpretati-

onslehre wurde, in: Rechtshistorisches Journal 2 (1983), S. 277ff.
dies., Die erstaunliche Karriere des „Subsumtionsmodells", in: Cornelius Prittwitz u.a. (Hg.), Festschrift für Klaus Lüderssen, Baden-Baden 1998
Ordeig, Gimbernat, Hat die Strafrechtsdogmatik eine Zukunft?, in: ZStW (82) 1970, S. 379ff.
Otto, Harro, Grundkurs Strafrecht Besonderer Teil, 6. Aufl. Berlin/New York 2002
ders., Grundkurs Strafrecht Allgemeiner Teil, 7. Aufl. Berlin 2004
ders., Die neuere Rechtsprechung zu den Eigentumsdelikten, in: Jura 1997, S. 466ff.
ders., Anmerkung zu BGHSt 41, 198ff., in: Jura-Kartei 1996 StGB § 242/17
ders., Jura-Kartei 1995 StGB § 24/23

Paul, Wolf, Marxistische Rechtstheorie als Kritik des Rechts, Frankfurt/Main 1974
Pawlik, Michael, Das unerlaubte Verhalten beim Betrug, Köln u.a. 1999
Pfeiffer, Dietmar K./Scheerer, Sebastian, Kriminalsoziologie: Eine Einführung in Theorien und Themen, Stuttgart 1979
Pfeiffer, Gerd (Hg.), Karlsruher Kommentar zur Strafprozeßordnung und zum Gerichtsverfassungsgesetz, 5. Auflage München 2003
ders., Verfassungswirklichkeit und Unabhängigkeit der rechtsprechenden Gewalt, in: DRiZ 1988, S. 82ff.
Plack, Arno, Die Gesellschaft und das Böse, München 1967
ders., Plädoyer für die Abschaffung des Strafrechts, München 1974
Pohrt, Wolfgang, Der Staatsfeind auf dem Lehrstuhl, in: Löbig, Michael (Hg.), Hamburger Adorno-Symposion, Lüneburg 1984, S. 47ff.
Popitz, Heinrich, Die Präventivwirkung des Nichtwissens. Dunkelziffer, Norm und Strafe, Tübingen 1968
Preuß, Wilhelm, Untersuchungen zum erlaubten Risiko im Strafrecht, Berlin 1974
Puppe, Ingeborg, Anmerkung zu BGH NStZ 1995, S. 21, in: NStZ 1995, S. 403ff.

Radbruch, Gustav, Gesetzliches Unrecht und übergesetzliches Recht, in: Süddeutsche Juristenzeitung 1946, S. 105ff.
ders., Die Lehre von der adäquaten Verursachung, in: Abhandlungen des kriminalistischen Seminars an der Universität Berlin, Neue Folge, 1. Band, 3. Heft, 1902
Ranft, Otfried, Strafprozeßrecht, 3. Aufl. Stuttgart 2005
Rantis, Konstantinos, Psychoanalyse und „Dialektik der Aufklärung", Lüneburg 2001
Rasch, Winfried/Hinz, Stephan, Für den Tatbestand ermitteln . . . , in: Kriminalistik 1980, S. 377ff.
Rath, Jürgen, Gesinnungsstrafrecht, Hamburg 2002
Reik, Theodor, Geständniszwang und Strafbedürfnis, Leipzig u.a. 1925
Reiwald, Paul, Die Gesellschaft und ihre Verbrecher, Zürich 1948, neu herausgegeben von Herbert Jäger und Tilmann Moser, Frankfurt/Main 1973, S. 64ff.
Rengier, Rudolf, Strafrecht Besonderer Teil I, Vermögensdelikte, 5. Aufl. München 2002
Renzikowski, Joachim, Restriktiver Täterbegriff und fahrlässige Beteiligung, Tübingen 1997
Rieß, Peter (Hg.), Löwe-Rosenberg, Die Strafprozeßordnung und das Gerichtsverfassungsgesetz, Großkommentar, 25. Auflage, §§ 333-358, 12. Lieferung, Berlin 1999, bearbeitet von Ernst-Walter Hanack
Ritter, Joachim/Gründer, Karlfried (Hg.), Historisches Wörterbuch der Philosophie, Bd. 2, Basel 1972, Band 4, Basel 1976
Rosemann, Marc, Die Wannsee-Konferenz - Wie die NS-Bürokratie den Holocaust organisierte, München 2002
Rosenfeld, Ernst Heinrich, Schuld und Vorsatz im v. Lisztschen Lehrbuch, in: ZStW 32 (1911), S. 466ff.
Roßmüller, Christian/Rohrer, Guido, Diebstahl und Betrug im Selbstbedienungsladen, in: Jura 1994, S. 469ff.
Roth, Gerhard, Fühlen, Denken, Handeln, Frankfurt/Main 2003

Roxin, Claus, Strafrecht Allgemeiner Teil I, 3. Aufl. München 1997
ders., Strafverfahrensrecht, 25. Aufl. München 1998
ders., Pflichtwidrigkeit und Erfolg bei fahrlässigen Delikten, in: ZStW 74 (1962), S. 411ff.
ders., Zur Kritik der finalen Handlungslehre, in: ZStW 74 (1962), S. 516ff.
ders., Gedanken zur Problematik der Zurechnung im Strafrecht, in: Festschrift für Richard Honig, Göttingen 1970, S. 133ff.
ders., Zum Schutzzweck der Norm bei fahrlässigen Delikten, in: Karl Lackner u.a. (Hg.), Festschrift für Wilhelm Gallas, Berlin/New York 1973, S. 241ff.
ders., Finalität und objektive Zurechnung, in: Gerhard Dornseifer (Hg.), Gedächtnisschrift für Armin Kaufmann, Köln u.a. 1989, S. 237ff.
ders., Kann staatliche Folter in Ausnahmefällen zulässig oder wenigstens straflos sein?, in: Jörg Arnold u.a. (Hg.), Menschengerechtes Strafrecht, Festschrift für Albin Eser, München 2005, S. 461ff.
Rudolphi, Hans-Joachim, Systematischer Kommentar zum Strafgesetzbuch, Bände I (AT) und II (BT), Kommentierung zu:
- § 16, 7. Auflage (Oktober 2002), bearb. von Hans-Joachim Rudolphi
- § 242, 6. Auflage (Februar 1999), bearb. von Andreas Hoyer
- § 263, 7. Auflage (Februar 2004), bearb. von Andreas Hoyer
- § 263, 6. Auflage, bearb. von Erich Samson und Hans-Ludwig Günther

ders., Vorhersehbarkeit und Schutzzweck der Norm in der Fahrlässigkeitslehre, in: JuS 1969, S. 569ff.
Rüping, Hinrich/Jerouschek, Günther, Grundriß der Strafrechtsgeschichte, München 2002
Rutkowsky, Heinz, Die psychisch vermittelte Kausalität. Zugleich ein Beitrag zur Lehre von der Sozialadäquanz, in: NJW 1952, S. 606ff.
ders., Besprechung von Jürgen Baumann, Strafrecht Allgemeiner Teil, Bielefeld 1960, in: NJW 1961, S. 153

Sachs, Michael (Hg.), Kommentar zum Grundgesetz, 2. Aufl. München 1999
Sarstedt, Werner/Hamm, Rainer, Die Revision in Strafsachen, Berlin/New York 1998
Sauer, Wilhelm, Grundlagen des Strafrechts, Berlin und Leipzig 1921
Scheffler, Uwe, Anmerkung zu BGHSt 41, 198ff., in: JR 1996, S. 342ff.
ders., Strafbare Verkehrsunfallprovokation durch rechtmäßiges Verhalten?, in: NZV 1993, S. 463ff.
Scheible, Hartmut, Theodor W. Adorno, 6. Aufl. Reinbek bei Hamburg 2002
ders., Sehnsüchtige Negation. Zur Ästhetischen Theorie Theodor W. Adornos, in: Protokolle, Wiener Halbjahresschrift für Literatur, bildende Kunst und Musik, Heft 2, 1972
Scheinfeld, Jörg, Der strafbefreiende Rücktritt vom Versuch in der Fallbearbeitung, in: JuS 2002, S. 251ff.
Schiller, Hans-Ernst, Habermas und die kritische Theorie, in: Bolte, Gerhard (Hg.), Unkritische Theorie - Gegen Habermas, Lüneburg 1989, S. 101ff.
Schinkel, Manfred-Carl, Werden die Verwaltungsrichter durch die Politik überfordert?, DRiZ 1978, S. 232ff.
Schlüchter, Ellen (Hg.), Bochumer Erläuterungen zum 6. Strafrechtsreformgesetz, Bochum 1998
Schmidhäuser, Horst, Strafrecht Allgemeiner Teil, Tübingen 1970
ders., „Objektiver" und „subjektiver" Tatbestand: eine verfehlte Unterscheidung, in: Hans Walder/Stefan Trechsel (Hg.), Festgabe zum 65. Geburtstag von Hans Schultz, (zugleich SchwZStr Band 94) Bern 1977, S. 61ff.
Schmidt, Alfred/Altwicker, Norbert (Hg.), Max Horkheimer heute: Werk und Wirkung, Frankfurt/Main 1986
Schmidt, Alfred, Aufklärung und Mythos im Werk von Max Horkheimer, in: Alfred Schmidt/Norbert Altwicker (Hg.), Max Horkheimer heute: Werk und Wirkung, Frankfurt/Main 1986

Schmidt, Eberhard, Materialien zur Strafrechtsreform, 1. Bd. Gutachten der Strafrechtslehrer, 1954, S. 9ff.
Schmidt, Thomas, Beendeter Versuch bei Gleichgültigkeit des Täters (red. Überschrift), Anmerkung zu BGHSt 40, 304, in: JuS 1995, S. 650
Schmidt-Jortzig, Edzard, Die Verallgemeinerung des Außergewöhnlichen, in: Jürgen Böhmer u.a. (Hg.), Internationale Gemeinschaft und Menschenrechte, Festschrift für Georg Ress, Köln u.a. 2005, S. 1569ff.
Schmitt, Rudolf, Nehmen oder Geben, ist das hier die Frage?, in: Manfred Seebode (Hg.), Festschrift für Günter Spendel, Berlin/New York 1992, S. 575ff.
Schmitz, Roland, Abgrenzung von Diebstahl und Betrug bei Warenmitnahme im Supermarkt, in: JA 1993, S. 350ff.
Schnädelbach, Herbert, Dialektik als Vernunftkritik. Zur Konstruktion des Rationalen bei Adorno, in: v. Friedeburg, L., Habermas, J. (Hg.), Adorno-Konferenz 1983, Frankfurt/Main 1983, S. 66ff.
Schneider, Egon, Topik und Jurisprudenz, MDR 1963, S. 653ff.
Schöch, Heinz, Empirische Grundlagen der Generalprävention, in: Theo Vogler (Hg.), Festschrift für Hans-Heinrich Jescheck, Zweiter Halbband, Berlin 1985, S. 1082ff.
Schönke, Adolf/ Schröder, Horst, Kommentar zum StGB, 12. Aufl., München 1965
dies., Kommentar zum StGB, 26. Aufl., München 2001
Schork, Stefanie, Ausgesprochen schuldig, Frankfurt/Main 2004
Schroeder, Friedrich-Christian, Der Täter hinter dem Täter, Berlin 1965
Schünemann, Bernd, Über die objektive Zurechnung, in: GA 1999, S. 207ff.
Schulz, Lorenz, Normiertes Mißtrauen: Der Verdacht im Strafverfahren, Frankfurt/Main 2001
Schumann, Karl F./ Berlitz, Claus/ Guth, Hans-Werner/ Kauslitzki, Reiner, Jugendkriminalität und die Grenzen der Generalprävention, Neuwied 1987
Schweppenhäuser, Gerhard, Adorno, 3. Aufl. Hamburg 2003
ders., Ethik nach Auschwitz. Adornos negative Moralphilosophie, Hamburg 1993
ders., Die „kommunikativ verflüssigte Moral". Zur Diskursethik bei Habermas, in: Bolte, Gerhard (Hg.), Unkritische Theorie - Gegen Habermas, Lüneburg 1989
Seier, Jürgen, Anmerkung zu BGH NZV 1992, S. 157, a.a.O., S. 158f.
ders./ Hillebrand, Katharina, Anmerkung zu BGH NZV 2003, S. 488f., a.a.O., S. 490ff.
Semprun, Jorge, Schreiben oder Leben, Frankfurt/Main 1997
Singer, Wolf, Ein neues Menschenbild? Gespräche zur Hirnforschung, Frankfurt/Main 2003
ders., Keiner kann anders, als er ist, in: FAZ vom 08.01.2004, S. 33
Somló, Felix, Juristische Grundlehre, 2. Aufl. Leipzig 1927
Stächelin, Gregor, Das 6. Strafrechtsreformgesetz - Vom Streben nach Harmonie, großen Reformen und höheren Strafen, in: StV 1998, S. 98ff.
ders., Strafgesetzgebung im Verfassungsstaat, Berlin 1998
Stein, Erwin, Die verfassungsrechtlichen Grenzen der Rechtsfortbildung durch die Rechtsprechung, in: NJW 1964, S. 1745ff.
Steinert, Heinz, Kulturindustrie, Münster 1998
Stoffers, Kristian F., Anmerkung zu OLG Düsseldorf JR 1994, 204, in: JR 1994, S. 204ff.
Stratenwerth, Günther/ Kuhlen, Lothar, Strafrecht Allgemeiner Teil I, 5. Aufl. Köln u.a. 2004
Stree, Walter, In dubio pro reo, Tübingen 1962
Struck, Gerhard, Topische Jurisprudenz: Argumente und Gemeinplatz in der juristischen Arbeit, Frankfurt/Main 1971
ders., Dogmatische Diskussion über Dogmatik, in: JZ 1975, S. 84ff.
Struensee, Eberhard, Der subjektive Tatbestand des fahrlässigen Delikts, in: JZ 1987, S. 53ff.
Sya, Anja, Literatur und juristisches Erkenntnisinteresse am Beispiel des Romans „Der Fall Gouffé" von Joachim Maass, Frankfurt/Main 2000
Sywottek, Christian, Reise in den Knast, in: FR vom 29.03.2005, S. 8

Theunissen, Michael, Negativität bei Adorno, in: Jürgen Habermas/Ludwig von Friedeburg (Hg.), Adorno-Konferenz 1983, Frankfurt/Main 1983, S. 41ff.

Thyen, Anke, Negative Dialektik und Erfahrung. Zur Rationalität des Nichtidentischen bei Adorno, Frankfurt/Main 1989

Tichy, Matthias, Die Grenze der Identitätskritik - Zum Verhältnis von Identität und Subjekt bei Adorno, in: Scheppke, Katharina/ders. (Hg.), Das Andere der Identität, Freiburg 1996, S. 91ff.

Tiedemann, Klaus, Verfassungsrecht und Strafrecht, Heidelberg 1991

Tietz, Udo, Ontologie und Dialektik - Heidegger und Adorno über das Sein, das Nichtidentische, die Synthesis und die Kopula, Wien 2003

Többicke, Christian, Negative Dialektik und kritische Ontologie, Augsburg 1992

Traeger, Ludwig, Der Kausalbegriff im Straf- und Zivilrecht, Marburg 1904

Tröndle, Herbert/Fischer, Thomas, Strafgesetzbuch und Nebengesetze, 52. Auflage München 2004

Türcke, Christoph, Kritik der Frankfurter „Adorno-Konferenz 1983", Befreiung der Philosophie von der Gesellschaft, in: Löbig, Michael (Hg.), Hamburger Adorno-Symposion, Lüneburg 1984, S. 148ff.

ders., Habermas oder Wie die kritische Theorie gesellschaftsfähig wurde, in: Bolte, Gerhard (Hg.), Unkritische Theorie - Gegen Habermas, Lüneburg 1989, S. 21ff.

ders./Bolte Gerhard, Einführung in die Kritische Theorie, Darmstadt 1994

Ulsenheimer, Klaus, Grundfragen des Rücktritts vom Versuch in Theorie und Praxis, Berlin/New York 1976

Unseld, Siegfried , Zur Aktualität Walter Benjamins, Frankfurt/Main 1972, S. 189ff.

Viehweg, Theodor, Topik und Jurisprudenz, 5. Aufl. München 1974

Vitt, Elmar, Anmerkung zu OLG Düsseldorf, NStZ 1993, S. 286, in: NStZ 1994, S. 133

Vogel, Joachim, Juristische Methodik, Berlin/New York 1998

Vogel, Martin Rudolf, Mimesis - ad libitum?, in: Brentel, Helmut u.a. (Hg.) Gegensätze - Festschrift für Jürgen Ritsert, Frankfurt u.a. 1996, S. 92ff.

Walk, Joseph (Hg.), Das Sonderrecht für die Juden im NS-Staat, Karlsruhe 1981

Wardi, Dina, Siegel der Erinnerung, Stuttgart 1997

Weber, Max, Gesammelte Aufsätze zur Religionssoziologie Band I, 7. Auflage Tübingen 1978

Weisberg, Robert, The law-literature Enterprise, in: Yale Journal of Law and the Humanities 1 (1988), S. 11ff.

Wellmer, Albrecht, Wahrheit, Schein, Versöhnung. Adornos Rettung der Modernität, in: Adorno-Konferenz 1983, Frankfurt/Main 1983, S. 138ff.

Welzel, Hans, Studien zum System des Strafrechts, ZStW 58 (1939), S. 491ff.

ders., Das deutsche Strafrecht, 9. Aufl. Berlin 1965

ders., Das deutsche Strafrecht, 11. Aufl. Berlin 1969

ders., Abhandlungen zum Strafrecht und zur Rechtsphilosophie, Berlin/New York 1975

Wessels, Johannes/Hillenkamp, Thomas, Strafrecht Besonderer Teil 2, 27. Aufl. Heidelberg 2004

Wessels, Johannes/Beulke, Werner, Strafrecht Allgemeiner Teil, 34. Auflage Heidelberg 2004

Weyand, Jan, Adornos Kritische Theorie des Subjekts, Lüneburg 2001

Wieacker, Franz, Privatrechtsgeschichte der Neuzeit, Göttingen 1967

Wiethölter, Rudolf, Rechtswissenschaft, Frankfurt/Main 1968

Wiggershaus, Rolf, Die Frankfurter Schule. Geschichte, Theoretische Entwicklung, Politische Bedeutung, München/Wien 1986

Wittgenstein, Ludwig, Tractatus logicus philosophicus, in: Schriften 1, 4. Aufl. Frankfurt/Main 1980

Yamanaka, Keiichi, Die Entwicklung der japanischen Fahrlässigkeitsdogmatik im Lichte des sozialen Wandels, in: ZStW 102 (1990), S. 928ff.

Zenklusen, Stefan, Adornos Nichtidentisches und Derridas différence, Berlin 2002
Ziegert, Ulrich, Vorsatz, Schuld und Vorverschulden, Berlin 1987
Zopfs, Jan, Anmerkung zu BGH NStZ 1995, S. 593, in: NStZ 1996, S. 190

FRANKFURTER KRIMINALWISSENSCHAFTLICHE STUDIEN

Band 1 Peter Böning: Die Lehre vom Unrechtsbewußtsein in der Rechtsphilosophie Hegels 100 S., 1978.

Band 2 Wolfgang Schneider: Kriminelle Straßenverkehrsgefährdung (§ 315c Abs. 1 Ziff. 2, Abs. 3 StGB). Eine kriminologische und strafrechtliche Untersuchung zur Problematik dieser Verkehrsstraftaten unter Berücksichtigung ausländischer Rechte. 342 S., 1978.

Band 3 Lothar Kuhlen: Die Objektivität von Rechtsnormen. Zur Kritik des radikalen labeling approach in der Kriminalsoziologie. 178 S., 1978.

Band 4 Günther Grewe: Straßenverkehrsdelinquenz und Marginalität. Untersuchungen zur institutionellen Regelung von Verhalten. 148 S., 1978.

Band 5 Dieter Haberstroh: Strafverfahren und Resozialisierung. Eine Studie über Verstehen und Nicht-Verstehen, über Verstanden-Werden und Nicht-Verstanden-Werden und deren Bedingungen in der Hauptverhandlung. 202 S., 1979.

Band 6 Thomas Vogt: Die Forderungen der psychoanalytischen Schulrichtungen für die Interpretation der Merkmale der Schuldunfähigkeit und der verminderten Schuldfähigkeit (§§ 51 a.F., 20, 21 StGB). 182 S., 1979.

Band 7 Andreas Michael: Der Grundsatz in dubio pro reo im Strafverfahrensrecht. Zugleich ein Beitrag über das Verhältnis von materiellem Recht und Prozeßrecht. 214 S., 1981.

Band 8 Ilias G. Anagnostopoulos: Haftgründe der Tatschwere und der Wiederholungsgefahr (§§ 112 Abs. 3, 112 a StPO). Kriminalpolitische und rechtssystematische Aspekte der Ausweitung des Haftrechts. 1984.

Band 9 Helga Müller: Der Begriff der Generalprävention im 19. Jahrhundert. Von P.J.A. Feuerbach bis Franz v. Liszt. 1984.

Band 10 Frowin Jörg Kurth: Das Mitverschulden des Opfers beim Betrug. 1984.

Band 11 Martin J. Worms: Die Bekenntnisbeschimpfung im Sinne des § 166 Abs. 1 StGB und die Lehre vom Rechtsgut. 1984.

Band 12 Jong-Dae Bae: Der Grundsatz der Verhältnismäßigkeit im Maßregelrecht des StGB. 1985.

Band 13 Helmut Fünfsinn: Der Aufbau des fahrlässigen Verletzungsdelikts durch Unterlassen im Strafrecht. 1985.

Band 14 Christoph Krehl: Die Ermittlung der Tatsachengrundlage zur Bemessung der Tagessatzhöhe bei der Geldstrafe. 1985.

Band 15 Walter-Hermann Kiehl: Strafrechtliche Toleranz wechselseitiger Ehrverletzungen - Zur ratio legis der §§ 199, 233 Strafgesetzbuch -. 1986.

Band 16 Matthias Krahl: Die Rechtsprechung des Bundesverfassungsgerichts und des Bundesgerichtshof zum Bestimmtheitsgrundsatz im Strafrecht (Art. 103 Abs. 2 GG). 1986.

Band 17 Patrick Carroll Campbell: § 220a StGB. Der richtige Weg zur Verhütung und Bestrafung von Genozid? 1986.

Band 18 Winfried Hassemer (Hrsg.): Strafrechtspolitik. Bedingungen der Strafrechtsreform. 1987.

Band 19 Felix Herzog: Prävention des Unrechts oder Manifestation des Rechts. Bausteine zur Überwindung des heteronom-präventiven Denkens in der Strafrechtstheorie der Moderne. 1987.

Band 20 Astrid Michalke-Detmering: Die Mindestanforderungen an die rechtliche Begründung des erstinstanzlichen Strafurteils. Zur Auslegung des § 267 StPO. 1987.

Band 21 Lothar Kuhlen: Die Unterscheidung von vorsatzausschließendem und nichtvorsatzausschließendem Irrtum. 1987.

Band 22 Michael Buttel: Kritik der Figur des Aufklärungsgehilfen im Betäubungsmittelstrafrecht (§ 31 BtMG). 1988.

Band 23 Matthias Kögler: Die zeitliche Unbestimmtheit freiheitsentziehender Sanktionen des Strafrechts. Eine vergleichende Untersuchung zur Rechtslage und Strafvollstreckungspraxis in der Bundesrepublik Deutschland und den USA. 1988.

Band 24 Klaus Lüderssen/Cornelius Nestler-Tremel/Ewa Weigend(Hrsg.): Modernes Strafrecht und ultima-ratio-Prinzip. 1990.

Band 25 Jürgen Taschke: Die behördliche Zurückhaltung von Beweismitteln im Strafprozeß. 1989.

Band 26 Daniela Westphalen: Karl Binding (1841-1920). Materialien zur Biographie eines Strafrechtsgelehrten. 1989.

Band 27 Sigrid Jans: Die Aushöhlung des Klageerzwingungsverfahrens. 1990.

Band 28 Dimitris Spirakos: Folter als Problem des Strafrechts. Kriminologische, kriminalsoziologische und (straf-)rechtsdogmatische Aspekte unter besonderer Berücksichtigung der Folterschutzkonvention und der Pönalisierung der Folter in Griechenland. 1990.

Band 29 Stephan Moll: Strafrechtliche Aspekte der Behandlung Opiatabhängiger mit Methadon und Codein. 1990.

Band 30 Stefan Werner: Wirtschaftsordnung und Wirtschaftsstrafrecht im Nationalsozialismus. 1991.

Band 31 Xanthi Bassakou: Beiträge zur Analyse und Reform des Absehens von Strafe nach § 60 StGB. 1991.

Band 32 Rainer Runte: Die Veränderung von Rechtfertigungsgründen durch Rechtsprechung und Lehre. Moderne Strafrechtsdogmatik zwischen Rechtsstaatsprinzip und Kriminalpolitik. 1991.

Band 33 Olaf Hohmann: Das Rechtsgut der Umweltdelikte. Grenzen des strafrechtlichen Umweltschutzes. 1991.

Band 34 Klaus Jochen Müller: Das Strafbefehlsverfahren (§§ 407 ff. StPO). Eine dogmatisch-kriminalpolitische Studie zu dieser Form des schriftlichen Verfahrens unter besonderer Berücksichtigung der geschichtlichen Entwicklung – zugleich ein Beitrag zum StVÄG 1987. 1993

Band 35 Sang-Don Yi: Wortlautgrenze, Intersubjektivität und Kontexteinbettung. Das strafrechtliche Analogieverbot. 1991.

Band 36 Birgit Malsack: Die Stellung der Verteidigung im reformierten Strafprozeß. Eine rechtshistorische Studie anhand der Schriften von C. J. A. Mittermaier. 1992.

Band 37 Rüdiger Schäfer: Die Privilegierung des "freiwillig-positiven" Verhaltens des Delinquenten nach formell vollendeter Straftat. Zugleich ein Beitrag zum Grundgedanken des Rücktritts vom Versuch und zu den Straftheorien. 1992.

Band 38 Cornelius Nestler-Tremel: AIDS und Strafzumessung. 1992.

Band 39 Christine Gutmann: Freiwilligkeit und (Sozio-)Therapie – notwendige Verknüpfung oder Widerspruch? 1993.

Band 40 Walter Kargl: Der strafrechtliche Vorsatz auf der Basis der kognitiven Handlungstheorie. 1993.

Band 41 Jürgen Rath: Zur strafrechtlichen Behandlung der aberratio ictus und des error in objecto des Täters. 1993.

Band 42 Martin Fischer: Wille und Wirksamkeit. Eine Untersuchung zum Problem des *dolus alternativus*. 1993.

Band 43 Regina Harzer: Der Naturzustand als Denkfigur moderner praktischer Vernunft. Zugleich ein Beitrag zur Staats- und Rechtsphilosophie von Hobbes und Kant. 1994.

Band 44 Helmut Pollähne: Lockerungen im Maßregelvollzug. Eine Untersuchung am Beispiel der Anwendung des nordrhein-westfälischen Maßregelvollzugsgesetzes im Westfälischen Zentrum für Forensische Psychiatrie (Lippstadt). 1994.

Band 45 Hans-Joachim Leonhardt: Rechtsmittelermessen der Staatsanwaltschaft. Eine Gegenüberstellung von § 296 StPO mit Nummern 147 und 148 Richtlinien für das Strafverfahren und das Bußgeldverfahren (RiStBV). 1994.

Band 46 Rolf Grünebaum: Zur Strafbarkeit des Therapeuten im Maßregelvollzug bei fehlgeschlagenen Lockerungen. 1996.

Band 47 Barbara Bialas: Promille-Grenzen, Vorsatz und Fahrlässigkeit. 1996.

Band 48 Christine Pott: Die Außerkraftsetzung der Legalität durch das Opportunitätsdenken in den Vorschriften der §§ 154, 154a StPO. Zugleich ein Beitrag zu einer kritischen Strafverfahrensrechtstheorie. 1996.

Band 49 Wolfgang Köberer: *Iudex non calculat*. Über die Unmöglichkeit, Strafzumessung sozialwissenschaftlich-mathematisch zu rationalisieren. 1996.

Band 50 Institut für Kriminalwissenschaften Frankfurt a.M. (Hrsg.): Vom unmöglichen Zustand des Strafrechts. 1995.

Band 51 Petra Kamberger: Treu und Glauben (§ 242 BGB) als Garantenstellung im Strafrecht? 1996.

Band 52 Anastassios Triantafyllou: Das Delikt der gefährlichen Körperverletzung (§ 223a StGB) als Gefährdungsdelikt. (Zugleich ein Beitrag zur Dogmatik der Gefährdungsdelikte). 1996.

Band 53 Norbert Kissel: Aufrufe zum Ungehorsam und § 111 StGB. Grundrechtlicher Einfluß bei der Feststellung strafbaren Unrechts. 1996.

Band 54 Susanne Ehret: Franz von Liszt und das Gesetzlichkeitsprinzip. Zugleich ein Beitrag wider die Gleichsetzung von Magna-charta-Formel und Nullum-crimen-Grundsatz. 1996.

Band 55 Stefan Braum: Geschichte der Revision im Strafverfahren von 1877 bis zur Gegenwart. Zugleich eine Kritik der Kontinuität politischer Macht im Recht. 1996.

Band 56 Katja Diel: Das Regreßverbot als allgemeine Tatbestandsgrenze im Strafrecht. 1997.

Band 57 Christoph Koller: Die Staatsanwaltschaft – Organ der Judikative oder Exekutivbehörde? Die Stellung der Anklagebehörde und die Gewaltenteilung des Grundgesetzes. 1997.

Band 58 Frank Schößler: Anerkennung und Beleidigung. Rechtsgut und Strafzweck des § 185 StGB. 1997.

Band 59 Regina Engelstädter: Der Begriff des Unfallbeteiligten in § 142 Abs. 4 StGB. Zugleich eine Kritik an aktuellen Zurechnungslehren. 1997.

Band 60 Jörg Reinhardt: Der Ausschluß und die Ablehnung des befangen erscheinenden Staatsanwaltes. 1997.

Band 61 Jens Christian Müller-Tuckfeld: Integrationsprävention. Studien zu einer Theorie der gesellschaftlichen Funktion des Strafrechts. 1998.

Band 62 Peter Maria Rohe: Verdeckte Informationsgewinnung mit technischen Hilfsmitteln zur Bekämpfung der Organisierten Kriminalität. Zugleich eine rechtsvergleichende Analyse der polizeilichen Abhörbefugnisse in den U.S.A. 1998.

Band 63 Dirk Fabricius: Was ein Lehrbuch lehrt ... Eine exemplarische Untersuchung von Jakobs *Strafrecht – Allgemeiner Teil*. 1998.

Band 64 Stefan Sinner: Der Vertragsgedanke im Strafprozeßrecht. 1999.

Band 65 Sebastian Schattenfroh: Die Staatsphilosophie Giovanni Gentiles und die Versuche ihrer Verwirklichung im faschistischen Italien. 1999.

Band 66 Athanassia Dionyssopoulou: Der Tatbestand der Geldwäsche. Eine Analyse der dogmatischen Grundlagen des § 261 StGB. 1999.

Band 67 Klaus von Lampe: *Organized Crime*. Begriff und Theorie organisierter Kriminalität in den USA. 1999.

Band 68 Christian Hanssen: "Trennung der Märkte". Rechtsdogmatische und rechtspolitische Probleme einer Liberalisierung des Drogenstrafrechts. 1999.

Band 69 Institut für Kriminalwissenschaften und Rechtsphilosophie Frankfurt a.M. (Hrsg.): Irrwege der Strafgesetzgebung. 1999.

Band 70 Konstantinos Chatzikostas: Die Disponibilität des Rechtsgutes Leben in ihrer Bedeutung für die Probleme von Suizid und Euthanasie. 2000.

Band 71 Bettina Wirmer-Donos: Die Strafrechtstheorie Karl Christian Friedrich Krauses als theoretische Grundlage des spanischen Korrektionalismus. 2001.

Band 72 Christine Löw: Die Erkundigungspflicht beim Verbotsirrtum nach § 17 StGB. 2001.

Band 73 Florian Ufer: Der Verwertungswiderspruch in Theorie und Praxis. Prozessuale Obliegenheiten des Verteidigers und ihre Bedeutung für die Rechtsposition des Beschuldigten. 2002.

Band 74 Katja Melzer: Psychisch kranke Straftäterinnen. Frauen im Maßregelvollzug. 2001.

Band 75 Gregor Kuntze-Kaufhold: Lebenswelt und Unparteilichkeit. Kriterien für eine Rechtsanwendungslehre am Beispiel der Analyse von fünf Hauptverhandlungen in Strafverfahren. 2002.

Band 76 Iris Kristina Passek: Die erstinstanzliche Zuständigkeit der Oberlandesgerichte in Staatsschutzstrafsachen. Historische Entwicklung und aktuelle Probleme. 2002.

Band 77 Michael Krebs: Die Weisungsgebundenheit des Staatsanwalts unter besonderer Berücksichtigung des rechtstatsächlichen Aspekts. 2002.

Band 78 Kerstin Degenhardt: Europol und Strafprozeß. Die Europäisierung des Ermittlungsverfahrens. 2003.

Band 79 Domenico Siciliano: Das Leben des fliehenden Diebes: Ein strafrechtliches Politikum. 2003.

Band 80 Marc Colussi: Produzentenkriminalität und strafrechtliche Verantwortung. 2003.

Band 81 Thilo Lars Hild: Grenzen einer strafrechtlichen Regulierung des Kapitalmarktes. Eine kriminalrechtliche Untersuchung von Börsengängen und Aktienhandel in Deutschland und den USA. 2004.

Band 82 Philipp Rau: Schweigen als Indiz der Schuld. Ein Vergleich des deutschen und englischen Rechts zur Würdigung des Schweigens des Beschuldigten. 2004.

Band 83 Alexandra Pfeiffer: Die Regelung der Lebendorganspende im Transplantationsgesetz. 2004.

Band 84 Elena Fischer: Recht auf Sterben?! Ein Beitrag zur Reformdiskussion der Sterbehilfe in Deutschland unter besonderer Berücksichtigung der Frage nach der Übertragbarkeit des Holländischen Modells der Sterbehilfe in das deutsche Recht. 2004.

Band 85 Jörg Ziethen: Grundlagen probabilistischer Zurechnung im Strafrecht. 2004.

Band 86 Stefanie Schork: Ausgesprochen schuldig. Dogmatische und metadogmatische Untersuchungen zum Schuldspruch. 2005.

Band 87 Claudia Schubert: Verbotene Worte? Versuch einer Neubestimmung im Umgang mit rassistischen Äußerungen jenseits des Strafrechts. 2005.

Band 88 Ulfrid Neumann / Cornelius Prittwitz (Hrsg.): Kritik und Rechtfertigung des Strafrechts. 2005.

Band 89 Denis Basak: Die Zuständigkeitsregeln internationaler Strafgerichte und Art. 101 GG. Zum Verhältnis der deutschen Strafgerichtsbarkeit zu den Internationalen Tribunalen für Jugoslawien und Ruanda sowie zum Ständigen Internationalen Strafgerichtshof. 2005.

Band 90 Hsiao-Wen Wang: Der universale Strafanspruch des nationalen Staates. Eine Untersuchung über das Weltrechtsprinzip im Internationalen Strafrecht. 2005.

Band 91 Leonie Frenz: Faktizität des Rechts in der forensischen Psychiatrie. Eine Untersuchung im LKH Moringen. 2005.

Band 92 Eva-Maria Unger: Schutzlos ausgeliefert? Der Europäische Haftbefehl. Ein Beispiel für die Missachtung europäischer Bürgerrechte. 2005.

Band 93 Marcus Bastelberger: Die Legitimität des Strafrechts und der *moralische Staat*. Utilitaristische und retributivistische Strafrechtsbegründung und die rechtliche Verfassung der Freiheit. 2006.

Band 94 Marc Reiß: Rechtliche Aspekte der Präimplantationsdiagnostik. Unter besonderer Berücksichtigung der Rechte der von einem Verbot betroffenen Paare. 2006.

Band 95 Alexander Kolz: Einwilligung und Richtervorbehalt. 2006.

Band 96 Vasco Reuss: Eine Kritik der juristischen Vernunft. Rezeptionsversuche der Negativen Dialektik Adornos für die Dogmatik des Strafrechts. 2007.

Band 97 Lutz Eidam: Die strafprozessuale Selbstbelastungsfreiheit am Beginn des 21. Jahrhunderts. 2007.

www.peterlang.de

Peter Lang · Europäischer Verlag der Wissenschaften

Stefanie Schork

Ausgesprochen schuldig

Dogmatische und metadogmatische Untersuchungen zum Schuldspruch

Frankfurt am Main, Berlin, Bern, Bruxelles, New York, Oxford, Wien, 2005.
235 S.
Frankfurter kriminalwissenschaftliche Studien.
Verantwortlicher Herausgeber: Klaus Günther. Bd. 86
ISBN 3-631-52926-0 · br. € 42.50*

Schuldspruch statt Strafe? Diese Frage wird man sich nach der Lektüre der Untersuchung zu stellen haben. Gegenstand der Arbeit ist der Schuldspruch im Strafprozess – ein Institut, das zunächst aus der gewohnten und nur auf den ersten Blick zwingenden Verknüpfung mit dem Strafausspruch gelöst wird. Aus sprachtheoretischer, materiell- und prozessrechtlicher Perspektive betrachtet, ergeben sich verschiedene Bedeutungszusammenhänge. Dabei erweist sich der Schuldspruch als Instrument *sui generis* im Umgang mit delinquentem Verhalten. Unter den ihm zugeschriebenen Funktionen sind aber auch solche, die bisher allein der Strafe zugeordnet werden. Damit verwischen Grenzen, und es wird ein neues Problemfeld eröffnet: Ob und wie unterscheiden sich Schuldspruch und Strafe und in welchem Verhältnis stehen sie zueinander?

Aus dem Inhalt: Kennzeichen des Schuldspruchs · Der Schuldspruch und die Rechtsfolgen – Konstellationen im materiellen Recht · Feststellungsfunktion – Der Schuldspruch als Abschluss des Verfahrens · Klarstellungsfunktion – Der Schuldspruch als Abbild begangenen Unrechts · Expressive Funktionen – Der Schuldspruch als Unwerturteil · Repressive Funktion – Der Schuldspruch als Übel · Der Schuldspruch und die Strafzwecke · Der Schuldspruch in der kriminalpolitischen Diskussion